SC-48

Freizeitkongreß
7. 6. 1978 – 9. 6. 1978
in Essen

Leitwort:

Das Wohnumfeld als Freizeitraum

Herausgeber:
Siedlungsverband Ruhrkohlenbezirk
und
Deutsche Gesellschaft für Freizeit

Die Herausgeber danken dem Bundesminister für Jugend, Familie und Gesundheit für Förderung dieser Veröffentlichung.

Herausgeber: Siedlungsverband Ruhrkohlenbezirk, Kronprinzenstr. 35, 4300 Essen 1
Deutsche Gesellschaft für Freizeit, Niederkasseler Str. 16, 4000 Düsseldorf 11

Redaktion: Werner Wolters

Alle Rechte vorbehalten — Printed in Germany

© Edition Freizeit — Deutsche Gesellschaft für Freizeit
Düsseldorf 1978
ISBN 3-88075-030-0

Herstellung: Gütersloher Druckservice, Reinhard Mohn OHG, Carl-Miele-Str. 202, 4830 Gütersloh 11

Inhaltsverzeichnis

ERÖFFNUNG UND BEGRÜSSUNG

Horst Katzor, Vorsitzender der Verbandsversammlung des SVR
Kurt Spitzmüller, MdB, Vizepräsident der Deutschen Gesellschaft für Freizeit
Karl Friedrich Brodeßer, Staatssekretär im Innenministerium des Landes Nordrhein-Westfalen

VORTRÄGE ZUM KONGRESSTHEMA

Hermann Glaser	Hausen, Wohnen, Sich-einrichten
Roland Rainer	Freizeit als Erholung und Selbstverwirklichung im engsten Wohnbereich
Ulrich Conrads	Keine Zeit, frei zu sein

ARBEITSGRUPPE 1 — **SIEDLUNGSFORMEN UND WOHNUNG**
Soziale Funktion — Gestaltung und soziale Brauchbarkeit

mit Fachbeiträgen von

Hartmut Großhans
W.A.H.W.M. Janssen
Rotraud Weeber

ARBEITSGRUPPE 2 — **FREIFLÄCHEN IM WOHNUMFELD**
Soziale Funktion — Gestaltung und soziale Brauchbarkeit

mit Fachbeiträgen von

Helmut Klausch
Peter Lanz
Gerhard Orgaß

ARBEITSGRUPPE 3 — **DIE STRASSE IM WOHNBEREICH**
Soziale Funktion — Gestaltung und soziale Brauchbarkeit

mit Fachbeiträgen von

A.H. Hövelmann
Volker Meewes
Otto Reschke
Heinrich Richard
Edgar Streichert

ARBEITSGRUPPE 4   **FORSCHUNG UND IHRE UMSETZUNG ZUR VERBESSERUNG DES WOHNUMFELDES**

mit Fachbeiträgen von

Viggo Graf Blücher
Gerhard Boeddinghaus
Irene Gerberding-Wiese
Felizitas Romeiß
mit einer Zusammenfassung von
Frauke Höbermann

ARBEITSGRUPPE 5   **BÜRGERBETEILIGUNG BEI DER GESTALTUNG DES WOHNUMFELDES**
Bürgernahe Verwaltung, Bürgerinitiativen und ihre Erfahrungen

mit Fachbeiträgen von

Jürgen Heckmanns
Helga Lancelle-Tullius
Manfred Leyh
Herbert Maeger
Ursula Rellstab

ARBEITSGRUPPE 6   **ANIMATION IM WOHNUMFELD**
Ausbildung und Praxis für eine neue Aufgabe

mit Fachbeiträgen von

Pedro Graf
Egon Kuhn
Wolfgang Nahrstedt
Franz Pöggeler
Annedore Schultze
mit einer Zusammenfassung von
Bernhard Graf von Schmettow

ARBEITSGRUPPE 7   **ARBEITSBEDINGUNGEN UND FREIZEIT IM WOHNUMFELD**

mit Fachbeiträgen von

Angelika Conrads
Harald Habner
Heribert Kohl
Johann Noll
Traudel Tomshöfer
Kurt Struppek
mit einer Zusammenfassung von
Uwe Volker Karst

BERICHTE AUS DEN ARBEITSGRUPPEN
mit Beiträgen von

Knut Schlegtendal
Eugen Gruber
Herbert Hoffmann
Walter Anderle
Diemut Schnetz
Armin H. Fuchs
Joachim Scharioth

INTERNATIONALES PODIUMSGESPRÄCH
mit den Experten der Europäischen Gesellschaft für Freizeit (ELRA)

Alfred Ledermann
Frank van Klingeren
Magarete Mód
Curt Fredin
Lech Erdmann
Jacob Swart
Gustav Mugglin
Friedrich Wilhelm Schaper
Lillegun Ording Sund
Claire Guinchat
Blanka Filipcová
Rudi Lésnik

Ausblick und künftige Aufgaben?

Heinz Neufang

ANHANG
mit Beiträgen von

Lech Erdmann   Problematik der Erholung in Wohnsiedlungen in Polen

Blanka Filipcová   Das Wohnumfeld als Freizeitraum

Frauke Höbermann   Der öffentliche Raum im Wohnumfeld – Planung, Gestaltung und soziale Brauchbarkeit

Pressestimmen zum Kongreß

REFERENTENVERZEICHNIS

TEILNEHMERVERZEICHNIS

VERZEICHNIS DER VERÖFFENTLICHUNGEN

EINFÜHRUNG

Horst Katzor   Oberbürgermeister der Stadt Essen
Vorsitzender der Verbandsversammlung des SVR

Sehr geehrte Damen und Herren!

Als Vorsitzender der Verbandsversammlung des Siedlungsverbandes Ruhrkohlenbezirk begrüße ich Sie recht herzlich zu unserem 4. Freizeitkongreß „Freizeit '78", den der Siedlungsverband Ruhrkohlenbezirk wiederum gemeinsam mit der Deutschen Gesellschaft für Freizeit durchführt. Diese Gemeinsamkeit ist für unser diesjähriges Kongreßthema

„Das Wohnumfeld als Freizeitraum"

besonders deshalb bedeutsam, weil die vielfältigen Fragen zur Verbesserung der menschlichen Umwelt, d.h., die Verbesserung der Lebensqualität nicht ein spezielles Anliegen des Ruhrgebietes sind, sondern in gleicher Weise die gesamte Bundesrepublik Deutschland, ja darüber hinaus das ganze Europa betreffen. Ich freue mich deshalb auch ganz besonders, daß eine Expertengruppe der Europäischen Gesellschaft für Freizeit mit ihrem Präsidenten, Herrn Dr. Alfred Ledermann, zu diesem Kongreß gekommen ist, um mit uns Gedanken und Erfahrungen auszutauschen.

Ich begrüße Sie, meine Damen und Herren aus West- und Osteuropa, aus Belgien, Frankreich, den Niederlanden, Schweden, Norwegen, Jugoslawien, Ungarn, der Tschechoslowakei und Polen ganz herzlich. Herrn Dr. Ledermann aus der Schweiz begrüße ich als alten Freund des SVR. Er hat, als wir vor mehr als 10 Jahren begannen, die Konzeption der Revierparks zu entwickeln, Pate gestanden und sich seither immer wieder als fachkundiger Berater zur Verfügung gestellt.

Als Vertreter der Landesregierung Nordrhein-Westfalens begrüße ich Herrn Staatssekretär Brodeßer aus dem Innenministerium. Ihr Ministerium hat über die Städtebauförderung einen wesentlichen Anteil an der Realisierung der Freizeitanlagen im Ruhrgebiet. Ohne die kräftige Mitfinanzierung des Landes aus diesem „Topf" wären unsere Revierparks in der Form und vor allem in der Zeit wohl nicht zustande gekommen. Im nächsten Jahr wird der SVR nach 12jähriger Planungs- und Bauzeit 5 Revierparks fertiggestellt haben. Das entspricht Investitionen von insgesamt 120 Millionen DM. Diese Summe in 12 Jahren zu finanzieren, wäre den Städten und dem SVR alleine nicht möglich gewesen. Deshalb liegt mir sehr daran, der Landesregierung, insbesondere Ihrem Ministerium, Herr Staatssekretär, für Ihre Mitwirkung bei unserem Bemühen, die Lebensbedingungen der Ruhrgebietsbevölkerung zu verbessern, heute noch einmal zu danken. Nicht schmälern möchte ich jedoch damit die Anteile des Kultusministeriums und des Ministeriums für Ernährung, Landwirtschaft und Forsten für ihr Engagement und Mitwirken bei dieser umfassenden Aufgabe. Auch diese Ressorts sind hier vertreten und ich heiße die Repräsentanten herzlich willkommen.

Ebenso herzlich möchte ich die Vertreter der „verlängerten Arme" der Landesregierung – die Regierungspräsidenten –, die 3fach in das Ruhrgebiet hineinreichen, begrüßen. Als sogenannte Bündelungsbehörden haben sie in unserem demokratischen Staatswesen heute mehr die schwierigen Aufgaben des Koordinierens als die des Regierens zu erfüllen.

Eingeladen und hier vertreten sind darüber hinaus die kommunalen Spitzenverbände – der Deutsche Städtetag sowie der Deutsche Städte- und Gemeindebund, der Deutsche Sportbund, die Deutsche Gesellschaft für das Badewesen,

die Institutionen der evangelischen und katholischen Kirche für Freizeit und Erholung,

die Wohnungswirtschaft und Wohnungsunternehmen

sowie der Deutsche Verband für Wohnungswesen, Städtebau und Raumplanung.

Sie alle, meine Damen und Herren, und nicht zuletzt die Vertreter der Städte, Kreise und Gemeinden unseres Verbandsgebietes begrüße ich herzlich im Namen der Veranstalter – des Siedlungsverbandes Ruhrkohlenbezirk und der Deutschen Gesellschaft für Freizeit. Ihr Interesse an diesem Kongreß ermutigt uns gemäß unseren Zielsetzungen, die Lebensbedingungen der Bürger in unserem Lande zu verbessern, weiter voranzuschreiten.

Das Kongreßthema heißt:

„Das Wohnumfeld als Freizeitraum".

Gewiß kann in der nur begrenzt verfügbaren Zeit nicht das ganze Spektrum der Einzelthemen abgehandelt werden. Dennoch soll schlaglichtartig beleuchtet werden, was sich dahinter verbirgt, nämlich der Mensch mit seinen vielfältigen Bedürfnissen und Nöten. Nicht umsonst wird von kritischen Beobachtern unserer Gesellschaft zuweilen konstatiert, daß die letzten Jahrzehnte des Wohn- und gesellschaftlichen Verhaltens in unseren Städten und Großsiedlungen gekennzeichnet seien durch einen deutlichen Rückzug der Menschen aus dem öffentlichen Leben in den privaten Lebensraum, in die abgeschlossene Wohnung. Von diesem Rückzug, so meinen sie, sei auch und besonders die Freizeit erfaßt. Mit dem Rückzug einer ginge der Schwund aktiver Teilnahme an der Erkennung und Diskussion öffentlicher Probleme in der den Alltag, das Wohnen, die Arbeit und die Bildung bestimmten Umwelt.

Ich kann an dieser Stelle hinweisen auf den Zusammenhang dieser Entwicklung mit Fehlentwicklungen in der Stadtplanung, im Wohnungsbau, in der Architektur, der Industrie- und Verkehrsplanung.

Mit dem heutigen Kongreß begeben wir uns hier, meine Damen und Herren, auf dem Wege der SVR-Arbeit in ein neues Feld. Zunächst hatten wir mit unserem Konzept der Planung und der Investitionen das Tor zu einem bis dahin im Ruhrgebiet nicht erschlossenen Bereich staatlicher und kommunaler Vorsorge für die Menschen nach ihrer Tages- und Wochenarbeit aufgestoßen. Dies, meine ich, ist uns in vollem Umfang gelungen — mit weit mehr Plus- als Minus-Punkten. Ohne die Erfahrungen und Lehren aus diesem ersten Stadium wären wir nicht in der Lage und nicht in die sachliche Berechtigung gekommen, das jetzt vor uns liegende zweite Stadium anzugehen: die Vorsorge im Wohn-Umfeld für die Freizeit. Wie wichtig diese neue Aufgabe gerade hier im Ruhrgebiet ist, brauche ich wohl nicht besonders zu erklären.

Für seinen 4. Freizeitkongreß, meine Damen und Herren, hat der SVR die Stadt Essen gewählt. Sie ist als Metropole des Ruhrgebiets und seit 58 Jahren als Sitz des Siedlungsverbandes in besonderem Maße geeignet, den im Ruhrgebiet sich vollziehenden Wandel in allen Bereichen zu repräsentieren. Als Oberbürgermeister dieser Stadt freue ich mich besonders, daß Sie alle den Weg nach Essen gefunden haben. Wie wichtig das, was heute und in den folgenden Tagen hier zur Sprache gebracht wird, für den Ballungsraum Ruhrgebiet ist, werden Ihnen Spaziergänge durch diese Stadt und Exkursionen zeigen.

Geben Sie mir nun zum Schluß noch Gelegenheit, einer angenehmen Pflicht nachzukommen und Rednern, Referenten sowie Moderatoren für ihre Bereitschaft, an diesem Kongreß mitzuwirken, meinen Dank abzustatten. Ihnen allen, als sichtbar tragendem Element des Kongresses, wünsche ich, daß es Ihnen gelingen möge, ein konzeptionelles Fundament zu bauen, auf dem weitergearbeitet werden kann. Schließlich gilt mein Dank den Mitarbeitern des SVR und der DGF für ihre Mühen, diese Veranstaltung zu verwirklichen. Damit wünsche ich diesem Kongreß den gleichen Erfolg wie den 3 bisherigen Kongressen und Ihnen allen, daß er Sie ermutigen möge, in Ihrer Arbeit dem Menschlichen zu dienen, wo Sie nur können.

Kurt Spitzmüller, MdB
Vizepräsident der Deutschen Gesellschaft für Freizeit

Sehr geehrte Damen und Herren!
Als Vizepräsident der Deutschen Gesellschaft für Freizeit grüße ich diesen Kongreß. Wir veranstalten ihn gemeinsam mit dem Siedlungsverband Ruhrkohlenbezirk. Diese Zusammenarbeit hat Tradition:

- Erster Freizeitkongreß 1970 in Essen — noch ohne Leitwort —
- Zweiter Freizeitkongreß 1972 in Gelsenkirchen, Thema: Freizeit heute — Freizeit morgen — Freizeit wozu?
- Dritter Freizeitkongreß 1974 in Dortmund, Thema: Einrichtungen für die Freizeit.

In diesem Zusammenhang seien auch erwähnt:

- die 2. Europäische Biennale für Freizeit 1973 in Krefeld, Thema: Die Stadt für den Menschen
- und Der Große Freizeitkongreß 1974 in Garmisch-Partenkirchen, Thema: Freizeitpolitik in Bund, Ländern und Gemeinden.

Schon bei den früheren internationalen Unternehmungen hat sich die Zusammenarbeit der Deutschen Gesellschaft für Freizeit mit der Europäischen Gesellschaft für Freizeit (ELRA) bewährt. Und so freue ich mich besonders, unter den bei diesem Kongreß Anwesenden und hier Mitwirkenden deren Präsidenten Herrn Dr. Ledermann, herzlich begrüßen zu dürfen. Seine Verdienste um die Bewältigung nachkriegsbedingter Schwierigkeiten werden besonders im hiesigen Raum unvergessen bleiben.

Heute nun das Thema „Das Wohnumfeld als Freizeitraum".

Was nun in dieser eben geschilderten Kongreßfolge sichtbar ist, stellt jedoch nur Gipfelpunkte dar einer kontinuierlichen Kleinarbeit in Beraterkreisen, Projektgruppen, internationalen Expertengesprächen und Forschungsgruppen. Ich darf diese Zusammenarbeit mit Befriedigung und Dankbarkeit begrüßen. Sie hat einerseits zu verschärftem Problembewußtsein geführt, andererseits für Praxisbezug gesorgt.

Nirgends zeigen sich räumliche Ungleichgewichte in der Freizeitinfrastruktur deutlicher als in den Verdichtungsgebieten und industriellen Ballungszonen der Bundesrepublik. Außerhäusliche Freizeit kann hier fast nur noch in speziell geschaffenen Einrichtungen verbracht werden. Den Städten und Gemeinden stellt sich die schwierige Aufgabe, wohnungsnahe Freizeitchancen zu schaffen, trotz des Zwangs zu intensiver Nutzung aller Flächen.

Die Forderung, daß die freie Wahl- und Gestaltungsmöglichkeit der Freizeit der Eigenentscheidung überlassen bleiben muß, mündet in die Konsequenz, daß Rahmenbedingungen geschaffen werden für wohnungsnahe Erholung und Entspannung, für Spiel, soziale und kulturelle Entfaltung und schöpferische Aktivität. Das Programm dieses Kongresses will dafür Akzente setzen. Der Gesetzgeber hat im Städtebauförderungsgesetz und in der Novelle des Bundesbaugesetzes Voraussetzungen für größere Bürgernähe der Planung geschaffen. Diese Chancen zu nutzen, setzt Information und Anregung der Bürger voraus. Eine „Umwelt für Freizeit" ist gewiß eine hautnahe Sache. Die Träger der kommunalen Selbstverwaltung haben hier im Rahmen der bestehenden Gesetze einen weiten Spielraum für autonomes Handeln, aber auch für vernünftige Kooperation.

Freizeitpolitik soll sich am Maße des Menschen orientieren, das heißt, auch an den Wünschen und Bedürfnissen der Bürger. Was aber heißt „Bedürfnisse" der Bürger? Wohl nicht nur Verhaltensweisen, wie sie demoskopisch addiert, saldiert und verstärkt werden. Wo liegt die Grenze zwischen bloßer Beliebigkeit und anerkannten gesellschaftlichen Gegebenheiten? Die Deutsche Gesellschaft für Freizeit will helfen, auf solche Fragen Antworten zu finden. Sie dankt dem Bundesministerium für Jugend, Familie und Gesundheit für Unterstützung in dieser Aufgabe. Die Länder tun das ihre nach unterschiedlichen Prioritäten. Für die Verbesserung der wohnungsnahen Freizeitchancen müssen aber vor allem die Städte ein freizeitpolitisches Zielsystem entwickeln als Grundlage einer ressortübergreifenden Planung.

Der Siedlungsverband Ruhrkohlenbezirk und die Deutsche Gesellschaft für Freizeit wollen dabei helfen durch Information, Erfahrungsaustausch, Clearing und Sachkompetenz. Der Erfolg des Kongresses wird jedoch von der engagierten Mitarbeit aller Teilnehmer insgesamt bestimmt. Ihnen allen wünsche ich gute Arbeit in Essen — und fröhlich Freizeit!

Karl-Friedrich Brodeßer
Staatssekretär im Innenministerium des Landes Nordrhein-Westfalen

Meine sehr geehrten Damen und Herren!

„Das Wohnumfeld als Freizeitraum" — unter diesem Leitwort haben der Siedlungsverband Ruhrkohlenbezirk und die Deutsche Gesellschaft für Freizeit zum 4. Freizeitkongreß eingeladen.

Wer die Thematik der vorhergegangenen Kongresse und das vor Ihnen liegende Programm analysiert, kommt zu der Erkenntnis, daß die Zeit der großen Worte und theoretischen Auseinandersetzungen zum Phänomen „Freizeit" hinter uns liegt.

Das ist gut so.

Dem Menschen und Mitbürger nutzt die beste Erkenntnis der Verantwortlichen nichts, wenn er deren Auswirkungen nicht spürt.

Ich freue mich, den Teilnehmern und Initiatoren dieser Veranstaltung die Grüße der Landesregierung zu überbringen — einer Veranstaltung, in deren Mittelpunkt der Mensch und sein täglicher Lebensraum stehen.

Das Thema „Freizeit" füllt in Bibliotheken inzwischen ganze Regalwände.

Das muß wohl auch so sein.

Wir alle gehörten aber zum Tor hinaus gejagt, wenn nicht greif- und sichtbare Ergebnisse der Theorie gefolgt wären. Ich meine, wir können schon heute ein beachtliches Ergebnis unserer gemeinsamen Bemühungen vorlegen:

Für die Revierparke des „Entwicklungsprogramms Ruhr" — im Revierpark Vonderort werden Sie heute abend zu Gast sein — und für Anlagen der Freizeitgestaltung und Erholung nach dem „Nordrhein-Westfalen-Programm 1975" hat das Land bis heute fast 500 Millionen DM Förderungsmittel bereitgestellt. Hinzu kommen die Eigenanteile der Träger.

So eindrucksvoll diese Zahl sein mag, wir wissen, daß in den nächsten Jahren weitere große Anstrengungen notwendig sind.

Dabei wird die Landesregierung ihr Förderangebot noch stärker als bisher auf den Ballungsraum Ruhrgebiet konzentrieren.

Dabei wird die Förderung eines wohnungsnahen Freizeitangebots einen hervorragenden Platz einnehmen müssen.

Freizeitangebot in Wohnungsnähe allein genügt aber nicht, um gerade die Städte des Reviers wieder lebenswert zu gestalten.

Der Verkehrsberuhigung, der Verlagerung störender Gewerbebetriebe, der Sanierung und Modernisierung der Wohnquartiere sowie der Begrünung von Freiflächen kommt mindest ebenso große Bedeutung zu. Haben in der Vergangenheit die Ruhrgebietsstädte aus vielerlei — und sicher berechtigten — Gründen mit unterschiedlichem Engagement diese Probleme angegangen, werden sie künftig an einer zeitnahen Lösung nicht vorbeigehen.

Der Bürger hat darauf einen Anspruch.

Die Finanzsituation der Städte wird diese Aufgabe sicher nicht leicht machen. Aber sie wird lösbar sein, und zwar um so leichter, je weniger alle Beteiligten dem deutschen Drang zum Perfektionismus nachgeben. Nur mit pragmatischem Vorgehen kommen wir weiter. Das gilt auch für das Land.

Noch in diesem Jahr wird der Innenminister für den Bereich der Städtebauförderung — und dazu gehören alle eben erwähnten Aufgabenbereiche — neue Förderungsrichtlinien herausgeben, die — nach kurzer Lernphase — allen Beteiligten ein praktikables Instrumentarium an die Hand geben.

Ebenso wird die Landesregierung alle Anstrengungen unternehmen, die finanzielle Hilfe für die Städte und Gemeinden auch auf diesem Sektor zu verbessern. Ich bin sicher, daß sich auch das Parlament dem nicht verschließen wird.

Schließlich geht es um den Menschen, den Mitbürger, um uns alle und um die Zukunft unseres Landes.

VORTRÄGE ZUM KONGRESSTHEMA

Freizeit '78   Das Wohnumfeld als Freizeitraum

Hermann Glaser

Hausen, Wohnen, Sich-einrichten

I

Wohnung: das ist ein Topos. Topos bedeutet gleichermaßen Örtlichkeit wie Metapher. Wohnung und Wohnumfeld sind einerseits „sinnlich" greifbar, voller Gegenständlichkeit. In dem, was gegen-ständlich ist, uns entgegensteht, versuchen wir, uns einzurichten.

Wohnen ist andererseits Gleichnis — Martin Heidegger sagt: „Wohnen ist die Weise, nach der die Menschen auf der Erde und unter dem Himmel die Wanderung von der Geburt bis in den Tod vollbringen." So werde zuletzt „die Wanderung der Hauptzug des Wohnens als des menschlichen Aufenthaltes zwischen Himmel und Erde, zwischen Geburt und Tod, zwischen Freude und Schmerz, zwischen Werk und Wort". Entscheidend ist, ob dem Menschen Wohnen als irdische Einwurzelung gelingt oder nicht.

Wohnung ist demnach konkrete Gegenständlichkeit und existentielle Chiffre zugleich; wesentlicher Teil der Umwelt sowie Zeichen für Intimität und Geborgenheit; auch Politikum, da Umwelt, die vom Menschen geformt worden ist, ihn seinerseits formt: eine bestimmte politische und gesellschaftliche Grundauffassung und Haltung produziert eine bestimmte Umwelt; und umgekehrt evoziert eine bestimmte Umwelt auch eine bestimmte politische und weltanschauliche Haltung. Dies wird vor allem dort deutlich, wo etwa das Wohnzimmer, als zentraler Ort des Wohnens, zur Lüge verzerrt und damit un-heimisch, unheimlich wird, also das Wohnen mißlingt.

Zu Beginn dieses Kongresses, der strukturiert ist als ein die vielfältigen Bereiche des Wohnumfeldes als Freizeitraum durchmessender, in einer Fülle von Einzelthemen aufgefächerter und voller Konkretheit sich entwickelnder Diskurs, wage ich eröffnend die kulturphilosophische Reflexion; denn das Wort von Immanuel Kant, daß die Praxis häufig so schlecht sei, weil die Theorie fehle, gilt wohl nicht nur generell, sondern auch speziell. Wer Wohnungen, Häuser, Räume gestalten will, wird über die Menschen nachdenken müssen, die sich in solchen Räumen verwirklichen und entfalten sollen. Aus dem umfassenden Begründungszusammenhang greife ich drei vielfältig miteinander verflochtene Begriffe, Hausen, Wohnen, Sich-einrichten heraus. Indem ich sie zu definieren versuche, nicht aus logischen, sondern aus anthropologischen Gründen, mag etwas von dem aufscheinen, was als Idee diesen Freizeitkongreß überwölbt.

Definieren heißt auch, „an die Grenze rücken" — ex negativo etwas begreifen lernen. Wer ein Haus hat, sollte sich der Unbehausten erinnern. Wer wohnt, derer, die kein Obdach haben; wer sich einzurichten versteht und vermag, jener, die keine Dinge zum gegen-ständlichen, spielerischen Umgang haben und ohne Terre des hommes leben müssen.

Ich verwende nachfolgend eine Reihe literarischer Beispiele; nicht weil ich meine eröffnenden Bemerkungen als literarhistorisches Seminar mißverstehe, auch nicht, weil angesichts einer extravertierten Welt, die auf die Trivialmythen der Werbung mehr anspricht als auf die Signale dichterischer und künstlerischer Bilder, literarische Bildung wieder mehr in den Vordergrund gerückt werden müßte (dies ist ein anderes Thema!), sondern weil die Aussagen der Dichter den hier konzentriert vorzulegenden Gedankengang besser zu versinnbildlichen und zu veranschaulichen vermögen.

II

Sich-einrichten: Über das Ungeformte, Gestaltlose, Chaotische — das Naturhafte, das Elementar-Stoffliche oder wie wir es nennen wollen — wirft der Mensch das Gitternetz von Ordnung (mit Hilfe von Prinzipien, Kategorien, Regulativen, Normen, von Planung). Die ans Land der Bewußtheit gezogene Stofflichkeit wird geordnet oder ordnet sich zu Wirklichkeitsmustern, zu Figurationen. Figuration, das bedeutet Anordnung, Zuordnung, Zusammenspiel. An einer Stelle von Stifters Roman „Nachsommer" (einem Werk, das ganz aus dem sorglichen Umgang mit Natur und Dinglichkeit lebt) heißt es — ich zitiere die Stelle, weil sie das humane Sich-einrichten, eben das Strukturmuster eines Wohnumfelds, geradezu kristallin festhält —: „Die Türen standen offen, so daß man durch alle Zimmer sehen konnte. Die Geräte waren passend, die Wände waren mit zahlreichen Gemälden geziert, es standen Glaskästen mit Büchern, es waren musikalische Geräte da, und auf den Gestellen, die an den rechten Orten angebracht waren, befanden sich Blumen. Durch die Fenster sahen die nähere Landschaft und die ferneren Gebirge herein." Ein Durchblick wie dieser, durch Türen, Zimmer, Fenster auf die Landschaft bis in die ferne Reinheit des Gebirges, gleicht einer geometrischen Komposition, deren einzelne Elemente in harmonischer Transparenz ineinander übergehen.

Sich-einrichten: Wir reflektieren uns an den Gegenständen, d.h. wir erleben sie in nicht-entfremdeter Form, wenn wir mit ihnen „umgehen", auch uns ihrer bedienen — „bedienen" gemeint als ein Verhältnis der Sympathie, die die Eigenberechtigung der Dinge, eben ihre Dinglichkeit, anerkennt.

Nirgends wird solches deutlicher, als wenn junge Menschen sich ihren Raum einrichten; ihre Individualität drängt nach Verwirklichung in dinglicher Figuration. Sie wollen ganz so leben und wohnen, wie es ihrem Psychogramm entspricht. Sie richten sich anders ein, als die Eltern es taten. „Unordnung" erweist sich als eine neue Form von Ordnung, als Ausdruck *ihrer* Ordnung, *ihrer* Individualität, die dem Klischee, der Norm, dem Raster sich zu entziehen sucht. Daraus erwachsen immer wieder Konfrontationen mit dem „Vorgegebenen" — Konflikte, die eine vielfätige Wurzel haben und nicht leicht zu bewältigen sind, da eben im Sich-einrichten Wille auf Wille, Vorstellung auf Vorstellung, Ordnungsmuster auf Ordnungsmuster, Dinglichkeit auf Dinglichkeit stößt. Wohnumfeld als Freizeitraum, das bedeutet familiengerecht gesprochen, daß die Individualitäten der Familie und die Individuen in der Familie sich *ihren* Raum schaffen können und dürfen; daß wirklich Freizeit in Freiheit sich entwickelt, in der Freizeit im Einrichten Selbständigkeit sich ereignet.

III

Was vollzieht sich jedoch stattdessen — oft genug? Die Reklamewelt gibt die Empfindungsmuster vor. Die Warenästhetik duldet kein Sich-einrichten, sondern nur den konsumierenden *Vollzug*.

„Angelika-Möbel...
Dies ist sicher eines der bezauberndsten Gesichter unserer Angelika. Weiße, wohnliche Schlafzimmerwand.
Ganz so, wie es heute verlangt und gebraucht wird.
Dazu das super-moderne runde Angelika-Bett.
Eine Oase für gemütliches Wohnen.
Typisch Angelika.

Raffinierte Spiegelanordnung bildet das wesentliche Gestaltungselement dieses verführerisch schönen Schlafzimmers in weißem Schleiflack.
Der kleinste Raum wird unendlich. Man fühlt sich frei, vervielfacht. Wer möchte so nicht schlafen?" Und so fort!

Das Wohnumfeld als Freizeitraum wird usurpiert von den Trivialmythen der Werbung, die kreative Beweglichkeit zugunsten statussymbolischen wie prestigeorientierten Wohnens abbauen. Damit wird keineswegs die reichlich bekannte Lamentation über das spätkapitalistische Zeitalter und die Entfremdungen der Industriegesellschaft angestimmt. Die Entfremdung hat uns ja auch die Segnungen der Zivilisation gebracht — soziale und demokratische Bedingungen und Verhältnisse, die es überhaupt erst ermöglichen, daß die überwältigende Mehrheit der Menschen in Wohnungen sich menschenwürdig einzurichten vermag, daß „Schöner-Wohnen" überhaupt stattfinden kann. Ohne Lebensstandard kein freiheitliches Wohnen, kein freizeitgerechtes Wohnumfeld! Aber ohne kreative Souveränität gegenüber der Stereotypie der Warenästhetik auch kein freies Wohnen! Notwendig ist die Befähigung zum Einrichten. Vom Kindergarten an müßte eine entsprechende ästhetische Erziehung erfolgen. Man kann mit den Dingen nicht spielen und sich ihrer spielerisch erfreuen, wenn man Ästhetik (als Sensibilität für Umwelt) und die damit verknüpften Kulturtechniken nicht hat erlernen und verinnerlichen dürfen.

Die Umwelt darf nicht den Menschen fest-legen, sie muß ihn zum Eingriff animieren. Novalis sagt: Das Unvollkommene ist produktiv. Immer wieder muß etwas ver-rückt, umgesetzt, angebaut werden. Die Hobby- und Heimwerker-Bewegung ist ein Indikator dafür, wie stark die Sehnsucht nach dem Einrichten, nach dem nicht-entfremdeten Umgang mit Material und Objekt, mit Handwerkszeug und Gegenstand ausgeprägt ist — auf der Suche nach Identifikation. Identität als Selbstverwirklichung: Das bedeutet nicht, daß man sich in etwas hinein begibt, das vorgegeben ist, sondern daß man immer wieder „bewegt", gestaltet und verändert. Ich habe durchaus Verständnis dafür, daß Gartenarchitekten ihre Vorstellung vom „schönen Grün" verwirklichen wollen; übrigens ist der Nachvollzug des ästhetisch Schönen auch ein kreativer Genuß! (Er soll nicht denunziert werden!) Viel zu wenig jedoch bietet das heutige Wohnumfeld freiheitliche Räume, Spielräume an, die Individuen und Gruppen zur Gestaltung *auffordern*. Der Topos „Schrebergarten" mag uns anregen, darüber nachzudenken, Begleitgrün in „kreatives Grün" umzuwandeln. Mit anderen Worten: Wohnumfeld sollte nicht immer fix und fertig geliefert werden. Oder die schulische Grünanlage — sollte der Schüler sich nicht mehr als Gärtner betätigen können? Ins Umfeld ein-greifen können? Natürlich ist das hier mit exemplarischer Absicht genannte Schulumfeld nicht ein Wohnumfeld. Doch darf man beide Topoi, Arbeits- und Wohnumfeld, nicht zu sehr voneinander trennen. Jeder Arbeitsort sollte Qualität des Wohnens annehmen; und das hieße auch: daß man sich in ihm einrichten, ihn miteinrichten und herrichten darf. Eine Topographie von Büroräumen ist da aufschlußreich. Wie wenig wird z.B. den Verwaltungsbeamten an ihren Arbeitsplätzen ästhetische Gegensteuerung ermöglicht — ein „Wohnen"; es würde aus Amtsstuben „Nischen" machen. Nische in dem Sinne, daß hier Öffentlichkeit und persönliche Vermittlung zusammentreffen — denn das ist eine Nische: allgemein zugänglich und doch Privatheit ermöglichend. Oder die Fabrikhalle. Oder die Straße. Oder ... Gerade weil wir so wenig zu Hause wohnen, sollte zumindest ein Hauch von Wohnen überall wehen. Heimischsein — auch an Orten, in denen man nur parkt; man sollte es ohne ästhetisches Entsetzen tun können. Man bewege sich etwa vom „Römer" in Frankfurt in die unterirdische Welt der dazugehörenden Parktiefgarage um zu verstehen, wie intensiv häufig im öffentlichen Bereich das „Wohnen" ausgetrieben wird. Nochmals: Ästhetik als Sensibilität für Umwelt darf nicht nur im Wohnumfeld am Werk sein; sie muß generell Umfeld zum Wohnumfeld machen.

Der Mensch, der sich nicht einzurichten vermag bzw. dem dies verwehrt wird, sieht seine humanen Ziele vereitelt; Frustration entsteht und daraus Aggressivität. Die Feststellung, daß ein Hochhaus mit dem, was es an psychischem Schaden anrichte, das Drittel einer psychiatrischen Klinik erfordere, will signalisieren, wie verwahrlost häufig das Wohnumfeld ist. Eben weil es anonym, ohne Heimelig-keit ist. Heimischsein im Wohnen und Wohnumfeld — das bedeutet: Nähe über Distanz. Man denke an die Forderung des jungen Menschen auf sein *eigenes* Zimmer. Ohne genügend Raum zerreibt sich das Zusammenleben. Wir wissen, wie wenig sozial, soziabel der soziale Wohnungsbau vielfach war und ist. Es geht nicht um absperrende Mauern. Wohl aber um „Gartenzäune", die Privatheit und gerade deshalb gute nachbarschaftliche Kommunikation ermöglichen. Man wird sehr intensiv über Topographien nachdenken müssen, die Sozialisation ermöglichen... Und sei es auch nur, daß man endlich einmal Sitzbänke in Parks so aufstellt, daß ein Gegenüber möglich wird... Nichts gegen den Fernseher, aber die Sitzordnung ist dabei zu einseitig. — Sich-einrichten, das bedeutet bessere (kommunikativere) Gruppierungen. Um zu einem anderen Topos überzuspringen: Es ist notwendig, Hinterhofprogramme zu entwikkeln! Da man schon nicht mehr auf die Straße zu Spiel und zum Plausch kann, wäre es wichtig, den Hof, den Hinterhof, als Kulturraum wieder zu entdecken, ihn so einzurichten, daß er für Freizeit, im besonderen auch für Kinder und alte Menschen, für einzelne wie für Familien, brauchbar wird. Nicht nur im liebevoll gepflegten Balkon-Blumenkasten oder im Erker-Blumenfenster blüht Wunderland!

IV

Einer verlassenen Wohnung, einem verlassenen Haus, einem Haus, das abgebrochen wird, haftet noch die Erinnerung an früheres Wohnen an; der Verlust der Geborgenheit wird im Kontrast besonders schmerzlich erlebt. Der Anblick einer abgerissenen Häuserzeile ist in Rainer Maria Rilkes Roman „Die Aufzeichnungen des Malte Laurids Brigge" Chiffre (moderner) Gefährdung:

„Man sah ihre Innenseite. Man sah in den verschiedenen Stockwerken Zimmerwände, an denen noch die Tapeten klebten, da und dort den Ansatz des Fußbodens oder der Decke. Neben den Zimmerwänden blieb die ganze Mauer entlang noch ein schmutzigweißer Raum, und durch diesen kroch in unsäglich widerlichen, wurmweichen, gleichsam verdauenden Bewegungen die offene rostfleckige Rinne der Abortröhre. Von den Wegen, die das Leuchtgas gegangen war, waren graue, staubige Spuren am Rande der Decken geblieben und bogen da und dort, ganz unerwartet, rund um und kamen in die farbige Wand hineingelaufen und in ein Loch hinein, das schwarz und rücksichtslos ausgerissen war." Das Bild eines ausgeweideten Gebäudes verweist auf die Anatomie einer Gesellschaft, die von der Überhöhung ihrer Selbstherrlichkeit auf die existentielle Misere zurückgeworfen wird. „Da standen die Mittage und die Krankheiten und das Ausgeatmete und der jahralte Rauch und der Schweiß, der unter den Schultern ausbricht und die Kleider schwer macht, und das Fade aus den Munden und der Fuselgeruch gärender Füße. Da stand das Scharfe vom Urin und das Brennen vom Ruß und grauer Kartoffeldunst und der schwere, glatte Gestank von alterndem Schmalze. Der süße, lange Geruch von vernachlässigten Säuglingen war da und der Angstgeruch der Kinder, die in die Schule gehen, und das Schwüle aus den Betten mannbarer Knaben."

Zerstörte Einrichtung: das bedeutet Verlust von Identität; die kulturellen Kleinsignale (wie sie vom „Eingerichteten" ausgehen) sind abgebrochen. Die Botschaft fehlt.

Die vom Krieg zerstörte Wohnlandschaft macht solches in besonders furchtbarer Weise deutlich. Wir sollten aber daran denken, daß ein Zerstören von Wohnen und Wohnung ständig stattfindet, undramatisch, so nebenbei. Die Zuwendung von Menschen zu den Dingen, mit denen sie sich umgeben, in denen sie sich eingerichtet haben, wird von anderen in alltäglicher Brutalität vernichtet... Aus einem „alltäglichen" Sozialbericht: „Zwanzig Jahre später stirbt die Frau einen wohl qualvollen und von ihm intensiv miterlebten Krebstod, der sich über Monate hinzieht. Hier beginnt der Leidensweg des Anton G. Bald nach dem Tode seiner Frau melden Hausbewohner bei der Ortsverwaltung, es gebe Anzeichen dafür, daß er in seiner Wohnung verwahrlose.

Der herbeigerufene Gemeindediener findet ihn bärtig und verschmutzt, verstört und völlig entkräftet im Bette kauernd vor. Anton G. ist so schwach, daß er liegend ins nächste Krankenhaus transportiert werden muß. Alsbald wird hinter seinem Rücken ein Gerichtsbeschluß erwirkt, aus dem hervorgeht, daß er der Fremdunterbringung bedürfe, da er sich in erheblichem Maße selbst gefährde...

Schon fast genesen von seiner Lungenentzündung, stirbt er heimlich nachts, als niemand mehr mit seinem Ende rechnet. Er hatte die letzten Tage kein Wort mehr gesagt. Er hatte mit seiner Vernichtung gerechnet. Er hatte sich sterben lassen."

Ein normales Schicksal. So wie das der Klara Heydebreck; (wer den Fernsehfilm von E. Fechner sah, wird sich der Bilder der „Ent-wohnung" erinnern!).

Es ist in einer Wohlstandsgesellschaft unverantwortlich, daß man nicht jedem alten Menschen, der in ein Altenheim muß, ein Wohnumfeld, einen Raum für Selbstgestaltung und zum Einrichten, beläßt. Menschen, die Jahrzehnte „gewohnt" haben, die an ihren Gegenständen, an ihrer Einrichtung Freude entwickelten, werden in die Anonymität der Sozial-Mindestnorm verstoßen. Die Rationalität der sozialen, aber auch der medizinisch-hygienischen Versorgung darf nicht die humane Versorgung außer Acht lassen. Was von den Altenwohnheimen gilt, gilt genauso und wohl noch viel mehr von den Krankenhäusern. Gerade der leidende Mensch will auch wohnen, noch wohnen, muß wohnen dürfen; sehnt sich nach ein bißchen Wohnung. Ein Medizinstudent schreibt in seinem Tagebuch:

„Aber dann kommt die Angst, plötzlich und mitten in andere Gedanken hinein. Es ist erst Nachmittag, aber die Angst kommt jetzt schon. Ich kenne auch sie, wie die anderen Nachtwachengefühle, das macht sie leichter erträglich, aber es hebt sie nicht auf. Nicht Furcht ist es, vor etwas Bestimmtem, nicht der Schrecken also, der genau weiß, wo er herkommt. Diffus, unfaßbar und vage, was mich ängstigt, ich gebe ihm Namen deshalb, erkläre mir selbst die Gründe. Du kennst den Patienten nicht, den du zu bewachen hast, nicht seine Krankheit, weißt nicht, wie sie sich zuspitzen könnte heute nacht und ob du dann helfen könntest. Aber es ist nicht nur das. Ich habe auch Angst vor meiner Müdigkeit, vor der Einsamkeit, den Stunden zwischen zwölf und zwei, und einfach vor der Nacht, tatsächlich, vor der Dunkelheit im Patientenzimmer, der dünne bläuliche Streifen Neonlicht macht mir da kaum Mut. Kein Abend, an dem ich nicht hoffe, daß nochmal ein Anruf kommt aus dem Krankenhaus, wir können Sie heute doch nicht brauchen."

V

Wer sich und sich's nicht mehr einrichten kann, wer nicht mehr das Glück des Wohnens erlebt, „haust" nur noch. Wer als alter Mensch seine Wohnung verläßt und der öffentlichen Fürsorge anheimfällt, „haust". Der Sonderling, der Einsame „haust". Abgesehen davon, daß natürlich Begriffe durch ihren Gebrauch definiert werden: In diesem Wort schwingt die Vergänglichkeit des Wohnens mit; in ihm wird deutlich, daß das Wohnen immer wieder umschlägt in die „Reise" — wohin auch immer, in das Vergehen, in die Verlorenheit. Und dann suchen wir auf „Umwegen" doch wieder Halt im Wohnumfeld.

Als jugendliche Menschen in den Slums von New York aufgefordert wurden, Positives aus ihrem Wohnumfeld zu berichten und sie vor allem gefragt wurden, was denn ihnen dabei in ihrer *nächsten, unmittelbaren* Umgebung auffalle, zeichneten sie Bilder, die auf Objekte und Bereiche in großer Entfernung hinwiesen; unbewußt waren die Jugendlichen der Meinung, daß diese ganz nahe seien; es waren Bereiche, die eine Fülle von abwechslungsreichen Eindrücken bereithielten: ein Park, ein Kinderspielplatz etc.; vieles von dem, was eben in ihrer unmittelbaren Umgebung, in *ihrem* Wohnumfeld, nicht vorhanden war. Identität wird auch und gerade durch die Qualität, Quantität und Kontinuität von Mikroereignissen, die von uns aufgenommen und verarbeitet, und wieder als eigene Signale ausgegeben werden, hergestellt: Kommunikation mit der Umwelt. Fatal, wenn die Wohnumwelt signalarm, kommunikationslos geworden ist.

Der Begriff „Umweltpsychologie" (environmental psychology) kann als Hilfe bei diesem Bemühen um Identitätsbildung mit dem Wohnumfeld verstanden werden — ein Komplex von Wissenschaften, die sich mit den Mensch-Umwelt-Beziehungen, mit den Beziehungen zwischen dem Erleben und Verhalten von Menschen und der gebauten Umwelt, in der dieses Erleben und Verhalten stattfindet, beschäftigen. Dazu gehören etwa neben der Psychologie die Biologie, Kulturanthropologie, Medizin, Geographie, Soziologie, die Architektur- und Planungswissenschaften, aber auch die Wirtschafts- und Kommunikationswissenschaften. In dieser umfassenden interdisziplinären Bedeutung trifft man auch — vor allem im Amerikanischen — auf die Begriffe „Human- und Sozialökologie". Urbanistik wäre in der hier angestrebten humanökologischen Bestimmung jener Teil der Umweltpsychologie, der sich mit der städtischen Umwelt, ihren Bedingungen und Effekten beschäftigt.

„Wollte man eine sehr allgemeine Bestimmung des Gegenstands der Psychologie als Lehre von den Person-Umwelt-Beziehungen geben und die empirische Psychologie in ihrer Entwicklung seit Ende des 19. Jahrhunderts daraufhin analysieren, wie sie mit der Umwelt umgegangen ist, würde sich zeigen, daß Umwelt nie in ihrer *Konkretheit* als Stadt, Wohnviertel, Haus, Wohnung, Zimmer, Spielplatz, Klassenzimmer, Fabrikhalle, Krankenhaus, als Auto, Flugzeug, Tisch, Stuhl, Bett usw. gefaßt, sondern auf physikalische *Reize* wie Lautstärke, Helligkeit, Temperatur, Farbe, Form usw. reduziert wurde, deren Effekte es auf das Bewußtsein, Erleben und schließlich das Verhalten des Individuums zu bestimmen galt. Daher kann Roger Barker, einer der Vorkämpfer für eine Umweltpsychologie, die bei ihm als ‚ökologische Psychologie' firmiert, mit Recht sagen, daß die wissenschaftliche Psychologie nichts weiß und auch nichts wissen kann über die Alltagssituationen (real-life settings), in denen Menschen leben, in Gettos und Vorstädten, in großen und kleinen Schulen, in Armut und Überfluß." (H. Becker/K.D. Keim)

VI

Glückliches Wohnen bedeutet: Heimat haben. Heimat ist dabei der „umfassende Raum", in dem der Mensch Geborgenheit findet; freilich nur dann, wenn er sich als humanes Wesen in seiner „Totalität" (in seinen materiellen, geistigen und seelischen Bedürfnissen) verwirklichen kann. Solche Heimat meint Ernst Bloch, wenn er feststellt: „Die Wurzel der Geschichte aber ist der arbeitende, schaffende, die Gegebenheiten umbildende und überholende Mensch.

Hat er sich erfaßt und das Seine ohne Entäußerung und Entfremdung in realer Demokratie begründet, so entsteht in der Welt etwas, das allen in die Kindheit scheint und worin noch niemand war: Heimat."

Heimat, das ist die vertraute Straße, die vertraute Stadt, die vertraute Region, das überschaubare Land. Dort wo Heimat sich entgrenzt, schlägt das Gefühl der Geborgenheit um in das Gefühl der Verlorenheit. Solche „Antinomie des Wohnens" (etwa die Widersprüchlichkeit von irdischer Kleinheit und der Unendlichkeit des Alls) spricht der „Spielleiter" in Thornton Wilders Drama „Unsere kleine Stadt" in seinen Schlußsätzen ironisch an:

„*Spielleiter:* Fast alle schlafen jetzt in Grover's Corners. Da sind noch ein paar Lichter: Unten auf dem Bahnhof hat Shorty Hawkins soeben den Zug nach Albany passieren lassen. Und in Ellery Greenoughs Pferdestall sitzt noch einer spät in der Nacht und spricht. — Ja, es klärt sich auf. Da sind die Sterne — wie immer auf ihrer alten, uralten Reise kreuz und quer über den Himmel. Die Gelehrten sind sich noch nicht ganz einig, aber es wird jetzt doch angenommen, daß es dort oben keine Lebewesen gibt. Nichts als Kreide — oder Feuer. Nur dieser eine hier müht sich ab; er müht sich die ganze Zeit ab, um etwas aus sich zu machen. Die Mühe ist so groß, daß die Menschen sich alle sechzehn Stunden niederlegen müssen, um auszuruhen.

Er zieht seine Uhr auf.

Hm... Es ist elf Uhr in Grover's Corners. — Sie müssen sich jetzt auch ausruhen. Gute Nacht."

Einen besonderen Augen-Blick glücklichen Wohnens, eines der Schwerkraft der Not enthobenen Verweilens, stellt das Idyll dar. Das Idyll ist „panische Stunde": Der (Hirten-) Gott Pan schläft; aber das Numinose droht, die „Panik" kann jederzeit wieder ausbrechen, das Heimischsein zerstört werden; man ist dann wieder hinausgeworfen in die existentielle Unsicherheit. Die künstlerische Form der Idylle beschreibt „Augenblicksbilder"; je mehr sie sich veräußerlicht, um so mehr wird sie zum abgeschlossenen Genrebild einfacher, menschlicher Verhältnisse, fern vom öffentlichen bewegten Leben, in engem Zusammenhang mit der Natur — Abbild einfacher gutartiger Charaktere, die ihr Dasein im Frühjahr auf der blühenden Wiese, im Sommer vor ihren Bienenkörben und auf dem Bänkchen unter dem Apfelbaum und im Winter hinter dem warmen Ofen verbringen. Ludwig Richters Bilder spiegeln solche kleinen Träume schnurrenden Glücks: Lamm und Kleinkind grapschen nach dem Schmetterling, über dem Silberquell trillert die Lerche; Töchterlein, gefolgt vom Spitz, bringt Krug und Brot den Schnittern: Im dunklen Grün blinken die roten Kirschen; über mildem Tau glitzern die Sterne; Regenbogenlandschaft; erster Schnee; die Kapelle auf der Höhe, der Eremit im Tal; Großvater liest in der alten Fibel; der Jüngling wagt den ersten zaghaften Kuß; um Mitternacht bläst der Nachtwächter die Stunde — aber alles liegt schon im tiefen Schlaf, nur ein Kater streicht im Mondenschein an einer alten Mauer dahin.

Jean Pauls Rat, daß man kleine sinnliche Freuden höher achten müsse als große, den Schlafrock höher als den Bratenrock — „die nötigste Predigt, die man in unserem Jahrhundert halten kann, ist die, zu Hause zu bleiben" —, gilt auch für Spitzwegs Bilder mit ihrer Seligkeit der Weltabgeschiedenheit. Die Türme der Stadt, die Dächer, die Häuser sperren ein, verschließen den Blick; kaum daß noch ein Fetzen Himmel zu sehen ist oder daß der Postillion eine Ahnung von draußen hereinbringt. Aber in der Enge ist es nicht trübe; ein Kind spielt, ein Sonnenstrahl fällt herein, vor dem Fenster hängt ein Vogelbauer, ein paar Geranien ranken sich an der Mauer empor. — Der Mensch fühlt sich in seinem kleinen Gärtchen wohl; im Hintergrund versperren eine Mauer und ein hoher Berg jede Sicht in die Weite, aber der Alte, der friedlich seine Pfeife raucht und eben den Kaffee getrunken hat (das Geschirr steht noch auf dem Tisch), will gar nicht hinaus, sein Blick ist auf andere Dinge gerichtet; dem Kaktus gilt seine ganze Leidenschaft; eben ist eine Blüte aufgegangen, sie wird gründlich begutachtet; der Nachmittag vergeht dabei; wenn es zu Abend läutet, wird der Alte seine schlurfenden Schritte zurück in die Geborgenheit des Hauses lenken. Solche wunderlich versponnene Intimsphäre zeigt freilich nicht nur die Züge des Schrebergartenparadieses; manche dieser Genrebilder verraten auch Überdruß am kleinen, bescheidenen Dasein; die skurrilen Sonderlinge und Hagestolze, die in der Zelle ihrer Bescheidenheit eingesperrten Spießbürger, leiden vergrämt darunter, daß sie den Schlafrock nie auszuziehen können. Der Weg in die Freiheit ist durch die eigene Unzulänglichkeit und durch die Ungunst der Verhältnisse verlegt.

Diese philiströse Gemütlichkeit hat Wilhelm Busch ironisiert und zugleich gepriesen. Topias Knopp ist zum Inbegriff häuslicher Saturiertheit geworden:

„Stolz sitzt er da auf seinem Sitze;
das Haupt verschönt die Morgenmütze.
Die Pfeife ist ihm Hochgenuß,
und Doris hält den Fidibus.
Schnell fliegt der Morgen. — Unterdessen
bereitet man das Mittagessen. —
Was dies betrifft, so muß man sagen,
kann Knopp sich wirklich nicht beklagen.
Zum Beispiel könnt' er lange suchen
nach solchem guten Pfannekuchen.
Hierin ist Doris ohne Fehl.
Stets nimmt sie einen Löffel Mehl,
die nöt'ge Milch, dazu drei Eier,
ja vier sogar, wenn sie nicht teuer,
quirlt dies sodann und backt es braun,
mit Sorgfalt und mit Selbstvertrau'n;
und jedesmal spricht Knopp vergnüglich:
,Der Pfannekuchen ist vorzüglich!'
O wie behaglich kann er nun
an Doris treuem Busen ruhn.
Gern hat er hierbei auf der Glatze
ein loses, leises Kribbelkratze.
So schläft er mit den Worten ein:
,Wie schön ist's Herr Gemahl zu sein!'"

Aber auch für das familiäre Dorado im wohlgeborgenen Bürgerhause, in dem sich's mit vollem Bauch gut ruhen läßt, gilt der „Sauseschritt" der Zeit: Das gemütliche Idyll beendet die „schwarze Parze mit der Nasenwarze":

„Und sie zwickt und schneidet, schnapp,
Knopp sein Lebensbändel ab.
Na, jetzt hat er seine Ruh!
Ratsch! Man zieht den Vorhang zu."

Was hier in einer gleichermaßen ernsten wie komischen, eben antinomischen (aber auch anatomischen) Form aufscheint, ist mehr denn je — wenn auch heute in anderer Gewandung — Problem unserer Zeit und Gesellschaft: Sehnsucht nach dem Idyll; nach dem Häuschen im Grünen. Sehnsucht auch dahingehend nach dem Grünen, als das „Prinzip Hoffnung" seine Verdinglichung sucht. Wer das Wohnumfeld als Freizeitraum erhalten bzw. erst dazu machen will, muß das Bürgerrecht auf Kreativität genauso beachten wie das Recht aufs Idyll — aufs „richtige" Idyll, in dem die Tagträume nicht die Beute von Betrügern werden.

Übrigens beflügeln diese Tagträume ja gerade auch die Schaffung von Wohngemeinschaften, die sich von der Plüschatmosphäre eines pervertierten und stereotypen Wohnens abwenden und ein eigenes kommunikatives Wohnen, eine neue Weise des Sich-einrichtens, zu verwirklichen trachten.

„Ich glaube, die Sterilität und Hygiene dieser (alten) Wohnungen, und da hat das Revoltieren gegen Sauberkeit wirklich seine Berechtigung, ist einfach der Niederschlag der Art und Weise, in der diese Leute miteinander umgehen", heißt es in Franziska Grafs Bericht über eine Wohngemeinschaft („Lernziel: Wohnen", Kursbuch 37). In der Wohnkommune dagegen wären Kommunikation und Sozialisation entkrampft; Spontaneität und Natürlichkeit in den Beziehungen hätten hier ihren „Ort". So wie jedoch in der Wohngemeinschaft neue Ordnungsrituale, Hierarchien und Aggressionen, den Frustrationen bzw. dem Scheitern des Zusammenlebens entstammend, sich einstellten, erwies sich auch die „linke Kneipe" (als Wohn-Ersatz) als fragwürdiger Topos der neuen Solidarität; sie stellt vielmehr oft nur eine Flucht vor konkreten Beziehungen dar.

„Die Kneipe wird als bergender und schützender Raum empfunden. Als solcher hält sie eine schwer bestimmbare Mitte zwischen Gruppe und Einsamkeit. Wer in die Kneipe geht, kann sich einer Gruppe zugehörig fühlen, die sich ad hoc herstellt und nicht näher bestimmt wird, oder er kann sich allein fühlen. Meist aber wird er beides zugleich empfinden. Und gerade dieses Gefühl des Alleinseins in einer undefiniert gehaltenen Gruppe Gleichaltriger scheint die gegenwärtige Attraktion von Kneipen in der Subkultur auszumachen. Wer sich in ihnen aufhält, befindet sich zugleich in einer Gruppe und außerhalb; er hat das Gefühl, irgendwie dazuzugehören, ohne deswegen behaftbar zu sein. Denn er hat weder der Gruppe noch irgendeinem ihrer Mitglieder gegenüber eine Verpflichtung oder Verantwortung. Im Gegenteil: Er kann gehen, wann es ihm paßt, und er kann zu einem beliebigen Zeitpunkt wiederkommen, ohne den Fortbestand der Gruppe zu gefährden. Sie wird weiter für ihn da sein, wenn nicht hier und mit diesen Leuten, dann eben anderswo und in anderer Zusammensetzung. Also kann er sich einbilden, daß in der Kneipe endlich einmal nicht die Gruppe ihn, sondern daß er über die Gruppe verfügt. Der Schein dieser negativen Freiheit, die darin besteht, sich einer Gruppe jederzeit entziehen zu können, findet sein Gegenstück in dem Schein einer positiven Zusammengehörigkeit der Kneipenbesucher. Er verleiht den meisten Kneipen etwas Männerbündisches. Frauen, die allein kommen, sind in ihnen anders als in manchen ‚bürgerlichen' Lokalen zwar prinzipiell zugelassen, aber die

Gäste verhalten sich ihnen gegenüber kaum anders als die Bürger." (K. Laermann in „Kursbuch" 37)

VII

Ich weiß, daß das Nachdenken über das, was das Sich-einrichten, Wohnen und Hausen des Menschen bedeutet, fruchtlos bleibt, wenn nicht das Denken von der Wirklichkeit „eingeholt" wird; oder sagen wir besser: *in* das Denken die Wirklichkeit *ein*-geholt werden kann. Begreifen Sie deshalb bitte diese Überlegungen stets unter dem Gesichtspunkt, daß all jene, die als Planer, Architekten, Pädagogen, Soziologen, Verwalter, als Handwerker, Arbeiter, Fabrikanten, Schüler, Hausfrauen etc. wirken, daß möglichst alle, nicht nur in ihrer Freizeit und nicht nur in ihrem Wohnumfeld, sondern in ihrem Umfeld generell, sich bemühen, die Ideen, die den Menschen als konkrete humane Utopie motivieren, vom Kopf auf die Füße zu stellen. Ich plädiere für die Praxis, indem ich einiges zur Theorie beizusteuern suchte. Es gibt ein schönes Wort eines deutschen Klassikers, der freilich oft zu sehr einseitig gesehen wird, der allerdings auch einseitig war, den man jedoch nicht denunzieren, sondern „fort-schreiben" sollte. In einem Brief an Arnold Ruge, September 1843, schreibt Karl Marx: „Es wird sich ... zeigen, daß die Welt längst den Traum von einer Sache besitzt, von dem sie nur das Bewußtsein besitzen muß, um sie wirklich zu besitzen. Es wird sich dann zeigen, daß es sich nicht um einen großen Gedankenstrich zwischen Vergangenheit und Zukunft handelt, sondern um die Vollziehung der Gedanken der Vergangenheit."

Der demokratische Staat mit seiner freiheitlichen Ordnung, den es nicht mit rhetorischem Leicht-sinn zu beschwören, sondern mit konkreter kritischer Sympathie zu verwirklichen gilt — hat die eminente Aufgabe und Chance, die „Vollziehung der Gedanken der Vergangenheit" zu ermöglichen. Auf unser Thema bezogen: das Wohnumfeld als Freizeitraum so zu gestalten, daß ein humanes Sich-einrichten und Wohnen des Menschen ermöglicht, im „Hausen" — verwenden wir diesen Begriff nun in seiner überwölbenden philosophischen Schönheit, befreit vom Pejorativen! — Heimat vermittelt wird. Damit wir wirklich in dem wurzeln, was uns trägt.

Freizeit '78   Das Wohnumfeld als Freizeitraum

Roland Rainer

Freizeit als Erholung und Selbstverwirklichung im engsten Wohnbereich

Ein österreichischer Freizeitkalender des Jahres 1976 zeigt von zwölf verschiedenen Freizeitmöglichkeiten neben verschiedenstem Sport keine einzige produktive Tätigkeit, weder Basteln oder Handwerk noch Gartenpflege oder Zeichnen, Malen oder vielleicht Musizieren, von Lesen ganz zu schweigen. Und nur eine der gezeigten Freizeitbeschäftigungen spielt sich in der Stadt ab: Eine alte Frau geht allein in einer Allee spazieren. Im Ruhrgebiet scheint es ein wenig besser zu sein. Hier werden wenigstens einmal Kinder gezeigt, die, wie es scheint, zu schöpferischer Arbeit angeregt werden, und alle hier gezeigten Freizeitbeschäftigungen spielen sich in der Stadt ab.

Aber ich verzichte darauf, die Plakate und Prospekte der Reisebüros zu zeigen: Je entfernter das Ziel, als um so attraktiver, als um so repräsentativer gilt es im allgemeinen. Je weiter weg uns die Reise aus der gewohnten Stadtumwelt führt, je größer der Gegensatz zu dieser Welt, um so verlockender. Das heißt, daß die Freizeit mitgeprägt wird vom Wunsch nach einer Welt *entgegengesetzten Charakters*, meist vom Wunsch nach einer *naturverbundeneren, einfacheren, ursprünglicheren* und unkomplizierteren Welt, wie sie Safari, Jagdhütte, alte Dorf- und Stadtkulturen, aber auch der Bauernhof, das Fischerdorf oder die Badehütte am Meer bieten. Alles in allem ein Zeugnis über unsere technisierten Großstädte, das uns nachdenklich stimmen sollte hinsichtlich der Grundsätze, nach denen diese Welt gebaut ist.

Aber trotz der großen Opfer, trotz des riesigen Aufwandes an Verkehr, Energie, an Umweltgefährdung und Zerstörung, wird das Ziel um so weniger erreicht, ja um so weniger erreichbar sein, je größer die Zahl der Beteiligten ist: An die Stelle der alten Fischerdörfer ist mehr oder weniger zwangsläufig die moderne Ferienstadt getreten. Mitscherlich sagt dazu: „Wo Millionen reisen, entstehen Massenprobleme; das geht immer auf Kosten der Landschaft — gerade dessen also, was gesucht wird. Planungen werden, wie Fachleute gewichtig versichern, erst rentabel, wenn 20.000 bis 30.000 Ferienbesucher in einem stadtähnlichen Areal Unterkunft finden können."

„Nun hat also die große Landzerstörung, von den Küsten Italiens und Südfrankreichs sich fortfressend, auch Spanien erreicht. Sie greift schon hinüber nach Syrien und der Türkei. Man kann ihren Fortschritt wie den einer Seuche beobachten. Alte Fischerdörfer zerfallen wie in einem Goldrausch in einen Haufen wild emporgeschossener Hochhäuser. Hier brandet nicht nur ein meist sanftes Meer an die Küsten, ihr entlang tobt ein Tornado der Konjunktur."

„Nach dieser großen Erschließungs- und Verkaufskampagne brechen dann übrigens die Urbanisatoren — ein neues Wort für den Immobilienhandel auf der Ebene der Ferien-Großindustrie — ihre Zelte ab."

„Wer hier seine Ferien verbringen wird, eilt von einem Industriezentrum in ein anderes, vom Hochhaus, in dem er als Lohnbuchhalter arbeitet, in ein Appartementhochhaus, oder er zieht vom Einfamilienhaus in Essen zum Bungalow in Torremolinos um. Na und? — möchte man da fragen. Er wechselt die Tapete — viel mehr ist es wirklich nicht. Aus der Massenexistenz kommt er nicht heraus. Oft will er es gar nicht, weil er die Alternative im Erleben schon verloren hat. Jenes Verlangen nach Kontrasterlebnis, das früher den Landbewohner in die Stadt und den Städter aufs Land geführt hatte, wo jeder die „schönen Eindrücke", von denen Goethe sprach, empfing — die er gewöhnlich entbehrte —, dieses Verlangen nach dem Kontrast wird längst nicht mehr in den Ferienstädten erfüllt. Atlantic City, Miami, greuliche Vorbilder, denen man in Spanien mit Erfolg nacheifert."

„Wenn Millionen Erholung suchen und dazu nach extravaganten Plätzen Ausschau halten und sich das materiell auch leisten können, so werden sie sich selbst bei dem, wonach sie suchen, im Wege sein." (A. Mitscherlich: „Thesen zur Stadt der Zukunft")

Diese Flucht aus der Stadt charakterisiert die Freizeit aber nicht nur in den Ferien, nicht nur ein- bis zweimal im Jahr, sondern das ganze Jahr über — an allen Wochenenden und Feiertagen!

Eine Arbeit des Wiener Stadtforschungsinstitutes hat gezeigt, daß jede *dritte Wiener Familie* eine Zweitwohnung in Niederösterreich besitzt und daß von diesen Zweitwohnungen die Hälfte ganzjährig benutzbar ist. „An Sonntagen sind die Menschensilos verwaist, die Familie braust in der Kolonne ins Grüne", berichtet „Die Presse". Jährlich werden in der weiteren Umgebung Wiens rund 4.000 Zweitwohnungen für rund 2 Milliarden Schilling gebaut, das ist ungefähr der Betrag, über den die Stadt Wien jährlich für die öffentliche „Wohnbauförderung" verfügt. Wir haben also einen doppelten Wohnungsbau vor uns: Einen, der Wunschvorstellung der Bevölkerung — einem eigenen Haus mit Garten — entspricht und den man sich daher selbst finanziert, wo immer möglich, und einen anderen, städtischen, der diesen Vorstellungen weniger entspricht, und den man sich daher mit öffentlichen Mitteln finanzieren läßt.

Es müßte aber den Großstädten nicht gleichgültig sein, ob ihre Bewohner an jedem Feiertag auf der Flucht nach der „Wunschwohnform" die Stadt verlassen: Die Öffentlichkeit scheint sich noch nicht darüber im klaren zu sein, wie sehr die solcherart verursachte Auswanderung in die Zweitwohnung, die Verlegung auch gesellschaftlicher, kultureller und anderer Aktivitäten bis zu Lebensmitteleinkäufen außerhalb der Stadt auch deren wirtschaftliche, kulturelle und gesellschaftliche Auszehrung und Aushöhlung bedeutet!

Über alle volksgesundheitlichen Gesichtspunkte hinaus handelt es sich hier also um *schwerwiegende wirtschaftliche und volkswirtschaftliche Fragen:* Auch die in ihrem Erholungseffekt zweifellos sehr fragwürdige Freizeitautofahrerei verursacht ja nicht nur der Bevölkerung, sondern ebenso der Öffentlichkeit *enorme Unkosten,* denn Ausfallstraßen, Verkehrspolizei und Unfallspitäler bis zu den Unfallrenten werden zum größten *Teil für den Wochenendverkehr aufgewendet, dessen Spitzenbelastungen doppelt so hoch sind wie die Werktagsspitzen des Berufsverkehrs!* Dazu kommen aber noch die Aufwendungen für öffentliche Grünflächen und dergleichen, die die Öffentlichkeit zum Ausgleich für die Mängel der hohen und dichten Bebauung einrichten und laufend erhalten muß, und die immer stärkere Beanspruchung des Stadtraums durch Verkehrsstraßen, die die Stadt so besonders unwirtlich machen, und daher zur Flucht aus der Stadt beitragen.

So wie die Ferienstädte führen auch die Zweitwohnungen zur fortlaufenden Zerstörung der schönsten Erholungslandschaften, und zwar in einem Umkreis von einigen 100 Kilometern um die Großstädte, damit zur immer weiteren Aufzehrung und zum schließlichen Verlust dieser wichtigsten Erholungsmöglichkeiten. Dabei belasten die Wochenendfahrten nicht nur die öffentlichen und privaten Finanzen in einem Maß, das im allgemeinen unterschätzt werden dürfte, sondern sie verringern auch die Freizeit ganz beträchtlich. Das fällt angesichts der Tatsache doppelt schwer ins Gewicht, daß durch den Berufspendlerverkehr im Rahmen der Stadtregion ebenfalls oft so viel Freizeit verloren geht, als durch die sozialen Errungenschaften gewonnen worden ist!

Angesichts all dieser schwerwiegenden Auswirkungen eines immer weiter ausufernden Erholungsverkehrs, der diese Bezeichnung nicht immer verdient, muß nach den Ursachen dieser bisher als unabänderlich angesehenen Entwicklung gefragt werden. Eine Frage, die letzten Endes dahin zu beantworten sein wird, ob es eine Stadt gibt und wie sie aussieht, die nicht in die Flucht treibt, in der man sich auch während einer Freizeit glücklich und zu Hause fühlen kann.

Dazu scheint mir ein Pressebericht über das Freizeitverhalten der Bewohner des neuesten und spektakulärsten Wiener Massenmiethauses von Interesse zu sein, in dem 2.900 Wohnungen, also rund 10.000 Menschen, in 20 bis 24 Stockwerken übereinander gestapelt sind. Es handelt sich um den sogenannten „Wohnpark Alt-Erlaa", über den „Die Presse" berichtet: „... Mit einem, wenigstens in Wien, unverwechselbaren Monument und mit einer den Lebenszielen der Konsumgesellschaft genau angepaßten Infrastruktur hat der ehemalige Bühnenbildner der Erfolgsgeneration das Ambiente ihrer Lebensinszenierung geschaffen. In Alt-Erlaa wird der Angestellte zum Freizeitkönig in einem permanenten Club-Mediterranée ...

... Mittun ist wichtig, um zu Alt-Erlaas freizeitender Mehrheit zu gehören: Am Sonntag früh strömt sie zusammen aus 20 Stockwerken und setzt sich aus der Tiefgarage in Kolonne in Bewegung über die Autobahn zur Schiliftschlange. Motto: „Alt-Erlaa erobert den Semmering".

Die ersten Mieter zogen vor etwas mehr als einem Jahr in den „Wohnpark", der im Endausbau 2.900 Wohnungen umfassen wird. Im Block A, dem ersten der drei Betonriesen, wohnen inzwischen etwa 3.000 Menschen. Ein überdurchschnittlich hoher Prozentsatz sind jüngere, kinderlose Doppelverdienerehepaare. Arbeiter sind mit 12 Prozent unterdurchschnittlich vertreten... Gemeinschaftseinrichtungen und Freizeiträume werden von der Hausverwaltung über TV-Monitoren überwacht. Mit einer Codenummer öffnet sich das Portal, über Lift erreicht man das gewünschte Stockwerk — Kinder dürfen nur in Begleitung von Erwachsenen fahren. Der Korridor ist noch einmal durch eine Türsperre abgesichert, der Fliesenboden entspricht den feuerpolizeilichen Bestimmungen. Hinter der Mehrtonklingel hat das Ehepaar N. seine 70 Quadratmeter rustikal gestaltet. Unter der Betondecke hängen grobbehauene Holzbalken, ein Rundbogen trennt den Koch- vom Wohnbereich. Trophäen einer Afrikareise schmücken Wände und Fußboden...

... Die starke Identifikation innerhalb der Siedlung schafft Probleme, was die Außenbindungen betrifft. Alt-Erlaa empfindet sich als eigener Stadtteil, nicht als Teil des Bezirks Liesing, die öffentliche Volksschule auf dem Gelände des Wohnparks wird von Alt-Erlaaern gerne als ihre Privatschule angesehen, eigene Dienstleistungsbetriebe machen die Anlage autark. Es wird interessant sein, wie sich die „Ur-Alt-Erlaaer" mit den „Neuankömmlingen", also den in Block B und C Einziehenden, identifizieren werden. Die „Urbanität" des Wohnparks, die Architekt Glück betont, ist eine partielle, den Bedürfnissen der Bewohner angepaßte, nicht indessen die Urbanität eines Stadtzentrums. Nach dessen Erlebnisangebot drängt es aber die Alt-Erlaaer offensichtlich nicht sehr."

Dieses Haus dürfte also kein Beispiel für eine Stadt sein, die nicht in die Flucht treibt, in der man sich während seiner Freizeit glücklich und zu Hause fühlt und der erwähnte „Freizeit-König" des permanenten Club-Mediterranée scheint mir weniger König einer freien Zeit, als vielmehr *Konsumuntertan* zu sein. Sein Verhalten ist von „Mitmachen" bestimmt. Er setzt sich „in Kolonne" in Bewegung, nachdem er wahrscheinlich schon in Kolonne zu und von der Arbeitsstätte gekommen ist, in Kolonne zum Kino- oder Theaterbesuch fahren wird und in einem großen Bürohaus oder einer großen Fabrik mehr oder weniger in Kolonne gearbeitet hat.

Dazu hat Abels auf Ihrem Kongreß 1974 gesagt: „Wichtig ist aber festzuhalten, daß die Chance der Frei*zeit* nicht mit der Chance der Frei*heit,* der Selbstentfaltung, der Privatheit identisch ist. Ich möchte fast behaupten, daß gerade diese Chancen auch oder gerade in der Freizeit durch den Druck gesellschaftlicher Erwartungen erheblich reduziert werden. „Die Industriegesellschaft treibt die Erwartungen an die Freizeit in die Höhe. Für Wochenenden und Urlaube werden so hohe Vorstellungen von Glück und Entspannung aufgebaut, daß die Realität dahinter zurückbleiben und damit Verstimmungen erzeugen muß. Freunde und Arbeitskollegen schüchtern den Zeitgenossen mit ihren Wünschen und neidvollen Gratulationen vor dem Urlaub und mit ihrer Inquisition danach derart ein, daß dieser gar nicht anders kann, als zur Selbstverteidigung die Rolle des glücklichen Urlaubers anzunehmen." (Rosenmayr 1968, S. 222) Hier liegen die Gründe für die an sich unverständliche Geduld, mit der sich Menschen einer dreiwöchigen Qual südlichen

Sonnenbrandes aussetzen. Erwartungsdruck der Kollegen und der Wunsch nach Anerkennung kommen hier zusammen und organisieren unerbittlich die Freizeit. Je reglementierter die Berufsrollen sind, je geringer die Chancen sind, durch individuelle Leistung Berufsprestige zu erlangen, um so größer ist der Wunsch, sich im außerberuflichen Bereich die Achtung oder vielleicht sogar ein wenig Neid der anderen zu verdienen. Freizeitverhalten ist dann nicht mehr Kompensation für die Anstrengungen der Arbeit, sondern vielmehr Kompensation für fehlende Anerkennung. Die Entfremdung des Menschen in der Arbeitswelt holt den Menschen in der Freizeit ein: Der alte Marxsche Satz, daß der Mensch in der Arbeit außer sich sei und außerhalb der Arbeit bei sich, hat eine bedrückende Erweiterung erhalten: Auch außerhalb der Arbeit droht der Mensch außer sich zu sein! Man muß etwas lernen, etwas Sinnvolles tun..." (Freizeit '74)

Wenn Erholung eine wichtige Aufgabe der Freizeit sein sollte, Freizeit aber auch all das bieten sollte, was heutige Arbeitswelt im allgemeinen nicht bieten kann, wenn zum Beispiel sichtbar erlebte Produktivität, wenn Persönlichkeitsentfaltung und Selbstverwirklichung der immer weiteren Vermehrung der Freizeit erst einen Sinn geben könnten, dann müßte an Stelle der *Anspannung* die *Ausspannung*, an Stelle der disziplinierten und programmierten Arbeit ein unreglementiertes und ungezwungenes Verhalten treten, an Stelle unpersönlicher Arbeit persönliche Tätigkeit, dann müßte die Freizeit spontanes, von persönlicher Willkür bestimmtes Verhalten möglich machen — nur so wird sie das bieten, was die Arbeitswelt den meisten nicht mehr bieten kann. Sie wird also durch den Kontrast, durch die Gegensätzlichkeit zu dieser Arbeitswelt gekennzeichnet sein, ob und wie jeder Stadtbewohner eine für solches Verhalten geeignete Umwelt finden kann. Erst wenn uns das in der Stadt gelingt, wird Freizeit eine wirklich freie Zeit, wird ihren Sinn haben und nicht mehr zur Zerstörung der Welt führen, wie das jetzt, meine Damen und Herren, in den Ferien und an den Wochenenden vielfach der Fall ist, ob wir das nun wahrhaben wollen oder nicht. Mit all dem erweist sich die *tägliche* Freizeit als das entscheidende Problem, das nicht nur angesichts eines immer längeren Feierabends und Lebensabends die *weitaus größte* Bedeutung hat. Damit sind wir nicht nur im engsten Umkreis der Wohnung, im Wohnumfeld angelangt, dem sich diese Tagung widmet, sondern meiner Überzeugung nach bei der Wohnung selbst. Ihr Wesen, ihre Eigenart muß auch, da man zweifellos den größten Teil der Freizeit in ihr erlebt, ganz primär von den oben angedeuteten Anforderungen der Freizeit bestimmt werden und durch nichts anderes. Hier, in dieser Wohnumwelt, unserer freien Zeit, muß sich zeigen, ob unsere Städte wirklich für dauernden menschlichen Aufenthalt geeignet sind oder ob sie dazu gemacht werden können, daß sie nicht in die Flucht treiben, oder ob diese technisierten Städte wirklich nur mehr für die Abwicklung programmierter Funktionen, zum Arbeiten, Schlafen, Essen, zu Bildung, Erziehung usw. bestimmt bleiben müssen, ähnlich wie sogar die Landschaften mit ihren zahllosen Skiliften, riesigen Badestränden und Ferienstädten da und dort schon mehr oder weniger zu spezialisierten Turngeräten und Sportapparaten geworden sind.

Ich befürchte allerdings, daß wir mit unseren perfekten, komfortablen und technisierten Riesenhäusern, die man von Bürohäusern äußerlich kaum noch unterscheiden kann, von Persönlichkeit und persönlicher Freizeit noch sehr weit entfernt sind. Und das ist keine neue Entdeckung. Architekten, die sich gründlich und ernsthaft mit der Wohnungsfrage auseinandersetzten, haben die notwendige Gegensätzlichkeit von Arbeits- und Wohnwelt schon vor Jahrzehnten sehr klar gesehen: 1927 hat der Wiener Architekt Josef Frank, der damalige Präsident des Österreichischen Werkbundes, über das Wohnen gesagt:

„Der moderne Mensch, den seine Berufstätigkeit immer stärker anstrengt und abhetzt, braucht eine Wohnung, die viel behaglicher und bequemer ist als die alter Zeiten, weil er sich in kurzer Zeit konzentrierter erholen muß. Die Wohnung ist deshalb das absolute Gegenteil der Arbeitsstätte..."

Und:

„Das Wohnhaus ist Selbstzweck, es hat durch sein Dasein den Menschen zu beglücken und in jedem seiner Teile zu seinem Vergnügen beizutragen."

Er hat damit genau dasselbe gesagt wie zehn Jahre später der deutsche Wohnungsreformer Alexander Klein auf dem Pariser Kongreß für Wohnungswesen, 1937:

„Die Umgebung, die der Mensch sich schafft, muß menschlichen Maßstab behalten. Wenn öffentliche Gebäude eine überragende Größe haben, so entspricht dies ihrer Bedeutung und dem Eindruck, den sie auf den Besucher als vielleicht einmaliges Erlebnis machen sollen. Es besteht aber ein innerer Widerspruch zwischen dem gigantischen Maßstab eines Riesenhauses und der engen Zelle als Wohnung, der den Menschen nicht hebt, sondern zur Biene herabsetzt..."

„Ein kleines Haus kann schon ein Kind in allen seinen Teilen übersehen. Es kann sich in ihm heimisch fühlen und es liebgewinnen. Ein technisiertes Riesenhaus ist nur für den technischen Spezialisten übersehbar. Der Bewohner kann keine innere Beziehung zu dem Hause finden.

Für die Ausspannung des Menschen und für die Auffrischung seiner Arbeitskraft ist es von großem Gewinn, wenn er die Eindrücke des täglichen Berufslebens durch neue Eindrücke während der Arbeitspause ablösen kann.

Man wird es deshalb als wohltuende Abwechslung empfinden, wenn ein merkbarer Gegensatz in der Umgebung des Wohnens gegenüber der Umgebung des Berufes und der City besteht.

Das Leben in der Familie und während der Ruhestunden muß sich in einem anderen Rahmen abspielen als das Geschäftsleben. Beim Wohnen in einer gut angelegten Kleinhaussiedlung kann diese Forderung voll erfüllt werden. Schon der Zugang durch die ruhigen schattigen Wohnstraßen steht im angenehmen Gegensatz zu dem geräuschvollen Leben der Geschäftsstadt. Der Weg durch die Gärten kann die Asphaltstraßen und die Steinwände der Arbeitsstadt bald vergessen haben. Im Kleinhaus selbst ist der Bewohner frei von jedem lästigen Zwang.

Das Großhaus dagegen betritt man über den lärmerfüllten Autoparkplatz durch die Kontrolle des Portiers, nachdem man das Bürohaus oder die Fabrik durch eine Hauskontrolle über den Autoparkplatz verlassen hat, und findet im Wohnhaus die ganze Umgebung des Berufslebens wieder: Hausordnung, Zimmernummern, Aufzüge, Leitungen, Knöpfe, Drücker, denen man in den Ruhestunden gern entfliehen möchte."

Alexander Klein hat damit schon ganz konkrete Vorstellungen, mehr noch, ihre praktische Durchführbarkeit vorgestellt. Das wichtigste an diesen Vorstellungen scheint mir die Tatsache zu sein, daß ihre Richtigkeit von den Bewohnern und zwar vom Verhalten, von den Handlungen der Stadtbewohner bestätigt worden ist. Schon seit hundert Jahren etwa haben sich besonders jene Städter, die in schlechten, kleinen Wohnungen großer Miethäuser kaserniert waren, für ihre Freizeit, für ihre tägliche Freizeit, für ihre Wochenenden und oft auch für ihre Ferien selbst ein Refugium nach ihren Wünschen geschaffen, das sich bei aller Bescheidenheit des Aufwands als überaus wirksam und in sehr vieler Hinsicht wertvoll und daher langlebig erhalten hat bis auf den heutigen Tag. Die *Kleingärten*, die heute beliebter sind als je, erleben eine echte Renaissance. Dabei handelt es sich auch heute nicht um eine „unmoderne" Angelegenheit alter Leute. Immer häufiger findet man hier junge Leute mit Kindern, die erkannt haben, daß sie in diesen echten, ausgedehnten Fußgängerzonen viel ruhigere und bessere Erholung finden als in einem Auto auf überfüllten Ausfallstraßen und Gasthäusern, und damit beweisen, daß sie nicht zu den Dümmsten gehören. Auf der Warteliste eines Wiener Kleingartenvereins mit rund 750 Parzellen stehen zum Beispiel 400 Namen für die Zuteilung neuer Parzellen.

Die Bevölkerung scheint sich der großen Vorzüge dieser kleinen Gärten viel klarer bewußt zu sein als die immer wieder von effektvollen Großprojekten aller Art faszinierte „Fachwelt". Ganz im Gegensatz zu den von den Behörden angelegten, hinsichtlich ihrer Benutzung zwangsläufig entsprechend reglementierten öffentlichen Grünflächen und Gartenschauen aller Art gibt der kleine Garten ein Maximum an persönlicher Freiheit: „Der große Park ..., kann nicht dasselbe sein wie das Gärtchen, in das man jederzeit hinaustreten kann, ohne sich erst zum Spaziergang anzukleiden, in dem man Blumen abpflücken kann, ohne ein Verbot zu übertreten, und aus dem man nicht bei Einbruch der Dunkelheit verwiesen wird." sagt Alexander Klein, und „Der Lebensraum eines Kindes im Kleinhaus mit Garten ist viel weiter als in einer Etagenwohnung. Die Möglichkeit, sich ohne Hemmungen, die im Miethaus bestehen, im Hause und Garten frei bewegen zu können, stärkt schon im Kinde das Gefühl der Freiheit und Unabhängigkeit..."

Im Vergleich zu dem zwangsläufig mehr oder weniger gleichartigen Grün öffentlicher Anlagen wirken die Kleingärten wie Bauerngärten und alte Hausgärten mit ihren vielfarbigen, wechselnden Blumen, den Blüten und Früchte tragenden Obstbäumen, den geborgenen Sitzplätzen und mit Schling- und Kletterpflanzen überwachsenen Pergolen und Mauern unvergleichlich farbiger, vielfältiger, persönlicher und vitaler. Deshalb hat der deutsche Architekt Tessenow mit Recht gesagt: „Die Kleinstadt weiß, daß es auch im Nutzgarten blüht und summt und wild ist und träumerisch und märchenhaft".

Wer in den alten Kleingartenkolonien spazierengeht, die sehr oft ausgedehnte dichte Wälder von Obstbäumen über üppig blühenden Blumen bilden, der kann in der Mannigfaltigkeit der ganz selbständig „eigenhändig" und dabei oft sehr phantasievoll gestalteten kleinen Gartenhäuser wie in der Gestalt der Gärten selbst ein sehr reizvolles Spiegelbild der Persönlichkeit ihrer Besitzer erkennen, die sich diese volkstümlichen Häuschen und Gärten nach ihren eigenen Vorstellungen, Neigungen und Interessen, als ihre „eigene Welt" nicht nur gebaut, sondern auch dauernd gepflegt, kultiviert und weiterentwickelt haben. Die Kleingärtner haben sich jene Identität geschaffen, die moderne Architekten heute durch „Partizipation" am Entwurfsvorgang und durch Flexibilität, Veränderbarkeit der Mietwohnung erreichen möchten. Aber solche baulichen Veränderungen von Mietwohnungen sind aus familiären und wirtschaftlichen Gründen begreiflicherweise immer nur selten und in sehr begrenztem Rahmen nötig und möglich. Wer sich eine Kleingartenhütte selbst baut, ausbaut und laufend verbessert, wird eine unvergleichlich persönlichere Beziehung zu dieser von Anfang bis Ende selbständig gestalteten Wohnung haben — und das ist etwas ganz anderes als das Ausfüllen von Fragebögen zwecks Partizipation an der Architektenarbeit bei Miethäusern.

In seinem Kleingarten darf der Bewohner der Zinskaserne dagegen immer, und immer von neuem, er selbst sein. Und bei all seiner selbstgeschaffenen, kleinen, aber persönlichen Welt, belastet er die Wirtschaft und die Öffentlichkeit nicht mit Ausgaben für den Wochenendverkehr, zersiedelt nicht die Landschaft mit Zweitwohnungen und pflegt darüber hinaus seinen Mitbürgern noch kostenlos die großen, in jeder Hinsicht fruchtbaren grünen Lungen der Großstadt, die die Kleingärten bilden, — *als bestes Beispiel einer Beschäftigung am Feierabend, Wochenende und am Lebensabend, die Gesellschaft, Stadt und Wirtschaft nicht belastet, sondern die in vieler Hinsicht produktiv ist.*

In einer Studienarbeit über „Schrebergärten in Wien" schreiben Studenten der Wiener Technischen Universität: „Der Kleingarten fasziniert uns in dieser Hinsicht. Die individuelle Vielfalt an Farbe und Form und die persönliche Beziehung zum Bauwerk steht im krassen Gegensatz zu unserer Stadtwohnung. Er beweist, daß wir selbst gestalten wollen, es sehr gut können und damit Freude haben, wenn die Möglichkeit und Rechtfertigung gegeben ist.

Das Basteln und Bauen ist natürlich Notwendigkeit. Der Schrebergärtner baut seine eigenwilligen Konstruktionen nicht der Kunst zuliebe. Der Kleingärtner baut und konstruiert aus den Gegebenheiten heraus. Er paßt seine Idee dem gerade vorhandenen Material an."

Die persönliche und zugleich natürlich-lebendige Umwelt des Gartens ändert sich täglich aufs Neue, wird unaufhaltsam — von der Natur und vom Menschen — gestaltet und umgestaltet, wobei die Arbeit des Gärtners nur einen Ansatz bildet, den die Natur vollendet.

So sind die Kleingartenhütten so etwas wie das anonyme Bauen des modernen Großstädters. Wie kreativ Laien bauen können, zeigen die selbst gebauten, handgemachten Häuser, über die aus den USA wiederholt berichtet worden ist, und ähnliche Dinge sind natürlich auch bei uns möglich.

So kann ich zum Beispiel am Rande der Gartenstadt Puchenau bei Linz einen in einer öffentlich zugänglichen Donauau entstandenen Kinderspielplatz zeigen, wo einige Pensionisten den Kindern ihrer Nachbarn, nach ihren eigenen Wünschen und nach ihrem kindlichen Maß aus Holz,

Ästen und Abfällen zwischen den Bäumen der Donauau einen höchst romantischen Kinderspielplatz gebaut haben und noch weiterbauen, ebenso wie sich die Erwachsenen in diesem Bereich Sitzbänke und Tische selber bauen und erhalten.

Dieser Selbstbau und Ausbau sollte als wichtiges Element schöpferischer Freizeitgestaltung selbstverständlich auch im Bereich der Wohnungen selbst möglich gemacht werden. Deshalb ist zweifellos die Saalwohnung mit einem festen Installationskern und nach den eigenen Vorstellungen der Bewohner einbaubaren, aus Einbauschränken bestehenden Zwischenwänden, den üblichen fixierten Grundrissen vorzuziehen. Dabei dürfte die Beliebtheit des Ausbaus von Altbauten und Dachwohnungen weniger mit der Lage im Inneren der Städte zusammenhängen als vielmehr mit dem Reiz der Andersartigkeit der historischen, handwerklich entstandenen Bausubstanz gegenüber dem modernen technisierten Bauen — denn aus denselben Gründen ist ja der Ausbau von Bauernhäusern und alten Mühlen mindestens so beliebt wie der alter Stadthäuser. In Amsterdam gibt es neue Beispiele des Ausbaus alter Speicher zu modernen Wohnungen, die die Nutzungsmöglichkeiten solcher alter Bausubstanz beweisen, die zur gleichen Zeit zu einer Bereicherung der Wohnumwelt führt.

Eines der schönsten Beispiele solcher Nutzungen und Veränderungsmöglichkeiten bieten zweifellos die Dachgärten. Ein mir bekannter, vor etwa 40 Jahren gebauter Dachgarten von ca. 38 m^2 Garten auf einem Miethaus, in dem im Jahr an die 100 kg Obst geerntet wird, kann einen Begriff davon geben, wie die Dächer unserer Städte aussehen könnten — sofern man der Initiative der Bewohner genügend Spielraum geben würde. Gerade das ist allerdings nicht immer und sogar immer weniger der Fall. Die alten Kleingartenanlagen, diese kleinen Paradiese persönlicher Freiheit und Eigenart, fallen immer häufiger derselben Reglementierung, Perfektionierung und Kommerzialisierung zum Opfer, der wir die ganze städtische Öde verdanken. Die alten Gärten mit ihren schönen großen Obstbäumen werden von der „Bebauung" verdängt — von Straßen, Fabriken und Mietskasernen. Was als Ersatz entsteht, sieht — oft in viel zu großer Entfernung von den Wohnungen und damit nur mehr zum Wochenendaufenthalt geeignet — vielfach aus wie Regimenter streng genormter, in Reih und Glied aufmarschierender Musterhäuschen hinter dünnen Drahtgittern auf offenen kleinen Gartenflächen, mit Gemeinschaftsbrunnen, von denen man das Wasser holen muß; und der so befürsorgte Untertan reagiert prompt mit einer „Gestaltung" mit Mini-Modekoniferen auf einem Mini-Rasen, ganz nach dem Farbfoto des Gartenfirmenkatalogs. Der so „moderne", „arbeitssparende" Garten mit Koniferen, die kein Laub abwerfen, kaum sichtbare Blüten und Früchte tragen, reduziert alle Gartenarbeit, aber auch fast alle Gartenerlebnisse und Gartenmöglichkeiten — er bietet das Gegenteil dessen, was dem Garten seinen Sinn gibt!

Die ganze Tragödie der unmerklichen, aber um so durchdringenderen Bevormundung durch eine öffentliche Meinungsmache nimmt auch in diesen Gärten ihren Lauf, die ein letztes persönliches Refugium bleiben sollten, von dem Hermann Mattern in seinem wichtigen Buch „Gras darf nicht mehr wachsen" richtig gesagt hat: „Der Garten ist der Ort der Freiheit, an dem wenigstens an einer Stelle das System der „Händler", dem wir ausgeliefert sind, unwirksam gemacht werden kann." Er erinnert uns damit an die Bedeutung des Kleingartens für die Selbstversorgung, der man sich in Krisenzeiten allerdings wesentlich deutlicher bewußt war als heute. Die Schrebergärten der USA lieferten im Jahre 1943 rund acht Millionen Tonnen Lebensmittel, etwa 40 % der gesamten Gemüseerzeugung der Vereinigten Staaten. In Deutschland ernteten 1,5 Millionen Kleingärtner auf einem Drittelprozent des landwirtschaftlichen Bodens 12 % der gesamten Gemüse- und 14 % der gesamten Obsternte! Man vergleiche die Hundertsätze des Bodens und der Ernte! Schon auf 300 m^2 können jährlich bis zu 700 kg Obst geerntet werden. Der Bedarf eines Menschen an Gemüse und Obst könnte nach Migge bei intensiver Kultur auf 100 bis 150 m^2 Gartenland erzeugt werden.

In der erwähnten 1972 erschienenen Arbeit der Wiener Studenten wird berichtet, daß in 59 % der Kleingärten Gemüse, in 76 % Obst geerntet und in 12 % Tiere gehalten wurden, während gleichzeitig 62 % der Kleingärtner die Erholungsfunktion betonen. 1945 standen nach diesem Bericht in Wiener Kleingärten 470.000 Obstbäume und 1800 Bienenvölker; seither sind mit der Zerstörung zehntausender Kleingärten 150 000 Obstbäume gefällt worden!

Ob in diesen überaus mannigfaltigen, persönlichen Gärten Blumen, Gemüse oder Obstbäume gezogen, Bienen, Tauben oder Hühner gehalten werden: Immer handelt es sich um eine selbständige, aktive und produktive Auseinandersetzung mit Natur und Umwelt, die gerade heute von allergrößter Bedeutung ist:

Denn in einer Zeit, in der immer weitere Bereiche des täglichen Lebens von anonymer Organisation und mechanischen Prozessen aller Art ergriffen und persönliche Vorstellungen durch den Einfluß der Massenmedien nivelliert werden, in der im Vertrauen auf die Machbarkeit aller Dinge gleichzeitig die grundlegenden ökologischen und biologischen Gesetzmäßigkeiten mißachtet und die natürlichen Lebensgrundlagen von Konsum- und Wegwerfwirtschaft aufgezehrt werden, wäre es von besonderer Bedeutung, daß sich ein möglichst großer Teil der Bevölkerung durch eigene Erfahrung und Anschauung der Unveränderlichkeit natürlicher bzw. ökologischer und biologischer Gesetzmäßigkeiten bewußt bleibt, deren unveränderliche Gesetze und Kenntnisse früher von der vom Land in die Stadt wandernden Bevölkerung immer von Neuem mitgebracht wurden.

So bietet zum Beispiel der Kleingarten die Freiheit, ohne Anwendung von Gift und Kunstdünger, ohne Vergiftung von Boden und Wasser, mit den natürlichen Mitteln der Kompostwirtschaft hervorragende Lebensmittel zu erzeugen und die Richtigkeit der so wichtigen Arbeiten von Alwin Seifert, wie zum Beispiel „Gärtnern, Ackern ohne Gift", selbst zu überprüfen. Der jüngste Zeitungsbericht über das Verbot eines Pestizides in den USA, das die mit ihm Arbeitenden nachweisbar unfruchtbar gemacht hat, bestetigt die bekannten Einwände Seiferts gegen chemische Pflanzenschutzmittel und die Art ihrer Verbreitung und Durchsetzung und sollte endlich zu denken geben!

Darüber hinaus ist aber das sichtbare Ergebnis eigener Produktivität ein entscheidendes Element seelischer Befriedigung, das die moderne Gesellschaft nur mehr den Wenigsten bieten kann. In dieser Zeit, in der so viele Kinder ihren Vater niemals arbeiten, sondern nur abends müde in den Fernsehsessel sinken sehen, und für dieses Zeitalter mit immer längerem Feierabend und Lebensabend, wäre nichts von größerer gesellschaftlicher, psychologischer und hygienischer Bedeutung als eine in jeder Hinsicht befriedigende, also produktive Freizeitbeschäftigung, die die Allgemeinheit mit möglichst wenig Opfern und Unkosten belastet. Ärzte haben zum Beispiel festgestellt, daß Gartenarbeit als die gesündeste Form der Freizeitbeschäftigung bezeichnet werden kann, was übrigens auch den Garten-Liebhabern selbst sehr wohl bewußt ist. In einem Wiener Kleingarten, dessen „Absiedlung" bevorstand, habe ich einen älteren Kleingärtner sagen hören: „Wenn man uns unsere Gärten nimmt, nimmt man uns nicht nur unser Hab und Gut, sondern auch etliche Jahre unseres Lebens."

Sowohl für die körperliche als auch für die von ihr nicht zu trennende seelische Erholung ist es eben ein großer Unterschied, ob man sich nach eigenem Wunsch seine natürliche Umwelt gestaltet oder auf einer Bank in einer „öffentlichen Grünfläche" sitzen darf. Was würde gegenüber den riesigen öffentlichen und privaten Ausgaben für den Wochenendverkehr die planmäßige Förderung und Entwicklung einer städtischen Gartenkultur kosten und bedeuten, die die Wünsche der schweigenden Mehrheit jener berücksichtigen würde, die auf den Wartelisten der Kleingartenvereine stehen und vor allem jener 75 % der Bevölkerung, die sich das Einfamilienhaus mit kleinem Garten als persönliches Refugium wünschen?

So ist es ein großer Unterschied, ob eine Frau ihre Blumen liebevoll selbst pflegt, oder ob die Passanten an den Blumenschalen vorübereilen, die ein Gartenamt auf das Pflaster gestellt hat. Schon mangels aktiver persönlicher Anteilnahme und Mitwirkung kann der öffentliche Park nicht entfernt dasselbe sein wie der private Garten und man sollte sich daran erinnern, daß all das, was wir heute „öffentliche Grünfläche" nennen, erst seit Ende des vorigen Jahrhunderts, erst in der durch die Industrialisierung entstandenen modernen Großstadt existiert und daß die alten Schloßgärten, die die beliebtesten und kostbarsten Elemente dieser Grünflächen bilden, ursprünglich keinesfalls für das Erholungsbedürfnis des Großstädters gebaut worden sind, sondern außerhalb der damals vergleichsweise winzig kleinen Städte und nur zum Zwecke der Repräsentation und ihr dienenden räumlichen Gestaltung; und ihre große Anziehungskraft auf heutige Großstädter verdanken sie auch nur ihrer starken räumlichen Wirkung, den geschlossenen und geschützten Aufenthaltsräumen im Freien, die sie bieten. Erst mit der Zusammenballung der Bevölkerung in den gartenlosen Zinskasernen ist die „öffentliche Grünfläche" nötig geworden, die, sofern sie dem Sport und der Bewegung dient, im Hinblick auf das Bewegungsbedürfnis der Jugend so großzügig als möglich bemessen sein sollte, aber trotzdem den eigenen, zur Wohnung gehörenden Erholungsraum, den Wohnhof oder Wohngarten, niemals ersetzen kann.

Jeder Garten kann naturgemäß um so besser gepflegt und bewohnt werden, je näher er der Wohnung liegt. Ein verlorener Garten in der Nähe der Wohnung kann durch einen weit entfernten niemals vollwertig ersetzt werden. Der tägliche Aufenthalt im Garten wird damit fast immer zum Wochenendaufenthalt reduziert, der für echte Gartenkultur nicht genügt.

Jeder Kleingärtner ist ein verhinderter Siedler bzw. Gartenstadtbewohner. Wenn befürchtet wird, daß es aus Platzgründen nicht möglich sei, die „Wunschwohnform" des größten Teils der Bevölkerung in der Stadt zu verwirklichen, so zeigt gerade der Kleingarten den einzig möglichen Weg: die kleine Parzelle.

Für die Ausdehnung der Städte ist in Wirklichkeit nicht die Bauhöhe ausschlaggebend, durch die man ein wenig bebauter Fläche einsparen kann, sondern vielmehr die Größe der Grundstücke, auf denen die Häuser stehen, also ihre Abstände voneinander, die für Versorgung mit Spielplätzen, Grünflächen, Parkplätzen usw. nötig sind und die natürlich um so größer sein müssen, je höher die Häuser sind. Da zwischen niedrigen Einfamilienhäusern auch kleinere Abstände nötig sind, kann man zum Beispiel für den Bau von Atriumhäusern dieselbe Dichte erzielen wie mit normaler vier- bis fünfgeschossiger Bebauung.

Einfamilienhäuser nehmen nur dann zu viel Platz in Anspruch, wenn sie auf zu großen Parzellen stehen, als ringsum freistehende Einzelhäuser. Aber diese von den Medicaer Villen und den Herrenhäusern abgeleitete Hausform ist städtischen Lebensverhältnissen völlig wesensfremd. Sie ist vor 100 Jahren gleichzeitig mit der Zinskaserne als „Villa der Oberen Zehntausend" in den Städtebau eingeführt worden und inzwischen zum bekannten Eigenheim auf 600 bis 1000 m^2 Grundstück verkümmert.

Demgegenüber sind die Wohnhäuser sowohl der alten Städte als auch der modernen Gartenstädte immer als Reihenhäuser auf schmalen, etwa 6 m breiten und 20 bis 30 m tiefen, also etwa 150 bis 200 m^2 großen Grundstücken entstanden. Sie beanspruchen also nur etwa ein Fünftel der Flächen freistehender Einfamilienhäuser der sogenannten „offenen Bauweise".

Wenn von Unwirtschaftlichkeit des Einfamilienhauses gesprochen wird, dann betrifft das nicht die Baukosten, diese sind bei geeigneter Bauweise für ein Einfamilienhaus nicht größer als für eine entsprechende Wohnung im Mehrfamilienhaus, wie wir in allen Einzelheiten nachgewiesen haben. Die Unwirtschaftlichkeit betrifft die Erschließungskosten. Aus all diesen Gründen kann die „Wunschwohnform" nicht als das an einer Fahrstraße stehende Einzelhaus auf großer Parzelle, sondern nur als ein an einem Wohnweg stehendes Reihen- oder Atriumhaus auf einem 200 bis 250 m^2 großen Grundstück als generelle Lösung verwirklicht werden!

Entscheidend ist dabei, daß mit all den Opfern für zu große Parzellen, freistehende Einzelhäuser an zu teuren Straßen nichts an Wohnlichkeit gewonnen wird — im Gegenteil: Die Gärten zwischen den freistehenden Häusern sind von allen Seiten von den Nachbarhäusern eingesehen und damit als Wohnräume unbrauchbar, die Vorgärten außerdem noch vom Lärm und Gestank der Autos völlig entwertet.

Es gibt keine klare Trennung mehr zwischen Wohn- und Verkehrsfläche, die Stadt besteht aus einer riesigen, undifferenzierten, teils vom Verkehr, teils von Bepflanzung erfüllten Fläche, auf der die Häuser verstreut stehen, von allen Seiten dem Verkehrslärm, aber auch den Blicken anderer ausgesetzt, und das gilt für hohe Punkthäuser genauso wie für kleine Eigenheime. Auch wenn bei solcher offenen

Bebauung noch so große Grünflächen entstehen, sind sie kaum brauchbar, weder als privater Wohnraum im Freien noch als öffentlicher Erholungsraum. Denn — und das scheint mir das Allerwichtigste — bei dieser Konzeption der sogenannten „offenen Bebauung" entsteht kein „Raum" mehr. In der für städtische Lebensräume jahrtausendelang selbstverständlichen klaren Trennung von privaten und öffentlichen Freiräumen, Höfen einerseits, Gassen und Plätzen andererseits, ist die fundamentale gesellschaftliche Polarität zwischen privatem und öffentlichem Leben zum Ausdruck gekommen. Dieser Symbolgehalt des städtischen Raumgefüges war ein wesentlicher Bestandteil wirklicher Urbanität. Nachdem der spannungsvolle Kontrast zwischen geschlossenen, geschützten, stillen Wohnhöfen und ummauerten Gärten, von ebenso geschlossenen schmalen Gassen und weiten Plätzen verschwunden und an ihre Stelle ein unübersehbares Gewirr von Verkehrsflächen und Grünflächen getreten ist, besteht die Stadt nicht mehr aus Räumen, sondern nur noch aus Zwischenräumen.

Geschlossene Bauweise, Atrium- und Reihenhäuser bilden dagegen nicht nur Räume, sondern ergeben ausreichend hohe Besiedlungsdichten für großstädtische Wohnbebauung und ihre Erschließung mit Massenverkehrsmitteln. Erinnern wir uns, daß 7 Millionen Einwohner Londons und mehr als die Hälfte der Bevölkerung Bremens bis vor wenigen Jahrzehnten so gut wie ausschließlich in zweigeschossigen Einfamilien-Reihenhäusern gewohnt haben, so wie 8 Millionen Einwohner Pekings heute noch in ebenerdigen, weiträumigen Hofhäusern.

In der 1968 gebauten Gartenstadt Puchenau bei Linz konnte die heutige Wirtschaftlichkeit dieser Siedlungsform nachgewiesen werden. Sie hängt von einem sparsamen Erschließungssystem ab. Bei Erschließung durch schmale, 1,5—3 m breite, leicht befestigte Wohnwege statt durch teure Fahrstraßen, ist diese Bebauung der üblichen mehrgeschossigen nicht nur wirtschaftlich völlig ebenbürtig, sondern — und vor allem — wesentlich wohnlicher, ist ihr an echter Urbanität überlegen. Es ist nämlich das menschliche Maß, und nicht das historische Detail, das auch die Gassen der alten Städte so wohnlich und so anziehend macht, die wir in den Ferien so gerne aufsuchen. Dabei sollten in unseren modernen Siedlungen *überdeckte Fußwege ebenso selbstverständlich werden, wie die Arkaden in den alten Städten es waren.* Auf diesen schmalen, zum Teil überdeckten Wohnwegen, in diesen Räumen menschlichen Maßes, deren Abmessungen sich nicht von einem Wohnraum unterscheiden, spielen die Kinder völlig ungezwungen neben dem Wege der Erwachsenen. Sie finden hier eine unreglementierte Welt, in der sie sich nach eigener Initiative im Spiel auf ihr späteres Leben vorbereiten. Dabei hat sich gezeigt, daß die Häuser von den Parkplätzen etwa 70 m entfernt sein können, ohne daß Wege solcher Länge als Belastung empfunden werden — im Gegenteil. Auch für den Erwachsenen sind diese Wege ein wichtiges Erlebnis einer gegenüber der Arbeitswelt Entspannung und Abwechslung bietenden Wohnwelt. Wie richtig die diesbezüglichen Bemerkungen Alexander Kleins waren, hat sich in der Gartenstadt Puchenau nach einer bald zehnjährigen Benutzung erwiesen: Eine Befragung, die nach sechs Jahren Benutzung von einer Forschungsgesellschaft durchgeführt und von der Universität Wien gewissenhaft ausgearbeitet wurde, hat ergeben, daß nicht nur die Kommunikation zwischen den Bewohnern von Einfamilienhäusern besser war als bei allen anderen Hausformen, sondern sie hat vor allem das überraschende und meines Erachtes überaus wichtige Ergebnis gebracht, daß die Bewohner der Einfamilienhäuser 75 % ihrer Wochenenden zu Hause und nur 25 % außerhalb verbracht haben, wobei auch diese 25 % durch gesellschaftliche Verpflichtungen und dergleichen veranlaßt und erzwungen waren. Dagegen haben die Bewohner der in jeder Hinsicht vergleichbaren benachbarten Hochhäuser 75 % ihrer Wochenenden außerhalb der Stadt und nur 25 % zu Hause verbracht.

Damit erscheint mir, meine sehr geehrten Damen und Herren, erwiesen, daß man eine Stadt bauen kann, die nicht in die Flucht treibt, in der man sich nicht nur an den Werktagen, sondern auch an den Wochenenden zu Hause fühlen kann, die also uns die Möglichkeit gibt, unsere Freizeit als freie Zeit zu benutzen — und diese Frage war es ja, die ich beantworten wollte.

Freizeit '78 Das Wohnumfeld als Freizeitraum

Ulrich Conrads
Keine Zeit, frei zu sein

Kein Zeit, frei zu sein — ich wollte mir mit dieser ungenauen Überschrift noch eine Weile Bewegungsfreiheit verschaffen. Wer von der Beobachtung, wenn's hoch kommt: der kritischen Beobachtung lebt, legt sich nicht gern fest, ehe er muß. Entdeckungen warten immer und überall. Und unsere Augen bleiben nicht die gleichen. Sehen, was man sieht — das kommt ja gleich nach der Danaiden-Aufgabe, in alle Ewigkeit Wasser in durchlöcherten Krügen herbeizutragen. Das Faß wird nicht voll.

Ich wollte mir offen lassen, hinter „Keine Zeit, frei zu sein" einen Punkt, ein Fragezeichen oder ein Ausrufezeichen zu setzen. Je nachdem. Ich machte die Rechnung ohne den Wirt, den Siedlungsverband. Der schickte mir nämlich zweimal dicke Umschläge voll gedruckten Papiers und revanchierte sich seinerseits mit der Formulierung, es stehe mir frei, dieses Material bei der Konzeption meines Referats mitzuverwenden; oder auch nicht. Das macht einen natürlich alles andere als frei. Da muß man lesen. Die Mühe, der Aufwand, die Ernsthaftigkeit, die sich da niedergeschlagen haben, sind respektabel. Auch Rang und Name der Autoren gebieten Achtung. Selbst der Pausenclown Ihres dritten Kongresses, dem vom 1974, trat mir noch die Absätze von den Stiefeln: Gerd Fischers „Sache mit dem Puffreis" erstickte einen eigenen Ansatz schon im Keim. Und je länger ich las, um so weniger war Zeit, frei zu sein zu eigener Mitteilung. Mein Thema schlug auf mich zurück. Ab und zu unterbrach meine Kleinfamilie ihre unmäßige Freizeit im sonnigen, warmen maigrünen Garten und kredenzte mir Kaffee. Mit welcher Häme können Sie sich denken — bei diesem Thema. Hätte ich doch im Garten sitzen können! Aber selbst Freizeit-Lektüre verbietet sich, wenn ringsum Rasen motorgemäht, Kaminholz gesägt, Bälle getreten, an Lauben gehämmert und dauernd Kommaher! gerufen wird.

Kurz, meine Damen und Herren, für eine kurze Weile teilte ich Ihr freizeitgesellschaftliches Schicksal, zur Unzeit, nämlich in der Freizeit, über das „Wohnumfeld als Freizeitraum" nachzudenken. Als ich nach einer guten Weile mit verdrossenem Respekt von den Papieren abließ — alles schon gesagt, gut gesagt, besser gesagt! —, kam mir wie weiland dem Gerd Fischer Goethe in die Quere, und zwar der Goethe von 1828, der hundertfünfzigjährige Goethe. Nennen Sie es Zufall. Unter dem 28. März des Jahres läßt Eckermann ihn sagen:

„ ‚Ich brauche nur in unserm lieben Weimar zum Fenster hinaus zu sehen, um gewahr zu werden, wie es bei uns steht. — Als neulich der Schnee lag und meine Nachbarskinder ihre kleinen Schlitten auf der Straße probieren wollten, sogleich war ein Polizeidiener nahe, und ich sah die armen Dingerchen fliehen, so schnell sie konnten. Jetzt, wo die Frühlingssonne sie aus den Häusern lockt und sie mit ihresgleichen vor ihren Türen gerne ein Spielchen machten, sehe ich sie immer geniert, als wären sie nicht sicher und als fürchteten sie das Herannahen irgendeines polizeilichen Machthabers. — Es darf kein Bube mit der Peitsche knallen, oder singen, oder rufen, sogleich ist die Polizei da, es ihm zu verbieten. Es geht bei uns alles dahin, die liebe Jugend frühzeitig zahm zu machen und alle Natur, alle Originalität und alle Wildheit auszutreiben, so daß am Ende nichts übrig bleibt als der Philister.' ‚Sie wissen', so fährt Goethe (an Eckermann gewandt) fort, ‚es vergeht bei mir kaum ein Tag, wo ich nicht von durchreisenden Fremden besucht werde. Wenn ich aber sagen sollte, daß ich an den persönlichen Erscheinungen, besonders junger deutscher Gelehrten aus einer gewissen nordöstlichen Richtung, große Freude hätte, so müßte ich lügen. — Kurzsichtig, blaß, mit eingefallener Brust, jung ohne Jugend, das ist das Bild der meisten, wie sie sich mir darstellen. Und wie ich mich mit ihnen in ein Gespräch einlasse, habe ich sogleich zu bemerken, daß ihnen dasjenige, woran unsereiner Freude hat, nichtig und trivial erscheint, daß sie ganz in der Idee stecken und nur die höchsten Probleme der Spekulation sie zu interessieren geeignet sind. — Von gesunden Sinnen und Freude am Sinnlichen ist bei ihnen keine Spur, alles Jugendgefühl und alle Jugendlust ist bei ihnen ausgetrieben, und zwar unwiederbringlich; denn wenn einer in seinem zwanzigsten Jahr nicht jung ist, wie soll er es in seinem vierzigsten sein.'

Goethe seufzte und schwieg.

Ich — notiert Eckermann — dachte an die glückliche Zeit des vorigen Jahrhunderts, in welche Goethes Jugend fiel; es trat mir die Sommerluft von Seesenheim vor die Seele, und ich erinnerte ihn an die Verse:
Nach Mittage saßen wir
Junges Volk im Kühlen.

‚Ach!' seufzte Goethe, ‚das waren freilich schöne Zeiten! ... Könnte man nur den Deutschen ... weniger Philosophie und mehr Tatkraft, weniger Theorie und mehr Praxis beibringen... Sehr viel könnte geschehen von unten, vom Volke, durch Schulen und häusliche Erziehung, sehr viel von oben durch die Herrscher und ihre Nächsten...', ‚Und dann bedarf es denn im Leben eines Staatsdieners in Behandlung der Menschen nicht auch der Liebe und des Wohlwollens? — Und wie soll einer gegen andere Wohlwollen empfinden und ausüben, wenn es ihm selber nicht wohl ist?'

‚Es ist aber den Leuten allen herzlich schlecht!...' ‚Wir wollen indes', fügt (der achtundsiebzigjährige) Goethe lächelnd hinzu, ‚hoffen und erwarten, wie es etwa in einem Jahrhundert mit uns Deutschen aussieht, und ob wir es sodann dahin werden gebracht haben, nicht mehr abstrakte Gelehrte und Philosophen, sondern Menschen zu sein.' "

Soweit das Zitat, die Äußerung eines lebenserfahrenen Mannes, der, wie wir wissen, von Statur nicht gerade ein Sportstyp ist, aber auch im hohen Alter noch gute Nerven hat: Sollen doch die Buben mit den Peitschen knallen! Und der fragt: Wie soll einer Wohlwollen gegen andere und deren Lebensäußerungen empfinden und ausüben, wenn es ihm selber nicht wohl, sondern herzlich schlecht ist?

Weil ihm nämlich das Peitschenknallen beizeiten ausgetrieben worden ist. So einer hält dann zeitlebens spontane Lebensäußerungen, schon gar wenn sie mit Lärm verbunden sind, für eine private Verschlußsache. Wem die Spontaneität abgewöhnt worden ist, wird den gleichen Verlust auch andern beibringen. Er kann gar nicht anders. Denn über kurz oder lang meldet sich die erzwungene Selbstunterdrückung — man kann dazu auch sagen: der Zwang, eine normierte Rolle zu spielen, genauer: eine Rolle zu leben, als Defekt oder Bruch des Selbstbewußtseins. Viele, die meisten bringen sich darüber hinweg, indem sie die Rolle, in die sie sich gefügt haben, ausbeuten. Sie verkehren ihre Zwangssituation in eine zwanghafte Darstellung ihres Selbstwerts. Anerkennung wird ihnen zum Lebensmittel. Von ihr leben sie, wie man vom Brot lebt. Die vielzitierte Fremdbestimmung wirkt da, als solche kaum mehr erkennbar, tief unter der Haut. Wir nennen diese Fremdbestimmung Sozialprestige. Wer dieses Prestige nicht gewinnen kann, meldet sich krank. In den verschiedenen Arten, die es dafür gibt. Zu den harmlosen, weil mißverständlichen, zählt zum Beispiel, in die dunklen Ecken von Miethaus-Eingangsfluren und Durchgängen zu pinkeln. Zu den unmißverständlichen, weil nicht mehr wiederholbaren, der Sprung aus dem sechsten Stock, wobei es noch zu unterscheiden gilt, ob dieser Sprung zu nachtschlafener Zeit oder in der rush-hour getan wird.

In aller Regel aber kommt die Gesellschaft solchen Krankmeldungen zuvor. Sie erklärt nämlich von sich aus den, dem es nicht gelingen will, das ihm nach den Normen des angepaßten Zusammenlebens zustehende Sozialprestige zu gewinnen, oder der darauf verzichtet, für krank. Andererseits kann die Erwachsenengesellschaft unangepaßtes Selbstsein, weitgehende Unabhängigkeit, vor allem aber Spontaneität nicht tolerieren. Oder nur in Randbereichen, was natürlich wiederum mit den fixierten Berufs- und Lebensrollen zu tun hat. Künstlern oder — ausnahmsweise — Designern vom Schlage eines Collani sieht man es nach; Architekten nicht; und Planern schon gar nicht. Auch sie haben ja — übertragen gesagt — dafür zu sorgen, daß nicht mit Peitschen geknallt wird; und wenn schon, dann aber doch bitte dort, wo es niemand hört, wo es nicht stört, wo die Privatsphäre der Privatleute, kurz, unsere fast absolute gesetzte Privatheit nicht angetastet wird.

Nun möchte diese Gesellschaft aus lauter Privatleuten — seid nett zueinander! Tue recht und scheue niemand! Wie du mir, so ich dir! — am liebsten überhaupt keine Planer, ganz gleich wie angepaßt. Denn: Was heißt das schon — planen? Tut ja jeder. Zudem ist Planen — und da meldet sich mit einemmal die aus dem Bewußtsein verdrängte, schon früh erlebte Unterdrückung des Einzelnen — zudem ist Planen gefährlich: Es kann einen selbst treffen. Da sei Law and Order vor!

Sie sehen: Der Kreis schließt sich. — Wenn schon Planung — es geht wohl nicht ohne — so will die Gesellschaft nur das vernünftig Erscheinende, das Durchkalkulierte, das Abgesicherte, das garantiert Vorteilhafte bezahlen. Die Planung ohne Wagnis. Sie zahlt nur gegen Vorlage von Statistiken und darauf bezogene Gutachten, aufgestellt zum Zwecke der Absicherung eines fest umrissenen Zwecks. Die erste Frage ist, ob etwas Zweck hat. Wird das bestätigt, so wird der Zweck zum Ziel erhoben und daran die Frage geknüpft: Wie kommt man am zweckmäßigsten zu diesem Ziel? Das genau besehen nur ein Zweck ist. So mogeln wir uns um die Sinnfrage herum.

Ein Beispiel:

Der Vandalismus Halbwüchsiger — ob eine Eigenschaft der Jugendlichen oder Folge von Einwirkungen auf sie, stehe dahin — wirft sich mit Vorliebe und Wucht auf Parkbänke. Sie werden aus den Verankerungen gerissen, zerstört oder, soweit brauchbar, als Material weggeschleppt. Holz ist teuer. Frage: Hat es Zweck, die Holzbänke durch solche aus Kunststoff zu ersetzen? Die ja für die Vandalen, werden sie von ihnen kaputt gemacht, nichts weiter hergeben. Was kosten Kunststoffbänke im Vergleich zu Holzbänken, bei gleich robuster Verankerung? Wieviel Holzbänke wurden bislang pro Saison zerstört? Zahlt sich der Kunststoff-Mehrpreis — ich nehme ihn hier einmal an — aus? Jawohl, befinden die Zerstörungs- und die Preisstatistik.

Es werden Kunststoffbänke bestellt. Und künftig nur solche eingeplant. Damit ist eine sinnlose Entscheidung getroffen.

Parkbänke sind ja dazu da, daß sich müde und erholungssuchende Leute auf ihnen ausruhen können. Dazu müssen sie so beschaffen sein, daß sich gut auf ihnen sitzen läßt. Gut sitzen heißt nun aber nicht nur: bequem sitzen. Es hat auch etwas mit dem Material zu tun, auf dem man sitzt. In unserem Fall ist von diesem Material zu verlangen, daß es eine gute Wärmespeicherungsfähigkeit besitzt und daß es atmet, also porös ist. Niemand will an einer solchen Bank kleben und hernach mit feuchtem Rock, durchschwitzter Hose weggehen. Die Ruhebank darf sich also weder kalt noch glatt anfühlen. Außerdem steht sie ja nicht irgendwo, sondern auch in einem Stadtpark mitten drin in der doch so gelobten Restnatur. Die hat ihre Jahreszeiten und ihre Wetter. Sie kommt und geht, wächst und altert. Es ist nicht nur eine Frage des Geschmacks, daß das, was wir zu Nutzen unserer Erholung hineinstellen, diese Vorgänge mitmacht. Es muß einwachsen können; es muß — vor allem — altern können auf die gute Weise, wie natürliche Stoffe eben altern — sei's durch Nutzung, sei's durch Wetter und Jahre.

Ist es sinnvoll, alle dies ganz primären Qualitäten eines Freisitzes zu opfern, nur um jugendlicher Aggression eine Zielscheibe zu nehmen?

Es ist noch nicht einmal zweckmäßig. Denn so phantasiearm ist Jugend — noch — nicht, daß sie nicht alsbald ein anderes Objekt für die Abfuhr ihrer gestauten vitalen Impulse fände; ein noch geeigneteres, weil dessen Zerstörung die Erwachsenen noch weit mehr provoziert als eine zerschlagene Bank.

Daß die Zerstörungen, von denen ich hier rede, im übrigen — und entgegen der landläufigen Bürgermeinung — ganz und gar nicht sinnlos sind, will ich nur am Rande bemerken.

Allerdings ist dieser Sinn auf einer ganz anderen Ebene angesiedelt.

Wir hier aber müssen sehen und festhalten:

Zerstören, Demolieren ist eine der typischen Freizeit-Aktivitäten; so wie das Feuermachen und Feuerlegen; dabei wird ja auch Stoff, Materie, brauchbare und auch sogar schon genutzte vernichtet. Welche Vernichtung – als Erlebnis – sogleich kompensiert werden kann und auch gern und mit Vergnügen kompensiert wird durch das Garen roher Kartoffeln, das Braten von Würstchen am Stecken oder von Hammeln am Spieß.

Am letzten Himmelfahrtstag trafen sich in Berlin ansässige Jugoslawen in einem städtischen Park am Ufer des Landwehrkanals, schlachteten sechs Hammel, die sie mit sich geführt hatten, schichteten Trümmerholz aus nahegelegenen Abbrüchen und entzündeten unter Tanzen und Singen sechs anständige Feuer. Die Hammel waren noch nicht auf den Bratspießen, der würzige Duft verbrannten Hammelfetts hatte noch keinen der Anlieger und Anwohner belästigt, da war schon die Polizei zur Stelle und machte dem schönen Fest ein Ende. Die Feuer mußten gelöscht, die Hammel in familiengerechte Portionen zerteilt werden – natürlich nicht am gleichen öffentlichen Platz, sondern in irgendwelchen Küchen.

Peitschenknallen verboten. Nur Fuhrknechte und Dompteure haben mit Peitschen zu knallen. Hammel braten in der öffentlichen Stadt-Natur verboten. Die Mehrheit der Deutschen ißt kein Hammelfleisch. Und die qualifizierte Minderheit tut es in die Pfanne oder auf den Gartenparty-Grill. Riecht zwar genauso, nur nicht so weit. Außerdem ist die Wohndichte ringsum geringer. Ein Beitrag zum Demokratieverständnis.

Man könnte es verstehen, wenn jetzt Gastarbeiterjungs Parkbänke in den Landwehrkanal werfen. Wie man, wäre es anders gegangen, durchaus hätte erwarten können, daß das ausgelassene Völkchen am nächsten Wochenende wieder aufgeräumt, die Feuerstellen glatt geharkt und möglicherweise sogar neues Gras eingesät hätte.

Es gibt eine soziographische Untersuchung, in der zur besseren Handhabung der Freizeitplanung oder Planung für Freizeit alle erdenklichen Freizeit-Aktivitäten aufgelistet sind. Man zählt ihrer 480. Ich konnte nicht mehr nachsehen, aber ich wette, daß wir da die Herstellung von Braten am Spieß überm offenen Feuer aufgeführt finden; daß wir aber nicht aufgeführt finden das Demolieren von Sachen und Anlagen.

Auch Soziographen schauen eben nicht genau hin, sehen bestimmte Zusammenhänge nicht, obschon wir alle ja ganz fundamentale Erfahrungen davon haben. Bumms! jubelt das Kind. Es hat den wackligen Bauklotzturm, den es eben gebaut hat, vorsätzlich zum Einsturz gebracht. Ich kann es machen; und ich kann es auch zerstören.

Ich kann mit der Peitsche knallen. Ich kann das, ich hab's gelernt, ich hab's raus. Nun kann ich die Ruhe, die Stille kaputt machen. Und man sieht nicht nur, man muß hören, was ich kann.

Das sind Triumphe des Selbstgefühls.

Wann im Leben später sind sie noch einmal so möglich?

Gewiß bei oder auf Grund einer exorbitanten beruflichen Leistung.

Gewiß in einer ganz elementaren Situation: Aufgehen, Sich-auflösen in Sonne, Wasser, Wind; oder: allein im Fels, in der Wüste, auf dem Meer; beim Fliegen. Gewiß auch nach dem Bestehen eines panischen Schreckens; oder Auge in Auge mit einer Gefahr auf Tod und Leben; schließlich im Augenblick des Noch-einmal-davon-gekommen-seins.

Sicher ebenso in einer großen Liebe.

Das sind – nicht vollständig aufgezählt natürlich – die großen Erholungen, die Wiederaufrichtungen, die das Leben einem jeden von uns bereithält; wir müssen nur dahin vordringen.

Man kann auch sagen – dies den Freizeitplanern ins Stammbuch –: Es sind die Momente der Kindlichkeit, in denen wir uns richtig, von Grund auf, erholen.

Wenn Nachdenken über Freizeit, wenn Planen für Freizeit, Entwerfen auf Nutzung der Freizeit hin Sinn haben sollen, dann doch nur den, uns und unseren Mitmenschen Selbstgefühl möglicher zu machen, möglichst viel Unmittelbares, sei es im Erleben oder im Tun, möglichst viel Kindlichkeit in die karg bemessene Zeit einzubringen, die nicht dem Schlaf und der Arbeit gehört. Auf daß er: Ich freue mich wie ein Kind! sage.

Trimm-Dich-Pfade, Freizeit-Architektur und ähnliche Erfindungen können die Mittel dazu in erster Linie denn doch wohl nicht sein. Und ebenso wenig die Ansätze der Statistiker und Soziographen, denen in der Regel die Patienten schon weggelaufen sind, während sie ihre analytischen Schnitte vollführen.

Was wir brauchen, ehe überhaupt ein Strich aufs Papier, eine Zahl in die Rechnung, ein Werkzeug zum Einsatz, ein Stein ins richtige Rollen gebracht wird, das ist viererlei:

1. *Lebenserfahrung* – dafür können Sie auch setzen: Selbsterfahrung – mit Augen und allen Sinnen, mit Maßstab und Gedächtnis, mit Wachheit und intellektueller Aufrichtigkeit.

Das ist

2. *Menschenkenntnis* – welche ja nicht zuletzt voraussetzt, daß man eine Menge gelernt und handhabbar gemacht hat, was die Humanwissenschaften herausbekommen haben. Um es pointiert zu sagen: Wer Adolf Portmanns, des großen Biologen, jüngste Schriften, wer Mitscherlichs Buch über die vaterlose Gesellschaft – zwei Namen stehen für viele – nicht gelesen hat, weiß zu wenig.

Das ist

3. *Soziale Phantasie* – die ganz gewiß nicht dadurch bezeugt wird, daß sich einer für vielzuviel laufende Quadratmeter Erdgeschoßfläche in viel zu weitläufigen Neubauten soziale Buntscheckigkeit in Form von Cafeterias, Boutiquen, Beat-Schuppen, Volksbüchereien, Konditoreien, Blumenläden, Friseuren, Musikkneipen, Jugendclubs, Altentreffs, Info-Centers usw. – Sie kennen die Liste – verspricht, sich selbst verspricht; weil der Ort, für den das aufs geduldige Papier gebracht wird, das alles natürlich weder leisten noch halten kann.

Das ist – schließlich –

4. *Liebe.* Ganz einfach Liebe – Liebe zu den Menschen und Liebe zu dem, was man für die zurichtet.

Das sind für mich die ersten Mittel, oder lassen Sie mich sagen: Das sind für mich die Kardinal-Tugenden des Planers, des Stadtplaners, des Bauplaners, des Garten- und Landschaftsplaners – und natürlich aller anderen Planer auch:

Lebenserfahrung, Menschenkenntnis, soziale Phantasie, Liebe.

Es sträubt sich etwas in uns, diese Worte in ein Sach- oder gar Fachgespräch einzubringen. Wir merken, mit ihnen kommt eine andere Dimension ins Spiel: die Dimension der Vorsicht, des Eingehens auf ein Gegenüber, der geduldigen Zuwendung, der Zärtlichkeit, der Einstimmung, der Achtung.

Mit all dem läßt sich schwerlich die Rolle markieren, zu der der Planer verdammt ist: ein gestandener Mann, immer in kämpferischer Attitüde, auf Abwehrgriffe trainiert und schnelle Ausfälle; und um sich schlagend, wenn er seine Autorität angetastet sieht. Kurz, ein Supermann, dem der Leistungsdruck im Taschenkalender steht und der Verfolgungswahn im Genick sitzt; dem der Maßstab aus der Brusttasche und eine sensible Hand aus der Hemdmanschette guckt. So will ihn die Gesellschaft, diese Figur bezahlt sie. Effizienz ist gefragt.

So bei der Herrichtung eines innerstädtischen Grünplatzes. Etwa 120 m breit und 300 m lang, liegt er in einer städtebaulichen Achse, die noch vor der Mitte des vorigen Jahrhunderts konzipiert wurde. An die nördliche Stirnseite des Platzes setzte man eine große, so um 2000 Seelen fassende Backsteinkirche, an der südlichen Stirnseite bildete man ein Halbrund aus viergeschossigen Miethäusern. An der Westseite des Platzes steht ein Krankenhaus, erbaut um 1846, historisch bedeutsam also. Im Osten ist der Platz mit Miethäusern geschlossen. Er ist in Längsrichtung Vorplatz der Kirche, in Querrichtung Vorgarten des Krankenhauses. Nach dem letzten Krieg wurde auf ihm Trümmerschutt abgeladen, später dann planiert. Eine dünne Erddecke kam drüber. Rasen wurde angesät. Der Rasen ist ringsum mit Bäumen und Gebüsch gegen die umlaufenden Straßen abgeschirmt. Ein Weg führt rings um die Rasenflächen, einige Wege teilen sie quer. Da sah man nun Türkensippen im Kreis lagern, Pärchen unter den Büschen. Rentner saßen auf den Bänken am Rund. Jungs hatten Fußballfelder abgesteckt. Kranke machten dort erste neue Gehversuche. Posaunenchöre stellten sich auf. Die außerparlamentarische Opposition marschierte dann und wann ungeordnet auf. Bürgerinitiativen hatten dort ihren Treffpunkt und Versammlungsort. Darunter litt der Rasen. Und das um so mehr, als die Schuttdrainage drunter alles Wasser immer gleich wegschluckt. Die zuständige Verwaltung schritt zur Tat und ließ sich einen kräftigen Scheck für die Neufassung des Platzes nach Entwurf eines Architekturprofessors genehmigen. Der Entwurf sah vor, in der Platzmitte, in der Eingangsachse des Krankenhauses, ein großes Rund abzusenken, mit Sitzstufen zu umgeben und alles das zu pflastern. Er sah weiter vor, alle möglichen Bereiche vorzusehen zum Liegen, Sitzen, Laufen, Spielen der diversen Gruppen und Altersgruppen. Der langgestreckte Platz, die einzige Grünoase weit und breit, sollte endlich eine zweckdienliche Einteilung erfahren, verbunden mit der Herstellung einer besseren Wasserhaltung. Kaum wurde der Plan ruchbar, kaum waren die Pflöcke gesetzt, zertrampelte eine Bürgerinitiative den Rasen vollends. Warum tat sie das? Sollte hier gartenlosen Bürgern nicht Gutes geschehen? Sollten hier nicht einige Millionen zu ihrem Vorteil investiert werden?

Die Antwort lautete und muß lauten: nein! Über dem eigentlichen Zweck der Maßnahme, nämlich dem, den Rasen zu festigen und ihn durch anderen Erdunterbau und durch Bewässerung frisch und strapazierfähig zu machen, wie einen Fußball-Rasen, hatten die Planer den Sinn dieses Platzes an diesem Ort, in dieser Lage aus den Augen verloren. Sie hatten wohl auch vorher gar nicht hingeschaut. Sonst hätten sie nicht auf den Gedanken kommen können, es sei da etwas einzurichten, etwas einzuteilen, so oder so zweckmäßig zu sondern durch irgendwelche Anlagen. – Rasen, Wiese war hier gefragt, Sonne und etwas Schatten; und vielleicht noch ein, zwei Wasserstellen mit Trinkwasser; und einige Bänke mehr. Alle sonst vorgesehenen Wohlfahrtseinrichtungen können den Nutzern gestohlen bleiben. Das dafür angefahrene Material verschwand denn auch gleich über Nacht. Die Pflasterung wurde verhindert. Behörde und Planer schwenkten daraufhin um und ein: Jetzt soll es nur den großen Sitzring geben, mit den zugehörigen Stufen. Sonst bleibt es beim Rasen; auch im Ring, auch auf den Stufen. Ein Zaun, eine Tausendwattlampe und ein Nachtwächter mit deutschem Schäferhund bewachen nun trotz dieser Sinnesänderung nächtens die Reste der Fehlplanung. Auf den nicht eingezäunten, noch nicht umgekrempelten Flächen des Rasenplatzes hocken wie zuvor die türkischen Sippen und sitzen auch wir in Theater- und Konzertpausen. Dazu müssen Sie wissen, daß das alte Krankenhaus nun ein ganz junges Künstler-, Ausstellungs-, Theater-, Konzert-, Alten- und Kinderhaus ist.

Ist das effiziente Zweckmäßigkeitsdenken in diesem Fall an sich selbst erstickt, weil es, zu dick aufgetragen, rechtzeitig Alarm auslöste bei denen, die mit den Folgen leben müssen, so stehen wir in anderen Fällen fast regelmäßig vor den faits accomplis eines falsch geleiteten Wohlfahrtsdrangs.

Ein Beispiel:

Ort der Handlung: ein Gründerzeitviertel; eine Wohnstraße, etwa in Nord-Süd-Richtung, beiderseits mit nicht allzu üppigen Bäumen bestanden. Die Bäume stehen dicht am Fahrdamm, der relativ eng ist: drei knapp bemessene Fahrspuren. Dafür sind die Bürgersteige angenehm breit. Und fast genau so breit sind die Vorgärten, die mit niedrigen Mäuerchen abgegrenzt sind. Auf manchen von ihnen stehen noch einmal Ziergitter, selten mehr als brusthoch. Eine angenehme Straße, doch auch eine sehr städtische Straße mit den fünfgeschossigen Miethäusern rechts und links in geschlossener Bauweise. Sehr großzügig wirkt das nicht. Im Slogan gesagt: gebaut für die untere Mittelschicht. Die besitzt jetzt natürlich längst Autos. Sie nehmen fast rund um die Uhr zwei Mal zwei Meter der Straße in Anspruch und machen den Fahrdamm noch enger. Gegenverkehr ist kaum möglich; man muß in Parklücken oder in die wenigen Überfahrten zu den nachträglich irgendwann eingebauten Kellergaragen ausweichen. Es fährt hier so leicht niemand schneller als 20/30 Kilometer. Das ist keine Wohl-Fahrt. Außerdem herrscht chronische Parkplatznot. Oft müssen die Autobesitzer weit laufen. Es gibt da ein Schulgrundstück und ein nicht so dicht bebautes Plätzchen nahebei, wo das Auto meist noch Platz findet.

Man hat sich zwar arrangiert, aber das alles ist lästig. Die Planer sehen das ein. Sie sehen auch, daß die Vorgärten meistenteils schlecht gepflegt oder sogar gänzlich heruntergekommen sind: Abstellplätze für Sperrmüll, Papierkörbe für die Passanten. Was liegt näher als die Vorgärten wegzunehmen, die Gehsteige an die Hausfronten zu legen und ihren alten Platz zu Parkhäfen zwischen den Bäumen — nicht einer soll fallen! — auszubauen? Zum Schutz der Bäume werden Prellrohre, feuerverzinkt, eingesetzt, leicht schräg zum Baum hin, versteht sich. Hausbesitzer und Anwohner lassen sich von ihrem Nachteil überzeugen. Sie bemerken ihn erst, als sie ihn schon haben. Sie haben heute, ungeachtet der Bäume, eine „trockene" Straße. Morgentau und Regen trocknen rasch auf. Wenn es noch duftet, ist es allemal Dreck, den der Wind an den Fassaden hochweht. Die Loggien im Erdgeschoß sind nun gänzlich unbrauchbar. Wer dort sitzt, setzt sich aus auch den Passanten. Wer tut das schon? Türen, Fenster und Vorhänge bleiben also zu. Leichter sind die wenigen verlorenen Kellergaragen zu verschmerzen. Es ging sowieso zu steil hinunter bei Schnee und Glatteis. Obschon nun fünf Autos mehr auf der Straße stehen, findet man, keine Frage, leichter Platz. Auch kann man jetzt mit fünfzig durch die Straße fahren. Manche fahren siebzig. Die Straße läßt sich nun auch als Umleitung oder als Schleichweg benutzen. Sie wird es schon. Soviel fremde Autos, Autos von Leuten, die da nicht wohnen und auch gar nichts bringen oder holen, hat sie noch nie gesehen. Der Planungszweck ist erreicht, sinnloserweise. Denn die Automobilfabriken produzieren weiter, haben Konjunktur. In Planerkreisen bis hinauf in die Bundesministerien diskutiert man neuerdings angelegentlich über Verkehrsberuhigung.

Nun aber stehen wir, damit wir weiterkommen, im Hof eines neuen, vor zwei, drei Monaten erst bezogenen Miethauses. 64 Parteien oder so. Das Gebäude ist à la mode gegliedert und angestrichen. Man sieht die Bemühungen, dies und jenes ein bißchen besser zu machen. Der Architekt unterstreicht diese Bemühungen und weist auf eine sich deutlich vom übrigen Erdgeschoß absetzende Zone. Da sieht man ein hochgelegtes Fensterband, und dazwischen, gestalterisch kühn über die ganze Höhe des Erdgeschosses geführt, eine Stahltür. Das ist der Hobbyraum für die Hausgemeinschaft, sagt er. Die Stahltür ist verschlossen. Die ist immer verschlossen, sagt der Hausmeister. Die muß auch immer verschlossen sein. Da kommen doch Halbwüchsige von außerhalb her, die hier gar nichts zu suchen haben; und welche, die hier im Haus wohnen, machen denen auf. Die Schlüssel habe jetzt ich und sonst keiner. „Wie kommt man denn jetzt da rein?" Dann kommense mal mit, sagt der Hausmeister. Natürlich gibt es da auch einen Zugang vom Treppenhaus, sagt der Architekt. Wir gehen durch das Treppenhaus in den Keller und von da wieder eine gute halbe Treppe hoch. Der Hausmeister schließt die Stahltür auf. Ich sehe in dem langen schmalen Raum einige alte Matratzen an die Wände gelehnt und einen einsamen Tisch. Und eine Zinkwanne, in der wohl, wie einige leere Flaschen und abgelöste Etiketten verraten, Bier gekühlt worden ist. Ich zeige auf eine dritte Stahltür. „Und wohin geht es da?" Hätte ich bald vergessen, sagt der Architekt. Je nachdem, was vorne für ein Laden reinkommt, läßt sich dieser Raum auch als Lager benutzen. Man braucht dann nur diese Tür aufmachen, verstehen Sie? Ich denke ja.

Noch eine Bauszene, eine letzte, damit's nicht langweilig wird. Sie müssen mir nun allerdings dahin folgen, daß auch ein im Wohnumfeld — wo auch sonst? — gelegener Kindergarten eine Freizeiteinrichtung ist. Wir sind in einen solchen hineingegangen. Er ist, wie es sich gehört, eingeschossig und steht, wie wir gerade gesehen haben, auf einem wirklich geeigneten Grundstück. Es liegt gut zur Sonne, ist ausreichend vom Verkehr abgeschirmt und überdies groß genug als Spielplatz und Auslauf für mehr als sechzig Kinder. Der Bau selbst ist außerordentlich streng und diszipliniert. Ortbeton, aber sehr sauber geschalt. Die Details stimmen. Die Proportionen auch. Die Holzteile sind, wo sie verkleiden, wie die umlaufende Attika, dunkel lasiert oder haben, wie die Türen und Fenster, kräftige Farben: Blau, Violett und Grün. An einer Seite gibt es niedrige Ausbauten, eine Art Erker mit Fenster, gerade groß genug für Dreikäsehochs. Das Ganze hat frischen Chic, gerade so viel, daß man noch nicht ärgerlich wird. Das hat uns bestochen, draußen.

Nun also stehen wir drinnen und sehen in einen der Gruppenräume. Es ist halb vier am Nachmittag. Zwei Frauen machen sauber. Die eine bringt mit einer Schwabbelseife den PVC-Boden auf Hochglanz, die andere stellt, wo es schon glänzt, die Stühlchen wieder von den Tischen. Sehr niedlich. Und ganz ordentlich. Es steht nichts herum. Es sind nur einige lustige Malversuche mit Tesa und ein bißchen schief an die Betonwände geklebt. An der blauen Tür, in der wir stehen, klebt ein buntes Blatt mit den Namen der Kinder und den Kennzeichen: ein Ball, ein Teddy, ein Würfel undsoweiter. Sonst ist von Kindern keine Spur. Waren überhaupt Kinder hier? Am Morgen? Was haben sie wohl getrieben? Was gemacht? Ich höre in meinem Hinterkopf die Kindergärtnerin sagen: Und nun sind alle Kinder mal ganz still... Mir kommen Zweifel an der Qualität des Kindergartenbaus. Glänzender Boden, glatter Beton, lackierte Türen, perfekte Möbel. Nur die sichtbar gelassene Dachkonstruktion oben mit dem Oberlicht ist rauh: sägerauhes Holz. In Reichweite der Kinder aber ist nichts griffig. Da ist alles glatt, abweisend, ist alles ganz hygienisch und sicher auch sehr praktisch und arbeitssparend. Nichts aber stimuliert Augen und Tastsinn. Auch das Blau nicht. Ist hier für den Architekturfotografen gebaut und für die Putzfrauen? Der Bau schmeckt nach nichts, er vermittelt nichts. Er läßt offensichtlich keine Erfahrung zu außer der, daß Ordnung das halbe Leben ist. Er funktioniert ja auch als Halbtagskindergarten; an 39 Wochen pro Jahr.

Hier lernt das Kind, daß sein Tun und Treiben keine Kontinuität haben darf, daß es seine glatte Welt immer wieder aufräumen muß, daß alle seine Spuren unliebsam sind und gleich wieder getilgt werden. Nichts kann es da machen und bauen, was länger als drei, vier Stunden Zeit nimmt oder Bestand hat. Mittags ist Feierabend. Her mit dem Spiel-Werk und dann weg damit! Mindestens darf nichts wachsen und größer werden, als Schrankfächer und Schubladen groß sind. Verstecke, schließ ein, was Du gemacht hast!

Hier lernt das Kind beizeiten, daß seine Zeit nicht seine Zeit ist, sondern immer eine andere Zeit: Kindergartenzeit, Schulzeit, Spielzeit, Arbeitszeit, Freizeit, Essenszeit, Fernsehzeit, Bettzeit. In den Grundschulen klagen die Lehrer dann über Konzentrationsschwäche der Erstkläßler und fahren fort, die Kinder um Zeit und nun auch Geschichte zu betrügen. Die Welt als Haschee.

Nun wird man sagen: das sei nicht die Schuld der Architektur, sondern die Schuld des Programms. Die Wahrheit liegt in der Mitte: Das Programm nämlich ist gebaut, ist ein gebautes Programm. Beides, Programm wie Bau, kommt ohne Lebenserfahrung, Menschenkenntnis, soziale Phantasie und Liebe aus. Es geht auch so; und ich führte Ihnen vor, wie es geht.

Ich habe noch nachzutragen, daß der Kindergarten, den wir uns eben angesehen haben, im Rahmen eines Wettbewerbs unter Architekten und ihren Bauherren als „vorbildlicher Bau" ausgezeichnet worden ist. Die Plakette hängt draußen gleich neben dem Eingang.

Keine Zeit, frei zu sein. Sie wissen jetzt, wie ich es meine. Sie wissen jetzt: Dahinter steht weder ein Frage- noch ein Ausrufezeichen. Es ist weder Frage noch Anklage. Ich habe einen Punkt dahinter gesetzt. Ich stelle es fest. Und ich habe die Feststellung konkretisiert an einigen wenigen, fast zufälligen Beispielen. Jeder von Ihnen kennt andere, könnte wie ich die Reihe der Beispiele fortsetzen, um die Feststellung zu erhärten:

Keine Zeit, frei zu sein zu uns selbst. Die Zeit gibt uns nicht frei, uns selbst zu sehen, so wie wir sind. Die Zeit gibt uns nicht frei, uns selbst zu fragen, wie wir eigentlich in dieses Fahrwasser der Selbstentfremdung geraten sind. Zwar, es gab und gibt Erklärungen; aber keine war triftig genug, uns wirklich in Bewegung zu kriegen, geschweige denn unser Bauen. Zurück zu uns selbst.

Vor zehn Jahren hatten junge Leute genug Verzweiflung und Mut, Sinnfragen zu stellen. Auch an das Bauen. Wir haben uns ernstlich auf dieses Fragen nicht eingelassen. Aus den Verzweifelten von damals sind die Desparados von heute geworden. Das ist die eine Seite.

Die andere ist die, daß nahezu ein Fünftel all unserer Kinder im Grundschulalter schlimme Schädigungen durch unsere Art zu leben davongetragen hat: Schädigungen des Bewegungsapparats, Sprachstörungen, Sehstörungen, Gehörschäden; verringerte Aufnahmefähigkeit, Konzentrationsschwäche; Unfähigkeit zu spielen und, damit verbunden, Unfähigkeit, Vorgänge, Prozesse zu verfolgen und zu begreifen, insbesondere solche nichttechnischer Art. — Das zuständige Bundesministerium hält darüber detaillierte Auskünfte bereit. Für das Spielen-können — als Fähigkeit — ist es sicher nicht zuständig. Noch nicht.

Man kann nun fragen: Was kann eine Gesellschaft wie die hier tagende, was können ihre Mitgliedergesellschaften, angefangen vom ADAC bis zum Zentralverband des Deutschen Handwerks, was kann der Siedlungsverband Ruhrkohlenbezirk da ausrichten? Sie stehen ja vor demselben Dilemma wie alle anderen auch; wie wir alle:

Wir haben einen ungeheuren Zuwachs an punktuellem Wissen, an Spezialwissen. Fast genau in gleichem Maß ging uns das Wissen um Zusammenhänge verloren. Wir wissen so viel im Einzelnen, daß uns das Ganze nicht mehr faßlich ist. Wir haben unübersehbar viele Bilder und kein Bild. Wir sitzen in den Analysen fest. Wir führen Gutachtenkriege, wenn nicht schlimmere. Aber das Für und Wider, so intensiv erarbeitet und dargestellt es ist, bleibt ohne Frucht. Immer steht da System gegen System, in sich schlüssig und stimmig. Ins Offene gesetzt aber, und das heißt: ins Leben eingebracht, in die lebendigen Vollzüge des Wachsens und Schwindens, versagen die so gewonnenen Ergebnisse. Immer ist das Leben anders, spielt es anders als die Versuchsanordnungen wollen.

Und der Planende steht, wie vordem, unter der vollen Last des Entscheidens. Wohl hat er ein paar stützende Krücken mehr, aber eben nur Krücken. Wir sollten uns da nichts vormachen, auch nicht in jenem Themenbereich und Fragenkreis, mit denen wir uns heute und in den kommenden Tagen zu beschäftigen haben.

Das muß nicht mutlos machen. Es kann vielmehr ein gutes Rüstzeug sein, daß man sich einen Zustand eingesteht, zumal dann, wenn, wie es im Programm heißt, der Praxis und ihren Problemen ein größerer Spielraum eingeräumt werden soll.

Daß ich schon darin war, mitten in der kleinteiligen Praxis, wird Ihnen nicht entgangen sein. Es ist, andeutungsweise wenigstens, versucht worden, zu sehen, was man sieht. Was da ist. Und was es sagt. In der ganz unmittelbaren Weise, wie man eine Erfahrung macht.

Wenn Ihnen das ein wenig fremd, als hier nicht recht am Platze, vorgekommen ist, dieses fragende Anschauen, dieses anschauende Urteilen — dann lag das — vielleicht — daran, daß wir es uns abgewöhnt haben, unseren Erfahrungen zu trauen. Und noch mehr daran, daß wir schon gar nicht mehr wissen, daß in uns die meisten dieser Erfahrungen ja längst antizipiert sind.

Es ist keinerlei Genie vonnöten, es bedarf nur des Wiedereinsetzens dieser antizipatorischen Erfahrungen in ihre Rechte, um — zum Beispiel — zu wissen, wie ein innerstädtischer Park beschaffen sein muß. Die Verschüttung dieser Erfahrungen oder die Ängstlichkeit, uns ihrer zu bedienen, bewegen uns zu zeitaufwendigen, oft auch teuren Untersuchungen, an deren Ende wir, Sie kennen das, auf lauter Gemeinplätzen stehen:

Das Wichtigste an einem Park sind für Schüler: ein Radwegesystem, Bereiche für unterschiedliche Altersgruppen, Wasserflächen, großräumige Spielwiesen, zusammenhängende Sportplätze.

Absolut unwichtig sind für Rentner: Attraktionen mit Kirmescharakter. Sie wollen das vielfältige Landschaftserlebnis. Das ist Jugendlichen wiederum ziemlich piepe. Sie sind in der Hauptsache an zusammenhängendem Baumbestand, an einem Wäldchen also, interessiert.

Ich könnte so fortfahren. Es lohnt sich nicht. Es ist vertane Zeit. Wir wissen das alles.

Damit Sie mich nicht mißverstehen: Ich rede hier nicht der Wissenschaftsfeindlichkeit, der Theoriefeindlichkeit das Wort, die jetzt gerade so schön wieder in Schwung kommen. Ich wende mich dagegen, daß wir den Reichtum unserer Erfahrung einwechseln gegen die Armut, die „komplizierte Armut" von Erfassungsmethoden, die ihrerseits wieder dazu beitragen, Erfahrung als irrelevant oder gar unglaubwürdig erscheinen zu lassen.

Ronald D. Laing, Mediziner und Seelenarzt, trifft den Punkt genau, den ich meine: „Wenn unsere Erfahrung zerstört ist, haben wir unser eigenes Selbst verloren." Abgewandelt: Wenn wir unserer eigenen Erfahrung nicht mehr trauen, trauen wir uns selbst nicht mehr. Und schon beginnt der circulus vitiosus jener rationalen Sachverhaltserklärung, die, abgetrennt von unserer Erfahrung mit Dingen und — schlimmer noch — Menschen, schließlich die Fragestellung, das Problem, die Aufgabe selbst wegrationalisiert. Und den Menschen gleich mit. Oder waren Sie noch nie in den dringlichsten Freizeitanlagen, die wir haben und die wir Bettenhäuser nennen?

„Viele Leute glaubten, daß Engel die Sterne bewegen. Nun hat sich gezeigt, daß sie das nicht tun. Als Ergebnis dieser und ähnlicher Entdeckungen glauben jetzt viele Leute nicht an Engel. — Viele Leute glauben, der ‚Sitz' der Seele sei irgendwo im Gehirn. Seit man Gehirne zu öffnen begann, hat noch niemand ‚die Seele' gesehen. Als Ergebnis dieser und ähnlicher Entdeckungen glauben jetzt viele Leute nicht an die Seele..." Wer aber „könnte so töricht sein", fragt Laing, den ich hier noch einmal zitiere, „anzunehmen, die Seele existiere nur deshalb nicht, weil man sie unter einem Mikroskop nicht sehen kann?"

Wenn Sie statt Seele jene vier Begriffe setzen, die ich anfangs nannte: Lebenserfahrung, Menschenkenntnis, soziale Phantasie, Liebe — wird die Torheit des Selbstverzichts noch einmal deutlich. Dieser Selbstverzicht, der sich in vielen, wenn nicht den meisten unserer Planungen und Bauten zu erkennen gibt, wenn man nur richtig hinschaut.

Wenn nicht alles täuscht, beginnen die Menschen wieder, genauer hinzuschauen, und nicht nur wir Sach- und Fachleute. Schon gibt es seit einigen Jahren wieder genaue Beschreibungen dessen, was man sieht. Wenn man wie weiland Goethe aus dem Fenster sieht.

Eine dieser präzisen Beschreibungen verdanken wir Jürgen Becker. Sie kann, wie ich meine, auf unangenehmste Weise — provozierend nämlich — überleiten zu den Exkursionen nach Mittag und zu den Erörterungen in den Arbeitsgruppen.

Hören Sie aus Jürgen Becker: Felder, 1964:

„Verbergen können Sie sich überall hier; die Häuser, wie anderswo, sind leicht zu verwechseln. Sie können ruhig jemand besuchen gehen; man wird Ihnen sagen, daß niemand zu Hause ist. Stumm bleiben fällt leicht hier. Niemand verlangt auch, daß Sie irgendetwas anderes machen. Nichts stinkt, Vergangenes ruht. Wenn Ihnen nichts zustößt, ist es Ihr Verdienst. Der Winter ist hier eine Ausnahme, der Sommer auch, alles mild, wie alles, was das Gleichmaß des Befindens stören könnte. Es gibt Leute hier, die in Ruhe verstummen. Abwechslung kommt von der Straße genug; immer zieht ein Mann umher, der plötzlich zuckt, schreit, in die Luft schlägt. Sie sehen, daß man hier jeden gewähren läßt; Unterschiede schmücken die Welt. Sie können auch durchaus einer Meinung sein, auch darin läßt man Ihnen freie Hand. Indem man die Leute reden läßt, erspart man ihnen, etwas zu tun. Vieles wird gleichwohl getan. Neues breitet sich aus, ohne daß Sie es merken; und stets steckt ein Kern noch vom Alten darin. Man läßt sich drängen von nichts; Pläne reifen und liegen hier wie Wein. Von Eingriffen wird nichts bekannt."

BERATUNGEN IN DEN ARBEITSGRUPPEN

Freizeit '78 Arbeitsgruppe 1
Siedlungsformen und Wohnung
Soziale Funktion – Gestaltung und soziale Brauchbarkeit

Hartmut Großhans

1. Einführung

Unsere Freizeit – die Zeit, die nicht für den Beruf, den Broterwerb, die Ausbildung und den Schlaf, der Wiederherstellung unserer Arbeitskraft, verwendet werden muß, wächst. Die Forschung bemüht sich um Erkenntnisse, wie und wo Freizeit heute verbracht wird; es zeichnet sich ab, daß die Freizeit ein anderes Gewicht und Gesicht bekommen wird, als wir es gewohnt sind.

Die zunehmende Mechanisierung und Automatisierung, die Fremdbestimmung in vielen Berufen läßt die schöpferischen, aber oft auch die körperlichen Kräfte des Menschen brachliegen. Das führt zu neuen Betätigungsnotwendigkeiten in der Freizeit.

Der steigende Wohlstand, die höheren Ansprüche an die Lebenshaltung, die Weltoffenheit und größere räumliche Beweglichkeit ziehen andere Betätigungswünsche in der Freizeit nach sich.

Die beschränkten natürlichen Gegebenheiten der Landschaft und die sicher immer knappen Geldmittel aber zwingen auch bei der Freizeit zur Planung. Allerdings nicht zur Planung der Freizeit – wir wollen Art und Weise unserer freien Zeit selbst bestimmen, wir wollen freie Entfaltung für unsere Kinder und keine „Spielbeamten" – sondern zur Planung der Betätigungsmöglichkeiten für frei gewählte und wählbare Freizeitgestaltung.

Die Arbeitszeit verkürzt sich – das heißt mehr freie Zeit bei den Berufstätigen. Die Ausstattung der Haushalte mit Maschinen, mit bequemen Heizungen, mit funktionsgerechten Einrichtungen schafft auch den Hausfrauen mehr freie Zeit. Vergessen wir jedoch nicht die Kinder! Deren freie Zeit wird durch die steigenden Ansprüche in Schule und Berufsausbildung von der Zeit her und von der psychischen Belastung verkürzt und eingeschränkt.

Und manche Gruppen der Bevölkerung, die alten Menschen, die Arbeitslosen, haben unerwünschte, überflüssige Freizeit. Siedlungsform und Wohnung müssen den unterschiedlichen gruppenspezifischen Anforderungen gerecht werden, wenn das Wohnumfeld als Freizeitraum „funktionieren" soll.

Wenn also jemand in seiner Freizeit werken, Sport treiben, wandern, politisch agieren will oder wenn jemand schlicht „Nichts-Tun" will, gammeln, bummeln, dösen – wie es sein höchst persönliches Recht ist – muß die Gelegenheit für ein solches Tun vorhanden sein – auch im baulich/städtebaulichen Bereich unseres Wohnumfeldes.

Wenn wir also „Freizeit-Verbringungsmöglichkeiten" in der Wohnung, im Gebäude, im Wohngebiet planen und aktivieren wollen, ist die Frage zu prüfen, wie die Freizeit bei den Bewohnern heute und in der überschaubaren Zukunft verbracht wird. Und es ist zu untersuchen, welche Möglichkeiten hierfür in unseren vorhandenen Wohnungen und Wohngebieten vorzufinden sind oder ausgebaut werden können und was bei neuen Planungen rechtzeitig bedacht werden muß und schließlich, wie durch Selbsthilfe der Bewohner und durch Unterstützung von Wohnungsunternehmen, Gemeinde und Organisationen Wünschbares in Machbares umgesetzt werden kann.

2. Verwendung der Freizeit und Erfordernisse an die Gestaltung von Siedlungsform und Wohnung

Zunächst soll die normale Mittelschicht-Familie danach „seziert" werden, welche Freizeitbedürfnisse befriedigt werden wollen, welche Forderungen der Planer, der Politiker, der Finanzier, der Nutzer selbst für die Gestaltung des Grundrisses, des Gebäudes, des Quartiers zu ziehen hat bei der unterschiedlichen Verwendung von Freizeit.

2.1 Zum Ausruhen und Erholen

Dazu braucht man guten Schallschutz der Wohnung nach außen und zum Nachbarn (der will lautlos meditieren – der andere erholt sich mit Beatmusik). Beim Neubau läßt sich durch geschickte Grundrißgestaltung und Beachtung der Schallschutzbestimmungen die Voraussetzung hierzu relativ einfach schaffen, bei Altbauwohnungen kann man, wenn der Schallschutz nicht ausreicht, z.B. durch Aufkleben von schalldämmenden Materialien auf Wand und Böden, Abhilfe schaffen – oder der Ruheplatz wird in das am wenigsten lärmgestörte Zimmer verlegt.

Die verkehrsarme Erschließung des Wohngebietes, wie sie in vielen Neubaugebieten verwirklicht wurde, etwa der Bau von Stichstraßen, und die Unterbringung des „ruhenden" Verkehrs in Tiefgaragen helfen mit, das ungestörte Ausruhen zu sichern. In Altbaugebieten kann durch Einrichtung verkehrsberuhigter Straßen, durch Geschwindigkeitsbegrenzung, Einbahnstraßenregelung einiges getan werden. Sitz- und Ruheplätze, die differenzierte Gestaltung der Grünanlagen am Haus, Spazierwege im Wohngebiet, geben Gelegenheit für die geruhsame Freizeit.

2.2 Zur Kindererziehung, zum Kinderspiel

Mehr freie Zeit der Eltern vom Berufsleben heißt mehr freie Zeit für die Kinder, heißt mehr gemeinsames, gegenseitiges Erziehen – auch dafür müssen die baulichen Möglichkeiten geschaffen sein.

Man macht der Bundesrepublik oft den Vorwurf der Kinderfeindlichkeit. Aber auch hier ist ein Wandel, eine

Entwicklung feststellbar. Wir leben alle in Wohnungen, die nur sehr bedingt „kindgerecht" gebaut wurden – wir können aber einiges tun, sie an dieses „neue" Freizeitbedürfnis anzupassen. Das fängt beim Umstellen der Möbel an: Das bisherige „große" Elternschlafzimmer wird zum Kinderzimmer unfunktioniert, die Eltern schlafen im kleinsten Raum – das hört bei gemeinsam mit anderen Familien betriebenen Kinderläden, Spielwohnungen usw. nicht auf.

Die Kinder brauchen z.B. in der Küche Podeste und Sicherheitseinrichtungen, wenn sie vergnüglich kochen lernen wollen. In der Wohnung müßte eine Dia-Projektionswand sein, Pin-Wände zum Anstecken von Zeichnungen, Platz für Geräte, für Lernspiele, fürs Malen, Modellieren, Werken.

Bei der Planung neuer Wohnungen wird eine solche Vielfachnutzung schon häufig berücksichtigt, die eine „innere" Mobilität der Bewohner gestattet: An Stelle eines großen Wohnzimmers und sehr kleinen Schlafräumen treten mehrere, annähernd gleich große Räume mit getrennten Zugängen vom Flur. Der Flurbereich wird ausgeweitet als Tummelplatz für die kleinen Kinder usw. In der Schule können Arbeitsräume für den Elternbeirat, für Eltern-Lehrer und Kinder-Eltern Spiel- und Arbeitsgruppen vorgesehen werden. Spiel- und Bewegungsplätze in den Grünanlagen für das gemeinsame „Lernen" in der Freizeit, Möglichkeit für Ausstellungen, für Demonstrationseinrichtungen im Wohngebietszentrum kommen hinzu.

2.3 Zur beruflichen Aus-/Weiterbildung, zur kulturellen Bildung

Wir kennen die Bedeutung des Fernsehens für die Freizeit. Das steigende Bildungsangebot in den Sendungen, die Entwicklung von Lehr-Kassetten usw. und die Notwendigkeit, durch ständige Weiterbildung beruflich immer fit bleiben zu müssen, wird sich noch steigern. Baulich heißt das z.B.: Einbau von Fernsehanschlüssen im Kinder- und Schlafzimmer, damit die einzelnen Familienmitglieder unabhängig voneinander etwas für ihre Bildung tun können. Mit langem Kabel für die Antenne und dem TV-Gerät auf einem Rollwagen ist oft schon geholfen. Der „Studienplatz", das Regal für die Fachbücher wird sich nicht nur bei den „Eierköpfen" einen festen Platz in der Wohnung als Freizeitbereich sichern. Ein „Studierzimmer" einzuplanen, werden wir uns im Normalfall kaum leisten können, aber ein ruhiger Fleck für den Studienplatz läßt sich etwa im Schlafraum finden.

Im „Bürgerhaus" zieht dieses Freizeitbedürfnis Bibliotheks- und Seminarräume nach sich, Veranstaltungen für die Jugend- und Erwachsenenbildung – und nicht zuletzt daraus wächst die Forderung nach guten Anbindungen des Wohngebietes mit öffentlichen Verkehrsmitteln, um auch die Bildungseinrichtungen der Innenstadt bequem erreichen zu können.

In den vorhandenen Wohngebieten können die Einrichtungen der Schule oft mit relativ geringem Aufwand auch für Fortbildung nutzbar gemacht werden. Natürlich sind für Erwachsene andere Möblierungen notwendig als für 6jährige Schulkinder – die Selbsthilfe der Bewohner wird jedoch stärker bei organisatorischen Fragen ansetzen müssen, etwa bei der Sorge für die Reinigung der Räume, die Entlastung des Hausmeisters usw. oder die Ausstattung und Verwaltung von Bibliothek und Geräten.

2.4 Zur schöpferischen, selbstbestimmten Tätigkeit

In die „Ideal"-Wohnung gehört dazu der Werkplatz oder Hobbyraum für die Männer und Söhne, der Haushaltsraum für das Modeschneidern der Hausfrau, die differenzierte Gestaltung der Kinderzimmer, aber auch die ausreichende Elt-Installation für viele Heimwerkergeräte. Schöpferische Tätigkeit kann sich im „Sonntagsmalen" ebenso äußern wie im Tapezieren des Wohnzimmers.

Im „Normalfall" – auch in den künftigen neuen Siedlungen – werden wir wohl bescheidener sein müssen, wenn an das Wohnen in der Etage gedacht wird. Durch geschicktes Ausnutzen des vorhandenen Platzes, durch Anbringung von Schallschutzplatten um die Werkbank, durch Verlegung zusätzlicher Elt-Leitungen lassen sich Gelegenheiten für derartige Freizeitbeschäftigungen schaffen.

In den neuen Wohnquartieren ist man zunehmend bemüht, für diese Tätigkeiten geeignete Räume vorzusehen und zweckentsprechend auszustatten.

In vielen alten Häusern werden die Mieterkeller, die früher für Kohlen und Kartoffeln benötigt wurden, nicht mehr gebraucht – sie sind vollgestopft mit vielen lieben Dingen, die im Grunde keiner mehr will. In Absprache mit dem Wohnungsunternehmen lassen sich hieraus in Selbsthilfeaktion die Werkräume schaffen, die der einzelne braucht – sei es zum Entwickeln und Schneiden selbstgedrehter Filme, sei es für die Bildhauerei. Es ist aber denkbar, in den Freiflächen der Wohnanlagen für „Hobbyzwecke" alte Waschhäuser umzubauen oder leere, einfache Werkräume zu errichten; im Bürgerhaus gut ausgestattete Werkstätten, Ateliers zu schaffen und Veranstaltungen, Kurse, Lehrgänge, die Anregungen und Handwerkszeug für die eigene schöpferische Freizeitbetätigung liefern, zu organisieren.

2.5 Zur Pflege und Erhaltung der Gesundheit

Gerade die zunehmende Belastung unserer Umwelt mit Schadstoffen und die Maßnahmen des Umweltschutzes, der in den letzten Jahren endlich die notwendige Aufmerksamkeit gefunden hat, weckt das Verständnis für die Vorsorge zur Gesunderhaltung des Körpers.

Die „Trimm-Dich"-Aktion hat ganz neue Freizeitbereiche erschlossen. Da wäre in der Wohnung Trainingsgerät wünschenswert, eine Turnmatte für die Gymnastik am offenen Fenster, Punching-Ball oder Trampelrad. Unsere heutigen Wohnungen sind zu klein – die breite Masse der Bevölkerung wird sich aber auch in absehbarer Zukunft kaum größere Wohnungen leisten können und wollen. Ein Teil der Freizeitaktivität für die Gesundheit verlagert sich nach draußen. Die Gymnastikräume, die Turnhalle in Schule und Bürgerhaus werden nicht nur mehr von den Kindern pflichtgemäß, sondern von allen Bewohnern als „Freizeitspaß" in Anspruch genommen. Die Bedeutung zunehmender Freizeit und ihre Nutzung für die Gesundheit zieht erhebliche Folgen für die Ausstattung des Wohngebietes mit Schwimmbädern, reichhaltig gestalteten Spiel- und Sportanlagen – aber auch mit Arztpraxen, Apotheken, Massageinstituten usw. nach sich.

2.6 Zur Körperpflege und Verschönerung

Ein Blick auf den Arbeitsplatz, in die Einkaufsstraße, auf die Zuschauertribüne beim Fußballspiel zeigt uns: Wir sind im Aussehen bunter geworden. Die Männer haben sich modisch „emanzipiert", ihre Gleichberechtigung zurückgewonnen. „Mann" trägt nicht mehr grau mit dezentem Schlichtschlips — von der „Freizeitkleidung" geübt trägt „Mann" knirschendes Leder, farbigen Samt, Schnallenschuhe und oft — wie fast immer in der Vergangenheit — wallendes Haar, leuchtende Halstücher und mitunter sogar Schmuck. Die Zahl der Kosmetika, auch für die bisher meist mit Seife und Zahnpasta zufriedenen Männer, nimmt zu. Und damit wird auch beim Mann (und die Söhne sind hier Schrittmacher) mehr freie Zeit für die Pflege des Äußeren verwendet. Das heißt: Die Badezimmer müssen diesen Bedürfnissen angepaßt werden, alle Familienmitglieder wollen sich „schönmachen", brauchen den Fön, den Platz für die „Wässerchen". Terrassen, Balkone an Wohnung und Gebäude dienen nicht mehr dem Trocknen von Kleinwäsche, sondern dem Luft- und Sonnenbad.

Die Forderung nach dem größeren Bad im Neubau in der öffentlichen Diskussion ist unüberhörbar, bei der Modernisierung des Althausbestandes erhalten viele Bürger erstmals ein Badezimmer, das auch Spaß macht. Vielleicht überlegen wir auch einmal, wie wir unser Bad (das früher nur für die schlichte Reinigung vorgesehen war) neu möblieren können, um den notwendigen Platz zu schaffen. Ein zweiter Spiegel, breitere Ablageborde, hellere Beleuchtung, mehr Haken für Handtücher, evtl. sogar ein zweites Waschbecken kann so manches Winzbad für diese Freizeitbedürfnisse funktionstüchtig machen.

In der Siedlung werden Bade- und Pflegeeinrichtungen (Sauna usw.) stärker nachgefragt. Pflegesalons, Friseure, Boutiquen, Kosmetikgeschäfte gewinnen an Bedeutung für Überlegungen bei der Planung der zentralen Einrichtungen.

2.7 Zur leiblichen Wohlfahrtssteigerung

Die „Freßwelle" ist zwar vorbei — die Freude am Genuß gepflegter, wohlschmeckender „Güter für den leiblichen Bedarf" aber scheint zu steigen.

Wir haben und nehmen uns die Zeit, allein und mit Freunden „gut" essen zu gehen — das heißt: Ordentliche, im Angebot spezialisierte Restaurants und Gaststätten sollten im Wohnquartier oder leicht erreichbar sein. Hier haben die Altbaugebiete mitunter deutliche Qualitätsvorteile. Die „Hausbar", einst Film-Symbol versnobter Playboys, gehört fast zur Normaleinrichtung; Bier und Säfte gibt es in Kisten, Weine werden nicht nur mehr bei hohem Anlaß einzeln beim Kaufmann besorgt, sondern häufig bereits vom Weingut direkt bezogen. Diese Steigerung in den Qualitätsansprüchen zieht natürlich Wünsche an die Wohnung nach sich:

Der Eßplatz, der lange Zeit zwischen Flur und Küche als für die Nahrungsaufnahme notwendiges Übel gequetscht wurde, erobert sich seinen Platz gegenüber dem niedrigen „Couchtisch mit Knabbergebäck" zurück als Mittelpunkt lukullischer Gastlichkeit.

Tiefkühltruhe, Lagerraum für Getränke — möglichst wohltemperiert — aber auch Platz für zusätzliche Küchengeräte ist notwendig. Die Küchengestaltung wird ebenfalls davon betroffen; wir kochen nicht nur, um satt zu werden, sondern aus Spaß an der Sache, als Freizeitbeschäftigung — also mehr Platz, größere Übersichtlichkeit ist nötig.

Der Aktenschrank mit Küchenrezepten aus aller Herren Länder ergänzt „Omas Küche" ebenso wie die umfangreichen Gewürz- und Zutatenregale, die Pflanzbecken für Küchenkräuter und die speziellen Küchengeräte für jeden Anlaß. Auch hier eine Freizeitnutzung, wo die Männer und Kinder an Boden gewinnen (wenn nur das nervtötende Spülen nicht wäre!).

2.8 Zum Schmuck und zur Gestaltung der Wohnung

Trotz aller — oft unvermeidbarer — Typisierung der Wohnungen, versucht jeder, „seiner" Wohnung ein eigenes unverwechselbares Gesicht zu geben. Angeleitet durch Arbeitshilfen in zahlreichen Zeitschriften, im Fernsehen, in Ausstellungen und Messen, werden unsere Wohnungen eingerichtet und umgerichtet, wie uns gerade zu Mute ist.

Nicht nur der Mangel an Handwerkern und die hohen Preise für Dienstleistungen, sondern auch der Spaß an der eigenen Gestaltung hat schon aus vielen „normalen" Bürgern versierte Innendekorateure und Ausbauhandwerker werden lassen. Das fängt an beim Umhängen der Bilder und führt über das Tapezieren, das Anfertigen von Einbauschränken und Regalen bis zur Versetzung ganzer Wände (wo dies baulich möglich ist). Um diese Möglichkeiten, die die Bewohner von Eigenheimen (solange sie nicht die Aufmerksamkeit der Baupolizei erregen) natürlich sehr viel intensiver nutzen, auch für die „normale" Geschoßwohnung zu erschließen, sind in den letzten Jahren, angeregt durch Bauwettbewerbe des BMBau, eine Reihe von Demonstrativprojekten mit flexiblen Grundrissen errichtet worden, die den Bewohnern mehr Chancen geben. Aus diesem Freizeitbedürfnis heraus werden bestimmte Eignungen der Wohnung für die Gestaltung und den Umbau vorausgesetzt. Nagelbare Wände, reichhaltige Elektroinstallationen, variable Grundrißgestaltung ist ebenso erwünscht wie Lagerungsmöglichkeiten für Materialien, für jahreszeitlich bedingte Wohnungsdekorationen (die Weihnachtskiste, die Frühlingskiste). Allerdings werden der „inneren" Mobilität finanzielle, konstruktive und organisatorische Grenzen gesetzt sein; der Phantasie und dem Geschick der Bewohner bleibt es überlassen, auch aus der gegenwärtigen Situation „das Beste" zu machen. In Zusammenarbeit mit den Wohnungsunternehmen sind hier sicher noch manche Möglichkeiten für diese Art von Freizeitbetätigung aufzuspüren.

2.9 Zur Erkundung der Welt

Die Ferien, das lange Wochenende, die „zusammenhängende" Freizeit, machen uns am deutlichsten bewußt, daß unsere neu gewonnene Freizeit nicht mehr ausschließlich dazu dient, die Kräfte für den Arbeitsprozeß wiederherzustellen. Sie geben Gelegenheit für von der Arbeitswelt völlig unabhängige Betätigung und von sonstigen Zwängen zeitlich und räumlich befreites Tun und Lassen.

Gleichgültig, ob man seinen Urlaub am Mittelmeer mit Schwimmen und Tauchen als Flugreisender und Hotelgast oder in den Alpen mit Campingwagen und Propankocher beim Wandern verbringt — die Ferienausstattung beeinflußt auch die Planung des heimatlichen Wohnquartiers. Dias und Filme sollen aufgearbeitet, archiviert und vorgeführt werden, Reisegeräte und Feriengarderobe sind auf das Jahr über zu lagern. Und die Skiausrüstung, das Tauchgerät, Zelte, Kocher, Reiseapotheke, Luftmatratzen, Stiefel,

Schlittschuhe einer durchschnittlichen „Freizeitfamilie" beanspruchen ganz schön Platz. Ein Wohnwagen will irgendwo aufgestellt sein, der PKW muß gepflegt und in Schuß gehalten werden (z.Zt. noch eine bevorzugte Freizeitbeschäftigung). Die Planer werden sich da noch einiges einfallen lassen müssen in unseren Wohngebieten.

2.10 Zum geselligen Beisammensein

Vorwiegend findet in der Wohnung des „Normalhaushaltes" heute noch das Familientreffen statt. Die Kinder und Jugendlichen bringen oft auch ihre Freunde mit. Unsere Wohnungen sind – die Miete soll ja niedrig sein – in der Regel nicht allzu geeignet für gesellige Treffen. Die Planung muß sich hier mit der geeigneten Grundrißgestaltung beschäftigen, Schlafgelegenheiten für „persönlichen" Besuch – auch wenn das Geld für ein Gästezimmer nicht reicht, Gästetoilette als „Hilfswaschraum" für Besucher usw. Auf den geselligen Aspekt der Freizeitnutzung wirkt sich die Schaffung von Besucherparkplätzen aus, der Wunsch nach der Einrichtung von Übernachtungsräumen, von Kleinhotels (Hotel Garni) im Wohngebiet, von Clubräumen für Familienfeste usw., wie wir sie in zahlreichen neuen Siedlungen bereits finden. Auch eine Cafeteria im Gebäude, auf dem Dach oder mit Kegelbahn im Keller, dient dem geselligen Beisammensein mit Freunden, Bekannten und Nachbarn, fördert die sozialen Beziehungen. Insbesondere bei der Modernisierung von Altbaugebieten muß das Augenmerk gerichtet werden auf Bevölkerungsgruppen mit besonderem Gemeinschaftsverhalten, z.B. die ausländischen Gastarbeiter und ihre Familien, das entsprechende Räumlichkeiten erfordert.

Wie bei anderen „Gemeinschaftseinrichtungen" stellt sich wieder das Problem der Organisation. Wer sorgt für die Reinigung der Räume, für die Regelung der Benutzung, für die Instandhaltung? Die Notwendigkeit partnerschaftlichen Miteinanders von Bewohnern und Wohnungsunternehmen wird hier besonders deutlich, wenn es um Verbesserung der gegenwärtigen Situation geht.

2.11 Zur gesellschaftspolitischen Arbeit

Mehr Freizeit von der weitgehend „fremdbestimmten" Arbeit mit ihrem Leistungsdruck und ihren starren Vorschriften heißt auch mehr freie Zeit zum Nachdenken über sich selbst und über seine Umwelt. Und das heißt auch mehr Antrieb und mehr Möglichkeiten, an der gesellschaftlichen und räumlichen Gestaltung seiner Umwelt mitzuwirken. Ein solcher Trend zum gesellschaftspolitischen Engagement ist unverkennbar. Elternbeiräte, Bürgerinitiativen, Gemeinwesenarbeit, Mieterversammlungen, Diskussionsveranstaltungen, Parteitreffen usw. erfordern im Wohngebiet räumliche Möglichkeiten und Kristallisationspunkte. Diese Freizeitnutzung zieht z.B. den Wunsch nach der Einrichtung von Bürgerhäusern in unseren Wohnquartieren nach sich, die für alle Gruppen oder Bewohner, für „Junge" wie für „Alte", für „Brave" wie für „Progressive", für „Stramme" wie für „Langhaarige" Gelegenheit zur Begegnung, zur Auseinandersetzung, zur politischen, d.h. gesellschaftlichen Arbeit geben. Sie erfordert aber auch ganz prosaisch Lagerraum für Plakatständer, für Kinderfestgeräte, für Broschüren, Plakate, Leimtopf und Pinsel – sei es in einer umfunktionierten Garage, sei es in einem ehemaligen Kohlenkeller.

Fassen wir zusammen: Die beliebige Nutzung der Freizeit für unterschiedliche Zwecke, für alle Mitglieder der Familie bedarf der Planung von räumlichen Möglichkeiten in Wohnung, Gebäude und Wohnumfeld und des Nachdenkens über Möglichkeiten, wie unsere vorhandenen Wohnungen und Wohngebiete mit vernünftigem Aufwand an die differenzierteren Freizeitbedürfnisse angepaßt werden können.

3. Erscheinungsbild und heutige soziale Brauchbarkeit von Wohngebieten als Freizeitraum

61,5 Mio Bürger mit 23,9 Mio Haushalten wohnen in 24,0 Mio Wohnungen in – nach Wohnungsstruktur und -qualität, infrastruktureller Ausstattung und baulichem Erscheinungsbild höchst unterschiedlichen – Wohngebieten, deren soziale Brauchbarkeit als Freizeitraum zu erhalten, weiter zu entwickeln oder überhaupt erst zu schaffen ist. Der durchschnittliche 4-Personen-Arbeitnehmerhaushalt gibt monatlich 15,7 % seines Budgets für die Wohnungsmiete aus (um die Jahrhundertwende waren es 30%), also bereits 16,5 % für Freizeitgüter und Urlaub – und er verbringt den größten Teil seiner Freizeit in seiner Wohnung, in seinem Quartier.

3.1 Die „gewachsenen" Wohnquartiere

Hier stehen Häuser aus vielen Zeitabschnitten mit unterschiedlichen Qualitäten im Grundriß, in der Gestaltung, in der Ausstattung, im Material; gebaut für den Eigenbedarf oder als Renditeobjekte auf der Grundlage von Fluchtlinienplänen, Ortssatzungen; entstanden um die historischen Stadtkerne herum, entlang der Ausfallstraßen, aufgrund amtlicher „Mindestplanung". Sie sind oft gemischt mit Gewerbe- und Industrieanlagen, von Verwaltungsgebäuden umstellt. In der Großstadt eng und dichtbebaut zwischen Eisenbahn, Schlachthof und städtischer Badeanstalt; in den Dörfern und Kleinstädten schlicht mit Werkstätten, Schuppen und Ställen kleinteilig verschachtelt; vornehm steril und oft unterdessen ebenso eng und durch Verwaltungen und Büros „fehlbelegt" die Villenviertel im Westend.

Verkehrsbelastung und Industrieimmissionen, bauliche Lage und oft desolate Gebäudesubstanz machen viele „gewachsene" Wohnquartiere als Freizeitraum nicht eben attraktiv. Die atomisierte Eigentümersituation mit unterschiedlichen Interessen und Leistungsfähigkeiten erfordert vor allem in diesen Gebieten den Einsatz kommunaler Planung und Organisation bei der Modernisierung und Revitalisierung, auch unter dem Aspekt der Freizeitqualität insbesondere für die Bewohner, die zum großen Teil zu den „Unterprivilegierten" gehören und sich Ferienhaus, Urlaubsreise oder Ausflug ins Erholungsgebiet nicht leisten können.

3.2 Die Mietkasernenareale (1870–1900)

Nicht nur in Berlin finden wir die Spekulationsbauten der Gründerzeit mit 5geschossigen, klotzigen Häusern, mit vier, fünf engen Innenhöfen (Mindestmaß 5,60 x 5,60 für die Feuerspritze), mit mangelhafter Belichtung, unzureichender Sanitätsausstattung und jahrzehntelang vernachlässigter Instandhaltung. Die vorderen Straßen sind breit mit bombastischen Schmuckfassaden (aus dem Katalog), die Hinterhäuser sind kahl und zerfressen. Die Höfe sind vielfach überbaut mit Werkstätten und Schuppen, es gibt keine Spielplätze, kaum Grün- und Freiflächen. Das Ziel ihrer Erbauer war die rücksichtslose Ausbeutung durch Ausnutzung der für uns heute unvorstellbaren Wohnungsnot.

Die soziale Brauchbarkeit als Freizeitraum ist — auch heute wohnen hier wieder/immer noch die „Armen", Rentner, Gastarbeiter, Witwen, Hilfsarbeiter, Einsame — als Hilfs- und Notgemeinschaft in vielen Quartieren noch gegeben, die bauliche Brauchbarkeit muß unter Einsatz erheblicher öffentlicher Planungs-, Organisations- und Finanzierungsleistung dringend entwickelt werden. Durch Entkernung der Innenhöfe mit Erhalt einzelner vorfindbarer Bäume, durch Abbruch von Hinterhäusern und Seitenflügeln, durch Modernisierung der oft recht großen (80/100 m^2) Wohnungen (in einem der Bewohnerschicht adäquaten, finanziell tragbaren Standard), durch Ergänzungsneubau, durch freizeitgerechte Neugestaltung von Straßen und Höfen, verkehrssteuernde Maßnahmen läßt sich der Freizeitwert verbessern.

3.3 Die Arbeiter-Kolonien (1880—1910)

Mit kleinen Häusern für eine, zwei, vier Familien mit eigenen Eingängen oder 2—3geschossige Gebäude, in Backstein mit bescheidener Ornamentierung aufgereiht an schmal dimensionierten einfachen Erschließungsstraßen, mit angebautem oder freigestelltem Stall; oft primitiv in der Sanitärausstattung, vielfach vernachlässigt in der Instandhaltung finden sich größere oder kleinere geschlossene Kolonien zu Hundert im Ruhrgebiet. Nicht selten waren schon damals die „Consumanstalt", das Badehaus, die „Kinderbewahranstalt" Bestandteil der Siedlung.

Unter ehemals qualmenden Schloten, neben der Hütte, der Zeche, hinter den Bahngleisen oder am Kanal präsentieren sich heute diese Anlagen mit einem erstaunlich hohen Freizeitwert. Vom Ziel ihrer Erbauer, der Großindustrie an Rhein und Ruhr — Reproduktion der Arbeitskraft, Interpretation der „Fremdarbeiter" in den Produktionsprozeß, Bindung des Arbeiterstammes an das Werk — ist geblieben eine bemerkenswert stabile Standorttreue.

Die vorhandenen Grünflächen werden nach wie vor intensiv gärtnerisch genutzt, öffentliche und halböffentliche Wege und Plätze dienen der Kommunikation, dem Spiel der Kinder. Die Wohnungen — mit 40/50 m^2 je Familie für die Zeit ihrer Entstehung ein sozialer Fortschritt — sind heute zu klein, sie müssen renoviert, umgebaut, erweitert werden. Durch Erhalt und Weiterentwicklung als „Mietwohnungsbauten zu ebener Erde", durch behutsame und sparsame Modernisierung von Wohnung und Gebäude — auch hier wohnen heute überdurchschnittlich viele Invalide, Witwen und ausländische Arbeitnehmer — durch Ergänzung der notwendigen Infrastruktur mit bescheidenem Standard kann die vorfindbare soziale Brauchbarkeit der Arbeiterkolonien als Freizeitraum ihrer Bewohner gesichert werden.

3.4 Die Gartenstadt-Siedlungen (1910—1920)

Bereits bei ihrer konzeptionellen Entwicklung spielte die soziale Brauchbarkeit — auch als Freizeitraum — der wohnungs-reformerische Ansatz bei den Gartenstadt-Siedlungen eine bestimmende Rolle. Ein-, zweigeschossige Häuser — die Wohnungen mit 50/60 m^2 sind für heutige Ansprüche bescheiden — in Reihen, Ketten, Gruppen geordnet, mit Eingangsgebäuden, Torbauten nach einheitlich gestalterischem Entwurf errichtet, wurden bewußt stadtbild-formend eingesetzt. „Dorfaue", Kleingärten, Spielplätze, Vereinslokal und Laden gehörten zum funktionellen und gestalterischen Repertoire. Ziel ihrer Erbauer, der gemeinnützigen Wohnungsunternehmen, war das genossenschaftliche Wohnen und Leben, die Selbstversorgung durch Gartenbau, die Selbsthilfe für gesundes Wohnen in schöner Umgebung zu aktivieren und zu sichern.

Auch heute noch, selbst wenn das Erscheinungsbild vieler Gartenstadt-Siedlungen durch die Privatisierung der Häuser und die individuelle Modernisierung formal leider stark beeinträchtigt wurde und wird, ist die soziale Brauchbarkeit der inzwischen innerstädtisch dicht eingegrünten Wohngebiete als Freizeitraum unbestreitbar; er darf nicht durch Neubaunormen-Modernisierung speziell im Straßenbau (Querschnitt, PKW-Stellplätze auf Kosten der Vorgärten, der Straßenbäume) aufs Spiel gesetzt werden.

3.5 Die Städtischen Wohnquartiere, das „Neue Bauen" (1920—1930)

Zwei Hauptformen des frühen sozialen Wohnungsbaues lassen sich unterscheiden: die drei-/viergeschossigen geschlossenen Blöcke mit Randbebauung und weiten, durchgrünten Innenhöfen, oft mit Steildach, Toreinfahrten, expressionistischer Baumassen- und Fassadengliederung und relativ großen Wohnungen (70/80 m^2) und die mehrgeschossige Zeilen-/Reihenbebauung. „Jeder hat das Recht auf eine gleich gut besonnte Wohnung", oft mit bescheidener Größe (40/50 m^2) für das Existenzminimum, die den heutigen Ansprüchen als Familienwohnung nicht mehr gerecht werden.

Die wohnungsreformerischen Ziele werden unter den durch die negative Wirtschaftsentwicklung bedingten Restriktionen in Zusammenarbeit von gemeinnützigen Wohnungsunternehmen und qualifizierten Architekten oft in vorbildliche technische und gestalterische Lösungen umgesetzt. Typisierung, Rationalisierung, wissenschaftliche Auseinandersetzung mit Wohnungsbedürfnissen und städtebaulichen Leitbildern auf der einen Seite, Ausstattung mit Läden, Warenhäusern, Kindergärten, Spiel- und Ruheanlagen im Freiraum usw. schufen Qualitäten, die heute noch die soziale Brauchbarkeit dieser Gebiete als Wohn- und Freizeitraum bei ihren Bewohnern ausmachen. Modernisierung von Wohnungen und Wohnumfeld wird bereits vielfältig bedürfnisgerecht praktiziert; insbesondere die Hofrandbebauungen (bei denen wegen der Verkehrsbelastungen der Erschließungsstraßen oft erhebliche Schallschutzmaßnahmen erforderlich sind) haben durch ihre neu entdeckten Freiraumqualitäten wieder Impulse für den Wohnungsneubau gegeben.

3.6 Der soziale Wohnungsbau — die „neuen Siedlungen" (1915—1965)

Die nach dem 2. Weltkrieg entstandenen Siedlungen waren durchaus unter sozialpolitischer Zielsetzung, die insbesondere für die Demonstrativmaßnahmen des Bundes in Richtlinien festgelegt waren, entstanden, auch wenn das „Dach über dem Kopf" zunächst das wichtigste war.

Aus der Not heraus mußte sparsam gebaut werden, das wirkt sich im Erscheinungsbild durch schmucklose Fassaden und schlichtes Material, im Grundriß wieder durch bescheidene Wohnfläche von anfänglich 40/50 m² für die Normalfamilie aus.

Einfamilienhäuser und Geschoßbauten, Zeilen- und Punkthäuser wurden zur Raumbildung eingesetzt. Die Mischung der sozialen Gruppen war unter dem Ziel der Integration der Bewohner angestrebt, konnte vielfach aber nicht durchgehalten werden. Fahrverkehr und Fußgänger wurden getrennt, die Volksschule war Kristallisationskern der „Nachbarschaft". Die Freizeitausstattung war bescheiden — und fehlte in vielen Siedlungen lange Zeit —: Kleinkinderspielplätze und soziales „Abstandsgrün" zwischen den Baukörpern („Betreten verboten"), Läden für den täglichen Bedarf, Gemeinschaftswaschhäuser.

In diesen Gebieten, die z.Zt. intensiv bei Wohnungen und Wohnumfeld modernisiert werden, zeigen sich heute Massierungen von alten Menschen und ausländischen Arbeitnehmern (geringe Miete bei einfachem Standard), das ist für den Maßnahmenumfang zu beachten. Die soziale Brauchbarkeit der „neuen Siedlungen" als Freizeitraum kann durch Ergänzungsbauten in den relativ weiträumigen Freiflächen, durch Umnutzung nicht mehr benötigter Gemeinschaftsanlagen usw. erhöht werden.

3.7 Die „neuen Städte" am Stadtrand (1960—1975)

Die sozialpolitischen und stadtökonomischen Ziele waren soziale Nähe durch räumliche Dichte, wirtschaftlicher Einsatz differenzierter Infrastruktureinrichtungen (Schulzentrum, Einkaufszentrum, Kultureinrichtungen, U-Bahn) durch hohe Konzentration der Bevölkerung.

Die Wohnungen wurden zu raumbildenden Großformen in Grund- und Aufriß gestaffelt, die Gebäude mit 12/16/24 Geschossen und hoher technischer Ausrüstung (Fahrstühle, Fernheizung, Rufanlagen) mit Wohnflächen von 70/80 m² und darüber je Wohnung für die Durchschnittsfamilie ausgestattet. Die Gestaltung ist durch Verwendung von vorgefertigten Elementen vielfach unbefriedigend; bedrückend wirkt es insbesondere, wenn sich „Wohngebirge" an der Peripherie der kleinen Städte türmen, die diese weder vom Erscheinungsbild noch von der infrastrukturellen Leistungsfähigkeit verkraften können.

Teilweise sind Gemeinschaftseinrichtungen für die Mieter in den Gebäuden und/oder den Freiräumen eingerichtet worden (für Familienfeste, alte Menschen, Kinder, selten Jugendliche), die den Integrationsprozeß der Neu-Bewohner, z.T. mit Unterstützung durch Gemeinwesenarbeiter, fördern helfen sollen. Die soziale Brauchbarkeit der neuen Anlagen ist heftig umstritten, insbesondere dort, wo die notwendigen Gemeinschaftseinrichtungen nicht zugleich mit den Wohnungen gebaut wurden. Das Eingewöhnen der „Pioniergeneration", die Komplettierung mit sozialen Infrastruktureinrichtungen, die aufwachsenden Bäume und Sträucher verbessern zwar die soziale Brauchbarkeit der hochverdichteten Gebiete als Freizeitraum, es kann festgestellt werden, daß durch die erkannten Sozialprobleme, die derartige Bevölkerungskonzentrationen mit sich bringen, diese Entwicklungsstufe des Wohnungsbaues wohl ihren Abschluß gefunden hat.

Die intensive Beschäftigung mit den unterschiedlichen baulichen und sozialen Strukturen in den Wohngebieten aus den verschiedenen Bauperioden in wissenschaftlichem, politischem und öffentlichem Raum in den letzten Jahren kann dazu führen, daß gründlicher als bisher die soziale Brauchbarkeit von Wohnungstypen und Siedlungsformen für die unterschiedlichen Gruppen der Bevölkerung analysiert werden. Wir lernen (wieder) aus unserer eigenen gebaut vorfindbaren Vergangenheit.

4. Erhaltung, Modernisierung, Weiterentwicklung und Neubau von Wohnung und Siedlungsform als Freizeitraum

Denkt man noch einmal an die Arten der Verwendung von Freizeit, lassen sich für die „ideale" bauliche und städtebauliche Planung folgende Wünsche ableiten:

Im Bereich der Wohnung:

- Flexibilität, Variabilität des Grundrisses
- erhöhte Schallschutzmaßnahmen zur Nachbarwohnung, nach draußen
- zukunftssichere Elt-Installation
- großflächiger Balkon/Loggia
- großes, differenziertes Badezimmer
- volleingerichtete Küche
- Werk/Hausarbeitsraum
- Abstellraum mit Container, Einbauschränke
- kinderspielgerechter Wohnungszuschnitt

Im Bereich des Gebäudes (u.U. ab bestimmter Größe)

- Werk/Arbeitsräume (freie und eingerichtete)
- Gymnastikraum mit Geräten
- Sonnen- und Liege(dach)terrasse
- Club/Treffräume (frei und eingerichtet)
- Cafeteria/Kleineinkauf (bewirtschaftet)
- Lagerräume für Freizeitgeräte
- begegnungsfreundliche Eingangs-/Verkehrszonen
- differenziert gestaltete Gartenanlage

Im Bereich des Wohngebietes (u.U. ab bestimmter Größe)

- gesellschaftliches Zentrum (Bürgerhaus mit allen Einrichtungen für Bildung, Unterhaltung, politische Aktionen usw. u.U. in Verbindung mit Schule)
- Sport- und Erholungszentrum mit differenziertem Angebot für alle Sportarten
- differenzierte Großgrünflächen für aktive und passive Benutzung in der Freizeit, Standplätze für Wohnwagen, Pflege- und Reparaturplätze für PKW
- Treffpunkte für spezielle Gruppen der Bevölkerung (Kinder, Jugendliche, alte Menschen)

Wir müssen jedes Wohnquartier auf seine vorfindbaren räumlichen und sozialen Qualitäten hin analysieren, wenn sein Freizeitwert — wo notwendig — verbessert werden soll, und wir müssen die Erkenntnisse und Erfahrungen, die über die soziale Brauchbarkeit von Architektur und Siedlungsform aus den verschiedenen Zeitepochen unterdessen gewonnen wurden, für unsere künftigen Neubaumaßnahmen nutzen.

Der Freizeitforschung muß erhöhte Beachtung geschenkt werden. Denn wir müssen über die Entwicklungstrends im Freizeitverhalten der unterschiedlichen Gruppen der Bevölkerung möglichst genau unterrichtet sein, wenn bedarfsgerecht geplant und gebaut werden soll (gleichgültig, ob es sich um die Ergänzung und Ausgestaltung vorhandener Wohnungen und Baugebiete oder um die Schaffung neuer Wohnquartiere handelt).

Die soziale wie die finanzielle Leistungsfähigkeit der konkreten Bewohnergruppen muß ebenfalls erforscht werden, um gerade bei Modernisierungsmaßnahmen älterer Wohnungen und Wohnquartiere keine Überforderung (mit Vertreibungseffekten) zu bewirken.

Der Einsatz der bescheidenen öffentlichen Mittel soll größtmöglichen Nutzen stiften, daher ist etwa zu klären, wo Mehrfachnutzung von Einrichtungen, z.B. bei der Schule, erfolgen kann, wie durch Flexibilität im Bausystem auch Anpassungen an neue Freizeitbedürfnisse vorgenommen werden können, z.B. durch Erweiterungen, aber auch, welche Prioritäten die Bewohner selbst setzen.

Die stärkere Beachtung der „Freizeitgesellschaft" in der Planung führt auch zu einer neuen, engeren Art der Zusammenarbeit der Institutionen — z.B. der gemeinnützigen Wohnungsunternehmen mit dem Sozial- und Jugendamt der Stadt — und der Beteiligten — dem Wohnungsunternehmen und den Bewohnern.

Wenn das Wohnumfeld als Freizeitraum aktiviert werden soll, muß — insbesondere im Interesse der weniger mobilen Gruppen der Bevölkerung, wie Mütter mit kleinen Kindern, alte Menschen, Familien ohne PKW, Körperbehinderte, Jugendliche, die den größten Teil ihrer Freizeit im Wohnbereich verbringen — Wohngebiets-Entwicklungsplanung durch die Gemeinde betrieben werden.

Die Planung wohnungsnaher Freizeitangebote als eine Aufgabe der Stadtentwicklungsplanung wird nicht nur durch die Kommune, sondern auch und vor allem durch Träger der sozialen Arbeit, private und gemeinnützige Wohnungsunternehmen, Vereine und durch Selbstorganisationen der Bewohner — Bürgerinitiativen — getragen. So ist zu fragen, welche ortsspezifischen Grundlagen — neben den allgemein zugänglichen wissenschaftlichen Erkenntnissen, Richtlinien und Empfehlungen — und welche organisatorischen und finanziellen Arbeitshilfen hierfür bereitgestellt werden können:

- Instrumente zur Erkundung der Struktur, Verhaltensweisen, Einstellungen, Bedürfnisse von Bewohnern/Zielgruppen, die bei der Planung wohnungsnaher Freizeitangebote — einfach handhabbar — eingesetzt werden können, sollten durch die Gemeinde erarbeitet werden.

- Instrumente zur Ermittlung von stadtteilprägenden Elementen, von beliebten/unbeliebten Orten (bei verschiedenen Leuten), von funktionalen Beziehungszusammenhängen als Grundlage für die freizeitgerechte Aktivierung bestehender Wohnquartiere sollten bereitgestellt werden.

- Methoden zur Beteiligung der Bürger bei den unterschiedlichen Projekten und ihre Anwendungsregeln sollten erarbeitet werden, um eine Aktivierung und Selbstbeteiligung an der Planung und Realisierung mit geringstmöglichen Reibungsverlusten sichern zu helfen.

- Geldmittel zur Unterstützung von Selbsthilfeorganisationen der Bürger zur Realisierung wohnungsnaher Freizeiteinrichtungen (gebunden an bestimmte Zugangskriterien) sollten im Haushalt bereitgestellt (für Pachtgrundstücke, Baumaterial, Informationsarbeit usw.) werden.

- Ausbaustandards, die nur die Mindestanforderungen für wohnungsnahe Freizeiteinrichtungen enthalten (bauliche Sicherheit, Verkehrssicherheit, Lärmschutz, Hygiene, Größe) sollten erarbeitet und veröffentlicht werden, um den Spielraum für situationsspezifische Anwendung abzustecken und um Kriterien für die Bereitstellung von Boden und Geld zu haben.

- Bürgernahe und bürgeroffene kommunale Verwaltung (in Bezirksverwaltungsstellen, durch wohngebietstätige Sozialarbeiter als Ansprechpartner, Initiator, Helfer, Ausgleicher, Manager) sollten dazu beitragen, die gesellschaftlich aktiven Kräfte in Wohngebieten bei Planung und Realisierung des Wohnumfeldes als Freizeitraum zu unterstützen.

Bürgerinitiativen, Thekenmannschaften, Gebietsvereine, Mieterausschüsse, Arbeiterinitiativen, Basisorganisationen der Parteien und Gewerkschaften können neben und mit den „offiziellen" Trägern dazu beitragen, die soziale Brauchbarkeit der Wohngebiete zu erkennen und auszubauen.

Wir alle, die wir mehr Freizeit haben als unsere Eltern und Großeltern, aber auch größere Ansprüche stellen, müssen uns klar sein: Planbar, technisch realisierbar sind die Möglichkeiten (zumindest bei gutem Willen der Beteiligten) durchaus, sie müssen aber auch bezahlt werden. Mehr Platz in der Wohnung für Freizeitaktivitäten, neue Räume im Gebäude für Gymnastik und Werken heißt mehr Miete oder Benutzungsgebühren. Differenzierte Einrichtungen im Wohngebiet, Bürgerhaus, Sportzentrum, Tiefgaragen und Wohnwagenplätze heißt höhere Erschließungskosten, Abstellgebühren und/oder höhere Einlage in den Steuertopf.

Wir werden uns also zu überlegen haben, was uns — als einzelne, als Gruppe und als Gesellschaft — unsere gestiegene Freizeit „wert" ist und wir werden uns fragen müssen, wie durch eigene Aktivität, durch gemeinsame Selbsthilfe unsere gegenwärtige Wohnumwelt freizeitgerechter gemacht werden kann.

Innerhalb dieses Rahmens können die Planer dann die Möglichkeiten schaffen, deren wir zu frei gewählten Gestaltung und Nutzung unserer Freizeit in der Wohnung, im Haus und im Quartier bedürfen.

Siedlungsformen und Wohnung
Soziale Funktion — Gestaltung und soziale Brauchbarkeit

Einführung in ein Wohnexperiment im sozialen Wohnungsbau in Utrecht und Ijsselstein in Holland
W.A.H.W.M. Janssen

Immer mehr fragt man sich, ob in unserer Zeit und für die Zukunft das Wohnen (ist ein Zeitwort) nicht Änderungen benötigt in Wohnung und im Wohnumfeld. Zum Beispiel muß das Wohnen und Erholen mehr zueinander wachsen können. Die beiden Sachen sind oder müssen eigentlich kongruent zueinander sein!

In einem Gewosbericht, Hamburg 1975, über den Zusammenhang von freizeitpolitischen Rahmenbedingungen und

Bedeutungsabnahme und -zunahme von Freizeitinhalten wird im Rahmen der Bedeutungszunahme häuslicher Freizeitaktivitäten folgendes gesagt: „Knappe Zeit, knappe Mittel oder sonstige Restriktionen erzwingen die Bildung einer Rangordnung hinsichtlich der sozialen Bezüge". Der Familienbezug erhält — wie erwartet — einen höheren Stellenwert.

Wenn man sich abfragt, in welcher Richtung man hierzu eine Lösung suchen muß, kann die erste Antwort sein: „Das allgemein übliche Prinzip der heutigen Wechselbeziehung von Planung und Nutzung, nämlich die Anpassung passiver Benutzer an das determinierte Angebot aktiver Planer ist zu durchbrechen; das heißt, ein Wohnungsangebot darf nicht mehr durch zuviel Vorfixierungen eingeengt werden." Dasselbe soll auch im direkten Wohnumfeld erreicht werden, so daß die Isolation des Einzelnen aufgebrochen werden kann und durch eine Gruppe auch die Möglichkeit gegeben ist, insgesamt die sozialen Faktoren im Wohnumfeld zu stärken.

Man kann sagen, dies sei wieder eine schöne Paraphrase. Das ist sie nicht unter der Bedingung, daß die Technologen jetzt die gesellschaftlich erhebliche Bedeutung anerkennen, sei es auch nur stückweise, und ihre Unterstützung geben auf dem Gebiet von „scientific-re-assessment", anders gesagt: Bewertung auch in Verbindung mit sozialer Voraussage.

Um dies auch praktisch erproben zu können, gibt es in den Niederlanden Wohnungsbaubeispiele in Utrecht (182 Wohnungen) und Ijsselstein (382 Wohnungen). Es handelt sich um Experimente im sozialen Wohnungsbau. Hier haben die Bewohner das erste Zusammenkommen gefeiert mit einem Fest für die Kinder des ganzen Viertels und mit einem Markt, mit Musik usw. und alles um die Wohnung herum. Es war ein Fest, das wir nur allein noch in den Altstädten kennen.

Diese Experimente sind auch als eine Antwort zu sehen auf die Problematik der arbeitenden Frau mit Kindern und wird eine Möglichkeit sein, die Kontaktmöglichkeiten für Arbeiter in der Zukunft zu verbessern. Zwei Sachen, die im IFAS-Bericht, Bonn-Bad Godesberg 1975, „Chancenungleichheit in der Freizeit", als bestimmte langfristige gesellschaftspolitische Ziele für die Verbesserung der Freizeitsituation genannt worden sind. Es muß ein Angebot gegeben sein, das sich in das komplizierte Zeitbudget dieser Gruppen einordnen läßt und wenig zeitaufwendige Freizeitaktivitäten möglich macht. Dies bedeutet u.a. wohnungsnahe Freizeitangebote. Die Bereitstellung eines wohnungsnahen Freizeitangebotes ist mit den vorgenannten Projekten im „Sozialen Wohnungsbau" zustande gekommen.

Der holländische IFAS-Bericht, Nijmegen 1975, sagt, daß alle experimentellen Kennzeichen — genehmigt vom holländischen Ministerium für Raumordnung und Wohnungsbau — auch von den Bewohnern allgemein unterschrieben worden sind, nämlich:

- die Möglichkeit, die Wohnungen durch Schiebewände an die individuellen Bedürfnisse der Bewohner anpassen zu können; 88 % der Bewohner sind zufrieden.

- die Gruppierung der Wohnungen um ein Treppenhaus, was der äußeren Geländeform, aber auch der Lage der Wohnungen zugute kommt. Es begünstigt die Privatheit und hat die Anerkennbarkeit ihrer Wohnung möglich gemacht; 86 % erkennen den Belang.

- der gemeinsame Raum vor den Wohnungen als Experimentierfeld für die Nachbarschaft. Besonders die Kinder und Mütter, denen die Hallen als zusätzliche Spielflächen zugute kommen, profitieren davon; 72 % erkennen den Belang.

Man übt auch seine Hobbys in der Halle aus, macht dort Feste und manchmal ißt man miteinander oder macht bloß Konversation nach der Arbeit, und auch das Tischtennisspiel ist im Winter in der Halle sehr beliebt.

Auch die vielen aus eigener Initiative entstandenen Hilfs- und Interessenvertretungsorganisationen zeigen, daß man sich als Nachbar näher gekommen ist. Abwechselnd übernehmen zum Beispiel die Mütter die Beaufsichtigung der Kinder. Auch ältere Bewohner helfen mit, fremde Kinder über Mittag oder bei Krankheit zu pflegen und zu betreuen, wenn die Mutter berufstätig oder noch im Studium ist. In Krankheitsfällen und anderen Notsituationen wird keiner allein gelassen. All dies gilt besonders für Utrecht, denn das Beispiel Ijsselstein ist erst vor vier Jahren fertiggestellt worden und die Untersuchung wird dort später abgeschlossen.

Daß die Trennungslinien zwischen gemeinschaftlichen und privaten Flächen fließend verlaufen und nicht vor den Wohnungstüren haltmachen, zeigt das Beispiel der offenen Wohnungstüren, das sich als „Code" in der Siedlung eingebürgert hat. Steht eine Wohnungstür offen, so bedeutet das, daß die Bewohner zu Kontaktaufnahmen bereit sind, was tagsüber speziell von Kindern mit Vorliebe genutzt wird, die dadurch ihren Erfahrungsraum erweitern. Ist dagegen eine Wohnungstür zugezogen, so bedeutet dies, daß der oder die Bewohner nicht gestört werden möchten, was allseits respektiert wird.

Die Kontakte mit Nachbarn und Privaten außerhalb der Wohnung sind bei der allgemeinen Wohnzufriedenheit entscheidende Faktoren. Allgemein wird anerkannt, daß die Halle nicht zur drückenden Verpflichtung führt und diese auch nicht aufbürdet. 92 % der Bewohner sagen, das Projekt sollte wieder gebaut werden.

Es ist notwendig, daß die Administration den Bewohnern bei ihren Versuchen zu einer Mischung von Wohnung und Erholung hilft.

Siedlungsformen und Wohnung
Soziale Funktion — Gestaltung und soziale Brauchbarkeit

Rotraud Weeber

Freizeitbedürfnisse

Freizeitbedürfnisse und Freizeitverhalten unterscheiden sich bei den sozialen Gruppen, sie unterscheiden sich auch nach persönlichen Interessenlagen. Man könnte idealtypisch Freizeitstile unterscheiden wie z.B.

- die Praktischen, die Bastler, Macher, Mokler, die immer etwas schaffen müssen, sei es im Garten, am Auto, am Haus usw.

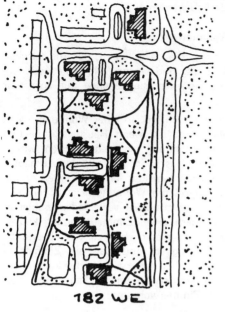

LAGEPLAN UTRECHT

182 WE

LAGEPLAN JSSELSTEIN

362 WE

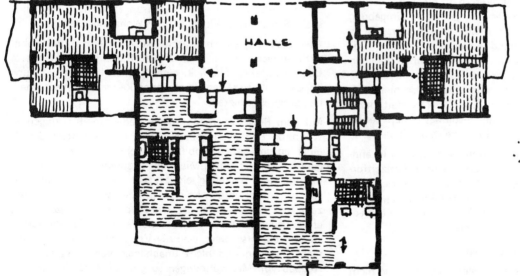

NORMALGESCHOSS-GRUNDRISS MIT VERÄNDE-
RUNGSMÖGLICHKEITEN DURCH SCHIEBEWÄNDE
IN UTRECHT

- die Spaziergänger, die angenehm laufen wollen, sich dabei erholen usw.
- die Kinderorientierten, die ihre Aktivitäten ganz nach den Bedürfnissen, Erlebnis- und Aktivitätsinteressen der Kinder ausgestalten wollen
- die Vereins- und Hobbyfreunde, die ihre Freizeitaktivitäten an ganz bestimmten Hobbys, vielfach sportlicher Art wie z.B. Fußball, Tennis, ausrichten
- die Introvertierten, Stillen, die vorwiegend „indoor"-Aktivitäten innerhalb ihrer Wohnung ausgestalten
- die Gepflegten, die gerne ausgehen, sich was anschauen, zeigen lassen, gesellig sind
- usw.

Ich habe nicht die Absicht, hier solche Idealtypen zu entwickeln, ich wollte nur verdeutlichen, daß es sehr unterschiedliche Freizeitstile gibt. Wohnungen und Siedlungsformen beeinflussen die Möglichkeiten, die jeweils gemäßen und befriedigenden Freizeitformen zu verwirklichen. Die gebauten Wohn- und Siedlungsformen wurden jeweils von dem historisch unterschiedlichen „Zeitgeist" geprägt, in die ganz unterschiedliche Leitvorstellungen auch von den Wohn- und Freizeitbedürfnissen und unterschiedliche wirtschaftliche und sozialpolitische Gegebenheiten eingeflossen sind.

Die Arbeitersiedlung, das einfache Einfamilienhausgebiet begünstigen die Gartenfreunde, die Praktischen, die außerhalb der eng begrenzten Wohnung werkeln, schaffen, basteln — also sich praktisch betätigen wollen. Die frühen Innenstadterweiterungsgebiete, aber auch die heutigen, durch den sozialen Wohnungsbau und Eigentumswohnungen charakterisierten Siedlungen, erlauben diese Freizeitbetätigungen nicht. Für die Interessen an mehr städtischen Freizeitaktivitäten — Ausgehen, in gepflegter Umgebung spazierengehen, sich amüsieren usw. — findet man z.B. in den Siedlungen am Stadtrand kaum ein Angebot. Der Spaziergänger, der gerne durch frische Luft, unter Bäumen gepflegt abends oder mittags seine Runde dreht, der findet z.B. in den frühen Innenstadterweiterungsgebieten, in den verdichteten Mischgebieten kaum Gelegenheit dazu, usw. Beispiele für in bestimmten Siedlungsformen begünstigte und benachteiligte Freizeitinteressen sind vielfältig.

Auch bei den Gebäuden und Wohnungsgrundrissen ist ähnliches zu beobachten. Welch unterschiedliche Freizeitformen implizieren z.B. die heute auf Komfort ausgerichteten und in der Fläche klein gehaltenen Geschoßwohnungen, die Bürgerhäuser, die Arbeiterhäuschen in den Arbeitersiedlungen usw. Ich komme darauf nochmal zurück.

Freizeitbedürfnisse und Wohnumwelt

Bei dem größten Teil des heutigen Wohnungsbaus sind nicht die künftigen Bewohner Bauherr, sondern Trägergesellschaften. Sie produzieren für einen anonymen Markt. Die Auswahl ist die erste Möglichkeit des künftigen Bewohners, seinen Wohnvorstellungen einigermaßen nahe zu kommen. Seine weiteren Möglichkeiten sind, sich der Wohnung anzupassen und die Wohnung sich anzupassen.

Alle diese Möglichkeiten haben Grenzen. Im Wohnungsbau und in der Wohnungspolitik kommt es jedoch darauf an, die Grenzen der Wahlmöglichkeiten von Wohnung und Wohngebiet und die Anpassungsfähigkeit der Wohnung weit genug zu halten. Nur so braucht die letzte Möglichkeit, sich der Wohnung und der Wohnumgebung anzupassen, nicht strapaziert zu werden.

Wahl geeigneter Wohnumwelt

Auf die Mechanismen, die dazu führen, daß die falschen Leute in einer Wohnung und einem Wohngebiet wohnen, kann ich nur kurz eingehen, sie scheinen mir aber sehr wichtig zu sein.

Die falschen Leute wohnen z.B. in einer Wohnung, wenn eine Wohnung überbelegt ist, wenn Haushaltsgröße und Familienstruktur der Wohnung nicht entsprechen, was ja sehr häufig vorkommt. Das hängt u.a. mit der Ausgabenbereitschaft und Ausgabenfähigkeit für das Wohnen zusammen. Der Ruf nach größeren Wohnungen ist ja teilweise irreführend. Wenn Leute mit zwei verschiedengeschlechtlichen oder drei Kindern eine 3Zimmerwohnung kaufen oder mieten, dann wird dieser eben zu viel abverlangt. Ist die 3Zimmerwohnung so groß, daß ein Zimmer in zwei einigermaßen ordentlich unterteilt werden kann, dann wird sie eben als 4Zimmerwohnung verkauft oder vermietet und nicht als 3Zimmerwohnung.

Unter dem Aspekt der Wohnungsgröße scheint es nur bedauerlich, daß der Bevölkerung seit so langer Zeit vorgegaukelt wird, das Wohnen könne und müsse billig sein. Wenn man bedenkt, daß die Ausgaben für die Wohnungsmiete nicht viel höher sind als die für Verkehr und Nachrichtenübermittlung, so scheint es auch wichtig, über das Gewicht und die Bedeutung der verschiedenen Konsumbereiche mehr zu diskutieren und klarzumachen, daß das Wohnen ein Grundbedürfnis ist, für das man — so weit möglich — auch entsprechende Ausgaben machen sollte. Es sind aber nach meinen Erfahrungen nicht nur wirklich sozial Schwache, die in zu kleinen Wohnungen leben.

Aber nicht nur Haushaltsgröße, auch Lebensstil und Wohnauffassungen spielen eine Rolle. Stark hobbyorientierte Leute sind eben falsch in einer kleinen Komfortwohnung im Geschoßbau. Diese kann ihnen kaum den entsprechenden Spielraum bieten.

Mit dem Bewußtwerden, welche Bedeutung Bindungen an Wohnung und Wohngebiet haben, ist die Notwendigkeit einer angemessenen Mobilität zu sehr in den Hintergrund geraten. Das ist einem Mietrecht anzusehen, das die Beibehaltung einer Wohnung schützt, auch wenn sie z.B. im Alter viel zu groß geworden ist oder mit der wachsenden Kinderzahl zu klein geworden ist. Die Probleme der Beschaffung einer neuen Wohnung, insbesondere für sozial Schwache, werden ehe erschwert, weil die Vermieter zu vorsichtig gemacht werden und nicht unabhängig vom Mietrecht der Neubau von Mietwohnungen so gut wie zum Erliegen gekommen ist.

Wahl und Mobilität schränken aber auch Wohnungsbaufinanzierung als Arbeitgeberwohnungen — die in den Neubaugebieten sehr häufig waren und als Sozialwohnung, bei der nicht Personen, sondern Wohnungen gefördert sind — ein. In diesem System wird den Betroffenen kaum Wahl gelassen, unter verschiedenen Wohnungen das individuell Passende auszusuchen. Ein Wohnungssuchender in der Warteschlange der Sozialwohnungsberechtigten nimmt eben was er angeboten bekommt, wäre er wählerisch, so würde er nur wieder an das Ende der Warteschlange rücken.

Nicht zuletzt muß erwähnt werden, daß bestimmte soziale Schichten und Gruppen ohnehin kaum Chancen haben, den Wohn- und Freizeitbedürfnissen Entsprechendes zu wählen. Preis und Verfügbarkeit lassen die Alternativen völlig zusammenschrumpfen. Als extreme Fälle sind hier die Ausländer zu erwähnen, die sicherlich im Freizeitbereich sehr viel an Belastungen zu kompensieren haben. Zu nennen sind aber auch junge Familien, die kaum Chancen haben, außerhalb des Geschoßwohnungsbaus Wohnungen zu finden — obwohl gerade bei dieser Gruppe allgemein anerkannt wird, daß kleine Haustypen mit Garten ihren Wohn- und Freizeitbedürfnissen in der Regel am besten gerecht werden. Diese Hausformen werden als Mietwohnung so gut wie nicht angeboten, die Förderungsmodelle für Eigentumsbildung gingen bislang an dieser Gruppe vorbei.

Angebotsvielfalt

Letzten Endes bietet aber auch das Angebot für den Normalbürger wenig Wahlmöglichkeiten, entsprechend dem eigenen Lebensstil seine Wohnmöglichkeiten auszusuchen. Das hängt mit Marktmechanismen zusammen. Bislang war es eben am günstigsten, Wohnungen für den Durchschnittsbürger anzubieten. Spezielle Teilmärkte für bestimmte Gruppen und Lebensstile sind entsprechend wenig entwickelt. Richtlinien, die Raumgrößen festlegen, Moden und Lehrmeinungen spielen aber ebenfalls eine wichtige Rolle. Als Beispiel auf der Ebene des Wohnungsgrundrisses möchte ich hier die Küchen, wie sie in den letzten 10 Jahren gebaut wurden, nennen.

Vielerlei Faktoren haben dazu geführt, daß die früher weit verbreitete Wohn- bzw. Eßküche von einer sehr kleinen monofunktionalen Arbeitsküche abgelöst wurde. Dazu gehören haustechnische Entwicklungen wie z.B. die Beheizung der ganzen Wohnung, gestiegener Wohnstandard usw. Wesentlich waren dabei auch Leitbilder aus der großbürgerlichen Schicht, bei der sich im Gegensatz zur Tradition der Arbeiter und Bauern das Wirtschaften getrennt vom „Wohnen" vollzog, früher allerdings mit Dienstpersonal. Dieses ersetzt heute — polemisch ausgedrückt — die Hausfrau, deren Rolle als Wirtschafterin in den äußeren Umständen weitgehend unterschlagen und auf die Ernährung reduziert wird. Einen wichtigen Beitrag dazu leistete auch die Werbung der Möbelindustrie, die die Küche als „Arbeitslabor" der Hausfrau ähnlich anderen monofunktionalen Arbeitsplätzen propagierte, — da durch diesen Wandel eine weitgehend andere Ausstattung der Küche notwendig wurde.

Die monofunktionale, sehr kleine Arbeitsküche ist in den letzten Jahren in den Neubauvorhaben fast ausschließlich realisiert worden. Sie ist für viele Haushalte zweckmäßig, für andere ist sie jedoch sehr ungeeignet:

• Z.B. wenn sehr kleine Kinder da sind, die der Mutter ständig am Rockzipfel hängen, ihr nachkrabbeln, die bei ihr sein wollen. Die Mutter muß sie entweder aus der Küche aussperren oder ständig Gefahr laufen, ihnen auf die Füße zu treten, sie mit heißem Wasser zu verletzen u.ä.
• Z.B. berufstätige Frauen, die die Hausarbeit als Freizeit erledigen und dann bei Mann und Kindern sein möchten. Sie werden für die restliche Zeit aus dem Familienverbund in die Küche ausgesperrt.
• Z.B. Haushalte, bei denen mehrere Personen den Haushalt erledigen. Gemeinsames Wirtschaften mehrer ist in der modernen Küche nicht möglich. Wie verbreitet die Gourmets und Freunde der Kochkunst — als Freizeithobbys — sind, ist allein aus der rapide anwachsenden Kochbuchliteratur und dem Erscheinen einer populären Monatsschrift „Essen und Trinken" ersichtlich.
• Z.B. auch für die Bastler und Mokler, die bei ihren Betätigungen in der Regel auf die Naßzelle und den Fußboden ohne Teppich angewiesen sind.

Interessant ist diese Einseitigkeit des Angebots über einen bestimmten Zeitraum auch deswegen, weil die Tradition der ärmeren Familien und der ländlichen Bevölkerung ganz abgebrochen wurde. Sie kannten die Abtrennung der Küche nie, die Küche war immer gleichzeitig auch Eßraum, Wirtschaftsbereich und auch Kommunikationszentrum.

Die Kritik an diesen Grundrissen wurde bereits aufgegriffen. Die zum Wohnbereich offene Küche wurde kreiert. Auch diese setzt wiederum ganz bestimmte Lebensgewohnheiten und Einstellung voraus, wenn sie „brauchbar" sein soll, insbesondere aber auch neue Einrichtungsgegenstände und Geräte. So kommt es, daß Kritik, wie z.B. unsere, neue Trends auslöst oder verstärkt. Trends, die neue Konsumwellen bewirken, bald aber wieder kritisiert und durch neue Moden überholt werden.

Ich möchte hier wegen der gebotenen Kürze nicht auf andere Bereiche von Grundrissen noch eingehen, obwohl ähnliche Beispiele gefunden werden können. Man denke nur an die Räume für Kinder. Die Einseitigkeit und das Ungenügen des Angebots werden mittlerweile seit mehr als einer Dekade beklagt und es hat sich fast nichts geändert.

Vielseitigkeit — im Hinblick auf Lebensstile, Freizeitstile, Familienstruktur — ist also im heutigen Wohnungsbau unzureichend gegeben. Die Wohnungsgrundrisse weisen eine weitgehende Spezialisierung und Zweckwidmung der Räume auf. In der Zuordnung der Räume werden bestimmte Standardbeziehungen betont, ohne Zweifel mit dem Ergebnis einer verbesserten Funktionalität, aber natürlich auch unter dem Risiko der Erschwerung abweichender Nutzungen. Aspekte der Wirtschaftlichkeit haben diese Entwicklung unterstützt.

Ein Angebot, das eng auf die „typische Familie", auf eine Art „Durchschnittsbewohner" spezialisiert ist, kann der Vielfalt der Eigenarten, Familienstrukturen, Lebensstile und Bedürfnisse nur schwer entsprechen. Je exakter und einheitlicher die Bedürfnisse einer durchschnittlichen Zielgruppe getroffen sind, desto größer ist die Wahrscheinlichkeit, daß spezielle Bedürfnisse unberücksichtigt bleiben müssen.

Normen und Richtlinien beruhen im wesentlichen auf dem gleichen Gedankengut, einer Ökonomie durch Spezialisierung. Sie sind andererseits die eingebaute Sicherung, durch die vermieden werden soll, daß Minimalforderungen unterschritten und dadurch grundsätzliche funktionelle Mängel „eingeplant" werden. Die strenge Anwendung der Normen erweist sich jedoch im Wohnungsbau zwangsläufig als ein sehr enger Rahmen.

Anpassungsfähigkeit der Wohnumwelt

Gerade wenn Vielfältigkeit und Wahlfreiheit nicht oder nur sehr begrenzt gegeben sind, kommt der Anpassungsfähigkeit eine besonders große Bedeutung zu. Anpassungsfähigkeit kann nur erreicht werden, wenn das allgemeine Prinzip der Funktionalität und Ökonomie durch Spezialisierung aufgegeben wird. Die Regeln für eine Bemessung der Räume sollten besser aus mehreren Nutzungsvarianten abgeleitet werden, weniger aus nur „einer" Funktion und mit „einem" Konzept der Möblierung.

Der Minimierung der Wohnflächen sind damit Grenzen gesetzt. Anpassungsfähigkeit setzt in der Regel mehr Flächen voraus. Auch ich bin mir klar darüber, daß es leicht ist, progressiv zu erscheinen, indem man immer höhere Standards postuliert. Gerade weil Gesichtspunkte der Wirtschaftlichkeit auch in der Zukunft eine große Rolle spielen werden, ist es jedoch notwendig, für weitere Entwicklungen Prioritäten zu setzen. In der Vergangenheit wurde der sogenannte „Komfort" ständig verbessert. In der Zukunft wird es vordringlich sein, den Spielraum, den die Wohnung für die freie Entfaltung bietet, als entscheidenden Faktor für den Wohnwert zu betrachten.

Bevor ich nun den Aspekt Wohnung und Wohnungsgrundrisse verlasse, erlauben Sie mir noch einige emotionale Bemerkungen zum Thema Standards. Als Mitglied im Stuttgarter Städtebauausschuß und interessierter Betrachter des Baugeschehens, als Leser des Annoncenteils Wohnungsverkäufe in den Zeitungen bin ich immer wieder darüber entsetzt, welch miese Standards wir uns im Wohnungsbau immer noch leisten. Obwohl wir doch im Wohnungsbestand — nicht nur im Altwohnungsbau — deutlich vor Augen haben, wie schnell unzureichende und nicht anpassungsfähige Standards Sanierungsprobleme schwierigster Art schaffen.

Die städtebaulich aufgelockerten Häuseranordnungen — also das Abgehen von der reinen Zeilenbauweise — haben zu schwierigsten Gebäudeanschlüssen geführt, die Eckwohnungen sind von der Besonnung, Einsehbarkeit usw. her oft die reine Katastrophe.

In großer Zahl werden heute extrem tiefe Wohnungsgrundrisse angeboten, die für den Bewohner — außer es ist in der Fläche entsprechend viel zugegeben — sehr schlecht nutzbar sind. Sehr häufig sind Wohnungen nur zu einer Himmelsrichtung ausgerichtet, so daß man nur einen halben Tag Sonne hat — im Sommer gerade unter dem Aspekt der Freizeit eine ganz schlechte Situation.

Die Ausmostung der Flächen läßt die Eßplätze — die übrigens wesentliche Orte des Freizeitlebens der Familien sind — oft in den Flur wandern, so daß, wenn man zur Wohnung reinkommt, fast gleich über den Eßplatz stolpert.

Usw., diese Aufzählung läßt sich beliebig verlängern.

Ich bin auf den Wohnungsbau deswegen heute so relativ ausführlich eingegangen, weil die Wohnung eben doch der Angelpunkt der Freizeitgestaltung ist. Bekanntlich verbringt die Bevölkerung weit mehr als die Hälfte ihrer frei verfügbaren Zeit in der Wohnung. Vernünftige, den individuellen Bedürfnissen entsprechende Wohnungen müssen auch die zentrale Forderung der Freizeitplanung und Freizeitpolitik sein.

Private und öffentliche Freizeitangebote

Die Bedeutung des Nahbereichs der Wohnung für die alltäglichen Kontakte und das Wohlbefinden wurde bereits häufig dargestellt. Ich möchte zum Thema Siedlungsgruppe, Quartier nur einige kurze Bemerkungen machen.

Mir scheint, daß die Möglichkeiten gemeinschaftlicher Nutzungen von Freiflächen und Gebäuden im Nahbereich der Wohnungen und auch die Möglichkeiten, das, was Wohnungen und Grundstücke an privater Nutzung nicht bieten, durch gemeinschaftliche Angebote kompensieren zu können, überschätzt werden.

Zwischen Freizeit im privaten Raum — sei es in der Wohnung, auf dem Balkon, im Garten, im Kleingarten — und Freizeit im öffentlichen Raum — im Park, im Freizeitzentrum, auf den Sportplätzen, im Lokal usw. — besteht ein fundamentaler Unterschied. Diese Freizeitbereiche können sich im großen Ganzen nur ergänzen, sich aber nicht ersetzen. Vereinfacht wird das daran deutlich:

Im privaten Bereich kann man sich geben, wie man will, man macht sich nicht fein dafür, man kann verfügen, ohne sich mit mehr Personen als mit Familienmitgliedern abzustimmen, man muß nicht organisieren, man muß meist kaum Wege zurücklegen, Ausrüstung mitnehmen usw. Im privaten Raum kann Freizeit ganz beiläufig, ungeplant, unkoordiniert ablaufen. Betätigungen im öffentlichen Bereich implizieren andere Schwellen, andere Verhaltensweisen, andere soziale Beziehungen.

Gemeinschaftseinrichtungen im Nahbereich der Wohnung

Wir haben uns in unserer Untersuchung über Gemeinschaftseinrichtungen[1] mit den wohnungsbezogenen, im Häuserblock und nur einem Nahbereich zugeordneten Gemeinschaftseinrichtungen wie Freizeitraum, Partyraum, gemeinschaftliche Dachterrasse, hauseigenes Schwimmbad, Kinderspielraum usw. sehr intensiv befaßt und zahlreiche Beispiele untersucht. Diese Angebote haben zwar ihre Berechtigung, sie werden auch zum Teil gut angenommen, ihr Gebrauch und ihre Lebensfähigkeit bleiben aber heikel.

Gemeinschaftsräume wie Partyraum, Werkraum, Gästezimmer u.ä. (nicht so sehr Schwimmbad und Sauna) gehören zwar zeitweise quasi zur Wohnung, sie sind jedoch nicht vollständig in den Individualbereich integriert, eine Identifikation mit diesen Räumen als „etwas Eigenem" findet nicht gleichermaßen statt. Andererseits sind diese Räume auch nicht öffentlich, wie z.B. eine Gaststätte in größeren Wohnanlagen, fällt wegen der größeren Anonymität verschiedentlich die soziale Kontrolle durch die Bewohner fort. In Wohnanlagen mit Eigentums- und Mietwohnungen bestehen zusätzlich unterschiedliche Interessen gegenüber den gemeinschaftlichen Einrichtungen und damit unterschiedliche Identifikation.

Diese Situation ergibt den oft „unbestimmten" Charakter dieser Einrichtungen. Weder die Verhaltensmaßstäbe und Verhaltenskontrollen für private Bereiche noch die für öffentliche gelten vollständig. So geraten sie leicht zu einer Art Verhaltens-Niemandsland mit den Folgen eines weniger sozialen Verhaltens. Auswirkungen hat das vor allem bei den Partyräumen. Hier kann mehr oder weniger enthemm-

---

1 Weeber + Partner: Gemeinschaftseinrichtungen, bauliche, organisatorische und soziologische Aspekte, Stuttgart 1975

tes, teilweise sogar aggressives Verhalten vorkommen (Schlägereien und Zerstörungen der Einrichtung). Man kann davon ausgehen, daß die Aggressionen nicht durch die Gemeinschaftsräume verursacht sind, sondern mitgebracht werden und hier lediglich — begünstigt durch Partyatmosphäre und Alkoholgenuß — eine günstige Gelegenheit zur Entladung finden. Mit der Gewöhnung an gemeinschaftliches Eigentum auch im halbprivaten Bereich und einem damit einsetzenden Einstellungswandel zusammen mit Verhaltensübung können solche Probleme zwar abnehmen, ganz aufgehoben werden sie wohl nicht.

Gemeinschaftseinrichtungen auf Nachbarschaftsebene haben zwar vielfach die gewünschte kontaktfördernde Wirkung. Aber dies schlägt auch leicht ins Gegenteil um. Wird den Kontaktgelegenheiten eine gewisse Unverbindlichkeit von vornherein genommen, so sehen Bewohner in gemeinschaftlichen Betätigungen im Haus auch die Gefahr einer Überintegration, eines allzu familiären Klimas und von Zwangskontakten, denen man sich später nicht mehr ohne weiteres entziehen kann. Das führt dann zu einer reservierten Haltung gegenüber gemeinschaftlichen Einrichtungen im Haus und auch zur Übervorsicht und Zurückhaltung gegenüber anderen Bewohnern, weil das Risiko aneinanderzugeraten besonders groß ist.

Dies sind nur einige Hinweise auf Probleme und Risiken, die positiven Aspekte setze ich als bekannt voraus.

Ich möchte damit sagen, daß Gemeinschaftseinrichtungen im Wohnungsnahbereich, in der Häusergruppe, zwar ihre Berechtigung und positive Funktionen haben. Als Konzept der Freizeitplanung halte ich sie jedoch im Vergleich zu anderen Lösungen für wenig tragbar.

Folgende zwei Ansätze scheinen mir in diesem Zusammenhang wichtiger zu sein:

Verbesserungen des Angebots privater Freiflächen

Lösungen, wie Wohnungen, vor allem auch Geschoßwohnungen, privat verfügbarer Freiraum zugeordnet werden kann, wurden immer noch nicht in ausreichendem Maße entwickelt und realisiert. Der privat verfügbare Freiraum ist aber Voraussetzung für eine Vielzahl von Freizeitbedürfnissen, insbesondere von Müttern und Kindern und von den Menschen mit Interesse an praktischen Freizeitbetätigungen. Dies sind vielfach Angehörige der unteren sozialen Schicht, die durch ihre Schulausbildung und ihre Berufe weniger die „stillen" Hobbys und Interessen — wie Musik hören, lesen usw. — sich erschließen können. In der Stadt bleiben aber die angebotenen Siedlungs- und Bauformen, zu denen privat verfügbare Freiflächen gehören — das Einfamilienhaus und die Terrassenwohnung — überwiegend den gehobenen Einkommensschichten vorbehalten. Ausnahme bilden lediglich die erwähnten früheren Arbeitersiedlungen und einige wenige einfache Einfamilienhausgebiete. Die Kleingartenanlagen — die einen relativ brauchbaren Ersatz bieten — werden als privatistisch und kleinkariert disqualifiziert und immer mehr reduziert. Zäune gelten allgemein als etwas, was zu überwinden ist. Dafür wurden in den Neubaugebieten riesige Flächen von Abstandsgrün geschaffen, die teuer zu pflegen, Gegenstand zahlreicher Konflikte — ob betretbar oder nicht — und für die Freizeitbedürfnisse ohne Nutzen sind.

Freizeitangebote im Stadtteil

Die Angebote, die diese Betätigungen im privaten Raum ergänzen, stufen sich nach Differenzierung, Größe und Standard über Spielflächen, Parks, u.ä. im Quartier, über Jugendhäuser, Gemeinschaftsräume in Kirchengemeinden, Altenclubs, Schwimmbäder, Sportflächen usw. im Stadtteil; über die für die Stadt zentralen Freizeitanlagen wie Zoo, Stadtpark mit nutzbaren Wasserflächen, Theater usw. bis zu regionalen Freizeitzentren wie Bundesgartenschau, Wildparks und die vielen Ausflugszentren.

Das Übergewicht der Freizeitangebote auf stadtzentrale Anlagen und Einrichtungen und überregionale Zielpunkte kann nicht befriedigen. Sie sind für die Feierabendfreizeit wegen der Entfernungen begrenzt brauchbar, eine Bürgernähe und aktive Mitgestaltung von Bürgern ist begrenzt realisierbar, ihre gemeinschafts- und kommunikationsstiftenden Funktionen sind sehr begrenzt.

Andererseits müssen wir berücksichtigen, daß die Freizeitinteressen sehr vielfältig, die Ansprüche sehr differenziert und entsprechend nur wirklich attraktive Angebote angenommen werden. Deswegen erscheint es mir wichtig, Konzepte für qualifizierte und differenzierte Freizeitangebote auf der Ebene des Stadtteils — mit noch relativ großen Einzugsbereichen von 20.000–30.000 Einwohnern — zu betonen und die möglichen Funktionen des Nahbereichs, des Quartiers, nicht überzustrapazieren.

Lassen Sie mich an diesem Punkt noch etwas theoretisch ausholen:

Die Siedlung, ein durch Fläche, räumliche, bauliche und technische Gegebenheiten definiertes Gebilde, wird häufig fälschlicherweise gleichgesetzt mit dem sozialen Raum. Sie hat vielfach auch einen gewissen sozialen Symbol- und Identifikationswert. Der eigentlich subjektiv erlebte und erfahrene Raum wird jedoch primär durch die Handlungsmuster — in der Soziologie activity pattern genannt — geprägt. Räumlich stellen sich diese Handlungsmuster als Standorte und Wege, Punkte und Linien dar.

Empirische Untersuchungen haben gezeigt, daß bei gleichen räumlichen Gegebenheiten die Handlungsmuster starken alters-, geschlechts-, berufs- und schichtspezifischen Unterschieden unterliegen.

Kinder, nicht berufstätige Frauen und alte Leute haben — der geringeren Zahl der Positionen und Rollen, die sie in der Gesellschaft einnehmen und ausüben, entsprechend — weniger umfangreiche und differenzierte „activity patterns" als berufstätige Frauen und Männer. Die extensivsten Muster finden sich bei Jugendlichen, dies allerdings weniger aufgrund vermehrter zielgerichteter Aktivitäten als aufgrund einer diffusen „Eroberung" der räumlichen und sozialen Umwelt. Insgesamt wird damit die Vorstellung einer gemeinsamen räumlichen Umwelt der Familie stark eingeschränkt. Ebensowenig gilt sie für die Gesamtheit der sozialen Schichten. Die Standorte der Aktivitäten von Angehörigen oberer Bildungs- und Einkommensschichten streuen im allgemeinen stärker als die von Angehörigen unterer Bildungs- und Einkommensschichten, sind dabei jedoch deutlicher auf bestimmte Stadtteile beschränkt. Über den Einfluß von Automobilbesitz liegen keine unmittelbar verwertbaren Angaben vor, doch ist aus der größeren Zahl und Länge der Wege, die Automobilbesitzer zurücklegen, ohne weiteres auf umfangreichere „activity patterns" zu schließen. Eine nicht zu unterschätzende Bedeutung hat schließlich der Standort der Wohnung innerhalb des Stadtgebiets. Das ausgedehnteste „activity pattern" haben dabei offenbar weder die Bewohner der Innenstädte noch die peripherer Wohngebietee, sondern die des dazwischenliegenden Ringes.

Will man diese Handlungsmuster berücksichtigen, so muß einerseits dem Thema Wege, Verbindungen — sowohl was ihre Qualität als auch den Zeitverbrauch betrifft und auch der Zusammenhang der Abfolge von Aktivitäten, der Kombinierbarkeit verschiedener Aktivitäten, der Spontaneität und Stimulation ein großes Gewicht beigemessen werden. Andererseits darf nicht übersehen werden, wie differenziert und damit selektiv die Wünsche und Verhaltensweisen sind.

Für die Planung ergeben sich daraus folgende Schlußfolgerungen:

● Gemeinschaftseinrichtungen und Freizeitangebote dürfen nicht isoliert als spezialisierte Angebote geschaffen werden, sondern sie müssen mit den Wegverbindungen, anderen Nutzungen — insbesondere zentralen Nutzungen — vor allem unter dem Gesichtspunkt der Kombination verschiedener Aktivitäten sehr sorgfältig abgestimmt werden.

● Die Einführung von Siedlungsgruppen in die Zentrenhierarchie muß sehr sorgfältig geplant werden. Eine Ausrichtung der Planung auf das kleine Quartierzentrum im Nahbereich — mit in der Regel der kleinen Ladengruppe und dem Kindergarten — genügt nicht. Der Anbindung der Siedlungsgruppen an ein leistungsfähiges Stadtteilzentrum kommt entscheidende Bedeutung zu.

● Es kann immer wieder beobachtet werden, daß die Planungszusammenhänge zu klein betrachtet werden und damit die Bedeutung der Anbindung an die nächst übergeordneten Zentren vernachlässigt wird. In der Zentrenplanung wird immer wieder versucht, mit Einzugsbereichen von 10.000 bis 15.000 Einwohnern Stadtteilzentren auszubilden. An zahlreichen Neubaugebieten ist sehr deutlich ablesbar, daß diese Einzugsbereiche für ein wirklich differenziertes und attraktives öffentliches Leben nicht tragfähig genug sind.

● Die Stadtteilzentren mit ihren Freizeitfunktion sind zu stärken. Die verschiedenen Maßnahmen — Ausbau von Fußgängerzonen, Schaffung von Freizeitangeboten für bestimmte Altersgruppen wie Jugendliche, alte Menschen und für spezielle Betätigungen wie Bücherei, Volkshochschule, Räumlichkeiten für Gruppen und Veranstaltungen usw. — sollten sich gegenseitig stützen. Werden diese Angebote zusammenhanglos im Stadtteil „verkleckert", tragen sie wenig zur allgemeinen Steigerung des Freizeitwertes von Stadtteilen bei, die Chance der gegenseitigen Stimulation wird vergeben.

● Nach meinen Beobachtungen entsteht nur in den Stadtteilen ein wirklich lebendiges und attraktives öffentliches Leben, wenn sie über den Einzugsbereich des Stadtteils hinaus Besucher anziehen können. Zur Öffentlichkeit gehört auch der Fremde. Dies kann z.B. durch die Förderung der oft historisch gegebenen Besonderheiten — in alten Stadtteilen, die um alte Ortskerne herum gewachsen sind, ist dies oft die historische Bausubstanz, mit der oft spezifisch entwickelten Gastronomie, oft auch den alten Volksbräuchen — oder durch gezielte Zufügung von Funktionen, die mehr als Stadtteilbedeutung haben, geschehen. Ich plädiere dafür, daß bei der Standortplanung solcher Dinge nicht nur die Alternative City oder gleichmäßige Verteilung über alle Stadtteile gesehen wird, sondern vielmehr darauf geachtet wird, daß auch die Stadtteilzentren „Besonderes" bieten sollten, so daß sich ein Besuch mal lohnt. Durch die Ausbildung verschiedenartiger, besonderer Stadtteilzentren erhöhen sich auch die Freizeitmöglichkeiten für die Stadtbevölkerung insgesamt.

● Der Bereich Freizeit sollte als Planschicht in der Stadtentwicklungsplanung in Zusammenhängen untersucht und geplant werden. Ein Grünflächenplan allein genügt nicht. Es muß der Zusammenhang mit der Zentrumsplanung — die bislang vielfach zu isoliert als reine Versorgungsplanung mit Gütern und Dienstleistungen betrachtet wurde — mit der Siedlungsentwicklung, den Wegebeziehungen usw. hergestellt werden.

Andere Veröffentlichungen des Verfassers zum Thema:

Weeber, Rotraut: Eine neue Wohnumwelt, Beziehungen der Bewohner eines Neubaugebietes am Stadtrand zu ihrer sozialen und räumlichen Umwelt, Stuttgart 1971, Karl Krämer Verlag

Weeber + Partner: Alte Menschen, Hausfrauen und Kinder in einem neuen Wohngebiet, eine empirische Untersuchung des Wohngebietes Mannheim-Vogelstang, Stuttgart 1972, Veröffentlichung der Neuen Heimat Baden-Württemberg

Weeber, Hannes: Als Fußgänger beim Einkaufen in der City Stuttgart 1972, Veröffentlichung der Forschungsgemeinschaft Bauen und Wohnen, Heft 97

Weeber, Hannes: Was ist feriengerechte Architektur, in: Ferienzentren architektonische — psychologische — touristische Probleme, Studienkreis für Tourismus e.V., Starnberg 1973

Gaupp-Kandzora/Merkel/Rothermund/Weeber: Planen und Bauen für den unbekannten Bewohner, eine Befragung der Hausbau Wüstenrot, Stuttgart 1974

Weeber + Partner: Gemeinschatseinrichtungen, bauliche, organisatorische und soziologische Aspekte von Freizeit- und Sozialeinrichtungen in verdichteten Wohngebieten, Stuttgart 1975, Karl Krämer Verlag

Weeber + Partner: Verkehrsanlagen aus der Sicht des Fußgängers, Stuttgart 1978, Forschungsprojekt im Auftrag des Bundesministeriums für Verkehr

Freiflächen im Wohnumfeld   Arbeitsgruppe 2
Soziale Funktion – Gestaltung und soziale Brauchbarkeit

Rechtsbegriff und Inhalte
Helmut Klausch

Das Wort Freiflächen ist im Sprachgebrauch der Planer nicht eindeutig festgelegt. Mal wird der Begriff für alle Flächen außerhalb aufstehender Bebauung benutzt, also Flächen, die frei von Bebauung; mal wird der Begriff nur für Grünflächen angewandt, ohne Straßen, Wege und Plätze einzubeziehen.

Ich schlage vor, die Begriffsinhalte zu wählen, wie sie das Bundesbaugesetz nahelegt. In § 9 Abs. 1 sind in Ziffer 1 bis 26 die möglichen Freiflächeninhalte eines Bebauungsplanes angegeben, z.T. in nicht abschließender Aufzählung.

Danach werden in Ziffer 4 Flächen für Nebenanlagen genannt u.a. Spiel-, Freizeit- und Erholungsflächen, die für die Nutzung von Grundstücken erforderlich sind, also direkt zu den Grundstücken gehören.

In Ziffer 5 folgen Flächen für den Gemeinbedarf, die außer baulichen Anlagen oft zugehörige Freiflächen einschließen, also etwa Pausenhöfe an Schulen.

Ziffer 10 nennt als weiteren möglichen Inhalt des Bebauungsplanes Flächen, die von Bebauung frei zu halten sind und bestimmt, daß ihre Nutzung angegeben werden muß. Da kann es sich z.B. um Frischluftschneisen handeln, die zwischen großen Wohnblocks für den Luftaustausch notwendig sind und vielleicht als Grünfläche genutzt werden.

Ziffer 11 führt Verkehrsflächen auf, u.a. Fußgängerbereiche. Auch diese gehören zu den Freiflächen (sie werden aber Gegenstand der Besprechungen der Arbeitsgruppe 3 sein, die sich ausführlich mit der Straße im Wohnbereich befaßt).

Sicher sind die in Ziffer 15 bezeichneten Flächen Freiflächen (nach dem Verständnis unserer Arbeitsgruppe 2), nämlich die öffentlichen und privaten Grünflächen wie Parkanlagen, Dauerkleingärten, Sport-, Spiel-, Zelt- und Badeplätze und Friedhöfe. Hier ist der Begriff der Grünflächen weit gefaßt; das geht aus der nicht abschließenden beispielhaften Aufzählung hervor. Auch bauliche Anlagen wie etwa ein Freizeithaus oder Umkleiden eines Freibades sind zulässig; sie können durchaus in einer Grünfläche errichtet werden, wenn sie zu ihrer Funktion gehören oder zugeordnet sind. Grünflächen müssen auch nicht durchweg begrünt sein, z.B. ein Bolzplatz oder der gepflasterte Eingangsbereich eines Volksparkes. Das Verständnis dieses weiten Grünflächenbegriffes erfordert nach dem Grundsatz der Planklarheit allerdings, daß in den Bebauungsplan eingeschrieben oder durch Planzeichen angegeben wird, welche Hauptnutzung vorgesehen ist, z.B. öffentliche Grünfläche (Revierpark mit Freizeithaus, Frei- und Wellenbad) oder öffentliche Grünfläche (Parkanlage mit Spielplätzen) usw.

Auch die Ziffer 16, in der u.a. ganz allgemein Wasserflächen genannt sind, wird als möglicher Inhalt von Freiflächen verstanden werden dürfen, wie sie der Bebauungsplan festsetzt, z.B. Bootsliegeplätze im Uferbereich eines Sees.

Ferner sind Flächen nach Ziffer 17 überwiegend zu den Freiflächen zu rechnen; denn die angeführten Flächen für Aufschüttungen und Abgrabungen usw. werden zwar während des Vorganges der Abgrabung oder Aufschüttung nur zweckbestimmt genutzt, aber nach Abschluß dieser Nutzung sind außer einer etwa möglichen baulichen Nutzung überwiegend nur Freiflächennutzungen denkbar, vielleicht die Bewaldung nach Abschluß der Aufschüttung oder die Einrichtung eines Badesees nach Beendigung der Abgrabung.

Ziffer 18 nennt die Flächen für die Landwirtschaft und für die Forstwirtschaft; sie müssen sicher zu den Freiflächen gerechnet werden und erfüllen bei wohnungsnaher Lage zugleich wesentliche Aufgaben für das Wohnumfeld. Allerdings darf eine Ausweisung als land- oder forstwirtschaftliche Nutzfläche nur aus Gründen der Förderung dieser Nutzung erfolgen. Soll Bebauung verhindert werden, so ist der Bebauungsplan untauglich. Dies hat der SVR gerichtlich ausgefochten; sein Versuch, Streubebauung als Grünfläche auszuweisen, um weitere Bebauung auszuschließen, scheiterte. Wo solche Zersiedlung der Landschaft übergeordnete ökologische Aufgaben stört, hilft künftig nur der Grunderwerb und anschließende Abbruch der Bauwerke – vielfach wird erst dann die Rückgabe in naturgemäße Nutzung möglich.

Weiter nennt Ziffer 20 Flächen für Maßnahmen zum Schutz, zur Pflege und zur Entwicklung der Landschaft, soweit sie nicht nach anderem geltenden Recht, z.B. den Landschaftsgesetzen der Länder festgesetzt werden.

Auch die Ziffer 22 ist zu erwähnen, denn in ihr sind Flächen für Gemeinschaftsanlagen für bestimmte räumliche Bereiche genannt, wie Kinderspielplätze und Freizeiteinrichtungen, also etwa Liegewiesen und gemeinschaftliche Sportanlagen für Häuserblocks.

Schließlich muß bei dem Versuch, den Freiflächenbegriff aus dem BBauG abzuleiten, noch die Ziffer 25 genannt werden; diese erlaubt Festsetzungen für einzelne Flächen oder für ein Bebauungsplangebiet oder Teile davon, und zwar für das Anpflanzen von Bäumen und Sträuchern und für die Erhaltung von Bäumen, Sträuchern und Gewässern, soweit es sich nicht um land- oder forstwirtschaftliche Nutzung handelt.

Alles in allem ein sehr fein unterschiedener Freiflächenkatalog. Seine einzelnen Möglichkeiten können übrigens nur dann angewandt werden, wenn sie erforderlich sind, d.h. wenn sie im Sinne des Bundesbaugesetzes der städtebaulichen Ordnung dienen. Genau dies versteht man unter Bauleitplanung: Ordnung des bebauten und des unbebauten Raumes und ihres Beziehungsgefüges untereinander, also nicht nur ein geregelter Zustand beider, sondern gedeihlicher Entwicklung.

Die geordnete städtebauliche Entwicklung muß dem Wohl der Allgemeinheit gelten und eine entsprechende sozialgerechte Bodennutzung gewährleisten. Sie soll außerdem dazu beitragen, eine menschenwürdige Umwelt zu sichern. Diese Grundsätze des Bundesbaugesetzes (§ 1) sind Rahmenbedingungen für die Gestaltung und soziale Brauchbarkeit der Freiflächen im Wohnumfeld. Der Gesetzgeber hat die Rahmenbedingungen sogar weiter ausgefüllt. Er bestimmt, daß Bauleitplanung eine Reihe von Anforderungen zu erfüllen hat, z.B. soll Bauleitplanung gesunde Wohnverhältnisse bewirken, soll die sozialen und kulturellen Bedürfnisse der Bevölkerung berücksichtigen, ebenso die Belange des Bildungswesens; weiterhin müssen die natürlichen Gegebenheiten sowie die Entwicklung der Landschaft und die Landschaft als Erholungsraum berücksichtigt werden, denkmalpflegerische Gesichtspunkte ebenso. Die Gestaltung des Orts- und Landschaftsbildes muß bei der Bauleitplanung eine Rolle spielen, wie auch die Belange des Umweltschutzes, des Naturschutzes und der Landschaftspflege, der Erhaltung und Sicherung der natürlichen Lebensgrundlagen und schließlich der Belange von Sport, Freizeit und Erholung.

All diese Bedingungen ergänzen den Hauptplanungsgrundsatz der Bauleitplanung, eine menschenwürdige Umwelt zu sichern; sie soll so beschaffen sein, daß die Bevölkerung ihr Leben in menschenwürdiger Weise verbringen kann. Dies Ziel wird erreicht, indem die genannten Bedingungen für das Plangebiet gerecht abgewogen und je nach ihrem Gewicht berücksichtigt werden. Dieser Abwägungsvorgang läßt offen, ob es Bedingungen gibt, die unabdingbar erfüllt werden müssen, wenn nicht eine unumkehrbare Kettenreaktion der Verschlechterung der Lebensverhältnisse eintreten soll. Allerdings folgt aus dem Gebot der Abwägung, daß ein Abgewogensein des Planes im Ergebnis herauskommt. Jedenfalls ergibt sich aus der Abwägung die Entscheidung für eine von mehreren denkbaren Planungsmöglichkeiten.

Diese Planungsmöglichkeiten werden von Planern ersonnen, die ihrerseits nicht frei schalten und walten können. Wo auch immer Freiflächen im Wohnumfeld vorgesehen werden sollen, sie dürfen wie jede andere Ausweisung durch die vorgeschriebene Bürgeranhörung nicht völlig infrage gestellt worden sein, sie müssen das Verfahren über Anregungen und Bedenken bestanden haben und den Trägern öffentlicher Belange weitgehend genehm sein; erst dann ist der entscheidende Endpunkt des Abwägungsvorganges gekommen, nämlich die endüglitge Beschlußfassung des Gemeinderates; es ist seine typische Aufgabe, gemeindliche Pflichtaufgabe.

Dies alles betrifft Inhalte und Ablauf der Planung von Freiflächen und ihre Festsetzung in Bebauungsplänen. Der Vollständigkeit halber sei erwähnt, daß die Bebauungspläne als zweite Stufe der Bauleitplanung aus der ersten Stufe der Bauleitplanung dem Flächennutzungsplan entwickelt werden müssen. Auch dieser kennt Gebietskategorien, die in den Begriff der Freiflächen passen. Da sie aber nur in den Grundzügen in einem kleineren Planungsmaßstab darzustellen sind, besitzen sie nicht das gleiche Aussagegewicht, das der Bebauungsplan verlangt. Gleichwohl muß derjenige, der über Freiflächen im Wohnumfeld verhandelt, deren Ansatz im Flächennutzungsplan kennen. Er stellt nämlich die sich aus der beabsichtigten städtebaulichen Entwicklung ergebende Art der Bodennutzung in den Grundzügen dar. Seine Grobmaschigkeit und die Tatsache, daß er in viel stärkerem Maße auf die voraussehbaren Bedürfnisse der Gemeinde angelegt ist als der Bebauungsplan, verleiht ihm einen geringeren Grad der Verläßlichkeit bezüglich der zukünftigen Entwicklung. Er ist mehr Prognose, planerische Grundkonzeption. Erst seine Weiterbearbeitung bzw. Konkretisierung im Bebauungsplan berührt jenen Bereich, den wir hier als „Freiflächen im Wohnumfeld" behandeln wollen. Dennoch müssen ausgedehntere Freiflächen, wie Parkanlagen oder Dauerkleingärten oder Flächen für Freizeit und Erholung bzw. Spiel und Sport, bereits in der ersten Stufe der Bauleitplanung, dem Flächennutzungsplan dargestellt sein.

Der Flächennutzungsplan hat für unsere Verhandlungen zum Thema „Freiflächen im Wohnumfeld" auch noch aus anderem Grund Bedeutung. In ihm sind Sanierungsgebiete kenntlich zu machen, Flächen also, die städtebauliche Mißstände aufweisen.

Die Sanierung solcher Gebiete erfolt nach den Vorschriften des Städtebauförderungsgesetzes. Sein Ziel sind städtebauliche Sanierungs- und Entwicklungsmaßnahmen. Darunter wird insbesondere Beseitigung baulicher Anlagen und Neubebauung oder Modernisierung von Gebäuden verstanden. Daß solche Maßnahmen immer auch Freiflächen betreffen, liegt auf der Hand. Leider führen Sanierungsmaßnahmen bisher fast durchweg zu baulicher Verdichtung, damit fast zwangsläufig zur Verkleinerung von Freiflächen. Zwar wird von den vorbereitenden Untersuchungen für ein Sanierungsgebiet auch die Beurteilung verlangt, ob die Ausstattung mit Grünflächen und Spiel- und Sportplätzen den Aufgaben dieses Gebietes im Verflechtungsbereich entspricht; es könnte unter Umständen also die fast überall anzutreffende Unterversorgung mit solchen Anlagen festgestellt werden. Aber in dem letztlich auch hier entscheidenden Abwägungsvorgang spielen diese Freiflächen erfahrungsgemäß keine besondere Rolle mehr.

Das liegt auch wohl daran, daß das Städtebauförderungsgesetz in einem Zeitabschnitt unserer jüngsten Städtebaugeschichte entstand, da städtebauliche Verdichtung als Leitidee unduldsam herrschte. Zeitweise glaubten manche ja wirklich, daß bloße Verdichtung selbsttätig Urbanität erzeuge, das verlorene Paradies antiker Stadtqualität also.

Bauleitplanung kann ohne Anpassung an die Ziele der Landesplanung nicht sinnvoll geschehen, sie bliebe ein unkoordiniertes Mosaik. Die Landesplanung muß bekanntgeben, wie sie erwünschte Entwicklungen ermöglichen und unerwünschte Entwicklungen verhindern will. Ihre Ziele empfängt sie aus dem Landesentwicklungsprogramm, das in Landesentwicklungsplänen entfaltet wird, die ihrerseits in Gebietsentwicklungsplänen weiter konkretisiert werden.

Sie sollen in den Grundzügen die künftige Struktur des Gebietes und die geordnete Nutzung des Bodens bestimmen. U.a. enthalten sie zeichnerische Darstellungen über Freizonen, gegliedert nach land- und forstwirtschaftlichen Bereichen, nach Erholungsbereichen und Bereichen für den Natur- und Landschaftsschutz.

Solche Darstellungen in Gebietsentwicklungsplänen können durchaus Freiflächen im Wohnumfeld beeinflussen. Zum einen werden alle Naherholungsgebiete, die zu den Erholungsbereichen zählen, von benachbarten Gemeinden als direkte Auslaufflächen für die Bevölkerung genutzt werden können. Zum anderen beeinflussen Größe und Inhalt von Erholungsbereichen in der Region auf irgendeine Weise Art und Maß der Freiflächen im Wohnumfeld. Die Revierparke des SVR, die in den landesplanerisch dargestellten regionalen Grünzügen des Ruhrgebietes liegen, bleiben z.B. nicht ohne Einfluß auf die Ausstattung des Wohnumfeldes benachbarter Städte oder Stadtteile usw.

Letztlich ist in dem erläuterten Planungsgefüge noch das Raumordnungsgesetz des Bundes zu nennen, das seinerseits für den Gesamtraum der Bundesrepublik in seiner allgemeinen räumlichen Struktur eine förderliche Entwicklung vorsieht. Die Ziele dieser Entwicklung sind in Raumordnungsgrundsätzen festgelegt. Die Sorge um die Sicherung und Gestaltung von Erholungsgebieten ist dort ebenso zur Pflicht gemacht wie die Förderung der Landeskultur. Zweifelsohne hat der Bund über diese Raumordnungsgrundsätze erheblichen Einfluß auf die Entwicklung genommen. Eine einschneidende Steuerung der Entwicklung erfolgt aber auch über die Flurbereinigung und über Fachplanungen des Bundes, wie z.B. die Straßenbauprogramme und -planungen. So allgemein und fast unverbindlich manche Formulierungen in Bundeszuständigkeiten gehalten sind, sie wirken. Selbst über die städtebaulichen Demonstrativprogramme bestand Einflußmöglichkeit sogar unmittelbar auch auf die Freiflächenpolitik im Wohnumfeld.

Spätestens hier wird man fragen, was unter dem Begriff „Wohl der Allgemeinheit" denn nun zu verstehen sei. Wird er unter so viel Rechtsnormen vielleicht gar begraben. Ist das Gespräch über das anzustrebende menschenwürdige Wohnumfeld als Freizeitraum nicht viel wichtiger als die Kenntnis des Rechtsweges, den schließlich ja Spezialisten weisen könnten? —

Wohnumfeld als Freizeitraum nicht viel wichtiger als die Kenntnis des Rechtsweges, den schließlich ja Spezialisten weisen könnten? —

Doch erscheint es leicht einsichtig, daß Rechtsnormen kennen muß, wer eine menschenwürdige Umwelt nicht nur verkünden, sondern auch planen und durchsetzen will. Das Ziel des Kongresses soll ja sein, das Wohnumfeld als Freizeitraum bewußt zu machen und Lösungsmöglichkeiten für die alltäglichen Probleme anzubieten. Da wird die Durchführbarkeit hochfliegender Pläne zum Prüfstein. Ohne Bebauungsplan sind größere Freizeitanlagen in NRW nicht mehr zu schaffen; wenigstens muß ein Aufstellungsbeschluß vorliegen und die Wahrscheinlichkeit, daß das Verfahren reibungslos abläuft; das kann der Fall sein, wenn die Grundbesitzverhältnisse geklärt sind oder wenn Bebauungspläne, die mit ihrem räumlichen Geltungsbereich angrenzen, ähnliche Ziele verfolgen usw.

Welche Inhalte aber könnte dieser Kongreß mit „Freiflächen im Wohnumfeld" meinen? — Welche Arten von Freiflächen könnten Gegenstand der Diskussion in unserer Arbeitsgruppe sein? — Wie müssen sie gestaltet sein, damit sie sozial brauchbar sind? —

Zu alledem gab die gestrige Vortragsveranstaltung für mich schlüssige Antworten. Ursprünglich hatte ich Ihnen die möglichen Inhalte von Freiflächen am Beispiel von Hausgärten, Kleingärten, Mietergärten, Bürgergärten und Parken in ihrer Verflechtung mit Bebauung aufzeigen wollen und sehe mich nach den Ausführungen aller drei gestrigen Redner dieser Mühe enthoben.

Prof. Rainer hatte die Vorteile des Familienheimes, d.h. der ebenerdigen oder zweigeschossigen Wohnung mit Garten hervorgehoben, hatte zur Größe, den Ausmaßen und vor allem den Maßverhältnissen von Haus und Garten gesprochen. Als Gegenbeispiel stellte er das freistehende Einfamilienhaus vor: die Flächenverschwendung durch ein zu aufwendiges Netz von Erschließungsstraßen und deren Unbrauchbarkeit für soziale Kontakte. Den fehlenden Schutz gegen Straßenlärm und zugige Winde, die durch die Bauwiche wie in einem Venturirohr beschleunigt werden. Rainer pries dagegen Reihenhaustypen in der Kette oder versetzt, mit unterschiedlicher Gartengröße, vom grünen Zimmer, dem erweiterten Wohnraum, bis zu Gartengrößen von 300 qm. Mit dieser Bauweise erreicht er immerhin Besiedlungsdichten von 160 E/ha, also eine respektable Verdichtung, aber erdnahe und damit naturnahe.

Ich darf wohl Rainers Vorschläge als zeitgemäße Weiterentwicklung der alten Margarethen-Höhe in Essen bezeichnen, die Sie gestern besichtigt haben.[1] Aufschlußreich war auch, daß bei dieser Bauweise ein privater Raum zustande kommt, der wirklich privat und ein öffentlicher Raum, der wirklich brauchbar, d.h. zum Spielen geeignet, ungefährdet durch Autoverkehr, mit Plätzen und Plätzchen, die auch Erwachsenen Ort der Begegnung sein können. Rainer nannte die symbolhaltige und fruchtbare Spannung zwischen privatem und öffentlichen Raum.

Und dem Garten als erweiterten Wohn- und Freizeitraum gab er den Lehrauftrag, die Unantastbarkeit der natürlichen Grundlagen unseres Lebens auf dem Raumschiff Erde zu vermitteln.[2] Er meinte, der Mensch dürfe Natur nicht nur konsumieren, sondern solle Gärtnern, der Natur dienend, nachfolgen, sich einfügen in den Lauf der Jahreszeiten, warten auf das, was von Natur aus sowieso kommt und als Ernte nur soviel entnehmen, als auf die Dauer nachwachsen kann.

Selbstverständlich erwartet man keinen hochherrschaftlichen Park im kleinen Gartenhof. Aber ist nicht schon der kleinste Ausschnitt aus der Erdoberfläche, als eigener Garten bewirtschaftet, allemal mehr als eine Wohnung im Hochhaus, in der selbständiges Tun und Gestalten verloren geht, wo man sich nicht einrichtet, sondern eingerichtet wird?

---

1 siehe hierzu: Klausch, H., Die Margarethenhöhe in Essen, in DAS GARTENAMT 1966/Heft 3
2 siehe hierzu: Klausch, H., Der private Freiraum und die Freizeitforschung, in LANDSCHAFT + STADT 1975/Heft 4

Prof. Rainer hat seine Aussagen über den Hausgarten erweitert auf die Schrebergärten. Freilich weiß er, daß die Altbauquartiere in den Städten nicht hinwegsaniert werden können, um sie durch Einfamilienhausbebauung zu ersetzen. Da bietet sich der Dauerkleingarten als brauchbarer Ersatz an. Allerdings sollte dem Kleingärtner mehr Gestaltungsmöglichkeit gegeben werden, als ihm die Gestaltungsvorschriften der Gartenverwaltungen zubilligen. Die Vertreter unserer Kleingärtnerverbände hätten vor Wonne gestrahlt, wären sie unter seinen Zuhörern gewesen, noch mehr hätten sie sich über die Zustimmung gefreut, die die Zuhörer dem temperamentvollen Redner spendeten als er über Schrebergärten sprach.

Nur wenige Äußerungen in den gestrigen Grundsatzreferaten galten den Parkanlagen, den mehr oder weniger großen öffentlichen Gärten. Doch war angedeutet worden, daß sorglicher Umgang mit den Dingen der Natur im öffentlichen Park wohl weniger gut erlernbar als im eigenen Garten, den einer bewirtschaftet. Daß aber den Vielen, die noch keine Gärtner sind, mit den Äußerungen der Mutter Natur gedient werden kann, zeigen die hohen Besucherzahlen öffentlicher Parke. Die einen benutzen sie als Rahmen, um in frischer Luft und abseits der Täglichkeit Sport zu treiben, sich zu ergehen, um zu ruhen und zu schauen. Manchen ist der Eindruck schöner Pflanzen im Park dabei weniger wichtig als die Menschengruppen, die ihm da begegnen, in Ausdruck und Gebärde verschieden und in ihrem ständigen Wechsel ganze Theaterszenen darstellend. Solche Besucher werden Parke sicher mühelos mit belebten großstädtischen Einkaufsstraßen tauschen. Aber es gibt auch viele, die ausgesprochen die lebendige Gartennatur öffentlicher Parke brauchen, um am Rhythmus der Jahreszeiten teilnehmen zu können, und die Genußfähigkeit, eine wohlgestaltete Natur zu erleben, ist weiter verbreitet, als oft angenommen. Ich vertrete jedenfalls auch hier das Ziel, Parke weiterhin als wichtige Freiflächen zu pflegen mit allen Übergängen, von der freien Landschaft bis zum bestausgestatteten Bürgergarten oder Sonderentwicklungen wie den Revierparken oder Sport- und Spielparken und so fort. Selbstverständlich zählen dazu auch jene halböffentlichen Formen des Grüns zwischen Wohnblocks, die Roland Rainer als bloßes Abstandsgrün bezeichnete — vielerorts sind sie wegen ihres Betretungsverbotes berüchtigt.

Möglich, daß es zu Ihrem Anliegen gehört, Freiflächen schließlich aus ökologischer Sicht zu bewerten, als Wahrer eines ausgewogenen Naturhaushaltes; auch dies könnte zum Thema Freiflächen im Wohnumfeld erläutert, mindestens müßte die stadtklimatische Wirkung erwähnt werden.

Ich möchte die Mitglieder der Arbeitsgruppe anregen, über die vorgeführten Freiflächenformen und Freiflächeninhalte zu sprechen und dabei den Bürger in den Mittelpunkt zu stellen, für den meine Ausführungen zum Planungsrecht nur dann sinnvoll erscheinen, wenn der Wille vorhanden ist, nutzbare Freiflächen für das Wohnumfeld zu schaffen, zu sichern und zu entwickeln.

Freiflächen im Wohnumfeld
Soziale Funktion — Gestaltung und soziale Brauchbarkeit

Gerhard Orgaß

Qualität von Wohnung und Wohnumfeld bedingen einander

In zunehmendem Maße wird den Menschen bewußt, daß die Qualität des Wohnens und damit des Sich-Wohlfühlens keineswegs allein von der Qualität und den Ausstattungsmerkmalen der Wohnungen allein abhängt. Den Lebensbedingungen des Wohnumfeldes mit seinen Möglichkeiten — oder Unmöglichkeiten — wird immer stärkere Bedeutung zugemessen. Dieses gilt auch in bezug auf den Freizeitwert.

Vernachlässigung kommt teuer zu stehen

Hier liegt *eine* der Ursachen der sogenannten Stadtflucht, die vor allem Familien mit Kindern und sozial besser gestellte Schichten in die Randzonen drängen läßt. Diesem Problem nicht zielbewußt entgegenzutreten — auch wenn es Geld kostet — wird uns mittel- oder längerfristig insgesamt teuer zu stehen kommen — durch den Zerfall, mit der Verslumung unserer Städte, zumindest ganzer Stadtviertel. Aber neben dem Zerfall materieller Werte wird auch die Stabilität freiheitlicher Gesellschaftsordnung Schaden nehmen.

Das näher zu begründen, ist hier und heute nicht der Ort. Aber dieser Gedanke allein schon rechtfertigt es, nach dem Motto dieses Kongresses das Wohnumfeld auch im Hinblick als Freizeitraum ins Visier zu nehmen mit dem Ziel der Lösung von Problemen.

Durchschnittslösung gibt es nicht

Aber hier beginnt bereits unser Dilemma. Denn *wir müssen erkennen, daß es „die Lösung" nicht gibt* und nicht wird geben können. Denn, da es den statistischen Durchschnittsmenschen mit Abweichungen nach Plus oder Minus nicht gibt, kann es auch keine Durchschnittsbevölkerung mit durchschnittlichen Wünschen und Bedürfnissen geben. Genausowenig wie es eine Durchschnittsumgebung gibt. Infolgedessen kann es auch keine Durchschnittslösung geben.

Aber es wird noch schwieriger, denn uns ist von den Veranstaltern die Aufgabe zugefallen, aus dem komplexen Wohnumfeld allein die Freiflächen — und diese wiederum nur auf ihren Freizeitwert bezogen — zu betrachten, ihre soziale Funktion und Brauchbarkeit zu prüfen.

Gefahr der isolierten Betrachtung

Das heißt, aus einem Ganzen einen Sektor herauszufiltern, ohne der Gefahr zu erliegen, die Freiflächen isoliert zu betrachten, ohne die vielfältigen Verflechtungen und Beziehungen mit anderen Funktionen positiver wie negativer Art aus dem Auge zu verlieren.

Es kann deshalb nur ein bruchstückweiser Aufriß von Problemen sein — zudem noch auf den städtischen Verdichtungsraum begrenzt, ein Servieren von Gedankensplittern, die hier und da aufgelesen werden und die hoffentlich genügen mögen als Anreiz für eine fruchtbare Diskussion.

Wie groß ist das Wohnumfeld?

Gehen wir zunächst vor Ort und fragen, *wie groß ist das Wohnumfeld,* in dem wir unsere Freiflächen suchen sollen? Schon diese Antwort kann sehr unterschiedlich ausfallen.

Schwellenbereich bis 5 Minuten zu Fuß

Wenn wir den engsten Nahbereich, *den Schwellenbereich* meinen, wo man sich sieht, sich kennt, wo Nachbarschaftsbeziehungen und spontane Begegnungen möglich sind, wo ein Kleinkind erstmals der Welt begegnet, wenn es den Familienbereich verläßt, definiert beispielsweise der Internationale Verband für Wohnungswesen, Städtebau und Raumordnung in seinen Wiener Empfehlungen 1973 diesen auf etwa 400 m Entfernung, also etwa 5 Minuten zu Fuß.

Nahbereich bis 15 Minuten zu Fuß

Meint man jedoch jenen *Nahbereich,* in dem man ein gut Teil seiner Grundbedürfnisse befriedigt und den man in der Regel noch zu Fuß durchstreift, sind es danach um die 1000 m, also etwa 10 bis 15 Minuten Entfernung von der Wohnung.

Grenzen sind fließend

Diese *Grenzen sind fließend.* Für das kleinere Kind und den alten Menschen sind die Erlebnisbereiche sicher enger gezogen als für junge Leute und rüstige Erwachsene. Auch ist solche Entfernungsangabe nicht wie ein Zirkelschlag um die Wohnung zu verstehen, denn wie weit der Mensch sein Quartier versteht, hängt von sehr vielen Faktoren ab. Beispielsweise grenzt eine stark befahrene Straße, ein Flußbett oder ein Fabrikgelände sein Umfeld enger ab, wie an anderer Stelle das Wohnumfeld vom Bürger auch in weiterer Entfernung als sein Wohnumfeld betrachtet wird, wenn er nach dorthin — aus welchen Gründen auch immer — besondere Beziehungen entwickelt hat.

Was sind nun Freiflächen in unserem Wohnquartier?

In der Planersprache sind Freiflächen alle natürlichen oder gestalteten unbebauten Flächen. Das sind vor allem Grünflächen in Wohn- und sonstigen Baugebieten wie Kinderspielplätze, Sportanlagen und Schulplätze, Parks und Straßenplätze, Friedhöfe und Schutzbepflanzungen, aber auch Straßengrün und Kleingartenanlagen. Definitionen über Freiflächen kann man aus den einschlägigen Gesetzen und den davon abgeleiteten Verordnungen herauslesen.

Definitionen spiegeln nicht Zustand wieder

Aber vermitteln sie uns genügend Aufschluß in bezug auf unsere Fragestellungen? Diese Normen der Planung sagen über den tatsächlichen Zustand der Freiflächen und besonders über ihre Nutzbarkeit häufig nicht allzuviel aus.

Freiflächen — Negativwert der Bauflächen

Freiflächen destillieren sich nach den Planungsverfahren vor allem als Negativwerte heraus, das heißt, es sind Flächen, die nicht — genauer künftig nicht mehr — einer Bebauung zugeführt werden dürfen. Sie sind in ihrem Zuschnitt letztlich abhängig von der Gestaltung der Baukörper aufgrund der festgelegten Indexzahlen in der Baunutzungsverordnung und den Abstandsflächenregelungen, wobei Ausnahmegenehmigungen durchaus eine Rolle spielen können.

Planung und Vollzug sind zweierlei

Ein Bebauungsplan z.B. stellt die gewünschte Art und Weise der Nutzung dar, kann diese jedoch nicht garantieren, denn die Entscheidung über den Vollzug der Planung ist weitestgehend abhängig von der Entscheidung der Eigentümer.

Auch das neu in das Bundesbaugesetz aufgenommene Instrumentarium mit der Möglichkeit der unter bestimmten Umständen erzwingbaren Änderung des bisherigen Zustandes durch Bau- oder Abrißgebote wird die Ausnahme bleiben.

Wozu benötigen wir Freiflächen?

Ohne Freiraum kein Dasein

Um unser menschliches Dasein als gesellschaftliches Wesen außerhalb unserer Behausung überhaupt erfüllen zu können, benötigen wir *Freiflächen für unterschiedliche Funktionen,* z.B. der Berufsarbeit; der materiellen Versorgung mit Gütern und Dienstleistungen; der geistigen Versorgung wie Information, Bildung, Unterhaltung, der Entspannung, Freizeitbeschäftigung und Sport; der Gesundheits- und Sozialpflege; der religiösen und politischen Betätigung; der Kontakte, der Kommunikation schlechthin.

Verkehrsflächen verbinden Funktionen

Dazu bedarf es der *Verkehrsflächen* in den unterschiedlichen Variationen, für Fußgängerverkehr, Fahrradverkehr, motorisierten privaten und öffentlichen Verkehr. Daraus ergeben sich wiederum zusätzliche Bedürfnisse wie Parken, Warten und Reparieren.

Diese Auflistung mag als ein Beispiel genügen, um zu zeigen, daß Freiflächen unterschiedliche Funktionen zu erfüllen haben und daß die Bewohner unterschiedliche Ansprüche an die Freiflächen stellen.

Unterschiedliche Bewertung, je nach Bedürfnissen

Die soziale *Brauchbarkeit der Freiflächen,* ja, vielleicht auch der jeweils gleichen Flächen, läßt sich daran messen, ob und wieweit sie den *unterschiedlichen Ansprüchen* gerecht zu werden vermögen, denn die Erwartungen sind unterschiedlich, ob sie z.B. der Fortbewegung in der Eile des Berufes oder der genüßlichen Erholung in der Freizeit dienen.

Weil aber nicht jeder auf die gleiche Weise auf die Faktoren der Umwelt reagiert oder gleiche Interessen und Bedürfnisse hat, ist es wichtig, *nicht nur die allgemeinen, sondern auch die speziellen Bedürfnisse* der Bewohner zu beachten.

Diese hängen wieder ab vom Alter der Bewohner. Kleinkinder unter 3 Jahren, im Alter von 3–6, 7–12 Jahren, Jugendliche, Heranwachsende, Erwachsene und betagte Menschen haben jeweils andere Bedürfnisse und stellen deshalb andere Ansprüche. Die Bedürfnisse unterscheiden sich aber auch nach dem Geschlecht der Bewohner, nach körperlichen Fähigkeiten oder Behinderungen und nicht zuletzt nach sozialen Faktoren wie Einkommen, Beruf und Herkunft.

Gretchenfrage: *Wer bestimmt diese Bedürfnisse, und stimmt diese Bestimmung dann auch?*

Funktionen der Freiflächen

Für die Qualität eines Wohnumfeldes ist von erheblicher Bedeutung, welche Funktionen Freiflächen zu übernehmen vermögen, in welcher Gemenge-Lage sie vorhanden sind, wem sie zugänglich sind und wie sie mit anderen Funktionen des Bereichs korrespondieren.

Bevor wir uns nun speziell den für die Freizeit nutzbaren Freiflächen zuwenden, können wir aus dem bisher Gesagten folgende Erkenntnis festhalten:

Erkenntnisse

1. In der Planung ausgewiesene Freiflächen und für die Freizeit nutzbare Freizeitflächen sind zweierlei.

2. Lassen sich Freizeitflächen nicht einfach isoliert bewerten, denn viele Flächen haben neben ihrer primären Funktion, z.B. Verkehrsfunktion der Straße oder des Weges, auch eine Freizeitfunktion, z.B. Spazierengehen, spontane Begegnung und ähnliches.

3. Die Gestaltung der Verkehrswege, nämlich die Breite des Bürgersteiges bei der Straße, der Tatbestand, ob Bäume, Vorgärten oder Pflanzkübel vorhanden sind, ob Nischen oder Plätze zum Begehen und Verweilen einladen, *hat erheblichen Einfluß auf den Freizeitwert.*

4. Auch der Wert spezieller Freizeitflächen ist abhängig von der Zuordnung zu anderen Faktoren, wie z.B. der Lage und Erreichbarkeit.

Unterschiedliche Nutzung privater und öffentlicher Freiflächen

Die sozialen Funktionen der Freizeitflächen sind recht unterschiedlich auch in der Hinsicht, ob es sich um *private* oder *öffentliche* Flächen handelt, denn dieses Kriterium bestimmt weitgehend die *Zugänglichkeit der Nutzung.*

Auch privates Grün beeinflußt Mikoklima für alle

Zwar haben auch private Gärten und Parks für die Allgemeinheit insoweit einen hohen Nutzungswert, als auch dieses Grün *„grüne Lunge"* für alle bedeutet und ein entscheidender Klimafaktor im Hinblick auf Luftreinigung, Sauerstoffgehalt, Wasserhaushalt und Luftfeuchtigkeit darstellt, aber auch dem Lärmschutz und anderen Dingen dient.

Auch private Freizeitflächen können abgestufte Freizeit für alle haben

Auch ist darüber hinaus die Gestaltung einer solchen privaten Gartenanlage, die für den Besitzer selbt einen sehr hohen Freizeitwert darstellt, für die Allgemeinheit von einem gewissen — allerdings abgestuften — Freizeitwert, je nachdem, ob ihnen beim Spazierengehen der Blick in die Schönheit des Gartens mit erschlossen wird und sie an der Freude ein wenig teilnehmen können oder ob hohe Mauern diesen Paradieswinkel abschirmen.

Gleiches gilt auch in bezug auf Freizeitwert für abgezäunte Natur, wie beispielsweise den Golfplatz eines Clubs. Dieser ist im Prinzip offen für alle, tatsächlich aber: Zutritt verboten.

Nicht Quantität, sondern Art der Gestaltung entscheidend

Wenden wir uns nun den für die Freizeit allgemein nutzbaren Flächen zu. Dazu ist festzustellen: *Die Brauchbarkeit der für die Allgemeinheit zugänglichen Freizeitflächen hängt keineswegs nur von der Quantität, sondern vielmehr von der Art der Gestaltung ab.*

Phantasielosigkeit und Monotonie hindert den sinnvollen Gebrauch solcher Anlagen oft mehr als das urdeutsche Wappenzeichen: „Betreten des Rasens verboten".

Monotonie führt zu „Verameisung"

Langweilige und eintönige, am Reißbrett erdachte Wege, laden — auch wenn dieser Waschbeton in noch so viel Rasen eingebettet sein mag — nicht ein zum Verweilen, zur Begegnung, zur Pflege mitmenschlicher Beziehungen, zum Erholen und Sich-Wiederfinden, sie tragen viel eher unter Gottes vergewaltigter Natur bei zur *„Verameisung" des Menschen!*

Keine Identität — kein „Wir-Bewußtsein"

Die Monotonie mancher Neubauviertel, die kein Gesicht erhalten haben, in ihren Strukturen oft sehr einseitig sind, zu wenig Verflechtung haben, deshalb keine eigene Identität aufweisen und damit für die Bewohner nur schwerlich ein „Wir-Bewußtsein" erzeugen, haben trotz ausreichender Quadratmeter Grünflächen oft keinen höheren Freizeitwert erhalten als andere alte Stadtviertel, deren Wohnumfeld durch zu viel oder zu schlechte Bebauung zu wenig Freiraum für Freizeit läßt.

Auch Planer sind Kinder ihrer Zeit. Während bei der Schaffung unserer modernen (?) Industriestädte niemand auf den Freizeitwert des Wohnumfeldes achtete — die Menschen hatten in der Masse auch gar keine Zeit für Freizeit — wurde später durch die Kritik am Geschaffenen, siehe die Charta von Athen, die Entflechtung so vorangetrieben, daß das Unbehagen heute hier wie dort gleichermaßen wächst.

Neuere Erfordernisse und Erkenntnisse durch neue Planung umzusetzen, ist jedoch leichter gefordert als getan. Dies liegt zum einen an der *Langlebigkeit vorhandener Bausubstanz.*

Aber nicht nur die Langlebigkeit der Bausubstanz erschwert eine Veränderung in bezug auf besseren Freizeitwert des Wohnumfeldes. Es sind zum anderen auch Probleme der Rechtsordnung, die Schwierigkeiten bereiten.

Artikel 14 GG: Privates Eigentumsrecht — Sozialpflichtigkeit

Nach der Rechtsordnung unserer Bundesrepublik wird das *persönliche Eigentum* wie das Erbrecht durch das *Grundgesetz Artikel 14* geschützt, jedoch im 2. Absatz ausdrücklich die Sozialpflichtigkeit des Eigentums herausgestellt. Es heißt da: „Sein Gebrauch soll zugleich dem Wohle der Allgemeinheit dienen", und nach Absatz 3 ist „eine Enteignung nur zum Wohle der Allgemeinheit zulässig". Zugleich regelt er die Frage der Entschädigung im Grundsatz.

Einzelabwägung im Konfliktfall

Das bedeutet, daß im Konfliktfall zwischen dem Individual- und dem Gemeinwohlinteresse in jedem Einzelfall ein Abwägungsproblem entsteht, und wohl schwerlich wird dabei ein Hinterhof zum Zwecke einer Freizeitgestaltung für die Anwohner enteignet werden können.

Entschädigung bei Enteignung nach dem Verkehrswert

Aber auch dort, wo das Wohl der Allgemeinheit im Konfliktfalle durchschlagen würde, ist dieses mit einer Entschädigungsregelung nach dem Verkehrswert verbunden und muß deswegen häufig an den damit verbundenen Kosten scheitern.

Wie weit greifen die gesetzlichen Bestimmungen?

Auch die bei der Novellierung des Bundesbaugesetzes vom Gesetzgeber neu geschaffenen Instrumentarien wie Bauverbote, Baugebote und Abrißgebote erlauben keine Willkürmaßnahmen der für Planung Verantwortlichen, nur weil dieses oder jenes ihren Auffassungen nicht entspricht. Auch diese eben genannten Instrumente sind an strenge, richterlich nachprüfbare Voraussetzungen gebunden und überall steht damit die *Frage der Entschädigung* in engstem Zusammenhang. Auch unter Ausschöpfung von einschlägigen Gesetzesnormen nach dem Städtebauförderungsgesetz, dem Bundesbaugesetz, dem II. Wohnbauänderungsgesetz, dem Modernisierungsgesetz, der Baunutzungsverordnung, der 2. Berechnungsverordnung oder dem „goldenen Plan" als Zielvorstellung ist der Planer nicht frei in seinen Entscheidungen.

Änderung der Rechtsverhältnisse wirft Kostenprobleme auf

Seine Linienführung auf dem Reißbrett verteilt nicht jungfräulichen Boden für eine optimale Nutzung, sondern jeder Strich tangiert auch Rechtsverhältnisse und wirft Kostenprobleme auf. Dieser nüchterne Hinweis soll keineswegs das Streben nach verbessertem Freizeitwert unserer Wohnumwelt hindern, soll keineswegs einem Fatalismus das Wort reden, sondern uns nur bewahren vor realitätsfernen Schwärmereien.

Kollektivierung erhöht nicht die Freiheit

Wer jedoch andererseits glaubt, die vielfältigen und — zugegebenermaßen — oft leidigen Probleme, die sich aus unserer Rechts- und Eigentumsordnung ergeben, dadurch lösen zu können, daß er für die Kollektivierung des Grund und Bodens eintritt, der wird mit Sicherheit der Freiheit und der freien Entfaltung der Menschen keine Gasse bahnen.

Die Probleme der Kosten

Die Lösung der uns aufgegebenen Probleme über die Gestaltung der Umwelt ist nicht denkbar ohne die *Kenntnis der Kosten*. Man kann vieles planen, irgend jemand aber muß es bezahlen. Hier nur das Stichwort: Wer sind die Kostenträger?

Nicht nur Anlagekosten

Dabei genügt es keineswegs, nur die *Anlagekosten* zu untersuchen, gleichzeitig müssen die laufenden *Unterhalts- und Betriebskosten* mit abgeschätzt werden, und dieses sowohl in sachlicher wie personeller Hinsicht, denn Grünflächen benötigen laufende Pflege, wie Rasen schneiden, Baumschnitt, graben, düngen, Unkraut jäten und dergleichen. Es genügt nicht, Kinderspielplätze reinzuhalten, sie müssen auch repariert und unter Umständen sogar überwacht werden und dergleichen mehr.

Gesamtkosten im Zeitablauf

Unterhalts- und Betriebskosten können stark veränderlich sein. Häufig sind sie auch abhängig von den Anlagekosten, z.B. wird ein in der Anschaffung billiger Belag vielfach einen sehr viel höheren Instandhaltungsaufwand erfordern. Das kann auf Dauer sehr viel teurer kommen. Allerdings ist damit überhaupt nicht gesagt, daß die teure Lösung stets die bessere Lösung ist.

Folgerungen

Gute Planung kann Kosten mindern

Im Gegenteil, eine sorgfältig bedachte und richtig geplante Erschließung kann sogar billiger sein als eine schlechte, und richtig eingestreute Kinderspielplätze sind nicht teurer als solche, die an unzweckmäßigen Stellen angelegt sind.

Nichtstun ist nicht die billigste Lösung

Wenn uns bei der Verbesserung des Wohnumfeldes auch die Kosten schrecken mögen, so müssen wir uns vor Augen halten, daß *Nichtstun* bei schlechtem Wohnumfeld *keineswegs die billigste Lösung ist*, zumindest volkswirtschaftlich betrachtet.

Volkswirtschaftliche Folgekosten durch Nichtstun dagegenstellen

Man muß hier nämlich ebenfalls die *Folgekosten einer falschen Umweltgestaltung* mit berücksichtigen und gegenüberstellen. Die sind zwar schwer zu erfassen, in DM zu bewerten und auf die vorhandenen Quadratmeter umzulegen. Aber wer will es leugnen. Gesundheitsschäden, Minderung der Arbeitsfähigkeit, Entmischung und Entleerung durch Abwanderung, damit Ghettobildung und Verslumung des Quartiers, ein infolgedessen noch stärker werdender, aber die Umwelt noch mehr belastender Berufspendlerverkehr sind ein hoher Preis, den wir alle für Nichtstun bei der Verbesserung des Wohnumfeldes zu zahlen haben. Hiermit wird die vielfältige Verflochtenheit der Probleme angedeutet. Damit ist aufgezeigt, daß es sich keineswegs um Gartenlaubenidylle oder Vorgartenzwergprobleme handelt, sondern daß hier eine *gesellschaftspolitische Dimension* vorliegt. Damit stellt sich auch die Frage der Kostenträger.

Förderung des Wohnumfeldes auch Aufgabe der öffentlichen Hand

Wenn es eine *politische Aufgabe des Staates* ist, um eine ausreichende und qualitativ zufriedenstellende Wohnungsversorgung aller Bevölkerungskreise bemüht zu sein, die der Staat zwar nicht selbst durchführen muß, die er aber in jedem Falle fördert, sei es durch direkte Zuwendungen, durch Darlehen, durch Prämien oder durch steuerliche Vergünstigen, dann sollte er sich in gleicher Weise auch verstärkt engagieren bei der Förderung des Wohnumfeldes, denn das Wohnumfeld ist ein integraler Bestandteil der Qualität der Wohnung selbst. Dabei sollte als Initialzündung vor allem auch die Hilfe zur Selbsthilfe gefördert werden.

Zur Modernisierung gehört Wohnumfeld

Wenn Wohnungsmodernisierung heute aus guten Gründen eine Aufgabe staatlicher Förderungspolitik ist, dann ist mit gleicher Konsequenz auch eine *staatliche Förderung der Wohnumwelt mit zu fordern.* Hierbei sind alle Stufen der öffentlichen Hand, sei es der Bund, die Länder oder die Kommunen — jeder auf seine Weise — mit aufgerufen. Mit der Einbeziehung der Wohnumwelt in die staatliche Förderung habe ich eine Forderung erhoben, die der Internationale Verband für Wohnungswesen, Städtebau und Raumordnung bereits 1973 in seinen Wiener Empfehlungen zum Ausdruck gebracht hat.

Folgerungen

Ich fasse zusammen:

1. Die Nahumgebung der Wohnung muß als Ganzes durchdacht und gestaltet werden, denn es ist ein einziger Raum, in dem sich unser Leben abspielt, in dem die Kinder heranwachsen, sich regen und Gelegenheit finden müssen, sich gestalterisch zu betätigen, in dem sich alle Altersgruppen in einem Bezugssystem wohlfühlen sollen.

2. Das Wohnumfeld sollte so gestaltet werden, daß es spontane Nachbarschaftskontakte nicht verhindert, daß aber Zwangskontaktsituationen vermieden werden können, denn der Mensch ist zur Dualität verurteilt. Er braucht Licht und Finsternis, Wärme und Kälte, Lärm und Stille, Einsamkeit und Kontakt.

3. Der Mensch muß sich in seiner Umgebung zurechtfinden können. Deshalb ist Schablonenhaftigkeit und monotone Gestaltung zu vermeiden, damit der Mensch in seiner Umgebung sein Zuhause und seine Identität findet.

4. Das Wohnumfeld muß wechselnde Freiräume haben, um Spannung zu bieten. Dazu bedarf es der Enge (Nische), die Geborgenheit bietet, wie der Weite, die Perspektiven eröffnet.

5. Die Funktionen Wohnung, Arbeit, Kultur und Versorgung müssen vernünftig gemischt und vielfältig sein, ohne daß auf Schwerpunkte verzichtet werden muß.

6. Die Konzeption der Wohnumfeld-Planung muß global und darf nicht einfach additiv sein, denn eine Aneinanderreihung von Flächen für verschiedene Funktionen ergibt nicht ohne weiteres ein integriertes Wohnumfeld.

7. Die Konzeption der Planung muß Anpassung und Korrekturen ermöglichen, welche die oft unvorhersehbare oder unvorhergesehene Entwicklung bedingt, denn der Mensch ist ein dynamisches Wesen und seine Bedürfnisse und Wertvorstellungen ändern sich. Deshalb darf eine künftige Entwicklung nicht versperrt werden.

8. Die Planung des Wohnumfeldes muß den Wünschen der Bürger Rechnung tragen und ist deshalb in Kooperation mit ihnen zu entwickeln.

9. Neben der Planung ist auch die Verbesserung des Wohnumfeldes eine Aufgabe staatlicher Förderungspolitik, wobei alle Ebenen des Staates — jede in entsprechender Weise — sich in die Verantwortung zu stellen haben.

10. Staatliche Hilfe sollte vor allem durch Initialzündung Hilfe bieten und damit die Selbsthilfe sowohl Einzelner als auch gesellschaftlicher Gruppen fördern helfen, ihr Wohnumfeld mit zu gestalten.

Kümmern wir uns intensiver als bisher um unsere Umwelt, denn Umwelt ist die Verkörperung von Leben und Denken des Menschen von heute und morgen, der gegenwärtigen und zukünftigen Gesellschaft.

Freiflächen im Wohnumfeld
Soziale Funktion — Gestaltung und soziale Brauchbarkeit

Peter Lanz

Wir sind gewohnt, möglichst rentabel zu bauen. Jeden Zentimeter Baufläche zu nutzen. Zu verbauen, was verbaut werden kann.

Wir haben vieles verloren: Grün- und Erholungszonen, Spielflächen und Begegnungsstätten.

Auf Wunsch von Gemeindepolitikern hat der Stadtrat von Zürich 1973 erstmals das Hochbauamt beauftragt, private Architekten für die Ausarbeitung von Richtprojekten für Hofsanierungen beizuziehen. Die Planungszuschüsse wurden jedoch kaum in Anspruch genommen. Der Grund lag darin, daß während der Hochkonjunktur das Interesse für Sanierungen klein war, und zudem fehlten die rechtlichen Grundlagen für eine umfassende Grün-Raumplanung.

1975 wurde die Beratungsstelle für Hinterhofsanierung der Öffentlichkeit vorgestellt. Mietern und Hausbesitzern, die den Wunsch haben, ihren Hinterhof schöner und lebensfreudiger zu gestalten, wird hier mit Rat und Tat bei der Realisierung geholfen. Auf Wunsch werden Richtprojekte ausgearbeitet, Modelle erstellt, Kosten berechnet und anschließend wird zu einer Eigentümerversammlung eingeladen. Ein Sanierungsfonds hilft, geeignete Projekte mitzufinanzieren.

In den letzten Jahren sind
- 10 Höfe saniert worden,
- 4 befinden sich in der Ausführung und
- 17 sind geplant.

Davon sind
- 10 in Genossenschaftsbesitz,
- 18 in Privatbesitz und
- 3 städtisch.

Bei all diesen Sanierungsprojekten hat die Beratungsstelle mitgewirkt und bei 11 Sanierungen hat sich die Stadt finanziell beteiligt.

Zürichs Hinterhöfe

In den meisten innerstädtischen Quartieren von Zürich zeigt sich dasselbe Bild: Der private Verkehr dominiert Plätze, Straßen und Trottoirs, der Lebensraum zwischen Asphalt und Beton ist auf ein Minimum beschränkt. Wer hier wohnt, ist außerhalb der eigenen vier Wände Passant.

Wohnliche Stadt?

Der Traum vom Wohnen im Grünen wird in diesen Quartieren von Jahr zu Jahr mehr genährt. Und das betrifft gerade in Wiedikon, Aussersihl und im Industriequartier große Gebiete mit Tausenden von Wohnungen. Zürich-Wiedikon zum Beispiel verlor allein von 1970 bis 1976 rund 1800 Einwohner, das sind 15 %. Gleichzeitig hat auch der Wohnhäuserbestand abgenommen und viele Wohnungen sind in Kleinappartements oder Büros umgewandelt worden. Der „City-Druck" ist hier besonders stark.

Das Quartier überaltert zusehends: Über einen Zeitraum von 25 Jahren (1950–1975) hat sich die Zahl der über 65jährigen mehr als verdoppelt und liegt heute bei über 70.000. Gleichzeitig hat die Zahl der unter 20jährigen von 89.000 auf 75.000 abgenommen. Gesamthaft gesehen ist der Einwohnerbestand der Stadt Zürich innert 15 Jahren von 440.000 auf 381.000 gesunken.

In Zürich — wie anderswo — sind deshalb Leitbilder entstanden, die mithelfen sollen, die Wohn- und Lebensqualität in den innerstädtischen Quartieren wieder zu verbessern. Untersuchungen zeigen, daß die Bewohner am Rande der Stadt durchaus bereit sind, wieder in der Innenstadt zu wohnen, wenn es dort wieder wohnlicher wäre...

Wohnliche Stadt!

Wie es sein sollte, wissen alle:
- Grün- und Erholungszonen in den Quartieren,
- eine anregende Wohnumgebung für Kinder,
- Wohnstraßen,
- Quartierbeizen
- und Gewerbe.

Kurz: eine lebendige, wohnliche Stadt. Um das zu erreichen, müssen vor allem auf dem Gesetzesweg Maßnahmen getroffen werden, welche die verhängnisvolle Entwicklung in den Quartieren bremsen. Das Wohnerhaltungsgesetz ist seit 1974 anwendbar. Es soll abgelöst werden durch die Bestimmungen über den Wohnflächenanteil, der das Verhältnis der Wohnfläche zur Gesamtbaufläche verbindlich festlegt. Doch behördliche Anstrengungen allein genügen nicht. Die Quartierbewohner selber, Hauseigentümer und Mieter, müssen mithelfen — auch im Kleinen — in der unmittelbaren Umgebung der Wohnung, den verlorengegangenen Lebensraum zurückzugewinnen. Zum Beispiel durch eine Sanierung der Hinterhöfe.

Mehr Landschaft in der Stadt!

Gerade in den Hinterhöfen Zürichs liegen Tausende von Quadratmetern brach, die den Bewohnern als Grün- und Erholungszonen, als Begegnungsstätten und Spielflächen dienen könnten. Einige Beispiele, vor allem in Stadt- und Genossenschaftsüberbauungen zeigen, daß bereits mit wenig Aufwand wohnliche Inseln entstehen können. Kleine, grüne Stadt-Oasen. Kosmetik — ohne wesentliche Veränderung? Oder doch ein Ansatzpunkt, um den alten, von der Verödung bedrohten Quartieren wieder auf die Beine zu helfen?

Es geht bei der Sanierung der Hinterhöfe um eine Verbesserung der gesamten Wohnumgebung in den Quartieren. Dabei ist dies nur eine von vielen Maßnahmen — im Idealfall entstehen daraus ganze Wohnstraßengebiete, wie das zum Beispiel an der Idastraße geplant ist. Die Aufgabe der Beratungsstelle besteht vor allem darin, die Leute zu motivieren und ihnen zu helfen, ihre eigenen Ideen zu verwirklichen.

Zwischen der Idee und der Verwirklichung freilich, liegt bei jedem Hof ein langer Prozeß. Jeder Hinterhof ist mit Emotionen und Problemen förmlich überladen und wirft eine ganze Reihe Fragen auf, die zu lösen von allen Beteiligten viel Initiative und Verständnis verlangen.

Zum Beispiel: der Goldbrunnenhof.

Oder: Wie ein Hinterhof zum Innenhof werden kann.

Die Wohnsiedlung Goldbrunnen ist in Wiedikon. Eine der vielen typischen Altüberbauungen aus der Zeit der Jahrhundertwende. 350 Menschen wohnen hier. Vor allem ältere Leute, ganz Junge und Gastarbeiter, jedoch nur wenige Familien mit Kindern. Der Hinterhof wird praktisch nur zum Wäscheaufhängen benutzt. Ein junger Anwohner charakterisiert ihn wie folgt: „Als ich das erstemal da 'runter schaute, hatte ich das Gefühl, ich wäre im Wilden Westen. Jedes Haus hat genau seinen Teil abgetrennt und umzäunt — es sieht aus wie eine ‚Koppel' für Viehherden..."

Ein Paradebeispiel dafür, wie es eigentlich nicht sein sollte. Zwei der zehn Hauseigentümer sind auf Anfrage der Beratungsstelle mit der Idee einer Hofsanierung einverstanden. Die Stadt übernimmt die Finanzierung der Vorstudie und beauftragt einen Architekten, erste Vorschläge auszuarbeiten. Eine wichtige Diskussionsgrundlage für die Information aller Hauseigentümer. Der Architekt meint dazu: „... eine Hofsanierung kostet den Hauseigentümer weniger als eine Küchenrenovation. Zu den Vorschlägen: Wir wollten keine Ideallösung machen, sondern Varianten...". Sechs der zehn Hauseigentümer sind der Einladung gefolgt. Die Stimmung war — bei aller Skepsis — positiv: „... das sieht ja wirklich ‚füdlibürgerhaft' aus, kleinlich! Müssen wir uns so einzäunen, daß jeder nur sein Ding hat und keiner dem andern auf den Boden stehen darf..." — „... es wäre schön, wenn man etwas machen könnte zu einem annehmbaren Preis. Es sind bis jetzt noch gar keine Preise erwähnt worden." — „... also ich bin sicher interessiert und meine Mieter bestimmt alle zusammen auch." „... es ist ja dann ein Mehrwert der Liegenschaft...".

Zwischen 30.000 und 50.000 Franken würde die Sanierung kosten. Eine Größenordnung, die auch für andere Hofprojekte gelten kann. Inklusive Kapitalverzinsung entspricht das einer Mietzinserhöhung von 3 bis 5 Franken pro Monat. Ob die Kosten allerdings abgewälzt werden sollen, bleibt jedem Hauseigentümer überlassen.

Und was meinen die Mieter und zukünftigen Nutznießer zur Idee einer grünen Stadt-Oase?

Älterer Mieter: „... also da bin ich skeptisch... da möchte ich dann schon wissen, 5 oder 10 Franken..."
Junge Frau: „... en Swimming-Pool wär halt en Hit..."
Junger Mann: „... daß jetzt die Antwort auf diesen urschweizerischen Hinterhof noch viel schweizerischer ist — also von oben nach unten, ohne daß die Mieter etwas davon wissen, und eventuell noch etwas relativ Teures gemacht werden soll..."
Junger Mann: „... eine Anlage, wo die Kinder darin spielen können, vielleicht einen Sandkasten, eine Spielwiese, überhaupt eine granze Grünanlage, vielleicht mit einem Brunnen, ein Baum..."
Alter Mann: „... gut wäre es schon, wenn es eine grüne An-

lage gäbe — vorausgesetzt, daß man auch Wäsche aufhängen kann...".

Fazit der Mieterbefragung, die mit einem Fragebogen kombiniert werden kann: Die meisten sind dafür. Eher ablehnend reagieren vor allem ältere Bewohner, für die selbst eine kleine Mietzinserhöhung ins Gewicht fällt, und die auch keine direkten Benutzungsmöglichkeiten sehen. Kinderlärm und die Angst, aus der Wohnung verdrängt zu werden, sind die hauptsächlichsten Gegenargumente zum Hof-Projekt. Aber: Es entsteht auch bei den Bewohnern eine Art Projektgemeinschaft. Der Hof wird zu einer gemeinsamen Sache. Der Hinterhof Goldbrunnen ist also auf dem Besten Weg, zu einem lebendigen Innenhof zu werden. Allerdings bietet er kein Allgemein-Rezept.

Jeder Hof hat seine eigene Persönlichkeit...

... und seine eigenen Probleme. Und jeder Hof verlangt auch eine entsprechende individuelle Lösung. An bestehenden *Eigentumsverhältnissen* wird jedoch bei keiner Sanierung etwas geändert. Es genügt, im Grundbuch ein gegenseitiges Benützungsrecht einzutragen. Eine vorhandene *gewerbliche Nutzung* ist ebenfalls kein Hindernis. Im Gegenteil. Besonders größere Höfe werden so erst richtig lebendig. Das Problem bestehender *Parkflächen* dagegen sollte im Idealfall durch eine Unterkellerung gelöst werden, was zwar teuer ist, jedoch bei genügend großen Mietobjekten durch die Mietzinseinnahmen tragbar wird. Eine Investition, die sich lohnt, wie verschiedene Beispiele mit Gewerbe- und Parkierungsnutzung zeigen.

Und was geschieht, wenn nicht alle Vermieter unter einen Hut zu bringen sind? Nun, auch eine Teilsanierung ist besser als nichts, und oft kann auch mit wenig Aufwand sehr viel erreicht werden. So hat zum Beispiel eine Mietergruppe zusammen mit 10 Familien sich selbst für die Verwirklichung eines Hofprojektes eingesetzt. Die Hauseigentümer waren von der Idee begeistert und erklärten sich bereit, die anfallenden Kosten für die Umgestaltung zu übernehmen.

Jeder sanierte Hof ist ein kleiner, aber wichtiger Schritt in Richtung „wohnliche Stadt", eine Flucht nach „vorn". Denn nicht nur die Hinterhöfe, auch die Straßen, Plätze und Trottoirs sollen wieder bewohnerfreundlicher werden. Das Idealziel sind ganze Wohnstraßen-Gebiete. Und auch diese Idee nimmt in Zürich bereits konkrete Formen an...

Freiflächen im Wohnumfeld
Soziale Funktion — Gestaltung und soziale Brauchbarkeit

Resümee der Gruppendiskussion*
Lásló Czinki

Um unsere Freiräume stimmt so manches nicht mehr. Wenn sie nicht vorhanden sind, werden sie vermißt, wenn sie aber da sind, werden sie nicht so angenommen, wie man sich es wünschen würde. Zuweilen gibt es sogar eine gewisse Freiraumabstinenz; trotz mancherorts massiver behördlicher Unterstützung, z.B. durch „Innenhofsanierungsberater" (Zürich) oder durch Übernahme der Kosten (Kassel 100%, München 50%).

Schuldige für den beklagten Zustand gibt es natürlich auch hier. Mal ist es die fehlende und mal die vorhandene Gesetzesgrundlage, dazu mangelndes Engagement, leere Gemeindesäckel und dazu fast immer und überall des Bundesbürgers liebstes Kind, das Auto. Wie auch sollten nutzbare Freiräume noch übrigbleiben, wenn lt. Bauordnung 1,5 Einstellplätze je Wohnung verlangt werden? Bei solchen Ziffern hört sich die Diskussion über die Funktion des Freiraumes, ob natur- oder humanökologisch orientiert, als schlechter Scherz an.

Die Lösung ist aber bereits gefunden, die Tiefgarage nämlich, die man über die Bindung allgegenwärtiger Zuschüsse ja bauen kann. Hierbei fragt sich es nur, ob dem Bewohner eines Hochhauses das gewisse und vielleicht auch notwendige Selbstwertgefühl noch zuteil wird, wenn er sein blechernes Statussymbol nicht mehr im Blickfeld weiß. Ist es denn nicht verständlich, eher auf die 2-Liter-Karosse stolz zu sein als auf die Forsythie im betonernen Blumentrog, wenn man schon im Hochhaus wohnen muß!?

Der Zeigefinger auf banale Ursachen unserer Freiraummisere wird selten aus dem Sack geholt. Die 1000 Augen, die auf den sanierten nun „grünen" Blockkern gerichtet sind und jene menschlichen Begegnungen verhindern, die wir gerade dort gerne angesiedelt hätten, werden zwar artikuliert in die Runde geworfen, doch die Ohnmacht zwischen wollen (im Grünen wohnen) und müssen (dicht bauen) ist stärker und bleibt durch die Bank Sieger.

Ein bedauernswerter Zustand? Nein, wie ich meine, wenn er zum Nachdenken zwingt. Gedacht wird es aber bereits vielerorts und von vielen, auch wenn dies einem angesichts der Masse der einschränkenden Faktoren (s. oben) schon beinahe unmöglich erscheint. Darüber hinaus wird auch manches getan. Gerade die bereits erwähnten Städte, dazu die Gastgeberstadt Essen mit ihren verkehrsberuhigten Zonen und sicherlich noch eine Reihe weiterer Orte dazu, sind Zeugen einer Entwicklung, die ebenso nützlich wie auch notwendig ist. Es müssen aber Rückschläge befürchtet werden, wenn es nicht gelingt, dem Thema die ideologische Schlagseite zu nehmen. Darüber hinaus sind dem Machbaren Grenzen gesetzt, außerdem sollte sich das „Gemachte" oder das „zu Machende" weniger an Prestigebedürfnissen Außenstehender, sondern an den Bedürfnissen der Betroffenen orientieren.

Das Bedürfnis der Betroffenen ist wiederum ein Stichwort, das jeden, der sich mit den Möglichkeiten von Planungen auseinandersetzt, vom Stuhl reißen muß. Werden Bedürfnisse nicht gerade durch Manipulationen, wozu sicherlich auch Planung gehört, geweckt? Unterliegen solche Bedürfnisse nicht gewissen Modeströmungen? Sicherlich werden sie geweckt und sie unterliegen ebenso modischen Einflüssen; aber dies ist immer noch kein Grund zur Resignation. Vieles wissen wir bereits und viele Lücken könnten kurzerhand geschlossen werden. Das meiste allerdings müßte aber vom Betroffenen selbst kommen, denn er ist derjenige,

---

* Die Ergebnisse der Beratungen in den Arbeitsgruppen sind jeweils von einem Moderator und einem Dokumentator zusammengefaßt worden. Soweit diese Zusammenfassungen nicht gleichlautend waren, ist neben dem Moderatorenbericht im Plenum auch der textliche Beitrag des Dokumentators abgedruckt worden. Er stellt mit den Ausführungen des Moderators gemeinsam das Arbeitsgruppenergebnis dar.

der das fertige Werk entweder annimmt oder ablehnt und nicht etwa der Planer.

Diesen Betroffenen zu motivieren und darüber hinaus auch zum Teammitglied zu machen, wird zwar gefordert, aber es ist gleichzeitig auch schwierig. Erfahrungsgemäß laufen landläufige Bürgerbeteiligungen an der Planung auch nur über „Leithammeln" oder gar über wirtschaftlich Betroffene, die die gesuchte demokratische Planung erst recht verhindern.

Das persönliche Engagement der späteren Nutzer der Freiräume, sicherlich nicht nur an ihrer Planung, sondern auch an ihrer Möblierung, ist aber das einzige befriedigende Hilfsmittel zur Verhinderung von Fehlinvestitionen. Nur dieser Benutzer wird einschätzen helfen können, ob z.B. Freiräume abseits der Wohnung noch einen Sinn haben, und wenn, ob eine Nutzung im Sinne der am Vortage geforderten freigestalteten Kleingärten mit Blechlaube oder Neuschwanstein im Miniaturformat einer künstlerisch wertvoll gestalteten Grünanlage zur ästhetischen Befriedigung ihrer Erbauer vorzuziehen ist. Damit müßte freilich auch an dem Weltbild der landläufigen öffentlichen Grünversorgung manches korrigiert werden.

Der spätere Benutzer würde weiterhin sicherlich preisgeben, ob er nicht der Ambition sog. Verantwortlicher für seine Freiraumwelt zum Trotz ein winziges eingezäuntes Landstück vor der Haustür dem teueren Gartenschaugelände in Wochenendentfernung vorziehen würde.

Trotz obiger, sicherlich auch subjektiv akzentuierter Überlegungen zum Problemkreis, wird die Verantwortung über das künftige Schicksal der Freiräume auch dann nicht dem Benutzer allein angelastet werden können, wenn ihre Effektivität stark von seiner Identifikation mit ihnen abhängt. Beobachtungen und gezielte Forschung, z.B. zu den Themen „Entfernung", „Substituierbarkeit" einzelner Angebotsformen untereinander, „Hilfe durch Selbsthilfe", „Identifikation", „Privatheit–Öffentlichkeit", „Annahmebereitschaft", „Bedarf", „rechtliche Sicherung bestimmter Nutzungsrechte", sind notwendig. Modellvorhaben zur Prüfung der Effizienz unterschiedlichen Angebots und unterschiedlicher Angebotskombinationen in Abhängigkeit abweichender Bedingungen sollten selbstverständlich sein, und zum Schluß noch die Forderung, und wie könnte es anders sein, nach der Aufnahme des Freiraumes in die öffentliche Förderungspolitik, da Wohnbedürfnisse und damit auch Wohnqualität nicht bzw. nicht nur mit Wohnungsgrundriß gekoppelt sind.

Freizeit '78 Arbeitsgruppe 3
Die Straße im Wohnbereich
Soziale Funktion – Gestaltung und soziale Brauchbarkeit

A.H. Hövelmann

1. Die Funktionen der Straße im Wohnbereich

Wohnen ist eine Tätigkeit, die nicht nur in der Wohnung stattfindet, sondern sich auch auf das Wohnumfeld erstreckt.

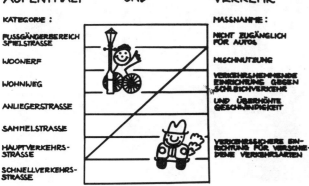

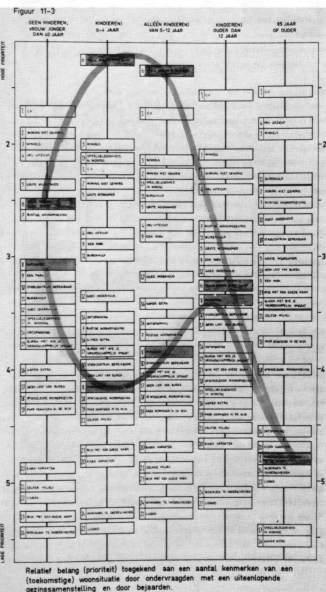

Relatief belang (prioriteit) toegekend aan een aantal kenmerken van een (toekomstige) woonsituatie door ondervraagden met een uiteenlopende gezinssamenstelling en door bejaarden.

Wohnen ist ein Prozeß, in dem der Mensch sich ständig zwischen zwei Polen bewegt: Er verläßt die Wohnung, um in der Umwelt Kontakt mit anderen zu suchen. Beladen mit neuen Eindrücken kehrt er zurück zur Wohnung, um sie dort zu verarbeiten. Dort findet er zu sich selbst; lebt in Geborgenheit. Hieraus folgt, daß das Wohnumfeld, das in unseren Städten zum großen Teil aus Straßen besteht, zwei wichtige Funktionen erfüllt: Einerseits muß es zum Kommen und Gehen geeignet sein, anderseits muß es das Verweilen und Bleiben ermöglichen.

Die Anforderungen, die wir an ein ideales Wohnumfeld bzw. eine ideale Straße stellen müssen, werden noch größer, wenn wir berücksichtigen, daß der Prozeß Wohnen vor allem durch die Dimension Zeit bestimmt wird.
So zeigen zum Beispiel die beiden Aspekte ,,Sichere Spielgelegenheit in Wohnungsnähe" (im Dia grün) und ,,Parkplatz" (im Dia orange) geradezu gegenläufige Priorität in Abhängigkeit von den Zeitphasen, die eine Familie von jung nach alt durchläuft.

Die Straße ist der Bereich, in dem sich unsere Kinder dem freien Spiel hingeben können

und in dem eine bewußte Konfrontation mit dem Verkehr stattfindet.

Hier sammelt das Kind Erfahrungen, lernt, was es sich zumuten kann, gewinnt Selbstvertrauen, wird selbständig

und weiß schließlich, welche Verantwortung es tragen muß.

Hier liegt wohl die wichtigste Funktion der Straße im Wohnbereich.

Ist dies jedoch die alltägliche Wirklichkeit?

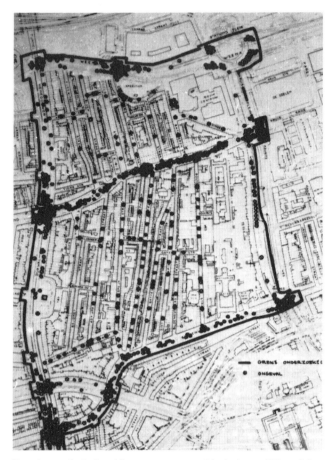

Durch statistische Verwertung von Verkehrsunfällen können wir feststellen, daß die meisten Verkehrsopfer innerhalb unserer Städte und Dörfer fallen,

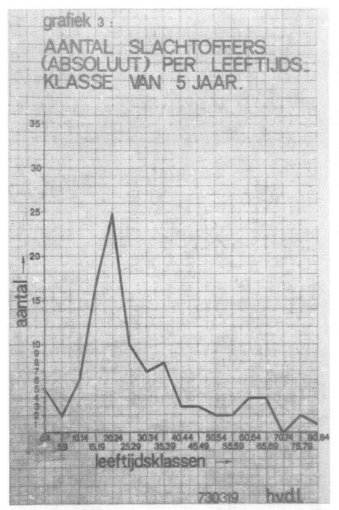

daß 75% dieser Opfer Fußgänger und Radfahrer sind und daß 80% aller Fußgängertoten Kinder bis zu 9 Jahren und Alte über 60 waren.

Eine Analyse dieses Zahlenmaterials ergibt, daß es sich in nahezu allen Fällen um strukturelle Verkehrsunsicherheit handelt, das heißt, daß die Formgebung des öffentlichen Raumes unzureichend auf menschliche Verhaltensweisen abgestimmt wurde.

Darum können wir auch voraussagen, daß in diesem Jahr wieder ca. 3000 Menschen im Verkehr ihr Leben verlieren werden und daß der wirtschaftliche Schaden 2 bis 3 Milliarden Gulden betragen wird.

2. Bürgerinitiativen als Reaktion auf die Verkehrsunsicherheit

Entscheidend für die Vielzahl und Vielfalt der Bürgerinitiativen ist wohl die Eigenart des Holländers, sich stets eine eigene Meinung zu formen und diese so lange zur Diskussion zu stellen, bis die Ideen Gehör finden.

Zeigten zum Beispiel noch vor einigen Jahren die Umschlagseiten der holländischen ADAC-Zeitschrift „verkeerstechniek" stolz Kleeblattanschlüsse von Autobahnen, so finden wir heute auf den in „verkeerskunde" umbenannten Nummern vorwiegend Fußgänger und Radfahrer.

Oder ein anderes Beispiel: Kaum haben am Autogebrauch interessierte Verbände das „Schöne" des Autogebrauchs angepriesen, wird durch eine Gegenaktion die Fragwürdigkeit des heutigen Autogebrauchs unmißverständlich illustriert.

Auf diese Weise sind in den Niederlanden örtlich, regional und auf Landesebene Nachbarschaftsausschüsse, Arbeitsgruppen und Vereine entstanden, die teilweise schon seit vielen Jahren sehr aktiv tätig sind. So veröffentlicht man selbst Zeitschriften, in denen alle nur denkbaren Informationen zur Verbesserung der Verkehrssicherheit gegeben werden.

Diese lebendige Diskussion führt schließlich über praktisch alle Parteiprogramme zu politischen Zielsetzungen der Regierung.

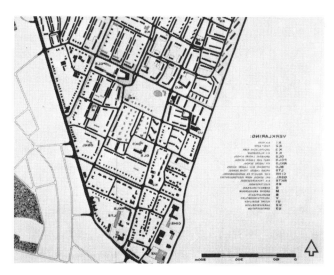

3. Kommunale Bemühungen als Beitrag zur Verkehrssicherheit und Verkehrsberuhigung

Im Rahmen der großen Stadterweiterungen der letzten 30 Jahre können verschiedene Lösungsansätze beschrieben werden. So hat man zum Beispiel in Emmen schrittweise und folgerichtig versucht, die Verkehrssicherheit zu erhöhen. Emmermeer zeigt noch vorwiegend lange gerade, sich kreuzende traditionelle Straßen.

Der Verkehr verteilt sich demzufolge nahezu gleichmäßig über alle Straßen, so daß eigentlich überall mit verhältnismäßig schnell fahrendem Durchgangsverkehr gerechnet werden muß.

Vereinzelt findet man jedoch schon T-Anschlüsse und Knicke in der Fahrbahnachse.

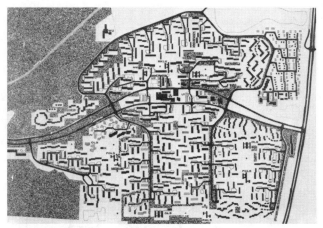

Angelslo wird durch eine zentrale Haupterschließungsstraße durchschnitten, von der lange, gerade Stichstraßen abzweigen, die ihrerseits wieder Zugang geben zu Wohnstraßen und Fußgängerrouten. Die Haupterschließungsstraße mit ihren getrennten Fahrbahnen und gut ausgebauten T-Anschlüssen und die verkehrsarmen Wohnstraßen bedeuteten wohl eine Verbesserung der Verkehrssicherheit,

die langen Stichstraßen erwiesen sich jedoch als besonders gefährlich.

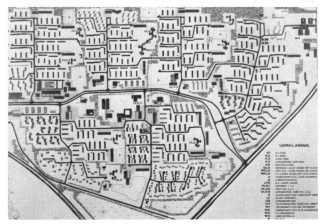

Auch Emmerhout hat eine zentrale Erschließungsstraße, doch im Gegensatz zu Angelso werden die einzelnen Wohnviertel

durch vollkommen freiliegende Straßen tangiert, von denen kurze, platzartige Wohnhöfe abzweigen.

Diese Wohnhöfe sind untereinander durch Fußgänger- und Radrouten verbunden, die alle zu den Gemeinschaftseinrichtungen führen, ohne Verkehrsstraßen kreuzen zu müssen. Obwohl Emmerhout eine auffallende Verbesserung der Verkehrssicherheit bedeutete, wurde die weitgehende Trennung des motorisierten Verkehrs von den übrigen Wohnfunktionen als still und langweilig erfahren.

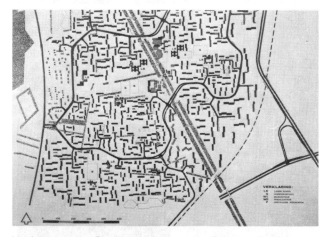

In der neusten Stadterweiterung von Emmen, in Bargeres, versucht man nun eine verkehrssichere Erschließung und abwechslungsreiche Wohnviertel zu realisieren. Die zentrale Erschließungsschleife ist das einzige Verkehrsgebiet, in dem der motorisierte Verkehr Vorrang hat.

Alle übrigen befestigten Flächen formen ein Netz von Wohnhöfen, in denen alle Verkehrsteilnehmer vom gleichen öffentlichen Raum Gebrauch machen.

Der Autofahrer sieht, wie schnell er fahren und wo er das Auto parken kann.

Der öffentliche Raum ist das gemeinsame „Wohnzimmer" der Nachbarschaft geworden; hier kann man verweilen, anderen begegnen, man kann spielen oder irgendwohin gehen.

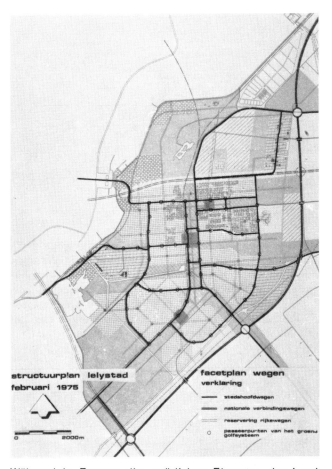

Während in Emmen die natürlichen Elemente der Landschaft dem Formgeber noch einige Anknüpfungspunkte für seine Planung gaben, lag der leergepumpte Meeresboden des Ijsselmeerpolders wie ein unbeschriebenes Blatt auf dem Reißbrett. Weil der Boden Eigentum des Reiches war und somit die Bodenpreise nur geringen Einfluß auf die Planung hatten, konnte man ein weiträumiges System von getrennten Verkehrsstrukturen planen und realisieren.

Dazu hat man einige grundsätzliche Entscheidungen getroffen: Die Haupterschließung soll nur dem motorisierten Verkehr zugänglich sein, einschließlich des in der Praxis doch recht schnell fahrenden Mopeds.

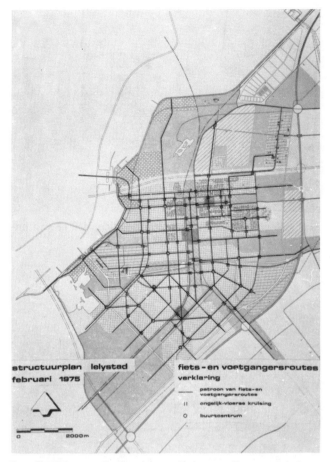

Der Radfahrer soll ein eigenes Netz von Routen erhalten, das die gesamte Stadtfläche bedeckt

und den motorisierten Verkehr in einer anderen Ebene kreuzt. Diese Hauptstruktur ist heute so gut wie vollendet.

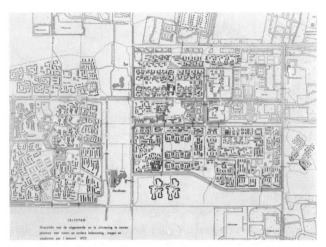

Bei der Realisation der verschiedenen Wohnviertel findet man jedoch unterschiedliche Lösungen für das Zusammentreffen der Erschließungsstrukturen.

In den ältesten Wohnvierteln gibt es noch Bürgersteige und Fahrbahnen, die jedoch durch Richtungsänderungen und Parkplatzanordnung verkehrssicherer sind als die bisher üblichen

„Rennbahnen", die für Fußgänger und Radfahrer lebensgefährlich sind.

In späteren Erweiterungen wird konzentriert geparkt, um in der unmittelbaren Umgebung der Wohnung verkehrssichere Bereiche zu schaffen.

doch der Weg dorthin macht ihm deutlich, daß er sich besonders vorsichtig verhalten muß.

Gleichzeitig wurde in älteren Vierteln durch nachträgliche Veränderung der Fahrbahn die Geschwindigkeit von Autos vermindert.

Die Bewohner haben zum Teil nachträglich das Auto wieder aus ihrem öffentlichen Wohnzimmer verbannt, indem sie die Zufahrten an beiden Seiten durch einen Bordsteinstreifen versperren ließen.

In den neusten Erweiterungen kann der Autofahrer wohl bis vor die Haustür gelangen,

Die wohl radikalste Trennung der beiden anscheinend nicht zu vereinbarenden Verkehrskategorien wurde in Amsterdam-Bijlmermeer verwirklicht. Hier findet man nur Extreme: Verkehrsstrukturen, die vielleicht eine große Verkehrssicherheit bieten, die aber für Auge und Ohr unzumutbar sind.

Die für den Menschen so wichtige Übergangszone vom öffentlichen Bereich zur privaten Wohnung wirkt bedrohend,

schreierisch und buchstäblich aus dem Lot.

Auf der anderen Seite der Wohnungen wächst etwas heran, das in seiner Anonymität und wegen der fehlenden sozialen Kontrolle nur Begegnungen von übelster Art fördern wird.

Dieses Wohnmilieu mag verkehrssicher sein, doch die unmenschlichen Proportionen, die Mißachtung menschlicher Bedürfnisse lassen hier andere Unsicherheiten entstehen, die ebenfalls lebensgefährlich sind.

Das wohl größte Problemgebiet ist die Stadterneuerung, denn nahezu alle Straßen, die vor 50 und mehr Jahren gebaut wurden, hatten nicht zur Aufgabe, unseren heutigen Verkehr zu bewältigen. Solange jedoch Autobesitz und -gebrauch zunehmen und auch keine Anzeichen für einen Stillstand oder gar Rückgang zu finden sind, müssen wir uns hinsichtlich unserer bestehenden Städte und Dörfer entscheiden, wie sie lebensfähig erhalten werden können.

In Delft hat man nicht nur die bekannten Wiedereinrichtungen alter Wohnstraßen vorangetrieben,

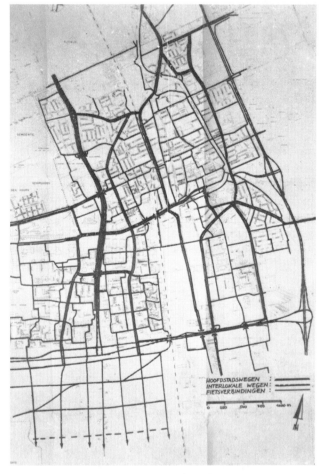

sondern gleichzeitig versucht, den Gebrauch des Autos zu drosseln durch die Planung und Verwirklichung eines feinmaschigen Radroutennetzes.

4. Bemühungen der zentralen Verwaltung als Beitrag zur Verkehrsberuhigung

Trotz aller Bemühungen, die in der Vergangenheit von zahlreichen Instanzen unternommen wurden, um die Verkehrssicherheit zu verbessern, nimmt die tödliche Bedrohung im Wohnumfeld zu. Darüber hinaus muß noch mit einem weiteren Anwachsen des Autobesitzes und -gebrauchs gerechnet werden, so daß die Folgen bei einer unveränderten Politik zu einer Katastrophe führen könnten.

Darum hat die niederländische Regierung vor zwei Jahren neue Zielsetzungen veröffentlicht, in denen die Verkehrssicherheit in einem größeren Verband gesehen wird. Man hat beschlossen, die weitere Verstädterung so zu verwirklichen, daß innerhalb der Siedlungsgebiete die notwendigen Verkehrsleistungen vor allem durch den öffentlichen Verkehr

und das Fahrrad erfüllt werden können.

Man will eine Vergrößerung der Abstände zwischen Arbeitsstätten, Wohn- und Erholungsgebieten vermeiden und dadurch das (Auto)Mobilitätsbedürfnis senken. Es wäre jedoch wirklichkeitsfremd zu erwarten, daß der Gebrauch oder gar der Besitz des Autos in kurzer Zeit erheblich zurücklaufen wird.

Darum hat die Regierung auch dem Parkproblem besondere Aufmerksamkeit gewidmet, um den Raubbau an städtischem Raum, den das stillstehende Auto jahrelang verursacht hat, zu beenden.

Vor vier Jahren haben die Minister für Wohnungsbau und Verkehr mit der Veröffentlichung ihres Zwischenberichtes „Verkeersleefbaarheid in steden en dorpen" unterstrichen, daß die Vielfalt der lebensnotwendigen Funktionen unserer Städte und Dörfer durch Verkehrsberuhigung erhalten werden müssen. Zur Verwirklichung dieser Zielsetzung sollen die folgenden Prinzipien gelten:

- Wohnen, Arbeiten, Einkaufen, Erholen usw. und der hierfür notwendige Verkehr sollten in Städten und Dörfern grundsätzlich integriert sein.
- Städte und Dörfer sollten grundsätzlich Aufenthaltsgebiete sein, in denen Wohn-Funktionen Vorrang haben vor Verkehrs-Funktionen.
- Öffentlicher Raum mit Wohn-Funktionen sollte für motorisierten Verkehr nur zugänglich sein, wenn eine Geschwindigkeit von z.B. 20 km/h sowohl durch entsprechende Einrichtung dieses Raumes als auch durch gesetzliche Bestimmungen nicht überschritten werden kann.
- In Raumeinheiten, in denen mehr als z.B. 100 bis 300 Autos/Spitzenstunde fahren werden (können) und höhere Geschwindigkeiten als z.B. 20 km/h wünschenswert sind, sollte ein besonderes Verkehrsgebiet geschaffen werden, das räumlich von anderen Gebieten getrennt sein muß.

Ein weiterer Schritt war der Erlaß des „woonerf"-Gesetzes, das die Bemühungen der Kommunen nachträglich absichern sollte. Außerdem wurden finanzielle Mittel zur Verfügung gestellt, um die Zielsetzungen in der Praxis auf ihre Richtigkeit zu prüfen, die Ergebnisse zur Diskussion zu stellen, anschauliche Information zu bieten und, wenn Mißerfolge verzeichnet werden, schnell hierauf reagieren zu können.

Die einzelnen Zielsetzungen, die in zwei großen Demonstrativ-Projekten realisiert werden sollen, lauten:
- Untersuchung von auszuführenden einfachen und mehr eingreifenden Maßnahmen zur Neuordnung von städtischen Gebieten in Verkehrsräume und Wohngebiete sowie deren Einrichtung.
- Ermittlung und Untersuchung der Folgen dieser Maßnahmen.
- Sammeln von Erfahrungen mit den Mindestanforderungen, die gesetzlich für das woonerf vorgeschrieben sind.
- Formulieren von Empfehlungen zur Neuordnung und Neueinrichtung städtischer Gebiete hinsichtlich der anzuwendenden Mittel, der zu erwartenden Resultate und der eventuell notwendigen Änderungen der Gesetzgebung.

Für die Verwirklichung dieser Ziele sind einige Bedingungen maßgebend, wie zum Beispiel die Bereitwilligkeit geeigneter Gemeinden, das zur Verfügung gestellte Budget und der Zeitraum, in dem die Arbeiten im Einverständnis aller Beteiligten durchgeführt werden müssen.

Von allen eingeladenen Gemeinden erklärten sich 50 % bereit, an den Experimenten mitzuarbeiten. Die Wahl von zwei Gemeinden wurde in einem mehrstufigen Ausleseverfahren entschieden. Um sowohl eine gerechte als auch zweckentsprechende Entscheidung treffen zu können, wurden zahlreiche Kriterien entwickelt, wie zum Beispiel Größe der Gemeinde, Vorhandensein von Verkehrsplänen, Bereitwilligkeit bei Verwaltung und Bevölkerung, Lage, Größe, Funktionen und Probleme des Gebietes, Einrichtungskosten und Ausführungszeit.

Die Gemeinde hat zur Aufgabe, die Neuordnung und Einrichtung des angewiesenen Gebietes in einem Basisplan in groben Zügen anzugeben, so daß drei Teilgebiete für einfache, mittelschwere und eingreifende Maßnahmen gut begründet festgelegt werden können. Die weitere Ausarbeitung dieser Teilgebiete soll in enger Zusammenarbeit mit der Bevölkerung geschehen.

Damit die Ziele des Experimentes erreicht werden können, soll vor Beginn und nach Abschluß der Ausführung das Gebiet untersucht werden, so daß durch Vergleich der beiden Bestandsaufnahmen alle Veränderungen und deren Ursachen erkannt werden können.

Die Ministerien für Verkehr und Wohnungsbau haben zu gleichen Teilen einen Betrag von ca. 24 Millionen Gulden genehmigt. Hiervon müssen die gesamten Ausführungskosten in beiden Gemeinden einschließlich aller Untersuchungen bezahlt werden.

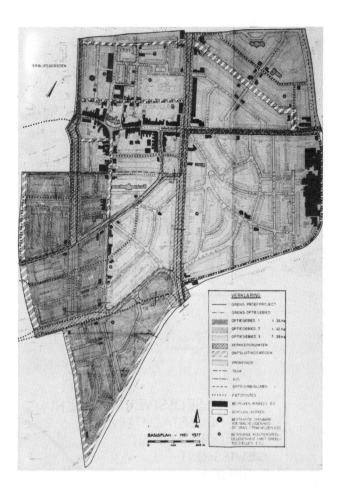

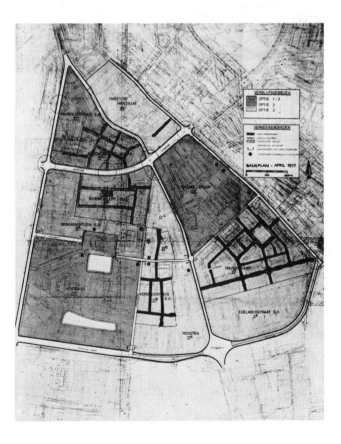

Die Voruntersuchungen sind nahezu abgeschlossen. Bis Ende 1980 werden die Teilpläne angefertigt und ausgeführt. 1981 finden die Nachuntersuchungen statt, so daß im Laufe des Jahres der abschließende Bericht über die Experimente veröffentlicht werden kann.

In den beiden angewiesenen Gemeinden Rijswijk und Eindhoven wird ein Gebiet von 100 ha neu eingeteilt in Verkehrs- und Wohngebiete. In den Wohngebieten werden drei Gruppen von Maßnahmen ausgeführt:

Gruppe 1: Wehren des Nicht-Zielverkehrs durch einfache Maßnahmen, z.B. Verkehrsschilder, teilweise Schließung der Straßen.

Gruppe 2: Wehren des Nicht-Zielverkehrs und Einschränken der Fahrgeschwindigkeit des anwesenden Verkehrs durch mittelschwere Maßnahmen, z.B. Verkehrsschwellen, Richtungsänderungen der Fahrbahnachse.

Gruppe 3: Wehren des Nicht-Zielverkehrs, Einschränken der Fahrgeschwindigkeit des anwesenden Verkehrs und optimale visuelle und funktionelle Formgebung des öffentlichen Raumes durch eingreifende Maßnahmen, z.B. woonerf.

Diese Maßnahmen werden zweifellos Folgen haben für viele Funktionen nicht nur in dem angewiesenen Gebiet, sondern auch in den angrenzenden Stadtteilen. Um die Zusammenhänge zwischen den Ursachen und den Folgen erforschen zu können, werden in Vor- und Nachuntersuchungen folgende Aspekte verglichen:
- Verkehrszirkulation: Verlauf aller Verkehrsarten, wie verborgene und deutliche Verkehrsbedürfnisse, Routewahl und Parkverhalten.
- Verkehrssicherheit: Objektive und subjektive Sicherheit, wie Anzahl und Art der Unfälle und Konflikte, Geschwindigkeiten.
- Milieuhygiene: Lärm, Gestank, Erschütterungen.
- Sozial-ökonomische Aspekte: Umsatz, Autobesitz, Wohnsitzwechsel.
- Gebrauch und Erleben des öffentlichen Raumes, wie Spielverhalten von Kindern und soziale Kontakte.

Die Vielzahl und Verschiedenheit der Beteiligten und ihrer Aufgaben und die beschränkten zur Verfügung stehenden Mittel machen es einerseits notwendig, die Experimente einer strikten Planung zu unterwerfen. Anderseits muß eine große Bewegungsfreiheit während des Prozesses möglich sein, damit alle Reaktionen der Beteiligten aufgefangen werden können.

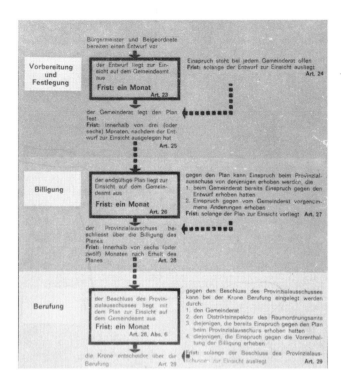

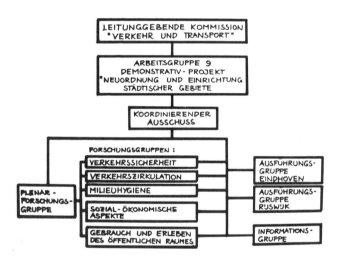

5. Planungs- und Realisationsprozesse

Entscheidend für den Erfolg der Verkehrsberuhigung sind nicht nur die Lösungskonzepte, die man verwirklichen will, sondern auch die Art und Weise, die diesen Verwirklichungsprozeß kennzeichnen. Es wäre ein schwerwiegender Fehler zu glauben, daß in unserer recht komplizierten repräsentativen Demokratie alles optimal geordnet sei, daß alle Aufgaben gut verteilt seien und daß alles Wissen und Können in sinnvoller Beziehung zum Tun stehe. Wir haben diese Staatsform doch vor allem entwickelt, um dem undurchsichtigen Zusammenwirken von Millionen Menschen einer Gesellschaft einige Anhaltspunkte für den Fall zu bieten, daß Schwierigkeiten gelöst werden müssen. Die Menschwerdung eines jeden Einzelnen wird nicht garantiert durch das blinde Folgen und Erfüllen einer einmal konstruierten Form des Zusammenlebens, sondern durch einen uns angeborenen Trieb, den wir stets zu befriedigen versuchen.

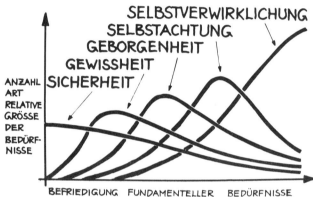

Ein sozial-psychologisches Modell zeigt, daß die Befriedigung fundamentaler menschlicher Bedürfnisse wie körperliche und geistige Sicherheit, soziale Geborgenheit, Selbstachtung und -verwirklichung fortwährend abhängig ist von den gebotenen Lebensbedingungen. Es ist wohl deutlich, daß gerade das Wohnumfeld, das zwischen dem privaten Bereich des Einzelnen und dem öffentlichen Bereich aller

liegt, geeignet ist, einen Spielraum für den menschlichen Entfaltungsprozeß zu bieten. Das Wohnumfeld ist klein genug, um von den darin Wohnenden in direktem und übertragenem Sinne begriffen zu werden; der Bewohner ist als täglicher Gebraucher Fachmann: Er erfährt ständig, welche Teile sich bewähren, angepaßt werden müssen oder unbrauchbar sind. Wird nun dem Bewohner die Möglichkeit geboten, die Einrichtung, den Gebrauch und notwendigen Veränderungen seines Wohnumfeldes mitzubestimmen, dann bieten sich viele Möglichkeiten zur Befriedigung menschlicher Bedürfnisse. Dann können wir uns aktiv aufstellen und unserer bestehenden Staatsform einen lebendigen Inhalt geben, nämlich den der partizipierenden Demokratie. Wenn wir also überzeugt sind, daß aktive Bürgerbeteiligung im weitesten Sinne nahezu lebensnotwendig ist, müssen wir Formen für diese Beteiligung finden, die in unsere bestehende Gesellschaftsordnung passen.

Was kann bzw. sollte nun eine kommunale Verwaltung tun, um bei Maßnahmen zur Verkehrsberuhigung den Planungs- und Entscheidungsprozeß optimal verlaufen zu lassen?

• Die kommunale Politik sollte so gerichtet sein, daß die eigene Position nicht stets abhängiger wird. Zum Beispiel führt ein ungezügeltes Wachstum bei der Raumordnung nicht nur zu großmaßstäblichen Lösungen, die die Situation der Stadtbewohner verschlechtern, sondern auch zu weitgehender Abhängigkeit von allerlei wirtschaftlichen Interessengruppen.

ZUNEHMENDE BÜRGERBETEILIGUNG ↑
- VERFÜGUNGSRECHT
- MITBESTIMMUNG
- ZUSAMMENARBEIT
- MITSPRACHE
- KONSULTATION
- INFORMATION

KEINE BÜRGERBETEILIGUNG
- ERZIEHUNG
- MANIPULATION
- UNTERDRÜCKUNG
- VERNEINUNG

Die beste Form der Bürgerbeteiligung wird wohl stets vom Ort und Zeitpunkt, von den zu lösenden Problemen und den Erfahrungen der Beteiligten abhängen. Auf jeden Fall kann man eine Hierarchie von Möglichkeiten unterscheiden, in der auf der untersten Stufe der ohnmächtige Bürger steht, dem immer mehr Verfügungsrecht übertragen werden kann. Die untersten Stufen wie Verneinung, Unterdrückung, Manipulation und Therapie von Bewohnerbelangen werden leider noch oft als ausreichende Formen für Bürgerbeteiligung angesehen und angewendet. Eine wirkliche Beteiligung kann jedoch erst entstehen, wenn eine optimale Information stattfindet. Darauf weiterbauend können durch Konsultation und Mitsprache erfolgreiche und zufriedenstellende Resultate erreicht werden. Die höchsten Formen der Bürgerbeteiligung entstehen durch Übertragung von stets mehr Macht bei Zusammenarbeit, Mitbestimmung und Verfügungsrecht.

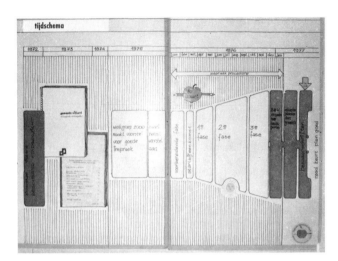

- Die Bürgerbeteiligung sollte zum Ziel haben, daß alle Bewohner als vollwertige Gesprächspartner anerkannt werden und Informationen erhalten über alle wesentlichen Aspekte der Planvorbereitung; die formelle Entscheidungsbefugnis bleibt beim Gemeinderat.

- Den Bewohnern sollte die finanzielle Möglichkeit geboten werden, Sachverständige zu Rate ziehen zu können.

- Auf jeden Fall sollte man vermeiden, in Modellen für Bürgerbeteiligung zu viel festzulegen oder diese zu früh festzusetzen.

An zwei Beispielen soll illustriert werden, wie Bürgerbeteiligung verwirklicht wurde.

Im ersten Fall nahm die Gemeindeverwaltung die Initiative. Man lud die Bewohner einer Straße, die neu eingerichtet werden sollte, ein und notierte alle für die Planung wichtigen Aspekte wie zum Beispiel Größe der Familie, Autobesitz, Bedürfnis und Wünsche hinsichtlich Spielmöglichkeiten für Kinder und Grünanlagen.

Danach wurden die Wünsche übersetzt in maßstäbliche Zeichen und in einem Plan räumlich angeordnet. Bei diesem Hin- und Herschieben erkannten die Bewohner, welche wechselseitigen Folgen die Wünsche der Beteiligten hatten.

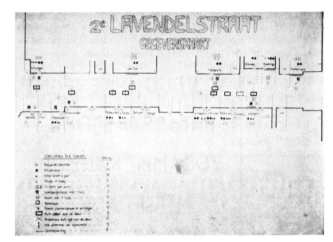

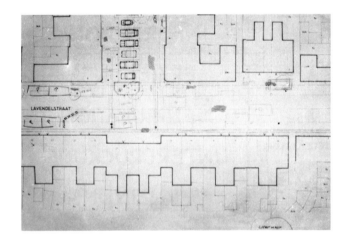

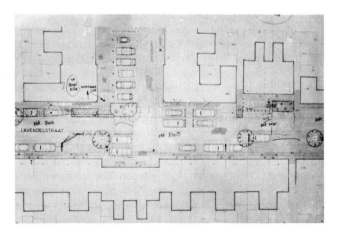

Schließlich kam man übereinstimmend zu einem ausführbaren Plan, in dem jeder seine Wünsche erfüllt sah:

Familie A wollte unter keinen Umständen ein Auto vor der Haustür,

Familie B wollte gerne ein kleines Fleckchen für Grün

und der Familie C, die ohne offizielle Erlaubnis eine kleine Autoreparaturwerkstatt führt, wurden vier Abstellplätze vor ihrem Hause zugewiesen, so daß auch in dieser Hinsicht Belästigung und Ärger in der Nachbarschaft vermieden werden konnten.

Im zweiten Fall erlebten die Bewohner die Gebrauchsmöglichkeiten ihrer Straße so negativ,

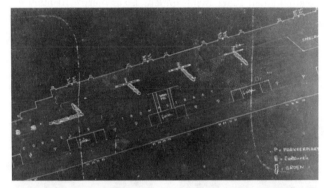

daß sie den ersten Schritt unternahmen und einen Änderungsplan zeichneten.

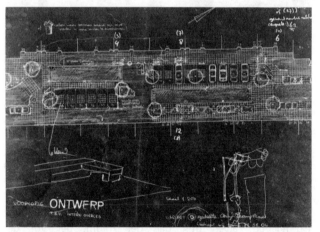

Die Behörde half bei der weiteren Planung, indem sie die technischen Möglichkeiten für die Neueinrichtung der Straße aufzeichnete, so daß die Bewohner eine sinnvolle Planung ihrer Straße durchführen konnten.

Weil mit solchen Resultaten alle Beteiligten zufrieden sein können, kann auch eine Sphäre von Bezogenheit entstehen, in der Interesselosigkeit, Vandalismus und Kriminalität vielleicht keinen Platz mehr finden. Liegt hier nicht auch ein Lösungsansatz für diese Gefahren, die in unseren Städten stets mehr um sich greifen?

Abschließend soll herausfordernd gesagt werden, daß die Verkehrsberuhigung nicht nur eine für sich bestehende Aufgabe ist und daß deren Lösung eine Verbesserung der Lebensverhältnisse in unseren Städten und Dörfern bedeutet, sondern daß die Verkehrsberuhigung auch der Beginn sein kann für einen Bewußtwerdungsprozeß, in dem schließlich Maßstäbe wie zum Beispiel Rentabilität ersetzt werden durch Qualität.

Formgeber zeigen uns, daß der Raum, der vor der Wohnungstür beginnt, der schlechthin Straße genannt wird, dermaßen gestaltet werden kann, daß der Bewohner eine große Freizügigkeit zur Einrichtung und zum Gebrauch erhält.

Um diese Entwicklung in eine gute Richtung zu lenken, bedarf es der einsichtigen Entscheidung unserer Kommunalpolitiker. Vielleicht kann noch für den alten Mitbürger etwas verbessert werden ...; auf jeden Fall muß unseren Kindern eine Wohnumwelt geboten werden, in der man mehr als nur überleben kann.

Die Straße im Wohnbereich
Soziale Funktion — Gestaltung und soziale Brauchbarkeit

Großversuch zur Verkehrsberuhigung des Landes NW
Volker Meewes, Reinhold Maier, Konrad Pfundt

1. Zielsetzungen, die zu Forderungen nach Verkehrsberuhigung führen

Die starke Motorisierung hat besonders in historisch gewachsenen Städten dazu geführt, daß der vorhandene öffentliche Raum in unzumutbarer Weise von der Nutzung durch das Kraftfahrzeug in Beschlag genommen wurde. In Wohngebieten sind die Probleme begründet im

- *fahrenden Verkehr,* der als Schleichverkehr wegen — z.T. vermeintlicher — Zeitvorteile seinen Weg durch Wohnquartiere sucht. Die Folge sind neben Lärmbelästigungen, Abgasbelästigungen und Behinderungen der Fußgänger vor allem Gefährdungen für Fußgänger und Kinder, aber auch für Autofahrer wegen der in Wohngebieten oft unübersichtlichen Einmündungen und Kreuzungen;

- *ruhenden Verkehr,* der immer mehr Flächen beansprucht, auch solche Flächen, die ihm auf Grund der geltenden Vorschriften eigentlich verwehrt sind. So ist es ein allgemein bekanntes und manchmal in einer Art Fatalismus geduldetes Bild, daß Autos auch auf schmalen Gehwegen abgestellt werden und so den Raum für Fußgänger und Kinder in unzumutbarer Weise in Beschlag nehmen. Neben dem trostlosen Stadtbild ergeben sich dabei nicht nur Behinderungen, sondern auch Gefährdungen, weil Fußgänger und Kinder oft auf die Fahrbahn ausweichen müssen und dann gefährdet sind.

Stadt- und Verkehrsplanung haben in den vergangenen Jahren auf diese Entwicklung sehr einseitig reagiert. Primat wurde dem Auto eingeräumt, ohne daß für den ruhenden Verkehr genügend Flächen außerhalb des Verkehrsraumes ausgewiesen wurden.

Die Forderung nach „Verkehrsberuhigung" resultiert aus diesen Mißständen. Ziel ist es, zu einer ausgewogeneren Planung zurückzufinden.

Entsprechend den Problemen, die aufgetreten sind, haben sich im wesentlichen drei Fachrichtungen die Forderung nach Verkehrsberuhigung zu eigen gemacht:

(1) Stadtplaner fordern vor allem
- eine Entkernung der Innenhöfe
- die Schaffung von mehr Freiflächen und
- die Verbesserung der oft ganz unzulänglichen Wohnungen

Durch ein verbessertes Stadtbild und verbesserte Wohnungs- und Wohnumfeldqualitäten erwarten Stadtplaner eine Rückgewinnung der Attraktivität innerstädtischen Wohnens.

(2) Planer, die nicht vom Städtebau oder der Verkehrstechnik herkommen, und Soziologen fordern eine angemessene Berücksichtigung der nicht motorisierten Verkehrsarten, auf die Überlastung des öffentlichen städtischen Verkehrsraumes durch ruhenden und fließenden motorisierten Verkehr hinweisend und diesen für die fehlende Kommunikation unter der Bevölkerung verantwortlich machend. Sie fordern Einschränkung des Autoverkehrs, sowohl was das Fahren wie das Parken betrifft, zugunsten des nichtmotorisierten Verkehrs, in der Hoffnung, daß so Freiflächen entstehen, die als Kommunikationsräume funktionieren können.

(3) Aus der Gruppe der Verkehrsingenieure führt vor allem der Aspekt der fehlenden Verkehrssicherheit zu Überlegungen der Verkehrsberuhigung. Die objektiv meßbare und subjektiv von der Bevölkerung empfundene Gefährdung führen bei diesen Überlegungen zu der Forderung, Maßnahmen zu untersuchen, die den Verkehr in Wohngebieten so regeln (d.h. durch verkehrstechnische Eingriffe), daß das Maß der Gefährdung möglichst nachhaltig und schnell in allen Problemgebieten geändert werden kann. Dafür sind aber wenig kostenintensive Maßnahmen Grundforderung.

Die heutige Situation in Wohngebieten unter dem Blickwinkel der Verkehrssicherheit läßt sich wie folgt charakterisieren:

- Auf den Straßen von Wohngebieten, d.h. nicht auf den Verkehrs- und Hauptverkehrsstraßen, passieren etwa ein Viertel aller Unfälle, aber ein Drittel der Fußgängerunfälle und mehr als die Hälfte der Kinderunfälle. Mehr Sicherheit muß vor allem für Fußgänger, insbesondere Kinder, gefordert werden. Das kann aber nur geschehen, wenn die Verhaltensweisen — besonders der Autofahrer — sich überall auf den Wohnstraßen ändern; denn das Charakteristikum von Fußgänger- und Kinderunfällen ist, daß sie nicht gehäuft an einzelnen Punkten, sondern überall auftreten können.

- Die besondere Art der Gefährdung wird auch deutlich, wenn man die Unfallrate und die Unfalldichte betrachtet:

- Auf Verkehrsstraßen liegt die Unfallrate zwischen $U_r = 2$ und $U_r = 6$ Unfälle je 1 Mio Fhz/km, auf Wohnstraßen erreicht sie eine Größe von $U_r = 14$. Dies bedeutet, daß die Gefahr, die von einem Fahrzeug ausgeht, auf Wohnstraßen um ein Vielfaches höher ist als auf Verkehrsstraßen.

- Die Unfalldichte (Unfälle auf einem Kilometer Straße im Jahr) zeigt, daß auf Wohnstraßen aber relativ wenige Unfälle passieren — die Unfalldichte liegt bei $UD = 4$ Unf/km · j. Auf den hochbelasteten Verkehrsstraßen passiert wesentlich mehr. Dort erreicht die Unfalldichte Werte von $UD = 20$ bis $UD = 30$ Unf/km · j. Die Unfalldichte zeigt also, daß eine Verbesserung nur erzielt werden kann, wenn überall auf den vielen Wohnstraßen Autofahrer und Fußgänger vernünftiger miteinander umgehen.

Um zu einer möglichst schnellen und umfassenden Verbesserung zu kommen, werden verkehrstechnische Eingriffe angestrebt, die vor allem eine optische Veränderung des Erscheinungsbildes Wohnstraße bewirken und dadurch den Kraftfahrer zu mehr Rücksicht beeinflussen.

Der verkehrstechnische Ansatz wird von Städtebauern, anderen Planern und Soziologen häufig kritisiert, weil betont wird, daß hier vornehmlich durch verkehrstechnische Eingriffe Sicherheit zu schaffen versucht wird. Dazu wird ausgeführt, daß es nicht allein um Sicherheit, sondern vor allem um Lebensqualität geht und daß verkehrstechnische Eingriffe dazu wohl nicht das richtige Mittel sind. Dem ist folgendes entgegenzuhalten:

- Auch der verkehrstechnische Eingriff kann — wenn sich zeigt, daß die Modelle funktionieren — zur Verbesserung des Wohnumfeldes, zur Gewinnung von Freiflächen, zur Ruhe und somit — ganz allgemein — zu menschenwürdigeren Verhältnissen führen.

● Auch der städtebauliche, auch der soziologische Ansatz ist letztlich ein verkehrstechnischer: So ist die konsequente Aufgabe des seit langem im Mittelpunkt stehenden Separationsprinzips (getrennte Flächen für Fußgänger und Fahrzeuge) zugunsten des Mischprinzips (gemeinsame Fläche für alle Verkehrsarten) eine verkehrstechnische Angelegenheit. Es ist möglich und — jedenfalls auf längere Sicht — einigermaßen wahrscheinlich, daß diese Betrachtungsweise unter bestimmten Randbedingungen etwas für sich hat. Es wäre aber grundfalsch, wenn wegen des modischen Unbehagens an unserer technischen Welt, nun von heute auf morgen irgendwelche Lösungen zu favorisieren, von denen noch kein Mensch weiß, ob und wann und unter welchen Prämissen sie einmal funktionieren werden. Daß solche Lösungen — Wohnstraßen allenthalben aufgepflastert — außerordentlich teuer sind (100 bis 300 DM/m^2) und deswegen gar nicht alsbald verwirklicht werden können, kommt dann auch noch dazu.

Zu dem modal-split-Gedanken, Fahrrad- und Fußgängerverkehr betreffend, soll abschließend darauf hingewiesen werden, daß die Forderung nach Zurückdrängung des fahrenden und parkenden motorisierten Verkehrs die Gefahr birgt, die von allen beklagte Stadtflucht zu verstärken: Wir sind eine motorisierte Gesellschaft, verordnete Verhaltensänderungen haben bisher dazu geführt, daß der Bürger ausweicht. Wenn er nicht mehr mit seinem Auto zu seinem Haus fahren kann und wenn er nicht mehr parken kann, zieht er lieber weg, als auf das Auto zu verzichten.

Das sicherlich positive Ziel, Autos nicht mehr für unnötige Fahrten zu benutzen, kann demnach nur indirekt angesteuert werden — nicht dadurch, daß man die Benutzung des Kraftfahrzeuges einschränkt, sondern Anreize schafft, das Fahrzeug nicht mehr zu benutzen.

2. Grundlagen des Großversuches

Die Analyse neuer Wohngebiete hat gezeigt, daß durch planerische Maßnahmen die Sicherheit für die Einwohner neuer Wohngebiete entscheidend beeinflußt werden kann. Die Studie hat darüber hinaus gezeigt, daß die Bewohner historisch gewachsener Wohngebiete im Mittel mehr gefährdet sind als die neuer Wohngebiete.

Es liegt daher auf der Hand, Überlegungen anzustellen, wie in bestehenden Wohngebieten mehr Sicherheit geschaffen werden kann.

In einem Großversuch zur Verkehrsberuhigung, der vom Minister für Wirtschaft, Mittelstand und Verkehr des Landes Nordrhein-Westfalen finanziert wird und mit dessen Federführung die Beratungsstelle für Schadenverhütung des HUK-Verbandes beauftragt worden ist, soll untersucht werden, welche baulichen und verkehrsregelnden Maßnahmen unter welchen Randbedingungen zur Verbesserung der Verkehrssicherheit und der Lebensqualität in Wohngebieten beitragen können. Konkret besteht das Ziel darin,

● Fremdverkehr, der weder Ziel noch Quelle in einem Wohngebiet hat, aus dessen Straßen herauszuhalten und auf die tangierenden Verkehrsstraßen abzudrängen und

● den zum Gebiet gehörenden Verkehr zu mäßiger Geschwindigkeit und rücksichtsvoller Fahrweise anzuregen.

Gegenstand der Betrachtungen sind also die Wohngebiete zwischen den Verkehrsstraßen und die diese Wohngebiete erschließenden Wohnstraßen und Wohnsammelstraßen, nicht jedoch die Verkehrsstraßen selbst.

Damit das Ziel der Verkehrsberuhigung erreicht werden kann, ist es notwendig, daß die Maßnahmen flächenwirksam sind. Maßnahmen, die nur punktuelle Verbesserungen bringen, sind ungeeignet, da sowohl das Unfallgeschehen als auch sonstige Störungen in Wohngebieten sich in der Regel nicht auf bestimmte Orte konzentrieren, sondern an allen Stellen des Wohngebietes gleichermaßen auftreten können.

Damit Maßnahmen zur Verkehrsberuhigung, die sich bewährt haben, auch in möglichst vielen Wohngebieten eingesetzt werden können, ist es notwendig, besonders kostensparende Maßnahmen zu erproben.

3. Maßnahmen im einzelnen

Folgende Maßnahmen zur Verkehrsberuhigung kommen in Frage:

(1) Kennzeichnung von Gebieten als „Wohnbereich" mit einem besonderen Schild, das kein amtliches Verkehrszeichen ist.

(2) Geschwindigkeitsbeschränkung, z.B. „Tempo 30"

(3) Beseitigung der vorfahrtregelnden Verkehrszeichen an Kreuzungen und Einmündungen, Einführung des in der Regel geschwindigkeitsmindernden Grundsatzes „Rechts vor Links"

(4) Eingriffe in die Verkehrsführung (Einführung von Einbahnstraßen zur Verdrängung bzw. Erschwerung unerwünschten Durchgangsverkehrs)

(5) Ordnung des ruhenden Verkehrs zur Verbesserung der Übersichtlichkeit und im Hinblick auf die Schaffung geschwindigkeitsvermindernder Versätze der verbleibenden Fahrgassen

(6) „Gestaltung des Verkehrsraumes", d.h. Herausnahme und besondere Gestaltung von Flächen aus der Fahrbahn, die für die Verkehrsführung nicht gebraucht werden, aber mehrere Zwecke erfüllen können:

● Durch die „Aufpflasterung" kürzerer oder längerer Fahrbahnteile sollen „Mischflächen" geschaffen werden, die Fußgängern und Kraftfahrern gleichermaßen gehören, sowie

● angenehme und attraktive Gestaltung von Flächen, die aus der Fahrbahn — z.B. durch die Herstellung eines Fahrgassenversatzes — herausgehoben sind und somit zu einer Wohnumfeldverbesserung beitragen können.

In der Regel werden die angesprochenen Maßnahmen nicht nur für sich allein eingesetzt, sondern in sinnvollen Kombinationen. Zu den Maßnahmen im einzelnen:

Kennzeichnung als Wohnbereich

Die Testgebiete werden an allen Zu- und Ausfahrten durch Zeichen entsprechend Abbildung 1 „Wohnbereich" gekennzeichnet.

Abb. 1: Schilder „Wohnbereich" sind an allen Einfahrten von Testgebieten aufgestellt. Sie haben keine rechtliche Bedeutung, sondern dienen als allgemeiner Hinweis.

„Tempo 30"

Die Beschilderung „Tempo 30" sollte weniger als Angabe der keinesfalls zu überschreitenden Höchstgeschwindigkeit, sondern eher als Hinweis darauf aufgefaßt werden, daß hier in der Regel nur solche Geschwindigkeiten vertretbar sind, die deutlich unter den in Innerortsbereichen üblichen 50 km/h liegen. So wird „Tempo 30" als Einzelmaßnahme neben der Beschilderung als Wohnbereich nur in wenigen Gebieten eingesetzt, um im Gesamtzusammenhang zu überprüfen, ob die bisher negativen Erfahrungen mit „Tempo 30" auch unter Berücksichtigung verschiedener Aspekte bestätigt werden. In einer Reihe von Testgebieten wird die Beschilderung 30 km/h an den Einfahrten des Gebietes angeordnet, um weitergehende Maßnahmen im Gebiet zu unterstützen.

Vorfahrtregelung durch Verkehrszeichen

Generell paßt zu einem „beruhigten Wohngebiet" weder eine Vorfahrtstraße noch eine Straße, in deren Verlauf an einzelnen Kreuzungen oder Einmündungen die Vorfahrt durch Verkehrszeichen geregelt ist, weil die Erfahrung gezeigt hat, daß positive Vorfahrtszeichen beschleunigend wirken können. Andererseits zeigt die Erfahrung aber auch, daß der Grundsatz „Rechts vor Links" dann nicht funktioniert, wenn

● eine der kreuzenden Straßen eine auffallend größere Fahrbahnbreite als die andere hat oder

● eine Straße wegen ihres Gesamteindruckes einen für das Verkehrsnetz „wichtigeren" Eindruck macht als die kreuzende Straße oder

● eine Straße bedeutend stärker belastet ist als die kreuzende oder

● es sich um eine Einmündung handelt und die einmündende Straße nicht ausschließlich von Anwohnern befahren wird.

Daher kommt die Beseitigung vorfahrtregelnder Verkehrszeichen nur in Frage, wenn keine der genannten Eigenarten gegeben ist, oder aber es gelingt, den sinnvollen Einsatz zusätzlicher anderer Beruhigungsmaßnahmen (z.B. Fahrgassenverschwenkung im Zusammenhang mit dem alternierenden Parken) die genannten Besonderheiten zu beseitigen oder unwirksam zu machen.

Eingriffe in die Verkehrsführung

Grundsätzlich wurde bei der Planung von Maßnahmen davon ausgegangen, daß die baulichen Gegebenheiten des Straßennetzes nicht verändert werden können. Möglich sind aber Eingriffe in die Verkehrsführung, z.B. durch die Einrichtung oder Änderung von Einbahnstraßen bzw. die Einrichtung von Sackgassen oder Diagonalsperrungen von Kreuzungen, um ein Durchfahren des Gebietes zu verhindern. Die Eingriffe in die Verkehrsführung sollten sich primär gegen den quartiersfremden Durchgangsverkehr richten. Dazu gibt es grundsätzlich zwei Möglichkeiten:

● Erschwerung von Durchgangsverkehr durch Widerstandssteigerungen im Netz (Fahrtwegverlängerung) und/oder

● Verhinderung von Durchgangsverkehr durch das Zerschneiden von Netzzusammenhängen.

In Abhängigkeit von dem im Gebiet vorhandenen Erschließungssystem gibt es unterschiedliche Möglichkeiten der Anordnung solcher Maßnahmen. Grundsätzlich sind rasterförmige Erschließungssysteme mit vielen Anschlüssen an die Verkehrsstraßen von anderen zu unterscheiden. Bei Eingriffen in die Verkehrsführung sind folgende Grundsätze zu beachten:

(1) Die Erreichbarkeit von privaten und gewerblichen Adressen im Gebiet ist zu gewährleisten. Der notwendige Andienungsverkehr der Gewerbebetriebe ist möglichst direkt zu führen.

(2) Die Wege für den Erschließungsverkehr im Gebiet sollen möglichst kurz sein.

(3) Es sollen keine neuen günstigen Durchfahrmöglichkeiten geschaffen werden.

(4) Verkehrskonzentrationen sollen vermieden werden, die etwa dadurch entstehen können, daß der Ziel- und Quellverkehr des Gebietes auf wenige Anschlüsse gebündelt wird. Bei verkehrsregelnden Maßnahmen ist in der Regel eine Erschließung „von außen", d.h. mit mehreren Anschlüssen an das tangierende Verkehrswegenetz, einer Erschließung, bei der der Verkehr zentral im Gebiet gesammelt wird, vorzuziehen, um Verkehrskonzentrationen im Gebiet zu vermeiden.

(5) Bei der Konzeption neuer Verkehrsführung sind die besonderen Belange des öffentlichen Nahverkehrs zu berücksichtigen.

Abb. 2: Mit einfachen Mitteln ausgeführte Straßensperre in Essen-Altendorf. Derartige Sperren sind so im Gebiet angeordnet, daß mögliche Routen des Schleichverkehrs zerschnitten werden.

Abb. 5: „Busschleuse" in Köln-Mengenich. Durch Sperrung eines Straßenstücks sollen die Sammelstraßen vom Durchgangsverkehr entlastet werden. Die Bewohner des Neubaugebietes sollen die kürzesten Wege zu den tangierenden Verkehrsstraßen nehmen. Zufahrtmöglichkeiten für die in dem Straßenstück gelegenen Garagen mußten erhalten bleiben. Außerdem sollte die Führung des Linienbusses nicht verändert werden.

Abb. 3: Diagonalsperrung einer Kreuzung in Essen-Altendorf

Ordnung des ruhenden Verkehrs

In vielen Wohngebieten stellt der ruhende Verkehr aus verschiedenen Gründen ein Problem dar:

In Altbaugebieten, die oft in der Nähe des Stadtkerns gelegen sind, sind wenige Garagen und Stellplätze im privaten Bereich vorhanden. Es können auch keine Garagen nachträglich gebaut werden wegen der hohen Siedlungsdichte. Die Mehrzahl der Fahrzeuge von Bewohnern des Gebietes wird daher im öffentlichen Verkehrsraum abgestellt. Dazu kommt oft eine große Parkbelastung durch die in unmittelbarer Nähe gelegene City und infolge von Dienstleistungsbetrieben und kleineren Gewerbebetrieben im Gebiet selbst oder im Zuge der tangierenden Verkehrsstraßen.

So entsteht das allgemein bekannte Bild beidseits dicht zugeparkter Stadtstraßen mit — bei engen Querschnitten — nur einer Fahrgasse, aus der keine Sicht auf den Gehweg oder in kreuzende Straßen oder Grundstückseinfahrten hinein möglich ist. Durch diese Sichtbehinderungen entsteht eine objektive oder subjektiv vom Fußgänger empfundene Gefährdung beim Queren der Fahrbahn, besonders für Kinder. Zudem werden leicht Kreuzungen oder Einfahrten übersehen und es kommt demzufolge zu Abbiege- und Kreuzen-Unfällen.

In Neubaugebieten stellt sich die Situation insofern anders dar, als dort meist das Stellplatzangebot ausreicht. Oft werden allerdings aus verschiedenen Gründen die reichlich vorhandenen Garagen und Stellplätze außerhalb der Straßen nicht angenommen, so daß es dennoch zu einer Massierung ruhenden Verkehrs auf den Straßen selbst kommt und damit teilweise zu den oben angesprochenen Problemen der Sichtbehinderung.

Abb. 4: Diagonalsperrung einer Kreuzung in Düsseldorf-Düsseltal. Der gewonnene Raum wurde als Fußweg befestigt.

Bei Maßnahmen zur Verkehrsberuhigung soll die Zahl der z.Z. genutzten Stellplätze möglichst nicht verringert werden. Allerdings bietet sich die Möglichkeit, erforderliche und genutzte Stellplätze unter den Gesichtspunkten der Verkehrsberuhigung umzuordnen und umzuverteilen. Eine Verringerung ist dann jedoch angemessen, wenn das Stellplatzangebot den Stellplatzbedarf der Anwohner und Betriebe im Gebiet übersteigt.

Ordnung des ruhenden Verkehrs im Sinne einer Verkehrsberuhigung muß zum Ziel haben, die Kraftfahrer zu mehr Rücksicht, verminderter Geschwindigkeit und defensiver Fahrweise anzuhalten. Daraus ergeben sich folgende Anforderungen:

(1) Stellplätze sind grundsätzlich nur an einer Fahrbahnseite anzuordnen.

(2) Die freigehaltene Fahrbahnseite ist so zu wählen, daß die Sichtbarkeit kritischer Stellen (Schulen, Kindergärten, Knotenpunkte, Einfahrten u.a.) gewährleistet wird.

(3) Stellplätze sind so anzuordnen, daß die Längsachse der Fahrbahn nicht auf längere Strecken geradlinig verläuft (Versatz). Solche Versätze können erzielt werden, wenn etwa alle 50 m diejenige Straßenseite, auf der die Fahrzeuge abgestellt werden können, geändert wird. Empfehlenswert ist ein Versatz der Fahrgasse an solchen Stellen, an denen mit häufigem Fußgängerquerverkehr zu rechnen ist.

(4) An Knotenpunkten ist in jedem Fall zu versetzen.

(5) Zwischen den Versätzen sollen Stellplatzreihen eine Mindestlänge von 15 m nicht unterschreiten.

(6) Die freizuhaltenden Flächen beim Versatz und bei Eckumfahrten bzw. Einfahrten sind so zu wählen, daß sie für die dort vorkommenden Fahrzeugarten befahrbar sind.

In den Abbildungen 6, 7, 8, 9 sind Beispiele für die Anordnung von Stellplätzen in durchgehenden Straßenzügen und in Knotenpunktzufahrten dargestellt.

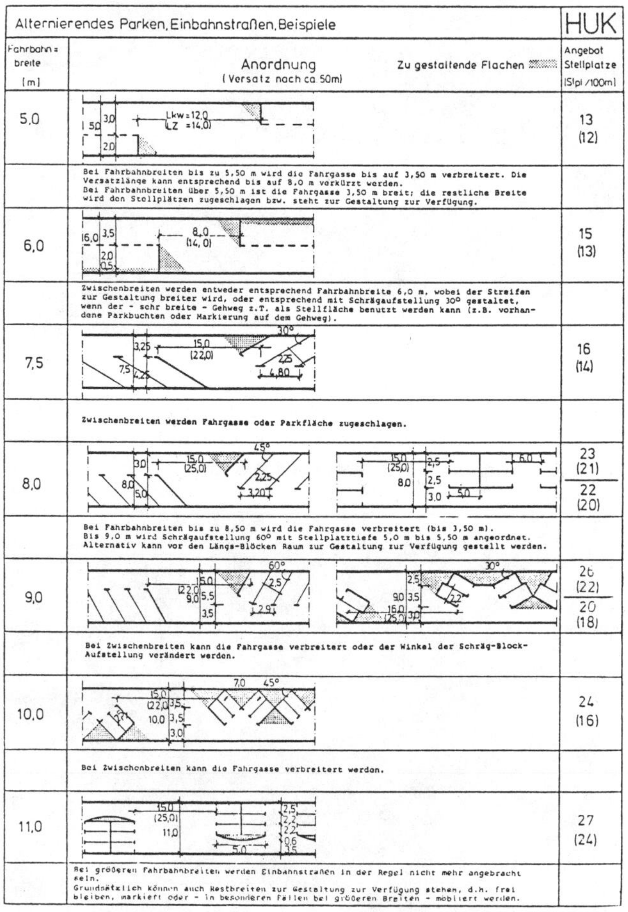

Abb. 7: Wechselseitiges Parken (Alternierendes Parken) Düsseldorf-Düsseltal. Es wird deutlich, daß der Sichtkontakt zwischen Kraftfahrer und Fußgänger durch das einseitige Parken erheblich verbessert ist und durch die wechselseitige Senkrechtaufstellung der Fahrraum „optisch begrenzt" wurde. Durch wechselseitiges Parken können also zusammenhängendere größere Freiräume geschaffen werden.

Abb. 6: Beispiele für die Anordnung des wechselseitigen Parkens in Abhängigkeit von der Fahrbahnbreite in Einbahnstraßen. (Bei Straßen mit Gegenverkehr sind Fahrgassenbreiten von 4,50 m – 5 m vorgesehen.)

Abb. 8: Wechselseitiges Parken in Gelsenkirchen-Schalke: Durch die Neuordnung des Parkens konnte hier die Sicht auf einen Schulausgang freigelegt werden und es konnte die Erkennbarkeit einer Einmündung von rechts verbessert werden.

Abb. 9: Wechselseitiges Parken mit begrünten Restflächen in Gelsenkirchen-Schalke

Abb. 10: Restflächen beim alternierenden Parken (Gelenkirchen-Schalke). Durch Markierung und Poller wird der Raum deutlich gemacht, der bei einem endgültigen Ausbau dem Fußgänger zurückgegeben werden kann. Durch Straßenverengung konnte zusätzlich Raum, der bisher dem ruhenden und fließenden Verkehr zur Verfügung stand, rückgewonnen werden. Dieser Raum ist zunächst provisorisch durch Pfosten dem Autoverkehr entzogen.

Gestaltung des Verkehrsraumes

Zur Beruhigung des Verkehrs soll u.a. versucht werden, bestimmte Teile der Fahrbahn besonders zu gestalten. So können diejenigen Teile der Fahrbahn, die für das Befahren durch Autos nicht benötigt werden,

● durch Markierung, ggfs. auch durch „Möblierung", gekennzeichnet werden oder

● auf das Niveau der Gehwege angehoben werden.

Wenn die der Fahrbahn entzogenen Flächen auf das Gehwegniveau angehoben werden, können die so entstandenen mehr oder weniger großen Bereiche

● befestigt werden (wobei die befestigte Fläche entweder gleichermaßen dem Fahrzeug- wie dem Fußgängerverkehr dient oder allein dem Fußgänger vorbehalten werden kann) oder

● gärtnerisch gestaltet werden.

Zu gestalten sind folgende Flächen:

(1) Restflächen ergeben sich z.B. an Stellen, an denen das Parken von einer Fahrbahnseite auf die andere wechselt (alternierendes Parken), am Ende von neu einzurichtenden Sackgassen und in der Mitte von Kreuzungen, an denen die geradlinige Durchfahrt unterbunden werden soll (Diagonalsperrungen).

Abb. 11: Baulich gestaltete Restfläche mit Pollern beim wechselseitigen Parken (Essen-Frohnhausen). Auch diese Ausführung ist zunächst provisorisch. Die Bordsteine sind auf die vorhandene Fahrbahn aufgeklebt.

(2) Einengungen sind Stellen, an denen eine Seite der Fahrbahn auf Straßen, die im Gegenverkehr befahrbar werden, auf kurze Länge dem fließenden Verkehr entzogen wird.

(3) Aufpflasterung ganzer Straßenabschnitte entstehen, wenn z.B. zwischen zwei benachbarten Kreuzungen oder Einmündungen die Fahrbahn ganz beseitigt und auf das Niveau der Gehwege angehoben wird.

(4) Partielle Aufpflasterungen sind abschnittsweise Anhebungen der Fahrbahn auf das Gehwegniveau. Diese Anhebungen sollen mindestens 5 m lang sein.

Die Herausnahme bestimmter Flächen aus der Fahrbahn dient je nach Art der Fläche einem oder auch mehreren der im folgenden genannten Zwecke:

Abb. 12: Baulich auf das Niveau der Gehwege angehobene und begrünte Restfläche in Essen-Frohnhausen (im Hintergrund „partielle Aufpflasterung" einer Kreuzung).

Abb. 13: Begrünte Restflächen beim alternierenden Parken in Gelsenkirchen-Schalke Süd, in einer Straße, in der vorher kein Grün vorhanden war.

I. Allgemeiner optischer Hinweis darauf, daß der Kraftfahrer ein Gebiet befährt, in dem eine verhaltene Fahrweise angemessen ist.

II. Beitrag zur allgemeinen Verbeserung der Situation im Wohngebiet und zum Ausgleich des Freiflächendefizits. (Letzteres gilt für alle Flächen, die gärtnerisch gestaltet oder möbliert werden.)

III. Einengungen des Fahrraumes als „optische Bremse"

IV. Schaffung von Mischflächen, auf denen der Fahrzeug- und Fußgängerverkehr nach bisher nicht vorgesehenen Regeln miteinander auskommen muß. (Das gilt z.B. für aufgepflasterte Straßenabschnitte und z.T. auch für Straßen mit partiellen Aufpflasterungen).

Zu (1) — Restflächen

Restflächen sind diejenigen Flächen, die zwischen dem für den Fahrverkehr freizuhaltenden Raum und der bisherigen Bordsteinkante liegen. Sie ergeben sich

- bei der Ordnung des ruhenden Verkehrs, d.h. wenn alternierendes Parken eingerichtet wird, in der Regel in Form von annähernd dreieckförmigen Flächen,
- an Knotenpunkten mit Verkehrsausschlüssen oder
- als Rechteckflächen bei der Einrichtung von Sackgassen.

Zu (2) — Einengungen

Einengungen der Fahrbahn werden unter dem Gesichtspunkt der bewußten punktuellen Verringerung der Fahrbahnbreite mit dem Ziel einer Geschwindigkeitsdrosselung in schneller befahrenen Straßen eingerichtet. Dabei ist zu bedenken, daß es sich um Hindernisse für den fließenden Verkehr handelt, die unter Umständen gefährlich sein könnten. Im Rahmen des Versuches wird daher zunächst versucht, Einengungen allein durch Markierungen auf der Fahrbahn, z.B. Sperrflächen, darzustellen. Erst wenn sich zeigt, daß diese Maßnahmen nicht beachtet werden, ist eine erhabene Gestaltung zu erwägen. Auch eine derartige Gestaltung muß jedoch so angelegt sein, daß die Flächen im Notfall überfahren werden können. Hochbordsteine oder Bäume kommen daher in der Regel nicht in Frage.

Abb. 14: Durch Schrägaufstellung beim wechselseitigen Parken konnte bei gleicher Stellplatzzahl vorher/nachher ein Längsparkstreifen eingezogen werden. Der Platz für Fußgänger und Kinder wurde dadurch etwa verdoppelt: Das Bild macht deutlich, daß nicht alle rückgewonnenen Flächen verplant werden sollten. „Offene" Flächen lassen der Kreativität beim Kinderspiel Raum.

Abb. 15: Markierte Einengungen auf den Sammelstraßen eines Neubaugebietes in Lemgo. Der Parkbedarf auf diesen Straßen ist gering, die Geschwindigkeiten waren sehr hoch.

Abb. 16: Baulich ausgeführte Einengungen an den Gebietseinfahrten in Münster-Coerde

Zu (3) — Aufpflasterungen

In Straßen, in denen die Fahrbahn ganz beseitigt und die Gesamtfläche zwischen den Baufluchten oder Grundstücksgrenzen in einer Ebene befestigt wird, wird das bisher im Straßenbau übliche „Separationsprinzip" zugunsten eines „Mischprinzips" aufgegeben: Es wird keine Trennung der Verkehrsarten mehr versucht, sondern Fußgänger und Radfahrer sowie Kraftfahrzeuge benutzen die gleiche Fläche.

Im Rahmen des Großversuches ist nicht daran gedacht, für Mischbereiche eine besondere Verkehrsregelung für das Miteinander von Fußgängern und Fahrzeugführern einzuführen. Fußgänger sollen also weder Vorrang erhalten noch sollen Fußgänger und Fahrzeuglenker rechtlich verpflichtet werden, im Sinne gegenseitiger Rücksichtnahme sich aufeinander einzustellen.

Abb. 19: Aufpflasterung in Bocholt auf größerer Länge. Eine vorher verkehrsreiche Kreuzung wurde von den Anwohnern spontan in „Stephanusplatz" umbenannt.

Abb. 17: Aufgepflasterte Straße in Gelsenkirchen-Schalke. Derart aufgepflasterte Straßen sind ohne jede Einschränkung für Autofahrer und Fußgänger benutzbar. Allein durch das andere Erscheinungsbild soll der Kraftfahrer zu mehr Rücksicht aufgefordert werden und es sollen Bereiche entstehen, die primär für den Aufenthalt von Fußgängern und Kindern geeignet sind. Im Vordergrund Spieltisch und Sandkasten, im Hintergrund links Schachbrett.

Abb. 20: Auch außerhalb des Großversuches wird mit Aufplasterungen experimentiert. (Ein Beispiel von mehreren anderen, die die Stadt Bocholt in Eigeninitiative erstellt hat.)

Abb. 18: Aufgeplasterte Straße in Essen-Frohnhausen. Vor der Umgestaltung gab es in dieser Straße kein Grün. Durch die Aufpflasterung sind Zonen entstanden, die baulich vom Autoverkehr abgetrennt sind.

Abb. 21: Aufpflasterung in Köln-Ehrenfeld (Vordergrund). Im Hintergrund wechselseitiges Parken. Die Restflächen sind baulich gestaltet und es sind Bäume gepflanzt worden.

Abb. 22: „Partielle Aufpflasterung" an einer Gebietseinfahrt in Essen-Frohnhausen. (Im Hintergrund alternierendes Parken mit baulich auf das Niveau der Gehwege angehobenen und begrünten Restflächen.)

Abb. 23: In Essen-Frohnhausen sind alle Kreuzungen und Einmündungen durch „partielle Aufpflasterungen" umgestaltet worden. Die Änderung des Erscheinungsbildes Straße durch partielle Aufpflasterungen und alternierendes Parken (hier mit begrünten Restflächen) hat es möglich gemacht, die vorher vorhandene Vorfahrtregelung zu entfernen.

Abb. 24: Zeichen 136 StVO „Kinder" als Beschilderung und Fahrbahnmarkierung in Heiligenhaus-Oberilp. (Außerdem ist die Geschwindigkeit auf 30 km/h beschränkt.)

Zu (4) — Partielle Aufpflasterung

Zu partiellen Aufpflasterungen können zwei Strategien führen:

(4a) Ersatz von Gesamt-Aufpflasterungen

Bei Aufpflasterungen des gesamten Verkehrsraumes, die — auch bei Verwendung kostensparender Materialien — erheblichen Investitionsaufwand benötigen, soll im Rahmen des Versuches überprüft werden, ob durch „partielle Aufpflasterung" ein ähnlicher Effekt wie durch Gesamtaufpflasterungen erreicht werden kann: Unter diesem Gesichtspunkt sind partielle Aufpflasterungen entweder im gesamten Untersuchungsgebiet so vorgesehen, daß der Kraftfahrer, der die betroffenen Straßen befährt, ständig eine solche Einrichtung sieht.

In der Regel werden zusätzlich zu den partiellen Aufpflasterungen weitere Beruhigungsmaßnahmen eingeführt (z.B. alternierendes Parken), um die angestrebte Flächenwirkung zu erzielen.

(4b) Hinweise auf bestimmte Stellen

Partielle Aufpflasterungen können auch unter dem Gesichtspunkt eingesetzt werden, daß durch die so geschaffenen Blickpunkte die Aufmerksamkeit auf bestimmte Stellen gelenkt wird. Dadurch soll erreicht werden, daß der Kraftfahrer bei der Annäherung besonders vorsichtig fährt. So werden partielle Aufpflasterungen z.B. an allen Einfahrten in ein Untersuchungsgebiet vorgesehen, um den schutzwürdigen Charakter des Versuchsgebietes besonders zu betonen.

Partielle Aufpflasterungen sind so ausgeführt, daß sie keine fahrdynamischen Hindernisse darstellen: Die Anhebung auf die Höhe der Gehwege erfolgt so langsam, daß der Eindruck einer „Schwelle" auf jeden Fall vermieden wird. Die Rampen sollen gegenüber der vorhandenen Fahrbahnneigung maximal 4 % betragen. Partielle Aufpflasterungen haben somit ausschließlich die Aufgabe, den Kraftfahrer optisch anzusprechen. Daher ist eine Unterstützung durch begleitende Möblierung oder Bepflanzung anzustreben.

Besondere Maßnahmen auf Sammelstraßen

In vielen Gebieten — vor allem in Neubaugebieten — wird der Verkehr von wenigen oder nur einer Sammelstraße aufgenommen. Diese Sammelstraßen sind oft breit und zügig ausgebildet. Dies hat zur Folge, daß die dort gefahrenen Geschwindigkeiten hoch sind. Gefahren ergeben sich vor allem dann, wenn die Wohngebiete „zentral" erschlossen sind, d.h. die Sammelstraße nicht an der Peripherie geführt wird und wenn sie nicht anbaufrei ist.

Wenn mehrere Anschlüsse an das übergeordnete Netz vorhanden sind, kann es sich anbieten, eine durchgehende Sammelstraße durch die Einrichtung von Sackgassen zu zerschneiden.

Kommt eine derartige Lösung nicht in Frage, so werden folgende Möglichkeiten zur Verkehrsberuhigung eingesetzt:

Markierung auf der Fahrbahn

Durch Markierungen auf der Fahrbahn soll versucht werden, daß Fahrverhalten so zu verändern, daß im Wohngebiet auf Fußgänger und Kinder mehr Rücksicht genommen wird. Eingesetzt werden als Markierungen auf der Fahrbahn

- Zeichen 102 StVO „Kreuzung oder Einmündung mit Vorfahrt von rechts" an dafür geeigneten Stellen vor Einmündungen oder Kreuzungen; siehe Abb 23.
- Zeichen 136 StVO „Kinder" vorzugsweise an solchen Stellen, an denen mit häufigem Betreten der Fahrbahn durch Kinder zu rechnen ist und
- Zeichen „Wohnbereich" entsprechend Abbildung 1

Ventile

Unter „Ventilen" sind Einrichtungen zu verstehen, die dem einfahrenden oder durchfahrenden Verkehr einen Zeitverlust oder andere Nachteile einbringen, so daß die Vorteile eine „Schleichverkehrs" abgebaut werden. Eingesetzt werden im Rahmen des Versuches Lichtsignalanlagen, die in der Regel für die Fahrtrichtung des Schleichverkehrs lange Sperrzeiten zeigen und diesem Verkehr nur kurze Grünzeiten gewähren. Die Signalsteuerzeiten werden im Rahmen des Versuches variiert.

Schwellen

Schwellen haben die Aufgabe, den Kraftfahrer nachdrücklich daran zu erinnern, daß er sich in einem Wohnbereich befindet, in dem eine vorsichtige Fahrweise dringend geboten ist. Schwellen, die als fahrdynamische Hindernisse wirken und nur mit geringer Geschwindigkeit sicher befahren werden können, stellen in jedem Fall eine Schikane dar. Sie sind vom Grundsatz her für die geplante Art der Verkehrsberuhigung weniger geeignet werden, aber, um die möglichen Maßnahmen vollständig zu untersuchen, in einem kleinen Testgebiet eingesetzt und ständig beobachtet.

Eingesetzt werden Schwellen in Form eines Kreissegmentes (Länge 3,60 m, Stichmaß 0,10 m), die vom Transport and Road Research Laboratory als am ehesten geeignet angesehen werden.

4. Einsatz von Maßnahmen im Rahmen des Versuches

Der Einsatz der Maßnahmen war im wesentlichen durch zwei Anforderungen bestimmt:

- Vorgaben aus der Siedlungs- und Verkehrsstruktur der Gebiete und
- Vorgaben aus der Systematik des Versuches, um die Wirkungsweise von Einzelmaßnahmen und Maßnahmenkombinationen in Abhängigkeit der Randbedingungen einsetzen zu können.

Von 150 für den Test gemeldeten Gebieten wurden 30 ausgewählt. Diese Gebiete lassen für eine Vielzahl von Wohngebieten geltende Aussagen erwarten, da sie für bestimmte Gebietstypen als repräsentativ angesehen werden können. In Tabelle 1 sind die Charakteristika der unterschiedenen Gebietstypen beschrieben. Um Erkenntnisse über die Wirkungsweise möglicher Maßnahmen in Abhängigkeit bestehender Randbedingungen (Verkehrsstruktur, Siedlungsstruktur, Gebietsstruktur o.ä.) zu erhalten, wurden sinnvolle Maßnahmen und Maßnahmekombinationen für die einzelnen Gebietstypen eingesetzt. Die Einzelmaßnahmen und die von ihnen erwarteten Wirkungen sind aus Abbildung 25 abzulesen. Die Abbildung zeigt darüber hinaus, welche Maßnahmekombinationen in Abhängigkeit vorhandener Randbedingungen möglich und empfehlenswert sind.

Bei der Planung und dem Entwurf der Maßnahmen wurden die Besonderheiten der einzelnen Gebietstypen berücksichtigt und örtliche Randbedingungen, die zuvor durch Vorerhebungen (vgl. 4.5) ermittelt wurden.

Im Rahmen des Versuches war eine Bürgerbeteiligung bei der Auswahl der Maßnahmen vor allem aus zwei Gründen nicht möglich:

- Es ist z.Z. unmöglich anzugeben, welche Maßnahmen unter welchen Bedingungen „optimale" Wirkungen haben.
- Um Erkenntnisse zu sammeln, wann welche Maßnahmen sinnvoll sind, ist es notwendig, systematisch für bestimmte Gebietstypen Grundvorgaben zu geben.

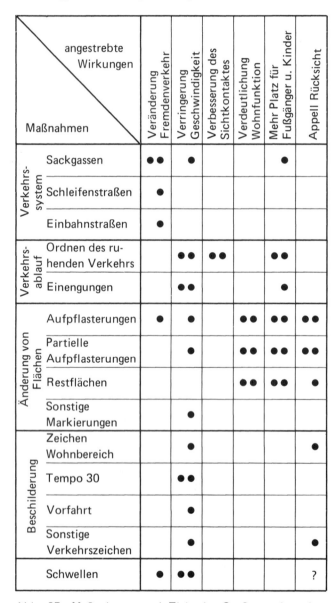

Abb. 25: Maßnahmen und Ziele des Großversuches. Aus den Maßnahmen und den möglicherweise erreichbaren Zielen wird deutlich, welche Maßnahmenkombinationen bei welchen Randbedingungen zweckmäßigerweise eingesetzt werden sollten.

Daher wurde vor Beginn des Versuches die Öffentlichkeit in den Testgebieten durch besondere Stadtteilzeitungen, den Einsatz eines Informationsbusses und Bürgerversammlungen informiert.

Eine Bürgerbeteiligung während der Dauer des Versuches wurde ausdrücklich gewünscht, um die vorgegebene Ausgangssituation — Versuch im Modellmaßstab 1:1 — ständig zu verbessern.

4.5 Begleitende Untersuchungen

Vorerhebungen

Vor der Planung der Maßnahmen in den einzelnen Versuchsgebieten wurden Vorerhebungen durchgeführt, die die Aufgabe hatten, die verkehrliche Struktur des Gebietes zu beschreiben und Grundlage für die Planung zu sein.

Folgende Vorerhebungen wurden durchgeführt:

1. Querschnittszählungen zur Ermittlung der Verkehrsbelastung der Straßen der Wohngebiete, unterteilt nach Fahrzeugarten.

2. Geschwindigkeitsmessungen, um einen Überblick über das Geschwindigkeitsniveau in den Wohnstraßen zu erhalten.

3. Befragung von Gewerbebetrieben, um Kenntnisse zu gewinnen über
- Verkehrsvorgänge von Firmenfahrzeugen,
- Verkehrsvorgänge von Fahrzeugen der Beschäftigten,
- Fahrten der Besucher sowie
- bestimmte Anforderungen, die von den Gewerbebetrieben geltend gemacht werden.

4. Unfallauswertungen dienten nicht nur zur Vorbereitung der Planung und Anpassung an das lokale Unfallgeschehen, sondern bilden gleichzeitig die Grundlage für die Vorher-/Nachher-Untersuchung über die Maßnahmewirkungen.

Vorher-/Nachher-Untersuchungen

Zur Erfassung der quantitativen Auswirkungen der Verkehrsberuhigungsmaßnahmen werden Meßverfahren eingesetzt, die so ausgelegt sind, daß durch sie eine weitgehende quantitative und qualitative Beschreibung der Maßnahmewirkungen gewonnen werden kann im Hinblick auf Veränderungen

- in der Verkehrssicherheit,
- im Verkehrsablauf (Verkehrsstärken, Geschwindigkeiten) und
- in Einstellung und Verhalten der Bevölkerung (Kraftfahrzeuglenker, Fußgänger, Kinder).

Für diese Erhebungen wurden gesonderte Richtlinien entwickelt, um sicherzustellen, daß in allen Gebieten, in denen solche Untersuchungen durchgeführt werden, nach einheitlichen Gesichtspunkten vorgegangen wird.

Die wissenschaftliche Analyse der Vorher-/Nachher-Erhebungen werden von geeigneten Instituten unter Federführung der Beratungsstelle für Schadenverhütung des HUK-Verbandes vorgenommen.

Folgende Erhebungen kommen — wenn auch nicht in allen intensiv zu beschreibenden Gebieten gleichzeitig — zum Einsatz:

(1) Kennzeichenerfassung am Kordon und ausgewählten Stellen im Gebiet zur Ermittlung von
- Verkehrsmenge
- Verkehrszusammensetzung
- zeitlicher und räumlicher Verteilung der Verkehrsstärken
- Größe und Routen des Durchgangsverkehrs
- Quell- und Zielverkehr
- Ansammlung im Gebiet
- Verweilzeiten der Fahrzeuge im Gebiet

(2) Querschnittszählungen erlauben Aussagen über
- Verkehrsmenge im Gebiet
- Verkehrszusammensetzung und
- zeitliche und räumliche Verteilung der Verkehrsstärken

(3) Geschwindigkeitsmessungen dienen dazu, das Fahrverhalten im Gebiet zu beschreiben. Durch Vorher-/Nachher-Vergleiche kann festgestellt werden, ob und in welchem Maße eine Änderung der Geschwindigkeiten eingetreten ist.

(4) Messungen von Fahrzeiten. Durch Messungen von Fahrzeiten soll festgestellt werden, ob und wie sich Fahrzeiten von und nach bestimmten Punkten im Gebiet durch Maßnahmen zur Verkehrsberuhigung ändern (Änderung der Erreichbarkeit). Dazu werden Einsatzfahrten mit Pkw durchgeführt, so daß es möglich ist, den Fahrverlauf im Detail zu rekonstruieren.

(5) Lärmmessungen haben die Aufgabe festzustellen, ob die Belästigung der Anwohner durch Verkehrsgeräusche infolge der Maßnahmen zur Verkehrsberuhigung geändert wurde.

(6) Einwohnerbefragungen. Durch Interviews soll festgestellt werden,

- in welchem Maße die Bevölkerung mit der Wohnsituation und der Verkehrssituation im Gebiet zufrieden ist, vor allem ob und in welchem Maße sich die Befragten durch den Verkehr im Wohngebiet gefährdet fühlen;

- ob und ggfs. wie sich die Zufriedenheit der Einwohner durch die Maßnahmen zur Verkehrsberuhigung verändert hat.

- Darüber hinaus sollen durch Befragungen exaktere Auskünfte über verkehrsmäßige Dinge und sozioökonomische Merkmale erhalten werden.

(7) Erhebungen über das Verhalten von Fußgängern, Kraftfahrern und Kindern.

Für diese Analysen sind besondere Erhebungen entwickelt worden.

(8) Unfallauswertungen haben die Aufgabe festzustellen, ob und in welchem Maße sich die Verkehrssicherheit durch Maßnahmen zur Verkehrsberuhigung verändert hat.

(9) Dokumentation des Vorher- und des Nachher-Zustandes. Ziel dieser Untersuchung ist es, daß Erscheinungsbild des Wohngebietes vor und nach Einrichtung der Maßnahmen festzuhalten und Anregungen aus der Bevölkerung und der Verwaltung auszuwerten.

Gebiets-typ	Lage	Straßen-netz	Straßen-breite	Bebauung	Nutzung	Freiflächen	Geschwindigkeit	Fremdverkehr	Ruhender Verkehr
Ia	Kernstadt oder nahe der Kernstadt	Regelmäßiges Raster, keine Hierarchie	Meist gering, Querschnitt etwa bis zu 10 m	Geschlossene Blockrandbebauung, 3–4 Geschosse, hohe Wohndichte	Überwiegend Wohnen, erheblicher Gewerbeanteil möglich	Meist Defizit selten Vorgärten	Meist gering	Besonders morgens und abends erheblich	Großer Bedarf, hohe Belegung aller Abstellmöglichkeiten, auch bei Halteverbot
Ib	Kernstadt oder nahe der Kernstadt	Regelmäßiges Raster, keine Hierarchie	Überwiegend groß, Querschnitte mehr als 12 m breit	Blockrandbebauung, z.T. offen, bis zu 4 Geschossen, mittlere Wohndichte	Überwiegend Wohnen, erheblicher Gewerbeanteil möglich	Geringe Freiflächen, selten Vorgärten	Zum Teil erhöht	Besonders morgens und abends erheblich	Großer Bedarf, hohe Belegung aller Abstellmöglichkeiten, auch bei Halteverbot
II	Am Rand der Kernstadt	Regelmäßiges Raster, geringe Ansätze zur Netzhierarchie	Zum Teil schmale Straßen, oft breite Gehwege durch Baumbestand	Überwiegend Mehrfamilienhäuser, einzelstehend, geringe Wohndichte	Nahezu ausschließlich Wohnen, sehr geringer Gewerbeanteil	Meist ausreichend, viele Vorgärten	Zum Teil erhöht	Je nach Lage, meist gering	Durchschnittlicher Bedarf, Angebot meist ausreichend
III	Meist in oder am Rand von Städten oder Stadtteilen	Unregelmäßiges Raster	Sehr unterschiedlich, unterschiedliche Ausbauzustände	Unterschiedlich Einzel- und Mehrfamilienhäuser, Wohndichte gering bis mittel	Hauptsächlich Wohnen, wenig Gewerbeanteil	Teilweise Freiflächen, auch Baulücken, teilweise Vorgärten	Je nach Straßenbreite, teilweise erhöht	Je nach Lage, meist gering	Meist größeres Angebot als Bedarf
IV	Außerhalb von Städten o. Dörfern im Einzugsbereich von Großstädten, Satellitenstädte	Systematisches Netz, hierarchisch abgestuft	Abgestuft nach Funktionen, breite Sammelstraßen	Abgestuft, Einzelhäuser bis Blocks, alle Geschoßzahlen, hohe Wohndichte	Nahezu ausschließlich Wohnen, wenig Gewerbe	In der Regel ausreichend nach Landesbauordnung, Vorgärten nach Bebauungsform	Auf Sammelstraßen oft hoch	Nur selten, meist unmöglich	Meist ausreichend priv. Stellplatzangebot, dennoch Sammelstraße beparkt
V	Außerhalb von Städten, Randbereich von Kleinstädten	Ungegliedert, Einzelstraßen	Sehr unterschiedlich	Einzelhäuser, 1–2 Geschosse, sehr geringe Wohndichte	Nahezu ausschließlich Wohnen	Reichlich vorhanden, überwiegend Vorgärten	Sehr unterschiedlich	Sehr gering	Wenig Nachfrage nach Stellplätzen im öffentlichen Bereich

Tabelle 1: Stichworte zur Kategorisierung der Wohngebiete

Die Straße im Wohnbereich
Soziale Funktion – Gestaltung und soziale Brauchbarkeit

Otto Reschke
Fußgängerzonen in Essen – Strategie zur Wohnumfeldverbesserung und Differenzierung des Verkehrs in Städten

Von der Stadt Essen ist der Gedanke frühzeitig aufgegriffen worden, durch sinnvolle Umgestaltungen des Straßenraumes in den dichtbesiedelten Stadtgebieten wieder eine Wohnumwelt zu schaffen, in der die Bewohner weitgehend frei von Verkehrsbelastungen leben können und die Straßen ihre soziale Funktion zurückerhalten haben.

Am 25.9.1974 hat der Rat der Stadt Essen einstimmig beschlossen, zur Verbesserung der Wohnqualität in dichtbesiedelten Stadtgebieten Fußgänger- und Ruhezonen zu schaffen. Zu einem Zeitpunkt also, als in Deutschland gerade begonnen wurde, über derartige Maßnahmen zu diskutieren und vereinzelt Autoren, Architekten, Soziologen und Politiker in Beiträgen Forderungen nach einer humanen, fußgängerfreundlichen Stadtgestaltung erhoben hatten.

1. Stadtentwicklungsziele

Insbesondere in den Großstädten sind bei gleichzeitigem fußläufigen Ausbau der Zentren und Schaffung neuer Arbeitsplätze (Umstrukturierung) die Innenstädte entleert worden. Ich brauche hier die Auswirkungen des unzulänglichen Bodenrechts nicht weiter auszudehnen. Fest steht, daß Wohnquartiere der Stadtkerne, in vielen Städten sogar schon der Stadtkernnahbereiche, durch Spekulationen und Verschlechterung der Wohnumfeldbedingungen entvölkert wurden. Hinzu kam, daß das persönliche Ansehen eines Baudezernenten stieg mit der Anzahl der Totalsanierungsgebiete. Fußgängerbereiche in Innenstadtrandgebieten wurden schon Anfang der 70er Jahre in Essen als Gegenmaßnahme gefordert (Frankfurt-Westend). 1974 konzipiert und 1976 realisiert mit dem Stadtentwicklungsziel:

- Das Oberzentrum City soll gleichzeitig Mittelzentrumsfunktion für Innenstadt und Stadtkernnahbereich (Abbau Monostruktur und Innenstadtbelebung) erfüllen.

- Sanierungsgebiete zu verhindern bzw. entstehen zu lassen. (Die noch vorhandenen Altstadtquartiere wurden durch B-Pläne geschützt.)

2. Ziele in der Wohnumfeldverbesserung

Ziele der bereits 1976 in Essen begonnenen Wohnumfeldverbesserungen sind:

- den Bewohnern dichtbesiedelter Stadtgebiete Freiraum für die Freizeitgestaltung zu schaffen,

- den Kindern, die auf Hinterhöfen oder Bürgersteigen von verkehrsreichen und gefährlichen Straßen spielen müssen, sichere Spiel- und Bewegungsräume einzurichten,

- Grün- und Pflanzbeete innerhalb der Straßenflächen zu schaffen und die befestigten Beton- oder Asphaltflächen zu mindern,

- die Verkehrssicherheit durch Herausnahme des Durchgangsverkehrs und Verringerung der Fahrgeschwindigkeit auf den umgestalteten Wohnstraßen durch Möblierungselemente zu erhöhen,

- den Haus- und Grundeigentümern Renovierungs- und Erneuerungsimpulse zu geben.

3. Fußgängerbereiche und Verkehrsberuhigung in Essen

In Essen von Fußgängerzonen oder Verkehrsberuhigung zu sprechen, heißt, nach drei Merkmalen zu unterscheiden:

a) Fußgängerbereiche merkantiler Art sind in Essen die großen Einkaufsstraßen in der City und in den Nebenzentren, die in Essen seit 1953 (Limbecker Straße) bzw. 1958 (Kettwiger Straße) entstanden sind.

b) Fußgängerbereiche mit sozialem Hintergrund, wovon in dieser Abhandlung die Rede ist, nennen wir einfach soziale Fußgängerzonen (1976).

c) Verkehrsberuhigte Zonen sind die Bereiche, die in Essen im Rahmen des Modellversuchs (1978 Land NW/HUK-Verband) entstanden sind.

Nachbarschaftsverbesserung (Wohnumfeld) durch Verkehrs- anstatt Bevölkerungsentleerung – Sachstand in Essen

Bereits 1976 sind nach eingehender Beratung und Abstimmung in den verschiedenen Gremien und nach intensiver Bürgerbeteiligung (Presseinformationen, Kneipengespräche) die Bereiche

Steinplatz (Südviertel)
Isenbergplatz (Südviertel)
Eltingstraße (Nordviertel)
Gervinusstraße (Frohnhausen)

in der ersten Ausbaustufe eingerichtet worden.

In der ersten Ausbaustufe wurden auf die vorhandenen Straßenbefestigungen Pflanzkübel aufgestellt, die aus Sicherheitsgründen auf Holzschwellenpodeste gesetzt worden sind. Bänke, Spieltische, Tischtennisplatten und ein auf den vorhandenen Pflasterbelag aufgesetzter Sandkasten vervollständigen die Bereiche und luden zu verschiedenen Aktivitäten ein.

Der provisorische Charakter dieser ersten eingerichteten Bereiche wurde bewußt in Kauf genommen, um erste Erfahrungen zu sammeln und flexibel genug zu sein, wegen der unsicheren Rechtslage oder aufgrund verkehrlicher Notwendigkeiten Abriegelungen ggf. aufzuheben oder zu verschieben.

Noch in der Planungsphase konnten verschiedene Wünsche und Anregungen von Anwohnern und Gewerbetreibenden berücksichtigt werden und in die Planungen einfließen.

In dem innenstadtnahen Wohnquartier um den Steinplatz gaben vor allem Fremdparker den Anlaß, zunächst durch provisorische Straßenabriegelungen den Park-/Suchverkehr zu unterbinden. Wegen der Lage des Wohnquartiers am Rande der Innenstadt und der sich in unmittelbarer Nähe befindlichen Betriebe waren die Verkehrsflächen sowie der kleine, inmitten des Quartiers gelegene Marktplatz durch abgestellte Fahrzeuge blockiert und der oberhalb des Marktplatzes gelegene kleine Spielbereich isoliert.

Durch die zunächst provisorische Abriegelung ist es gelungen, das Wohnquartier verkehrlich zu beruhigen, den Marktplatz baulich an die übrigen fußläufigen Flächen anzu-

binden und ihn in der marktfreien Zeit einer Nutzung als Fußgänger- und Spielbereich zuzuführen.

Die Abriegelungen im Bereich des Isenbergplatzes führten zu einer verkehrlichen Beruhigung des gesamten, durch die Verkehrsstraßen Moltke-/Wittering-/Brunnen-/Kaiser-/Gutenbergstraße umschlossenen Wohnquartiers.

Die Einwohnerzahl dieses in der Nachkriegszeit wiederaufgebauten Wohnquartiers beträgt etwa 1500 Personen. Spiel- und Freiflächen innerhalb des Quartiers waren nicht vorhanden. Kinder mußten auf Hinterhöfen oder den verbliebenen Gehwegen der durch Schleichverkehr belasteten Wohn- und Wohnsammelstraßen spielen.

Die große Zahl älterer Bewohner des Quartiers fanden nur in dem nahe gelegenen, durch eine Hauptverkehrsstraße getrennten Stadtgarten Ruhe und Erholung.

Die Verkehrsbelastung der den Isenbergplatz tangierenden Rellinghauser Straße lag vor der Abriegelung bei 150 bis 200 PKW pro Stunde. Der verkehrlich ungünstig gestaltete Platzbereich mit fünf Einmündungen und dem lärmverursachenden Straßenbelag (Kopfsteinpflaster) mußte ohnehin in naher Zukunft umgestaltet und ausgebaut werden.

Auf den Fahrbahnen im Bereich des Platzes wurden Fahrzeuge ungeordnet abgestellt. Durch Einrichten von Einbahnstraßen innerhalb des Wohnquartiers in Ergänzung der Abriegelungen konnte ein Ersatz für die entfallenden Parkmöglichkeiten geschaffen werden.

Die beiden vorhandenen, durch die mit Schleichverkehr belastete Eltingstraße getrennten Spielplätze und eine dringend gebotene Aufwertung des Wohngebietes am nördlichen Rand der Innenstadt führten zu den Überlegungen, zunächst durch provisorische Abriegelungen und Begrünung der Straßenflächen Verbesserungen des Wohnumfeldes im Nordviertel durchzuführen. Die Trennung der Spielbereiche sollte aufgehoben und die Straßenfläche ihre soziale Funktion zurückerhalten.

Die Gervinusstraße war vor ihrer Abriegelung in erheblichem Maße mit Durchgangsverkehr belastet. Nach Ausbau eines weiteren Abschnittes der Westtangente (Onckenstraße) und Anbindung der Nöggerathstraße an die Berliner Straße wurden die vor der Gervinusschule sowie dem vorhandenen Spielplatz an der Gervinus-/Nöggerathstraße gelegenen Straßenabschnitte dem Fahrverkehr entzogen und durch Pflanzkübel abgeriegelt.

Im Kreuzungsbereich Berliner-/Frohnhauser Straße wurde ebenfalls 1976 ein Teil der Straßenfläche dem Fahrverkehr entzogen und fußläufig gestaltet (Gervinusplatz). Im Zuge dieser Baumaßnahme ist ein altes, häßliches Bunkereingangsgebäude abgebrochen und der Eingang durch eine Stahlbetonplatte abgedeckt worden.

Haltestellen sind verlegt, Schaltkästen versetzt und pilzförmige Überdachungen errichtet worden. Die ungeordnet auf dem Platz stehenden Taxen sind verlegt und Grünflächen angelegt worden. Durch private Initiative ist der alte störende Kiosk durch einen Pavillon ersetzt worden, der sich gut in den neu gestalteten fußläufigen Bereich einfügt.

Mit Zuschußmitteln (III. Konjunkturprogramm) ist ebenfalls 1976 ein Abschnitt der Hedwigstraße in Essen-Rüttenscheid umgestaltet worden. Hier wurde eine vor einer Kindertagesstätte gelegene Straßenfläche baulich in den Spielbereich einbezogen und eine Grünabschirmung zu den verbleibenden Verkehrsflächen vorgenommen.

Durch eine Abriegelung der Hedwigstraße in Höhe der Elfriedenstraße ist der vor der Umgestaltung vorhandene Schleich- und Park-/Suchverkehr zumindest in diesem störenden Bereich unterbunden worden. Durch den Bau von Parkstreifen in Senkrechtaufstellung ist gleichzeitig mit der Umgestaltung der Straßenfläche zu einer Spiel- und Ruhezone Ersatz für entfallende Parkmöglichkeiten geschaffen worden, so daß Parkraumprobleme nicht entstanden sind.

Im Jahre 1977 ist damit begonnen worden, Teilbereiche der in der ersten Ausbaustufe eingerichteten sozialen Fußgängerzone Steinplatz, Gervinusstraße und Eltingstraße endgültig zu gestalten, um neben einer durch die mit Pflanzkübeln durchgeführten Abriegelungen bereits erzielten Unterbindung quartierfremden Verkehrs (Schleichverkehr) und dessen Bündelung auf leistungsfähigere Verkehrsstraßen Verbesserungen des Wohnumfeldes zu erreichen.

Die alten Straßenbefestigungen sind aufgenommen und durch Platten- bzw. Pflasterbeläge ersetzt worden. Besonderer Wert wurde auf eine großzügige Bepflanzung der Straßenräume gelegt. Da für Notfahrzeuge (Feuerwehr, Krankenwagen) sowie Ver- und Entsorgungsfahrzeuge befahrbare Freiräume verbleiben müssen und bei der Gestaltung der verkehrsberuhigten Zonen auf Eingänge, Einfahrten sowie vorhandene Leitungen und Einbauten Rücksicht genommen werden muß, können häufig nicht alle Wünsche nach größeren zusammenhängenden Grünzonen erfüllt werden.

In den von der Stadt Essen umgestalteten Verkehrsflächen sind auch über vorhandenen Leitungen und Kanälen Grünflächen und Pflanzbeete angelegt worden, um möglichst viel Grün in die Wohnbereiche hineinzubekommen. Es wurde bewußt in Kauf genommen, daß bei notwendigen Reparaturen auch einmal Teile der über den Leitungen liegenden Grünflächen und Pflanzbeete erneuert werden müssen. Bei der Neugestaltung der sozialen Fußgängerzonen sind die alten Straßenbeleuchtungsanlagen erneuert worden. Attraktive Kugelleuchten fügen sich gut in die geschaffenen neuen Wohnbereiche ein und stellen ein wesentliches Gestaltungselement dar.

Steinplatz (Südviertel)

In dem 1977 durchgeführten ersten Bauabschnitt ist eine Abriegelung der Schäferstraße, Öffnung des höher gelegenen Spielplatzes zum Marktplatz durch eine in die Bruchsteinmauer eingefügte Treppenanlage und die Anlage von größeren Pflanzbeeten erfolgt. Die vorhandene Beleuchtungsanlage ist durch eine Anlage mit Kugelleuchten ersetzt worden. Am Rande des kleinen Marktes wurde der erste im öffentlichen Verkehrsraum gelegene Grillplatz eingerichtet. Grillparties und Sommerfeste können hier auch im Straßenraum gefeiert werden. Das Dach des RWE-Transformatorenhauses ist zu einer überdachten Spielfläche ausgebaut worden, die auch bei schlechteren Witterungsverhältnissen zu Aktivitäten einlädt.

Eine Umgestaltung der zwischen der Schäferstraße und der Tankstelle gelegenen Straßenfläche und die Anlage weiterer Pflanzbeete erfolgte im Frühjahr 1978.

Am 4. Juni 1978 ist im Rahmen eines Bürgerfestes die verkehrsberuhigte und umgestaltete Zone Steinplatz eingeweiht worden. Der Westdeutsche Rundfunk hat dieses Ereignis als so bedeutend angesehen, daß zwei Übertragungswagen nach Essen geschickt wurden und live in der Sendung „Blinklichter" über die Essener Wohnumfeldverbesserungen berichteten und in Konferenzschaltungen Stimmungsbilder von den Bürgerfesten auf dem Steinplatz und in der Gervinusstraße einfingen.

Gervinusstraße (Frohnhausen)

In der Gervinusstraße wurde an diesem Tag ebenfalls ein Bürgerfest gefeiert. Der Straßenabschnitt zwischen der Kerckhoff- und der Kuglerstraße war in zwei Bauabschnitten zu einer attraktiven Wohnbereichsstraße umgestaltet worden, in der Kinder ungefährdet vom Verkehr spielen können und Sitzgelegenheiten ältere Leute zum Verweilen anregen.

Wo noch vor zwei Jahren erheblicher Durchgangsverkehr die Kinder der angrenzenden Gervinusschule (Grundschule) gefährdete und Sperrgitter vor dem Schuleingang sie an einem ungestümen Überqueren der gefährlichen Fahrbahn hinderte, laden heute eine Sandgrube mit einer Rutsche sowie Tischtennisplatten und andere Spieltische zum Spielen und Toben ein.

Durch die bereits vorhandenen angrenzenden Grünflächen der Schule und des Gervinusparkes (ehemaliger Friedhof) waren ideale Voraussetzungen gegeben, die Wohnbereichsstraße in die Anlagen einzupassen. Mehr als ein Drittel der alten Straßenfläche ist nun zur Grünanlage geworden.

Pilzartige Überdachungen ermöglichen auch bei schlechteren Witterungsverhältnissen das Verweilen und Spielen im Freien.

Eltingstraße (Nordviertel)

Nachdem bereits 1976 durch provisorische Abriegelungen der Schleichverkehr unterbunden worden war, ist 1977 und 1978 der gesamte Wohnbereich Eltingstraße (von Waterloo- bis Beisingstraße) und Theodorstraße in zwei Bauabschnitten zu einer sozialen Fußgängerzone umgestaltet worden. Großzügige Pflanzbeete haben einen großen Teil der alten Fahrbahn ersetzt. Die restlichen befahrbaren Flächen sind mit einem Pflasterbelag versehen worden. Kugelleuchten, Bänke und Sitzpoller verwollständigen als Möblierungselemente den Wohnbereich.

Das Parkraumproblem ist dadurch gelöst worden, daß gleichzeitig mit der Umgestaltung des Wohnbereichs mit dem Ausbau der tangierenden Altenessener Straße begonnen und in diesem Straßenzug eine große Anzahl von Parkständen in Senkrechtaufstellung geschaffen worden ist.

Isenbergplatz (Südviertel)

Seit Mitte Juni 1978 ist der endgültige Ausbau des Isenbergplatzes abgeschlossen. Die 1976 durchgeführten provisorischen Abriegelungen der in den Platz einmündenden Straßen hatte zwar zu einer verkehrlichen Beruhigung des Wohnquartiers zwischen der Moltke-, Brunnen-, Kaiser- und Gutenbergstraße geführt, die Anwohner waren aber verständlicherweise von dem Provisorium nicht sehr begeistert und wünschten eine Umgestaltung der Platzfläche. Der Wunsch nach mehr „Grün" wurde immer häufiger geäußert.

Nachdem das 1976 eingeleitete Teileinziehungsverfahren abgeschlossen und die Finanzierung der Maßnahme gesichert war, stand im Frühjahr 1978 dem Beginn der Baumaßnahme nichts mehr im Wege. Das alte Kopfsteinpflaster wurde aufgenommen und auf dem Bauhof zu Kleinpflaster geschlagen. Ein Teil der fußläufigen Flächen konnte auf diese Weise mit einem sonst recht kostspieligen Naturpflasterbelag (Granit) belegt werden. Im unregelmäßigen Wechsel mit roten Kunststeinplatten verlegt, ist eine lebendige Oberflächengestaltung gelungen.

Durch Grünflächen abgeschirmte Ruhe- und Spielbereiche sind entstanden, eine Riesensandgrube und eine Vielzahl von Spielgeräten und -tischen laden zur Freude der großen und kleinen Kinder zum Spielen ein. Kaum ein Spielplatz ist von Kindern so erwartet und so schnell erobert worden.

Bei schönem Wetter schmeckt hier auch einmal das Bier im Freien, wenn der Wirt einer Kneipe Tische und Stühle vor das Haus gestellt hat und bunte Sonnenschirme Schatten spenden.

Der Isenbergplatz liegt im Herzen des Wohnquartiers. Durch dessen Umgestaltung ist es gelungen, mit einem, bezogen auf den Gesamtbereich, geringen Aufwand das ganze Wohnquartier verkehrlich zu beruhigen und darüber hinaus einen attraktiven Mittelpunkt mit Spiel- und Ruhemöglichkeiten zu schaffen, mit dem sich alle Bewohner des Quartiers identifizieren und von dem aus Modernisierungsimpulse ausgehen können.

Diese idealen Voraussetzungen sind leider nicht sehr oft gegeben. Häufig führen Abriegelungen von Straßen und Plätzen in weniger überschaubaren Wohnquartieren zu einem Labyrinth, in dem sich Fremde nicht und die Bewohner erst nach einer Gewöhnungszeit zurechtfinden.

*

Da mittlerweile in Essen Erfahrungen mit den verschiedensten Bau- und Einrichtungselementen vorliegen, werden 1978 die verkehrstechnisch nicht allzu komplizierten Maßnahmen ohne Zwischenstufe (Provisorische Verkehrsabschnürung und Begrünung) ausgebaut. Dies hat zwei wesentliche Gründe:

1. Die Bürgerbeteiligung, die schon bei den ersten Ideenskizzen eingesetzt und in Essen (wenn auch vorerst nur bei sozialen Fußgängerzonen) als tatsächliche Gestaltung und Planung des Bürgers verstanden wird, läßt endgültige Planungen zu.

2. Die Bürger am Ort haben wenig Verständnis für allzu lange Provisorien und zwei oder drei behindernde Baumaßnahmen vor der Haustür durch provisorische Ausbauten.

*

Peterstraße (Nordviertel)

Im Sommer des Jahres 1978 ist im Nordviertel neben der Eltingstraße noch mit der Umgestaltung der Peterstraße und eines Teiles der Gertrudisstraße begonnen worden.

Die anliegenden Schulen (Gertrudisschule, Gemeinschaftshauptschule an der Beisingstraße) sowie der kleine Park an der Stoppenberger Straße haben zu der Überlegung geführt, an dieser Stelle des Wohnquartiers mit der Verbesserung des Wohnumfeldes zu beginnen, weil hier gleichzeitig durch die Gestaltung in den gefährlichen Straßenabschnitten vor den Schulen der Verkehr gebremst und zu einer vorsichtigen und rücksichtsvollen Fahrweise angehalten werden kann. Kleinere Grünflächen, Bänke und Spieltische sowie eine Beleuchtungsanlage mit Kugelleuchten sollen zum Verweilen und Spielen einladen.

Die Baumaßnahme wird Anfang 1979 abgeschlossen sein.

Immestraße (Alfrediviertel)

Mit dem Ausbau der Immestraße (von der Ribbeckstraße bis zur Hofterbergstraße) zu einer Fußgängerzone ist im Sommer 1978 begonnen worden. Durch die Umgestaltung soll die fußläufige Anbindung des Ostviertels an den Rathaus- und Innenstadtbereich verbessert und allgemein die Wohnqualität des an die Innenstadt angrenzenden Wohnquartiers erhöht werden. Die Baumaßnahme trägt dazu bei, das Spiel- und Freiflächendefizit zu vermindern.

Die Straßenfläche ist bisher überwiegend von Fremdparkern genutzt worden. Nach Bezug des neuen Rathauses werden die Parkraumprobleme in dem gesamten Wohnquartier weiter zunehmen und die Bewohner durch den Parksuchverkehr belästigt. Ein weiteres Ziel der Umgestaltung der Immestraße ist es daher, diese Belästigungen der Anwohner zu vermindern. Um den Anwohnern der gestalteten Wohnbereichsstraße ausreichende Parkmöglichkeiten anbieten zu können, sollen die Parkstände auf dem an der Straße gelegenen kleinen Parkplatz für diese reserviert werden. Dies ist insofern möglich, weil es sich bei diesem Parkplatz nicht um eine öffentliche Fläche handelt, er ist vor Jahren aus Ablösebeiträgen für Stellplatzverpflichtungen finanziert worden.

Saarbrücker Straße/Steubenstraße (Südostviertel)

Im Einmündungsbereich Saarbrücker Straße/Steubenstraße ist mit dem Ausbau einer weiteren sozialen Fußgängerzone begonnen worden. Die bisher von parkenden Fahrzeugen zugestellte Straßenfläche vor den Häusern Steubenstraße 66 bis 68 ist durch ein Teileinziehungsverfahren dem Fahrverkehr entzogen worden. In diesem Wohngebiet, gegenüber dem Ostfriedhof, entsteht eine Grünanlage, in der kleine Sitz- und Ruhebereiche zum Verweilen einladen.

Auf der gegenüberliegenden Straßenseite wird einmal eine weitere kleine Grünzone mit Sitzgelegenheiten entstehen.

Barthel-Bruyn-Straße (Holsterhausen)

In dem Straßenabschnitt zwischen der Ladenspelder- und der Cranachstraße befinden sich in der Barthel-Bruyn-Straße das Otto-Hue-Heim (Altenheim), ein Kindergarten sowie ein Kinderspielplatz. Es lag nahe, den Fahrverkehr zu unterbinden und die durch die Wohnstraße getrennten Anlagen miteinander zu verbinden. Nach Abschluß des Teileinziehungsverfahrens ist nun mit der Umgestaltung der Straßenfläche begonnen worden. Die alten Straßenbefestigungen werden aufgenommen, die seitlich vorhandenen Grün- und Vorgartenflächen in die vom Fahrverkehr befreite Wohnbereichsstraße einbezogen und die restlichen Flächen mit einem Pflasterbelag versehen. Spieltische, Bänke und eine Beleuchtungsanlage mit Kugelleuchten vervollständigen diese attraktive Fußgängerzone.

5. Finanzen

Die aufgeführten Maßnahmen über den Stand und Ablauf der Ausbaumaßnahmen und die anliegende Tabelle zeigen die Aktivitäten der Stadt Essen bis Anfang der 80er Jahre auf.

Wichtig ist anzumerken, daß alle sozialen Fußgängerzonen, bis auf die aus Konjunkturmitteln geförderte Maßnahme Hedwigstraße, aus städtischen Haushaltsmitteln finanziert worden sind bzw. werden.

1976 sind in Essen 150.000 DM bereitgestellt worden aus Unterhaltungsmitteln,

1977 sind 250.000 DM in einer extra für soziale Fußgängerzonen eingerichteten Haushaltsstelle verbaut worden,

1978 stehen in dieser Haushaltsstelle ca. 1,5 Mio. DM zur Verfügung.

Die Bereitschaft des Rates zur Mittelbewilligung steigt mit der Begeisterung der Bürger sicherlich in den kommenden Jahren enorm.

Die Fußgängerzonen mit sozialem Hintergrund werden in Essen ohne KAG-Umlage gebaut ..... solange die Wohnumfeldverbesserungen Mietsteigerungen nicht zur Folge haben.

Die Essener Rechnung ist einfach: Nach dem Spielplatzerlaß (IM 27.8.1976) fehlen in Essen rund 500.000 m^2 Spielplatzfläche. Kosten: ca. 25 Mio. DM ohne Bodenanteil.

Wir brauchen in den Nachbarschaften (Wohnumfeld) aber keine weiteren Jahrgangsghettos (Spiel**platz**flächen), sondern Spiel- und Lebensräume von höherer Qualität für alle Jahrgänge.

Die Essener Bilanz ist heute: Insgesamt 10 km Fußläufigkeit 10 m breit und 10 ha Verkehrsberuhigung nach den Zielen des HUK-Verbandes.

Die Behauptung sei aufgestellt und vorerst unbewiesen: Jeder Quadratmeter Fußläufigkeit bringt 100 m^2 Verkehrsberuhigung, da die soziale Gestaltung der Nachbarschaft oder des Wohnumfeldes nicht nur Gedanken zur Differenzierung der Verkehre einer Stadt beinhaltet, sondern praktisch vollzogen werden muß.

Die Straße im Wohnbereich
Soziale Funktion – Gestaltung und soziale Brauchbarkeit

Verkehrssicherheit und Freizeitnutzung
Heinrich Richard

Im folgenden werden die Zusammenhänge zwischen Verkehrssicherheit und Freizeitnutzung aufgezeigt. Damit sollen Anregungen gegeben werden, mit denen die vielen z.Z. diskutierten Beispiele differenzierter gesehen und überdacht werden können.

Wie Kaufmann[1] umfassend darlegt, ist unser Leben stark von Sicherheitsaspekten geprägt. Wir trachten danach, uns zu sichern, technische Anlagen zu sichern, uns abzusichern oder versichert zu sein. Die Wertschätzung unserer Lebensverhältnisse erfolgt u.a. nach Sicherheitskriterien. So wird die Zufriedenheit mit der Wohnumgebung von einem Drittel der Bevölkerung durch Verkehrsgefahren eingeschränkt[2, 3]. Zwei Drittel der Eltern haben immer große Angst vor Verkehrsunfällen, wenn ihre Kinder draußen spielen oder zur Schule gehen[2,4].

Nach amtlicher Statistik wurden im Jahre 1976 insgesamt 1393 Kinder im Alter bis zu 14 Jahren bei Straßenverkehrsunfällen in der Bundesrepublik Deutschland getötet, 53 % als Fußgänger, 26 % als Radfahrer und 21 % als Mitfahrer von Fahrzeugen. Unter den 14.820 Verkehrstoten des Jahres 1976 sind 5.380 Fußgänger und Radfahrer[16].

70 % der Unfälle mit Personenschaden ereignen sich innerorts. Sammel- und Anliegerstraßen machen nach Untersuchungen des HUK 70 % aller Straßen innerorts aus; auf ihnen ereignen sich 30 % der Unfälle, 35 % der Fußgängerunfälle und 55 % der Unfälle mit Kindern.

Diese wenigen Fakten geben Anlaß genug, um dem Sicherheitsaspekt bei der Weiterentwicklung und der Verbesserung des Wohnumfeldes als Freizeitraum einen hohen Stellenwert einzuräumen. Allgemeine Forderungen nach mehr Sicherheit alleine genügen in diesem Zusammenhang jedoch nicht. Wenn man bedenkt, daß z.B. bei 1 Mio. Begegnungen an Knotenpunkten weniger als 10 Unfälle[12] oder auf 1 Mio. zurückgelegte (Schul-)Wege von Kindern etwa 15 Unfälle entfallen, bedarf es recht feiner Betrachtungsweisen, um wirkungsvoll das Gefahrenniveau zu senken oder Schwachstellen auszugleichen.

Nach Dietrich und Spacek[5] ist Sicherheit die durch das Fehlen von bestimmten, objektiv bekannten Gefahren charakterisierte Eigenschaft eines Verkehrsgeschehens oder eines Verkehrssystems. Nach Luegers Lexikon der Technik[6, 1] ist Sicherheit im Straßenverkehr ein Zustand, bei dem sich alle Verkehrsteilnehmer (Fußgänger, Führer von Tieren und Fahrzeugen) gefahrenfrei bewegen können. Sicherheit muß dabei im Zusammenhang von Verkehrsanlagen, Umweltbedingungen, Fahrzeugen, Verkehrsregeln und Verhaltensweisen unterschiedlicher Verkehrsteilnehmer und Verkehrsteilnehmergruppen gesehen werden. Ein Hauptproblem der Verkehrssicherheit besteht darin, inwieweit es den Menschen gelingt, die durch die StVO gegebenen Spielregeln so auf die konkrete gegebene Situation abzustimmen, daß ein optimal sicherer Effekt entsteht[1]. Die Lösung dieses Problems setzt voraus, daß die Verkehrsanlagen und Fahrzeuge in ihrer Auslegung auf die gar nicht oder nur schwer veränderlichen Eigenschaften und Gewohnheiten der Verkehrsteilnehmer abgestimmt sind[7]. In diesem Zusammenhang kann man Sicherheit im Straßenverkehr nicht mit der Sicherheit einer Industrieanlage oder mit der Flugsicherheit vergleichen. Diese technischen Systeme werden nämlich von wenigen ausgewählten hochqualifizierten Personen geleitet und auf die Entstehung von Gefahren hin beobachtet.

Am Straßenverkehr, der zumindest für viele am Anfang ihrer selbständigen Verkehrsteilnahme ein zum Teil recht kompliziertes technisches System ist, sollen und müssen jedoch fast alle teilnehmen, vom Kind bis zum Greis und vom Sportler bis zum kranken Menschen; denn ohne Mobilität wäre unser Arbeitsleben, unsere Bildung, unsere Versorgung oder unser Leben in der Freizeit kaum denkbar.

Straßen sollen also für fast alle und für jede Art der Verkehrsteilnahme sicher sein. Bei näherer Betrachtung von Arten und Zwecken der Verkehrsteilnahme stellen wir bei Fußgängern, Radfahrern, Kraftradfahrern und übrigen Kraftfahrern recht große Unterschiede in den Ansprüchen, die an die Straße gestellt werden, fest. Wir können in diesem Zusammenhang drei Funktionen, die Kommunikationsfunktion, die Erschließungsfunktion und die Verkehrsfunktion unterscheiden.

Kommunikationsfunktion

Die Straße hat auch heute noch eine wichtige Kommunikationsfunktion in der Freizeit, die zu mehr als zwei Dritteln im Wohngebiet verbracht wird. Dabei sei vorausgesetzt, daß eine Kommunikation von den Anwohnern einer Straße gewünscht ist. Wenn wir uns z.B. bei Tätigkeiten im Freien, sei es durch die Pflege von Haus und Garten, durch die Beschäftigung mit Kindern, durch Basteln am Auto oder durch das Ausführen des Hundes einander wiederholt präsentieren, kann man gegebenenfalls Gemeinsamkeiten erkennen, Sympathien wecken und Gelegenheit zu einem ersten Gespräch geben. Daraus entwickelt sich oft ein nachbarschaftlicher Kontakt oder auch eine freundschaftliche Beziehung. So werden über die Menschen, die zu Fuß oder mit dem Fahrrad unterwegs sind, Brücken von Haus zu Haus geschlagen. Etwa 50 % der Bürger treffen regelmäßig mit Bekannten auf der Straße zu Gesprächen zusammen[2,3].

Daneben dient die Straße für mehr als die Hälfte der Bevölkerung regelmäßig dem Spazierengehen oder für jeden Dritten der Spazierfahrt mit dem Fahrrad, also der Erholung. Diese Funktion der Straßen wird sicherlich durch städtebaulich ansprechende Räume und Formen der Gebäude sowie durch eine anmutige Gestaltung der Grünanlagen im Straßenraum gefördert; denn ein Spaziergang oder eine Spazierfahrt durch ein Wohnviertel, verbunden mit dem Erlebnis des harmonischen Wechsels von Räumen, Formen und Farben sowie einer naturbedingten Bewegung von Luft und Pflanzen zählt zu den beliebtesten regelmäßigen Beschäftigungen in der Freizeit. Dabei würde manch einer sicherlich lieber dem Rauschen der Bäume oder dem Gesang der Vögel als dem Motorengeräusch der Fahrzeuge zuhören.

Für zwei von drei Kindern (im Grundschulalter) sind Gehwege und bisweilen auch geeignete Fahrbahnen nach wie vor beliebte regelmäßig genutzte Spielflächen. Hier wird gelaufen, gefahren, mit dem Ball und anderen Gegenständen gespielt, gebummelt, mit Tieren herumgetollt und vieles mehr. Man lernt sich einander kennen, die Kräfte messen, sich in eine Gruppe einpassen und mit Gefahren umgehen. Man tauscht Erfahrungen aus und überträgt gute und auch schlechte Fähigkeiten und Fertigkeiten.

Für jugendliche Zweiradfahrer bietet die Straße den Raum, in dem die Freude am schwungvollen Fahren erlebt wird und in dem versucht wird, einander zu imponieren. Dieses zum Teil sehr lärmintensive Freizeitvergnügen erfreut sich zunehmender Beliebtheit, jedoch nur bei den Fahrern und Fahrerinnen selbst.

Für viele Erwachsene schließlich bietet das Kommen und Gehen vertrauter Personen, das Spiel der Kinder und auch der Anblick dahineilender Menschen eine erlebenswerte Situation, die vom Fenster der Wohnung und auch aus der Warte einer wohlplazierten Ruhebank erfahren werden kann.

Vergleicht man die Freizeitnutzung der Gärten hinter dem Haus und der Straße vor dem Haus, so zeigen sich folgende Unterschiede:

Freizeitnutzungen[3]

Garten/Balkon	Straße
— Stille	— Bewegung, Spiel
— Intimität bei Essen, Lesen gemütlichem Beisammensein, Sonnenbädern	— Begegnung
— unbeaufsichtigtes Spiel der Kinder	— Sehen und Gesehenwerden
— Naturerleben, Gartenpflege	— Begrüßen und Verabschieden von Besuchern

Alles in allem kann die Straße, wenn sie den Anwohnern für die Vielfalt der beschriebenen Freizeitaktivitäten geeignet erscheint, helfen, die Geborgenheit im Wohnbereich zu fördern und vielleicht sogar die Wege zur Arbeit, zum Stellplatz des Autos, zum Einkaufen oder zur Schule zu einem Freizeiterlebnis werden lassen[8].

Geht man der Frage nach, warum die beschriebene Kommunikationsfunktion der Straße heute so wenig in Erscheinung tritt, stellt man einen Bedeutungsanstieg in der Erschließungsfunktion fest.

Erschließungsfunktion

Straßen und Wege im Wohnumfeld übernehmen die Erschließungsfunktion für den Anliegerverkehr. Sie gewährleisten die Nutzung der Grundstücke. Hier liegen Quelle und Ziel der meisten Fahrten, der Fahrten zur Arbeit, zum Einkaufen, zu Besuchen oder ins Grüne. Jeder möchte möglichst nah mit seinem Fahrzeug an die Wohnungstür heranfahren, dieses vor allem bei schlechtem Wetter. Post und Zeitungen werden zugestellt, Möbel und ähnliches angeliefert, der Müll abtransportiert; Krankenwagen und Feuerwehr müssen jede Wohnung erreichen können. Außerdem müssen Straßen und Wege hinreichend Platz für die zu verlegenden Versorgungsleitungen bieten.

Beobachtungen des Anliegerverkehrs haben gezeigt, daß in den ersten Minuten nach Beginn einer Fahrt oder an deren Ende eine Bereitschaft zu niedrigen Geschwindigkeiten, die der Radfahrergeschwindigkeit oder sogar im letzten Moment der Fußgängergeschwindigkeit entspricht, vorhanden ist. Dieses Verhalten ist dadurch zu erklären, daß sich die Fahrer in einer Übergangszeit zwischen Gehen und zügigem Fahren befinden, auf der Parkplatzsuche sind oder sich mit der unmittelbaren Umgebung im einzelnen vertraut machen wollen; denn bei derartig niedrigen Geschwindigkeiten sprechen uns die Details im Straßenraum, ähnlich wie beim Zufußgehen oder Radfahren, mehr an als bei hohen Geschwindigkeiten.

Erfahrungsgemäß wirkt sich hierbei die Nähe seitlicher Hindernisse zusätzlich geschwindigkeitshemmend aus, wenn an solchen Hindernissen mit weniger als 0,5 m Abstand vorbeigefahren werden muß. Dieses mag daran liegen, daß man eine aufsehenerregende Kollision mit Polizeikontakt, Schaden am eigenen Fahrzeug oder die Blamage bezüglich der eigenen Fahrkunst vermeiden will. Fahrgassen, die für Pkw und Lkw derart geringe Abstände zu seitlichen Hindernissen erfordern, können bei fehlendem Gegenverkehr oder bei Gegenverkehr von Zweirädern erheblich zügiger befahren werden. Auch eine recht kurvenreiche Führung der Fahrstreifen, auf denen das Lenken und die Häufigkeit anderer Bedienungsvorgänge im Fahrzeug unbequem werden, wirkt sich für einen Teil der Fahrer geschwindigkeitshemmend aus. Schließlich erfordert die Auflösung von Leitlinien, z.B. von Bordsteinen, eine Orientierung an anderen Elementen, die sich unter Umständen auch geschwindigkeitsmindernd auswirkt.

Neben dem in seiner Geschwindigkeit mehr oder weniger ruhigen Anliegerverkehr zählt vor allem auch die Unterbringung des ruhenden Verkehrs zur Erfüllung der Anliegerfunktion von Straßen. Nach einer Überschlagsberechnung von Krebs[13] werden unsere Pkw in 95 % der Zeit geparkt, geparkt mit erheblicher Inspruchnahme von Flächen. Dabei wird das Straßenbild oft durch zahlreiche parkende Fahrzeuge beherrscht; die anwesenden Fußgänger, insbesondere die Kinder, gehen in der Fahrzeugmasse unter, und demzufolge erscheinen die Straßen für die Fahrer als menschenleer. Manch einer orientiert sich in solchen Fällen wie auch bei minimalem Fußgängerverkehr in seiner Geschwindigkeitswahl an den recht unterschiedlichen fahrdynamischen Grenzen der zur Verfügung stehenden Fahrgassen und nicht daran, daß hinter dem nächsten Fahrzeug ein Kind hervortreten kann; denn Kinder empfinden zum Teil Lücken zwischen parkenden Fahrzeugen als Schutzzone und benutzen sie deshalb gerne vor Überquerung einer Straße. Mit derartigen Konflikten zwischen Fahrern und Fußgängern wird bereits die Problematik der Verkehrsfunktion von Straßen in Wohngebieten angesprochen.

Verkehrsfunktion

Die Verkehrsfunktion für den gebietsübergreifenden Verkehr wird zum Teil auch von Straßen in Wohngebieten erfüllt. Damit ergeben sich in der Regel größere Verkehrsstärken und ein höheres Geschwindigkeitsniveau in solchen Straßen. Bezüglich der Geschwindigkeiten scheint es so, daß Fußgänger und Radfahrer in ihrer Verkehrsumwelt wandern. Die Verkehrswelt des schnell fahrenden Kraftfahrers dagegen scheint mit ihm zu wandern. Starre Leitlinien am Fahrbahnrand führen ihn unbemerkt. Alles, was außerhalb der Fahrbahnbegrenzung ist, verliert sich mit Ausnahme auffälliger Verkehrszeichen und einiger Weitsichten. Die Fahrzeuge vor und hinter ihm, der Gegenverkehr und der kreuzende Verkehr bilden neben der oft komfortablen Fahrgastzelle die Hauptmerkmale der Verkehrsumwelt des Fahrers. Alles in allem bestehen zwischen der Verkehrsfunktion und den übrigen Funktionen der Straße und der Wege recht konfliktreiche Unterschiede, deren Überwindung eine sehr schwierige Aufgabe darstellt.

Aus der Gegenüberstellung von Kommunikationsfunktion, Erschließungsfunktion und Verkehrsfunktion müssen Konsequenzen gezogen werden. Um die Kommunikations- und Erschließungsfunktion in unmittelbarer Nähe der Wohnungen ungestört erfüllen zu können, müßte die Verkehrsfunktion in solchen Straßen auf ein Minimum eingeschränkt werden; das heißt gebietsfremder Verkehr ist nach Möglichkeit aus solchen Straßen fernzuhalten. Typische Straßen und Wege, die der Freizeitgestaltung und dem Anliegerverkehr Rechnung tragen, sind
- Fußgängerstraßen und Spielstraßen
- selbständig geführte Geh- und Radwege
- nicht befahrbare Wohnwege

Diese Straßen und Wege sind Fußgängern und Radfahrern generell vorbehalten. Fahrzeuge dürfen hier nur in Ausnahmefällen fahren. Darüber hinaus gibt es auch heute die gemeinsame Nutzung der befahrenen Flächen auf
- befahrbaren Wohnwegen
- Parkplätzen und
- Anliegerstraßen, die ausschließlich dem Wohnanliegerverkehr dienen und auf denen sich das Spielen und Radfahren der Kinder erfahrungsgemäß nicht unterbinden läßt (Geschwindigkeiten bis 30 km/h, Belastungen bis 100 Fahrzeuge in der Spitzenstunde, Stichstraßen und Schleifenstraßen bis 300 m Länge, nachbarliche Beziehungen unter den Anwohnern, durchgrünter und ansprechend gestalteter Straßenraum[2]).

Diese Verkehrswege, auf denen Bordsteine kaum noch eine trennende Wirkung haben, müssen sich deutlich von den Verkehrs- und Hauptverkehrsstraßen unterscheiden, damit vor allem Kinder nicht bedenkenlos von der einen auf die andere Verkehrsfläche überwechseln. Um dieses zu erreichen, sollte der Gehweg an übergeordneten Straßen, ähnlich wie bei Grundstückseinfahrten, nicht unterbrochen werden, wenn untergeordnete Anliegerstraßen, Wohnwege oder Fußgängerstraßen einmünden (Einmündung über abgesenkte Gehwege). Wenn in solchen Fällen die Gehwegbegrenzung noch besonders ausgeprägt ist (Schwellencharakter), kann das achtlose Einfahren in die übergeordnete Straße zusätzlich erschwert werden. Abgesenkte Gehwege ersetzen bis heute eine Vorfahrtregelung nicht[7].

Die Kommunikations- und Erschließungsfunktion erstreckt sich jedoch nicht nur auf die bisher behandelten Straßen und Wege. Auch Verkehrs- und Sammelstraßen sowie stärker befahrene Anliegerstraßen werden in die Freizeitnutzung der Anwohner mit einbezogen. Um hier einen reibungslosen Ablauf aller drei Funktionen der Straße zu erreichen, müssen in besonderem Maße die typischen Eigenschaften und Verhaltensweisen der Verkehrsteilnehmer in Planung und Gestaltung der Verkehrswege einbezogen werden.

- Bei Begegnungen, Ausweichmanövern, Vorbeifahren und Überholen wirkt sich die Breite des Bewegungsraumes aus; sie beträgt für Fußgänger 0,75 m, für Radfahrer 0,9 m, für Kraftradfahrer etwa 1,2 m, für Pkw mehr als 2 m und für Lkw mehr als 2,75 m. Je nach Breite können Kurven in Fahrgassen geschnitten und damit mehr oder weniger höhere Geschwindigkeiten erreicht werden.

- Unterschiedliche Geschwindigkeiten wirken sich auf die Häufigkeiten von Überholungen aus. Die Geschwindigkeitsunterschiede zwischen den Verkehrsteilnehmern zeigen etwa folgende Größenordnungen:

Fußgänger	0,5 m/s bis 1,8 m/s
Radfahrer	3,5 m/s bis mehr als 5 m/s
Mofafahrer	bis über 7 m/s
Mopedfahrer	bis über 11 m/s
übrige Kraftfahrer	bis über 15 m/s

- Bei der Abwicklung von Bewegungsabläufen kommt es auf die Bewegungs- und Fahrstabilität an. Bei Kleinkindern, älteren Menschen und Kranken ist diese zum Teil erheblich eingeschränkt. Ungeübte Radfahrer befinden sich auch leicht in einem labilen Zustand. Bei Kraftradfahrern wird es mit abnehmender Geschwindigkeit schwieriger, die Fahrstabilität zu erhalten. PKW und andere Kraftfahrzeuge sind in dieser Beziehung besonders bevorzugt.

- Für das gegenseitige Erkennen ist die Auffälligkeit der Verkehrsteilnehmer von besonderer Bedeutung. Die Auffälligkeit ist bei Kleinkindern die geringste, bei Radfahrern und Fußgängern ist sie insbesondere bei Dunkelheit gering. Kraftradfahrer fallen vergleichsweise stärker auf, sie können jedoch von PKW und LKW verdeckt werden. PKW können allenfalls durch LKW verdeckt werden.

- Die Wartebereitschaft wirkt sich sehr stark auf die Akzeptanz von Verkehrsregelungen aus. Bei Fußgängern und Radfahrern kann davon ausgegangen werden, daß diese bei weniger als 500 Fahrzeugen je Stunde zum Beispiel bei der Straßenüberquerung nicht länger als 1 Minute warten. Die Wartebereitschaft der Kraftfahrer ist besonders an Fußgängerüberwegen gering.

- Die Umwegempfindlichkeit hängt mit dem Zeitverlust zusammen. So werden von Fußgängern Umwege von mehr als 60 m oder von mehr als ein Viertel der kürzesten Verbindung bei Verkehrsstärken von weniger als 500 Kraftfahrzeugen pro Stunde nur noch ungern angenommen. Entsprechend werden von Radfahrern 250 m bzw. mehr als ein Viertel der kürzesten Verbindung nur selten angenommen. Bei übrigen Kraftfahrern werden Umwege dann angenommen, wenn damit kein erheblicher Zeitverlust verbunden ist und die Qualität des Verkehrsflusses besser als auf der kürzesten Verbindung ist.

- Aufmerksamkeit, Fähigkeiten und Fertigkeiten stellen wesentliche Merkmale dar, die zur Vermeidung von Konflikten und Unfällen erforderlich sind. Eine stark verminderte Aufmerksamkeit von Kindern ist an Schulausgängen, Kindergärten, Spielplätzen, Grenzen von Fußgängerzonen und ähnlichem, insbesondere im Umkreis von 150 m, gegeben. Ebenso ist die Aufmerksamkeit an Haltestellen, wenn man den Bus oder die Bahn noch erreichen will, recht gering. Bei Kindern ist außerdem mit erhöhter Ablenkung durch Ereignisse im Verkehrsraum zu rechnen. Ungeübte Radfahrer sind zum Teil mit der Beherrschung ihres Fahrrades so stark beansprucht, daß sie gegenüber anderen Verkehrsteilnehmern eine geringere Aufmerksamkeit zeigen. Routine und Streckenerfahrung können zur Einschränkung der Aufmerksamkeit der Kraftfahrer führen. Bezüglich der Fähigkeiten und Fertigkeiten muß man davon ausgehen, daß 50 % der Kinder bereits vor dem 6. Lebensjahr als Fußgänger selbständig am Straßenverkehr teilnehmen und daß etwa die Hälfte aller Kinder bereits vor dem 6. Lebensjahr mit dem Fahrrad fährt. In diesem Alter können Hinweise nicht gelesen werden, Verständnis der Verkehrsabläufe ist nicht gegeben, die Wahrnehmefähigkeit mehrerer Bewegungsabläufe gleichzeitig ist begrenzt, die Übersicht ist infolge der Körpergröße der Kinder eingeschränkt und die Vorbereitung durch Verkehrserziehung unterschiedlich gut. Mit den ungeübten Augen des Kindes betrachtet, ist es schwer, in dem von parkenden Fahrzeugen beherrschten Straßenbild zu erkennen, ob sich Fahrzeuge bewegen, in welche Richtung sie sich bewegen, wie schnell sie fahren und ob die Zeit der Annäherung ausreicht, vorher die Straße zu überqueren. Da das Geschwindigkeitsniveau im Verkehrsablauf die Zeiten für Erkennen, Abschätzen von und Reagieren auf einzelne Verkehrssituationen bestimmt, wird der einzelne Verkehrsteilnehmer je nach Fähigkeiten und Fertigkeiten gegebenenfalls überfordert. Durch Alter, Erfahrung, Ortskenntnis, Risikobereitschaft, Zeitdruck, Krankheit, seelische Belastung und Verantwortungsbewußtsein für die anderen Verkehrsteilnehmer sind weitere Unterschiede bei den Verkehrsteilnehmern gegeben.

• Bei Kollisionen zwischen Verkehrsteilnehmern ist es außerdem von besonderer Bedeutung, daß Fußgänger und Radfahrer keinen passiven Schutz haben, Kraftradfahrer etwas besser durch Helm und Schutzkleidung vor Verletzungen geschützt werden und die übrigen Fahrzeuge einen verhältnismäßig guten passiven Schutz haben.

Um allen Verkehrsteilnehmern gerecht zu werden, ist ein Umdenken gegenüber bisherigen Betrachtungsweisen erforderlich. Während man bisher davon ausging, daß Gesetze naturgemäß die wirksamsten Maßnahmen zur Verhinderung unerwünschten Verhaltens sind[9], ein flüssiger Verkehrsablauf auf großzügig dimensionierten Fahrbahnflächen sowie eindeutige und auffällige Verkehrszeichen der Sicherheit am besten dienen, wird man künftig Verkehrsanlagen und -regelungen

• gezielter auf die typischen Eigenschaften und Verhaltensweisen der Fußgänger, Radfahrer, motorisierten Zweiradfahrer und der übrigen Kraftfahrer abstimmen,

• mit wesentlich mehr Freiraum, d.h. mit gestalteten oder privat gestaltbaren Flächen ausstatten,

• so gestalten und anordnen, daß sie von allen Verkehrsteilnehmergruppen akzeptiert werden,

• für *alle* selbständig am Straßenverkehr Teilnehmenden leicht nutzbar und verständlich machen und

• so einander zuordnen, daß die Blickrichtung des einzelnen primär auf den anderen Verkehrsteilnehmer, den möglichen Konfliktpartner gerichtet wird, damit dann unter Beachtung der allgemeinen und ortsbezogenen Verkehrsregelungen sichere Bewegungsabläufe eingeleitet werden können; denn es geht nicht, daß wir bei der Unterschiedlichkeit der Verkehrsteilnehmer alleine auf unser Recht vertrauen.

Für den ruhenden Verkehr wie für den Fußgänger- und Fahrradverkehr müssen des weiteren die beanspruchten Verkehrsflächen ausreichend bemessen sein, um dadurch die unerwünschte Nutzung anderer Flächen auszuschließen.

Im Hinblick auf die stark eingeschränkten Fähigkeiten und Fertigkeiten der Kinder, die als Fußgänger, Radfahrer, Benutzer von öffentlichen Verkehrsmitteln am Straßenverkehr teilnehmen, dürfen die Verkehrsanlagen nur sehr geringe Anforderungen stellen. In diesem Zusammenhang ist primär anzustreben, das Zusammentreffen von Kindern und Kraftfahrern auf ein Minimum einzuschränken. Dieses kann erreicht werden durch

• Senkung des Verkehrsaufkommens im Kraftfahrzeugverkehr als Folge der Zuordnung von Quellen und Zielen des Verkehrs, Änderung des modal-splits und Verlagerung von gebietsfremdem Verkehr

• Verkürzung der Wege zu Spielplätzen, Kindergärten, Geschäften usw. als Folge städtebaulicher Planungen,

• Vermeiden der Kreuzung von Verkehrsströmen in einer Ebene, indem Unter- bzw. Überführungen angelegt werden,

• zeitlich getrennte Freigabe von Kreuzungsflächen und Überquerungsstellen mit Lichtsignalanlagen und

• Trennung der Verkehrsarten im Längsverkehr durch selbständig geführte Wege, bepflanzte Grünstreifen, Zäune oder Gitter, befestigte oder unbefestigte Seitentrennstreifen, Hochborde, abgesenkte Borde, unterschiedliche Befestigung oder Markierung.

Um die Verkehrsteilnahme als Fußgänger und Radfahrer weiter zu erleichtern, können Verkehrsanlagen so gestaltet werden, daß

• wenige Verkehrsströme auf einmal zu beachten sind, (z.B. in Einbahnstraßen oder bei der Überquerung von nicht mehr als zwei Fahrstreifen ohne Unterbrechung, Schutzinsel),

• Überquerungswege (Fahrstreifenbreite) kurz sind,

• Geschwindigkeiten niedrig sind, um die Entscheidungszeiten zu verlängern (z.B. durch Fahrbahnverengungen, erhöhte Kurvigkeit, Vermeiden von geschwindigkeitserhöhenden Leitelementen)

• Verkehrsmengen ausreichende Zeitlücken für die Überquerung oder das Abbiegen enthalten (z.B. durch Verkehrslenkung Verkehrsmengen auf Straßen mit und ohne Lichtsignalanlagen angemessen verteilen) und

• schwierige Linksabbiegevorgänge für den Fahrradverkehr und komplizierte Vorfahrtregelungen vermieden und durch einfachere Verkehrsführungen ersetzt werden.

Es kommt außerdem in besonderem Maße darauf an, daß die Stellen, an denen Kinder Straßen überqueren, erkennbar und übersichtlich sind, da es nach Spiegel[10] ein Vertrauen auf verkehrsgerechtes Verhalten spielender Kinder schlechthin nicht gibt und sich Fahrer in bezug auf Kinder generell so verhalten sollen, daß jede Gefährdung ausgeschlossen ist[11]. Das heißt, die für den fließenden Verkehr vorgesehenen Fahrstreifen sollen frei von haltenden und parkenden Fahrzeugen sein. Der ruhende Verkehr soll nach Möglichkeit nicht allein im Straßenraum untergebracht werden. Die Sicht zu den Warteflächen an Überquerungsstellen, insbesondere an Überwegen und Furten, muß mindestens aus einer Entfernung gegeben sein, in der die Fahrer noch anhalten können. Durch Unterbrechung der Parkstreifen sollen Gehwege von Kraftfahrern eingesehen werden können, damit sie sich verstärkt auf anwesende Fußgänger einstellen können.

In dieser Forderung muß keine Einschränkung in der Grün- und Freiflächengestaltung gesehen werden. Im Gegenteil, mit entsprechender Anordnung von überschaubaren, nicht begehbaren Grünflächen, Bäumen und plattierten Flächen können Fußgänger und Radfahrer auf bestimmte Überquerungsstellen hingeführt werden, auf die dann auch der Blick der Kraftfahrer gelenkt werden kann.

Die bisherigen Ausführungen haben gezeigt, daß Freizeitnutzung von Straßenräumen nicht eine neue Nutzungsform ist. Freizeitnutzung von Straßenräumen für Jung und Alt hat es in starkem Umfang immer gegeben und wird es immer geben; sie ist zur Zeit im Erscheinungsbild unserer Straßen infolge der zahlreichen fahrenden und geparkten Kraftfahrzeuge in den Hintergrund gedrängt worden. Eine verstärkte Berücksichtigung der Freizeitnutzung bei künftigen Verkehrsplanungen muß die Konsequenz aus der Erweiterung unserer Kenntnisse über die verschiedenen Verkehrsteilnehmer sein. Sie wird zur Erhöhung der Verkehrssicherheit beitragen, wenn wir die Verkehrsanlagen besser als bisher an die Eigenschaften und Gewohnheiten aller selbständig am Straßenverkehr teilnehmenden Personen anpassen.

Der vorliegende Beitrag möchte die Sorge um eine negative Entwicklung der Verkehrssicherheit bei der Neugestaltung von Wohngebieten abbauen und die Bestrebungen zur Erhöhung der Sicherheit, der Mobilität und der Erlebnisvielfalt im Straßenraum vor allem für die nicht motorisierte Bevölkerung, die in der Regel auf Fachtagungen und bei Fachgesprächen nicht repräsentativ vertreten ist, aufbauen.

Diese Zielsetzung muß in verstärktem Maße angestrebt werden; denn

● mehr als die Hälfte der Bevölkerung besitzt keine Fahrerlaubnis,

● ein Drittel aller Haushalte besitzt kein Auto[14],

● knapp 40% der Wege werden auch heute z.B. in einer Stadt wie Hannover noch zu Fuß oder mit dem Fahrrad zurückgelegt[15] und

● viele Kinder müssen wegen Verkehrsgefahren auf lebenswichtige Freundschaften, Spiele in der Gruppe im Freien und selbständige Erkundungsgänge in der Wohnumgebung verzichten.

Meines Erachtens können wir die genannten Ziele nur unter bestimmten Bedingungen erreichen.

1) Wir müssen umdenken von „Straße gehört den Kraftfahrern" zu „Straße ist für alle, das heißt, sie ist für Fußgänger, Rad- und Kraftfahrer gleichwertig da" und „Straße ist je nach Funktionsmischung nicht gleich Straße". Um örtliche Defizite festzustellen, müssen wir die örtlichen Verhältnisse durch Befragungen, Beobachtungen, verkehrstechnische Messungen und städtebauliche Analysen ermitteln und im Vergleich zu bekannten Eigenschaften und Verhaltensweisen bewerten, um daraus Konsequenzen ziehen zu können.

2) Bei derartig langfristig angelegten und zum Teil kostenintensiven Veränderungen bedarf es in den Gemeinden der treibenden Kräfte, die sich für die Belange der Kinder und der nicht motorisierten Bevölkerung bei passender Gelegenheit einsetzen; denn Anliegen, bei denen nicht ständig jemand „am Ball" bleibt, drohen leicht in der Fülle der Tagesprobleme unterzugehen.

3) Bei der Begründung erhöhter Freizeitqualitäten der Straße im Wohnbereich kommt es außerdem darauf an, diese untrennbar mit der Erhöhung der Sicherheit und der langfristigen Verbesserung der Wirtschaftlichkeit zu verknüpfen.

4) Jeder kann und sollte schließlich von jetzt an beispielgebend sein Verhalten als Kraftfahrer auf die Sicherheits- und Freizeitbelange vor allem der nicht motorisierten Personen ausrichten, indem er kurze Strecken nicht mit dem Kraftfahrzeug zurücklegt, in Wohngebieten langsam und leise fährt sowie sein Recht hinter die Abstimmung mit dem momentanen Partner im Straßenverkehr stellt.

Literatur

1 Kaufmann, F.-X.: Sicherheit als soziologisches und sozialpolitisches Problem, Ferdinand Enke Verlag, Stuttgart 1970

2 Richard, H.: Sicherung von Schulwegen, Forschungsbericht zum Forschungsprojekt 7315 aus dem Institut für Städtebau, Siedlungswesen und Kulturtechnik der Universität Bonn im Auftrag der Bundesanstalt für Straßenwesen, Bereich Unfallforschung, Köln, Oktober 1974

3 Richard, H., Lautermann, E.D., zur Hausen, W.: Sozialpolitische und städtebauliche Bedeutung des Kleingartenwesens, Forschungsbericht zum Forschungsauftrag BMBau RS II 6 B-704102-106 (1975) aus dem Institut für Städtebau, Siedlungswesen und Kulturtechnik der Universität Bonn im Auftrag des Bundesministers für Raumordnung, Bauwesen und Städtebau, Schriftenreihe „Städtebauliche Forschung" 03.045, Bonn 1976

4 Elternbefragung zur Schulwegsicherung in Wilhelmshaven 1977 (unveröffentlicht)

5 Dietrich, K., Spacek, T.: Sicherheit im Straßenverkehr, Unterlage zur Vorlesung „Sicherheit und Betrieb" an der ETH Zürich 1977

6 Lueger Lexikon der Technik, Band 11 (Bautechnik), zitiert in 1

7 Merkblatt zur Gestaltung und Sicherung von Schulwegen, hrsg. im Auftrage des Bundesministers für Verkehr von der Bundesanstalt für Straßenwesen, Unfall- und Sicherheitsforschung Straßenverkehr, Heft 12, Köln 1977

8 Richard, H.: Zurück in die Städte? Die wachsende Bedeutung wohnungsnaher Freizeitmöglichkeiten, in: Freizeit als gesellschaftliche Aufgabe, Hrsg.: Opaschowski, H.W., Edition Freizeit, Heft 14, Deutsche Gesellschaft für Freizeit, Düsseldorf 1976

9 Menken, E.: Bedingungen für die Wirksamkeit von Verkehrsvorschriften, in: Zeitschrift für Verkehrssicherheit, Heft 4, 1977

10 Spiegel, R., Richter am Bundesgerichtshof: „Kinder sind unberechenbar", Bericht über die Hauptversamm-

lung der Landesverkehrswacht Nordrhein-Westfalen im General-Anzeiger Bonn am 21.4.1978
11 Frankfurter Allgemeine Zeitung: Bußgeldverfahren rechtzeitig einstellen — mehr Schutz für Kinder gefordert / 16. Verkehrsgerichtstag in Goslar, in: FAZ vom 8.2.1978
12 Klebelsberg, D., Schibalski, F.: Methodische Ansätze zur Erfassung des sicherheitsrelevanten Verkehrsverhaltens an Knotenpunkten, Forschungsprojekt FP 7319 der Bundesanstalt für Straßenwesen 1976 (unveröffentlicht)
13 Krebs, H.-G.: Begegnungshäufigkeit, Unfallrisiko und Maßnahmen zu deren Senkung, in: Straße und Autobahn Heft 2, 1978
14 Deutsches Institut für Wirtschaftsforschung (DIW): Fachleute erwarten weitere Zunahme der Motorisierung, in: Generalanzeiger, Bonn, vom 11.5.1978
15 Apel, D., Schwarzer, G.: Stadtverkehr und Umweltschutz, Deutsches Institut für Urbanistik (difu), Berlin 1977
16 Deutscher Bundestag, 8. Wahlperiode: Bericht des Bundesministers für Verkehr über Maßnahmen auf dem Gebiet der Unfallverhütung im Straßenverkehr für die Jahre 1975, 1976 und 1977 (Unfallverhütungsbericht Straßenverkehr 1977), Drucksache 8/1403 vom 2.1.1978

Die Straße im Wohnbereich
Soziale Funktion — Gestaltung und soziale Brauchbarkeit

Die Straße als wohnungsnaher Freizeitraum
Edgar Streichert

Ich möchte meinen Beitrag mit einem Verkehrshinweis beginnen: (Anmerkung: Sonntagnachmittag, 18.00 Uhr, Schauplatz Bayern): „Hier ist Bayern 3, die Servicewelle von Radio München: Auf der Autobahn Salzburg-München und Kufstein Richtung Inntaldreieck starker bis zähflüssiger Verkehr, vor der Anschlußstelle Holzkirchen 7 km Stau wegen hohem Verkehrsaufkommen", Zitatende.

Dieser kurze Verkehrshinweis gibt einen kurzen Überblick über das Freizeitverhalten in der Bundesrepublik. Jedes Wochenende aufs neue strömen Hunderttausende von Menschen aus den Städten hinaus aufs Land, weil sie glauben, daß nur hier die nötige Ruhe und Erholsamkeit zu finden ist. Genau so aber schaut es an den Feierabenden unter der Woche aus, man sucht seine Bekannten auf, die irgendwo verstreut im Stadtgebiet wohnen, und legt so wöchentlich und täglich eine Unmenge von Kilometern zurück, die wiederum andere dazu bringen, ihr Wohl in der Flucht zu suchen, nämlich dem Verkehrslärm und -gestank zu entgehen. Die Rede ist von der Fluchtmobilität, von der Flucht vor den Auswirkungen der Mobilität von anderen. Zurück bleiben bei dieser Entwicklung und bei diesen Mobilitätsverhalten jene, die nicht ständig über einen Pkw verfügen, und das sind immerhin 40 % unserer Bevölkerung.

Ich habe meinen Beitrag aus gutem Grund „Die Straße als wohnungsnaher Freizeitraum" genannt und ich würde diesen Titel nicht befürworten, wenn es nur darum ginge zu verhindern, daß ein Großteil der heutigen Freizeitaktivitäten nur durch lange Autofahrten zu erreichen sind. Es geht auch darum, daß die Straße wieder zu dem wird, was

Typische Münchener Altstadtwohnstraße

sie einmal war, nämlich ein wohnungsnaher Raum, der die Möglichkeit gibt, miteinander zu sprechen, sich zu unterhalten, zu spielen, zu arbeiten usw.

Öffentlichkeit beginnt beim Verlassen der Wohnungstür. Bereits das Treppenhaus, der Vorgarten eines Hauses ist Öffentlichkeit, in der sich Gemeinsamkeiten spiegeln, Konflikte gelöst werden können. Die nächsten Stufen sind: die Öffentlichkeit der Nachbarschaft (die Straße), die des Quartiers, des Stadtteils und schließlich die Zonen größter Öffentlichkeit einer Stadt, ihre zentralen Bereiche. Jede dieser Identifikationsschalen muß erlebbar sein, wenn sich die sozialen Beziehungen und die soziale Verantwortung auf die räumliche und gebaute Umgebung erstrecken soll. Unsere schnell befahrbaren Straßen verbinden aber nicht Nachbarschaften, sondern sind im Gegenteil Trennelemente.

Ein typisches Beispiel hierfür sind die Innenstadtrandgebiete der Jahrhundertwende: Stadtplaner pflegen als soziale Einheit den Block anzunehmen; getrennt sind diese sozialen Einheiten durch Straßen. Die sinnvolle — und historisch gewachsene — soziale Untereinheit sind aber zwei gegenüberliegende Bauzeilen verschiedener Blocks, mit ihrer Straße als verbindendem öffentlichen Raum. Diese Funktion aber hat die Straße in den letzten Jahrzehnten verloren.

Spiegelbild dieser Funktionsverarmung ist die Verarmung der Gestaltung und des optischen Erscheinungsbildes unserer Straßen. Trostlose Asphaltflächen laden nicht zum Aufenthalt ein. Gestaltungsmaßstab ist die zulässige Höchstgeschwindigkeit von 50 km/h und nicht die Geschwindigkeit des Fußgängers.

Ich möchte meine weiteren Ausführungen in 5 Thesen zusammenfassen:

These 1:

Innerortsstraßen sind heute für wohnungsnahe Freizeitaktivitäten unbenutzbar.

These 2:

Ein Teil der Freizeitaktivitäten der Bevölkerung sollte in der wohnungsnahen Straße abgewickelt werden.

These 3:

Nur bei einer deutlichen Umverteilung vorhandener Straßenflächen zugunsten von nicht motorisierten Benutzern wird ein Teil der Freizeitaktivitäten aus der Wohnung bzw. von wohnungsfernen Zielen (Fluchtmobilität) auf die wohnungsnahe Straße umgelenkt werden können.

These 4:

Nur solche Maßnahmen werden auf Dauer erfolgreich sein, die einen hohen Akzeptanzgrad in der Bevölkerung erreichen.

Es folgt noch eine weitere These, die ich aber erst im Anschluß an die Erläuterung der Thesen 1 bis 4 vorbringen möchte. Zurück also zu These 1.

These 1: Innerortsstraßen sind heute für wohnungsnahe Freizeitaktivitäten unbenutzbar.

Neben einigen Daten möchte ich noch einmal auf die Abbildung 1 verweisen. Will man die Unbenutzbarkeit unserer Straßen nachweisen, sollte man aber neben den verdichteten Altstadtgebieten auch die neu angelegten Straßen der Satellitenstädte betrachten.

Auch hier ist die Straße als reine Rollbahn für den schnellen Kfz-Verkehr ausgebaut. Diese Straßengestaltung führt dann zu viel zu hohen Geschwindigkeiten. Durchschnittlich beträgt die Geschwindigkeit hier ca. 55 km/h und es wurden Spitzengeschwindigkeiten von bis zu 115 km/h gemessen.

Wohnstraße im München-Hasenberge

Gehweg im Altstadtgebiet

Ein weiteres Kriterium zur Beurteilung der Unbenutzbarkeit unserer öffentlichen Räume (sprich Straßen) ist die vorhandene Verteilung der Flächen für die verschiedenen Verkehrsteilnehmer bzw. Straßenbenutzer.

Die Flächen des öffentlichen Straßenraumes teilen sich auf Fußgänger und Kraftfahrzeuge etwa im Verhältnis 1 : 2 bis 1 : 4. Das Kraftfahrzeug hat also die doppelte bis vierfache Fläche zur Verfügung. Außerdem bestehen die Flächen für Fußgänger aus zwei getrennten, jeweils 1,0 bis 2,5 m schmalen Gehstreifen, die teilweise noch beparkt werden und somit für Freizeitaktivitäten völlig ungeeignet sind.

Doch zurück zum Bild einer typischen innerörtlichen Wohnstraße. Ich möchte hierbei einige Merkmale dieser Straße hervorheben, die bei der Betrachtung auffallen, z.B.:
- die streng lineare Gliederung des Straßenraumes
- oder die wandartigen Gebäudefluchten;
- die Fahrbahn ist breit, monoton und zu allem Überfluß völlig unbenutzt;
- die Autoreihen bilden Trennelemente im Straßenraum;
- ein plötzlich hinter einem Auto auftauchendes Kind ist stark gefährdet;
- die Durchsicht für den Autofahrer beträgt ca. 500 m und verleitet zu hohen Geschwindigkeiten;
- die Straßenbeleuchtung ist vordergründig funktionell, in Wirklichkeit aber sehr häßlich.

Noch einmal kurz zur Flächenbetrachtung:

In Essen fehlen zur Zeit 500.000 m² Spielfäche im Innenstadtbereich. Was liegt näher, als die öffentlichen Flächen (sprich: die Straße) für diesen Bedarf heranzuziehen?

Ich hoffe, daß es mir gelungen ist, meine These 1, nämlich daß unsere Straßen für wohnungsnahe Freizeit völlig unbenutzbar sind, mit Hilfe dieser wenigen Abbildungen und Daten zu untermauern.

Ich möchte jetzt zu meiner zweiten These kommen.

These 2: Ein Teil der Freizeitaktivitäten sollte in der wohnungsnahen Straße abgewickelt werden.

Sicherlich spreche ich hier ein heißes Eisen an. Aber ich habe bereits in der Einleitung dieses Beitrages versucht, die Hintergründe zu dieser These deutlich zu machen. Ich will hier deshalb nur kurz die Vorteile einer solchen Entwicklung aufzeigen:

● Ein Teil der Mobilität oder, besser ausgedrückt, der unerträglich vielen Autofahrten wäre zu vermeiden. Und damit auch ein wenig die verheerenden Auswirkungen, die der Verkehr für unsere Städte und unsere Landschaften mit sich gebracht hat.

Ein weiteres Argument für eine solche Entwicklung:

● Man findet heute seine Bekannten in Beruf, in Vereinen oder ähnlichem. Oder aber auch, und das ist viel schlimmer, man findet auf Grund nicht vorhandener Freizeiteinrichtungen und auf Grund der völligen Anonymität unserer Städte überhaupt keinen Anschluß. Es sei in diesem Zusammenhang darauf verwiesen, daß unter anderem durch diese Kontaktarmut der Bundesrepublik ähnlich viele Menschen verloren gehen wie durch den Verkehrstod. Ich spreche hiermit die 13.000 Selbstmordfälle pro Jahr in der Bundesrepublik an. (Im Vergleich: ca. 15.000 Tote im Verkehr.)

Und nun zu der zentralen und entscheidenden Frage der Arbeitsgruppe „Die Straße im Wohnumfeld".

These 3: Nur durch eine deutliche Umverteilung vorhandener Straßenflächen zugunsten von nichtmotorisierten Verkehrsteilnehmern oder besser Straßenbenutzern wird ein Teil der Freizeitaktivitäten aus der Wohnung oder von wohnungsfernen Zielen auf die wohnungsnahe Straße umgelenkt werden können.

Auch hierzu einige Erläuterungen!

● Die Flächenzuweisung muß vom heutigen Verhältnis von 1 : 2 bis 1 : 4 zwischen Fußgänger und Auto auf ein Verhältnis von 1 : 1 gebracht werden. Nur durch eine solche massive Umverteilung ist es möglich, den benötigten Platz für andere Nutzungen als für das Autofahren zur Verfügung zu stellen. Hierbei ist es nicht unbedingt notwendig, daß dieses Verhältnis den entsprechenden Nutzern fest zugewiesen wird. Ein Großteil der Flächen läßt sich gemischt nutzen.

● Das entscheidende Problem hierbei ist die derzeitige Nutzung des Straßenraumes durch parkende Fahrzeuge. Als Zwischenthese ließe sich hier formulieren, daß, abhängig von der jeweiligen Situation, bis zu 50 % der parkenden Fahrzeuge aus dem Straßenraum zu entfernen sind.

Die jüngste Entwicklung des Städtebaus geht hierbei unserer Meinung nach in eine falsche Richtung. Man versucht,

ein sehr privates Bedürfnis, nämlich das Abstellen von Privatwagen im öffentlichen Raum, nämlich auf der Straße, zu befriedigen, während ein allgemeines und sehr öffentliches Bedürfnis, nämlich nach mehr Lebensraum im Wohnumfeld, in den Hinterhöfen, also im Privatraum, befriedigt werden soll.

Besser wäre es, wenn ein Teil, nämlich bis zu 50 % der Fahrzeuge, im Hinterhof abgestellt werden müßte und nur noch der Rest der Parkplätze auf der Straße angeboten würde. Dies muß nicht zu Parkwüsten in Hinterhöfen führen. Kleinteilige Tiefgaragen oder halb in den Erdboden gesetzte Garagen ließen sich durch eine entsprechende Gestaltung der Dächer sehr wohl weiter nutzen.

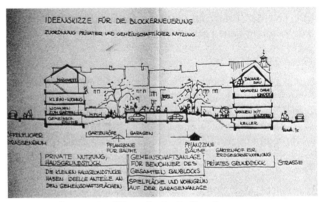

Halbtiefe Garage im Hinterhof mit Begrünung

Außerdem gibt es die fast in allen verdichteten Altstadtgebieten anzutreffenden Berufsparker zu verdrängen bzw. durch ein umfassendes Konzept der Verkehrsberuhigung einen Teil dieser Berufspendlerströme auf andere Verkehrsmittel, sei es der öffentliche Nahverkehr, das Fahrrad oder auch die eigenen Beine, umzulenken.

Grundsätzlich aber muß davon abgegangen werden, beliebig viel Parkraum auf der Straße für jeden Zweck zur Verfügung zu stellen.

Deshalb sollte der auf der Straße verbleibende Parkraum nach folgender Priorität verteilt werden:

Die Priorität 1 für Versorgungsfahrzeuge (Kurzparker, Lieferanten),

die Priorität 2 für Fahrzeuge der Anwohner und deren Besucher

und 3. und letztens für Berufspendler. Viele Untersuchungen haben bestätigt, daß in Wohngebieten in City-Nähe bis zu 50 % des Parkraumes von Fremdparkern besetzt ist. Eine Fläche, die man besser den Anwohnern für wohnungsnahe Freizeitaktivitäten zur Verfügung stellen sollte.

Weiter wird es nötig sein, die Geschwindigkeit in solchen Straßen deutlich, nämlich auf Schrittgeschwindigkeit, zu reduzieren. Entsprechende Angebote zur besseren Benutzbarkeit der Straße sind zu schaffen.

All das, so werden viele denken, ist Utopie und läßt sich aufgrund bestehender Bestimmungen, Richtlinien und Gesetze nicht realisieren. Dem muß energisch widersprochen werden. Sicher stehen den angestrebten Verbesserungen Gesetze im Wege. Schlimmer aber ist es, daß bis auf wenige

Ausnahmen die bestehenden Richtlinien linientreu, nämlich nach Autogesichtspunkten, angewandt werden.

Um aber hier nicht länger ohne Beweise für meine Thesen argumentieren zu müssen und um ein paar der sicher jetzt schon zurechtgelegten Fragen vorab beantworten zu können, zeige ich einige Dias von bereits verwirklichten Maßnahmen:

Auch Grillen ist auf verkehrsberuhigten Straßen möglich (Rockenije/Niederlande)

Verkehrsberuhigte Straße mit sehr vielen Freizeitaktivitäten in Bonn.

Die Stadt Essen entwickelt sich langsam zum Delft der Bundesrepublik. Hier gibt es bereits 40 verkehrsberuhigte Zonen.

Ich möchte in diesem Zusammenhang davor warnen, solche Maßnahmen nur in unproblematischen Gebieten anzuwenden. Gerade die Innenstadtrandgebiete brauchen die beschriebenen Maßnahmen am dringendsten.

Warnungen, daß zum Beispiel die Mischung der Verkehrsarten in solchen Straßen nicht durchführbar ist, beruhen in der Regel auf der sehr verbreiteten Unkenntnis des möglichen Planungsrepertoires und einer deutlichen Überschätzung der dort anzutreffenden Verkehrsstärken. Ich kann in der Kürze der zur Verfügung stehenden Zeit nicht auf alle Detailaspekte eingehen, obwohl nur durch die genaue Kenntnis der Zusammenhänge dieser Details eine gute Verkehrsberuhigung erreicht werden kann.

Größere Brauchbarkeit einer innerstädtischen Straße durch Straßensanierung

Nur bei genauer Abschätzung der Variablen (Verkehrsstärke, Geschwindigkeit, Nutzung des Raumes, subjektive und objektive Sicherheit usw.) lassen sich Fehler vermeiden.

In diesem Zusammenhang zur *These 4:*

Nur solche Maßnahmen werden auf Dauer erfolgreich sein, die einen hohen Akzeptanzgrad in der Bevölkerung erreichen. Diese Akzeptanz wiederum ist abhängig von folgenden Faktoren:

1. Qualität der Meinungsbildung der Stadtverwaltung und der kommunalen Mandatsträger. Insbesondere muß die Verwaltung oder die Politiker oder natürlich besser beide von der Notwendigkeit dieser Maßnahmen überzeugt sein. Weiter sollte man sich Gedanken über die Konsequenzen einer solchen Straßensanierung auf die Höhen der Mieten machen.

2. Annahmebereitschaft bzw. vorhandener Druck auf Verwaltung seitens der Bevölkerung.

3. Qualität und Quantität der Bevölkerungsbeteiligung. Auf keinen Fall darf es so aussehen, daß die Bevölkerung erst nach Einführung der Maßnahmen und nach den ersten negativen Reaktionen beteiligt wird, wie dies zum Beispiel beim sogenannten nordrhein-westfälischen Großversuch der Fall ist. Oder wie in Bonn, wo die Bevölkerung von einer geplanten Verkehrsberuhigungsmaßnahme in ihrer Straße erst aus der Zeitung erfuhr.

und 4. und letztens:

4. Die planerische Qualität der Verkehrsberuhigung. Planer in der Bundesrepublik neigen ja nicht gerade zum Pragmatismus, und ist es in letzter Zeit zu einer Entwicklung gekommen, die wir als bedenklich ansehen. Beim letzten Seminar, welches sich mit Verkehrsberuhigung beschäftigte, ein Seminar des Deutschen Instituts für Urbanistik, wurde in einer Arbeitsgruppe zusammengetragen, wieviele Behörden, Institute und Kommunalverwaltungen sich inzwischen mit der Erarbeitung von Richtlinien für die Detailgestaltung u.ä. kümmern. Es handelt sich inzwischen um ca. 10 Institutionen und es werden immer mehr. Das Beispiel Essen zeigt, daß es auch anders geht (Vortrag Reschke).

In diesem Zusammenhang zu meiner 5. These:

- Ist ein Amt einer Stadtverwaltung von der Notwendigkeit dieser Maßnahmen überzeugt, sei es aus Gründen der Stadtflucht, des Umweltschutzes, der benötigten Verkehrssicherheit, mangelnder Freizeitangebote o.ä., so darf in der jetzigen Phase weder auf die Ergebnisse des NRW-Großversuches noch auf andere Forschungsergebnisse oder gar auf Investitionsmittel gewartet werden. Die realisierten Beispiele zeigen, daß es dann meist schief geht oder zumindest Jahre dauert.

Auf Dauer werden die Städte aus eigener Kraft Verkehrsberuhigung betreiben müssen, dann kann ihnen auch niemand hineinreden und angesichts der enormen Straßenneubau- und Unterhaltungshaushalte dürfte dies auch nicht übermäßig schwierig sein.

Lassen Sie mich zum Schluß meiner Ausführungen kommen und vielleicht auch die Schlußbemerkungen wieder als These formulieren. Wir brauchen zur Realisierung der beschriebenen Maßnahmen eine engagierte, wenn nicht gar in bestimmten Ämtern eine kämpferische Verwaltung, nur dann werden die als gut und richtig erkannten Ziele in die Tat umgesetzt werden können.

Freizeit '78 Arbeitsgruppe 4
Forschung und ihre Umsetzung zur Verbesserung des Wohnumfeldes

Viggo Graf Blücher

I. Ansätze und Methoden der Freizeitforschung für das Wohnumfeld

Ansätze

Definitionen: Zwischen den Lebensbereichen „Wohnung" und „Wohnumfeld" bestehen enge Wechselwirkungen. In der sozialwissenschaftlichen Forschung sind beide Dimensionen darum nicht zu trennen. Der Lebensbereich „Wohnen" beschreibt sich in Wechselwirkungen von Stadtteil, Wohnsiedlungsform, Lage, Größe und Grundriß der Wohnung, deren Ausstattung, Nachbarschaft, Beruf, Freizeit, Versorgung, Lebenszuschnitt, Zusammensetzung und sozialem Status der Bewohner.

Die *methodische Ableitung* ist darum in Verbindung mit benachbarten soziologischen Disziplinen zu betreiben. Es gehören dazu die Stadt- und Großstadtsoziologie, die Sozialökologie, insbesondere deren Betrachtung der Nachbarschaft, die Familien- und die Freizeitsoziologie, die Soziologien der Lebensalter und nicht zuletzt die soziologische Bevölkerungslehre.

Eine *eindeutige Definition* des Untersuchungszwecks nach: Wohnbestandsuntersuchungen — Wohnnutzungsuntersuchungen — Wohnbedarfsuntersuchungen — Wohnwunschbefragungen ist angebracht.

Die Untersuchung ist in den *Ablauf der Forschung* zu stellen. Was ist über das Untersuchungsobjekt bzw. vergleichbare Objekte bereits bekannt?

Dimensionen

Eine *Bestandsaufnahme* ist Voraussetzung für eine Bedarfsermittlung; die Voraussetzungen sind zu messen, indem die derzeitige Wohnsituation erfaßt wird.

Die *Bedürfnislage* ist zu untersuchen, indem auszugliedernde Wohnfunktionen, die Funktionen Erholung — Kompensation — zwischenmenschliche Beziehungen und Kommunikation — Partizipation und Entfaltungsbedürfnisse ermittelt werden.

Die ermittelten Daten sind sozial auszudifferenzieren nach verschiedenartigen Bedürfnislagen.

Zielsetzungen

Es beginnt mit der notwendigen Auffüllung des Wohnfeldes im Sinne der Milderung von Härten, setzt sich fort mit der Untersuchung notwendiger Ergänzungen des Wohnfeldes.

Das Wohnen *im Raum* ist zu untersuchen, indem die Fortsetzung des Wohnens in

- das Umfeld
- das Wohnquartier
- die Gesamtstadt (City) bzw. bei Großstädten das Quartierzentrum

zu klären ist. Endziel ist die Entwicklung integrierter Umwelten durch vorausschauende Planung, nachfolgende Ergänzungen oder nachträglichen Umbau bzw. zusätzliche Entwicklung von Freizeitmöglichkeiten im Raum.

Methoden und Verfahren

Das gesamte Arsenal der empirischen Forschung kommt zum Einsatz, insbesondere:

- Sekundäranalyse vorliegender Untersuchungen unter sinngemäßer Anpassung der Befunde an die (genau zu definierenden) lokalen Voraussetzungen;
- Feststellung detaillierter ökologischer, lokaler Wohnvoraussetzungen (Beschreibung der Voraussetzungen und Gegebenheiten);
- Systematische Befragung der Bewohnerschaften mit den Methoden der intensiven und repräsentativ-statistischen Forschung, wenn nicht (bei entsprechend begrenzter Dimensionierung) in Totalerhebung;
- Vorgehen mit allen Methoden der systematischen Beobachtung (verdeckt, offen, teilnehmend, nicht teilnehmend, experimentell, strukturiert und unstrukturiert);
- Nichtverbale Verfahren wie Literatur-, Dokumenten- oder Statistikauswertung; non reaktive Verfahren;
- Soziometrische Untersuchungen;
- Gruppendiskussionen unter den Bewohnern;
- Intensivuntersuchungen mit soziologischen und psychologischen Ansätzen spielen eine besondere Rolle, da allein mit diesen die komplexe Verzahnung der Wohnwirklichkeit nachvollzogen werden kann, die von den Bewohnern in der Regel nicht analytisch verarbeitet werden kann;
- Die ökologische Umwelt ist zu berücksichtigen durch lokale Abgrenzung der Untersuchungsansätze oder — bei breiter angelegten Untersuchungen — detaillierte Regionalisierung bzw. Zellenbildung im Ansatz und in der Auswertung der Befunde unter genauer Bezugnahme auf örtliche Voraussetzungen;
- Systematischer Objektvergleich, um Erfahrungen nutzen zu können, dabei kommen außer Besichtigung der Objekte Expertengespräche und offene Einzelinterviews zur Analyse der Auswirkungen solcher Objekte in Betracht.

II. Wichtigste theoretisch gesicherte Tatbestände

Stand der Freizeitentwicklung

Die gleiche Entwicklung, die die moderne Freizeit geschaffen und weiterentwickelt hat, bewirkt zugleich, daß Wohnungen mit fortschreitender Industriegesellschaft immer

„freizeitfeindlicher" wurden und werden. Sie werden mehr und mehr durchrationalisiert; auf Nebenraum wird verzichtet, sie werden mehr und mehr zu bloßen Schlafstätten mit einem einzigen zum Wohnen geeigneten Raum, der zudem häufig überdimensioniert wird, gemessen an der funktionalen Aufgabe der Gesamtwohnung. Es fehlen Abseiten, Keller- und Bodenräume, tote Winkel, durch deren Ausnutzung Bewohner von „Altbauten" ihre Wohnungen heute freizeitgerecht herrichten.

Die *Arbeitszeitverkürzung* bis zum heutigen Stand begann Ende der 50er Jahre mit Übergang zur 45-Stunden-Woche und freiem Samstag, setzte sich Mitte der 60er Jahre mit der 42-Stunden-Woche fort, die heute durch die 40-Stunden-Woche abgelöst ist. Es zeichnet sich ein Trend zu verkürzter Arbeit am Freitagnachmittag und zu wesentlicher Ausweitung des Jahresurlaubs ab.

Der *Anteil der freien Zeit* an der Wachzeit einer Repräsentativgruppe übertrifft nach neueren Untersuchungen, berechnet auf Jahresstunden, den Anteil an Berufsarbeit (einschließlich -wegen) nicht unerheblich.

Offen ist die Frage, bei welchem Stand der Ausdehnung der Freizeit ein *vorläufiges Maximum* erreicht sein wird. Den meist spekulativen und vielfach extrapolierenden Prognosen der Futurologie begegnen wir mit Zurückhaltung. Sie arbeitet mit Voraussetzungen, die durch die gesellschaftliche Entwicklung überholt wurden (R. Jungk: Abschied von einem Fehlkonzept).

Folgerungen für das Wohnen

Da der Bedarf an Freizeitmöglichkeiten im Wohnumfeld abhängig ist vom Entwicklungsstand der Wohnungen, sind zunächst diese zu betrachten.

Wohnwünsche, auf die die Ergebnisse aller Untersuchungen zur Wohnform und zur Wohnsiedlungsform gebracht werden können, lassen sich auf die Formel reduzieren, daß man zugleich „urban" und „im Grünen" wohnen möchte.

Die *empirische Bestandsaufnahme* des Wohnverhaltens zeigt eine hochmobile Situation mit starken Anpassungs- und Veränderungstendenzen als Folge der neuen gesellschaftlichen Veränderungen, die von der Freizeitentwicklung ausgehen. Das erfordert einschneidende Folgerungen für die Bedarfslage im Wohnumfeld.

Die Wohnung ist *Freizeit-, Arbeits- und Lagerraum* zugleich. Die klassische Hauswirtschaft entwickelt sich bei dem fortgeschrittenen Technisierungsstand eines modernen Haushaltes in neuer Form. Der Haushalt wird zum Betrieb, in dem die verschiedensten Maschinen und Techniken ihre Anwendung finden. Diese erfordern, ebenso wie zahlreiche Gegenstände für Freizeit, Sport, Bildung, Hobby und Urlaub zusätzlichen Lagerraum, der in modernen Wohnungen meist fehlt.

In *funktionaler Betrachtung* ist beachtlich, daß die moderne Freizeitentwicklung es notwendig macht, mehrere miteinander unvereinbare Freizeittätigkeiten parallel in der gleichen Wohnung und in jeweils differenzierter Gesellungsform zu ermöglichen. Es fehlt fast stets der Platz, wo gehämmert, wo konzentriert gelesen oder musziert werden kann oder wo man sich mit einer Näharbeit oder einer schriftlichen Arbeit bzw. Schularbeiten ausbreiten könnte.

Überhaupt fehlt es an Separierungsmöglichkeiten für intensive Beschäftigungen.

Das Umfeld der Wohnungen

Wohnungsmarkt und Baupreise bzw. Mieten gestatten keine freizeitgerechte Wohnung in der Gegenwart. Zum Wohnen gehört jedoch nicht nur die Wohnung, sondern ebenso wichtig ist deren Umfeld.

Die Gelegenheit, *Funktionen auszugliedern,* muß daher, beginnend mit der ersten Planung, vorbereitet und geschaffen werden. Versäumnisse sind zumeist irreversibel. Auszugliedern sind:
● Arbeitsraum und Maschinenkapazität für Wäsche und Trocknen;
● Lager- und Stellraum für nicht in der Wohnung unterzubringende Gegenstände wie Fahrzeuge, Fahrräder, Geräte;
● Funktionen, für die in der Wohnung nicht genügend Raum bleibt, wie Spielraum für Kinder unter und ohne Dach, Arbeitsraum für die Schuljugend, Treffpunkte für größere Gesellschaften, Kommunikationsmöglichkeiten, Möglichkeiten für Verzehr, Bastelräume;
● Bewegungsmöglichkeiten für die verschiedenen Altersklassen, Tischtennis, Fitness, Bewegungsspiele;
● Möglichkeiten zur Unterbringung von Gästen, kleine vermietbare Einzelräume zur zeitweiligen Erweiterung der Wohnungskapazität.

Neben die aus der Wohnung ausgegliederten Funktionen tritt das Angebot an Spiel-, Sport-, Bewegungs- und Einkaufsmöglichkeiten im Wohnquartier. Nur zentrale, weiträumig genutzte Freizeiteinrichtungen gehören in die City; bevölkerungsbezogene Angebote gehören in das Quartier.

Die *Kommunikationsstruktur* ist sorgsam zu beachten. Möglichkeiten der sozialen Distanz von Nachbarn sind sicherzustellen. Doch besteht eine zum Teil intensive selektive Kommunikation. Die Kommunikation entfaltet sich bei weitem häufiger horizontal als vertikal. Die Hausform spielt eine entscheidende Rolle, ebenso die unmittelbare Umgebung des Hauses.

Freizeit außerhalb des Wohnquartiers

Die Freizeitmöglichkeiten außerhalb des Wohnquartiers treten, gemessen an den Möglichkeiten, die es im Wohnblock und in dessen Nähe geben muß, durchaus zurück. Gemessen an den Freizeitinteressen, die sich außerhalb des Wohnquartiers abspielten, erwies sich die Bedeutung der Wohnung und ihres Umfeldes als überragend für die Freizeit.

III. Kooperation zwischen Sozialforscher und Stadtplaner

(Nach N. Schmidt-Relenberg, Soziologie und Städtebau, Stuttgart 1968)

Die Sozialforschung arbeitet entsprechend dem Stufenplan beim Städtebau: Situationsanalyse — Entwicklung von Leitbildern (Leitplan) — Bebauungsplan — Planverwirklichung. Zwischen jeweils zwei Stufen erarbeitet sie Stellungnahmen im Sinne einer Plankritik.

Aufgabenfolge

Zu Stufe 1:

- Demographische Analyse (Alter, Schicht, Familie, Einkommen, Erwerb);
- Wohnsituation (Zustand, Bebauungsdichte, Belastung, Wohnzufriedenheit);
- Sozialbeziehung (Kommunikationsstruktur, Verwandtschaft, Verkehrskreise);
- Bedarfsanalyse (Wohnwünsche, Erwerb, Erholung, Kultur).

Zu Stufe 2:

- Prognosen zum Leitplan (sich Ändern des Alters, der Erwerbsstruktur, der wirtschaftlichen Entwicklung, voraussehbare Abwanderungen, Verslumung);
- Modelle (Umsetzen der Population oder Belassen, Durchsetzen mit neuen Erwerbsmöglichkeiten, funktionale Änderungen).

Zu Stufe 3:

- Modelle für Erwerbssituationen, Einkaufsmöglichkeiten, Siedlungsgliederung, Kultur und Erholung.

Zu Stufe 4:

- Nachkontrolle, thematisch wie unter 1–3.

An den Nahtstellen: Plantätig, Zufriedenheit der Bewohner, Überprüfung von Leitbildern und Vorurteilen der Planer („Ideologiekritik").

STÄDTEBAU		SOZIOLOGIE
Methoden	Aufgaben	Methoden
1. Situationsanalyse Daten-Erarbeitung	Strukturanalyse Trendanalyse (Grundlagenforforschung)	1. Begriffs- und Hypothesenbildung 2. Überprüfung 3. Thesen- bzw. Theoriebildung
2. Daten-Umsetzung Formulierung von Leitbildern Leitplan-Erstellung	Prognosen-Erstellung Modell-Erstellung Normenanalyse (Ideologiekritik)	1. Begriffs- und Hypothesenbildung 2. Überprüfung 3. Thesen- bzw. Theoriebildung 4. Erstellung von Prognosen und/oder Modellen
Nahtstelle:	Plankritik	1 bis 3
3. Plan-Entwurf Bebauungsplan	Prognosen-Erstellung Modell-Erstellung Normenanalyse (Ideologiekritik)	1 bis 4
Nahtstelle:	Plankritik	1 bis 3
4. Plan-Verwirklichung, Erstellung räumlich-baulicher Anlagen	—	—
	Nach Zeitablauf: soziologische Kontrolle, Kritik der Verwirklichungen	1 bis 3

Forschung und ihre Umsetzung zur Verbesserung des Wohnumfeldes

Gerhard Boeddinghaus

Wenn ich das mir gestellte Thema richtig verstehe, so ergibt sich doch wohl aus dem Kontext dieser Veranstaltung eine notwendige Präzisierung. Es müßte dann heißen „Forschung und ihre Umsetzung zur Verbesserung des Wohnumfeldes in seiner Funktion als Freizeitraum". Obwohl ich kein Grundsatzreferat zu halten habe, scheint es mir notwendig, daß ich mich zunächst mit den Begriffen auseinandersetze, die hier in einem Satz zusammengefügt sind.

Der Begriff des Wohnumfeldes scheint das jüngste Kind der allgemeinen Umweltdiskussion zu sein. In dieser Diskussion wurde zunächst der ursprünglich umfassende Umweltbegriff stark eingeengt. Zuletzt war nur noch von Umweltschutz die Rede, und der Mann auf der Straße verstand darunter Verhinderung von Luftverschmutzung und Lärm. Eigentümlicherweise wurde auch der Naturschutz in diesen Zusammenhang hineingenommen. Die Fragen der Umweltgestaltung, der Stadtgestaltung im besonderen, blieben im allgemeinen außen vor. Denkmalschutz wurde jedenfalls nicht als Umweltschutz verstanden.

Aus der zentralen Stellung, die die Wohnung für jeden Menschen einnimmt, ist es sicherlich verständlich, daß man sich, wenn Anforderungen an den Städtebau gestellt werden, zunächst auf die nähere Wohnumgebung konzentriert. Die Anforderungen, die an das Wohnumfeld gestellt werden, liegen in zwei Bereichen: Einmal wird an die Ausstattung der Nahumgebung mit Einrichtungen gedacht, zum anderen an die Gestaltung des Wohnnahbereichs.

Ich sehe in dem Thema dieser Tagung ein wenig die Gefahr, daß eine Reihe von Einrichtungen mit jeweils spezifischem Flächenanspruch aufgezählt werden, Einrichtungen, die in Wohnungsnähe vorhanden sein sollten, und daß diese Aufzählung dann irgendwann in einem Richtlinienwerk erscheinen wird, ähnlich wie der „Goldene Plan", und daß die Schaffung dieser Einrichtungen nur um so mehr zur Zerstörung und damit zu weiterem Gestaltverlust unserer Wohnumwelt beitragen könnte, weil Einzelansprüche ohne Rücksicht auf Integrationsanforderungen durchgesetzt werden, wie das etwa bei Kinderspielplätzen der Fall ist.

Warum muß das Wohnumfeld als Freizeitraum erst neu entdeckt werden? Das hängt zweifellos mit unserem funktionalistischen Städtebaukonzept zusammen, das eine Gliederung nach Räumen für die Arbeit, für das Wohnen und für die Erholung vorsah. Die Erholungsbereiche wurden als Grünbereiche charakterisiert und abgestempel. Der Wohnbereich war insofern schon per definitionem nicht für die Erholung bestimmt, wenigstens nicht für die Tageserholung.

Der heute im Mittelpunkt der Diskussion stehende Begriff Freizeit ist allerdings nicht ohne weiteres gleichzusetzen mit Erholung. Der moderne Mensch ist offenbar von der Arbeit nicht so ausgelaugt, daß ihm für den Rest der Zeit nichts bleibt, als sich von den Strapazen der Arbeit zu erholen. Man denkt an allerlei Aktivitäten, denen der Mensch, der Freizeit „sinnvoll" verbringt, nachgehen sollte. Dennoch sollte man auch heute daran erinnern, daß die Freizeit auch der Erholung dient und daß eine kontemplative Freizeitgestaltung nicht das schlechteste ist. In dieser kontemplativen Haltung scheint der Mensch eine erhöhte Umweltsensibilität zu entfalten. Insofern sind an den Freizeitraum auch besondere Anforderungen hinsichtlich der Gestaltung zu stellen. Nicht umsonst begibt man sich an Wochenenden und in den Ferien dorthin, wo es „schön" ist. Schöne Landschaften, aber auch schöne Städte, werden aufgesucht; und warum muß heute eine weite, meist anstrengede Reise unternommen werden, um dorthin zu kommen, wo es schön ist? Doch wohl nur, weil das Wohnumfeld in den meisten Fällen alles andere als schön ist. Es brauchte ja auch nach dem Konzept des Funktionalistischen Städtebaus nicht schön zu sein, denn für die Erholung sollten ja gesonderte Bereiche ausgewiesen werden.

Wenn wir also vom Wohnumfeld als Freizeitraum sprechen, so weichen wir von vornherein von diesem Konzept des klassischen funktionalistischen Städtebaus ab. Damit wird zugleich die Frage aufgeworfen, wie es denn mit dem Bereich der Arbeit steht. Soll er vom Wohnbereich nach wie vor abgetrennt bleiben? Und wie sieht das Wohnumfeld für diejenigen aus, für die die Wohnung Arbeitsplatz ist, ich meine jetzt nicht Arzt und Lehrer, sondern vor allem die Hausfrauen. Besteht nicht die Gefahr, daß mit der Themenstellung „Das Wohnumfeld als Freizeitraum" allzu sehr die Sicht des Erwerbstätigen zum Maßstab der Wohnumfeldgestaltung genommen wird, daß beispielsweise auch die Anforderungen, die von Seiten der Kinder an das Wohnumfeld gestellt werden, vernachlässigt werden? — Nun, ich halte es nicht für unzulässig, über das Wohnumfeld als Freizeitraum nachzudenken; nur sollte man sich immer im klaren sein über die Art der einschränkenden Betrachtungsweise.

Nun sollten wir uns dem Begriff Forschung zuwenden. Es ist nicht selbstverständlich, Forschung in Verbindung zu bringen mit Umweltgestaltung. Forschung dient der Erkenntnis. Forschung in ihrer ursprünglichen Form hat mit aktivem Handeln und so auch mit der Gestaltung unserer Umwelt wenig zu tun, ist dem Handeln viel eher entgegengesetzt. Aus der Sicht des Handelnden ist Forschung im eigentlichen Sinne unnütz.

Charakteristisch in diesem Sinne ist die geschichtswissenschaftliche Forschung. Was nützt uns das Wissen, in welchem Jahrhundert oder Jahrtausend Troja erbaut wurde? — Auch die naturwissenschaftliche Forschung war zunächst nicht darauf gerichtet, die Natur zu beherrschen. Die Neugier ist auch hier der Antrieb zur Forschung. Zu wissen, wie die Materie zusammengesetzt ist, zu wissen, welchen Regeln der Lauf der Sterne folgt... Früh wurden aber auch schon immer die Ergebnisse der naturwissenschaftlichen Forschung dazu herangezogen, sich in dieser an sich unwirtlichen Welt besser einzurichten: Die Ergebnisse der Astronomie beispielsweise wurden dazu verwendet, sich auf den Meeren zu orientieren.

Die Erkenntnis, daß man mit systematischer Forschung sehr viel schneller als in den vergangenen Jahrhunderten zu einer Verbesserung der Lebensbedingungen kommen kann, ist noch relativ jung. Die Erfolge, die aus der engen Verbindung von Forschung und praktischer Anwendung der Forschungsergebnisse resultieren, waren ein starker Impuls für die Forschung.

Während uns der technische Fortschritt, der unlösbar mit der naturwissenschaftlichen Forschung verbunden ist, von vielen Zwängen befreit hat, die den Menschen früherer Jahrhunderte bedrängten, von der drückenden Last schwerer körperlicher Arbeit insbesondere, sind auf der anderen Seite neue Problembereiche entstanden, die dem Anschein nach in früheren Epochen kaum existierten, insbesondere Probleme der Gestaltung unserer Umwelt.

Das Wohungsproblem als ein quantitatives Problem konnten wir lösen mit unseren modernen Mitteln. In Jahrzehnten wurde so viel gebaut wie früher in Jahrhunderten. Aber wir sind unzufrieden mit der Qualität unseres Wohnumfeldes. Und was liegt näher, als daß wir uns hilfesuchend an die Forschung wenden, die uns doch in so vielen Bereichen hilfreich war? Dies, obwohl rückblickend festgestellt werden kann, daß mit zunehmender Intensivierung der Forschungsaktivitäten auf allen Gebieten eine Verschlechterung des Wohnumfeldes einhergeht. Zumindest zeitlich ist ein Zusammenhang erkennbar. In den gleichen 100 Jahren, in denen wir einen so deutlichen Aufschwung vor allem der naturwissenschaftlichen Forschung erlebten, können wir einen kontinuierlichen Verfall im Bereich der Stadtbaukunst konstatieren. Ob auch kausale Zusammenhänge zwischen den beiden Erscheinungen bestehen, bleibt offen.

Die Zweifel, ob wir mittels Forschung überhaupt zu einer Verbesserung der Umweltgestaltung kommen können, sollten wir aber vielleicht zunächst einmal zurückstellen. Aber auch der Gegenstand der Forschung zur Verbesserung des Wohnumfeldes ist nicht einfach zu beschreiben; denn es geht ja zunächst um nichts anderes als um die Präzisierung eines Werturteils. Die Mangelsituation im Bereich des Wohnumfeldes ergibt sich aus der unvollständigen Beachtung menschlicher Bedürfnisse. Es müssen also diese Bedürfnisse zunächst erkannt und beschrieben werden. Man sollte meinen, das sei nicht so schwer, und frühere Jahrhunderte wußten offenbar die menschlichen Bedürfnisse richtiger einzuschätzen als wir, auch ohne einen besonderen Zweig der Forschung zur Klärung der menschlichen Bedürfnisse einzurichten. Dem wäre entgegenzuhalten, daß wir unsere Kenntnisse der physischen Bedürfnisse des Menschen sehr verbessern konnten. Vor allem kennen wir die Krankheiten besser, die Krankheitserreger, und wir haben diese Kenntnis auch umgesetzt in Regeln und Maßnahmen, die ein hygienisch einwandfreies Wohnumfeld sicherstellen.

Im Bereich der Hygiene haben wir also ein positives Beispiel für eine erfolgreiche Umsetzung von Forschungsergebnissen in praktische Regeln zur Umweltgestaltung. Die negativen Wirkungen des Lärms auf den Menschen waren demgegenüber bislang offenbar sehr vernachlässigt worden. Hier kommen wir aber bereits an die Grenz des objektiv Nachweisbaren. Zwar haben Untersuchungen ergeben, daß Lärm auch dann gesundheitsschädigend ist, wenn man sich subjektiv daran gewöhnt hat, aber unabhängig davon wirkt Lärm bereits störend, wenn er noch nicht nachweisbar gesundheitsgefährdend ist.

Neben dem Lärm ist die Verkehrsgefährdung ein negativer Aspekt in der Organisation unserer Umwelt. Die Verkehrsgefährdung hat vor allem für die Kinder zu einer gravierenden Verschlechterung des Wohnumfeldes beigetragen. Ihnen wurde der natürliche Bewegungsraum vor der Haustür genommen. Und was für die Kinder schlecht ist, wirkt sich auch für diejenigen negativ aus, die die Kinder zu betreuen haben.

Mit der systematischen Erforschung der Möglichkeit einer Verkehrsberuhigung von Wohngebieten haben wir erst kürzlich begonnen. Dabei wurde auf Methoden der klassischen Naturwissenschaften zurückgegriffen: auf das Experiment. Die Möglichkeit, mit Hilfe von Experimenten Fortschritte im Bereich der Wohnumfeldgestaltung zu erzielen, ist uns aber leider nicht immer vergönnt. Man kann nicht ganze Städte versuchshalber aufbauen und, wenn sie sich nicht bewährt haben, wieder abreißen. Das wäre zu aufwendig. In vielen Fällen müssen wir unser Urteil aufgrund von Plänen und Modellen bilden. Dabei ist die Möglichkeit von Fehlurteilen relativ groß.

Lärmverminderung und Verkehrsberuhigung, das sind Programme zur Verbesserung des Wohnumfeldes, die ähnlich wie die hygienischen Verbesserungen, die wir erreicht haben, eher der physischen Wohnumfeldverbesserung dienen. Als besonders wichtig im Hinblick auf den Freizeitwert des Wohnumfeldes wurde eingangs aber schon die Gestaltung erwähnt. Der schlichte Rundgang im Wohnquartier von einer Viertelstunde, die simpelste der erholsamen Freizeitaktivitäten, ist in den meisten Fällen nicht möglich oder aber nicht nur wegen des Verkehrs so gefährlich und wenig erholsam, sondern auch wegen der gestalterischen Armut so wenig interessant, daß man lieber gar nicht erst vor die Tür geht. Von höheren Ansprüchen, etwa, daß man von der Wohnungstür aus eine halbe Stunde oder gar eine Stunde durch gebaute Stadtlandschaft gehen und dabei etwa noch zwei oder drei Wege zur Wahl haben sollte, ganz zu schweigen.

Die Probleme der optischen Wohnumfeldgestaltung sind besonders schwierig zu lösen. Zugleich werden immer häufiger die modernen Wohnsiedlungen kritisiert, auch wenn am technischen Komfort nichts zu bemängeln ist. Die menschlichen Bedürfnisse im Hinblick auf die Gestaltung sind offensichtlich schwer zu fassen. Sie entziehen sich der wissenschaftlichen Analyse, so hat es wenigstens den Anschein, und daher fällt es auch schwer, gültige Regeln für eine bedürfnisgerechte Gestaltung des Wohnumfeldes zu entwickeln.

Das Besondere an dieser speziellen Mangelsituation ist, daß sie relativ neu ist. Frühere Jahrhunderte hatten offenbar ein natürliches Geschick in der Gestaltung ihrer Umwelt, ein Geschick, das uns abhanden gekommen ist. Hier wäre also zunächst nach den Ursachen der neu entstandenen Mangelsituation zu suchen. Wollen wir nicht nur an Symptomen kurieren und vermeiden, daß wir ziellos herumexperimentieren, so ist die Kenntnis der Ursachen unserer gegenwärtigen Situation sicherlich eine entscheidende Voraussetzung für eine durchgreifende Besserung. Einstweilen gibt es eine Reihe von Vermutungen über die Ursachen unserer Unfähigkeit, die Umwelt zu gestalten. Greifbare Ergebnisse hat die Forschung auf diesem Gebiet jedoch noch nicht geliefert.

Wären die Ursachen unserer Schwäche erkannt, so bleibt dann immer noch offen, ob wir die Kraft besitzen, der Mangelsituation auch tatsächlich zu begegnen, denn irgendwie scheint diese Situation mit dem technischen Fortschritt zusammenzuhängen. Wären wir denn bereit, auf die Bequemlichkeiten zu verzichten, die uns der technische Fortschritt gebracht hat? Man kann das bezweifeln, sollte aber auch nicht von vornherein pessimistisch sein. Vielleicht gibt es Wege, den technischen Fortschritt und die Umweltgestaltung miteinander zu harmonisieren, konkrete Vorschläge liegen allerdings bislang nicht vor.

Forschung und ihre Umsetzung zur Verbesserung des Wohnumfeldes
---

Irene Gerberding-Wiese

1. In der Formulierung dieses Themas steckt der Erwartungshorizont, daß Forschung unmittelbar umsetzbar sei, d.h. der Praktiker sozusagen als Konsument von ihm veranlaßter oder gewünschter oder völlig ungewollter Forschung. Ich möchte daher am Anfang festhalten, daß nach meiner Auffassung Erkenntnis ein Wert an sich ist, und daher Forschung Selbstzweck sein darf. Ich konzediere deshalb der Forschung ihren Elfenbeinturm und meine, daß durch indirekte Übernahme von Erkenntnissen und Schlußfolgerungen vom jeweils am Planungsprozeß Beteiligten, sei er Planer oder Politiker oder Mitglied einer Bürgerinitiative, der Umsetzungsprozeß zwar irrational, aber deswegen nicht weniger fruchtbar sein muß.

2. In früheren Jahrhunderten waren die Forschungsergebnisse der einen Generation Grundlage der Lehre und danach der sich selbstverständlich langsam ergebenden Anwendung der nächsten Generation. Da heute der Ruf nach fehlender Forschung eigentlich immer im Moment einer Entscheidung, die einem nicht genügend abgesichert erscheint, erfolgt, ergibt sich daraus als anderer Zweig der Forschung naturgemäß die Einengung auf zweckgebundene Auftragsforschung, die dann allerdings durch ihre zwangsläufige Laufzeit empirischer Erfassung häufig schon wieder überholt ist bzw. in die Entscheidung nicht mehr einfließt, wenn ihre Ergebnisse vorgelegt werden.

Motivforschung und Erfolgskontrolle fließen aus diesem Grunde — wenn überhaupt vorhanden — kaum in die Praxis ein.

3. Wenn man vom Wohnumfeld spricht, ist dieser Begriff in seiner Abgrenzung noch weitgehend unscharf. Für einige ist es der unmittelbare Wohnungs- und Wohnungseingangsbereich, für den nächsten Haus, Hof und Straße, für den nächsten das Stadtviertel oder Quartier. Darüber hinaus ist die Frage, welche Bedürfnisse das Wohnumfeld befriedigen soll:

Das sind wohl im wesentlichen einmal die Chance für Kommunikation, zum anderen die Möglichkeiten für Spiel.

Kommunikation im Wohnumfeld scheint mir von der jeweiligen Lebensphase und Interessenlage mehr abhängig zu sein als vom Wohnumfeld, zumindest was die gebaute Komponente betrifft. Anders beim Spiel. Bis Jean-Jacques Rousseaus „Emile" war Spiel kein Erziehungsfaktor und damit auch kein Faktor im gesellschaftlichen Bewußtsein. Noch für Schiller war der homo ludens die Inkarnation des künstlerischen Menschen. Erst Fröbel hat Anfang des 19. Jahrhunderts formuliert, daß „Jeder Ort für seine Knabenwelt ein gemeinsamer Spielplatz sein sollte". Pestalozzis

Erkenntnisse über die Notwendigkeiten des Spiels für die Kindererziehung sind nach kaum hundert Jahren in unser Bewußtsein gedrungen, und Maria Montessori hat erst 1907 festgestellt, daß Spiel der Lebensinhalt des Kindes sei. Der erste Spielplatz wurde in Deutschland nach 1922 gebaut, und dieser Tage fiel mir ein Heft über die internationale Gartenausstellung 1963 in Hamburg in die Hände, mit einer Fülle von Vorschlägen für die Ausgestaltung von Spielplätzen, von denen wir heute eine ganze Reihe schon wieder als überholt betrachten, und zwar im wesentlichen deshalb, weil diese Konzeptionen davon ausgehen, daß man das Spielen herauszulösen hat aus dem täglichen Ablauf und parallel zu den übrigen separierten Lebensabläufen wir einen Bereich für das Spielen abgetrennt und nur dieser Funktion zugeordnet haben.

Die Forderung nach Aktivierung des Wohnumfeldes für diese Funktionen des Spielens erscheint mir enorm wichtig. Maria Montessori hat auch gesagt, daß die Eindrücke der Jugendzeit entscheidend seien.

In diesem Sinne hat eine Untersuchung unter Architekten gezeigt, daß sie im allgemeinen die Umwelt ihrer Kindheit nachbauen. Ich kann diesen Satz für meine Person nur bestätigen:

Ich habe meine Kindheit in Berlin verbracht, in einem typischen Gründerjahreviertel des Westens, das eigentlich die meisten der Möglichkeiten bot, die wir heute fordern:

Den umschlossenen grünen Hof, der die Chance für die Begegnung mit anderen Kindern bot und für intime Spiele — wie zum Beispiel Puppenspielen — bestens geeignet war; den Bewegungsraum der Straße für Rollschuhlaufen, Fahrradfahren, Hopsespielen usw.; einen Block weiter einen großen Platz mit Blumen, Rasen und hohen Bäumen, d.h. den Elementen, die der Geschoßwohnungsbau dem Heranwachsenden nicht bot, und noch zwei Straßen weiter einen weitläufigen Sportplatz, auf dem der Rest aller Aktivitäten möglich war.

Merkwürdigerweise war er damals immer geöffnet, man hatte also wohl keine oder andersgeartete Hausmeisterprobleme als heute.

Angesichts mir bekannter Diskussionen um multifunktionale Nutzungen von Schulen und Sporteinrichtungen sowie Öffnungszeiten von Sportplätzen und Zuordnung zu Vereinen oder freien Spielmöglichkeiten scheint es mir oft gar nicht so sehr eine Frage der Planung, sondern mehr eine Frage der Organisation zu sein, ob man eine Verbesserung im Angebot erreicht.

Die Perfektionen des Anspruchs aus jeweils isolierter Sicht ist eine der Gefahren noch so gutgemeinter Schlußfolgerungen empirischer Forschungsergebnisse.

4. In diesem Sinne kann Freizeitforschung nur interdisziplinäre Forschung sein, sonst wird einfach prolongiert, was bisher der Begriff „Freizeit" für Assoziationen auslöste, nämlich Grün- und Freiflächenplanung und die Planung von Einrichtungen aller Art. So isolierte Forschungsergebnisse der einen Disziplin erreichen entweder die andere Disziplin nicht rechtzeitig oder sie werden von der jeweils anderen Disziplin nicht als ausreichend abgesichert angesehen, oder die Frage, wer die Ergebnisse bewertet, sie integriert und die Aussage über ihre Abgesichertheit trifft, bleibt ein Perpetuum Mobile zwischen den einzelnen Fachdisziplinen.

Darüber hinaus sei mir noch eine Anmerkung erlaubt, daß insgesamt die Forschungsberichte für die Praxis zu umfangreich, zu wenig griffig und mit zu wenig machbaren Schlußfolgerungen versehen sind. Um noch einmal den Bogen zum Anfang meines Referates zu schlagen:

Ich meine in diesem Falle nicht „Forschung an sich", sondern begrenzte Auftragsforschung, um in einem überschaubaren Bereich eine ablesbare Aufgabenstellung der Planung als Vorbereitung für Entscheidungen sicherer zu machen, nicht im Sinne von Kochrezepten, sondern bei Zielkonflikten entscheidungssicherer zu machen.

Unter dieser Prämisse der kleinen Schritte würde es dann vielleicht auch möglich sein, die Schnellebigkeit des Theoriewandels und politischer Auffassungen sowie die Änderung finanzieller Ressourcen kurzfristiger abzufangen, denn gerade diese drei Punkte stehen im Gegensatz zur Perfektionierung und zur Überlänge der heutigen Instrumentarien der Bauleitplanung, die eigentlich in den meisten Fällen die Vorbereitung für die Durchsetzung bestimmter Planungsabsichten ist bzw. sein sollte.

5. Die Einigung über das Grobraster von Zielen im Stadtentwicklungsplan ist das eine, die kleinteilige, den Bürger bindende Festsetzung des Bebauungsplanes ist das andere. Wenn die tägliche Erfahrung ist, daß die Rast E eine bestimmte Konzeption von beruhigten Wohnwegen nicht zuläßt, die Bereinigung einer Hofsituation nur über umfangreiche Maßnahmen gemäß Städtebauförderungsgesetz möglich sind, dagegen aber die Anlage eines Kommunikationszentrums zuschußfähig ist, obwohl diese dann bereinigte Hofsituation unter Umständen viel kommunikativer ist als das Zentrum, dann bedarf eigentlich die Verbesserung des Wohnumfeldes sehr viel mehr nach meiner Auffassung unkonventioneller, nicht institutionalisierter — weil dann schon wieder gleich zu perfektionierter und zu schwerfälliger — kleiner Schritte.

Die Verbesserung des Wohnumfeldes ist oft genug gar nicht abhängig von großen Forderungen und Konzepten, wie sie jetzt im Augenblick z.B. mit dem Stadteinfamilienhaus wieder propagiert werden. Bis die Forschungsergebnisse über diese Stadthäuser vorliegen, von Forschungsaufträgen, die jetzt erst vergeben werden sollen — so wichtig das ist — hat man unter Umständen weiter Zeit versäumt, um in punktuellen Ansätzen Bereinigungen zu erreichen.

Verzeihen Sie, wenn ich als Praktiker und mit Erfahrungen aus unzähligen Bürgerversammlungen darauf hinweise, daß oft genug die Anlage von Mülltonnen, die unzulängliche Beleuchtung, die wilden Kippen, die fehlende Ampel für den Schulweg oder die zu großen Intervalle abends bei den Busfahrzeiten die Qualität des Wohnumfeldes bei den Betroffenen entscheidender beeinflussen und insgesamt deutlicheres Engagement auslösen.

Das heißt also m.E., wenn in einem Wohnviertel die Infrastruktur, die Straßen, Gärten, Höfe usw. im Zusammenwirken von öffentlicher Hand und Eigentümern und Betroffenen verbessert wird, dann ist dieses Wohnumfeld auch für die Freizeit der dort Wohnenden interessant. Mir scheint die Verbesserung des Wohnumfeldes nicht durch eine weitere

Verbesserung von konventionellen Freizeitangeboten erreichbar zu sein.

6. Insoweit ist die Verbesserung des Wohnumfeldes im Kontext zur Stadtflucht zu sehen, sie scheint mir jedoch nur einen Teilbereich dieser Entwicklung zu erfassen. Auswirkungen des Bewußtseinswandels durch unsere mobile Gesellschaft nehmen wir im Städtebau nicht zur Kenntnis bzw. wollen wir nicht zur Kenntnis nehmen. Wir orientieren uns immer noch an Stadtbildern des Mittelalters, beschwören die Identität mit dem Quartier, und leugnen angesichts des Zieles „Nachbarschaft", daß auch Anonymität einmal ein erklärtes emanzipatorisches Ziel der Großstadtbewegung war.

Ich möchte mit der Aufreihung dieser Widersprüche nicht die Themenstellung des heutigen Tages in Frage stellen, sondern für meine Anfangsthese noch einmal werben, daß Programmhilfen für überschaubare Aufgabenstellungen, wenn sie in dieser Form von der Forschung geleistet werden, bei der Umsetzung in gebaute Wirklichkeit hilfreich sein können. Begleitende Forschung für ganz bestimmte Projekte wären in diesen Zusammenhang begrüßenswert. In Essen ist das z.B. zum Teil erfolgt bei der Verwirklichung der Fußgängerzonen. Durch die Aufeinanderfolge von Phasen der Ausstattung in verschiedenen Qualitätsniveaus konnten Verwaltung, Politiker und betroffene Bevölkerung besser an das Problem herangeführt werden, konnte über einen gewissen Zeitablauf Gewöhnung erfolgen und konnte aus der jeweils vorangegangenen Stufe die Schlußfolgerung zum Weitermachen oder zum Revidieren gewisser Planungen führen. Die Mitwirkung der Betroffenen ist in solchen Fällen sicherlich eine notwendige Voraussetzung, spricht aber auch wieder für die Ausrichtung auf ein überschaubares Projekt.

7. Die Beteiligung der Betroffenen für Teilbereiche führt jedoch dann zu Schwierigkeiten, wenn bei abgesicherter, fachlicher Erkenntnis als Fazit aus Forschungsergebnissen ein Umsetzen gegen gesellschaftliche Kräfte beabsichtigt ist. Ich darf ein Beispiel nennen:

In einem Stadtviertel Essens, in der Nähe der Innenstadt, mit einem für Essener Verhältnisse hohen Grünanteil und insbesondere hohen Anteil an Kleingärten, mit ausreichender Erschließung und einigermaßen ausreichender Ausstattung an Infrastruktur, offensichtlich zum Teil überalterter Bausubstanz und einseitiger Bevölkerungsstruktur, ist eine überproportional hohe Abwanderung seit Jahren zu verzeichnen.

Aus der durch Forschungsvorhaben verschiedener Art nachgewiesenen Erkenntnis, daß die mobilere, die jüngere und die finanzkräftigere Bevölkerung abwandert, wollte die Stadt die Schlußfolgerung ziehen, durch Neubauvorhaben dieser Entwicklung entgegenzuwirken.

Diese Neubauvorhaben können nur auf heutigen Freiflächen errichtet werden, d.h. auch auf Kleingartenflächen. Angesichts dieses konkurrierenden Flächenanspruchs wurden z.B. vorzeitige Zusagen an die Kleingärtner gemacht, die verändernde Schlußfolgerungen aus wissenschaftlichen Erkenntnissen außer acht lassen. Wobei keineswegs in Frage gestellt werden soll, daß Kleingärten sinnvoll sind, nur ob sie notwendigerweise an diesem Standort sein müssen, ist hier die Frage, was das Verhalten der Bewohner mehr beeinflussen wird, da man ja bisher trotz vorhandener Kleingärten offensichtlich abgewandert ist.

Das Verhalten der Menschen im Raum ist wohl über statistische Größen in der Forschung in dieser oder jener Richtung interpretiert worden oder interpretierbar, aber die empirische Sozialforschung vermag dem Städtebauer deshalb immer noch nicht zu sagen, welche Maßnahmen welche Auswirkungen haben werden.

Daher verbleibt auch die Frage der Umsetzung von Forschungsergebnissen im spekulativen Bereich.

Forschung und ihre Umsetzung zur Verbesserung des Wohnumfeldes

Felizitas Romeiß

Ich möchte meine Ausführungen mit einer provokativen These beginnen: Die mit diesem Kongreß zu einem Chor angeschwollene Diskussion über „Das Wohnumfeld als Freizeitraum" trifft die städtische Lebenswirklichkeit der meisten Menschen in den Großstädten nicht oder nicht mehr. Die Freizeit im Wohnumfeld ist subjektiv eine Notlösung für diejenigen, die es sich z.Zt. oder überhaupt nicht leisten können, nach draußen zu fahren. Wenn sie es könnten, täten sie es sofort.

Die bisherigen Planungen und Maßnahmen zur Verbesserung des Wohnumfeldes haben keine wesentliche Linderung schlechter innerstädtischer Wohnverhältnisse bewirkt. Dies konnten sie nicht, weil sie von ebenso falschen Prämissen ausgingen wie die einschlägige Forschung, aus denen die Planungsempfehlungen z.T. resultierten.

Ich stelle also die bisherigen wissenschaftlichen Ansätze zur Erforschung der Freizeit im Wohnumfeld in Frage (incl. unserer eigenen Untersuchungen). Ich tue das nicht nur aus intellektuellem Sport, sondern auch aus einem teilweise empirisch erhärteten Verdacht heraus: Wenn wir das Schwergewicht der Diskussion auf Freizeit im Wohnbereich legen, so gehen wir doch stillschweigend davon aus, daß das Wohnumfeld überhaupt eine wesentliche Bedeutung für die Freizeit haben kann. Diese Annahme ist vielleicht zu naiv.

Zwar sind die 70 % Freizeit, die im Wohnbereich verbracht werden, inzwischen eine Standardformel. Hier wird aber oft vergessen, daß es sich um die Wohnung, das Haus selbst handelt, weniger um Nachbarschaft und Wohnquartier. Deren Bedeutung ist nämlich im Bewußtsein und de facto gering. Und ich frage mich, ob nicht vor der Forderung nach Verbesserung des Wohnumfeldes als Freizeitraum erst einmal eine Klärung des Stellenwertes des Wohnumfeldes für die Identifikation der Bewohner erfolgen müßte. Denn es kann ja sein, und auch hierfür gibt es Forschungsergebnisse als tendenzielle Bestätigung, es kann ja sein, daß heute niemand mehr auf sein Wohnquartier bezogen lebt, sich nicht mehr damit identifiziert. Es spricht vieles dafür, daß die Menschen ihre Wohnumwelt nur noch im engsten Bereich erleben — also die Wohnung, der Blick aus dem Fenster und der Hauseingang —, daß aber ansonsten das Bewußtsein der räumlichen Umwelt eher in Schneisen über die ganze Stadt sich zieht, als flächendeckend etwa das Wohnquartier zu umspannen.

Sicher, Bürgerinitiativen im Wohnbereich, Stadtteilfeste u.ä. deuten eher auf das Gegenteil hin. Hier manifestiert sich durchaus der Wille, Wohnumwelt anzunehmen und das Wohnquartier mitzugestalten. Die Hoch-Zeit dieser Bewegungen ist jedoch schon wieder vorbei und es sind Einzelfälle geblieben. In den meisten ganz normalen Wohnquartieren — also weder stilisierte Arbeitersiedlungen noch von Intellektuellen durchsetzte Gründerzeitviertel, noch problematische Stadtrandsiedlungen —, in den gewöhnlichen städtischen Wohnvierteln gibt es zwar distanzierte Beziehungen zur Nachbarschaft und funktionale Beziehungen zum Einkaufen, zur Schule, zur Arbeit. Darüber hinaus ist aber das Bewußtsein vom eigenen Quartier gering, man identifiziert sich nicht emotional als Bewohner des Quartiers, sondern allenfalls als Bewohner der Stadt. (Und es gibt eine wachsende Anzahl von Menschen, die nicht einmal dies vorweisen können.)

Kann also in der „mobilen Gesellschaft" das Wohnumfeld überhaupt noch eine so große Rolle spielen, wie ihm auch durch diesen Kongreß öffentlich zugewiesen wird? Kann es in der „mobilen Freizeitgesellschaft" für die Freizeit der Stadtbewohner mehr als Lückenbüßer und Notlösung sein?

Mit dieser Frage ziele ich auf eine wesentliche Forderung ab: Freizeitforschung darf nicht isoliert die Freizeit untersuchen. In den sich fortlaufend verstädternden Gesellschaften muß sie den gesamten Verstädterungsprozeß in seinen Auswirkungen auf einen Freizeitbereich — hier also das Wohnumfeld — zu begreifen versuchen.

Dazu gehören die räumlichen und ökologischen Auswirkungen etwa von Verkehrsplanungen (und deren Zusammenhang mit den Produktionsziffern der Autoindustrie!), von Gewerbeansiedlungen (und deren Zusammenhang mit den Steuereinnahmen der Kommunen!), von übergeordneten Gesichtspunkten der Landesplanung und Raumordnung (und deren hauptsächlich makroökonomischen Prioritäten!). Dazu gehören Änderungen in Werthaltungen und Lebensstilen, die die Verstädterung mit sich bringt, soziokulturelle Auswirkungen also.

Dazu gehören auch politökonomische Zusammenhänge, denn der Schwerpunkt „Freizeit im Wohnumfeld" wurde stadtentwicklungspolitisch relevant im Zusammenhang mit dem Verlust von Steueranteilen und Wählerpotential der Kernstädte durch Abwanderung der Mittelschichten über die Verwaltungsgrenzen. Wenn sich dieser Trend als *unumkehrbar* erweist, wird es wohl auch um die Freizeit im Wohnumfeld ruhiger werden.

Lassen Sie mich die Forderung, daß Freizeitforschung ein Bestandteil der allgemeinen Erforschung des gesamten Verstädterungsprozesses sein und ihre analytischen Ansätze auch in diesen globalen Prozeß einspeisen muß, wenn sie zur Verbesserung des Wohnumfeldes wirklich etwas beitragen will, an einem Beispiel begründen:

Die innerstädtischen Wohnbedingungen, in denen die Freizeitqualitäten allgemein als am schlechtesten beurteilt werden, sind häufig identisch mit Modernisierungszonen oder Sanierungsgebieten. Interessanterweise wird in den beiden hierfür einschlägigen Gesetzen auf die Eignung eines Sanierungsgebietes als Freizeitraum gar nicht explizit verwiesen, im § 3 (2) c des STBauFG nur unter infrastruktureller Erschließung (Grünflächen, Spiel- und Sportplätze).

Trotzdem können Sanierungs- und Modernisierungsmaßnahmen, wenn sie nicht — wie häufig — auf die Wohngebäude selbst beschränkt bleiben, das Wohnumfeld zum Freizeitraum machen, ohne daß eigens Freizeitplanung betrieben werden müßte. Die Gestaltung von verkehrsberuhigten Zonen, von entrümpelten Hinterhöfen, von Bürgersteigen, Vorgärten und Fassaden, Standorte und Erreichbarkeit von Läden und öffentlichen Einrichtungen, die Verkehrsführung im Gebiet — all das vermag es, bereits einen Freizeitraum herzustellen, ohne daß in den Planungsmaßnahmen überhaupt der Begriff Freizeit ein einziges Mal auftaucht. Sie tragen vielleicht mehr zur Problemlösung bei als „Freizeiteinrichtungen", weil sie den Aufenthalt im Quartier allgemein angenehm machen, aber nicht „Freizeit-Nutzung" erzwingen durch definierte soziale Zielgruppen, über die man sich in diesen Gebieten so sicher gar nicht sein kann, weil die Bevölkerung stark fluktuiert bzw. sich austauscht. Das setzt allerdings voraus, daß von der Freizeitforschung gegenüber Planer und Verwaltung belegt wird, z.B.

● daß Grün, Ruhe, gute Luft die primären Freizeitbedürfnisse erfüllen und nicht durch Infrastruktur kompensiert werden können, daß also Störfaktoren wie Verkehrs- und Gewerbeimmissionen, zu dichte Bebauung oder zu viele verbetonierte Flächen in einem übergreifenden Konzept bearbeitet werden müssen;

● daß die unverbindliche Benutzung des Straßenraumes, zumal für Kinder und alte Menschen, aber auch für Erwachsene, mehr bedeutet, als das schönste Kommunikationszentrum.

Aber in diese Bereiche der Planung stößt die Freizeitforschung nur selten vor, weil sie sich zu sehr auf Freizeit spezialisiert und sich nicht als Vorkämpfer für eine allgemein lebenswerte Umwelt versteht. So bedarf es in der Praxis schon sehr viel Wohlwollens des einzelnen Planers und Beamten, auf die Frage „Freizeit" nicht nur mit einem Spielplatz und einem Grünstreifen zu reagieren. (Fragen Sie mal einen Stadtgartendirektor, welche Argumente er im Konfliktfall mit dem Verkehrsplaner auf der Hand haben müßte!)

Freizeitforschung, angewandt auf die Verbesserung des Wohnumfeldes, löst sich auf der Seite des wissenschaftlichen Ansatzes also zwangsläufig auf in die Erforschung von Bedingungen und Bedürfnissen des Wohnens unter verstädterten Lebensverhältnissen. Damit bleibt die Anwendung der Freizeitforschung in der Planungspraxis auch nicht mehr verwiesen auf die „grüne Ecke", sie kann mit weniger naiven und langfristig tragfähigeren Planungskonzepten beitragen als bisher.

Freizeitforschung unter diesem notwendigen, erweiterten Ansatz gesehen, ist Sozialforschung als Grundlage sozialer, humaner Stadtplanung und Stadtentwicklung.

Sie werden feststellen, daß es nichts Neues ist, daß alles mit allem zusammenhängt. Ich betone diese umfassende Rolle der Freizeitforschung jedoch deswegen so, weil „Freizeit" im allgemeinen Wissenschaftsbetrieb kein ernstzunehmendes Untersuchungsobjekt ist. Sich *arbeitend* mit Freizeit zu beschäftigen, ist für ernsthafte Intellektuelle anscheinend ein schwer zu ertragender Widerspruch. Das akademische Gewicht — aber auch das politische — von Freizeitforschung wird bei der Definition als Sozialforschung für humane Lebensverhältnisse vielleicht deutlicher.

Forschung und ihre Umsetzung zur Verbesserung des Wohnumfeldes

Resümee der Gruppendiskussion*
Frauke Höbermann

Das Gespräch entzündet sich an der provokativen These von Felizitas Romeiß, die eine Existenz des Wohnumfeldes im Bewußtsein der Bürger infragestellte. Das Wohnumfeld als Freizeitraum bestimme nicht oder nicht mehr die Lebenswirklichkeit der meisten Menschen in den Großstädten, sondern sei, so Felizitas Romeiß, eine subjektive Notlösung für diejenigen, die es sich nicht leisten könnten, nach draußen zu fahren. „Wenn sie es könnten, täten sie es sofort."

Frau Romeiß geht vielmehr davon aus, daß sich 70 % Freizeit, die im Wohnbereich verbracht werden, nicht so sehr in der Nachbarschaft und im Wohnquartier abspielen, sondern in der Wohnung und im Haus selbst. „Es spricht vieles dafür, daß die Menschen ihre Wohnwelt nur noch im engsten Bereich erleben — also die Wohnung, der Blick aus dem Fenster und der Hauseingang, daß aber ansonsten das Bewußtsein der räumlichen Umwelt eher in Schneisen über die ganze Stadt sich zieht, als flächendeckend etwa das Wohnquartier zu umspannen."

Die These unterstrich auf der einen Seite die Bedeutung der Integration von Wohnumfeld, Wohnquartier, Stadt und Region in der planungsbezogenen Forschung; auf der anderen Seite wurde sie von den Teilnehmern der Diskussion stark angezweifelt und teilweise durchaus widerlegt.

Zunächst bemühte man sich um eine Definition des Begriffes Wohnumfeld. Von den Praktikern aus Stadtplanung und begleitender Forschung eingebrachte Erfahrungen deuteten z.B. auf eine von Soziologen und Psychologen oft überschätzte Bedeutung von Sozialkontakten hin: Hier hatte man vielmehr festgestellt, daß Grün, und zwar benutzbares Grün, eine viel größere Rolle spiele als alles, was Planer und Sozialforscher an kommunikativen Faktoren im Zusammenhang mit Ortsbezogenheit ermittelten bzw. voraussetzten. Auch der Begriff der Ortsbezogenheit wurde kritisch überprüft: Handelt es sich bei der schlichten „Benutzung" eines Quartiers und seiner Einrichtungen bereits um „lokale Ortsbezogenheit", also eine gewisse Form der Identifikation mit dem Quartier oder dem Wohnumfeld? Oder bedeutet das einfach, daß die Bewohner sich eingerichtet haben und ihr Wohnumfeld „annehmen"?

Aus dieser Unsicherheit ergab sich ein erster Fragenkomplex für künftige Forschung im Zusammenhang mit dem unmittelbaren Wohnumfeld: Gibt es überhaupt lokale Ortsbezogenheit in bezug auf das Wohnquartier, existiert so etwas wie Identifikation mit dem Quartier? Wenn ja — wie kann man das im einzelnen ermitteln, welche Meinungen und Verhaltensweisen von Bürgern dokumentieren lokale Ortbezogenheit und Identifikation mit dem Wohnumfeld? Als eine Voraussetzung für Untersuchungen in diesem Bereich wurde das Ensemble von Quartiersbedingungen als konzeptionelle Basis genannt: diese Bedingungen müßten erneuerbar, politisch abprüfbar und transparent gemacht werden.

Weiter wurde die Ermittlung von Funktionen des Wohnquartiers als wichtiger Ausgangspunkt für ein Grundlagenkonzept genannt: Vor dem Hintergrund der Polarität von Öffentlichkeit und Privatheit sollte ein Erkenntnisverfahren entwickelt werden, das Aussagen über die gesellschaftliche Rolle von Wohnumfeldern ermöglicht und die Folgen von Fortschreibung einmal fixierter Planung zu demonstrieren vermag.

An dieser Stelle verlagerte sich das inhaltliche Schwergewicht der Diskussion auf das Problem von Forschung und anschließender Planung als politischem Geschäft: Wenn verfestigte Verhaltensstrukturen Ergebnisse bestimmter politischer Zielsetzungen sind, weil einmal fixierte Planungsgrundsätze und -tendenzen starre, unveränderbare Vorgaben darstellen, dann sind Konzeptionierungen grundsätzlicher Art nötig, will man qualitativ bessere und funktionierende Wohnquartiere erhalten bzw. überhaupt erst entwickeln.

Ebenso wurde die Forschung und anschließende Planung für das Wohnumfeld, für das Quartier als integrierter Bestandteil von übergreifenden gesamtgesellschaftlichen Untersuchungen zum Problem des Lebens in der Stadt und zu den Fragen des Wohnwertes und der Lebensqualität gesehen. Insofern wurde die einleitend zitierte These von der Wohnfunktion „in Schneisen in die ganze Stadt" — und man könnte hinzufügen, in die Region hinein — durchaus als Basis für eine Diskussion über Wohnumweltqualitäten in bezug auf den Freizeitwert eines Quartiers angenommen.

Doch gleichzeitig wiesen mehrere Diskussionsbeiträge sehr deutlich auf die Bedeutung der „kleinteiligen" Aufarbeitung von Quartiersproblemen hin und unterstrichen in diesem Zusammenhang auch die Wichtigkeit der Forschung im überschaubaren Bereich. Erfahrungen aus Stadtteilplanungen in Köln und Hamburg haben gezeigt, daß das Quartier lebt und daß es sich lohnt, diesen abgegrenzten Lebensbereich zu „beforschen". Fragen wie die nach der Ermöglichung der Integration neuer sozialer Gruppierungen in gewachsene Sozialstrukturen oder die nach den Abläufen von Entscheidungsprozessen ließen sich — darüber war sich ein großer Teil der Diskussionsrunde einig — am besten in der Überschaubarkeit eines Wohnquartiers beantworten. Hier wurden die zukünftigen Aufgaben der Forschung zum Thema „Wohnumfeld als Freizeitwert" gesehen.

Mit der Entdeckung des kleinen, eng begrenzten Raumes als Forschungsgegenstand wurden auch neue, „unorthodoxe" Formen der Forschung entdeckt. Wieder waren es die Praktiker aus Planung und Verwaltung, die jenen Sachverstand entdeckten, der aus Betroffenheit resultiert und eine dringend notwendige Ergänzung zum etablierten Sachverstand der Planer am grünen Tsch ist. Erfahrungen, die in

---

* Die Ergebnisse der Beratungen in den Arbeitsgruppen sind jeweils von einem Moderator und einem Dokumentator zusammengefaßt worden. Soweit diese Zusammenfassungen nicht gleichlautend waren, ist neben dem Moderatorenbericht im Plenum auch der textliche Beitrag des Dokumentators abgedruckt worden. Er stellt mit den Ausführungen des Moderators gemeinsam das Arbeitsgruppenergebnis dar.

Wohnquartieren gemacht werden, Untersuchungen der Hintergründe von Bürgeraktionen, informelle Befragungen, teilnehmende Beobachtung und Aktionsforschung als Möglichkeiten, die Wirkungszusammenhänge von Stadtteilen zu erforschen, wurden ausführlich diskutiert. Wo bereits Erfahrungen mit solcher Art der Forschung gemacht wurden, schien bewiesen, daß auf diese Weise zumindest ein Ansatz erkennbar ist, der es ermöglicht, die Isolation von Fachplanungen aufzuheben und die Ergebnisse von Forschung — welcher Art sie nun auch sein mögen — nicht nur formal in die Planung einzubringen, sondern auch tatsächlich in Enscheidungshilfen zu übersetzen.

Freizeit '78   Arbeitsgruppe 5
Bürgerbeteiligung bei der Gestaltung des Wohnumfeldes / Bürgernahe Verwaltung, Bürgerinitiative und ihre Erfahrungen / Bürger verändern ihren Stadtteil

Jürgen Heckmanns

1. Vorstellung der Struktur des Viertels St. Josef, Krefeld

Das Viertel, in dem die Bürgerinitiative „Rund um St. Josef" seit gut vier Jahren arbeitet, liegt am südwestlichen Rand der Krefelder City. Die Bewohner dieses citynahen Wohngebietes erfahren tagtäglich die wachsenden Probleme, die Versäumnisse der Stadtplanung, die Verwüstung und Zerstörung von Wohnraum und Wohnumfeld.

● Mit 365 Einwohnern pro ha ist dieser Stadtteil das dichtest besiedelte Gebiet Krefelds.

● Gut erhaltene Bausubstanz aus der Jahrundertwende — in der Statistik als überaltert gekennzeichnet — verkommt, 60 % der Wohnungen sind dringend modernisierungsbedürftig. Nur 10 % der Eigentümer dieser Häuser wohnen in ihren Häusern und 55 % der Wohnungseigentümer sind über 60 Jahre und haben ein Einkommen von unter DM 20.000,—, das zu 50—80 % aus Mieteinnahmen besteht. Die Bereitschaft, zu modernisieren, ist aus diesen Gründen sehr gering. Bei den durchgeführten Modernisierungen wurden großzügige Wohnungen parzelliert, um mehr Gewinn zu machen. 40 % der Wohnungen sind Einpersonenhaushalte.

● Viele Deutsche sind an den Rand der Stadt gezogen, da ihnen das niedrige Ausstattungsniveau der Wohnungen und vor allem die gesunkene Attraktivität des Umfeldes ein Leben in der Stadt unerträglich machten. Wirtschaftlich schwächere Gruppen, vor allem alte, blieben im Quartier zurück. Eingezogen sind Ausländer — im Laufe von 7 Jahren hat sich der Ausländeranteil von 9,9 % auf 35 % im Viertel erhöht —, deren Wohnansprüche gering sind und die sich nicht beschweren, wenn das Wohnumfeld schlecht ist. Durch die umgebenden Sanierungsgebiete Süd I und Süd II beschleunigt sich die verhängnisvolle Entwicklung dieses Gebietes. Die ausquartierten Mieter von Süd I und Süd II wählen das nahegelegene Viertel Rund um St. Josef als Ersatzquartier und lassen andere flüchten, die sich im Viertel nicht mehr wohlfühlen.

● Dem Viertel fehlt es an Kommunikationsräumen für Deutsche und Ausländer. Hinsichtlich der Grünanlagen, Ruhezonen, Sportstätten ist die Infrastruktur miserabel, besser gesagt, katastrophal. Die Spielplätze sind auf kleinen Reste-Flächen eingerichtet, umgeben von starkem Verkehr, und werden dem Ansturm und den Ansprüchen der Kinder in keiner Weise gerecht.

● Das Viertel ist zugunsten von Planungen und Bebauungen in der City und in den Randgemeinden der Stadt seit Jahrzehnten völlig ins Abseits gestellt worden. Als Vertreter der Bürgerinitiative zum ersten Mal die Pläne für die Sperrung von Straßen vorlegten, fragte man uns in der Verwaltung, wo diese Straßen denn lägen.

2. Gründung der Bürgerinitiative

Vor 4 Jahren bin ich mit meiner Frau und meinen beiden Kindern in dieses Viertel gezogen, das ich in meiner Jugend lieben gelernt hatte. Wir haben eine große schöne Wohnung im elterlichen Haus.

Mit Entsetzen nahm ich die Veränderungen auf den Straßen und in den Häusern wahr. Meine Frau und ich besuchten die Nachbarn. Die meisten hatten resigniert und wollten wegziehen. Ab und zu hatten sich einzelne ein Herz gefaßt und hatten bei der Stadtverwaltung angerufen, um gegen den Lärm und gegen die Verwahrlosung zu protestieren. Es hatte nichts genutzt. Die Vielzahl der Probleme entmutigte und die Gewöhnung an die schlimme Situation desensibilisierte. Deshalb war es wichtig für uns, die wir neu dazukamen, ein einzelnes Problem herauszugreifen, das viele betroffen machte, und schnell zu handeln.

Als Eltern und Pädagogen hatten wir vor allem die Spielsituation der zahlreichen Kinder im Viertel als makaber erlebt. Zwischen den parkenden Autos auf schmalen Bürgersteigen und auf einem völlig verdreckten, mit Eisengittern bestückten 240 qm großen „Spielplatz", der von drei Verkehrsstraßen umgeben war, versuchten die Kinder und Jugendlichen, Rad zu fahren, zu hinkeln und Fußball zu spielen. Die wenigsten Kinder im Viertel haben ein Kinderzimmer und sind deshalb auf öffentlichen Spielraum angewiesen. Wir luden zu einer Versammlung in der Schule ein. 20 Betroffene kamen. Sechs der Anwesenden bildeten eine Aktionsgruppe. Sie konkretisierten die in der Versammlung angesprochenen Vorschläge in Plänen und knüpften die ersten Kontakte mit den Politikern und der Verwaltung.

Durch Mundpropaganda und durch die Verteilung von Handzetteln war vielen im Viertel die Aktion bekanntgeworden. Zur nächsten Versammlung kamen 100 Personen. Vertreter der Fraktionen, der Verwaltung und der Presse nahmen teil.

3. Konzept der Bürgerinitiative

Unsere Forderungen waren:

● keine Reparatur des Spielplatzes, da sie nur oberflächliche Verschönerung und keine grundsätzliche Verbesserung des Spielens geleistet hätte.

● Herstellung eines Freiraums durch Sperrung von zwei Straßen und Einbeziehung eines Schulhofes sowie eines Sakristeivorplatzes. Anstelle von bisher 240 qm waren 6000 qm Spielfläche vorgesehen. Der Bereich sollte Kommunikations- und Spielraum für alle sein. Differenzierung der Freifläche und verschiedene Angebote waren eingeplant. Auch das Parkproblem war durch neu einzurichtende Abstellflächen zu lösen.

— Dieses Konzept eines Freiraums konnte nur ein erster Ansatz sein. Gerade in dem mangelnden Verbund mit andren kommunikationsfördernden Maßnahmen (z.B. Verkehrsberuhigung) und in dem Mangel an anderen Spielräumen im Viertel lag, wie sich später herausstellte, eine große Gefährdung für die realisierte Einzelmaßnahme.

4. Die Arbeit der Bürgerinitiative

a) Spielpädagogische Arbeit

Die Aktionsgruppe schlug vor, nicht auf den Tag X zu warten, an dem unsere Forderungen evt. erfüllt würden, sondern die Zwischenzeit zu nutzen, um Nachbarschaftshilfen aufzubauen und spielpädagogisch tätig zu werden.

Durch die neuen gemeinsamen Aufgaben, die sich einige Familien gestellt hatten, lernten sie ihre Lebensbedingungen kennen, tauschten Erfahrungen aus und stellten fest, daß sie viele gemeinsame Nöte hatten, wie Wohnprobleme, Schwierigkeiten mit der Beziehung zu Ausländern, Belästigung durch Verkehrslärm und Informationsmangel in Erziehungsfragen.

An den Vorbereitungen zu den Spielnachmittagen und bei den Aktivitäten mit den Kindern erkannten die Eltern ihre Fähigkeiten, zu organisieren, mit anderen zu kooperieren und zu spielen. Sie bauten manches Vorurteil gegenüber ausländischen Kindern und Jugendlichen ab. Im Kontakt mit ihnen erlebten sie, wie viel an Aggressionen aus Nichtverständnis resultierte.

b) Umgang mit Behörden

Die Auseinandersetzung mit den Politikern und der Verwaltung lief parallel zur spielpädagogischen Arbeit. Wir mußten den Umgang mit den Behörden lernen. Aus den vielen Verhandlungen, den zahllosen Telefonaten und dem regen Briefwechsel haben wir Erfahrungen sammeln können.

- Aggression und Unverschämtheiten auf beiden Seiten sind Zeichen von Unsicherheit. Beide Parteien wissen nicht recht, wie sie das Gegenüber einschätzen sollen. Die „Bürgernähe" wird zu selten inhaltlich praktiziert.

- Ein David-Goliath-Verhältnis führt zu keiner langfristigen Arbeit. Wenn es dem David einmal gelingt, den Goliath zu besiegen, so ist der Sieg mehr als ein augenblicklicher zu werten. Dagegen läßt eine partnerschaftliche Einschätzung eine Kooperation zu. Erst dann können die Bürger mitplanen und als Betroffene Alternativen einbringen, ohne daß sie aus Angst vor Machtübernahme oder aus Neid abgeblockt werden.

- Eine Hinhalte- und Abwartetaktik von Seiten der Stadt ist für beide Seiten verhängnisvoll. Die Aggressionen der Bürger und auch die Resignation werden verstärkt, die Problemlösungen werden verzögert.

- Die Reduktion auf Einzelmaßnahmen schafft bei dem Bürger das Gefühl, ohne Perspektive im Viertel zu leben, umfassende Konzepte müßten zusammen entwickelt werden, wobei eine sinnvolle Sozialplanung die Bauplanung begleiten müßte.

c) Öffentlichkeitsarbeit

Die für eine Bürgerinitiative entscheidende Öffentlichkeitsarbeit verlief gleichzeitig auf mehreren Ebenen.

- Information der Bewohner auf Versammlungen und Informationsnachmittagen, durch Vorträge, Gespräche, Unterschriftensammlungen und Handzettel, Fotos, Filme, Befragungen, eigene Stadtteilzeitung, auf Stadtteilfesten und Weihnachtsbazaren.

- Information der Krefelder durch die Presse, durch Plakate und durch Borschüren der Bürgerinitiative.

- Information über Krefeld hinaus durch Fernseh- und Radiosendungen, durch überregionale Zeitungen und durch Treffen und Kongresse.

Wichtig war für uns eine kontinuierliche Öffentlichkeitsarbeit, um dauernd der Bevölkerung und den entsprechenden Ämtern und Politikern die Dringlichkeit des Anliegens klarzumachen.

d) Zusammenarbeit mit Architekten

Bei der Planungsphase, in der es um Details ging, konnte die Bürgerinitiative auf den Sachverstand eines Architektenteams zurückgreifen, das sich bereiterklärt hatte, uns umsonst zu beraten.

5. Realisierung

Die Stadt konnte unserem ersten Plan, die Straßen für den Verkehr zu sperren, nicht zustimmen; ein Bebauungsplan mußte aufgestellt werden; die Kosten, zunächst auf DM 100.000,— geschätzt, schnellten durch die erforderlichen Tiefbauarbeiten und durch die neuen Beleuchtungen auf DM 600.000,—. Diese Summe aber hätte das Projekt, wenn nicht zu Fall gebracht, so doch lange auf Eis gelegt. Nur dadurch, daß der Plan der Bürgerinitiative, abgesprochen mit den verschiedenen Ämtern der Stadt, ins Konjunkturförderungsprogramm des Landes NRW kam, konnte das Projekt mit einigen Kompromissen, die durch Kirche und Schule erzwungen wurden, nach zwei Jahren harter Arbeit erstaunlich schnell ausgeführt werden. Wir hatten Glück gehabt, denn ohne das Geld vom Land (DM 450.000) hätten wir lange warten können!

- Während des Um- und Ausbaues wurde an der Anlage ein Ladenlokal frei. Die Bürgerinitiative mietete es; die Miete wird auch heute noch durch Spenden der Mitglieder und deren Verwandte und Bekannte bezahlt. Wir haben einen eigenen Raum! Nach einer sehr frohen Zeit der gemeinsamen Renovierung und Umstrukturierung des Ladens zu einem gemütlichen Treffpunkt für uns und die Jugendlichen und Kinder konnten wir zum ersten Mal bis in die Nacht hinein ungestört über Probleme spechen und Strategien zur Veränderung entwickeln.

Mit erstaunlichem Elan wird seit Mai 1976 von einer Gruppe Eltern ein Kursprogramm für 3- bis 14jährige durchgeführt. Die Kinder und Jugendlichen haben die Möglichkeit, in den nachmittäglichen Kursen zu kochen, zu malen, zu nähen, Holz zu bearbeiten, Geschichten zu erzählen, zu filmen, zu drucken, Theater zu spielen und zu plastizieren. Die Inhalte sollen, so weit es geht, mit der Umgebung der Kinder, mit dem Wohnen und Leben im Viertel zu tun haben. Neben handwerklichen Fertigkeiten sollen sozial kreative Fähigkeiten entwickelt werden. Gerade bei den Kindern kann die Integration der Deutschen und Ausländer gefördert werden.

Die Kurse werden von den Eltern geleitet: Zwei Schreiner machen einen Holzkurs, zwei Mütter kochen, eine Lehrerin und eine Mutter malen, ein Künstler druckt, ein Medienpädagoge filmt und leitet den begleitenden Vater an. Die Eltern werden zu öffentlichen Eltern und vermitteln ihre Fertigkeiten und Kenntnisse nicht nur an ihre Kinder, sondern auch an die anderen.

Die Eltern bilden sich in Wochenendseminaren weiter und treffen sich regelmäßig zu Gesprächen über Ziele und Inhalte der Kurse.

Dozenten aus Jugendkunstschulen — ein Modell außerschulischer ästhetischer Erziehung in NRW — kamen und machten auf der Anlage und in den Räumen der Bürgerinitiative mit ihren Studenten Praktika. Sie machten uns darauf aufmerksam, daß wir wie eine Jugendkunstschule arbeiten und Gelder von Stadt und Land verlangen könnten. Zu diesem Zweck mußten wir einen e.V. bilden. Für einige der Mitglieder eine bittere Pille, da sie Angst vor Vereinsmeierei haben.

Das städtische Jugendamt, zunächst skeptisch gegenüber dem Kursangebot und der für sie neuen Struktur der Einrichtung, vielleicht auch etwas verwirrt über die Improvisation, mit der die Kurse in den recht kleinen Räumen laufen, unterstützt dann doch die Arbeit, indem es mit dem Jugendwohlfahrtsausschuß die Bürgerinitiative als freie Träger der Jugendwohlfahrt anerkennen.

Stadt und Land finanzieren das Projekt Jugendkunstschule in Krefeld soweit, daß die einzelnen Leiter DM 5,— pro Kursstunde bekommen. Ein bescheidener Anfang! Unserer Forderung, einen Sozialpädagogen einzustellen für die 120 Kinder, die täglich auf der Anlage sind, wird nicht nachgekommen.

6. Neue Ansätze der Bürgerinitiative

Die pädagogische Arbeit in einem sozialen Brennpunkt wird stark beeinflußt und vor allem beeinträchtigt durch die oft verheerenden Wohnverhältnisse und durch die schlechten Lebensbedingungen der Bewohner. Die Bürgerinitiative sah ein, daß mit der Schaffung der Anlage und mit der Kinder- und Jugendarbeit die Probleme erst angegangen waren. Die Aufgaben wachsen von Einsicht zu Einsicht.

● Wir schufen uns Einblick in die Wohnsituation durch Häuserbegehungen und meldeten die Mängel dem Ordnungsamt. Die Konsequenzen waren lächerlich. Der Grund: „Die Stadt ist nicht oder kaum in der Lage, bei gravierenden Wohnmißständen Ersatzwohnraum bereitzustellen."[1]

● Ebenso erlebt die Bürgerinitiative täglich, wie nötig es ist, städteplanerisch tätig zu werden, um das Viertel vor Verfall zu bewahren und das Erhaltenswerte zu erneuern.

● Wir entwickelten Pläne für Entkernung eines Wohnblocks, ohne daß Millionen ausgegeben werden müßten. Die Mieter wurden befragt, ein Architekt machte für uns Zeichnungen. Die Gespräche mit den entsprechenden Stellen der Stadt waren bisher deprimierend. Bisher ist noch nicht einmal ein Bebauungsplan für den Block vorgesehen.

● Wir machten auf ein verfallenes, denkmalgeschütztes Haus, das an der Anlage steht, aufmerksam und initiierten eine neue Initiative zur Rettung des Hauses. Drei Jahre haben wir nach Interessenten gesucht, vor 2 Monaten haben 7 Familien das Haus gekauft, um dort zu wohnen. Die Stadt hat das Erdgeschoß (200 qm) übernommen, um es für gemeinnützige Zwecke zu verwenden. Wir haben der Stadt ein Konzept vorgelegt, in dem vorgeschlagen wird, Bürgerinitiative, Jugendkunstschule, Krefelder Künstler und einige Kurse der VHS dort unterzubringen, damit dezentralisiert eine „Bürgeretage" für die Bewohner des Viertels entsteht.

Daß 7 Familien sich bereiterklärt haben, in dieses Viertel zu ziehen, und gemeinsam ein Haus gekauft haben, könnte neuen Mut machen, könnte Familien in diesem Viertel anregen, zu mehreren ein Haus zu kaufen, es z.T. selbst zu renovieren und mit einer Abtragung zu leben, die nicht höher ist als ihre bisherige Miete. Wenn durch gute Beratung die Angst und die Skepsis überwunden wird, diesen Schritt zu wagen, könnten viele alte Häuser revitalisiert werden, ohne daß die angestammte Bevölkerung ausziehen muß.

● Ein Stadtplaner, durch die Arbeit der Bürgerinitiative angeregt und beeindruckt, machte mit uns eine Untersuchung über den Wohnwert des Viertels. Diese Broschüre „im Auftrag der Bürgerinitiative" stellt Konzept, Durchführung und Auswertung vor. Die Untersuchung soll bewußt machen, daß intensive und differenzierte Befragung der Bewohner Grundlage für die Neustrukturierung und Heilung eines Viertels sein muß. Die Bewohner des Stadtviertels zeigen damit Alternativen auf zu den sonst üblichen Prognoseuntersuchungen, die mit so undifferenzierten Fragen wie „Möchten Sie in der Innenstadt wohnen? Ja — Nein" zu falschen Ergebnissen kommen. Ausgangspunkt der Überlegungen war, daß das Sich-Zurechtfinden, das Sich-Darstellen und das Sich-Wohlfühlen in der Stadt wesentliche Bedürfnisse sind, die durch die Wahrnehmung organisiert und befriedigt werden... Zur Analyse der orientierungswirksamen Elemente des Viertels wurden 15 Bewohner befragt. Ihnen wurden u.a. folgende Fragen gestellt:

● Wo wohnen Sie?
● Wo sind die Grenzen des ihnen vertrauten Bereichs?
● Wo sehen Sie schlechte/gute Wohngebiete?
● Welche Wege gehen Sie am häufigsten?
● Welche auffälligen/charakteristischen Elemente kennen Sie im Viertel (Gebäude, Merkpunkte, Bereiche)?
● Wo sehen Sie das Zentrum des Viertels?
● Was zeigen Sie Besuchern von der Stadt?

Die Bewohner zeichneten während des Interviews ihre individuellen Stadtbilder auf Transparentpapier, unter dem der Stadtplan lag. Diese Stadtbilder wurden ausgewertet und daraus Forderungen und Empfehlungen abgeleitet. So wurde z.B. herausgestellt, daß die Bewohner die von ihnen mitgeplante Anlage und die anliegenden Häuser sehr positiv bewerten, obwohl der Kinderlärm zuweilen penetrant ist. Das Viertel hat aber sonst im Vorstellungsbild der Bewohner wenig Qualitäten. Sie spüren die Abwesenheit von Planung und Gestaltung.

---

1 Amt für Statistik und Stadtentwicklung (Hrsg.): Stellungnahme zur Anfrage der SPD-Fraktion vom 28.06.1976, S. 16/17

Das Schwierigste ist, so muß ich mit vielen anderen nach 4 Jahren Stadtteilarbeit sagen, die Bewohner wieder optimistisch zu machen, bei ihnen Vorstellungen zu wecken von menschlicherer Umwelt und ihnen zu zeigen, daß sie eine Chance haben, ihre Vorstellungen zu artikulieren und durchzusetzen. Sie sehen die Anlage als Tropfen auf den heißen Stein (mit Recht). Für Augenblicke kann ihnen der Stadtteil Heimat sein, wenn sie einen Kurs machen oder ein Stadtteilfest organisieren, feiern oder mit Nachbarn zusammen spielen und diskutieren, aber wenn sie an grundsätzliche Verbesserungen denken, haben sie wenig Hoffnung. Die Perspektive ist ihnen während der langen Zeit der Verschlechterung von Wohnumfeld verlorengegangen.

Die Einzelmaßnahmen, halbherzig durchgeführt, können nicht ein Viertel retten. Wenn der Leiter des Planungsamtes sagt: „Der Verfall dieses Gebietes ist über einen Zeitpunkt von 30 Jahren eingetreten, man darf damit rechnen, daß man für die Wiederherstellung des Gebietes auch einen Zeitraum von 30 Jahren braucht"[2], wird deutlich, daß von Seiten der Stadt bisher keine grundlegenden Verbesserungen in den nächsten Jahren vorgesehen sind. Entweder sollen die Bewohner nichts vom Konzept wissen, oder die Stadt ist für dieses Gebiet perspektivlos.

Anstatt mit den noch aktiven Bürgern einen intensiven Dialog zu führen, zu planen und deren Interessen aufzugreifen, anstatt eine solche Anlage als Modell für weitere Plätze und Straßen zu sehen, wartet man auf die Zeit, bis es Sanierungsgebiet ist, das dann mit viel Geld, aber ohne die Einsprüche von Mietern neu strukturiert werden kann.

Die Bürgerinitiative will dagegen das Viertel erhalten, sie will Heimat erleben können. Sie wollen auf der einen Seite nicht verlassen sein, auf der anderen Seite aber auch nicht verplant werden. Ein Wunsch, der uns und der Stadt viel abverlangt an Kraft und Phantasie.

Wir, die Mitglieder der Bürgerinitiative fühlen uns überfordert, Probleme zu lösen, die von der Stadt verdrängt werden, ob das nun die Ausländerfrage, die Jugendbetreuung oder die Verbesserung des Wohnumfeldes ist.

Ohne die weitere und wirkungsvolle Unterstützung der Kommune, ohne ein deutliches „Ja" der Stadt zu dem Viertel mit allen Konsequenzen, bleibt die Arbeit der Bürgerinitiative in Ansätzen stecken und muß bei allen anfänglichen Erfolgen in Resignation zurückfallen.

Bürgerbeteiligung bei der Gestaltung des Wohnumfeldes / Bürgernahe Verwaltung, Bürgerinitiative und ihre Erfahrungen / Aktion Willbeck

Helga Lancelle-Tullius

A Ortsbeschreibung

Willbeck = Quartier/Viertel aus Einfamilienhäusern und Blocks, hauptsächlich Sozialer Wohnungsbau, kein Kern, 1977 SB-Laden

im Ortsteil Hochdahl = 20.000 Einwohner, Projekt „Neue Stadt Hochdahl" von „Entwicklungsgesellschaft Hochdahl"

in der Stadt Erkrath = 40.000 Einwohner, seit der Neugliederung bestehend aus den Teilen Erkrath, Unterfeldhaus, Hochdahl

Lage = zwischen Wuppertal und Düsseldorf an der A 46 und der A 3

„Natürlich wohnen — natürlich in Hochdahl", das ist der vollmundige Werbeslogan der „Neuen Stadt Hochdahl", seit der Neugliederung Teil der Stadt Erkrath, zwischen Wuppertal und Düsseldorf gelegen. Für diejenigen, die dort wohnen, vor allem für die, die Sozialwohnungen in den Blocks der großen Wohnungsbaugenossenschaften bezogen haben, ist das alles gar nicht mehr so natürlich. Sie bekommen, wie überall in den neuen Vorstädten, die Nachteile dieser Siedlungsform zu spüren: Isolation, Kontaktprobleme, fehlende Einkaufsmöglichkeiten, schlechte Verkehrsanbindung, mangelnde Kommunikationseinrichtungen vom Seniorenclub bis zur Kneipe.

Was tun wir dagegen — wir, die Bewohner der Wohnghettos? Die „Aktion Willbeck" in Hochdahl gibt ein Beispiel.

B Entstehung der Aktion

Im Sommer 1973 faßte eine Gruppe Hochdahler Bürger den Entschluß, ihre Erfahrungen als Neubürger zukünftigen Mitbürgern nutzbar zu machen, sie zu beraten und zu informieren, bevor sie sich entschlossen, nach Hochdahl zu ziehen.

Als bekannt wurde, daß die Düsseldorfer Wohnungsbaugenossenschaft im Ortsteil Willbeck einige Blocks mit 180 Wohneinheiten im Rahmen des Sozialen Wohnungsbaues errichtete, bildete sich die Gruppe. Zu ihr gehörten Menschen verschiedenster Berufe, vor allem Hausfrauen, Architekten und Sozialarbeiter. Um einen Kern von 5 bis 7 Leuten bildete sich der Kreis, der in seiner Zusammensetzung wechselte und in der aktivsten Anfangsphase etwa 30 Mitglieder hatte. Viele Gespräche und Vorarbeiten waren notwendig, bis die Gruppe sich als Gruppe zusammengefunden und sich darüber geeinigt hatte, was sie nun wie tun wollte. Theorie wurde klein und Praxis großgeschrieben. Deshalb soll im folgenden auch vorrangig von dem die Rede sein, was getan und wie es getan wurde.

---

2 Aus einem Interview im Film „Bürger verändern ihren Stadtteil", 16 mm, 30 min., s/w, im Auftrag der Landeszentrale für politische Bildung 1977

C Aktivitäten der Aktion Willbeck

1. Beratung — Ziele, Inhalte, Organisation

Aus eigener Erfahrung war allen klar, daß die Entscheidung zum Umzug nach Hochdahl gut überlegt sein will. Feststand aber auch, daß die meisten Interessenten gar keine Möglichkeiten hatten, sich vorher über alle wichtigen Punkte zu informieren und Klarheit zu verschaffen. Das fing damit an, daß die Wohnungsbaugenossenschaft ihren „Genossen" — denn jeder, der hier mietete, mußte seinen Genossenschaftsanteil erwerben — nicht einmal einen Plan seiner künftigen Wohnung zur Verfügung stellte. Über die wegen der Kapitalkosten genau berechneten Mieterhöhungen der nächsten Jahre bekam man auch ohne weiteres keine Auskunft. Viele hofften auch, die Kosten der Wohnungseinrichtung über den zusätzlichen Verdienst der Familienmutter hereinzuholen; sie merken zu spät, daß es in Hochdahl Teilzeitarbeitsplätze für Frauen kaum gibt. So könnte man die Reihe lange fortsetzen.

Die Aktion Willbeck erkannte es deshalb als erste Aufgabe, den potentiellen Neubürgern Informationen an die Hand zu geben, die ihnen eine gründlich überlegte Entscheidung ermöglichten. Da die Beratung in jedem Einzelfall andere Schwerpunkte haben mußte, konnte sie nicht per Handzettel erfolgen, sondern nur im persönlichen Gespräch. Die erste Hürde war, einen Ort zu finden, in dem Beratungsgespräche stattfinden konnten. Nach längeren und teilweise schwierigen Überlegungen und Verhandlungen wurde eine Lösung gefunden, die sich für den Fortgang der Aktion als sehr günstig herausstellen sollte:

Eine Wohnung des Gesamtprojektes wurde vorzeitig fertiggestellt. Die Miete übernahmen Stadtverwaltung und Bauträger je zur Hälfte. Auf diese Weise wurde erreicht, daß die Interessenten in „ihrer" zukünftigen Wohnung beraten werden konnten.

Die Beratung wird organisiert

Für die Aktion Willbeck begann nun eine Zeit intensiver und engagierter Arbeit:

- Die Wohnung wurde eingerichtet, und zwar als Wohnung, nicht als Büro. Möbel wurden vom Sperrmüll organisiert und aufgearbeitet. Es sollte gezeigt werden, daß die Wohnung auch ohne Kreditaufnahme individuell und zweckmäßig ausgestattet werden kann. Jedes einzelne Teil
- von der Häkelgardine bis zum Arbeitsplatz im Schlafzimmer — wurde mit Arbeitsanleitung und Kostenaufstellung versehen. Bei dieser Arbeit konnten viele Gruppenmitglieder aktiv werden — auch und gerade die, deren Stärke nicht die Diskussion, sondern das Zupacken war.
- Die Beratungsinhalte wurden strukturiert, Arbeitshilfen wurden erstellt. Jeder Berater und jeder Beratene erhielt Aufstellungen über die Schulen, die Vereine, die Aktivitäten der Kirchengemeinden, die Anschriften und Sprechzeiten der Verwaltungsstellen, Ärzte und Apotheken, Einkaufsmöglichkeiten, Verkehrsverbindungen und alle Fragen, die für das Alltagsleben in Hochdahl wichtig erschienen. Im Laufe der Beratungszeit wurden neue Arbeitshilfen notwendig, weil neue Probleme auftauchten, die erst im Gespräch mit den Interessenten deutlich wurden: Zum Beispiel beabsichtigten viele Interessenten, Kredite aufzunehmen. Um dem Problem der Verschuldung vorzubeugen, erstellte die Aktion eine Liste, aus der auch für Ungeübte herauszulesen war, wie teuer ein Kredit in welcher Höhe bei welchem Institut wurde.

Es wurden auch genaue Zahlen darüber vorgelegt, wie teuer ein Umzug mit Spezialunternehmen, mit Leihwagen, in Selbsthilfe ist. Es kann nicht alles aufgezählt werden. Die Beispiele sollen verdeutlichen, wie umfassend die Palette im Zuge der Beratungsarbeit wurde.

- Die Beratung muß angeboten und in Anspruch genommen werden. Dies hört sich leichter an, als es getan war: Die Wohnungsvermittlung wurde in den Büros des Bauträgers in Düsseldorf getätigt. Besichtigungen waren nicht vorgesehen. Die Aktion Willbeck bot deshalb ihre Dienste über die Genossenschaft an: Jeder Interessent erhielt dort ein Informationsblatt mit den Sprechzeiten, der Wegbeschreibung und einer kurzen Selbstdarstellung der Aktion. In den folgenden Monaten berieten die Mitglieder der Aktion Willbeck Sonntag für Sonntag in „ihrer" Wohnung. Fast 200 Familien kamen und informierten sich, erste Kontakte untereinander wurden geknüpft. Die Beratung begann mit dem Suchen der zugeteilten Wohnung, mit der Bereitstellung von Plänen und erstreckte sich über den ganzen oben beschriebenen Bereich.

2. Kommunikation

Die Beratungswohnung wurde nach und nach zum Mittelpunkt von Nachbarschaftsaktivitäten verschiedenster Art: Im Kinderzimmer spielten die Kinder, deren Eltern die Baustelle besichtigten; beim Frühschoppen am Sonntag fanden die nach und nach einziehenden Mieter Helfer für das Abladen der Umzugswagen; zukünftige Wohnungsnachbarn lernten sich hier kennen; Einzugsfeten fanden in der Beratungswohnung statt, bevor die Eingezogenen ihre Umzugskisten ausgepackt hatten. Auch die unerfreulichen Seiten der neuen Nachbarschaft wurden auf „neutralem" Boden erlebt: Die vielfältigen Baumängel wurden hier besprochen, zusammengetragen, das Vorgehen gegen die Genossenschaft verabredet; die Hausbeauftragten wurden gewählt, die ersten Auseinandersetzungen über Wasser- und Heizungsabrechnungen geführt.

Mehr und mehr beteiligten sich die neuen Mieter an der Aktion, die damit in ihre zweite Phase trat. Nun ging es darum, die Neubürger anzuregen und zu befähigen, ihren neuen Lebensbereich aktiv mitzugestalten.

Der Gemeinschaftsraum wird eingerichtet

In der Beratungswohnung begannen viele Aktivitäten, die das Leben in der neuen Nachbarschaft freundlicher und mitmenschlicher machten: Feste, Frühschoppen, Babysitterdienst, Kegelgruppen, Einkaufsgemeinschaften usw.
Der nächste Schritt der Aktion Willbeck wurde unumgänglich: Was sollte geschehen, wenn die Beratungswohnung geräumt werden muß, denn sie wurde natürlich auch vermietet? Ein Kommunikationsraum, der zwar in Blocks mit Eigentumswohnungen üblicherweise eingebaut wird, ist im Sozialen Wohnungsbau nicht vorgesehen. Mit Hilfe eines Architekten aus der Gruppe wurde eine Lösung gefunden: Durch Neuorganisation der Kellerräume in einem Haus konnte Raum gewonnen und der Fahrradkeller in einen

Gemeinschaftsraum umgebaut werden. Es war kein leichter Weg dorthin, vor allem, weil der Plan gegen die Genossenschaft durchgesetzt werden mußte. Hier wurde wie an einigen anderen Stellen eine wichtige Grenze bürgerschaftlicher Aktivitäten sichtbar. Sobald die ökonomischen Interessen der Mächtigen berührt werden, geht nichts mehr. Zähe Kämpfe waren notwendig, bis die Genossenschaft ihren Genossen erlaubte, mit privaten Mitteln und privater Arbeitskraft einen Raum, der den Mietern zustand — Fahrradkeller — einer anderen Zweckbestimmung zuzuführen. Es muß bis heute ein hoher Preis gezahlt werden: Miete und alle Umlagen für den Gemeinschaftsraum müssen aufgebracht werden. Glücklicherweise hat sich die Stadt bereiterklärt, für eine begrenzte Zeit die Miete zu tragen.

Trotz allem wurde der Gemeinschaftsraum ausgebaut und eingerichtet. Seit nunmehr zwei Jahren finden dort viele Aktivitäten statt: Hausfrauenkreis, Handarbeitsgruppe, Jugendgruppe, Feste von Hausbewohnern, Beratungsstunden einer Sozialarbeiterin, Nachbarschaftsfeste, Seniorentreffen usw.

Nach und nach traten die ursprünglichen Initiatoren in den Hintergrund, die Mieter nahmen ihre Sache selbst in die Hand.

D Auflösung der Aktion Willbeck

1. Rollenwechsel der Initiatoren

In der Beratungssituation waren die Mitglieder der Aktion Willbeck diejenigen, von denen die Aktivität ausging, die ihre Freizeit und ihre Fähigkeiten den Neubürgern zur Verfügung stellten: Sie hatten ihre Erfahrung als Neubürger hinter sich, die sie nun auswerteten; unter ihnen waren Fachleute wie Architekten und Sozialarbeiter, die ihre professionellen Kenntnisse für die Beratung und für die Organisation benutzten; schließlich waren die Mitglieder der Aktion in der Beratungswohnung die „Hausherren".

Das änderte sich, sobald mehr Mieter einzogen, sich kennenlernten, an der Aktion teilnahmen und ihre Hausgemeinschaften organisierten. Je mehr Gewicht die Kommunikation und die Nachbarschaftshilfe erlangten, desto schwerer wog auch die Kompetenz der Mieter als Betroffene.

Als der Gemeinschaftsraum eingerichtet wurde und verschiedene Gruppen bestanden, war die Gruppe der Initiatoren bereits stark zusammengeschrumpft, sie nahm mehr und mehr nur noch beratende Funktionen am Rande wahr.

2. Gründung des Willbeck-Treff e.V.

Im Frühjahr 1977 war die Entwicklung soweit, daß sie auch oganisatorisch und juristisch dokumentiert werden konnte: Die Mieter gründeten einen eigenen Verein, den „Willbeck-Treff e.V.". Einige Initiatoren sind Mitglied, dem Vorstand gehört keiner an. Der Verein und seine Aktivitäten erleben ein ständiges Auf und Ab — wie die Aktion Willbeck vor ihm und wie viele andere Gruppen anderswo. Einige Mieter engagieren sich mehr oder weniger, andere sind uninteressiert.

Die ehemaligen Initiatoren werden nur noch selten befragt. Nur noch ein Mitglied leitet eine Gruppe im Gemeinschaftsraum, alle andern sind — wenn überhaupt — zahlende Mitglieder.

3. Weitere Aktivitäten

Die Aktion hat sich aufgelöst, einige persönliche Kontakte bestehen weiter und sind in neue Aktivitäten eingebracht worden:

● Einige Initiatoren und Mieter nahmen 1976/77 an einer Gruppenleiterschulung des Kreisjugendamtes teil und arbeiten in offenen Gruppen.

● Andere beteiligen sich im „Arbeitskreis Bürgerhaus" an der vorbereitenden Planung für ein Bürgerhaus in Hochdahl.

● Andere sind in den Kirchengemeinden, Vereinen oder an anderen Stellen aktiv.

So hat die Aktion Willbeck auch dazu beigetragen, gesellschaftspolitisches Bewußtsein und Tätigkeiten zu wecken und zu fördern. Insofern wirkt sich die Aktion nicht nur im persönlichen und unmittelbaren Lebensbereich der Mieter und Initiatoren, sondern auch im weiteren Umkreis des Gemeinwesens aus.

E Bilanz der Aktion Willbeck

1. Kurzchronik der Aktion Willbeck

Juni 1973 — Beginn der Gruppenarbeit, Zieldiskussion, Erstellung der Arbeitspapiere, Herrichten der Möbel
März 1974 — Einzug in die Beratungswohnung, Aufnahme der Beratungstätigkeit
Herbst 1975 — Erste Nachbarschaftsaktivitäten
Juli 1974 — Die ersten Mieter ziehen ein.
Juni 1975 — Der Gemeinschaftskeller ist fertig; die letzten Miter ziehen ein.
März 1977 — Der Willbeck-Treff e.V. wird gegründet.

2. Auswirkungen

Die Aktion Willbeck hat weder die Machtverhältnisse in der Wohnungsbaugesellschaft geändert noch grundsätzliche Probleme des sozialen Wohnungsbaus gelöst. Innerhalb der gegebenen Bedingungen aber ist einiges verändert worden: Kontakte wurden geknüpft, die jetzt schon in einigen Fällen bis zu 5 Jahren halten, praktische Hilfen wurden geleistet, Mieter wurden selbst aktiv und suchen ihre Lage zu verbessern. Die Aktion konnte sich nach 4 Jahren auflösen. Einige Mitglieder der Aktion und einige Mieter haben sich gemeinsam neuen Aufgaben in Hochdahl zugewandt. Ein wichtiges Ziel wurde nicht erreicht: Nach den betroffenen Blocks wurden in derselben Straße weitere Blocks errichtet, diesmal von der Neuen Heimat. Es ist nicht gelungen, die Aktion dort fortzusetzen.

So wurden Grenzen, Konflikte, aber auch Möglichkeiten deutlich und ausprobiert: ein Stück politischer Bildung im Alltag, mit bescheidenen, aber für die Betroffenen wichtigen Erfolgen.

Bürgerbeteiligung bei der Gestaltung des Wohnumfeldes / Bürgernahe Verwaltung, Bürgerinitiative und ihre Erfahrungen

Manfred Leyh

Wie bei allen Gestaltungsprozessen der direkten Daseinsumwelt, die nicht von den Initiatoren oder den Begehrenden allein bewerkstelligt werden können (also der Steuerung meist aus finanziellen oder organisatorischen Gründen durch politische Entscheidungsbefugte oder Verwalter bedürfen) treten in bezug auf das direkte Wohnumfeld in Sachen „Beteiligung der Betroffenen" die Handelnden in den Gruppen als

- Planungsautoren
- und Planungsempfänger

auf.

Dabei ist ganz besonders in Formalverfahren, die zur Bürgerbeteiligung eingesetzt werden können bzw. eingesetzt werden müssen, die Funktion des echten Mitwirkens fast nur auf die Planungsautoren beschränkt, die sowohl die Gesetzmäßigkeit der angewendeten Verfahren als auch — bestärkt und ergänzt durch Träger öffentlicher Belange und Fachinstitutionen — das sogenannte Fachwissen vertreten.

Dahingegen sind die Planungsempfänger — die mit Planungsergebnissen Beschwerten oder Begünstigten, mindestens aber Konfrontierten — zwar verglichen mit der Autorenschaft in der größeren Zahl, jedoch, mit Ausnahme einiger Fälle von nicht formalen Verfahren, meist in der Position der Reagierenden.

Das erhellt sich nicht nur dadurch, daß z.B. auf ausgesprochenen Fachtagungen, die sich mit Bürgerbeteiligung und noch dazu Bürgerbeteiligung zur Gestaltung des wohnungsnahen städtebaulichen Wohnumfeldes befassen, die Planungsempfänger oder die Betroffenen lediglich durch Interessenvertreter vertreten sind oder vertreten werden können, sondern ganz einfach schon dadurch, daß man eine Zusammenstellung der Möglichkeiten von Beteiligung der Bürger als Überblick über die in Gesetzen zur Raumordnung oder überhaupt in Gesetzen mit Flächenrelevanz auffindbaren Vorschriften zur Anhörung, Mitwirkung oder Beteiligung der Planungsempfänger (oder kraß ausgedrückt, der zur Anpassung und Befolgung rechtswirksamer Planungsinstrumentarien verpflichteten) versteht.

Dabei ergibt sich schnell eine Gliederung in solche Verfahren, die nichts dergleichen kennen, in solche, die man als Verfahren alter Art bezeichnen könnte (d.h. solche, bei denen die Beteiligung eingegrenzt ist auf das bloße Informieren und Anhören) und solche, die man als Verfahren neuer Art bezeichnen könnte (wie etwa das Bundesbaugesetz, das in die Nähe einer wirklichen Beteiligung im Sinne von Mitwirkung kommt).

Selbstverständliches Erkennungszeichen der Verfahren alter Art ist übrigens, daß sich die Planungsbasis, also die Grundlagenforschung, nur geringfügig oder überhaupt nicht auf von den Planungsempfängern erfragte Bedarfe und Bedürfnisse stützt, sondern auf technische Qualitätsnotwendigkeiten, statistische Erhebungen und matreologische Methoden.

Im Bereich der Formalverfahren gibt es eine Beteiligung oder Mitwirkung der Betroffenen überhaupt nicht bei der

- Landesstufe der Regionalplanung (Planungsbeiräte sind Körperschaftsverteter!)
- Regionalstufe selbst (erst verbindlich gewordene Pläne werden ausgelegt, Planungsverbände bestehen aus Körperschaftsvertretern!).

Die Verfahren alter Art sind charakterisiert durch die Folge von Bekanntmachung, Offenlegung und Erörterung von fast verbindlichen Plänen, z.B. bei

- Bundesfernstraßengesetz
- Landesstraßengesetz
- Luftverkehrsgesetz

(selbst das Landschaftsgesetz NW ist in diese Gruppe einzuordnen, da trotz des allgemeinen Aufrufes des § 2, wonach jeder dazu beitragen soll, daß Natur und Landschaft pfleglich genutzt und vor Schäden bewahrt werden sollen und nachteilige Eingriffe auf das unbedingt notwendige Maß zu beschränken sind, auch hier lediglich eine Offenlegung stattfindet, die in § 18 beschrieben wird als bürgerliche Auslegung, bei der Bedenken und Anregungen vorgebracht werden können).

In den Verfahren alter Art (zu denen das Bundesbaugesetz vor seiner Novellierung gehörte) besteht also nur die Möglichkeit mittelbarer Mitwirkung und die Möglichkeit von Interessen-Artikulationen durch die Betroffenen über die prozessual Beteiligten:

Lokales Parlament:
- über den Bürgermeister
- über die Stadtverordneten
- über die Fraktionen.

Zwar unterliegt die Funktion bereits der Verfahrenseinleitung, sofern sie durch parlamentarische Gremien geschieht, verfassungs- und gesetzmäßigen Regulativen. Allerdings geht der Entscheidungsoptimierung das verwaltungsseitige plausible Angebot von Entscheidungshilfen und eine deutliche Fallinformation voraus.

Demnach besteht in gewissem Sinne auch eine mittelbare Mitwirkung der Betroffenen über die Verwaltung selbst, jedoch stößt sie hier noch weitgehend gegen die Aversion der Verwaltung gegenüber nicht vorgeordneten horizontalen Handlungsanlässen.

Abgesehen von der Schlüsselfunktion der Wahlbeamten die koordinierend und verordnend — jedoch weitgehend deutlich initiativ — für die parlamentarische Gruppierung wirkt, ist allgemein eine partizipative Beteiligung über die Sachfassung hinaus bei den übrigen öffentlichen Bediensteten kaum nachweisbar.

Träger öffentlicher Belange und Träger von Bedarfen:

Ihre Mitwirkung an Entscheidungsprozessen ist in den gebräuchlichen Planfeststellungsverfahren meist zweimal dargestellt:

In der vorbereitenden Anhörung zur Ermittlung der trägerspezifischen Hinweise und Forderungen und in Offenlegungs- bzw. Anhörungsformen nach der Konzipierung der Vorhabenplanung.

Um die Auswertungshandhabbarkeit dieser Beteiligungsformen nicht zu illusionieren, kann ein Hinterfragen der fertigen Interessenformunion kaum gefordert werden. Im Idealfall, der auch weiterhin wünschenswert bleibt, bestünde die Möglichkeit, daß die Träger öffentlicher Belange und öffentlicher Bedarfe ihrerseits weitgehend partizipative Interessenermittlung ihrer Abhängigkeitsindividuungen vornehmen (Verbraucher, Abnehmer, Gläubiger usw.).

Beiräte (z.B. Landschaftsbeirat):

Hier stellt das Landschaftsgesetz NW geradezu beispielhaft fest, daß die Beteiligung der Planungsempfänger im Sinne von Mitwirkung beschränkt ist auf ein zwar vertretendes, aber sich in der Nähe der Planautorenschaft befindliches Gremium.

Zwar sind die Sitzungen des Beirates öffentlich, jedoch, wie in solchen Fällen üblich, mit Ausschluß von Einredemöglichkeiten der Zuhörer. Eingriff und Mitwirkung kann hier allenfalls über die Körperschaftsvertreter erfolgen. Typisch für diese Verfahrensgruppe formuliert das Gesetz: Die Beiräte setzen sich zusammen aus

Vertetern der im Bereich der jeweiligen Landschaftsbehörde wirkenden Vereinigungen, die satzungsgemäß den Belangen der Landschaftspflege, des Naturschutzes, des Gewässerschutzes, der Erholung in der Freien Landschaft oder der Heimatpflege widmen. Vertretern der Vereinigungen der Landwirtschaft, Forstwirtschaft, des Gartenbaues, der Jagd, der Fischerei und der Imkerei und Sachverständigen für Landschaftspflege und Naturschutz.

Bezirksvertretungen nach den Gemeindeordnungen:

„Die weniger dichte Repräsentanz der Bürger in den Räten größerer Städte und Gemeinden hat offenbar dazu geführt, daß sich die Bürger vielfach nicht mehr in vollem Umfang mit den Entscheidungen der gewählten Vertretungen identifizieren. Äußere Anzeichen für diese Entwicklung sind das Entstehen zahlreicher Bürgerinitiativen und die häufig festzustellenden Versuche lokaler Heimatverbände, Wählergruppen und sonstiger Vereinigungen, außerhalb der bestehenden Institutionen auf die Kommunalpolitik Einfluß auszuüben".

Abgesehen davon, daß zur Zeit die Frage der verfassungsmäßig richtigen Installation der Bezirksvertretungen offen ist, stellt der bis jetzt vorliegende § 13b der Gemeindeordnung zwar auf einen Entscheidungbereich ab, der sich auf das direkte Wohnumfeld, auf das Ortsbild und die bürgerschaftlichen Aktivitäten im enger umgrenzten Bereich eines Stadtbezirkes bezieht, auch ist vorgeschrieben, daß die Bezirksvertretung zu allen wichtigen Angelegenheiten, die den Stadtbezirk berühren, zu hören ist, jedoch sind immer die Belange der gesamten Stadt zu beachten, und der Rat hat schließlich die Möglichkeit der Eingrenzung der Aufgaben der Bezirksvertretungen. Damit liegt dieses, wenn auch nicht auf Mitwirkung, so doch auf parlamentarischer Repräsentanz abgestellte Beteiligungsinstitut sicher außerhalb des Eindringens in Verfahrensformen alter Art.

Bei Formalverfahren, alter Art, ist als erschwerend hier die mitwirkende Beteiligung der Planungsempfänger festzuhalten:

- die weitgehende Verfestigung des Planes bei der Offenlegung und Erörterung (wie sattsam am alten Bundesbaugesetz kritisiert wurde)
- die Monopolität der Fachplanungen (so erfolgt z.B. die Trassenfestlegung einer Fernstraße nach dem Bundesfernstraßengesetz bei der „vorbereitenden" Fachplanung, die

allenfalls indirekt der Mitsprache der Öffentlichkeit, kaum aber der Mitwirkung der Betroffenen, unterliegt).

Verfahren neuer Art:

In diese Gruppe gehören das Städtebauförderungsgesetz und das (neue) Bundesbaugesetz.

Das Städtebauförderungsgesetz schreibt vor, daß die Belange der Betroffenen und die der Allgemeinheit gerecht gegeneinander abzuwägen sind, den Betroffenen Gelegenheit gegeben werden soll, bei der Vorbereitung und Durchführung der Maßnahmen mitzuwirken und daß vorbereitende Untersuchungen durchzuführen sind, um Beurteilungsunterlagen über die Notwendigkeit einer Sanierung zu gewinnen. Dabei ist wichtigster Bestandteil der Voruntersuchungen, daß die Gemeinde die Einstellungs- und Mitwirkungsbereitschaft der Eigentümer, Mieter, Pächter und anderer Nutzungsberechtigter im Untersuchungsbereich ermittelt und Vorschläge hierzu entgegennimmt.

Zusammen mit dem das gesamte Sanierungsverfahren begleitenden Sozialplan wird das Städtebauförderungsgesetz hierdurch zu dem Gesetz mit dem umfassendsten Mitwirkungsmöglichkeiten (wenn auch bedauernswert ist, daß entsprechende Regelungen für Entwicklungsmaßnahmen, obwohl das zunächst bei den Beratungen der Gesetzesvorlagerung umstritten war, nicht aufgenommen wurden).

Allerdings sind diese Möglichkeiten im Städtebauförderungsgesetz trotz vieler eingeleiteter Sanierungsmaßnahmen für den Bereich der von Sanierungsplanung Betroffenen, die sich nicht oder noch nicht in Interessenvertretungen gliedert haben, offenbar noch ungewohnt und schwer handhabbar, was mit dem folgenden Erfahrungszitat belegt werden kann:

„Eine anfänglich reservierte Haltung bei den Betroffenen bezog sich weniger auf das Mit-Tun-Wollen als auf die Schwierigkeit beim Vorbringen von Individualbedürfnissen. Es zeigte sich, daß sie aufgrund des bisher gewohnten Unselbständigseins und der Unterordnung unter Verwaltungsentscheidungen den Mitsprache-Einladungen mit einer grundsätzlich vorsichtigen und recht mißtrauischen Haltung begegneten. Hinzu kommt eine völlige Sachunbildung, so daß den sachbearbeitenden Stellen viel Einfühlungsvermögen und pädagogisches Taktieren abverlangt wurde.

Als bemerkenswerte Randfeststellung bei dem Versuch „Mitsprache" ist zu verzeichnen, daß bei der Bevölkerung eine weitverbreitete Auffassung darüber besteht, daß den Verwaltungssachbearbeitern weniger Diskretion zuzutrauen ist: „Bei der Behörde geht sowas doch überall durch". Den verwaltungsexternen Sachbearbeitern eines Sanierungsgehilfen in einem eigens im Gebiet eingerichteten Sanierungsbüro dagegen wird mehr Diskretion zugestanden: „Die müssen vorwärtskommen, gegen die kann man notfalls angehen, gegen Behörden verliert man immer".

Die skizzierte Aversion gegen Partizipation, selbst gegen die hier beschriebene Minimalform ist sicher leichter abzubauen, wenn Gespräche nicht in Verwaltungszimmern (Pförtner, Anmeldung, Türschilder, Titel, Dienststunden, Sprechzeiten, Zuständigkeit), sondern außerhalb der Verwaltungsgebäude in Beratungs- und Informationsbüros (Sanierungsbüros) geführt werden.

Im örtlichen Bereich fühlt sich der einzelne eher motiviert, an Planungsprozessen teilzunehmen als auf höherer Ebene.

Die Forderung nach Transparenz und Information bei Behördenhandeln, läßt sich nicht mit den gleichen Mitteln erfüllen, wie die Forderung nach Partizipation oder nach direkter Mitwirkung. Grundsätzlich steht auch eine weitgehende Veröffentlichung entwicklungsplanerischer Absichten der amtlichen Bekanntmachung immer insofern nahe, als sie eine direkte und nicht regulierte Beantwortung ausschließt (bekanntlich ist auch nach dem neuen Bebauungsplanverfahren die Beteiligung von nicht-parzellenbefaßten Bürgern gering und selbst bei der vorgegebenen Bürgerbeteiligung oft lediglich eigentumsorientiert.

Das (neue) Bundesbaugesetz stellt neben die (bekannte) öffentliche Auslegung des nahezu fertiggestellten Planentwurfes, die wesentlicher Bestandteil der vorhin aufgeführten Verfahren alter Art ist, die öffentliche Darlegung und Anhörung, bei der es weit vor der konkreten Fertigstellung des Planes um die Grundzüge der Planung, ihrer allgemeinen Ziele und Zwecke und die Erläuterung geht. Wenn auch die erläuternde Verwaltung traditionell immer gesonnen ist, ihr Konzept „zu verkaufen" und auf ihrer Seite meist das Gewicht des fachlichen Begründungsrahmens weiß, so hat doch immerhin diese Art der Bürgerbeteiligung so frühzeitig zu erfolgen, daß noch „vieles oder alles offen ist".

Leider bestimmt sich die Ordentlichkeit des Planaufstellungsverfahrens bzw. die Rechtsverbindlichkeit eines Bebauungsplanes nur nach der gesetzmäßigen Einhaltung der Vorschriften zur öffentlichen Auslegung (§ 155 a, Abs. 1).

Betroffenen-Beteiligungen in nicht formalen Verfahren:

Bereits im Städtebaubericht 1970 der Bundesregierung ist formuliert:

„Da Planung ... ein dauernder Prozeß ist, muß auch die Mitwirkung der Bürger am Planungsprozeß entsprechend gestaltet werden, das heißt die Bürger sind wiederholt in den verschiedenen Planungsphasen am Planungsprozeß zu beteiligen. Die Mitwirkung sollte auch nicht einseitig auf Teilbereiche der Planung oder nur auf einzelne Stadtgebiete beschränkt werden, sondern den Bürger in den Gesamtprozeß der Planung einbeziehen".

Die dort vorgestellten Ziele lassen sich zusammenfassen:
- verständlicher informieren
- Bedürfnisse vorausschauend ermitteln
- besseres Miteinanderhandeln von Planern und Betroffenen
- Entscheidungen zur Umweltgestaltung auf Zustimmungen breiterer Bevölkerungskreise stützen.

Dies und die zunehmende Anerkennung der Seriosität von Bürgerinitiativen vorangestellt, bleibt für den Bereich der Gestaltung des näheren Wohnumfeldes und der freizeitrelevanten Infrastruktur beim derzeitigen Stand der Mitwirkungsmöglichkeiten von Betroffenen zu wünschen, daß, wenn schon nicht die freizeitrelevante Erschließung (wie Ver- und Entsorgung und verkehrliche Erschließung), so doch wenigstens Freizeiteinrichtungen und freizeitrelevante Versorgung vom Einsatz formaler Verfahren alter Art weitgehend verschont bleiben sollten.

Dann, wenn die Initiativs- und Bedarfsgruppen selbst nicht in der Lage sind, solche Vorhaben finanziell und organisatorisch zu meistern, sollten mindestens die Beteiligungsinstrumentarien von Städtebauförderungsgesetz und Bundesbaugesetz angewendet werden. Und schließlich spricht nichts dagegen, sie anzuwenden, auch ohne das zeitraubende Totalverfahren durchstehen zu wollen.

Beteiligungsfelder bei Freizeiteinrichtungen

Die Intensität der Bürgerbeteiligung nimmt ab bei Vergrößerung der Ziel-Einwohnerzahlen einer Einrichtung. Bei der kleinsten Ziel-Einwohnerzahl ist sie am höchsten.

Gleichzeitig steigt die Notwendigkeit des Einsatzes von Formalverfahren mit der Größe der Zieleinwohnerzahl von Einrichtungen.

Bereitschaft und Möglichkeit zur kooperativen Mitwirkung über den Planungshorizont hinaus bis in den Bereich der Herstellung (Ausführung) nimmt ab mit der Größe der räumlichen Wirkungsbereiche von Einrichtungen.

Mitwirkung bis zur Kooperation	Flurstück, Stadtbezirk
Beteiligung bis zur Mitwirkung	Stadtteil, Stadtzone
Information und Anhörung	Stadt, Gemeinde
weitgehend nur Planungsempfang	Teilregion, Region

Aktivitätsorientierte Identifikation vermindert sich mit der Vergrößerung des Weg-Zeit-Aufwands.

Bei mehr als 20 Minuten Gehweg oder bereits 15 Minuten Fahrweg erlischt sowohl die Identifikation mit einer Einrichtung als auch die Aktivitätsorientierung im Bereich von Mitplanung und Mitherstellung.

Wunsch zur Mitplanung und Mitherstellung	direkte Wohnungsnähe
Wunsch zur Mitplanung	10 bis 20 Minuten Gehweg
Wunsch, gehört zu werden	20 Minuten Gehweg bis 15 Minuten Fahrweg
Beschränkung auf Kritik durch Angebotsannahme oder -ablehnung	20 Minuten Fahrweg und mehr

Über die Abhängigkeit der Beteiligungsfelder von den Haupt-Nutzer-Gruppen, der Nutzungsmotivation und dem Einrichtungsort geben die folgenden Tabellen einen Überblick:

Zuordnung von Freizeiteinrichtungen

Standort	Haupt-Nutzer-Gruppe	Nutzungsintervall	Erreichbarkeit (max.)
Region	Erholungspendler, Wochenend-Einwohner	Wochenend, Kurzurlaub	45 Min. Fahrweg
Teilregion	Normalbevölkerung Erholungspendler	Feierabend, ganztägig an arbeitsfreien Tagen	20 Min. Fahrweg
Stadt/Gemeinde	Normalbevölkerung, Vereine	Feierabend, Veranstaltung Halbtag am Wochenende	15. Min. Fahrweg
Stadtzone	Normalbevölkerung	Feierabend, nicht tägl.	20 Min. Gehweg
Stadtteil	Normal-Bevölkerung, Vereine	Tägl. nach Arbeitsschluß	15 Min. Gehweg
Planungsbezirk	Jugendliche 8–16	Tägl. nach Schulschluß	10 Min. Gehweg
Baublock	Kinder 6–14	Tägl. nach Schulschluß	direkt
Flurstück	Kinder 1–10	Täglich	direkt

Standort	Motivation	Problemfunktion
Region		Klimawechsel
Teilregion	Ausflugsziel, Attraktionsgenuß	Familien-Koordination, Kollegial-Katalyse
Stadt	Veranstaltungsbesuch, sehen und gesehen werden	Bürger-Reputation, Identifizierungsinstrument
Stadtzone	Promenadenmotiv	Bürger-Reputation
Stadtteil	auf dem Heimweg und in Pausen erreichbar, Agglomerationsattribut	Zentralitätsfaktor bei ungegliederten und überalterten Agglomerationen
Planungsbezirk	Pantoffel-Erreichbarkeit, Treffpunktfunktionen	Nachbarschaftskommunikationsinstrument
Baublock	im Bereich der Wohnsphäre	Angrünung der Stadtwohnungen
Flurstück	Direktes Attribut des Bauobjekts, bei Baugenehmigung durchsetzbar	im Selbstverständnis der Objektarchitektur, ohne Stadtplanungsrelevanz

Standort	Errichtungsort – urban	Träger	
		grün	urban
Region	Oper, Festspiel	öffentl. Institution	öffentl. Institutionen
Teilregion	Veranstaltungshalle, Museum	Firmen, reg. Körperschaften	Firmen, Vereine
Stadt/Gemeinde	Theater, Clubhaus, Sporthalle	Gemeinde	Gemeinde, Vereine
Stadtzone	Freizeithaus, Bücherei	Gemeinde	Gemeinde
Stadtteil	Kino, Freizeithaus, Jugendheim	Gemeinde, Verbände	Firmen, Gemeinde
Planungsbezirk	Turnhalle, Restaurant, Kegelbahn	Gemeinde	Firmen, Bauträger
Flurstück	Attributiv-Einrichtung (Begegnungsraum)	Bauherren	Bauherren, Hausgemeinschaften

Bürgerbeteiligung bei der Gestaltung des Wohnumfeldes/ Bürgernahe Verwaltung, Bürgerinitiative und ihre Erfahrungen

Herbert Maeger

Für die Lebensqualität und entsprechende Attraktivität sind nicht nur die Fakten als Status quo maßgebend, sondern wesentlich auch die Qualität des Vorstellungsbildes der Bürger. Nur aus einem positiven Vorstellungsbild, und zwar sowohl hinsichtlich der aktuellen Fakten wie der Stadtentwicklung, lassen sich Initiativen zur Verbesserung der Freizeit- und Lebensqualität einleiten.

Öffentlichkeitsarbeit in diesem Sinn muß also die Gemeinschaft der Bürger für eine aktive Freizeitentwicklung der Städte motivieren. Dies geschieht einerseits durch spezielle Interessengruppen (Bürgerinitiativen), andererseits aber durch eine planmäßige Meinungsbildung innerhalb der Bürgerschaft allgemein. Kennzeichnend für den Erfolg derartiger Aktivitäten sind Wirkungen, die die Stadt auch nach außen hin attraktiver machen.

Beispiele aus Krefeld:

1. Aktion „Schöneres Krefeld"

Eine Gemeinschaftsaktion der Arbeitsgemeinschaft Krefelder Bürgervereine, des Verkehrsvereins Krefeld e.V. und der Stadt Krefeld, durch die Hauseigentümer in bisher rund 3000 Fällen veranlaßt wurden, erhaltenswerte Fassaden, insbesondere aus der Zeit der Jahrhundertwende, zu renovieren. Außer der deutlichen Verschönerung des Straßenbildes wurde eine neue Form der Stadtsanierung eingeleitet, in der wertvolle Bausubstanz erhalten wurde.

2. Auszeichnung PRO SALUTATE CIVITATIS

Eine Initiative des Verkehrsvereins Krefeld e.V., die Firmen, Körperschaften, Gruppen oder Personen auszeichnet für besondere Bemühungen auf dem Gebiet zur Erhaltung der natürlichen, urbanen Umwelt. Hierunter fallen auch Bemühungen im Bereich des Umweltschutzes, die über gesetzliche Auflagen und Verpflichtungen hinausgehen.

KREFELD VERLEIHT AUSZEICHNUNG FÜR UMWELT-INITIATIVEN

„PRO SALUTE CIVITATIS — zum Wohle der Bürgerschaft" ist der Leitsatz einer Auszeichnung, die verliehen wird als Anerkennung initiativer, verdienstvoller Bemühungen für die Umwelt der Bürgerschaft der Stadt Krefeld.

Krefeld ist als hochindustrialisierte Stadt in ihrer Entwicklung angewiesen auf die Erhaltung und ständige Verbesserung ihrer Umweltbedingungen. Die Beschäftigten spezialisierter Produktionsbetriebe, wie sie in Krefeld vorherrschen, haben entsprechend gesteigerte Ansprüche an den Wohn- und Freizeitwert ihrer Stadt. Dieser ist wesentlich abhängig von der Beschaffenheit der Luft, des Wassers und anderer wesentlicher Lebenselemente; darüber hinaus von Ausdehnung und Zustand der natürlichen Landschaft und anderer Erholungsflächen im Stadtgebiet.

Die Auszeichnung besteht aus einer Plakette in Verbindung mit einer Urkunde und kann sowohl an Einzelpersonen wie an Körperschaften oder Firmen verliehen werden, die über das Maß von beruflichen Pflichten oder gesetzlichen Auflagen hinaus Hervorragendes im Sinne der Auszeichnung geleistet haben.

In der Welt von morgen wollen alle besser leben, weniger arbeiten, mehr verdienen, schöner wohnen, sich mehr Daseinsfreude verschaffen. Das ist in einer Industriestadt nur möglich, wenn Arbeitsbedingungen und Freizeitmöglichkeiten auf befriedigende Weise harmonisiert werden. Die qualifizierten Arbeitskräfte einer sich immer mehr spezialisierenden Industrie haben in ihrem neuen Bewußtsein, Wohlstandsbürger zu sein, bereits begonnen, aus den Städten abzuwandern, die ihren Wohn- und Freizeitansprüchen nicht mehr genügen.

Die Interessen der Unternehmensleitungen und der Arbeitnehmerschaft sind deshalb in der Konsequenz identisch: Quantität und Qualität der Produktion sind langfristig gesehen abhängig von der Qualität der Lebensbedingungen und der Lebensansprüche der arbeitenden Menschen.

Besonders hochindustrialisierte Städte wie Krefeld sind in ihrer Entwicklung angewiesen auf die Erhaltung und ständige Verbesserung ihrer Umwelt. Diese ist wesentlich abhängig von der Beschaffenheit der Luft, des Wassers und anderer wesentlicher Lebenselemente; darüber hinaus von Ausdehnung und Zustand der natürlichen Landschaft und anderer Erholungsflächen im Stadtgebiet.

Um diese Vorstellungen bewußt zu machen, hat der Verkehrsverein Krefeld die Auszeichnung PRO SALUTE CIVITATIS ins Leben gerufen; sie kann an Einzelpersonen, Körperschaften oder Firmen verliehen werden, die über berufliche Pflichten oder gesetzlichen Auflagen hinaus Hervorragendes im Sinne ihrer Bestimmung geleistet haben.

3. Flachsmarkt Burg Linn

Aktion einer Bürgergemeinschaft im Stadtteil Krefeld-Linn, die im Rahmen einer Großveranstaltung alte Handwerke dem Publikum vorführt und ihm auf diese Weise ein wertvolles Freizeiterlebnis vermittelt. Besucherzahl zu Pfingsten 1978 200.000.

Bürgerbeteiligung bei der Gestaltung des Wohnumfeldes / Bürgernahe Verwaltung, Bürgerinitiative und ihre Erfahrungen / Quartierstrukturen

Ursula Rellstab

Seit zwei, drei Jahren verfügen wir in der Schweiz über ein neues Reizwort. Es heißt Quartierräte. Bologna hat uns das eingebrockt und Modena, jene kommunistisch regierten Städte Norditaliens, welche mit dem Schlagwort Quartierautonomie ernst gemacht haben. Während meiner Recherchen zu einem Fernsehfilm habe ich nun herausgefunden, daß das Wort gar nicht so neu ist, wie es sich gibt. In der Tat habe ich es auf Seite 10 einer kleinen Broschüre mit dem Titel „Quartiergemeinden" gefunden, welche aus dem Jahre 1944 stammt und von der Freisinnigen Partei der Stadt Zürich (einer unserer bürgerlichen Parteien) herausgegeben wurde. Ich zitiere: „Um das Gute der Quartiervereine der Allgemeinheit besser zugänglich zu machen, kamen wir auf die Idee der Schaffung von Quartierräten, gewissermaßen vom Volk gewählte Quartiervereinsvorstände, bei denen ja auch heute schon alle Arbeit der Quartiervereine liegt, bestehend aus je 12 Schweizerbürgern, die seit mindesten sieben (!) Jahren im Quartier wohnen. Mit Ausnahme von bescheidenen Entschädigungen für Präsident, Schreiber und Rechnungsführer hätten die Herren ehrenamtlich zu arbeiten." Das Papier hat damals keine Folgen gehabt. Es paßte nicht in seine Zeit. Denn während der letzten Jahrzehnte hatten wir in Europa keine Geduld für kleingliedrige Dinge, wir nannten sie kleinkariert und huldigten den sogenannten großzügigen Lösungen. Heute ist das anders. Die großzügigen Lösungen in Form von Mammut-Straßen, Mammut-Wohnblöcken und Mammut-Schulen haben uns eher enttäuscht und wir kümmern uns heute vermehrt um den sogenannten „menschlichen Maßstab" und um „überschaubare Verhältnisse". In diesen Zusammenhang ist das neuerwachte Interesse am Quartier und am Wohnumfeld zu stellen.

Ich erkenne dies nicht nur während meiner publizistischen Tätigkeit, sondern erlebe es auch im Alltag. Denn ich bin es inzwischen gewohnt, nicht nur theoretisch zu arbeiten, sondern immer auch noch mit einem Fuß in der Praxis zu stehen. So bin ich denn auch an der Quartierarbeit im Quartier, in dem ich wohne, beteiligt, in Zürich-Oberstraß, einem Altbauviertel am Cityrand.

Angefangen hat das schon vor einigen Jahren, akut ist die Sache dann während des sogenannten „Fröhlichen Sommers 1975" geworden, als wir — ein Team von neun Quartierbewohnern — uns das Jubiläum zum 100jährigen Bestehen des Kunstgewerbemuseums der Stadt Zürich zunutze machten. Im Rahmen der Jubiläumsausstellung „Gesicht der Straße" versuchten wir die theoretischen Forderungen nach einer besseren Lebensqualität in den Quartieren gleich in Tat umzusetzen. Es ging uns darum, zu zeigen, wie man eine tote Quartierstraße zur Fußgänger-Verbindung zwischen einem Nebenzentrum und dem Hauptzentrum beleben könnte.

Damit Sie sich ein Bild davon machen können, was dieser „Fröhliche Sommer" überhaupt war, zeige ich Ihnen hierüber ein paar Dias.

Nach dem „Fröhlichen Sommer" kam ein trauriger Herbst und dem wiederum folgte ein depressiver Winter. Kaum war die Ausstellung zu Ende, ist alles — fast alles — wieder verschwunden. Das Team hatte keine Plattform mehr, von der aus gearbeitet werden konnte. Wir hatten keinen Auftrag, wir waren — wie man so sagt — nicht mehr legitimiert. Außerdem hatten wir kein Geld. Die Malstube wurde wieder Gartenmöbellager, die Wiese durfte wieder nur von den Schulkindern benutzt werden, desgleichen das Turnplätzchen. Und daß der Schulhof wieder öde wurde wie zuvor, dafür sorgte der Hauswart — obschon es den Kindern offiziell gestattet ist, den Schulhof zu benutzen.

Drei ganz wichtige Dinge allerdings hat der „Fröhliche Sommer" zurückgelassen:

- ein sensibilisiertes Quartier
- ein Stück gesperrte Straße
- eine Gemeinwesenberaterin.

Es ist uns nämlich gelungen, die Gemeinwesenberaterin, die — so ziemlich per Zufall — im Team mitgearbeitet hatte, zu behalten: Das Sozialamt erklärte sich bereit, sie halbamtlich anzustellen. Was unsere Gemeinwesenarbeiterin im Rahmen dieser Halbtagsstelle seit Frühjahr 1976 zustandegebracht hat, ist nicht wenig. Es existieren heute rund ein Dutzend Bevölkerungsgruppen im Quartier. Hier ein paar Beispiele:

- Eine Gruppe von zwanzig Müttern organisiert alle vierzehn Tage am schulfreien Mittwochnachmittag Programme für Kinder. Es steht der Gruppe kein eigenes Lokal zur Verfügung. Sie arbeitet — wie zu Zeiten des „Fröhlichen Sommers" — „im Quartier", d.h. die 60 bis 150 Beteiligten, Kinder und Erwachsene, benützen das Stück gesperrte Straße, eine Schulwiese (mit Spezialbewilligung), den Kiesplatz bei der Kirche, verschiedene Lokale, den Wald.

- Eine weitere Gruppe kümmert sich um Hinterhöfe.

- Eine dritte um die Verbesserung bestehender Spielplätze. Angestrebt wird eine Zusammenarbeit zwischen der Verwaltung (sprich Bewilligungen, Material und Geld), Fachleuten (in diesem Falle die Pro Juventute) und der Bevölkerung, von der die Ideen kommen, die die Sache durchsetzen wird und welche — schließlich — die Spielplätze in Fronarbeit umbauen will.

- Weitere Gruppen: Verein Jugendtreff, Senioren-Treff, Kontakt-Nachmittag für junge Frauen, Gruppe für Ganztagsschulen, Gruppe 6.

Die Gruppe 6 heißt so, weil Zürich 12 Stadtkreise zählt, und das Quartier Zürich-Oberstraß im Stadtkreis 6 liegt. In dieser Gruppe arbeite ich selber mit. Hier die Punkte unserer Traktandenliste der vergangenen Woche:

- Die Gruppe 6 als Vermittlerin zwischen der städtischen Liegenschaftenverwaltung und einem Mieterverein.
- Bericht über den Stand der Dinge beim „Ideen-Wettbewerb „Rund um den Rigiplatz" (Zentrumsbereich des Quartiers).
- Bericht über die Stand-Aktion „12 autofreie Sonntage".
- Berichte und Diskussionen über die Arbeit der Untergruppen: „Quartier-Analyse", „Fußgänger-Netz", „Wohnschutzzone".
- Einflußnahme der Gruppe auf die zukünftige Bauordnung der Stadt zur Verhinderung weiterer Abbrüche alter Villen, weiterer Zerstörung von Grün.
- Bericht eines Mitgliedes der Spielplatzgruppe.
- Feuerwehrübung: Am Tage der Sitzung (30. Mai 1978) wurde bekannt, daß das gesperrte Straßenstück Stapferstraße ab sofort wieder dem Verkehr übergeben werden soll. Beschluß eines Maßnahmenpaketes: Telefonanruf an die Verkehrspolizei, Telefonanruf an den zuständigen Stadtrat, Brief an den Stadtrat. Krisenstabsitzung am Samstag, den 3. Juni, um legale, sympathische Störaktionen auszuhecken. Die als Gast anwesende Gemeinderätin erklärte sich spontan bereit, anläßlich der nächsten Ratssitzung eine „Schriftliche Anfrage" einzureichen.

Soweit eine Aufzählung der praktischen Dinge, die wir tun, um unser Quartier und unser Leben in diesem Quartier aufzuwerten. Bei dieser Arbeit ergeben sich Schwierigkeiten. Zum Teil sind es immer wieder andere Probleme, die auftauchen, zum Teil handelt es sich aber auch um immer wieder ähnliche Schwierigkeiten, die überwunden werden sollen. Hier die vier wichtigsten:

- Zunächst: Es ist außerordentlich schwierig, neue Leute für eine aktive Teilnahme zu gewinnen. Wir haben verlernt, Verantwortung für die Gemeinschaft zu tragen. Wir haben uns lange Zeit verwöhnt und es uns so eingerichtet, daß wir alles — oder doch möglichst viel — delegieren konnten: an die Behörden, an die Verwaltung. Selbstverständlich gibt es auch heute noch aktive Menschen, Leute, die sogar fähig sind, andere zu begeistern, mitzumachen. Aber sie sind in der Minderzahl. Ich bin deshalb zur Überzeugung gelangt, daß wir heute Spezialisten einsetzen müssen, die uns wieder befähigen, uns tatkräftig für unsere nächste Umgebung, unser Wohnumfeld, unser Quartier einzusetzen. Solche Spezialisten sind — wie Sie wissen — Gemeinwesenarbeiter oder Animatoren.

- Eine weitere Schwierigkeit: die Verwaltung, die Beamten. Es ist neu für unsere Beamten, mit Bürgergruppen zusammenzuarbeiten. Es ist ihnen nicht ganz geheuer, wenn sie Kontakte pflegen mit den Bürgergruppen. Dürfen sie das oder dürfen sie es nicht? Anders ausgedrückt: Eine Zusammenarbeit zwischen der Verwaltung und den Bürgern, oft gefordert und propagiert, ist weder eingespielt noch institutionalisiert. Das hängt auch mit dem Wesen der Bürgergruppen zusammen. Viele dieser Gruppen — das bestätigt auch Henning Dunckelmann in seinem Untersuchungsbericht „Lokale Öffentlichkeit" — lehnen Vereinsmeierei ab, wollen spontan arbeiten, sich nicht organisieren, die ehrenamtliche Arbeit soll Lust bleiben und nicht zur Last, zum Muß werden. Dies hat den Nachteil, daß diese Gruppen, von der Seite der Verwaltung aus gesehen, irgendwelche schwammige, glitschige Gebilde sind, nicht zu fassen, nicht repräsentativ — dubios, letztlich. Um hier Abhilfe zu schaffen, müßte innerhalb der Verwaltung Informationsarbeit geleistet werden, und es müßten neue Spielregeln erfunden werden, die es ermöglichen, eine Zusammenarbeit zwischen der Verwaltung und den Bürgergruppen fruchtbar zu gestalten.

- Eine dritte Schwierigkeit: das Image der Bevölkerungsgruppen in der Öffentlichkeit. Ein probates Mittel, Neues und deshalb Unbequemes aus der Welt zu schaffen ist, dieses Neue als ultralinks zu verketzern. Während meiner Recherchen zum erwähnten Fernsehfilm haben mich Vertreter von Bevölkerungsgruppen immer wieder gebeten, den Zuschauern zu sagen, solche Gruppen nicht in Bausch und Bogen zu verdammen, sondern zuerst genau nachzusehen, mit wem man es zu tun hat. Hier hilft nur breite Öffentlichkeitsarbeit und — selbstverständlich — gute Arbeit der Gruppen.

- Die vierte und letzte Schwierigkeit, die ich erwähnen möchte, heißt: Konflikte mit den bestehenden Strukturen. Wer in einem Neubauviertel Quartierarbeit leistet, hat zwar enorme Schwierigkeiten, aber diese Schwierigkeit hat er nicht: Er braucht sich nicht mit althergebrachten Vorstellungen („So haben wir das hier immer gemacht.") auseinanderzusetzen, noch braucht er alteingesessene Quartier-Organisationen, zum Beispiel Quartiervereine, zu berücksichtigen. Der Generationenkonflikt spielt hier keine Rolle. Es ist geradezu paradox: Liest man die Statuten der traditionellen Quartiervereine, so finden sich Zweck- und Zielformulierungen, welche auch neugegründete Gruppen unterzeichnen könnten. Auch die alten Vereine wollen die Lebensqualität im Quartier verbessern. Problematisch dabei ist nur, daß sich die alten und neuen Organisationen unter Lebensqualität nicht ganz dasselbe vorstellen und daß sie sich ganz und gar nicht darüber einig sind, wie man diese Lebensqualität herstellen soll. Während die alteingesessenen Organisationen dahin tendieren, von einem vielleicht acht- bis zwölfköpfigen Vorstand aus zu „regieren", sind die neueren Organisationen eher der Meinung, es müsse eine differenzierte Infrastruktur geschaffen werden, welche es möglichst vielen Bewohnern erlaubt, mitzuarbeiten.

Wie aber müßte eine solche „differenzierte Infrastruktur" beschaffen sein? Was für ein „Skelett" brauchen wir, welches das neue Quartierleben trägt. Wie könnten wir unsere Quartiere organisieren, damit die drei wichtigsten Forderungen erfüllt werden? Nämlich:

- Die Bewohner sollten vermehrt Gelegenheit bekommen, Verantwortung für ihr Quartier zu übernehmen.
- Sie sollten sich wieder heimisch fühlen dürfen in ihrem Quartier.
- Sie sollten auf Quartierebene wieder vermehrt zwischenmenschliche Kontakte pflegen können.

Zuhanden unserer heutigen Diskussion und Arbeit möchte ich zum Schluß meiner Ausführungen ein paar Modelle skizzieren, die es schon gibt, vielleicht erst in Ansätzen gibt, oder von denen — bei uns in der Schweiz — jetzt gesprochen wird:

Ich greife zurück auf das, was sich jetzt in Zürich-Oberstraß entwickelt. Die Gruppen werden mit der Zeit wünschen, ihre Arbeit zu koordinieren. Es dürfte dadurch zu einer *Delegierten-Versammlung der Bürgergruppen* kommen. Dieses Modell funktioniert schon heute z.B. im holländischen Delft, wo sich die Vertreter von rund 30 Bürgergruppen monatlich treffen. Es existiert dafür ein traditionelles Vorbild: In Zürich gab es in einzelnen Quartieren sogenannte Vereinskartelle. Diese Ebene wurde aber lediglich einmal im Jahr aktiviert, und zwar wenn es darum ging, ein großes Quartierfest zu veranstalten.

Bern hat — als erste Stadt in der Schweiz — eine offizielle *Quartier-Kommission* eingesetzt und sich dadurch ein Instrument geschaffen, mit dem Quartierentwicklungsprobleme angegangen werden können. Diese Quartier-Kommission besteht aus 17 Mitgliedern. Vertreten sind alle Parteien, welche in der Legislative über eine Fraktion verfügen. Dazu kommen zwei Vertreter des Quartierleistes (Quartierverein), je ein Vertreter der Hauseigentümer- und der Mietervereinigung sowie ein Vertreter der Verwaltung (Stadtplanungsamt). Und schließlich nehmen auch noch vier Fachleute Einsitz. Das Problem dieser Kommission ist, daß sie „von oben" eingesetzt wurde, also nicht aus der Bevölkerung heraus entstanden ist. Von der Verwaltung her gesehen, ist sie legitimiert zu arbeiten, von der Bevölkerung aus, bleibt diese Frage vorderhand noch offen. Auch wird sich erweisen, ob die Kommission lediglich ein Instrument für Verkehrs- und Bauplanung bleibt oder ob sie in der Lage ist, auch andere Quartierbelange zu bearbeiten.

Die Quartiervereine selbst propagieren einen *Ausbau der Quartiervereine*. Die Schwierigkeit besteht hier wiederum darin, daß alteingesessene Vereine, um nicht zu sagen verharzte Vereine, große Mühe haben, sich aus sich selber heraus zu erneuern. Besonders heikel wird die Situation, wenn die Quartiervereine nicht in der Lage sind, ihre Ressentiments allem Neuen gegenüber abzubauen und die neuen, sich zur Mitarbeit anmeldenden Kräfte zu integrieren. Die Legitimation der Quartiervereine, für die Bevölkerung zu sprechen, wird angezweifelt. Es handle sich nicht um ein gewähltes Gremium und die Mitgliedschaft sei freiwillig. Dazu kommt die Frage der Größe des Gebietes. Was heißt Quartier? Wie viele Einwohner hat ein Quartier? Zürich-Oberstraß zählt etwas über 11.000 Menschen. Für diese Größe erscheint ein Quartierverein bereits nicht mehr das geeignete Instrument. Und noch etwas: Quartiervereine nehmen gerne für sich in Anspruch, politisch neutral zu sein. Sie sind es aber nicht. Sie sind vorwiegend bürgerlich-konservativ und nur einzelne Quartiervereine Zürichs haben sich dem heutigen Kräfteverhältnis der politischen Parteien im Quartier angepaßt.

Ein weiterer Vorschlag geht dahin, *Anwohnervereine* zu gründen, also bedeutend kleinere Einheiten, als dies die heutigen Quartiervereine sind. In Anwohnervereinen würden die Anwohner einer Straße, eines Straßenstückes, einer Siedlung, einer Wohnkolonie usw. zusammengefaßt. Auch hier wäre es unumgänglich, eine Art Delegiertenversammlung auf Quartierebene einzuführen. Die Mitgliedschaft in diesen Anwohnervereinen wäre aber auch freiwillig. Wir verfügen heute nicht über die notwendigen gesetzlichen Grundlagen, womit wir jeden Bürger verpflichten könnten, einem Anwohnerverein beizutreten. Im Moment, wo die Sache aber nur fakultativ ist, kann ihre Legitimität, für die Bewohnerschaft zu sprechen, angezweifelt werden.

Noch eine Idee geistert durch die Köpfe: die Idee, ein Gremium zu bilden, bestehend aus den Nachwuchs-Politikern in den Quartieren. Diese würden so eine Art „Übungs-Parlament" bilden und zugleich die Interessen des Quartiers vertreten. Von Leuten, welche von einem „Übungs-Parlament" wenig halten, kommt dann etwa der Vorschlag, aus den Quartierpolitikern, welche im Stadtparlament sitzen, auf Quartierebene eine Art *Quartierfraktion* zu bilden. Obschon auch dies eine alte Forderung ist, wurde ihr nie Rechnung getragen. Wahrscheinlich, weil die Gemeinderäte dadurch in die schizophrene Situation geraten würden, gleichzeitig die Interessen des Quartiers und der gesamten Stadt wahrnehmen zu müssen. Und daß sich diese Interessen nicht immer decken, wissen wir alle.

Als heißes Eisen in Sachen Quartier-Strukturen gilt noch immer das Vorbild der norditalienischen Städte Bologna und Modena. Sie verfügen bekanntlich über gewählte *Quartierräte.* Dieses Modell wird z.Z. in Zürich von einer Arbeitsgruppe bearbeitet, und es werden wohl bald Vorschläge an die Öffentlichkeit herangetragen, welche ein Modell „Demokratie nach unten" für Zürich bereithalten. Diese Arbeitsgruppe geht von den gewachsenen Strukturen aus. D.h. sie benützt die zwölf Stadtkreise als Einheiten. Dadurch gerät sie in das Dilemma, doch noch zuwenig bürgernah zu sein, und aus diesem Grund eine noch feinere Struktur erfinden zu müssen. Der Nachteil des Vorschlages ist seine Kompliziertheit, welche der Forderung nach mehr Transparenz diametral entgegenläuft.

Sie sehen: Je genauer man sich die Sache ansieht, um so komplexer erscheint sie. Denn wenn ich Ihnen vorhin sozusagen eine Auswahlsendung von Quartier-Strukturen angeboten habe, so haben wir über die Kompetenzen dieser Gremien noch kein Wort verloren, über ihren Entscheidungsspielraum, über die Abgrenzung zwischen Quartier-Gremium und Stadtparlament. Und auch die Frage nach eigenen finanziellen Mitteln haben wir vernachlässigt.

Vom heutigen Tag verspreche ich mir weitere Informationen über bestehende Modelle oder Ansätze dazu. Dann aber auch die gedankliche Weiterentwicklung von möglichen Quartiergremien. Und schließlich das Aufspüren von möglichen Trägern (Forschungsstellen und Städten), welche interessiert wären, bestehende Modelle zu sammeln, theoretisch weiterzuentwickeln, praktisch zu erproben und die Erfahrungen auszuwerten.

Freizeit '78 Arbeitsgruppe 6
Animation im Wohnumfeld
Ausbildung und Praxis für eine neue Aufgabe?

Pedro Graf

Fragestellung: Warum verwenden die Veranstalter den Begriff der „Animation"? Meint er dasselbe oder etwas anderes als der bei uns gebräuchlichere Begriff „Gemeinwesenarbeit"?

1. Vergleich beider Begriffe:

1.1. Gemeinwesenarbeit bezeichnet
- einen methodischen Ansatz der Sozialarbeit,
- gerichtet auf größere Lebenszusammenhänge (Gemeinde/Stadtteil),
- mit dem Ziel, Betroffene zur Selbsthilfe zu aktivieren;
- ihre Adressaten sind daher meist oder primär unterprivilegierte Gruppen der Gesellschaft.

1.2. „Animation" bezeichnet
- einen methodischen Ansatz aus der Bildungsarbeit,
- gerichtet auf kleinere Gruppen,
- mit dem Ziel, zur Selbstentfaltung und kulturellen Partizipation zu aktivieren;
- ihre Adressaten sind daher eher bürgerliche Schichten.

1.3. Gemeinsamkeiten:
Gemeinsam ist beiden Begriffen der methodische Ansatz der Aktivierung zur Selbsthilfe, der Förderung von Eigenkräften und damit ein „katalytisches" (von Katalysator) Rollenverständnis der beteiligten Professionellen (Gemeinwesenarbeiter bzw. „animateur").

1.4. Unterschiede:

1.4.1. Der Hauptunterschied liegt in der Zielrichtung, nämlich in dem stärker kulturellen, auf Veränderung der Lebens*weise* ausgerichteten Ansatz der Animation gegenüber einem stärker politisch-strukturellen, auf Veränderung von Lebens*bedingungen* abzielenden Ansatz der Gemeinwesenarbeit.

1.4.2. Hinzu kommt ein aus der unterschiedlichen Geistestradition herzuleitendes verschiedenes Methodenverständnis:

- Die eher in einer puritanisch-kalvinistischen Tradition wurzelnde Gemeinwesen-*Arbeit* (!) sieht ihr methodisches Vorgehen als „geplante und gezielte Koordinierung der Hilfskräfte in einem Gemeinwesen"; ihre Mittel sind: Untersuchung, Planung, Versammlung, Gründung von Gremien etc.
- Die Animation dagegen, die eher aus einer sinnlich-katholischen, mit französischem „esprit" durchsetzten Tradition stammt, betont eher die spielerischen und musisch-kreativen Elemente und damit die unplanbare Eigenaktivität ihrer Adressaten.

1.5. Eine inhaltliche Verbindung beider Begriffe könnte dazu führen
- dem allzu schmalen, rein kulturellen und mittelschichtorientierten Ansatz der Animation eine Orientierung an sozialen Problemen und eine stärker politische, auf strukturelle Veränderungen ausgerichtete Perspektive zu geben und andererseits
- den „ernsten Arbeitseifer" der Gemeinwesenarbeit durch lustvolle, spielerische Elemente zu bereichern und dabei den Aspekt der *Selbst*veränderung als wesentliches Moment jeder Gesellschaftsveränderung hervorzuheben.

1.6. Eine sprachliche Ersetzung des bei uns gerade erst eingebürgerten Begriffs der Gemeinwesenarbeit durch die bisher nicht gebräuchliche „Animation" würde allerdings eher einer Tendenz zur *Entpolitisierung* sozialpädagogischer Bemühungen bzw. zur Rücknahme aller bisherigen (eher bescheidenen und alles andere als „revolutionären") Ansätze stadtteilbezogener Bildungs- und Sozialarbeit Vorschub leisten und Ausdruck verleihen.

Diese These soll durch einen Blick auf die gesellschaftlichen Hintergründe dieses scheinbar müßigen „Streites um Worte" untermauert werden.

2. Die gesellschaftlichen Hintergründe

2.1. Veränderungen im Bereich der „Freizeit"

2.1.1. Die arbeitsfreie Zeit wird voraussichtlich weiter zunehmen, denn

- weiterer technischer Fortschritt und daraufolgende weitere Automatisierung und Rationalisierung des Produktionsprozesses werden zu weiterer Produktivitätssteigerung führen, während gleichzeitig
- die allmähliche Sättigung von Bedürfnissen und die Erschöpfung natürlicher Ressourcen das wirtschaftliche Wachstum bremsen werden,

wodurch der Bedarf an menschlicher Arbeitskraft notwendigerweise sinken wird. Ob diese Entwicklung eher eine weitere Erhöhung der Arbeitslosenzahlen oder eine gerechtere Verteilung der entstehenden freien Zeit zur Folge haben wird, ist zwar noch offen und die wohl entscheidende politische Frage der nächsten Zeit. Aus Legitimationsgründen wird unser System allerdings dem letzteren Weg den Vorzug geben müssen.

Eine sinnvolle und befriedigende Nutzung der dadurch entstehenden weiteren „Freizeit" wird dabei zu einem Problem, denn

2.1.2. Das Verhältnis von Arbeit und Freizeit, von Produktion und Reproduktion, wird immer widersprüchlicher:

2.1.2.1. Einerseits wird sich die bewußtseinsmäßige Trennung von Arbeit und Freizeit, von Beruf und Familie (und damit von „öffentlichem" und „privatem" Bereich) weiter verschärfen, denn

● Arbeit und Freizeit werden räumlich und zeitlich noch weiter und klarer voneinander getrennt (sog. Entmischung der Funktionen),

● Arbeit wird immer weiter automatisiert und standardisiert und dabei gleichzeitig intensiviert, d.h. sie wird bei immer kürzerer absoluter Arbeitszeit relativ immer anstrengender und dabei gleichzeitig, auf dem Hintergrund eines immer sinnloseren Wachstums, immer sinnentleerter und unbefriedigender;

● „Freizeit" wird dadurch weiterhin wie bisher primär Kompensation der Arbeitszeit, Erholung von der Arbeit sein, gleichzeitig aber zunehmend als alleiniger Raum der Selbstentfaltung und -verwirklichung angesehen werden.

2.1.2.2. Andererseits wird die Freizeit immer stärker vom Arbeitsprozeß gesteuert und geprägt, denn

● der konzentrierte Streß der Arbeitszeit und der Rhythmus der Arbeitswelt, die zunehmend unser gesamtes Leben prägen, erschweren das Umschalten, das Ausspannen in der freien Zeit;

● die Industrialisierung und Kommerzialisierung der Freizeit — die fortschreiten wird, da hier bei ansonsten schrumpfendem Wachstum (s. 2.1.1.) vor allem im tertiären Bereich noch ein weites Feld wirtschaftlicher Expansion besteht — wird zur weiteren Präformierung und Standardisierung von Bedürfnissen führen;

● die Normen der Arbeitswelt, wie Leistung und Wettbewerb, werden noch stärker als bisher auch die Freizeit prägen, die damit immer mehr zu einem Ort scharfer Statuskonkurrenz wird.

Dieser Widerspruch (zwischen 2.1.2.1. und 2.1.2.2.) ist Ausdruck der Tatsache, daß unsere Gesellschaft gleichermaßen auf die effektive Erholung ihrer Arbeitskräfte wie auf die Steigerung des Freizeitkonsums angewiesen ist.

2.1.2.3. Folgen dieser Entwicklung sind:

● die Flucht ins „private Glück", die immer geringere Teilnahme an Selbsthilfe- und Gemeinschaftsaktionen und die Enthaltung von der Politik (die nicht als Teil der „Freizeit", sondern der „Arbeit" empfunden und auch fast nur noch professionell betrieben wird, s. 2.3.1.),

● die krampfhafte Suche nach Sinnerfüllung im privaten Konsum, die letztlich zur Frustration führen muß.

2.2. Allgemeine Veränderungen im Reproduktionsbereich

2.2.1. Die sozialen Probleme im Wohn- und Freizeitbereich werden zunehmen, denn

● die Mieten werden (mit den Grundstücks- und Baukosten) weiter steigen, während die Arbeitseinkommen stagnieren,

● der Prozeß städtebaulicher Umstrukturierung (Sanierung der Innenstädte, Verdrängung der angestammten Bevölkerung in Neubaugebiete am Stadtrand) ist noch keineswegs abgeschlossen, die damit verbundene soziale Desintegration und Zerstörung gewachsener Kommunikationsstrukturen wird weitergehen,

● der Funktionsverlust der Familie und die Auflösung sinngebender Organisationen (Kirchen, Traditionsvereine, programmatisch orientierte politische Parteien) schreitet fort und

● Arbeit und Freizeit werden ihrerseits immer weniger Befriedigung und Sinn bieten (s.o.).

Die Folge: Armut und Obdachlosigkeit, Jugendkriminalität, Alkoholismus und Drogensucht, Ehescheidungs- und Selbstmordraten werden steigen.

2.2.2. Die Rahmenbedingungen für Wohnen und Freizeit werden sich verschlechtern, denn

● Lärm- und Schmutzbelästigung werden zunehmen,

● die Zersiedlung der Landschaft und die Zerstörung kulturell wertvoller Bausubstanz werden fortschreiten,

● ein menschenfreundlicher Städtebau wird weiterhin an der Rendite scheitern,

● die Gefahren chemischer und radioaktiver Emissionen werden wachsen.

2.3. Politische Veränderungen

Die Möglichkeit, daß die Betroffenen sich gegen die skizzierten Entwicklungen wehren und sie in andere Richtung lenken, wird immer geringer, denn

2.3.1. Politische Beteiligung wird immer schwieriger und obsoleter durch sich wechselseitig verstärkende Tendenzen, wie

● wachsende Komplexität zu lösender Probleme und zunehmende Langfristigkeit von Lösungsprogrammen,
● Professionalisierung der Politik,
● Aushöhlung der kommunalen Selbstverwaltung,
● Funktionsverlust der Parlamente.
● Zunehmende Einbahnkommunikation in den Massenmedien (vom Forum öffentlicher Diskussion zum Steuerungsinstrument wirtschaftlicher und politischer Eliten),
● Entideologisierung der Politik (von der Auseinandersetzung um Ziele und Programme zum Wettbewerb um Personen und technische Lösungen).

2.3.1. In Verbindung mit Problemen wie Jugendarbeitslosigkeit, numerus clausus und Berufsverboten führen die obigen Entwicklungen vor allem bei der jüngeren Generation zu verstärktem Rückzug, Anpassung und Entpolitisierung.

3. Mögliche Reaktionen

Als Antwort auf den aufgezeigten Problemdruck sind zwei grundsätzlich verschiedene Reaktionsformen der politischen Gremien und Organisationen denkbar:

3.1. eine *konservative* Reaktion, orientiert an der Erhaltung herrschender Strukturen. Ihre Mittel sind:

● die Ablenkung von den tatsächlichen Problemen und ihre Verharmlosung in Verbindung mit der weiteren Entpolitisierung der Bevölkerung, sowie

● deren Erziehung zu einer „sinnvollen Freizeitgestaltung", die gleichzeitig dem wirtschaftlichen Wachstum und der Erholung der Arbeitskraft dient (zu so etwas wie „kreativem Konsum", wie er z.B. in der „do-it-yourself-Bewegung" bereits praktiziert wird). Hierzu könnte der methodische Ansatz der Animation hilfreich und anregend sein.

3.2. eine *progressive* Reaktion, ausgerichtet auf die Veränderung bestehender, die genannten Probleme erzeugender Strukturen und Bedingungen. Zu ihr gehören:

- die Aufklärung über die tatsächlichen Probleme und deren Ursachen und die Förderung der Partizipation der Betroffenen an den notwendigen Veränderungsprozessen, sowie

- die Erziehung zu einer kritisch-aktiven Auffassung von Freizeit, die im solidarischen Engagement für konkrete Verbesserungen im eigenen Lebensumfeld und für darüber hinausgehende grundlegender Veränderungen einen wesentlichen Inhalt sieht — was lustvolle, spielerische Formen der Betätigung und Aktion keineswegs ausschließt, sondern im Gegenteil voraussetzt, wenn Initiativen nicht immer wieder erlahmen sollen. Hierzu könnte der methodische Ansatz der Gemeinwesenarbeit fördernd und unterstützend sein.

3.3. Daß alle unsere maßgeblichen politischen Kräfte sich seit der sog. „Tendenzwende" mehr oder minder eindeutig für die erste Alternative entschieden haben und sich hierin nur noch in Nuancen unterscheiden, zeigen Entwicklungen wie

- der Abbau emanzipatorischer Bildungsinhalte im Zuge einer rein technokratischen Bildungsreform (so z.B. die Auseinandersetzung um die Hessischen Rahmenrichtlinien, oder die Kritik der kommunalen Spitzenverbände an der Sozialarbeiter-Ausbildung),

- die Einschränkung oder gar der Entzug der finanziellen Förderung progressiver Organisationen und Institutionen (wie Naturfreundejugend, Victor-Gollancz-Stiftung, Jugendheim Am Dörnberg), sowie von Modellen und Projekten (Jugendzentren, GWA etc.);

- die Handhabung des Radikalenerlasses und die Tätigkeit des Verfassungsschutzes (der z.B. in Bayern nicht einmal mehr vor den Schulzimmern Halt macht),

- die bürokratische Behinderung und politische Diffamierung von Bürgerinitiativen (insbes. im Bereich der Kernenergie),

die in allen Bundesländern zu beobachten sind.

Es wäre verständlich, aber schade, wenn der Veranstalter durch die Wort- und Themenwahl für die Arbeitsgruppe 6 die aufgezeigte Tendenz zur Entpolitisierung und Ablenkung von den tatsächlichen Problemen unterstützen wollte!

Animation im Wohnumfeld
Ausbildung und Praxis für eine neue Aufgabe?

Egon Kuhn

In Xanten fand im November 1977 eine Arbeitstagung der DGF und des SVR statt. Herr Dr. Joachim Scharioth, Frankfurt/M., referierte zum Thema „Beteiligung und Animation der Bürger". U.a. führte er in seinem Referat zur stadtteilbezogenen Arbeit aus:

„Eine vorbildliche Einrichtung in dieser Beziehung ist das Freizeitheim Linden, dessen Leiter heute ebenfalls unter uns ist, und in dem schon seit langem man sich sehr intensiv mit der konkreten Geschichte des Viertels und der Bewohner beschäftigt und versucht, aus der Tradition der Lebensumwelt das Programm des Freizeitheims zu gestalten. Hier wird die konkrete Lebensumwelt der Bürger von Linden in das Programm der Freizeiteinrichtung mit einbezogen."

Ich will mich nun auf 5 Punkte seines Referates beziehen:
1. Der konkrete und intensive Versuch, auf die Geschichte des Stadtteils einzugehen.
2. Tradition und Lebensumwelt der Bürger in das Programm eines Freizeitheimes einzubeziehen.
3. Gerade die Bewohner sind in der Lage, ihre eigenen Bedürfnisse in die Tat umzusetzen, zumindest ihre bewußten eigenen Bedürfnisse.
4. Animation kann bereits dadurch geschehen, daß eine Möglichkeit geschaffen wird, daß Bürger, die aus verschiedenen Arbeitsumfeldern kommen, miteinander kommunizieren.
5. Möglichkeit für den Bürger, in seinem wohnungsnahen Umfeld sich als Fachmann einzusetzen. Hier ist der Bürger oft der Expertenmeinung überlegen.

Zu 1: Geschichte des Stadtteils:

Der Stadtteil Linden in Hannover, ein Arbeiterviertel, Sanierungsgebiet, Überalterung.

Da der Stadtteil Linden weitgehend von den Zerstörungen des II. Weltkrieges verschont worden ist, sind im Bereich der Wohnbebauung überwiegend die unzureichenden Wohnverhältnisse aus ihrer Entstehungszeit erhalten geblieben.

Das Freizeitheim Linden hat seinen Standort in Linden-Nord. Sanierungsprobleme und Überalterung sprechen hier eine deutliche Sprache, wobei die Kommunikationsstrukturen durch ein aktives Vereins-, Parteien- und Gruppenleben „noch" vorhanden sind. Allzu oft wird heute vergessen, daß viele dieser Gruppen und Vereine ihre kulturelle Wurzel schon in der Arbeiterbewegung vor 1933 hatten und über wesentliche Erfahrungen verfügen.

Zu 2: Während des Kinderfestes 1977 entstand spontan die Idee, zum diesjährigen Kinderfest die Initiatoren, zwei Lindener Bürger, die nach dem Kriege die Kinderfeste in den Arbeiterwohnungen der Fannystraße in Linden organisiert haben, zu integrieren. Die Arbeitsgruppe „Kinderfest '78" versuchte, sich intensiv in die Geschichte und Problematik der Kinderfeste von damals einzuarbeiten. Ich will mir eine ausführliche Darstellung ersparen und auf unsere Freizeitheim-Zeitung, die hier ausliegt, hinweisen. Erwähnen möchte ich, daß an dieser Arbeitsgruppe jüngere und ältere Lindener beteiligt waren.

Am letzten Sonnabend fand das Kinderfest statt. Als Resümee kann gezogen werden:

1. Aufarbeitung der damaligen Fannystraßen-Kinderfeste durch Interviews.

2. Zusammenstellung einer Foto-Ausstellung der damaligen Kinderfeste in der Fannystraße.

3. Integration des Spielkreises ausländischer Kinder und des Kinder-Spiel-Kreises in unser Kinderfest. Die beiden Spielkreise waren an der Ausgestaltung und Durchführung des Kinderfestes beteiligt.

4. Ältere Lindener Bürger übernahmen Funktionen an den Spielständen.

5. Das Kinderfest soll für das Freizeitheim Linden eine Einstiegsmöglichkeit für weitere, darauf aufbauende stadtteilbezogene Arbeit sein. Es soll damit eine kontinuierliche Kinderarbeit eingeleitet werden sowie auch die Voraussetzungen geschaffen werden, weitere Interessen und Bedürfnisse der Bürger aufzugreifen und konkrete Angebote für sie zu schaffen.

Zu 3: Bürgerinitiative Linden-Nord:

1969 bildete sich aus einer Protestversammlung zum Problem Abriß Fannystraße (Arbeiterwohnungen) und allgemeinen Wohnproblemen (Zitat der Bürger: Linden als Hinterhof von Hannover) heraus eine Bürgerinitiative.

Die Sitzungen der Bürgerinitiative fanden regelmäßig im Freizeitheim Linden statt. So wurden auch die Benutzer und Besucher des Freizeitheimes durch die Aktivität der Bürgerinitiative angesprochen. Von dieser Bürgeraktion ging die Initiative aus, auf dem städtischen Grundstück Velvet-/Pfarrlandstraße (dort standen abbruchreife Wohnungen) 90 Altenwohnungen zu bauen.

Auf einer Bürgerversammlung, die inhaltlich und organisatorisch im Freizeitheim Linden vorbereitet wurde, kamen folgende Anträge zur Annahme:

1. Die Forderung, daß nur Lindener Bürger dort einziehen sollten. Die 2. Forderung war die Einrichtung einer Vergabekommission (Mitbestimmungsforderung) über die Vergabe der Wohnungen.

Die beiden Forderungen konnten gegenüber der Verwaltung durchgesetzt werden. Nach dem Einzug der Bürger in die Altenwohnanlage fand dann eine Mieterversammlung im Freizeitheim Linden statt, auf der der erste Mieterrat gewählt wurde. Heute trägt die Wohnanlage in der Pfarrlandstraße den Namen des hannoverschen Widerstandskämpfers Werner Blumenberg.

Dieser Erfolg war das Ergebnis praktischer Erfahrungen der Solidarität und der politischen Umsetzung.

1972 hat die Bürgerinitiative einen INFO-Laden bezogen und weitere Projekte durchgeführt, wobei die Bürgerversammlungen auch weiterhin im Freizeitheim stattfinden.

Für Linden-Nord wird in den nächsten Monaten eine Sanierungskommission, besetzt mit Bürgern und Ratsmitgliedern (Modell Linden-Süd), eingerichtet. Da die Sitzungen der Kommission für alle Bürger offen sein werden, wird als Veranstaltungsort das Freizeitheim Linden in Frage kommen. Schon jetzt sieht die Planung eine Projektgruppe vor, die sich aus Bürgern, Benutzern und Mitarbeitern des Freizeitheimes Linden zusammensetzen wird.

Das Arbeitsfeld dieser Projektgruppe wird es sein, die inhaltliche und organisatorische Vorbereitung von Sitzungen der Bürgerkommission (Kommissionsmitglieder), die Frage der Öffentlichkeit, die Information von Sitzungen mit den Experten usw. vorzunehmen.

Zu 4: Der Heimrat im Freizeitheim Linden koordiniert die stadtteilbezogene Arbeit im Freizeitheim. Die Mitglieder des Heimrates gehen davon aus, daß eine Beteiligung der Bürger an inhaltlichen Vorstellungen und Forderungen auf einer breiten demokratischen Ebene stattfinden muß. Die Sitzungen des Heimrates sind öffentlich.

Die Mitglieder des Heimrates setzen sich zusammen aus Vertretern verschiedener politischer Parteien, Neigungsgruppen, einem Widerstandskämpfer, einem Vertreter der Bürger-Initiative und kulturellen Vereinigungen.

Folgende Arbeits- bzw. Projektgruppen wurden vom Heimrat entwickelt:

- Arbeiterbewegung in Linden und Hannover, Stadtteilgeschichte am Beispiel der Fannystraßen-Kinderfeste,
- Antifaschistischer Widerstandskampf im Stadtteil
- Stadtteilbezogene Medienarbeit (bei der Durchführung der WOCHE DES ANTIFASCHISTISCHEN WIDERSTANDES im April 1978 sowie zur Vorbereitung des Kinderfestes),
- Informationsgespräche mit Ausländern im Stadtteil (Mitwirkung bei der Durchführung zur Woche „Unser Nachbar, der Ausländer").

Zu 5: Durch Bürger-Foren und ähnliche Veranstaltungen haben Bürger die Gelegenheit, ihre Erfahrungen mit Wohnumfeld den Fachleuten mitzuteilen.

Trotz aller Anstrengungen, die von uns gemacht werden, ist festzustellen, daß wir einen gesellschaftlichen Zustand erreicht haben, der durch Apathie, Interessenlosigkeit und Apolitisierung (oft durch Enttäuschungen hervorgerufen) gekennzeichnet ist.

Und hier möchte ich mit einem Zitat aus einem Arbeitsbericht der Arbeitsgruppe „Wohnung – Umfeld – Freizeit" beim SVR schließen:

„Eine demokratische Gesellschaft kann nur unter Mitwirkung ihrer Mitglieder funktionieren. Allgemein verbreitetes Desinteresse und Gefühl von Ohnmacht machen Demokratie funktionsunfähig."

Animation im Wohnumfeld
Ausbildung und Praxis für eine neue Aufgabe?

Wolfgang Nahrstedt

I. Grundlagen der Animation

1. Begriffsbestimmung

Animation ist Provokation zur Interaktion. In dieser Definition steckt eine Behauptung und eine Theorie, die jedoch in diesem Rahmen nur mehr angedeutet als entwickelt werden kann. Die Behauptung ist, daß öffentliche Interaktion gegenwärtig im Wohnumfeld wie in anderen Freizeit- und Lebensfeldern nur durch Provokation zustande kommt. Provokation soll dabei als ein Handeln verstanden werden, daß von anderen als ein starker Stimulus/Anreiz zur Reaktion empfunden wird. Provokationen gelingen in der Regel nur, wenn elementare Bedürfnisse/Interessen (Arbeitsplatz, soziale Sicherheit, Versorgung der Kinder) und/oder Wertvorstellungen (jeder darf so viel verdienen, wie er will/auf der Straße küßt man nicht/Privateigentum ist heilig/was ich in meiner Wohnung mache, geht keinen etwas an/Politik ist unsauber, wer auf sich hält, läßt die Finger davon) berührt bzw. verletzt werden. Ein Grund dafür ist, daß in hochindustrialisierten und kapitalisierten Gesellschaften durch die Übermacht institutionalisierter Aktionen (durch

Maschinen und Computer gesteuerter Arbeitsprozeß, durch die Konsum- und Freizeitindustrie gesteuerter Verbrauchsprozeß, durch Behörden gesteuerter Verwaltungsprozeß, durch Medien gesteuerter Meinungsbildungsprozeß) die Bevölkerung zu stromlinienförmiger „eindimensionaler" Anpassung erzogen worden ist. Jede. öffentliche, fast bereits jede private Reaktion auf Aktionen öffentlicher Institutionen wurde als zu gefährlich verlernt. Die Wiedergewinnung der Fähigkeit zur privaten wie öffentlichen Reaktion erfordert pädagogisch strukturierte Provokationen. „Animation" stellt eine derartige pädagogische Provokation zur Interaktion zwischen Bürgern als Basis einer öffentlichen Reaktion und Aktion dar.

Hinter der vorgeschlagenen Definition steht weiter die Annahme, daß Interaktionsbegriff und Theorien zur Interaktion eine Möglichkeit darstellen, Animation als einen Prozeß der Interaktion zwischen Animateur und Animiertem präziser zu klären.

Bisher ist die Entwicklung des Animationsbegriffs, soweit ich sehe, vor allem von drei Seiten vorangetrieben worden:

• von französischen sozialen und kulturellen Organisationen, staatlichen Administrationen und von Ausbildungsinstitutionen seit den 60er Jahren,

• vom Rat für kulturelle Zusammenarbeit des Europarats, damit von den Kultusministern europäischer Länder seit 1970,

• von Organisationen des deutschen Tourismus seit 1974.

Hinter den Definitionsansätzen stehen daher jeweils bestimmte historische Konstellationen und politische/ökonomische Interessen. Von der Entstehung des Begriffes her ließe sich z.B. ein französisches Interesse an kultureller Vorherrschaft in Europa über den Europarat vermuten. Hinter den Definitionen im Rahmen des Tourismus stehen zweifelsfrei ökonomische Interessen.

Die Hoffnung ist, daß die vorgeschlagene eigene Definition aus einem Interesse an Aufklärung über die Möglichkeiten, Gefahren und Grenzen des Animationsbegriffs für eine klärende kritische Zusammenfassung geeignet erscheint. Der Beweis dafür kann im Rahmen dieses Beitrages allerdings erst im Ansatz versucht werden.

Um den „Sinn" von Animation und den Stand der bisherigen Definitionsversuche anzudeuten, sollen zunächst einige der bisherigen Definitionen zusammengestellt werden:

• „Animation ist Anregung in der Freizeit". Auf diese kurze Formel wurde der Begriff durch den Studienkreis für Tourismus 1975 gebracht (Finger u.a. 1975, S. 14). Animation im Wohnumfeld bedeutet dann die „Anregung in der Freizeit" der Bewohner zur Mitwirkung an der Verbesserung der Wohn- und damit Lebensqualität.

• In einer Dokumentation des Rates für kulturelle Zusammenarbeit des Europarates von 1973 wird umfassender definiert: „Ziel der sozio-kulturellen Animation ... ist, lebendige städtische Gemeinden und nicht langweilige Schlafstädte zu schaffen und, in Konsequenz, die Entwicklung eines Gemeindelebens zu fördern, die Bewohner anzuregen, sich dieses Lebens bewußt zu werden, an ihm teilzunehmen, Verantwortung zu übernehmen" (CCC 1973, S. 37; Übersetzung W.N.).

• An derselben Stelle heißt es: „Unter Veranstaltungen der sozial-kulturellen Animation wird hier jede Aktivität verstanden, die auf der Grundlage von halbdirektiven Methoden arbeitet mit dem Ziel, den einzelnen Mitgliedern eines Gemeinwesens zu helfen,
a) sich ihrer Situation, Bedürfnisse und Begabungen zunehmend bewußt zu werden;
b) mit anderen Menschen zu kommunizieren und so aktiver am Leben des Gemeinwesens teilzunehmen;
c) sich anzupassen an Veränderungen in der sozialen, urbanen und technischen Umwelt und an kommende Veränderungen;
d) ihre eigene Kultur zu vertiefen, was — genauer gesagt — umfaßt: die intellektuellen Fähigkeiten, die Kräfte des Ausdrucks und der Kreativität, die körperlichen Fähigkeiten" (Übersetzung nach Kirchgäßner 1976, S. 66).

• Diese Definition ist im Rahmen des Animationsprojektes des Europarates bis 1976 schrittweise präzisiert worden: „‚Animation' ... bedeutet die Totalität jener Initiativen, die Menschen ermutigen, das gesamte Potential zu gebrauchen, das latent in ihnen selbst und in ihrer Umwelt liegt. Sie mag definiert werden als der Stimulus für das geistige, physische und affektive Leben in einem bestimmten Gebiet oder einer bestimmten Gemeinde, der die Bevölkerung bewegt, eine Reihe von Erfahrungen zu sammeln, durch die sie zu einem größeren Grad gelangen an Selbstverwirklichung, Selbstausdruck und an Gewahrwerden, zu einer Gemeinde zu gehören, auf deren Entwicklung sie einen Einfluß nehmen können und an deren Angelegenheiten sie zu partizipieren genötigt sind. Ein Stimulus dieser Art entsteht im nachindustriellen Europa selten für die große Mehrheit der Bevölkerung durch die Umstände des täglichen Lebens. Er ist als etwas Zusätzliches zu der normalen ländlichen oder urbanen Umwelt hinzuzufügen. Dies bedarf der Tätigkeit von Animateuren und der Schaffung von Einrichtungen" (Jor 1976, S. III; Simpson 1976, S. 9; Übersetzung W.N.).

• Das Nationalinstitut für Volksbildung (Institut National d'Education Populaire: inep) in Marly-le-roi, Frankreich, gebraucht wie das Staatssekretariat für Jugend und Sport beim französischen Minister für Lebensqualität, wie andere Ministerien (Poujol/Dozol 1977, S. 1) und Organisationen (Nahrstedt/Mugglin 1977, S. 68) folgende Definition: „Die sozio-edukative Animation ist auf das Hervorbringen und Entwickeln von edukativen und kulturellen Aktivitäten gerichtet, die eine Weiterbildung (staatsbürgerliche, ökonomische, künstlerische, sportliche) unterstützen und eine umfassende Entwicklung bewirken" (Poujol/Dozol 1976 und 1977, S. 1; die Fortsetzung der Definition siehe im Abschnitt 7; Übersetzung W.N.).

2. Herkunft

Animation leitet sich vom lateinischen „anima" = „Wind, Seele, Leben", „animare" = „Leben einhauchen, beleben", „animation" = „beseeltes Geschöpf" her. Über die französische Sprache ist das Wort bereits im 17. Jahrhundert in die deutsche Sprache aufgenommen worden, zunächst jedoch in mehr negativer Bedeutung (z.B. in „Animierdame"). Die neue positive Bedeutung geht auf einen zweiten Entlehnungsvorgang aus dem Französischen zurück. Seit den 30er Jahren ist „animation" in Frankreich als ökonomischer, politischer wie pädagogischer Begriff erneut aktiviert worden. Mit Impulsen aus dem Geist der Widerstandsbewegung (Kirchgäßner 1976, S. 65) hat sich der Begriff „Animation" mit dem Ziel der „kulturellen Demokratie" schließlich durchgesetzt. Der Ausdruck „soziokulturelle Animation" soll 1964/65 geschaffen worden sein (Théry 1970; CCC 1973, S. 32). Seit 1970 (Rotterdam Symposion) hat der „Rat für kulturelle Zusammenarbeit" des Europarats den Gedanken der Animation über Symposien und Schriften in ganz Europa verbreitet. Seit Anfang der 70er Jahre ist Animation so auch in der BRD in den Sprachgebrauch der Pädagogen, Planer und Politiker zunächst insbesondere über den touristischen Bereich eingedrungen. Bereits auf dem 2. Deutschen Freizeitkongreß hat Graf Bernhard von Schmettow einen Überblick über Ausbildung und Praxisfelder (Sozialzentren, Volksbildungsklubs, Häuser der Jugend, Heime für junge Arbeiterinnen und Arbeiter usw.) gegeben (Schmettow 1972, S. 81). Seitdem wurde der Begriff auf die einzelnen Freizeitbereiche übertragen, so 1974 auf den Urlaubsbereich (Nahrstedt u.a. 1974, S. 812; Finger u.a. 1975), 1975 auf den Schulbereich (Nahrstedt 1975, S. 143 ff., S. 180; Opaschowski 1977, S. 103 ff.), 1976 auf die Erwachsenenbildung (Kirchgäßner 1976), 1977 auf den Wohnbereich (Ledermann 1977).

3. Beispiel Rollenspiel

Das einleitend vorgetragene Rollenspiel (Anlage) verdeutlicht exemplarisch Bedeutung und Struktur der Animation. Einige Bürger des Neubaugebiets „Heile Welt" erkannten mangelnde soziale Kontakte unter den Bewohnern und fehlende Freizeiteinrichtungen als Defizite im Wohnumfeld. Sie aktivierten sich und andere, diesen Mangel gemeinsam zu beheben. Alle Bürger waren betroffen, doch nur wenige wurden zunächst aktiv. Dieser Vorgang kann als das Kernstück der Animation aufgefaßt werden: die Anregung der Bürger untereinander zur Lösung eines Problems bzw. zur Verbesserung der Wohnqualität. Dabei kann gefragt werden, ob das Rollenspiel der heutigen Situation angemessen genug gewählt war. Denn nicht der Mangel an Freizeiteinrichtungen, sondern der Mangel an sozialer Qualität im Wohnumfeld trotz vorhandener, manchmal bereits übermäßig vorhandener Angebote von Kirche, Gemeinde, Sportverein usw. stellt heute das eigentliche Problem dar.

4. Begründung

Animation ist ein „urtümlicher" Vorgang und „natürlicher" Bestandteil zwischenmenschlicher Interaktion. Darauf weist bereits die mythologische Vorstellung, dem das Wort Animation entstammt (These 2). Lateinisch „anima" wie griechisch „psyche" und deutsch „Seele" verweisen auf eine anthropologische Grundannahme, daß der leblose Körper erst durch den Anhauch eines (göttlichen) Animateurs zum Leben, zur Aktivität, zur Selbstbestimmung fähig werde. Aktivität entsteht erst durch Anregung in der zwischenmenschlichen Interaktion. In den Produktionsgemeinschaften des „ganzen Hauses" sowie in den kleinen Siedlungsformen der vorindustriellen Gesellschaft ergab sich Animation aus der spontanen Interaktion zwischen Familienmitgliedern und Nachbarn. In modernen traditionslosen Neubau- wie auch Urlaubsgebieten sind Kommunikation, Interaktion und damit spontane „natürliche" Animation außerordentlich gefährdet. Animation ist deshalb heute „künstlich" durch gesellschaftliche Maßnahmen zu sichern. Animation als Problem und als eine neue gesellschaftliche Aufgabe entsteht deshalb in hochindustrialisierten und urbanisierten Gesellschaften, in denen die natürlichen Anregungen zur Aktivität durch die Notwendigkeit zur Selbsterhaltung, insbesondere im Freizeitbereich, durch die Automatisierung der Produktivkräfte, die Verfügbarkeit einer zunehmenden Zahl von Konsumgütern und durch weiträumige distanzierte Wohnweise aufgehoben und zerstört worden sind. Dadurch aber ist die Gefahr der lebensbedrohenden Inaktivität, zwischenmenschlicher Isolierung, der Sinn- und Ziellosigkeit, des Mangels an Lebensperspektiven, destruktiver Verhaltensweisen usw. entstanden. Diese Tendenzen werden durch undemokratische Gesellschaftsstrukturen teils privatkapitalistischer, teils staatskapitalistischer Natur begünstigt. Privatkapitalistische Gesellschaften insbesondere Westeuropas und Nordamerikas haben diese Tendenzen durch die Überbetonung des Individuums, individueller Leistung, der Leistungskonkurrenz, der Übersteigung der Privatsphäre und ihre Abschottung gegenüber der Öffentlichkeit bis zu gegenwärtig gefährlichen Grenzen gesteigert. Dazu kommt insbesondere in der BRD die Konzentration der verbleibenden Sozialbeziehungen auf die Familie, was einerseits die Isolierung der privaten Familie bis zum „Familialismus" steigert (2. Familienbericht der Bundesregierung 1975), andererseits die Sozialisierung bei Ausfall oder Störung der Familie ungeheuer anfällig macht. Animation kann mit dazu beitragen, diese Verzerrungen in der gesellschaftlichen Beziehungsstruktur zu korrigieren, damit über soziales Lernen und soziale Aktivität diese soziale Qualität des Alltags im Wohnumfeld zu fördern.

II. Wohnqualität durch Animation

5. Freizeitwert — soziale Qualität — Wohnqualität

Die Wohnqualität wird gebildet aus dem „Freizeitwert" und der sozialen Qualität des Wohnumfeldes. Als Freizeitwert werden die dinglichen Voraussetzungen der Wohnqualität bezeichnet (Schwimmbad, Kinderspielplätze, Sportanlagen, Park, Jugendtreff, Freizeitzentrum, Altenklub, Bibliothek, Volkshochschule, Museum, Theater usw.). Die soziale Qualität bezieht sich auf das Nachbarschaftsverhältnis, die Interaktionsdichte, das Kommunikationsgefüge. Erst durch die soziale Qualität kommt der Freizeitwert zur Geltung, trägt der Freizeitwert zur Wohnqualität bei. In diesem Zusammenhang bedeutet Animation die Anregung zur Entwicklung von sozialer Qualität, zur Verbindung von sozialer Qualität und Freizeitwert zur Steigerung der Wohnqualität des Wohnumfeldes.

6. Freizeitwert kontra soziale Qualität?

„Das Wohnumfeld als Freizeitraum" wird von den Freizeiträumen Region und Urlaubsgebiet unterschieden. Das Wohnumfeld wiederum ist in Wohnung, Nachbarschaft und Stadtteil gegliedert. Die Tendenz besteht, vom Urlaubsgebiet ausgehend „Freizeitwert" immer mehr an die Wohnung heran und in sie hineinzuschieben (Beispiel: das Schwimmbad im Urlaubshotel wird zum Schwimmbad im

Eigenheim). Dabei werden die „natürlichen" Anlässe für Interaktion als wesentliche soziale Grundlage für Lebensqualität gefährdet und zerstört. Durch die Erhöhung der Freizeitqualität wird nicht automatisch die Wohnqualität gesteigert. Freizeitwert und soziale Qualität können sich gegenläufig entwickeln. Erhöhter Freizeitwert kann Passivität, Konsumhaltung, Kommunikationsverlust begünstigen und die soziale Qualität gefährden. Animation wird heute diskutiert als Versuch, Freizeitwert und soziale Qualität im Wohnumfeld im Einklang zu halten.

III. Struktur der Animation

7. Animation als Pädagogik, Planung und Politik

Animation erfolgt als Pädagogik, als Planung wie als Politik. „Sie enthält eine Funktion des lebenslangen Lernens und der sozialen Innovation" (französische Definition in: Nahrstedt/Mugglin 1977, S. 68). Als pädagogischer Begriff meint Animation die persönliche Anregung durch den Mitbürger als Animateur, Möglichkeiten und Angebote im Wohnumfeld wahrzunehmen, neue Kenntnisse, Einstellungen und Fertigkeiten zu erwerben, die gegebenen Möglichkeiten zur eigenen Entwicklung zu nutzen. „Sie versucht, die Voraussetzungen zu schaffen, die es Jugendlichen wie Erwachsenen erlaubt, fähiger zu werden für den Gehalt der großen Sprachen des sinnlichen Ausdrucks (Schauspielkunst, Film audio-visuelle Medien, bildende Kunst) und der rationalen Analyse (Ökonomie, Naturwissenschaft und Technik, Sozial- und Humanwissenschaften)" (ebd. S. 68; Übersetzung W.N.). Als planerischer Begriff bezeichnet Animation die Anregung durch räumliche Strukturen, über Freizeiteinrichtungen wie Parks, Spielplätze, Sporteinrichtungen, Bürgerzentren, Altenklubs, Bücherhallen, Volkshochschulen usw. Als politischer Begriff bedeutet Animation Anregung zu Mit- und Selbstbestimmung von Bürgergruppen über Interaktions- und Raumstrukturen im Wohnumfeld, durch gesetzliche Vorgaben und Partizipationschancen usw. Animation fördert dadurch die „soziale Innovation: weil sie versucht, jedem zu ermöglichen — ausgehend von den täglichen Vorfällen (im Wohnraum, Freizeitleben, Leben des Wohngebiets, Verkehrswesen, von den großen Ereignissen) —, mit mehr Verantwortung seiner Bestimmung nachzugehen, besser den sozialen Wandel zu meistern, ein Schöpfer (créateur) neuer Formen im sozialen Zusammenhang zu sein" (ebd.). Animation ist damit auf eine „konkrete Utopie" bezogen, „den idealistischen Traum von der heilen Welt", der in den „Clubs mediterranés" ideologisch mißbraucht und ökonomisch pervertiert worden ist (Finger u.a. 1975), im Wohnumfeld zumindest eine regulative Idee bleiben kann. Ohne Bürgerinitiative und politisch kämpferische Animation aber wird dieses Ziel einer sozio-kulturellen Demokratie kaum realisierbar sein.

8. Animation als soziale Kontrolle

Animation als Pädagogik, Planung und Politik kann ihre Möglichkeiten durch eine falsche oder zu enge Zielorientierung verfehlen. Aus einem naiven humanistischen Bildungskonzept kann die pädagogische Anregung zu jeder Tätigkeit unkritisch als nützlich für die Entwicklung der Persönlichkeit erscheinen. Über ein rein positivistisch empirisches Bedürfniskonzept reißt Animationsplanung auf der Grundlage von Umfrageergebnissen einzelne Freizeitaktivitäten aus ihrem sozialen Kontext heraus und plant so leicht an dem eigentlichen zugrundeliegenden Bedürfniszusammenhang (Suche nach Kommunikation, Freundschaft, verbesserten Arbeitsbedingungen) vorbei. An bestehenden Herrschaftsstrukturen orientiert, kann politische Animation Mitwirkung zur sozialen Kontrolle entfremden.

9. Animation als Ziel und Methode

Animation wird für Freizeitpädagogik, Freizeitplanung und Freizeitpolitik zu einem inhaltlichen Ziel (kulturelle Demokratie) wie zu einer neuen non-direktiven/semi-direktiven Methode. „Sozio-kulturelle Animation meint kulturelle Befreiung — eine Emanzipation, die notwendig ist, damit die Massen unserer Völker an einer reinen kulturellen Demokratie teilhaben können" (CCC 1973, S. 2; Übersetzung W.N.). „Animation erscheint hauptsächlich als eine Methode oder als eine Reihe von Methoden ... nicht ohne Grund wird sie als eine semi-direktive oder nicht-direktive Methode angesehen ... der Erfolg dieser Methode liegt in dem Prinzip Animation — Partizipation — Demokratie und kann nicht nur durch hervorragende Organisationsarbeit garantiert werden. Erfolg kann sich nur ergeben durch die Kombination der sozialen Kräfte mit einer effektiven Beziehung zwischen intentionaler und funktionaler Animation, d.h. Animation ergibt sich direkt aus dem sozialen Leben, wie es sich gerade entwickelt" (CCC 1973, S. 38; Übersetzung nach Kirchgäßner 1976, S. 66). Mit Animation und Freizeitpolitik verbinden sich ein süd- und ein nordeuropäisch/amerikanischer Ansatz zur Neugestaltung spätkapitalistisch-nachindustrieller Gesellschaften. Animation thematisiert mehr das soziale Ziel, den kulturellen Inhalt und die non-direktive Methode für diese Neugestaltung. Freizeitpolitik bezeichnet mehr das Ziel der individuellen Freizeit sowie die neue gesellschaftliche Situation, den zeitlichen wie räumlichen Ausgangspunkt. In der Verbindung des Animations- und des Freizeitkonzepts verschmelzen die Ziele der freiheitlichen und der sozialen Demokratie, die aus den Ideen der Aufklärung von Freiheit einerseits, Gleichheit und Solidarität andererseits nicht immer parallel und ohne Widerspruch verfolgt worden sind. So muß bisher noch offen bleiben, inwieweit eine Verschmelzung des Animations- mit dem Freizeitkonzept tatsächlich spannungsfrei gelingt.

10. Kulturelle Demokratie als Kompromiß

Die Betonung der „kulturellen Demokratie" als Ziel für die Animation in der Freizeit bezeichnet dabei bereits einen Kompromiß. Im Gefolge der kritischen Bewegung der 60er Jahre entstand um 1970 durchaus die Tendenz, die bis dahin herrschende Funktion der Freizeit „Rekreation" um die politische Funktion der „Emanzipation" zu erweitern. Die Verschmelzung des Animationsgedankens mit dem Freizeitgedanken signalisiert zunächst die Beschränkung in der notwendigen Erweiterung des Freizeitbegriffs auf den kulturellen Bereich.

Diese Tendenzen zeigen:
- die Tatsache, daß der Animationsbegriff in der BRD zunächst vor allem für den Bereich des kommerziellen Tourismus entwickelt worden ist (Studienkreis für Tourismus 1975, Finger u.a. 1975; Müllenmeister 1978),

- das Animationsprojekt des Europarats und
- das damit verbundene 14-Städte-Projekt, in dem u.a. soziokulturelle Animation mit dem Ziel vergrößerter „kultureller Demokratie" erprobt werden sollte.

Animation wurde damit zu einem europäischen und damit auch bundesdeutschen Begriff in den 70er Jahren, als die Anregungen der kritischen Bewegung der späten 60er Jahre von staatlichen und kommerziellen Institutionen für ihre Zwecke aufgegriffen und verändert wurden. Die beiden Projekte des Europarates entwickelten sich zwischen 1970 und 1976. Das Animationsprojekt begann 1970 mit dem Rotterdam Symposium (CCC 1971) und wurde 1976 abgeschlossen (Simpson 1976). Das 14-Städte-Projekt begann 1971 und wurde 1976 dokumentiert (Mennell 1976). Im Rahmen des deutschen Tourismus wurde der Animationsbegriff 1974 gezielt aufgegriffen (Nahrstedt u.a. 1974; Studienkreis für Tourismus 1975). Im Animationsbegriff der frühen 70er überschneiden sich so „progressiver" Ansatz und „konservatives" Interesse.

Beide Projekte des Europarats definierten Animation von einer Position aus, die als „progressiv bürgerlich" bezeichnet werden kann. Diese Position setzt sich ab nach „links" gegen die „leftists" bzw. „lunatic left", die „vom Staat eine gut bezahlte Freiheit fordern, um unter dem Volk Unzufriedenheit mit der bestehenden Gesellschaftsordnung und den Bedingungen in ihrer Gemeinde und Nachbarschaft zu verbreiten" (Simpson 1976, S. 8, 24,3; Übersetzung W.N.). Nach „rechts" richtet sie sich gegen die „Wogen" einer „amerikanischen" „kommerziellen" „Konfektionskultur" (ebd. S. 3), gegen „hypnotischen Porno-Kitsch für kommerziellen Gewinn" (ebd. S. 16), gegen „verinnerlichte Konsumhaltung ... (als) eine notwendige Funktion des neo-kapitalistischen Sozial-Systems" (Janne 1970, S. 12; Übersetzung W.N.).

Diese Position lebt von dem Vertrauen in einen anhaltenden Emanzipationsfortschritt durch Wissenschaft und Staat — und, als dieses Vertrauen in den Staat Mitte der 70er Jahre erschüttert zu werden beginnt — von dem Vertrauen in den Fortschritt an sich: „Die langen Prozesse der rechtlichen und politischen Emanzipation wurden in den letzten 50 Jahren gekrönt durch ein großes Maß an ökonomischer Freiheit. Technologische Produktivität zusammen mit Steuer-, Bildungs-, Wohlfahrts- und sozialer Sicherheitspolitik haben die Freiheit unserer Völker sehr vergrößert, die individuellen und sozialen Aktivitäten zu wählen, die einen Lebensstil ausmachen". „Wie niemals in der Geschichte vorher ist die staatliche Politik unserer Länder in Wort und Tat auf die Wohlfahrt und Entwicklung der breiten Masse des Volkes gerichtet ... Administrationen sind, wie nie zuvor, human, progressiv und permissiv sowie in enger Verbindung mit wissenschaftlicher und soziologischer Erkenntnis". „Sozio-kulturelle Animation bedeutet (daher) kulturelle Befreiung — eine Emanzipation, die notwendig ist, bevor die Massen unserer Völker an reiner kultureller Demokratie partizipieren können" (CCC 1973, S. 2, 4; Übersetzung W.N.). Animation soll die „Kultur-Kluft" (culture-gap, Simpson 1976, S. 9) zwischen den sozio-kulturell bereits freieren und den noch unemanzipierten Bevölkerungsgruppen schließen helfen, die „immensen kulturellen Barrieren" überwinden und die Bevölkerung zum „vollen Gebrauch der Freiheit, die sie nun besitzt", befähigen (CCC 1973, S. 3; Übersetzung W.N.).

In der Spannung zwischen „Demokratisierung der (überlieferten adligen und bürgerlichen) Kultur" und Entwicklung einer tatsächlich neuen von den Bedürfnissen der Bevölkerung ausgehenden „kulturellen Demokratie" bleibt dieser Ansatz dabei weitgehend dem Kultur- und Animationsbegriff einer traditionellen Überlieferung verhaftet. Dies zeigen insbesondere Experimente in Apeldoorn (Niederlande) und Annecy (Frankreich). Animateure, die sich in selbstverwalteten Jugendzentren (Apeldoorn) und in einer bürgernahen „action culturelle" (Annecy) zu sehr mit den Interessen der Teilnehmer gegen herrschende Maßstäbe und damit gegen die Interessen der Verwaltung solidarisierten, mußten schließlich aufgeben. Die animativ flexible „Annecy action culturelle" wurde zu einer „bureaucratic machine" (Mennell 1976, S. 135, 122—135; Übersetzung W.N.).

Zwischen 1973 und 1976 scheint selbst bei den bürgerlich „progressiven" Trägern des Animationsprojekts des Europarates das Vertrauen in den Emanzipationswillen der Politiker und Administratoren schrittweise erschüttert worden zu sein. Der Direktor dieses Animationsprojektes des Europarates, J.A. Simpson, sucht sich so schließlich in seinem Abschlußbericht — eine durchaus bürgerliche Position — in den Glauben an den Weltgeist an sich zu retten: „Historische Kräfte arbeiten für die Ideen und Techniken der Animation ... Ihr endgültiger Triumph ist gewiß, ob die gegenwärtigen Regierungen und Verwaltungen sich entschließen oder nicht entschließen, sich mit diesem Triumph zu identifizieren" (Simpson 1976, S. 30 f.; Übersetzung W.N.).

Ohne Analyse des Zusammenhanges zwischen ökonomischen Kräften, Bedürfnissen der Bevölkerung und Funktion der Kultur bleibt dieser „bürgerlich progressive" Ansatz gutgläubig idealistisch und scheitert schließlich. Er siedelt „Kultur" und „Animation" nebulos (d.h. ohne Klärung des Zusammenhanges) zwischen Ökonomie und Politik an und glaubt an ihre eigenständige „revolutionäre, befreiende und objektiv verändernde" Kraft (Janne 1970, S. 12).

Dieser Ansatz zeigt, daß der Kampf um die Definition des Animationsbegriffs erst begonnen hat. Tatsächlich wurde der Animationsbegriff 1970 aufgegriffen, um eine progressiv liberale Position zwischen Materialismus und Kapitalismus als Grundlage für die pädagogische und politische Aktivierung der Bevölkerung zu gewinnen. Durch sein Scheitern hat dieser Versuch einer konservativen Definition des Animationsbegriffes Vorschub geleistet. Nur durch eine fundiertere gesellschaftstheoretische Analyse, die weniger von der Demokratisierung überlieferter Kultur ausgeht, sondern von der tragenden Funktion der Kultur in einem Demokratisierungsprozeß, der sich an den Bedürfnissen der Bevölkerung orientiert, damit auch die mögliche kritische Funktion der Animation betont und sichert, wird ein progressiver Animationsbegriff zu gewinnen sein.

11. Animation als Protest gegen Entfremdung durch Wissenschaft und Bildung

Animation stellt als ein „aktionelles Konzept" einen Protest gegen Entfremdungstendenzen dar sowohl durch analytische wie kritische Wissenschaft, die musisch-kulturelles wie politisches Handeln eher hindert als fördert, als auch durch verschulte Bildung, die Gehorsam und Anpassung, nicht aber Kreativität und Spaß unterstützt. Animation gerät dabei allerdings in die Gefahr des unkritischen Aktionismus (Kirchgäßner 1976).

IV. Animation und Freizeitpädagogik (Animation als Ausbildung für eine neue Aufgabe)

12. Elemente der pädagogischen Animation

„Sozio-kulturelle Animation ist umfassend und enthält Felder, die sich auf die der Freizeit (Leisure) und Erziehung (Education), wie wir sie heute verstehen, erstrecken" (CCC 1973, S. 77). Finger u.a. (1975) haben bereits versucht, die Struktur der „Animation im Urlaub" genauer zu bestimmen. Sie sprechen von den drei „Stufen" des „Vorgangs", des „Inhalts" und des „Effekts" der Animation. Günstiger erscheint die Gliederung der Animation in folgende Elemente: Zielgruppe, Ziel, Inhalt, Methode und Prozeß. Zielgruppe, Ziele und Inhalte sind dabei eng aufeinander bezogen. Je mehr Animation als ein demokratischer Vorgang verstanden wird, um so mehr werden Ziele und Inhalte von den Zielgruppen selbst bestimmt. Im Wohnumfeld hat eine gesellschaftlich initiierte Animation bisher sich vor allem an Kinder und Jugendliche gewandt. Seit einigen Jahren treten die Senioren als eine neue Zielgruppe hervor. Die berufstätigen Erwachsenen, die Nur-Hausfrauen und Mütter, die Familien insgesamt, die Familien wiederum unterschieden nach ihren sozialen Voraussetzungen und Problemen, dazu Behinderte, Problemgruppen, Gastarbeiter sind erst in jüngster Zeit als Zielgruppen im Hinblick auf eine Versorgung mit Freizeitmöglichkeiten im Wohnumfeld stärker entdeckt worden. Im Zusammenhang mit dem Animationskonzept wird dabei stark die Integration der Zielgruppen betont. Während in den letzten hundert Jahren Sozial- und Freizeitpolitik die Tendenz einer Differenzierung nach Zielgruppen entwickelten, wird unter dem Ziel einer „kulturellen Demokratie" gerade der Versuch unternommen, integrative und kooperative Tendenzen zu stärken. Das bedeutet, Animation im Wohnumfeld wird nicht nur nach differenzierten Zielgruppen Angebote entwickeln, sondern nach Möglichkeit integrative Angebote gestalten, z.B. durch integrative Freizeit- und Bildungszentren, durch Stadtteilfeste usw. Inwieweit dabei den bestehenden Chancenungleichheiten Rechnung getragen und mehr an ihrer Überwindung gearbeitet als nur die Unterschiede verwischt werden, bleibt dafür eine bisher noch offene Frage. Als Ziele für eine pädagogische Animation ergeben sich aus dem Gedanken der kulturellen Demokratie Selbsttätigkeit und Kreativität im individuellen wie gesellschaftlichen Sinne, die aber an den Alltagsbedürfnissen im Wohnumfeld anzusetzen haben, damit zunächst der Fürsorge für die Kinder, der Entlastung der Hausfrau, dem Erholungsbedürfnis und der Unterhaltung der Arbeitnehmer, der zweckfreien Kommunikation zu dienen haben. Inwieweit das Ziel der kulturellen Demokratie über den engeren musischen Bereich hinauszugelangen, in der Lage ist, läßt sich bisher nicht absehen. Einzig Umweltfragen scheinen im gegenwärtigen Augenblick über das rein Kulturelle hinausführende politische Interessen zu wecken. Dies aber könnte bereits besonders in den Verdichtungszonen ein Ansatz sein, über Freizeit und Animation im Wohnbereich auch eine Erarbeitung der eigentlichen Problem- und Grenzsituationen der postindustriellen Gesellschaften zu beginnen. Damit müßten auch die Inhalte einer pädagogischen Animation sich nicht nur auf Aktivitäten der Rekreation wie Sport und Spiel, der Kompensation und musischen Kreativität wie Musizieren, Malen, bildnerisch Gestalten usw. beschränken, sondern Animation müßte sich inhaltlich auch stärker auf die Weckung sozialer und politischer Initiative, auf die Einbeziehung gewerkschaftlicher Tätigkeit, der Anregung und Unterstützung von Bürgerinitiativen, dem Kontakt mit den Parteien wie ihrer Kritik dienen.

13. Animation und Gemeinwesenarbeit

Animation und Gemeinwesenarbeit überschneiden sich in Zielsetzung und Wirkungsbereich. Nach Herkunft, konzeptionellem Ausgangs- wie Zielpunkt und Grundstruktur unterscheiden sich Animation und Gemeinwesenarbeit grundlegend. Das bedeutet nicht, daß beide pädagogisch-politischen Ansätze nicht voneinander lernen können, sich nicht ergänzen und jeweils Elemente des anderen Ansatzes in sich aufnehmen können. Zur Klarheit der Unterscheidung und zur Verdeutlichung der Neuartigkeit der Animation sind zunächst die Differenzen zu verdeutlichen (Abb. 1):

1. Während die Gemeinwesenarbeit zur Behebung sozialer Not und von Deprivation in Slums und sozialen Brennpunkten sich entwickelt hat, entsteht die Animation als soziale und kulturelle Aktivierung an sich der Gesamtbevölkerung in postindustriellen Wohlstandsgesellschaften, nach dem Animationsprojekt des Europarats zur „Emanzipation der Massen unserer Völker", „for the majority" (CCC 1973, S. 2 f.), konkret insbesondere für Bewohner urbaner Neubausiedlungen, für Wochenendbewohner von Campingplätzen, für Urlauber in Ferienzentren, aber auch für ländliche Gemeinden, für sozio-kulturell eigenständige Gebiete bzw. Bevölkerungsgruppen, für Bürgerinitiativen. Gemeinwesenarbeit ist ihrer Herkunft nach damit ein Produkt materieller Notlagen in entstehenden Industriegesellschaften. Animation entwickelt sich in bezug auf die Probleme materiellen Wohlstandes spät- und nachindustrieller Gesellschaften.

2. Gemeinwesenarbeit bezieht sich damit schwerpunktmäßig auf die Behebung materieller und öko-sozialer Armut. Animation strebt die Überwindung neuer Formen sozio-kultureller und politischer „Armut" an. Animation setzt auf der Basis erreichter materieller und öko-sozialer Absicherung an, um die nun entstehenden Probleme der Vereinsamung, des Kontaktmangels, der Kommunikationslosigkeit, der Langeweile und Kriminalität im Überfluß, des Drogenmißbrauchs, des Traditions- und Kulturverlusts, des Mangels an politischer Partizipation zu beheben. Gemeinwesenarbeit ist mehr an einer Beseitigung sozialer Benachteiligung von Minderheiten, Animation an der Ermöglichung von sozio-kulturellem Fortschritt von Mehrheiten orientiert. Insofern ließen sich Gemeinwesenarbeit und Animation als zwei stufenweise aufeinander aufbauende Ansätze verstehen:

• Gemeinwesenarbeit erstrebt die Überwindung materieller und öko-sozialer Benachteiligung,
• Animation zielt die sozio-kulturelle und politische Aktivierung bei erreichter materieller und öko-sozialer Absicherung an.

145

Idealtypischer Vergleich von Gemeinwesenarbeit und Animation

	Gemeinwesenarbeit	**Animation**
Zielgruppe:	Differenzierte Teilgruppen eines Gebiets (Gemeinwesen)	Integrativ alle Gruppen eines Gebiets/ einer Gesamtgruppe
Ziel:	Materielle/öko-soziale Absicherung	sozio-kulturelle und politische Aktivierung
Methode:	Arbeit: Mittel ----▶ Ziel	Flexible (künstlerisch-spielerische) Stimulierung (Mittel : Ziel)
Problemlage:	Materielle Not (Armut, Devianz, abweichendes Verhalten) Mangelskala — 1900	sozio-kultureller und politischer Mangel bei materiellem Wohlstand (Vereinsamung, Langeweile, Kulturverlust, Familialismus, politische Abstinenz) — 1970 — historische Zeit
Praxisfelder:	Slums Soziale Brennpunkte Benachteiligte Minderheiten	Neubaugebiete Campingplätze Ferienzentren Saturierte Mehrheiten
Kultureller Entstehungsort:	Protestantischer nordeuropäisch-amerikanischer Kulturbereich	Katholischer südeuropäischer Kulturbereich
Historischer Ursprung:	ca. 1900 Industrialisierung der Gesellschaft	ca. 1970 Übergang in die nachindustrielle Gesellschaft

3. Gemeinwesenarbeit und Animation sind strukturell durch ihre unterschiedliche historische wie sozio-kulturelle Herkunft insbesondere in ihren strategischen und methodischen Konsequenzen unterschieden. Die Gemeinwesenarbeit ist seit der Frühphase der Industrialisierung als „social community work" insbesondere im protestantisch-kalvinistisch geprägten angelsächsisch-amerikanischen Kulturbereich entwickelt worden. Die Arbeitsethik des historischen wie kulturellen Entstehungsortes sind für die Bezeichnung (work) wie für die strukturelle Anlage maßgebend geworden. Zentral wurde der Arbeitsbegriff mit der Grundgliederung in eine Zweck-Mittel-Relation. Der Gemeinwesenarbeit liegt die Vorstellung zugrunde, daß bestimmte Ziele bzw. Zwecke (z.B. soziale Integration) arbeitsmäßig systematisch durch eine gewisse kontinuierliche, rational stufenartig geplante Strategie erreicht werden können. Gemeinwesenarbeit vollzieht sich als ein rationaler Arbeitsprozeß.

Animation wurde nach Überwindung der Kriegsfolgen in Europa mit Beginn nachindustriellen materiellen Wohlstandes und Entstehung großer „Freizeitblöcke" vom katholisch geprägten südeuropäisch-romanischen Kulturbereich aus entwickelt. Die Begriffe des „Spiels", des „esprit", der „Kunst", der „kulturellen Tradition", der „Kreativität" wurden für die Bedeutung der Animation prägend. Zentral für die Grundstruktur der Animation ließe sich daher der Begriff des „Spiels" im Gegensatz zum Arbeitsbegriff heranziehen. Die Animation ist weniger an einer arbeitsmäßigen Zweck-Mittel-Relation als an einer Relation orientiert, in der die Aktionen mehr spielerisch ihren Zweck in sich selbst tragen. Diese Aktionen sind weniger rational geplant stetig und gehen mehr spontan kreativ flexibel aus der Situation hervor und reagieren auf sie. Die Animation (der Animateur) „arbeitet" nicht systematisch Probleme auf. Sie gibt wechselnde Anregungen, experimentiert, stimuliert, zieht sich zurück, bleibt locker und dynamisch. Die Animation zeigt auch methodisch einen „künstlerischen" Stil. Sie bleibt damit der Struktur der Freizeit angemessen. Sie geht von der Offenheit der Situation und Freiwilligkeit der Mitwirkung aus. Sie nimmt den Bürger als mündig an und sucht den demokratischen Prozeß sozialer und kultureller Weiterentwicklung voranzutreiben.

Die Methoden von Animation und Gemeinwesenarbeit ließen sich ebenfalls als aufeinander aufbauend verstehen:
- Die mehr oder minder „direktiven" Methoden der Gemeinwesenarbeit suchen rational systematisch die materiellen und öko-sozialen Grundlagen sozio-kultureller und politischer Weiterentwicklung zu sichern.
- Die „semi-" oder „non-direktiven" Methoden der Animation stimulieren bei gesicherter materieller und ökosozialer Grundlage den Prozeß sozio-kultureller und politischer Weiterentwicklung.

4. Während die Gemeinwesenarbeit zu einer Aufgliederung (break down) der Bevölkerung in Zielgruppen neigt, tendiert die Animation zu einer integrierenden Aktivierung der Bevölkerung eines gegebenen Raumes.

5. Die Ausbildung von Animateuren ist stärker an Mustern künstlerischer Ausbildung zu orientieren als die des Sozialarbeiters.

6. Eine polemische Entgegensetzung von „politischer" Gemeinwesenarbeit und „unpolitischer" Animation — aus welchen berufsständischen oder sonstigen Interessen auch immer — wäre falsch. Beide Ansätze enthalten eine politische Perspektive. Beide unterliegen in Zeiten restaurativer Gesamttendenz der Gefahr, zu entpolitisierenden Methoden sozialer Kontrolle zu werden. Möglicherweise ist die Gemeinwesenarbeit durch eine längere Tradition gegen diese Gefahr gegenwärtig etwas stärker gefeit. Die Animation gerät mit ihrer gerade beginnenden Entwicklung stark in den Sog restaurativer Tendenzen. Gerade deshalb wird ihre theoretische Sicherung gegen eine derartige Stigmatisierung gegenwärtig besonders wichtig.

14. Animation als Methode der Freizeitpädagogik

Für die Freizeitpädagogik wird Animation zu einer neuen demokratischen Methode. Animation läßt sich zusammen mit Freizeitberatung zwischen Laisser-Faire-Methoden und autoritäre Methoden als demokratische pädagogische Methode stellen. Animation geht dabei über den Demokratisierungsschritt hinaus, der bereits die Einführung des Beratungsbegriffs bedeutete (Mollenhauser 1965). Während Erziehung als Beratung die Entscheidungsfreiheit individualisiert, wird sie durch Animation sozialisiert und politisiert. Während die Freizeitberatung auf die Initiative des Einzelnen angewiesen bleibt und insofern im wesentlichen von Bewohnern der Mittelschicht in Anspruch genommen wird, kann Animation versuchen, jeden Bewohner und jeden Bürger zu erreichen. Animation stellt sich mit Freizeitberatung neben weitere Methoden der Freizeitpädagogik wie Umweltinterpretation, Programmgestaltung und politische Beteiligung. Animation wird dabei eine zentrale Methode für die Freizeitpädagogik und den Freizeitpädagogen (Nahrstedt/Sandmann 1976), weil sie von ihrem Ansatz her sich gruppendynamisch auf eine Gesamtgruppe bzw. ein ganzes Wohnumfeld erstrecken kann. Eine schematische Gliederung von Methoden der Freizeitpädagogik zeigt die Abbildung Methoden der Freizeitpädagogik.

Wenn in dieser und der folgenden schematischen Gliederung zwischen Animation (sozio-kultureller Animation) und politischer Beteiligung (politische Animation) unterschieden wird, so soll dies darauf hinweisen, daß Animation als pädagogische Methode schwerpunktmäßig im Bereich von Gruppen mit der Anregung von Gruppenprozessen ansetzt. Die politische Beteiligung an der Entscheidung über regionale/überregionale Einheiten kann dabei Ziel und nächster Schritt sein. Er setzt die rechtliche und politische Ermöglichung voraus. Dieser Schritt kann auch als politische Animation bezeichnet werden.

Die Entwicklung von Methoden der Freizeitpädagogik weist eine Parallelität zur methodischen Struktur in anderen pädagogischen Disziplinen auf. Dies verdeutlicht die Abbildung Parallelität der Handlungskompetenzen/Methoden/Interventionsformen.

Bei einer Orientierung aller Methoden auf ein individuelles wie gesellschaftliches Gesamtziel wie „Emanzipation"/ „Mündigkeit"/„Selbstbestimmung" erhalten doch die einzelnen pädagogischen Schwerpunkte gemäß der gesellschaftlichen Funktion und Zielsetzung der Einrichtungen, für die sie entwickelt worden sind, eine unterschiedliche Struktur, die ihre Differenzierung begründet. Eine genauere Bestimmung von Funktion und Situation der Methoden von Freizeitpädagogik, Sozialpädagogik und Schulpädagogik/Erwachsenenbildung ließe sich schematisch folgendermaßen vornehmen. (Siehe Abbildung „Anordnung der Handlungskompetenzen")

Methoden der Freizeitpädagogik: Schematische Einordnung

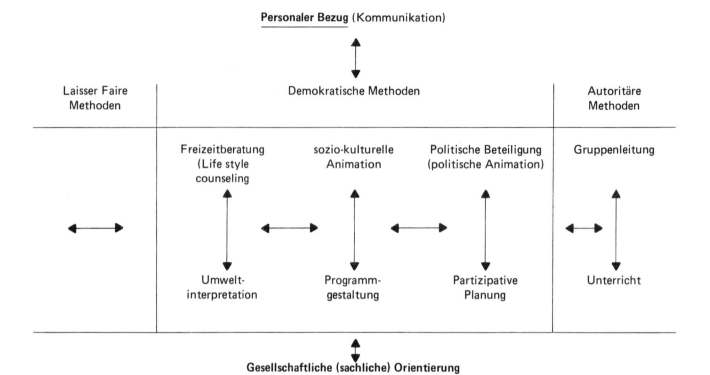

Parallelität der Handlungskompetenzen/Methoden/Interventionsformen in Freizeitpädagogik, Sozialpädagogik und Schulpädagogik/Erwachsenenbildung

Pädagogische Schwerpunkte	Gesellschaftliche Funktion/Ziel	Handlungskompetenzen/Methoden/Interventionsformen		
		Beratung	Anregung	Beteiligung
Freizeitpädagogik	Reproduktion der Arbeitskraft (Konsum/Spiel)	Freizeitberatung (Einzelgespräch)	sozio-kulturelle Animation (offene Gruppensituation)	Politische Partizipation (polit. Animation) (Heimrat, Bürgerrat, Bürgerinitiative)
Sozialpädagogik	Resozialisation der Arbeitskraft („normales" Verhalten)	Erziehungsberatung (case work)	Gruppenpädagogik (group work)	Gemeinwesenarbeit (community work)
Schulpädagogik/ Erwachsenenbildung	Qualifizierung der Arbeitskraft (Arbeitsfähigkeit)	Bildungsberatung (Einzelgespräch)	Unterricht (Klasse)	Mitbestimmung (SV/Elternrat/Schulkonferenz)
Vorgang:		Einzelprozeß	Gruppenprozeß	Gesamtprozeß

Zuordnung der Handlungskompetenzen von Freizeitpädagogik, Sozialpädagogik und Schulpädagogik/Erwachsenenbildung zu gesellschaftlichen Funktionen

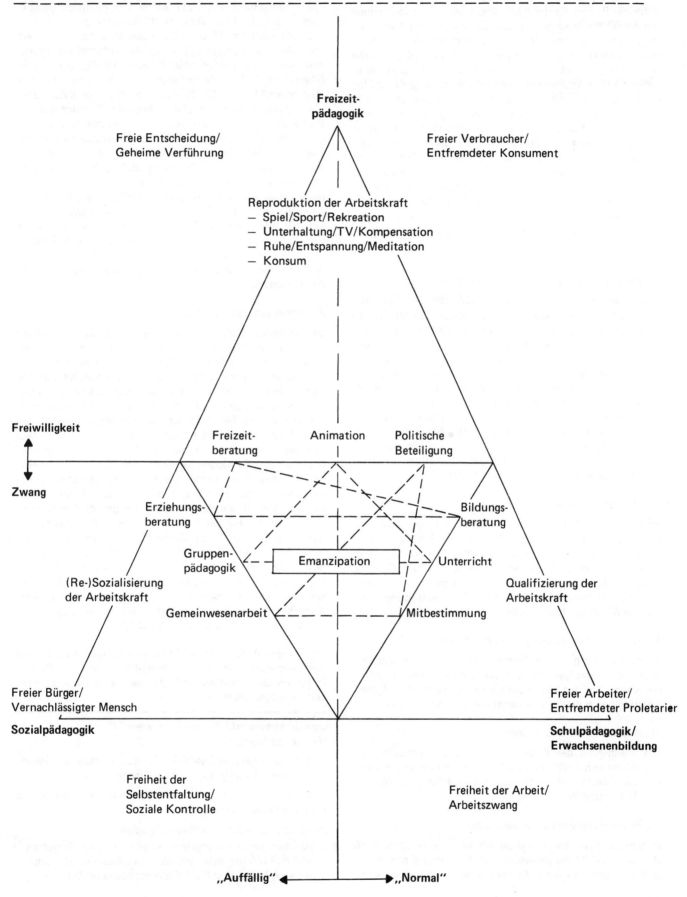

15. Prozeß der Animation

In einem Dokument des Europarats wird folgender dreigliedriger Prozeß für die Animation skizziert: „Die Themen werden sich konzentrieren auf die Mittel und Methoden zur Herstellung eines Initialkontaktes; zur Unterstützung und Entwicklung dieser Initiative; und zur Evaluation des Ausmaßes der Wirkung der Aktion" (CCC 1973, S. 9; Übersetzung W.N.). Weiterentwickelt ließen sich folgende Stufen innerhalb eines Animationsprozesses unteschieden: aktive Kontaktaufnahme; Anbieten von inhaltlichen Vorschlägen; Anregung zur Nachahmung und zum Mitmachen; Anregung zum Diskurs über die Vorschläge zur Bewußtmachung von eigenen Bedürfnissen und Interessen sowie zur Entwicklung von eigenen Zielen; Anregung zur Entscheidung über gemeinsame Ziele; Anregung zur Realisierung; Rückzug aus der aktiven Gruppenunterstützung; Anregung zum Diskurs über Verlauf, Ergebnis und Weiterführung des Vorgangs. Ablaufmodelle für die Animation bedürften noch genauerer theoretischer wie empirischer Klärung.

16. Probleme und Barrieren der Animation

Ein Animationsvorgang ist von Problemen und Barrieren wie den folgenden begleitet: Schwierigkeiten in der Ermittlung tatsächlicher Bedürfnisse der Bewohner nach Zielgruppen sowie zielgruppenübergreifend; Ermittlung der Ansprechbarkeit der Bewohner für innovative Angebote; Konkurrenz von Interessen und Bedürfnissen; Animationsbarrieren; Kontaktschwellen, Schwellenängste; Unfähigkeit im Abholen der Bewohner von ihren Alltagsbedürfnissen; Scheitern in der Anregung von Eigeninitiative der Bewohner; Schwierigkeiten, Partizipation der Bewohner an der Entwicklung von Animationsangeboten im Wohnumfeld; Barrieren für die Weiterwirkung der Animation in andere Bereiche außerhalb des Wohnumfeldes hinein.

17. Modelle der Animation

Beispiele und Modelle der Animation können sein: auffordernde Wörter, Zeichen, Parolen auf Schildern, Kleidungsstücke usw. (z.B. pro Grün); aufforderndes Klatschen in einer Gruppe; Straßenfest; Spielplatzaktion; Öffnung einer Schule für Freizeitangebote (Freizeitschule); Familientagungen; Urlaubsladen; Spielothek; Stadtteilzeitung; integriertes Bildungs-, Kultur- und Freizeitzentrum usw.

18. Animation durch Bürger und Animateure

Animation kann durch Bürger und durch hauptamtliche Animateure erfolgen. In größeren Wohnsiedlungen bedarf die Steigerung der Wohnqualität in der Regel einer Unterstützung durch neben- und hauptamtliche Animateure.

19. Animation im Bildungssystem

Die Befähigung des Bürgers zur Animation erfordert die Aufnahme von Animation als Lernziel und Lerngegenstand in allen Bildungsinstitutionen, insbesondere im Bereich von Schule und Weiterbildung.

20. Professionalisierung der Animation

International ist ein Trend zu erkennen, Animation auch über die Ausbildung professioneller Animateure zu sichern. In Frankreich wurde der Animateur seit den 60er Jahren zu einem Ausbildungsberuf. Seit 1970 wurden feste Abschlüsse mit Examen wie dem „Base", dem „Capase" und dem „Dapasse" eingeführt, die 1977 weiter vereinheitlicht worden sind. Das „Institut National d'Education Populaire" in Marly-le-Roi beim Minister für Lebensqualität gibt bereits seit Jahren einen Katalog über die Ausbildungsinstitutionen zum Animateur heraus (Poujol/Dozol 1976). In den USA (Nahrstedt 1977) wie in anderen europäischen Ländern (Nahrstedt/Mugglin 1977), damit auch in der BRD (Diem u.a. 1976), ist seit den 20er Jahren die Entwicklung von Freizeitberufen zu erkennen. Internationale Konferenzen der UNESCO (Habitat 1976) und der World Leisure and Recreation Association (Intercall 1977) zeigen den weltweiten Trend der Qualifizierung und Professionalisierung von Freizeitberufen und Animateuren über Kurse, über mehrjährige Aus- und Fortbildungsmaßnahmen. Eine Qualifizierung von Freizeitfachleuten und Animateuren zeichnet sich auf folgenden drei Ebenen ab: Animation als Freizeitpädagogik; Animation als Freizeitplanung und Freizeitadministration; Animation als Freizeitpolitik. Als Ausbildungsinhalte zeichnen sich die skizzierten Elemente der Animation ab.

21. Der Animateur von Gruppen

Die besondere Rolle des Animateurs auch im Wohnumfeld läßt sich aus einer Skizze von Edouard Limbos (1976) ablesen: Der Animateur ersetzt den Gruppenleiter und fördert die „Selbstverwaltung der Gruppe". Das bedeutet, der Animateur befähigt, Ziele und Wege selbst zu finden; Hindernisse zu sehen; sich realistisch an Gesellschaftsveränderungen anzupassen; mit Kreativität und Phantasie gesellschaftliche Strukturen zu verändern. Dafür regt der Animateur in einer „angenehmen Atmosphäre" einen Gruppenprozeß an, in dem die Ziele der einzelnen Gruppenmitglieder hervortreten (Koexistenz), die Ziele der anderen Gruppenmitglieder erkannt und anerkannt werden (Kompromiß) und schließlich ein gemeinsames Gruppenziel entwickelt wird (Fusion). Für die Befähigung zum Animateur müssen „technische" (z.B. fotografische Vergrößerung) wie „nichttechnische" Aktivitäten (Modellieren, Malen) erlernt, insbesondere aber das Vermögen zur Herstellung „positiver pädagogischer Beziehungen" in einer Gruppe entwickelt werden. „Der Animateur muß das Maximum aus einem Kontakt herausholen, um andere latente Interessen und Fähigkeiten hervorzubringen" (CCC 1973, S. 20).

22. Aufgrund der Untersuchung von Tätigkeitsmerkmalen und Anforderungen an Handlungskompetenzen läßt sich folgendes Qualifikationsprofil für den Animateur als Freizeitpädagogen erkennen

---

Qualifikationsprofil für den Animateur
(Freizeitpädagogen)

Aus diesen Analysen lassen sich für den Animateur folgende Fähigkeiten (Qualifikationen) vermitteln:

I. Animationsleistung für den Bewohner im Wohnumfeld (Primäre Qualifikationen).

Aufgaben der Animation/Freizeitpädagogik

1. Handeln im Spannungsfeld zwischen offener Situation und halboffener bzw. geschlossener Situation (Gesamtsiedlung-Marktplatz/Saal-Kleingruppenraum/Bus)

2. Umgang mit Zielgruppen (Kinder, Jugendliche, Erwachsene, Familien; Senioren; Verheiratete, Ledige; Behinderte; Arbeitslose; Arbeiter, Angestellte, Beamte usw.)
3. Entwicklung von Animationszielen (Erholung, Aktion, Kontakt, Information, Initiative usw.)
4. Didaktischer Umgang mit Inhalten, Problemen, Konflikten (Ruhe, Bewegung; Spiel; Gespräch, Gesellschaft, Abenteuer; Bildung; kulturelle, soziale, politische Kreativität; Probleme im Familien-, Schul-, Berufsbereich, im Wohnumfeld, im Gemeinwesen, im Urlaubsbereich, im Staat: z.B. Arbeitslosigkeit, Drogenkonsum, Terrorismus, ökologische Grenzen).

Methoden der Animation/Freizeitpädagogik
5. Animation (als Methode der Anregung):
   - Kreative Initiative
   - Einfühlendes Verstehen
   - Kommunikative Einbeziehungsfähigkeit (Partizipation)
   - Entwicklung von Selbsttätigkeit und Eigeninitiative beim Bewohner
6. Programmgestaltung (Arrangieren von Angeboten, Entwicklung von Animationslandschaften)
7. Gruppenleistung
8. Freizeitberatung
9. Umweltinterpretation
10. Politische Beteiligung des Bewohners
II. Animationsgestaltung mit haupt-, ehren- und nebenamtlichen Animateuren (Sekundäre Qualifikationen)
11. Kooperation und Koordination, Freizeitbildung
12. Freizeitlehre (Praxisberatung, Supervision, Schulung, Lehre)
III. Animationsgestaltung mit Trägern, Öffentlichkeit, Wissenschaft (Teritäre Qualifikationen)
13. Freizeitadministration
14. Öffentlichkeitsarbeit
15. Freizeitwissenschaft (Evaluation)
16. Freizeitpolitik (Politische Mitbestimmung und eigene Partizipation)
IV. Animationsgestaltung im Hinblick auf sich selbst (Quartäre Qualifikationen)
17. Ich-Stärke (Frustrationstoleranz)
18. Zeitrationalität

---

23. Animation zwischen Selbstbestimmung und Anpassung

Durch die Professionalisierung und Institutionalisierung gerät Animation allerdings in das Spannungsfeld z.T. widersprüchlicher Interessen der Bürger und gesellschaftlicher Institutionen. Im Interesse der Bürger zielt Animation auf Hilfe zur Selbsthilfe, Anregung zur Selbstbestimmung, Provokation zur Interaktion, kulturelle Demokratie. Als Agent gesellschaftlicher Institutionen gerät Animation notgedrungen in den Einfluß spätkapitalistischer Verzerrungstendenzen, wird Instrument zur Anpassung des Bürgers an Wirtschafts- und Herrschaftsinteressen. Insofern erfolgt Animation zwischen Selbstbestimmung und Anpassung, zwischen Demokratisierung und sozialer Kontrolle. Animation kann die Bürger zur Nutzung des Freizeitwerts in ihrem Sinn wie aber auch zur Anpassung an und Unterwerfung unter entgegenstehende Intentionen der Träger von Freizeiteinrichtungen befähigen. Animation kann Freizeit zur sozialen Innovation erweitern, aber auch auf Rekreation und Kompensation beschränkt bleiben.

24. Konsequenzen

1. Wissenschaftlich

1.1 Klärung des Begriffs der Animation im Hinblick auf Ziel (kulturelle Demokratie) und Methoden (non- und semidirektiv), insbesondere in Auseinandersetzung mit der französischen Entwicklung.

1.2 Klärung des Verhältnisses des Animation-Ansatzes zum Freizeitansatz einerseits (Freizeitpädagogik, Freizeitplanung, Freizeitpolitik), zum Ansatz von Sozialpädagogik (insbesondere im Hinblick auf die angelsächsische Gemeinwesenarbeit) und Erwachsenenbildung andererseits.

1.3 Untersuchung der Ursachen und besonderen Problemlagen, die Animation als öffentliche Intervention erforderlich machen (Neubausiedlungen, Problemgebiete, Wochenend- und Urlaubsregionen).

1.4 Analyse von Modellen der Animation im Hinblick auf Möglichkeiten und Widerstände.

1.5 Untersuchung der Möglichkeit der Animation durch Bewohnergruppen, Fachleutegruppen, Institutionen, damit der Rolle von ehrenamtlichen, nebenamtlichen und hauptamtlichen Animateuren.

1.6 Ermittlung von Qualifikationsanforderungen an Animateure.

2. Politisch

2.1 Schaffung eines rechtlichen und politischen Spielraums für die Initiative und Mitwirkung von Bürgergruppen.

2.2 Finanzielle und personelle Unterstützung von Bewohnerinitiativen.

2.3 Schaffung von Planstellen für Animateure.

2.4 Verstärkung der Mitwirkung in Planungsvorhaben und Freizeiteinrichtungen.

2.5 Thematisierung statt Tabuisierung von Problemen im Wohnumfeld.

2.6 Verbindung von Problem und Fest, Freizeitwert und sozialer Qualität, stabilisierender und progressiver Elemente.

3. Didaktisch

3.1 Aufnahme von Animation in Kindergarten und Schule als Übungsgegenstand wie als pädagogisches Prinzip.

3.2 Entwicklung von Ausbildungsmodellen für Animateure als Freizeitfachleute in bestehenden Studiengängen (der Sozialpädagogik, der Erwachsenenbildung, der Sportpädagogik usw.) sowie neuen Modellstudiengängen.

3.3 Durchführung von Modellversuchen in Kooperation von Bewohnerschaft, Wissenschaft, Politik und Ausbildung zur Ermittlung optimaler Formen der Animation.

Anhang I

Einleitendes Rollenspiel: Animation im Wohnumfeld

An der Stirn des Saales (an der Tafel) hängt folgendes Plakat:

Neubaugebiet „HEILE WELT"
2. Bewohnerversammlung
Donnerstag 08.06.1978   09 Uhr

Einziger TOP:
Ablehnung des Bürgerzentrums „Aktive Freizeit"

Am Vorstandstisch nimmt das Aktionskomitee „Bürgerzentrum" Platz:

Sprecher: Sachbearbeiter bei Thyssen (Export), Betriebsmitglied: Wolfgang
Stv. Sprecherin: Aktive Nur-Hausfrau: Marie-Antoinette
Kinder-Ärztin, FDP: Brigitte
Arbeiterin im Zigarettenwerk: Mechthild

Im Publikum: Doris, Beate, Bewohnerinnen. Alle Teilnehmer an der Arbeitsgruppe werden als „Bewohner" in das Rollenspiel einbezogen.

Sprecher: Liebe Mitbewohner!

Ich freue mich, daß Ihr so zahlreich zu unserer 2. Bewohnerversammlung der Wohnungsgenossenschaft „Heile Welt" erschienen seid, obwohl der Anlaß, wie Ihr aus der Tagesordnung gesehen habt, keineswegs vergnüglich ist.

Aber gerade deshalb freut es mich um so mehr, daß Ihr gekommen seid. Gerade deshalb werden sich so viele von Euch eingefunden haben. Denn wie war es noch vor einem Jahr bei unserer ersten Bewohnerversammlung? Gerade waren alle 5000 Wohnungen bezogen. Die Genossenschaft hatte uns zur ersten Bewohnerversammlung eingeladen, um uns zu begrüßen, wie es hieß, unsere Sorgen zu hören, und mit uns gemeinsam eine „heile Welt" zu schaffen. Der Bauschutt sollte bald grünen Hügeln weichen, die Schlammpfade sollten saubere Plattenwege werden, Kinderspielplätze, Spielecken, ein Jugendtreff und insbesondere ein „Bürgerzentrum" für alle, dem wir spontan den Namen „Aktive Freizeit" gegeben haben, sollten errichtet werden. Wir wurden von Euch als Aktionskomitee gewählt, um Eure Interessen bei der Durchsetzung und Planung des Bürgerzentrums zu vertreten.

Doch was ist geschehen? Was haben wir erreicht?

Praktisch nichts! Die Baulöwen haben ihr Geld verdient! Nun interessiert sie nichts mehr. Ein Jahr lang sind wir Trepp auf und Trepp ab von der Genossenschaft zum Planungsamt, vom Planungsamt zum Gartenbauamt, vom Gartenbauamt zur Liegenschaft, von der Liegenschaft zum Jugendamt, vom Jugendamt zum Sozialamt, vom Sozialamt zum Sportdezernat, von dort zum Kulturamt usw. usw. gelaufen und gerannt und gerannt. Die Schutthalden liegen noch wie früher, die Plattenwege sind notdürftig hergerichtet, ein Bürgerzentrum wurde abgelehnt, der erste Spielplatz ist frühestens in 2 Jahren zu erwarten, kein Jugendtreff, kein Altenklub — keiner kennt den anderen, wir sind so unbekannt wie vor anderthalb Jahren, als die ersten von uns einzogen.

Irgend etwas muß jetzt geschehen. Wenn wir kein Bürgerzentrum erhalten, keine Spielplätze bekommen, der Bauschutt vor der Tür liegen bleibt, dann müssen wir uns schließlich selbst etwas einfallen lassen. Schließlich hängt eine „heile Welt" nicht nur von einem Bürgerzentrum ab. Aber was können wir tun?

Deshalb haben wir Euch heute hierher in die Pausenhalle der Grundschule eingeladen, um Eure Meinung und Eure Vorschläge zu erfahren.

Damit Euch aber unsere Situation noch einmal voll bewußt wird, haben wir in den letzten Wochen einige Beobachtungen in unserem Neubaugebiet durchgeführt, einige Literatur von Fachleuten gewälzt und uns bei anderen Wohnungsbaugenossenschaften „rumgehört". Davon werden Euch nun die anderen Mitglieder des Aktionskomitees berichten. Zunächst rufe ich dafür unsere politisch und auch sonst aktive Nur-Hausfrau Marie-Antoinette auf. Sie wird uns etwas über die Lage der Familien ganz allgemein sagen.

Marie-Antoinette: Lage der Familien ... Ich übergebe nun das Wort an unsere Kinderärztin Brigitte, die insbesondere die Situation der Kinder und Jugendlichen schildern möchte.

Brigitte: Situation der Kinder und Jugendlichen... Nun wird uns unsere klassenbewußte Arbeiterin Mechthild noch einige Beobachtungen über die wirklich unerträgliche Situation der Senior-Bürger in unserer Mitte mitteilen.

Mechthild: Lage der Senior-Bürger.

Sprecher: Mitbewohner! Mitbürger!

Während man sich in den Wohngebieten, aus denen wir vor ein bis zwei Jahren kamen, kannte, man über den Nachbar häufig zu gut Bescheid wußte, fängt man hier wieder an wie der erste Mensch. Du kennst keinen Nachbarn, keine Kneipe, keinen Klub, nichts. Du merkst nicht, wenn neben Dir eine alte Frau verhungert, die Nachbarin nicht zur Arbeit gehen kann, weil das Kind krank ist, die Kinder vor dem Fernseher verblöden oder auf der Straße vors Auto laufen. So ein Neubaugebiet hat es in sich! Zwar sind die Wohnungen nun etwas größer, neuer — aber was bringts! Was also sollen wir tun?

Plenum: Diskussion

Doris: Ich bin der Meinung, daß wir nicht auf ein Bürgerzentrum warten sollten. Einen Spielplatz könnten wir selber bauen. Die Wohnungen sind groß genug, um sich darin zu besuchen. Wenn wir uns zusammentun, können wir für unsere Senioren selber sorgen. Ein Genossenschaftsfest läßt sich auch hin und wieder organisieren.

Beate: Das sagt sich alles so schön! Und wo sollst Du die Zeit hernehmen! Willst Du die Nachbarn auf offener Straße anquatschen? Weißt Du, was das kostet, ein Fest zu organisieren, einen Spielplatz zu bauen — und wenn wir erst einmal einen haben: ihn dann erst einmal mit den Kindern zusammen bespielbar zu halten, so daß alle auch lange etwas davon haben! Und Kinder sind nicht alles! Willst Du dann auch noch die alten Menschen ansprechen, die Gastarbeiter vielleicht, die Jugendlichen? — Und überhaupt ansprechen? Soll ich etwa hinter den anderen hinterherlaufen? Das mögen die anderen machen, nicht ich! Wofür gibt es denn die ganzen Ämter, das Jugendamt z.B., das Sportamt, oder so?

Plenum: Diskussion

Sprecher: Einleitung zum Vortrag über „Animation".

Anhang II: Informationsblatt zum Rollenspiel

Neubaugebiet „HEILE WELT"
2. Bewohnerversammlung
Donnerstag, den 08. Juni 1978, 9.00 Uhr
Saalbau *Essen*

TOP: Bürgerzentrum „Aktive Freizeit" abgelehnt

Liebe Mitbewohner und Mitbürger!

Hiermit laden wir zur o.a. Versammlung ein.

Auf der 1. Bewohnerversammlung vor einem Jahr nach Einzug aller rund 15.000 Bewohner in unser Neubaugebiet „Heile Welt" war die Forderung nach einem Bürgerzentrum „Aktive Freizeit" beschlossen worden. Ein Aktionskomitee „Bürgerzentrum"* wurde zur Durchsetzung dieser Forderung gebildet.

Jedoch: Was wurde erreicht? — NICHTS!!!

Trotz einjähriger unermüdlicher Versuche bei Genossenschaftsvorstand und Stadtverwaltung sind wir keinen Schritt weiter!

Was soll geschehen?

Aktionskomitee

Literaturverzeichnis

Axt, P.: Ausbildung von „Freizeitlehrern" (Freizeitberatern praxisbezogen) im Landkreis Fulda. In: Freizeit '72. Hg. vom SVR. Essen 1972. S. 71 ff.

Council for Cultural Cooperation/Council of Europe (Ed.): Managing facilities for cultural democracy. San-Remo-Symposion. Strasbourg 1973 (zitiert: CCC 1973).

Emnid-Institut: Freizeitbedingungen und Freizeitentwicklungen 1972/73. 3. Emnid-Freizeituntersuchung. Bielefeld 1973.

Finger/Gayler/Han/Hartmann: Animation im Urlaub. Starnberg: StfT 1975.

Fourastié, J.: Die 40.000 Stunden. Düsseldorf: Econ 1966.

* Dem Aktionskomitee gehören an:
Wolfgang Schmidt (Sachbearbeiter/Export bei Thyssen, Betriebsrat),
Marie-Antoinette Schulz (Nur-Hausfrau, pro grün),
Brigitte Meier (Kinderärztin, FDP),
Mechthild Klein (Arbeiterin in der Zigarettenfabrik Reemtsma).

Haeringer, M.: Die Situation des Freizeitbetreuers in Frankreich. In: Freizeitproblematik — Freizeitbewältigung. Ausbildung von Freizeiterziehern. 18.–23. November 1973 in Eisenstadt. Veranstalter: Bundesministerium für Unterricht und Kunst in Zusammenarbeit mit dem Österreichischen Arbeitskreis für aktive Freizeitgestaltung. Sonderdruck Die Jugend.

Heinichen, F.A.: Lateinisch-Deutsches Taschenwörterbuch. Leipzig: Teubner 1958.

Kirchgäßner, H.: Animation und Bildung. In: deutsche jugend 2/76, S. 65–69.

Mollenhauer, K./C.W. Müller: „Führung" und „Beratung" in pädagogischer Sicht. Heidelberg 1965.

Müller, C.W./C. Wichmann: Freizeitberatung: Fakten und Bedürfnisse. In: Freizeit '72. Essen: SVR 1972, S. 53 ff.

McDowell, C.F.: Leisure Counseling: Selected Lifestyle Processes. University of Oregon 1976 (Center of Leisure Studies).

Ledermann, A.: Freizeitpolitik in Europa. In: ELRA (Hg.): Sozialentwicklung und Freizeitpolitik. Zürich: ELRA 1977, S. 23–36.

Limbos, E.: Der Animateur — Seine Aufgaben und seine Position in der Gruppe. In: deutsche jugend 11/77, S. 504–510.

Nahrstedt, W.: Freizeitberater-Argumente für ein neues „Berufsbild". In: deutsche jugend 5/72.

Nahrstedt, W.: Freizeitpädagogik in der nachindustriellen Gesellschaft. 2 Bände. Neuwied: Luchterhand 1974.

Nahrstedt/Fassnacht/Hoffmann: Der Urlaubsladen. Bielefeld/Hamburg 1974.

Nahrstedt, W.: Freizeitberatung. Animation zur Emanzipation? Göttingen: Vandenhoeck 1975.

Nahrstedt, W. (Hg.): Freizeit in Schweden. Düsseldorf: Rau 1975.

Nahrstedt, W.: Freizeitpädagogik als neues internationales Aufgabengebiet der Erziehungswissenschaft. In: bildung und politik 10/76, S. 227 ff.

Nahrstedt, W.: Die Ausbildung von Freizeit-Fachleuten in Europa. In: Theorie und Praxis der Sozialen Arbeit 12/76a, S. 443 ff.

Nahrstedt, W.: Freizeitcurricula und Freizeitforschung in den USA. In: Deutsche Universitätszeitung 3/77.

Nahrstedt/Sandmann: Gesucht wird ein Freizeitpädagoge, der... In: deutsche jugend 10/76.

Nahrstedt/Mugglin: Freizeitpädagogik und Animation in Europa. Hg. von der ELRA. Düsseldorf: Edition Freizeit 1977.

Nahrstedt, W. (Hg.): Freizeitdienste, Freizeitberufe und Freizeitwissenschaften in den USA. Modelle für die BRD? Düsseldorf: Edition Freizeit 1978.

Nahrstedt/Sandmann: Der Freizeitpädagoge: Freizeitleiter, Freizeitberater, Animateur. 1978 (Im Erscheinen).

Opaschowski, H.W.: „Freizeitberater" — Plädoyer für ein neues Berufsbild. In: deutsche jugend 11/71, S. 521 ff.

Opaschowski, H.W. (Hg.): Im Brennpunkt: Der Freizeitberater. Düsseldorf: Rau 1973.

Opaschowski, H.W.: Pädagogik der Freizeit. Bad Heilbrunn: Klinkhardt 1976.

Opaschowski, H.W.: Freizeitpädagogik in der Schule. Bad Heilbrunn: Klinkhardt 1977.

Poujol, G. und A. Dozol: Les diplomes et les Etablissements de Formation professionelle d'Animateurs. Marly-le-roy: Inep. 5/1976. 6/1977.

Ergänzungen:

Council for Cultural Cooperation/Council of Europe (Ed.): Facilities for cultural democracy. Rotterdam Symposium on Socio-cultural Facilities 1970. Strasbourg 1971 (CCC 1971).

Jor, Finn: The demystification of culture: animation and creativity. A survey. Oslo— Council for Cultural Cooperation 1976.

Mennell, Stephen: Cultural policy in towns. A report on the Council of Europe's "Experimental Study of cultural development in European towns". Strasbourg: Council of Europe 1976.

Muellenmeister, Horst Martin: Die lebendige Welt kennenlernen und erleben. Eine Theorie der Animation bei Urlaubsreisen. Beitrag zum Internationalen Modellwettbewerbe „Mehr Urlaubsqualität". Internationale Touristen-Börse Berlin 1978. (Hannover 1978).

Simpson, J.A.: Final report of the project on socio-cultural animation. Audit and legacy. Strasbourg: Council for Cultural Cooperation 1976.

Studienkreis für Tourismus e.V. (Hg.): Animation im Urlaub. Anregung oder Verführung? Bericht über eine Tagung des Studienkreises für Tourismus 1974 in Hofbieber (Landkreis Fulda). Starnberg 1975.

Animation im Wohnumfeld
Ausbildung und Praxis für eine neue Aufgabe?

Franz Pöggeler

Über Animation wird innerhalb der Freizeitpädagogik noch derart kontrovers diskutiert, daß man bei diesem Thema leicht in die Gefahr des zu abstrakten Argumentierens geraten kann. Um ihr zu entgehen, werden die folgenden Darlegungen über Animation im Wohnumfeld an einem *Praxisbeispiel* erläutert: an den Freizeitaktivitäten der *Jugendherbergen*, die zu den wichtigsten Einrichtungen heutiger Jugendfreizeit gehören und allein schon wegen ihrer großen Zahl (derzeit in der Bundesrepublik Deutschland 574, in der International Youth Hostel Association ca. 2400) über ein ansehnliches Potential an Freizeitangeboten verfügen.

I. Was ist Animation?

Animation ist augenblicklich ein viel verwandter Modebegriff und als solcher in der Gefahr, verflacht und verschwommen zu wirken. Es liegen bereits zahlreiche Definitionsversuche vor, aber die von den Praktikern erwünschte Klarheit und Richtungsweisung haben sie noch nicht erbringen können.

Der französische Ursprungsbegriff, den wir in Deutschland adaptiert haben, ist nur schwer (wenn überhaupt) übersetzbar. Jedenfalls gibt es kein deutsches Wort für ihn, und weil er ein neues Fremdwort ist, wird er so leicht nicht dem „Mann auf der Straße" verständlich. Animation meint — der Semantik nach — Inspiration anderer zur sozialen und geistigen Aktivität, Anregung zu möglichst kreativem Tun. Zugleich hat das Wort „Animation" im Französischen etwas Aufmunterndes, Appellatives an sich, aber nichts Autoritäres und Bestimmendes.

Als pädagogische Maßnahme verzichtet Animation (der Animateur) auf jeglichen formenden Eingriff in die Individualität der Partner. Eher versteht sich der Animateur auf das Entwickeln und Entfalten der Neigungen, Begabungen und Interessen der Mitmenschen. Animation ist eine betont liberale Art von Erziehung und Bildung: Ihr kommt es auf das Selbsttun und Selbstsein der Partner an, nicht darauf, anderen Menschen ein bestimmtes Leitbild oder Verhaltensmuster aufzustülpen oder wünschbare Einstellungen als Dressate ihnen anzugewöhnen.

Animation sollte stets mit Esprit zu tun haben, mit gescheiten Einfällen. Dadurch kann Animation eine besonders attraktive und sympathische Spielart von Erziehung und Bildung werden. In der Freizeiterziehung und -bildung ist Animation deshalb wichtig, weil der Mensch seine Freizeit als Zeit seiner Freiheit erleben will. Deshalb darf er durch pädagogische Maßnahmen nicht in seinem Tun und Lassen unnötig eingeengt werden.

II. Animation der Praxis der Freizeitangebote der Jugendherbergen

Die *Jugendherberge* ist zwar eine multifunktionale Einrichtung, aber vorrangig eine *Freizeitstätte*. (Zugleich ist sie freilich auch Ort der Begegnung, Platz für Landheimaufenthalte von Schul- und Jugendgruppen, Schulungsstätte und Bleibe für Wanderer; aber in allem hat sie einen freizeitpädagogischen Aspekt zu beachten.)

Zumindest von den Jugendherbergen, die vom Deutschen Jugendherbergswerk getragen werden, bietet fast jede einen besonderen Freizeit-Service. Angefangen vom Freischach und Sport bis zum kreativen Design, vom Musizieren bis zum Bau von Musikinstrumenten, vom Segelfliegen bis zum Segeln auf Seen, vom Reisen bis zur Sternkunde auf hauseigener Sternwarte, von der Naturbeobachtung auf dem Waldlehrpfad bis zum Fallschirmspringen und Tieftauschen. Jedes Jahresprogramm enthält in der Regel mehr als zwanzig verschiedene Freizeitaktivitäten.

Die animatorische Funktion der Freizeiterziehung und -bildung in der Jugendherberge liegt in folgendem:

● Beratung der Besucher über Freizeitmöglichkeiten sowie Offerieren derselben,

● Bereitstellung eines freizeitgünstigen Wohnumfeldes: Jede Jugendherberge hat — zumindest in ländlichen Regionen — relativ große Freiflächen um das Haus herum — mit Anlagen für Sport, Geselligkeit, Musizieren, Naturbeobachtung usw.;

● Bereitstellung von Mitteln und Gegenständen zum Selbsttun: Dabei gilt M. Montessoris wichtige Erkenntnis vom „Aufforderungscharakter der Gegenstände"; wo ein Ball liegt, da wird mit ihm gespielt, wo ein Swimmingpool vorhanden ist, wird er bald zum Schwimmen benutzt;

● Schaffung eines freizeitgünstigen „Klimas" in Gebäude und Umfeld: Dies beginnt schon mit der Wahl des Geländes für den Bauplatz – möglichst in Landschaften mit optimalem Freizeit- und Erholungseffekt;

● Sicherung von pädagogisch verantwortbaren Rahmenbedingungen zur Freizeiterziehung und -bildung, sowohl innerhalb als auch außerhalb des Gebäudes;

● Angebot von möglichst vielen Räumen für die Freizeit, und zwar für möglichst viele Freizeitinteressen, Hobbys und Liebhabereien: In der modernen Jugendherberge reicht das Raumangebot vom Lese- bzw. Fernsehraum bis zum Werkraum für Töpferei oder Batik, vom Fotolabor bis zum Swimmingpool, vom Beatkeller bis zum Reitstall.

Jugendherbergen in unserem Lande haben seit dem Ende der sechziger Jahre weitgehend ihre Gesichter verändert, u.a. auch durch Verbesserung des hygienischen und wohnlichen Standards. Regelform des JH-Aufenthalts ist inzwischen der Daueraufenthalt von mehreren Wochen zwecks Erholung und Freizeit geworden; natürlich gibt es auch Kurzformen (z.B. Wochenendaufenthalt).

III. Zur Qualifikation des Animateurs bzw. zur animatorischen Befähigung des „normalen" Mitarbeiters

Die pädagogische Rolle des Animateurs bzw. der an Animation interessierten Mitarbeiter einer Jugendherberge hebt sich stark von anderen, der Öffentlichkeit geläufigen Rollenbildern im Bildungsbereich ab. Welche spezifischen Qualifikationsmerkmale des animatorisch orientierten Freizeitpädagogen können namhaft gemacht werden?

Zur Animatorenrolle sind „Führernaturen", wie es sie früher von der Jugendbewegung her in Jugendherbergen oft gab, nicht geeignet, wohl aber solche Mitarbeiter, die die Partner zur Selbsttätigkeit, zur Selbsterziehung und Selbstbildung anregen und anleiten können. Der Animateur soll Impulsgeber sein, nicht einer, der möglichst alles selbst tun will, weil er meint, es besser zu können als die anderen. Und selbst wenn er in seinem Metier (z.B. im Malen oder Musizieren) tüchtiger und versierter ist als seine Partner, muß er primär an deren Tun interessiert sein. Er muß viel Verständnis für laienhaftes Dilettieren aufbringen und darf nicht zu professionelle Maßstäbe anlegen. Für den Erfolg pädagogischen Tuns in der Freizeit ist nicht das Werk entscheidend, sondern das Tun und die Freude, die es auslöst. Der Animateur muß einen siebten Sinn für die freizeitgerechte Gestaltung des Milieus haben. Er sollte etwas vom zurückhaltenden Regisseur an sich haben, der lieber hinter als vor der Szene agiert. Natürlich darf er seine Partner nicht zu Puppen degradieren, die er zum Tanzen bringt.

IV. Ausbildung zur Animation

Entsprechend den Qualifikationsmerkmalen müssen auch die einzelnen Teilabschnitte bzw. Phasen der *Ausbildung* bestimmt werden. Da ist z.B. die Ausbildung im *Beraten*: Hier handelt es sich um eine Qualifikation, die im traditionellen pädagogischen Studium fast gar nicht enthalten ist und neuerdings lediglich in der Ausbildung von Sozialpädagogen zaghaft zur Geltung kommt. Das Beraten setzt ein immenses Sachwissen voraus; dieses muß als besonderer Teil der Ausbildung erlangt werden (z.B. Wissen in Geographie bei der Reiseberatung, in Design bei der Beratung zum kreativen Tun, in der Biologie bei der Beratung zur Naturbeobachtung usw.). Beim Beraten kann man nicht jedwedes Sachgebiet vermitteln, sondern zünftig nur eines oder wenige. Beraten kann nur der, welcher in der Psychologie und Didaktik des Dialogs geschult worden ist.

Ein anderer wichtiger Ausbildungsteil betrifft die Fähigkeit zum *Impulsgeben*, z.B. durch praktisches Vormachen und „Anlernen"; das gilt besonders bei musischen und technischen Tätigkeiten, auch bei allen Sportarten. Der Freizeitpädagoge kommt nicht umhin, sich für bestimmte Sachgebiete zu *spezialisieren,* entweder für Sport oder für Kunst, für Wandern oder Tourismus, für internationale Begegnung oder für Naturbeobachtung.

In jedem Fall ist eine ausgeprägte *rhetorische* Begabung innerhalb der Ausbildung zu schulen. Dazu gehört auch die Flexibilität in der Anwendung von Fremdsprachen. So ist es in Jugendherbergen, die viele ausländische Gäste aufnehmen, unerläßlich, daß die Beratung in mindestens einer oder in zwei Fremdsprachen erfolgen kann. Daß man auch im Organisieren von *Geselligkeit und Unterhaltung* ausgebildet werden muß, mag manchem Sachkenner künstlich erscheinen. Aber wir können in der heutigen Freizeitpraxis nicht mehr wie in den Tagen der frühen Jugendbewegung davon ausgehen, daß sich Geselligkeit und Unterhaltung sozusagen automatisch ergeben, sobald junge Leute zusammenkommen; diesen fehlt heute oft das nötige Repertoire an Spielen, Liedern, Tänzen usw.; dazu muß der Animateur hinführen.

Hilfreich dabei kann die Ausbildung in *Methoden der Gruppenpädagogik* sein, die sich bewußt von Schulmethoden abhebt. – Ein anderes Ausbildungsteil hat sich um die Befähigung zur *Gestaltung des Wohnumfelds* zu kümmern. Mit relativ kleinen Mitteln kann man große Sympathieeffekte erreichen. Aber das Arrangieren eines wohnlichen oder geselligen Zimmers will gelernt und geübt sein. Nicht unerwähnt bleiben darf die Ausbildung im *Magazinieren und Einsetzen von Medien und Dingen zum Selbsttun*.

Was nun die *Form* der Ausbildung zu freizeitpädagogischen, animatorischen Qualifikationen anlangt, so hat sich das DJH zu folgendem Weg entschlossen: Jeder Herbergsleiter (jede Leiterin) muß auch freizeitpädagogisch informiert und trainiert sein. Dazu werden zwei Kurse von je vier Wochen angeboten: ein Grund- und ein Aufbaulehrgang, verteilt auf zwei Jahre. Während der Kurse wohnen alle Teilnehmer in einer Jugendherberge, und Information einerseits sowie Training andererseits halten sich die Waage. Man mag darüber streiten, ob das Zeitbudget der Lehrgänge ausreicht, um freizeitpädagogisch und animatorisch qualifiziert zu werden. Mehr Zeit wäre natürlich wünschenswert, aber sie kann deshalb nicht aufgebracht werden, weil die Kursusteilnehmer nicht länger als jeweils einen Monat aus ihrer normalen Leitungstätigkeit herausgenommen werden können.

Das DJH lehnt in der jetzigen Problemlage den Einsatz oder die Ausbildung von *hauptberuflichen* Freizeitpädagogen bzw. Animateuren ab; das schließt aber nicht aus, daß diese zu einem späteren Zeitpunkt engagiert werden können oder müssen. Viele Jugendherbergen bieten für den hauptberuflichen Freizeitpädagogen noch nicht genug Einsatzmöglichkeiten. — Groß ist jedoch die Zahl neben- und ehrenamtlicher Mitarbeiter, die am Ort oder in der Region für freizeitpädagogische Aktivitäten der Jugendherbergen bereitstehen und zu deren Mitarbeiterstamm gerechnet werden.

Gelegentlich ist im DJH überlegt worden, ob sich die Einrichtung eines „Instituts für Freizeitpädagogik" als Dauereinrichtung lohne; das ist heute noch nicht der Fall.

V. Das Wohnumfeld in der touristisch motivierten Freizeit

Wenn vom Wohnumfeld in der *Freizeit* die Rede ist, sollte man nicht nur an die Wohnbedingungen im privaten und heimischen Milieu denken, sondern auch an das Wohnumfeld in der *touristisch motivierten* Freizeit, die meist weit entfernt vom regulären Wohnort verbracht wird und nicht selten mit häufigem Orts- und Milieuwechsel verbunden ist. So haben es z.B. die Jugendherbergen mit Besuchern zu tun, die bewußt *Distanz* zum Wohnort, zum Elternhaus, zur Schule und zum Beruf wünschen. Sie erwarten in der Jugendherberge primär ein Wohnumfeld, das ganz oder weitgehend auf Freizeitbedürfnisse und Tun in Selbstverantwortung eingestellt ist. Je mehr sich eine Jugendherberge als Freizeitstätte begreift und betätigt, um so sorgfältiger muß sie als Raum der Freizeit geplant werden. Hier erwarten bzw. verlangen die meisten jungen Besucher die Fernhaltung von Faktoren, die das Freizeiterleben möglicherweise stören oder behindern können (z.B. Lärm, schlechte Luft usw.). Die Chancen der Animation hängen von vornherein davon ab, wie die Jugendherberge in der Landschaft plaziert ist. Dabei ist es gleich, ob es sich um Stadt- oder Naturlandschaften handelt. Gesucht werden von jungen Besuchern stets die Nähe von Wäldern, Parks und Gewässern, von Seen und Schwimmbädern. Das Erste, was Herbergsbesucher am Ort kennenzulernen suchen, ist ein *Ensemble* von Freizeiträumen. Selbst das, was manchen Kritikern als Zeichen von unvertretbarem Luxus in einer Jugendherberge erscheinen mag, nämlich die Kombination von herrlicher Aussicht, ruhiger Lage und günstiger Anbindung an das Verkehrsnetz, ist bei der Standortbestimmung und Raumplanung von Jugendherbergen in der Regel ausschlaggebend. — Vorbei sind die Jahre, in denen Gemeinden für die Standorte von neuen Jugendherbergen meist baulich ungünstige Plätze zur Verfügung stellten, z.B. Grundstücke an Bahnlinien oder in steiler Hanglage, auch Plätze im Industriebezirk eines Ortes.

Die Kategorie „Freizeit" schafft eine völlig neue Perspektive für das Umfeld, das unser Leben und Tun umgibt. Stätten und Gebäude für Freizeit wurden früher nicht eigens als solche geplant; so war z.B. der Platz unter der Dorflinde funktional der wichtigste Punkt der Freizeit in einer Gemeinde, und das ergab sich ohne besondere Intention. Heute ist die Intention deshalb unumgänglich, weil es im freien Ermessen der Gesellschaft steht, für die gewachsene und wachsende Freizeit Räume und Wohnumfelder so zu planen und zu gestalten, wie es den Freizeiterwartungen der einzelnen Gruppen — etwa der Jugend oder der Familien — entspricht. Die Jugendherbergen haben einen bemerkenswerten Schritt in Richtung auf Schaffung eines freizeitgerechten Wohnumfeldes gewagt.

Animation im Wohnumfeld
Ausbildung und Praxis für eine neue Aufgabe?

Annedore Schultze

(1) Anregungen für die Freizeit, Anregungen in der Freizeit zu geben, erscheint mir wie die Arbeit des Sisyphus. Es bedeutet für mich auch, ein Faß ohne Boden zu füllen. Ich möchte den Boden ins Faß bringen, indem ich mithelfe, daß möglichst viele Menschen ihre Situation einschätzen, ihre Möglichkeiten entwickeln und gebrauchen und in Selbsthilfe miteinander so umgehen können, daß ihre Freizeit nicht Leerzeit, sondern Füllzeit (erfüllte und erfüllende Zeit) sein kann.

Selbstverwirklichung, Wohlbefinden für möglichst viele Bürger (von möglichst vielen Bürgern) ist durch Selbsthilfe im überschaubaren Wohnumfeld eher zu erreichen als durch großflächige Maßnahmen „von oben".

Deshalb möchte ich den Weg einer Netz- oder Nester-Arbeit gehen, das Wohnumfeld deutlicher sehen als beispielsweise die Alters-, Berufs- oder Familien-Konstellationshomogenität im Freizeitbereich. Meine Antwort auf die Vielzahl von Fragen nach Animation im Wohnumfeld beinhaltet den Hinweis auf soziale Gemeinwesenarbeit im Sinne der Entwicklung von Gemeinwesen, die nicht nur im Freizeitbereich, sondern auch darüber hinaus (z.B. in Nachbarschaftshilfen) lebendig sind.

(2) Wir leben in einer konsumorientierten Gesellschaft. Ich finde es auch gut, mich um bestimmte Dinge des täglichen Lebens nicht selbst kümmern zu müssen, sondern von dieser Aufgabe frei zu sein. Das macht einen Teil meiner freien Zeit aus.

Wir leben aber auch in einer lernorientierten Gesellschaft; lebenslanges Lernen wird großgeschrieben. Und auch das ist gut so, denn ein Teil der freien Zeit kann vielfältig zur Lernzeit werden z.B.:
● zum Lernen, ganz Mensch zu sein (eine körperlich-geistig-seelisch-soziale Einheit);
● zum Lernen, anderen dazu mitzuverhelfen, daß sie auch ganz Mensch sein können (ich denke hier an die gesellschaftlich am Rande Stehenden);
● zum Lernen, was ich selbst tun kann, um die Umwelt und das soziale Umfeld so mitzuverändern, daß sie solchen Ansprüchen eher genügen können;
● zum Lernen, aus scheinbaren Aus-Weglosigkeiten einen Einfall kreativ weiterzuentwickeln, so daß Neues, bisher nicht Gedachtes oder Gelebtes entstehen kann.

Der konsumorientierte Bürger, auf Funktionieren seit der frühen Kindheit, der Kindergarten- und Schulzeit eingestellt, tut sich oft schwer:
● noch nicht Erlebtes und Erfahrenes auszudenken,
● Verbündete zu suchen und sie auch zu finden für seine Ideen,
● Alternativen zur jetzigen Lebensart zu entwickeln und auszuprobieren,
● initiativ zu werden und sein Wohnumfeld selbst mit verbessern zu helfen.

In diesen Verhaltensweisen muß er nicht stehenbleiben. Wir brauchen sie auch als Gesellschaft nicht als unveränderbar anzusehen. Veränderungen durch Animation im Wohnumfeld scheinen mir möglich zu sein.

(3) Veränderte oder neue Verhaltensweisen sind schwer zu lernen. Wir Menschen nehmen uns selten genügend Zeit zum Ausprobieren von etwas Neuem. Entweder wir können auf Anhieb etwas umsetzen oder wir sagen: Es geht nicht und geben auf.

Animation im Wohnumfeld im Sinne von sozialer Gemeinwesenarbeit gibt die Möglichkeit, mit anderen Menschen etwas auszuprobieren. Sie gibt die Chance gegenseitigen Auffangens, wenn es nicht so schnell gelingen will. Sie läßt Stützung zu bzw. ermöglicht sie.

Wenn ich das Wochenende mit der Familie einmal nicht über die Straßen jagend zubringen möchte, sondern vielleicht im Gespräch oder gemeinsamem Tun mit Nachbarn, dann kann das, wie viele Erfahrungen zeigen, zu einem erholsamen Wochenende und zu einem Auftakt für gemeinsames Wirken im Gemeinwesen werden. Gemeinsames Spielen oder Singen, das Erleben der Natur oder das Entdecken von etwas Reizvollem selbst in der „Betonwüste" kann zum einem muße-vollen Erleben werden. Freude in mir und um mich mit anderen zusammen erleben und teilen zu können, das scheint mir für viele Menschen eine neue Verhaltensweise in der freien Zeit zu sein.

Neue Verhaltensweisen, insbesondere anderes soziales Verhalten, eine andere Gestaltung des Familienalltags oder des Sonntags müssen gelernt, begriffen, eingeübt werden. Dazu bedarf es einer anregenden und tragfähigen Gruppe. Selbsthilfegruppen, die auf Zeit angelegt sind, bieten einen günstigen Nährboden für Lern- und Umlernprozesse.

Als Gemeinwesenarbeiter möchte ich einzelne stützen, damit sie Verbündete suchen können, damit sich Gruppen bilden. Ich will auch bei der Gruppenbildung mithelfen, damit insbesondere diejenigen, die aus eigener Kraft und für sich solchen „Nährboden" nicht schaffen können, eine konstruktive Gruppenerfahrung machen können.

(4) Unser Leben und Miteinander wird weitgehend von Institutionen bestimmt. In unserer zivilisierten arbeitsteiligen Gesellschaft haben wir Freiräume, die früher undenkbar waren. Aber wir haben sie eingetauscht gegen Eingrenzungen in anderen Bereichen, Eingrenzungen durch Institutionen wie Schulen, Betriebe, Vereine. Auch Gruppen können sehr fordernd und einengend wirken, z.B. durch Gruppennormen.

Das führt eine Vielzahl von Menschen dazu, Angst vor einem Anschluß an eine Gruppe zu haben, die Vorteile der Gruppe nicht gegen ihre Nachteile aufwiegen zu wollen.

Die Mitarbeiter, die Animation im Wohnumfeld bewirken wollen, müssen in der Lage sein, solche Gruppenbildungen zu fördern, die Freiräume schaffen können und deren normierende, einengende Kräfte nur gering sind. Das ist sehr schwer, und alle diejenigen, die sich mit Gruppen befassen, wissen, daß Gruppenkohäsion ein bedeutsamer Faktor bei der Stabilisierung von Gruppen ist. So wird es darum gehen, den Gruppen die richtige Balance zu ermöglichen zwischen Stabilität und Offenheit, Bindung und Freisein und durch Vermeiden, die Gruppe zu stark auf der Provokation im Außendruck aufzubauen.

Merkmale einer befähigenden Gruppe könnten für mich sein:
● Geöffnetsein (Offensein) für alle Bewohner des Wohnumfeldes,
● Heterogenität in der Zusammensetzung,
● Zielsetzung der Gruppe auf begrenzte Zeit,
● Kommunikation und offener Informationsfluß,
● vielseitige Veränderbarkeit der Aufgabenstellung und Zielsetzung,
● Aufgabenverteilung unter dem Gesichtspunkt des Lernens und Förderns von Teilnehmern (und nicht nach Leistungsmöglichkeiten).

Zur Verbesserung des Wohnumfeldes kann der einzelne isolierte Bürger nur wenig beitragen. Sein Einsatz verpufft. Animateure, Gemeinwesenarbeiter und Berater tun gut daran, zur Gruppenbildung anzuregen und beizutragen. Die Gruppen sollten offen, auf Zeit angelegt, in der Zusammensetzung heterogen sein und offene Kommunikationskanäle ins Gemeinwesen haben.

(5) Arbeit in Gruppen wird heute vielfach gegenüber Einzelbemühungen und Einzellösungen vorgezogen. Ich tue das auch, allerdings nicht so generell, wie ich das erlebe, sondern unter der Voraussetzung, daß Gruppen die Autonomie des einzelnen zulassen, nutzen, fördern und dem einzelnen ermöglichen, die Interdependenzen zwischen sich selbst und der Gruppe zuzulassen und zuzugeben. In Gruppen, in denen eine Aufgabenlösung alleiniges oder betont primäres Ziel der Gruppe ist, wird das oft nicht geleistet. Der Gruppendruck, der sich aus Zugkraft und Druckkraft der Leistungs- und Erfolgsbedürfnisse einzelner Teilnehmer zusammensetzt, hindert, daß die ich-haften Bedürfnisse aller ins Spiel kommen und daß eine teilnehmergerechte Balance entsteht zwischen den Ich-Zielen und der Aufgabenlösung.

In Selbsthilfegruppen kann die Aufgabenlösung als Ziel so überragen, daß die Teilnehmer in ihren menschlichen Bedürfnissen zu kurz kommen. Eine Sache muß auch Freude machen! Alle Überforderungen führen zur Stagnation des sozialen Lernprozesses und häufig auch des Aufgabenlösungsprozesses. Gruppe ist nicht an sich schon gut bzw. besser als Einzelbemühungen. Gruppe ist da gut, wo sie den einzelnen fördert.

(6) Die Bestrebungen zur Humanisierung des Miteinander-Lebens im Gemeinwesen, in Familie und in Institutionen haben zur Entwicklung unterschiedlicher Gruppenverfahren geführt. In meiner Arbeit im Gemeinwesen hat sich themenzentriert-interaktionelles Vorgehen (TZI) am besten bewährt, wenn es mir darum ging, in Gruppen die Balance zwischen den Ich-Bedürfnissen, der Gruppenbildung und der angestrebten Aufgabenlösung herzustellen und lebendiges Lernen des einzelnen Teilnehmers bei der Bewältigung der Aufgaben zu fördern.

Dieses Kommunikationssystem oder Gruppenverfahren ist ohne Lehrbücher lehr- und lernbar. Es ermöglicht Erwachsenen und Kindern, Jüngeren und Älteren, geschlossenen Familien und einzelnen, professionellen und nicht-professionellen Gruppenteilnehmern das Miteinander-Arbeiten und Miteinander-Lernen. Es kann auch von nicht-professionell im Bereich von Gruppenarbeit Tätigen soweit gelernt werden, daß sie Gruppen leiten können.

Gemeinwesenarbeiter oder Animateure, die im Wohnumfeld tätig sind, sollten in diesem Vorgehen ausgebildet sein, damit sie nicht für die Bewohner oder Gruppenteilnehmer etwas zu tun oder zu organisieren versuchen, das von diesen selbst geleistet werden kann. Wie ich unter (2) zum Ausdruck gebracht habe, neigt der konsumorientierte Mensch ebenso wie ein als beruflicher Helfer eingestellter dazu, der Selbsthilfe und dem Wachsen durch Üben zu wenig Raum zu geben. Kurzfristige Lösungen werden häufig langfristigen Lernprozessen vorgezogen, weil die große Zielsetzung, der souveräne oder sich selbst bestimmende Bürger, nicht ausreichend gesehen wird.

Es wird darauf ankommen, daß sich der Animateur nicht in die Rolle eines Sozialadvokaten oder eines „sozialen Krankenpflegers" bringen läßt, sondern er als Gemeinwesenarbeiter den Arbeitsprozeß und damit den Lernprozeß in der Gruppe begleitet.

Es gibt heute entwickelte lehr- und lernbare Methoden für die Arbeit in und mit Selbsthilfegruppen. Themenzentriert-interaktionelles Vorgehen (TZI) nach Ruth Cohn hat sich dabei besonders bewährt. Der Schwerpunkt dieses Verfahrens liegt in der Förderung von Ich-Kräften der Gruppenteilnehmer und in ihrer Befähigung zur Gruppenbildung. Das trägt dazu bei, daß die Gruppenteilnehmer sich auch außerhalb der Gruppe sicherer und sozialer verhalten.

(7) Erfahrungen zeigen, daß Lernen durch Tun (learning by doing) eher zu Lernerfahrungen und zum sozialen Wachsen führen kann als Sandkastenspiele und daß ein Lernen durch Hinfallen und Aufstehen, durch „schmerzhafte, heilende Schrammen" oder dergleichen stärker macht als zuviel Schutz vor den Widrigkeiten von Realität.

Für den im Gemeinwesen Tätigen heißt das, daß er mit Nähe und Distanz, Schutz und Forderung, Entscheidungsfreiraum und Mut zur Lücke im jeweils richtigen Maße umgehen können muß, damit er nicht blockiert, sondern anregt.

Das bedeutet für mich, daß der Gemeinwesenarbeiter im lebendigen Lernen in Gruppen im Gemeinwesen seine Ausbildung erhalten muß. Ich unterschätze nicht die theoretische Fundierung als Gerüst. Das ist in unserem Ausbildungssystem eine Selbstverständlichkeit. Ich betone vielmehr das, was darüber hinausgehen muß, damit die Funktionen
● des Gruppensekretärs, wo nötig,
● des Gruppenmoderators, wo zeitweise gefragt,
● des Gruppenkoordinators, wo zwischen Gruppen erforderlich,
● des Gruppenberaters, wo Ressourcen erschlossen werden sollen,
● des Gruppenleiters, wo zum Einüben ermuntert werden muß,
von ihm wahrgenommen werden können.

Ich habe den Eindruck, daß wir für diesen Ausbildungsbereich heute noch kaum Voraussetzungen geschaffen haben, und möchte verhindern, daß das Arbeitsfeld nur den „leistungsbereiten Scheinesammler" anzieht.

Eine Arbeit, die soviel Kreativität und Zurückhaltung, Arbeitslust und Bereitschaft zur Aufgabenteilung verlangt, verlangt auch Supervision als Lern- und berufliche Entwicklungshilfe. Sie sollte in die Ausbildung und in die Praxis von vornherein mit eingebaut werden.

Erfahrungen zeigen, daß ein Lernen im Miteinandertun zu nachwirkenden, umsetzbaren Lernerfahrungen führt. Ein solches Lernen setzt eine Ausbildung über Selbsterleben und Selbsttun zusätzlich zum Studium der grundlegenden Wissenschaften und Forschungsergebnisse voraus. Die Entwicklung der in Gruppen mit Menschen Tätigen sind durch Supervision (berufliche Entwicklungshilfe) zu unterstützen.

Meine Thesen zum Thema laufen darauf hinaus, daß ich eine Entwicklung zur Animation im Sinne von
● Anregung für die Freizeit
● Anregung in der Freizeit
dort für gefährlich halte, wo der konsumorientierte, in seinem Sozialverhalten eingeschränkte Mensch in seiner Haltung verstärkt wird.

Demokratische Eigenständigkeit, der Wunsch des Menschen nach Selbstverwirklichung *und* soziale Mitverantwortung von privilegierten Bürgern für „Randständige" sind wichtige Elemente unseres Zusammenlebens. Sie im Sinne sozialer Gemeinwesenarbeit zu fördern, scheint für mich ein bedeutsamer Schritt zu sein, die Aufgabe, die sich aus wachsender Freizeit, eingeengtem Freizeitraum und vielfach unentwickeltem Freizeitbedürfnis ergibt, zu meistern.

Animation im Wohnumfeld
Ausbildung und Praxis für eine neue Aufgaben?

Resümee der Gruppendiskussion*
Bernhard Graf von Schmettow

Die Gruppe beschloß, sich nicht die vorgesehenen Referate anzuhören, sondern sich vormittags an Hand einer von vier Studenten im Plenum simulierten „Bürgerversammlung" in das Thema einzuarbeiten. Dies geschah in Form von Diskussionen in Untergruppen und Berichten wie Diskussion im Plenum. Nachmittags stellten die Referenten in Form einer Podiumsdiskussion ihre ursprünglich in den Referaten dargelegten Überlegungen vor. Anschließend ging man abermals zur Gruppenarbeit auseinander. Die Ergebnisse wurden dann wiederum im Plenum vorgetragen und diskutiert.

Das vorliegende Resümee versucht nun wiederzugeben, was der Dokumentator sozusagen als roten Faden, der die Diskussion der Gruppe 6 stimulierte, erkannte. Dieser Text dient als Ergänzung der im Plenum vorgetragenen Zusammenfassung.

Ist Animation eine neue Aufgabe im Zeitfeld „Freizeit", stellen sich folgende Fragen:

---

* Die Ergebnisse der Beratungen in den Arbeitsgruppen sind jeweils von einem Moderator und einem Dokumentator zusammengefaßt worden. Soweit diese Zusammenfassungen nicht gleichlautend waren, ist neben dem Moderatorenbericht im Plenum auch der textliche Beitrag des Dokumentators abgedruckt worden. Er stellt mit den Ausführungen des Moderators gemeinsam das Arbeitsgruppenergebnis dar.

- Was ist Animation?
- Welche Ziele hat sie?
- Wer betreibt sie?
- An wen wendet sie sich?
- Wann wird sie notwendig?
- Wo findet sie statt?

Was ist Animation?

Animation ist zugleich Prozeß und Mittel zur Verursachung von Prozessen. Als Prozeß ist sie Konflikt, Wechselwirkung, Spiel, Selbstregulierung und soziales Spannungsfeld. Als Mittel ist sie Anstoß, Ermutigung und Inspiration. Etymologisch ist aus der Bedeutung dieses Begriffes ableitbar, daß Animation, sei sie Prozeß oder Mittel, immer in Bewegung versetzt, was zuvor unbeweglich schien. Belebt, was unbelebt war und inspiriert (Doppeldeutigkeit des Bedeutungsfeldes), wo vorher geistig-seelische Unbeweglichkeit herrschte.

Mit dem Begriff wird vielleicht versucht, etwas Neues zu fixieren, das noch nicht fest umrissen ist. Sicher ist nur, daß dieses Neue sich zwischen Menschengruppen und im einzelnen manifestieren kann oder manifestieren soll. Und daß als der dafür günstigste „Zeitraum" die Freizeit angesehen wird. Den möglichen ideologischen Hintergrund des Begriffes anzudeuten, wird in den Schlußbemerkungen dieses Textes angestrebt.

Die Bedeutungsoffenheit des Begriffes „Animation" läßt letere als einen „Schnittpunkt für Möglichkeiten" erscheinen. Diese Möglichkeiten werden in kleinen Schritten und mit Zielen, die überschaubar sind, verwirklicht. Animation hat es mit Freiheit und Freiwilligkeit zu tun. Und das weist hin auf die darin permanente Bedrohung des Menschen.

Welche Ziele hat Animation?

Animation geht aus von dem Gedanken, daß der Mensch ein lebenslang Lernender sei. Lernen bewirkt in der Regel Veränderungen im Menschen. Im Grunde ist „das" Ziel der Animation → Veränderung, Wandel. Animation kann sich nicht selbst profilieren wollen, da sie dann aus ihrer Doppelfunktion herausfiele und unwirksam würde. Ihr Ziel ist immer das Ziel der anderen.

Animation bewegt sich auch im Gebiet der „Voraussetzungen". Sie will Voraussetzungen dafür schaffen, daß Veränderungen, Wandel möglich werden. Sie trifft dabei jeweils auf einen „Status quo", z.B. in der Gruppen-Identität oder Ich-Identität: im Bewußtsein → Gruppenbewußtsein oder Ich-Bewußtsein. Ihr Zielproblem ist, der Versuchung der ständigen Lenkung des Menschen zu entgehen und, soweit es den Freizeitraum betrifft, die Freiheit in der Freizeit zu respektieren.

Animation will Gruppen in ihren sozialen Funktionen stabilisieren und die Ich-Identität der einzelnen stärken sowie sein Selbstbewußtsein fördern. In diesem Zusammenhang kann man vielleicht auch von einer „Bildungsaufgabe" der Animation sprechen, aber auch von einer „Aufgabe der Integration" in sich verändernden sozialen Entwicklungen. Animation regt dann zur Partizipation an. Macht ist nicht ihr Ziel.

Wenn von einer „Bildungsaufgabe" der Animation gesprochen wird, so heißt das zugleich, daß hier nicht einem weiteren Verschulungsversuch des Menschen stattgegeben werden soll, wie er zur Zeit in der Erwachsenenbildung in Erscheinung tritt; nicht einer „Methodisierung der Freizeit" das Wort geredet werden darf. Animation dient der Konflikterkenntnis und ihrer Lösung, indem sie die Ursachen bewußt werden läßt und zu neuen Prozessen überleitet. Hier wird ihr eminent politischer Charakter deutlich. Animation hat es immer mit „sozialer Demokratie" zu tun. Sie geschieht im Hinblick auf die gesellschaftliche Situation, z.B. als Reaktion auf kulturelles Elend oder Prozesse restaurativen Charakters. Sie geschieht im Hinblick auf das Individuum im Sinne einer „Förderung der inneren Welt" des Menschen. Animation hat nicht zum Ziel, „Spielwiesen" zu schaffen. Spiel kann in ihr jedoch zum politischen Element werden. Animation hat so immer einen emanzipatorischen Ansatz.

Wer betreibt sie?

Animateur kann praktisch jeder sein, sei er von Prozessen betroffener, sei er jemand, der eine Inspiration hatte. Der Animateur ist zunächst ein „Nicht-Profi". Man kann nun davon ausgehen, daß irgendein besonderes Sachgebiet Grundlage der Animation sein möge und damit besondere Kenntnisse Voraussetzung. Auch hier macht der erste Satz dieses Abschnitts deutlich, daß praktisch die unterschiedlichsten Berufe und ihre Rolle im gesellschaftlichen Leben für Animationstätigkeiten in Frage kommen. Im Grunde kann, in seinem Spezialgebiet, jeder Animateur sein. Von „Laien" zu sprechen, ist im Aufgabenhorizont der Animation nicht möglich. So bedarf es für die Qualifikation als Animateur höchstens einer Zusatzausbildung.

Der Animateur ist, den Zielsetzungen der Animation entsprechend, auch Vermittler. In der Realität seines Praxisfeldes hat er es immer auch mit der Polarisierung der Einstellungen von einzelnen und Gruppen zu tun, auf der Basis zweckgerichteter Ziele. Diese Ziele können z.B. gruppenantagonistischer Art sein, die zu Konflikten führen. Als Vermittler, jedoch auch ganz allgemein muß der Animateur liberal sein. Er darf kein bestimmtes Weltbild verwirklichen wollen, keine „Führernatur" sein, sondern muß sich als Impulsgeber, Berater, Ermutiger und Inspirator verstehen. Er fördert Kreativität und Selbsttätigkeit und hilft neue Verhaltensformen zu erproben und zu üben.

Der Animateur darf nicht die Tendenz haben, seinen Beruf zu bestätigen. Er muß im hohen Grad über die Fähigkeit der Selbstwahrnehmung verfügen. Die sein Handeln steuernde Bedeutungswelt hat er vor allem hinsichtlich ihres Menschenbildes zu überprüfen, ihrer Interessen und ihrer Legitimation.

An wen wendet sie sich?

Animation hat nicht speziell sozial abweichendes Verhalten zum Gegenstand. Darin unterscheidet sie sich von einer Zielgruppe der Gemeinwesenarbeit. Sie wendet sich an jeden Menschen, jede Gruppe. Sie wirkt so im Sinne der generellen sozialen Kultur und kann jederzeit, z.B. aus einer politischen Initiative, entstehen.

Wann wird sie notwendig?

Animation soll sein, wie schon die erste Frage zeigte, auch Reaktion auf etwas. Sie wäre dann Reaktion auf Probleme und die daraus entstandenen Konflikte. So würde sie z.B. nötig im Prozeß der Selbsthilfe gegen eine Bedrohung von außen. Aber nicht nur das. Sie wäre Aktion im kulturellen Bereich im Sinne sowohl der Erhaltung als auch der Veränderung des Bestehenden. Sie würde bei Sanierungsproblemen und im Umweltschutz wirken. Animation könnte Initiative zur Öffnung einer Schule für Funktionen als Stadtteilzentrum sein wie Ursache von Kommunikationsprozessen in einem 20stöckigen Hochhaus. Sie wirkte im schlechten Gewissen von Gruppenegoismen und wäre Anstoß zur Bewußtseins- und Verhaltensänderung bei jenen, aus deren Situation und Entwicklung bisher Herausforderungen der Umwelt abgelehnt wurden. Animation könnte sein Mittel zur Erkenntnis der eigenen Bedürfnisse. Animation könnte schließlich notwendig sein als Herausforderung zum sozialen Handeln im sozial-kulturellen Prozeß der Gesellschaft.

Wo findet sie statt?

Ist man bereit, die Bedeutung der Animation als möglichen Prozeß und Mittel zur Verursachung von Prozessen anzuerkennen, so fände Animation zunächst überall dort statt, wo Menschen einander begegnen, aufeinander treffen, sich versammeln und gemeinsam handeln. Animation wäre so an den durch Menschen gebildeten sozialen Raum gebunden. Bezogen auf sozial-kulturelle Prozesse könnte ihr Wirkfeld vor allem die freie Zeit sein. Letztere ist ja der Raum, wo diese Prozesse besonders sichtbar werden. Animation fände im Zeit/Raum „Freizeit" überall dort statt, wo dieses Zeit-Raum-Verhältnis konkret wird: in der Wohnung auf dem Marktplatz, der Straße, also im Wohnumfeld; in außerschulischen Bildungs-, Geselligkeits- oder Erholungsstätten, auf Spielplätzen, in Jugendzentren, Bürgerhäusern und Begegnungsstätten für alte Menschen im Stadtgebiet. Schließlich an allen Orten, die kürzeren (Wochenende) oder längeren (Urlaub) Erholungszeiträumen dienen.

Schlußbemerkungen zur Diskussion

Animation — ist sie nur pädagogisch-modische Metapher für schon immer Vorhandenes, um einzelnen eine Profilierungsmöglichkeit zu geben? Die gegenwärtig gewaltigen Anstrengungen mancher Hochschullehrer in der BRD, diesen Begriff eigenständig in die theoretische Diskussion innerhalb der Erziehungswissenschaft einzuführen, während zugleich eine Sozialwissenschaftlerin seines Ursprungslandes Frankreich in der Podiumsdiskussion des Kongresses mit internationalen Experten meinte, die mit diesem Begriff verbundenen inhaltlichen und methodischen Versuche seien in ihrem Lande in eine Sackgasse geraten, lassen stutzen. Über die Notwendigkeit und Nützlichkeit dieses Begriffes als grundlegende Bedeutungsgabe für neue Inhalte und Methoden des praktischen pädagogischen Handelns kommen Zweifel auf.

Sie verstärken sich, wenn man analysiert, was jüngst Horst W. Opaschowski unter „Methodik und Didaktik der Freizeit — kulturelle Animation" z.B. als „Zielgruppen", „Richtziele der Animation" und „Methoden der Animation" beschrieb. Zielgruppen sind: freizeitbenachteiligte und/oder kulturabstinente und/oder bildungsungewohnte Bevölkerungsgruppen, z.B. Kinder und Jugendliche in Großstädten und ländlichen Gebieten, erwerbstätige Frauen mit Kindern, ältere Menschen, Rentner, Schichtarbeiter, Arbeiterfamilien, Gastarbeiterfamilien, Behinderte, Randgruppen.

Richtziele der Animation sind: Kommunikation / kommunikative Kompetenz, z.B.: soziale Wahrnehmungsfähigkeit, Empathie (Einfühlungsvermögen), Kontaktfähigkeit, Verständigungs-, Diskussionsfähigkeit, Spielfähigkeit; Enkulturation / kreative Kompetenz, z.B.: Problemlösungsvermögen, Umstellungs-, Kombinationsfähigkeit, Flexibilität, Spontaneität/Phantasie/Empfindungs-, Ausdrucks-, Wahrnehmungsfähigkeit, Sensibilität, Neugierverhalten/Entdeckungs-, Experimentierfreude, Innovationsbereitschaft; Integration/soziale Kompetenz, z.B.: Gemeinschaftsbewußtsein/Gruppengefühl, Interaktionsfähigkeit/soziale Lernfähigkeit, Rollenflexibilität, Kooperationsfähigkeit; Partizipation/kulturelle Kompetenz, z.B.: Konflikt-, Kritikfähigkeit, Toleranzfähigkeit, Beteiligungs-, Aktionsbereitschaft, Solidarität/soziales Engagement.

Methoden der Animation sind: Informative Beratung, z.B.: informieren/orientieren, beraten/klären, aufklären, bewußtmachen; kommunikative Animation, z.B.: kontaktieren/motivieren, ermutigen/anregen, fördern/unterstützen; partizipative Planung, z.B.: teilnehmen/begleiten, aktivieren/initiieren, beobachten/koordinieren.

Diese Beispiele zeigen einmal die kulturkritische Sinnvorgabe bei den Zielgruppen (kulturabstinente und bildungsungewohnte Bevölkerungsgruppen stehen im Blickfeld), wobei der Verfasser offen läßt, aus welchen Kriterien er ableitet, daß jemand entweder kulturabstinent oder bildungsungewohnt ist, und dazu, welche Kriterien ihn gerade diese Bevölkerungsgruppen als bezeichnend dafür auswählen ließ. Zum anderen wird deutlich, daß die Richtziele und Methoden schon lange — z.B. in der Sozialpädagogik — gewollte und angewandte Sachverhalte sind.

Um noch im Beispiel zu bleiben, Opaschowski behauptet andererseits bezüglich seiner „animativen Didaktik" in seinem Text „Der Freizeitsportlehrer. Funktion — Qualifikation — Ausbildung" (Hamburg 1977, Verband für Turnen und Freizeit, S. 123), daß „mit Anregung und Förderung der animativen Didaktik", sich der Lernende „frei von verbindlichen inhaltlichen Vorgaben und Leistungsstandards..." frei betätigen könne. In diesen Sätzen zeigt sich eine merkwürdige Logik. Wenn jemand keine inhaltlichen Vorgaben (selbstgewählte oder von anderen stammende) hat, worauf richtet sich dann sein Lernen? Und wenn er für sich keine Verbindlichkeit in möglichen inhaltlichen Vorgaben des Lernens sieht, ob er sich die Inhalte nun selber wählt oder nicht, warum sollte er dann lernen? Aus dieser Logik heraus kann der vorgenannte Autor im selben Text denn auch zu der Meinung kommen, daß in der animativen Didaktik das Methodische vor dem Inhaltlichen dominiere, wobei die Inhalte austauschbar und beliebig seien.

Der Begriff „Animation" läßt Konfusion zu, ja schafft sie. Man könnte zu der Auffassung kommen, daß seine Verfechter sich nicht weit von jener Richtung aufhalten, die in der Sinngebung der Freizeit für andere ihre sublimen Ziele und eigentlichen Inhalte sucht. Denn sie geht davon aus, daß die „anderen" selbst dazu nicht in der Lage sind.

Freizeit '78 Arbeitsgruppe 7
Arbeitsbedingungen und Freizeit im Wohnumfeld

Angelika Conrads

1. Bedingungen der Schichtarbeit als gesellschaftliches Problem

Schichtarbeit umfaßt mehrere Formen der Arbeit außerhalb des Normalarbeitstages, z.B. Nachtarbeit, Wochenendarbeit, kontinuierliche Arbeitsweise, Dreierschicht, Zweierschicht. Das genaue Ausmaß der Schichtarbeit ist nicht bekannt. Statistisches Material ist nur im geringen Umfang vorhanden und variiert z.T. gerade in bezug auf die genannten Formen der Schichtarbeit.

Vergleicht man für die Bundesrepublik Deutschland die Steigerungsrate der Zahl der Nacht- und/oder Sonn- bzw. Feiertagsarbeiter mit der Zahl aller abhängig Erwerbstätigen, so zeigt sich, daß seit 1960 der Zuwachs bei den Nacht- und/oder Sonn- bzw. Feiertagsarbeitern fast viereinhalbmal größer ist als bei den abhängig Beschäftigten insgesamt.

Von den 21,8 Mio. abhängigen Erwerbstätigen im Januar 1972 leisteten 3,8 Mio. (17,5 %) Nacht- und/oder Sonn- bzw. Feiertagsarbeit. Inzwischen dürfte sich diese Zahl weiter erhöht haben.

Zugleich ist eine Ausdehnung der Schichtarbeit auf andere Beschäftigungsgruppen erkennbar (z.B. Angestellte im Bereich der Datenverarbeitung). Diese Zahlen lassen die Entwicklung der Schichtarbeit zu einem bedeutsamen gesellschaftlichen Problem erkennen.

Die Orientierung des kulturellen und gesellschaftlichen Lebens am Normalarbeitstag entspricht dem normalen menschlichen Lebensrhythmus. Die gesundheitlichen Auswirkungen der Schichtarbeit sind bekannt. Aufgrund des biologischen ca. 24-Stunden-Rhythmus des menschlichen Organismus ist eine Gewöhnung an die Schichtarbeit nicht möglich.

Industrielle Arbeitsbedingungen scheinen die Notwendigkeit der Schichtarbeit nahezulegen. Tatsächlich ist ein Großteil der Schichtarbeit unter Rentabilitätsgesichtspunkten notwendig. Technische Alternativen zu bestehenden Produktionsformen, die die Schichtarbeit weitgehend reduzieren könnten, sind denkbar.

Ein unabdingbarer Zusammenhang zwischen zukünftigem Fortschritt industrieller Arbeits- und Lebensbedingungen und der Ausdehnung der Schichtarbeit mit entsprechenden Sozialisationsproblemen ist nicht gegeben.

Eine fortgesetzte Anpassung gesellschaftlicher Institutionen und Einrichtungen (etwa Dienstleistungen im Freizeitbereich) an die Schichtarbeit hätte eine Verbreitung und Vertiefung der beschriebenen negativen Auswirkungen der Schichtarbeit zur Folge.

Es ergibt sich demzufolge die Perspektive der Einschränkung der Schichtarbeit.

2. Auswirkungen der Schichtarbeit auf die Freizeitsituation (Ergebnisse einer empirischen Untersuchung)

2.1. Zeitliche Bedingungen

Eine Verringerung der verfügbaren Freizeit trotz tariflicher Arbeitszeitverkürzungen ist auch beim Normalarbeitstag vorhanden durch Verlängerung der Regenerationszeiten aufgrund Intensivierung der Arbeit, Verlängerung der Arbeitswegezeiten aufgrund steigender Mobilität und wachsenden Zeitaufwands für Haushalt und Familie (längere Fahrten in Einkaufcenters; Schulprobleme der Kinder).

Die Tagesfreizeit der Schichtarbeiter ist gegenüber den Normalarbeitenden um die Hälfte bis zu zwei Drittel reduziert, nämlich im wesentlichen auf die Frühschichtwoche. Arbeitsfreie Zeiträume, die durch Spät- und Nachtschicht entstehen, sind wegen sozialer Umweltbedingungen und psychisch-physischer Konstitution des Schichtarbeiters nicht freizeitgünstig und deshalb nicht als Freizeit zu bezeichnen. Berücksichtigt man die qualitative Nutzbarkeit und geringe Regelmäßigkeit, so ist die Tagesfreizeit auch nach der Frühschicht der Schichtarbeiter als stark eingeschränkt zu beurteilen.

Schichtsysteme, wie z.B. die 12-Stunden-Langzeitschicht, scheinen der Tagesfreizeit mehr Raum zu geben durch vergleichsweise häufigere arbeitsfreie Nachmittage. Es wurde jedoch keine stärkere soziale Einbindung dieser Gruppe deutlich; es ist zu vermuten, daß diese Zeit vorwiegend mit Regenerationsfunktionen zu Hause in der Familie belegt ist, die sich durch enorme Verlängerung des Arbeitstages und Ausdehnung der Nachtschichten ergeben. Ein Zuwachs an echter Tagesfreizeit gegenüber anderen Schichtsystemen ist nicht zu konstatieren.

Die Wochenendfreizeit der Schichtarbeiter (im allgemeinen der „freizeitgünstigste" Zeitraum) ist nur in geringem Maße vorhanden und kann in der Regel nicht so genutzt und so erholsam gestaltet werden, wie es dieser Zeitraum sonst erlaubt. Das meist einzige Wochenende im Monat ist überlastet von Verpflichtungen und Vorhaben, die sich im Laufe des Monats ansammeln.

2.2. Die Arbeitssituation

Die Arbeitssituation der Schichtarbeiter ist im Hinblick auf die untersuchten Merkmale nicht wesentlich unterschiedlich von der des Kollegen in Normalschicht:
- Rationalisierung (Personalumsetzungen, Personaleinsparungen),

- zunehmender Leistungsdruck (Arbeitshetze, Konzentration und Anspannung),
- Verschlechterung der Kommunikationsmöglichkeiten am Arbeitsplatz.

Das Besondere an der Schichtarbeit, körperliche, sensorische mentale Höchstleistungen zu jeder Tages- und Nachtzeit erbringen zu müssen, macht die besondere gesundheitliche Belastung und den besonders großen Bedarf an Regeneration aus.

Anregungen durch die Arbeit für die Freizeitgestaltung können auf diese Weise kaum gewonnen werden. An erster Stelle steht das Bedürfnis nach Erholung und Ausgleich und da an erster Stelle nach Schlafen.

2.3. Die Freizeitsituation

Die Gestaltung der verbleibenden Freizeit unterliegt bei den Schichtarbeitern besonderen Restriktionen in bezug auf
- die soziale Gruppe, mit der Freizeittätigkeiten unternommen werden können,
- die Struktur des öffentlichen Angebots mit der eindeutigen Ausrichtung auf den Normalarbeitstag.
- das Freizeitangebot soll die Isolierung der Schichtarbeiter nicht verstärken, sondern darauf ausgerichtet sein, den Kontakt zur sozialen Umwelt herzustellen. (Weder spezifische Volkshochschulkurse noch die Wiederholung von Fernsehsendungen werden dieser Forderung gerecht.)

Es wird die soziale Isolation des Schichtarbeiters deutlich, die sich nicht einfach „für den Freizeitbereich" ergibt, sondern seine Teilnahme am gesellschaftlichen Leben insgesamt berührt.

Das Familienleben des Schichtarbeiters wird durch ungünstige Arbeitszeit stark beeinträchtigt und wird aufgrund ungünstiger Wohnverhältnisse zusätzlich belastet.

Lärmbegünstigende Wohnverhältnisse und laute Wohnumgebung beeinträchtigen die Regeneration des Schichtarbeiters in besonderem Maße, da sie tagsüber stattfindet.

2.4. Freizeitpädagogik

Das Bewußtsein von diesen objektiven Bedingungen ihrer Lage drückt sich in der Ablehnung freizeitpädagogischer Vorstellungen durch die Schichtarbeiter aus. Die Schichtarbeiter erklären ihr Freizeitverhalten aus diesen Bedingungen und machen deutlich, daß nicht hauptsächlich subjektive Trägheit und gar zu niedriges Anspruchsniveau kennzeichnend für ihre Freizeitgestaltung sind.

2.5. Versuche zur Überwindung der sozialen Isolation

Kontakte zur Arbeitskollegen können diese Lage nicht wesentlich ändern, da sie die Isolation nicht grundsätzlich durchbrechen, sondern sie werden z.T. sogar gemieden, weil sie sie zu perpetuieren drohen. Sie lassen sich zudem schwer herstellen, wenn sie nicht über den Wohnzusammenhang gegeben sind.

Folgende Einwände gegen ein schichtarbeiterspezifisches Freizeitangebot sind zu nennen:

- Ein schichtarbeiterspezifisches Freizeitangebot würde die Schichtarbeit auf das Personal der anbietenden Institutionen ausweiten und – konsequent weiterentwickelt – insgesamt eine erhebliche Ausweitung der Schichtarbeit bewirken.

- Jedes systematische Freizeitangebot für Schichtarbeiter würde den Erhalt der Schichtarbeit fördern und das Problem verschleiern.

3. Verbesserungsvorschläge im Arbeitsbereich

Folgende Verbesserungsvorschläge für die Arbeitssituation des Schichtarbeiters sind zu nennen:

- Rechtzeitiges Aufstellen und Bekanntgeben der Schicht- bzw. Dienstpläne als Minimalforderung, um den Ansatz einer Freizeitplanung zu ermöglichen, vor allem im Öffentlichen Dienst.

- Beseitigung von Personalengpässen, um ein ständiges Umdisponieren im Schichtplan zu vermeiden und die Regelmäßigkeiten zu vergrößern. Zugleich kann auf diese Weise der Intensivierung der Arbeit begegnet und die Kommunikationsmöglichkeit am Arbeitsplatz verbessert werden.

- Einschränkung der Nachtarbeit auf wenige Stunden kann die gesundheitlichen Schäden der Nachtarbeit verringern, die Regenerationszeit verkürzen sowie eine stärkere Teilnahme am gesellschaftlichen Leben und eine bessere Gestaltung der Tagesfreizeit ermöglichen.

- Verkürzung der täglichen Arbeitszeit beinhaltet als Folge von und als Antwort auf die Intensivierung der Arbeit die gleichen Verbesserungen wie die Einschränkung der Nachtarbeit.

- Verlängerung des Urlaubs und damit der Möglichkeiten der Erholung. Dieser Vorschlag ergibt sich nicht nur aus der zunehmenden Intensivierung der Arbeit, sondern auch aus dem „Zerbröckeln" des Jahresurlaubs bei manchen Schichtarbeitern, die, um sozialen Kontakt aufrechtzuerhalten, sonntags bzw. am Wochenende öfter Urlaub nehmen müssen.

- Pausenregelungen, die die Kommunikation mit Arbeitskollegen ermöglichen, sowohl räumlich als auch von der Einteilung der Belegschaft her.

4. Verbesserungsvorschläge im Freizeitbereich

Es hat sich gezeigt, daß der Wohnbereich für die Freizeitgestaltung in jedem Fall bevorzugt wird.

Die tägliche Mobilität wird trotz der damit verbundenen Verlängerung des Arbeitstages von den Arbeitnehmern eher in Kauf genommen als die Wohnmobilität, denn diese ist mit der Aufgabe des gewohnten Lebens- und Freizeitbereichs für die gesamte Familie verbunden. Hier wird das Bestreben der Arbeitnehmer deutlich, einer „Entwurzelung" auf der ganzen Linie zu entgehen bzw. sie auf den Arbeitsbereich zu beschränken, um zumindst die Qualität des Wohnzusammenhangs zu erhalten.

Hieraus ergibt sich die Aufgabe der Erhaltung des gewohnten Wohn- und Beziehungsgefüges, die der Notwendigkeit der regionalen Mobilität entgegensteht. Die Verkürzung der täglichen Arbeitszeit wäre hier eine flankierende Maßnahme.

Alte sozial intakte Siedlungsstrukturen haben meist ihren eigenen Kommunikations- und Freizeitzusammenhang und sind auf besondere Freizeitprogramme nicht angewiesen.

Ob Freizeitprogramme in sozial und regional „zusammengewürfelten" Neubausiedlungen Erfolg haben könnten, ist fraglich. Die Problematik der Akzeptanz scheint neben dem Fehlen gewachsener sozialer Beziehungen in solchen Vierteln in der Ersatzfunktion des Freizeitprogramms für ebensolche Strukturen zu liegen.

Auch hieraus ergibt sich die hervorragende Bedeutung gewachsener Wohn- und Siedlungsstrukturen und ihre Erhaltung als Aufgabe.

Als Vorschlag für die Freizeitgestaltung der Schichtarbeiter ergibt sich:

Ein Freizeitzusammenschluß von Schichtarbeitern im Wohnbereich könnte in erster Linie von der Volkshochschule oder von Vereinen ausgehen, wenn diese Institutionen entsprechende Initiativen ergreifen würden. Es ist jedoch zu berücksichtigen, daß die Regenerationsnotwendigkeiten einer aktiven Freizeitgestaltung, z.B. vormittags nach einer Spätschicht, entgegenstehen. Auch hier ergibt sich die Notwendigkeit der Verkürzung der Schichten, vor allem der Nachtschicht.

Arbeitsbedingungen und Freizeit im Wohnumfeld

Heribert Kohl

Der Trennung und Aufteilung des Lebensvollzugs in die Sphäre der Arbeit und die der Freizeit — wobei sich der Umfang der Freizeit indirekt proportional zu Umfang, Härte, Belastung und Dauer der Arbeit verhält — entspricht in der entwickelten Industriegesellschaft die von *Henri Lefèbvre*[1] sogenannten „Parzellierung des Alltags" in Arbeitswelt, Wohnwelt, Konsumwelt, Freizeitwelt (mit den Untersegmenten Kommunikation, Sinnkontemplation, Bildung, Politik), die sich im allgemeinen Bewußtsein niederschlägt in der Maxime: Das eigentliche Leben beginnt erst nach Feierabend.

Viele Momente tragen zu dieser Bewußtseinsbildung bei: die Entfremdung der und durch die Arbeit und das damit bewirkte instrumentelle Verhältnis zur Arbeit, die Intensivierung der Arbeit im Zuge andauernder Produktivitätssteigerung, die auch räumliche Trennung der Lebenshälften, der Taylorismus als extremste Form der Unlusterzeugung auf der einen Seite, die positive Besetzung von Freizeit und Urlaub als kompensatorische „Gegenwelten" auf der anderen.

Als Reaktion und Kehrseite dieser Parzellierung stellt sich folgende Situation dar: Mehr Freizeit, d.h. die Schaffung und Ausweitung eines von den Arbeitszeiten bewußt abgetrennten eigenen Zeitblocks, ist die notwendige Reaktion der organisierten Arbeitnehmerschaft gegen die zunächst unmenschlich anwachsenden Anforderungen industrieller Gesellschaften westlich-kapitalistischen Musters an den einzelnen Lohnabhängigen.

Die Halbierung der Arbeitszeit in den letzten 100 Jahren (von über 80 auf gut 40 Wochenstunden), die Erkämpfung eines verallgemeinerten Rechts auf Urlaub seit der Jahrhundertwende (von praktisch null auf derzeit durchschnittlich über 25 Tage) und die Schaffung des (mittlerweile flexibilisierten) Instituts der Altersgrenze sind unübersehbare sozial- und freizeitpolitische Erfolge, die ohne den Einsatz der Arbeiterbewegung undenkbar wären. Es darf allerdings nicht übersehen werden, daß diese Erfolge durch Prozesse paralleler Arbeitsintensivierung tendenziell immer und allzu lange ohne wirksame Gegenwehr kompensiert wurden und werden.

Gleichwohl hat sich in der Gesellschaft wachsender Freizeit auch ein bewußtseinsmäßiger Wandel vollzogen: Arbeit gilt zumal bei jüngeren Arbeitnehmern, wie empirische Umfragen zeigen, immer weniger als ausschließlicher oder auch vorrangiger Lebenssinn. Sie wird hingegen zunehmend als Vehikel oder Voraussetzung der höher, wenn auch überwiegend hedonistisch eingeschätzten Freizeitwirklichkeit angesehen *(Emnid, Kohl* 1976).[2] Dies im übrigen um so mehr, je unbefriedigender subjektiv die Arbeitswirklichkeit und die dadurch ermöglichten Entfaltungschancen eingeschätzt werden.

Freizeit ist in der praktischen Erfahrung des typischen Arbeitnehmers indessen keine Gegenwirklichkeit oder Gegenwelt, sondern stellt oft eine Fortsetzung der Arbeitswelt mit anderen Mitteln und in anderer Form dar. Sie ist immer noch primär, wie empirische Untersuchungen zeigen, regenerative Zeit und als solche eine Restgröße im täglichen Zeitbudget *(infas).*[3] Freie Zeit macht normalerweise nicht frei für etwas, sondern im Bewußtsein der Mehrheit frei von etwas, nämlich von den Zwängen der beruflichen Arbeit. Abhängige Arbeit ist nach wie vor, wie der populäre Slogan ihrer notwendigen Humanisierung indirekt beweist, überwiegend nicht menschengerecht, sondern ausschließlich rentabilitäts- und outputorientiert organisiert. Sie bestimmt nach allen empirischen Erfahrungen auch weitgehend den Charakter der freien Zeit, da sie den zentralen und das individuelle Zeitbudget prägenden Kern der menschlichen Existenz bildet *(Kohl* 1974).[4]

Arbeitsinhalte und Freizeitverhalten

Die Abhängigkeit des Freizeitverhaltens von den Arbeitsverhältnissen beweisen gruppenspezifisch differenzierende empirische Forschungen. Danach zeigt sich zum Beispiel bei den mehr physisch belasteten Arbeitern im Vergleich zu den mehr psychisch-nervlich beanspruchten Angestellten der durchgängig höhere Stellenwert der Regeneration (Ausspannen, Erholen, Nichtstun) in der Freizeit. Ein Sekundärkennzeichen ist die höhere Fernseheinschaltquote am Werktag. Die Werktagsfreizeit des Arbeiters ist ferner stärker geprägt durch notwendige Arbeiten in Haus oder Garten, während Sport, Hobbys, Ausgehen, kulturelle oder politische Aktivitäten im Vergleich zu den übrigen Erwerbstätigen deutlich zu kurz kommen. Angestellte oder Beamte haben dagegen einen mehr freizeitbetonten als arbeitsbezogenen Feierabend: Sie lesen mehr, gehen mehr aus, treiben mehr Sport, verfolgen mehr Hobbys, bilden sich mehr weiter und schalten sich auch vermehrt ins politische Leben ein. Sie haben, da sie aktiver sind und sein können, mehr von ihrer freien Zeit, während Arbeiter erst am Wochenende vergleichbare Aktivitäten entfalten.

Der Feierabend bringt also weniger Ausgleich als Ergänzung beziehungsweise Kontinuität: Körperlich Beanspruchte arbeiten in ihrer Freizeit tendenziell eher körperlich oder manuell weiter, geistig oder psychisch Beanspruchte lesen mehr oder bilden sich in der Freizeit eher weiter.

Ungünstige Zeiteinteilung, Streß, Monotonie und extreme Arbeitsteilung beeinträchtigen die Freizeitchancen der

Mehrheit der abhängig Beschäftigten wesentlich: 17,5 v.H. von ihnen (Mikrozensus 1972) werden durch regel- oder unregelmäßige Nacht- beziehungsweise Sonn- und Feiertagsarbeit belastet. Insgesamt wird davon jeder fünfte männliche Erwerbstätige betroffen, davon zunehmend auch Angestellte (zum Beispiel in Rechenzentren) und Frauen. Hält der gegenwärtige Trend an, dann dürfte bis 1980 jeder vierte männliche Beschäftigte (d.h. insgesamt ca. vier Millionen) im Schichtbetrieb tätig sein. Ursachen sind die Zunahme der Großanlagen (in Industrie und Dienstleistung), aber auch die Erfordernisse der „Freizeitgesellschaft" selbst. Über 40 v.H. der Industriearbeiter sind im Leistungslohn beschäftigt, weit mehr als 10 v.H. in Fließbandarbeit — so vor allem Frauen.

Die Mehrheit der abhängig Beschäftigten ist somit ständig einer extremen physischen oder psychischen und damit gesundheitlichen Belastung ausgesetzt. Dadurch wird das Ausmaß der notwendigen regenerativen Erholung in der Freizeit und damit auch die Art der Freizeitbeschäftigungen deutlich beeinflußt. Starke und anwachsende Minderheiten werden darüber hinaus durch die ungünstige Freizeitverteilung von den zeitlich gebundenen Angeboten vor allem des sozialen und kulturellen Lebens ausgeschlossen. Ihre ohnehin geringen Informations-, Kommunikations- und politischen Partizipationschancen werden damit unter ein gesellschaftspolitisch vertretbares Maß reduziert.

Benachteiligung in der Freizeit

Die geschilderten Chancenungleichheiten in der Arbeitswelt und, dementsprechend, in der freien Zeit häufen sich bei bestimmten Personengruppen, die nicht unbedingt identisch sind mit den klassischen „sozial Schwachen". Die betroffenen Problemgruppen lassen sich durch vergleichende Betrachtung der vorgegebenen Chancen in den einzelnen Bereichen der Freizeitrealisierung präzis bestimmen. Sie sind durch folgende Merkmale charakterisiert:

● einseitige zeitliche oder organische Belastung durch die Art der Berufsausübung, wie beispielhaft bei Nacht- und Schichtarbeit; kumuliert bei Tätigkeiten, die keine abgeschlossene Ausbildung voraussetzen, wie repetitive angelernte Teilarbeit, Fließbandarbeit oder Tätigkeiten, die eine individuelle Temposteigerung beinhalten wie Akkordarbeit; extrem negativ dann, wenn zu diesen Faktoren fehlende gesellschaftliche Integration, fehlende Freizeitangebote und (selbstgewählte) belastende Mehrarbeit hinzutreten, wie vielfach bei den ausländischen Arbeitnehmern;

● Doppel- und Mehrfachrollen: Beruf, Hausfrauentätigkeit, Kindererziehung, wie typisch bei berufstätigen Frauen mit Kleinkindern oder auch bei unvollständigen Familien mit jüngeren Kindern; extrem negativ dann, wenn zu diesen Bedingungen die oben genannten Faktoren ungünstiger Arbeitsbedingungen hinzutreten;

● Desintegration aus der Leistungsgesellschaft oder noch nicht vollständige Integration in diese wie bei Rentnern oder Auszubildenden mit vergleichsweise beschränkten Bildungschancen; extrem negativ dann, wenn Isolation, gesundheitliche oder finanzielle Beschränkungen bei den älteren Menschen oder zu schnelle Integration in den Arbeitsprozeß, wie bei angelernten Jungarbeitern, hinzukommen.

Die Situation der genannten Gruppen kann sich verschlechtern durch weitere belastende Faktoren wie
● ungenügend ausgestattete Wohnungen und umweltgefährdetes oder vernachlässigtes Wohnumfeld;
● weite Anfahrtswege zu Arbeitsstätte oder Naherholung sowie Verkehrsprobleme im öffentlichen Nahverkehr;
● fehlende Angebote für Gesundheitsvorsorge, Erholung, Sport, Weiterbildung, Geselligkeit und Kultur;
● Einkommensprobleme hinsichtlich der Wahrnehmung vorhandener Angebote, einschließlich der Finanzierung von Urlaubsreisen.

Betrachtet man die Gesamtheit der die Freizeitqualität bestimmenden Indikationen, nämlich Umfang und Verteilung der täglichen, wöchentlichen oder Jahresfreizeit, Umfang und Erreichbarkeit von öffentlichen Freizeitangeboten (insbesondere auf dem Gebiet der Bildung und der Gesundheitsvorsorge), die Chancen für Information, Kommunikation und politische Beteiligung, so zeigen sich in der Reihenfolge ihrer negativen sowie positiven Chancenverteilung folgende konkrete Problem- bzw. begünstigte Gruppen:

a) freizeitpolitisch benachteiligte Gruppen
● ausländische Arbeitnehmer
● Schichtarbeiter
● Frauen mit Kleinkindern
● ältere und jüngere Arbeiter
● Auszubildende
● Hausfrauen
● Rentner und Pensionäre

b) in ihren Freizeitmöglichkeiten (teilweise auch kompensatorischer Natur) begünstigte Gruppen
● Schüler und Studenten
● Bezieher überdurchschnittlich hoher Einkommen, insbesondere Akademiker
● jüngere und ältere Beamte
● selbständige Berufe (außer Landwirtschaft)

Die geschilderten Beeinträchtigungen der Entfaltung in der freien Zeit und des Familienlebens resultieren vorrangig nicht aus materieller Bedürftigkeit und Verelendung, sondern aus den Zwängen der vorgegebenen Verwertung der Arbeitskraft sowie den vielfältigen freizeitpolitischen Angebotsmängeln. Die Defizitgruppen neueren Typus leiden an fehlenden Entfaltungs-, Kommunikations- und Partizipationschancen, d.h. vor allem an mangelnden Angeboten zur Verfolgung ihrer nichtmateriellen Bedürfnisse (wie z.B. Weiterbildung). Oder aber einfach an mangelnder Zeit, die möglicherweise vorhandenen Angebote zu nutzen.

Gruppenspezifische Defizite im Wohnumfeld

Über 70 Prozent der freien Zeit werden innerhalb der Wohnung oder im direkten Wohnungsumfeld verbracht.[5] Die Freizeit ist vor allem am Wochentag (zu 87 Prozent des Zeitbudgets) häuslich geprägt. Nur am Wochenende nehmen die außerhäuslichen Aktivitäten (samstags 20 Prozent und sonntags 30 Prozent) einen nennenswerten Rang ein. Dies zeigt den stark privaten und familienzentrierten Charakter der Freizeit.

Dennoch bieten die bestehenden Wohnungen nicht das dazu eigentlich benötigte Angebot an Raumausstattung. Der niedrige Wohnwert infolge fehlender Ausstattung und

Wohnfolgeeinrichtungen (auch für Erwachsene) mindern den Freizeitwert vor allem der Mietwohnungen erheblich. Wenn auch der Wohnungsmarkt zunehmend entspannter wird — allerdings vornehmlich im freifinanzierten Wohnungsbau —, so ist die Wohnungsgröße bei weitem noch nicht so, daß auf jeden Bewohner ein eigenes Zimmer fiele. Jeder fünfte Arbeiterhaushalt verfügt nur über eine Ein- bis Zwei-Zimmerwohnung. Das gleiche gilt auch für jüngere und zumal kinderlose Familien — die Wohnversorgung hat hier offensichtlich auch Auswirkungen auf die Familienplanung. Über die Hälfte eines befragten Querschnitts in Nordrhein-Westfalen besitzt zwar einen Minigarten am Haus, d.h. in der Regel einen Vorgarten. Außerhalb des Hauses liegen etwa 5 v.H. der Gärten. Aber nur ein Viertel der Bewohner verfügt über einen Hobby-Raum (in Großstädten und Arbeiterwohnungen nur ein Fünftel), ganz zu schweigen von anderen wünschbaren und notwendigen Angeboten wie Vielzweckräume für Kommunikation, Party, Hobby oder auch sportliche Zwecke wie z.B. Tischtennis. Balkon, ausreichende Kellerräume und vor allem Speicher fehlen vielfach. Die Bewohner müssen sich in ihren Bedürfnissen entsprechend einschränken oder auf unbefriedigende Notbehelfe ausweichen.

Aufschlußreich ist auch ein Überblick über die Merkmale der Wohngegend. Danach liegt die Wohnung im Durchschnitt genau so weit von Sportanlagen, Bädern und Erholungsgebieten sowie auch Lokalen und Kinos entfernt wie der Arbeitsplatz. Arbeiterfamilien leben dagegen viel häufiger in unmittelbarer Nachbarschaft ihres Betriebes, müssen dafür aber auf die erwähnten Freizeit-Angebote in erreichbarer Nähe weit häufiger verzichten. Ihre verstärkte Umweltbelastung wird weit weniger durch Grünflächen etc. kompensiert.

Über schlechte Möglichkeiten für Erholung und Freizeit klagen daher vor allem an- und ungelernte Arbeiter und insgesamt die jüngeren Arbeitnehmer (unter 35 Jahre), die in schlechter ausgestatteten (nicht unbedingt alten!) Wohnungen leben und offensichtlich höhere Ansprüche an Wohnung und Wohnungsumgebung stellen als ihre älteren und mit ihrer Lage zufriedeneren Kollegen. Vor allem die unter 25jährigen bemängeln in erster Linie die fehlenden Chancen für eine aktive außerhäusliche Freizeit in Form von Sportveranstaltungen und Meetings (wie z.B. in Jugendzentren), die fehlen oder zu weit entfernt sind, während die Älteren mehr Erholungsgebiete und Grünanlagen vermissen. Die Erreichbarkeit von Sport- und Erholungsanlagen sowie freizeitbezogener Unterhaltungs- und Dienstleistungsangebote wird heute im Zuge der Entwicklung eines aktiven Freizeitverhaltens weit stärker betont als früher. Die relative Nähe der Arbeiterwohnungen zu ihrem Betrieb entschädigt noch lange nicht für Umweltbelastungen und fehlende Grünflächen.

Bei diesen Durchschnittsangaben müßte selbstverständlich weiterhin zwischen städtischen und ländlichen Gebieten unterschieden werden. Auf dem Land ist das Umweltproblem möglicherweise weniger gravierend. Man sollte aber die dort häufig fehlenden Angebote an Kultur und Weiterbildung nicht mit dem Vorteil größerer Naturnähe aufwiegen wollen. Dies würde übrigens auch dem Grundsatz der durch das Grundgesetz (Art. 72, 3) gebotenen Einheitlichkeit der Lebensverhältnisse in der Bundesrepublik widersprechen.

In den hauptsächlichen Ballungsgebieten der Bundesrepublik (Hamburg, Hannover, Rhein-Ruhr, Rhein-Main, Stuttgart, München) wird der Mangel an innerstädtischen Freizeitmöglichkeiten auf dem Sport- und Spielsektor sowie an Freizeitflächen als besonders drastisch empfunden. Dies beweist der periodische Exodus aus den Großstädten am Wochenende. 30 v.H. und im Hochsommer bis zu 60 v.H. der Bewohner ergreifen sodann die Flucht in die Landschaft, vor allem, soweit sie PKW-Besitzer sind.[6]

Es läßt sich nachweisen, daß sich diese periodische Stadtflucht besonders auf Gebiete mit einem hohen Verdichtungsgrad konzentriert.[7] Der erzielte individuelle Grenznutzen dieser Art Naherholung in dem üblichen Radius von durchschnittlich etwa 30 km um das Wohnquartier wird dabei offensichtlich immer noch höher eingeschätzt als die damit in der Regel verbundenen zeitraubenden Verkehrsstauungen auf den Hauptaus- und -einfallstraßen. Als Grund für dieses Verlassen des Wohngebiets zu Freizeitzwecken wird bei Repräsentativumfragen von 38 v.H. aller Befragten angegeben, daß es eben dort an Möglichkeiten, „die Freizeit zu gestalten" fehle.[8] 70 v.H. würden dagegen lieber, falls es diese Möglichkeit gäbe, ihre freie Zeit im Wohnviertel oder in der Innenstadt verbringen, anstelle der mit erheblichem Aufwand verbundenen Ausflüge außerhalb des Stadtgebietes.

Die Verdichtungsräume sind zwar mit Büchereien oder auch Schwimm- und Hallenbädern teilweise relativ gut versorgt, was ihnen aber vielfach fehlt, sind kombinierte Angebote, die auch den Spielbereich (Tischtennis, Boccia- und Kegelbahnen, Fitnessanlagen, Rollschuhlauf, Großschachspiele) oder den Kommunikationsbereich (Freizeithäuser, Abenteuerspielplätze, kulturelle Freiluftveranstaltungen in den Innenstädten[9]) einbeziehen. Hinzu kommt allerdings ein weiteres Phänomen, was erhebliche Konsequenzen auch für den zukünftigen Städtebau haben müßte: „Die Benutzung von Freizeiteinrichtungen geht in dem Maße zurück, wie Verdichtung gefördert wird", wie *P. Mombaur*, Beigeordneter des Deutschen Städte- und Gemeindebundes, feststellt.[10] Infolge der isolierten Lebensweise vor allem in den Hochhäusern verkümmert die soziale Kontaktfähigkeit, weshalb die sogenannten Begegnungsstätten dann auch nicht mehr richtig angenommen werden. Der Mensch sucht sozusagen das Weite, um den Zwangskontakten des Alltags zu entrinnen und die zwischenmenschlichen Begegnungen in der freien Landschaft nach eigenem Geschmack zu dosieren.

Die einzelnen Bundesländer haben auf dem Gebiet der Raumordnung und Regionalplanung bislang verschiedene Initiativen ergriffen, um das Angebot an Naherholungsmöglichkeiten zu verbessern. In Nordrhein-Westfalen haben z.B. das Land und vor allem der Siedlungsverband Ruhrkohlenbezirk als zuständige Planungsgemeinschaft, aufgeschreckt durch die zunehmende Abwanderung der Bewohner des Verdichtungsgebietes an der Ruhr, sog. Revierparks zur Verbesserung des Freizeitimages errichtet. Dabei lag die in einem Gutachten formulierte Erkenntnis zugrunde, daß das Ruhrgebiet insgesamt mit Freizeiteinrichtungen vergleichsweise schlecht ausgestattet ist und vor allem „auf dem Kunst- und Unterhaltungssektor, dem Spiel- und Sportsektor und den Grünflächen ... sehr viel schlechter versorgt als andere Ballungsräume".[11]

Das liberale Credo der individuellen Nutzenmaximierung ist

in der städtischen Architektur zu Stein geworden und hat damit zugleich den Prozeß der Anonymität und des Privatismus gefördert. Eine in ihrem Zielsystem zu enge Wohnungs- und Städteplanung hat dadurch aber auch den Funktionsfächer gerade für Freizeitnutzungen so sehr eingegrenzt, daß das mit den defizitären Verhältnissen in den Innenstädten unzufriedene Gros der Bevölkerung, zugleich motiviert durch die staatliche Spar- und Wohnungsbauförderung, zunehmend nach dem eigenen Häuschen mit Garten an die städtischen Peripherien drängt. Dies allerdings kommt der öffentlichen Hand durch hohe Erschließungs-, Infrastruktur- und Nahverkehrsausgaben sowie — nicht zuletzt — Steuernachlässe per Saldo teurer zu stehen als die freizeitgerechte Stadt.

Freizeitpolitische Überlegungen und Notwendigkeiten

Die Schlußfolgerung aus den skizzierten Entwicklungstrends wäre also: Der Prozeß wachsender Freizeit verlangt aus gesellschaftspolitischen Gründen notwendigerweise eine durchdachte Freizeitpolitik. Diese muß schädlichen Entwicklungen (Benachteiligungen, Manipulation) gezielt und kompensierend gegensteuern und zugleich regulierend auf die einzelnen Fachpolitiken einwirken. Die zunehmende Konzentration der Freizeitblöcke, Verkehrs- und Infrastrukturfragen, die Notwendigkeit einer besseren Versorgung mit jedermann zugänglichen Freizeitangeboten, die veränderten Interessen für Weiterbildung und Kultur, Raumordnungs- und Umweltfragen, die Begrenztheit der naturräumlichen Ressourcen — dies alles verlangt eine öffentlich diskutierte politische Konzeption für eine gezielte Ressourcenverwendung zur Verbesserung der Freizeitqualität. Dabei handelt es sich sowohl um Ressourcen investiver und personeller Art als auch um gesetzgeberische Entscheidungen.

Dieser Allgemeinheit der Formulierung wird indessen jeder zustimmen, was aller Erfahrung nach nicht unbedingt die Gewähr dafür bietet, daß auch dementsprechend gehandelt wird. Niemand fühlt sich durch allgemeine Ziele konkret angesprochen.

Die Frage: Freizeitpolitik für wen? bringt hier allerdings mehr Deutlichkeit und Differenzierung.

Wer auf eigenen Grund und Boden gebaut hat und stolzer Besitzer eines Eigenheims ist — und dazu zählen etwa ein Viertel der Bevölkerung —, ist normalerweise, soweit er sich nicht stärkeren finanziellen Einschränkungen — etwa beim Grundstückserwerb — unterziehen mußte, für die freizeitgerechte Gestaltung seiner Wohnung und der direkten Wohnumwelt selbst verantwortlich. Er verspürt daher vermutlich weniger den periodischen Drang zur Ausflucht in die Landschaft. Als Garten- oder Vorgartenbesitzer ist er auch weniger auf öffentliche Grünflächen oder Spielplätze angewiesen. Nennt er gar einen Swimming-pool in Garten oder Untergeschoß sein eigen, bedrückt ihn gewiß nicht das Fehlen oder die zu weite Entfernung zu einem öffentlichen Bad oder anderen sportlichen Einrichtungen.

Wer durch die glückliche Hand des Schicksals und das entsprechende Elternhaus Zugang zu sämtlichen Bildungsgütern hatte und alle Bildungshürden erfolgreich übersprang, wird als Besitzer einer eigenen Bibliothek die öffentlichen Büchereien auch seltener brauchen und daher kaum aufsuchen. Fehlende Weiterbildungsangebote (z.B. in Volkshochschulen) berühren ihn ebenfalls nicht. Anders wäre es schon, würde ihm der Zugang zu dem kulturellen Erbe in Schauspiel, Musiktheater, Konzert oder auch Museum durch den Wegfall der bisher großzügigen Subventionierung seines Kunstgenusses durch die Allgemeinheit entzogen. Der Ausweg der privaten Anschaffung oder Aneignung des öffentlichen Gutes Kultur dürfte ihn schon wesentlich schwerer treffen. Es sei denn, er ließe sich zur Benutzung eines wiederum öffentlichen und Bildung und Kultur zu kleineren Preisen gelegentlich ebenfalls verbreitenden Mediums herab — dem Fernsehen.

Wer schließlich über seine Arbeitsinhalte, Arbeitsorganisation und Arbeitszeit weitgehend selbst bestimmen kann — und dazu wäre auch die gleitende Arbeitszeit zu rechnen —, ist in einer ganz anderen Situation als derjenige, dem Arbeitstempo, Arbeitsbeginn und -ende per Arbeitsplatzbeschreibung zwingend vorbestimmt ist.

Diese Beispiele vermögen im Umkehrschluß deutlich zu machen, wer einer abgestimmten Freizeitpolitik besonders bedarf: Nicht primär diejenigen Gruppen der Gesellschaft, die sich ihre persönliche Muße schon immer etwas kosten lassen konnten oder einen freizeitorientierten Lebensstil pflegten, Veblens traditionelle „leisure class" (Mußeklasse) also, sondern diejenigen, die bildungs- und einkommensmäßig im Vergleich zur durchschnittlichen Verteilung benachteiligt sind oder denen durch die berufliche Tätigkeit oder andere Bedingungen mindere Chancen der Selbstverwirklichung zu Gebote stehen.

Da die freie Zeit überwiegend innerhalb der eigenen vier Wände verbracht wird, muß die freizeitpolitische Gestaltung des Raumes im Wohnungsbereich ansetzen. Für die überwiegende Mehrheit der Mietwohnungen, zumal in den Hochhäusern der Verdichtungsgebiete, beschränken sich die von der Architektur vorgesehen Wohnfunktionen auf Schlafen, Ernährung, Körperpflege, Medienkonsum (Fernsehen) und Unterhaltung am runden Tisch. Weitergehende Bedürfnisse wie Spiel (für Kinder und Erwachsene), Heimwerker, Bewegung oder Ruhen im Freien — die zu wenigen und in der Regel zu klein bemessenen Balkons bieten dafür keinen Ersatz —, Kommunikation in größeren Kreisen, Gärtnern — oder auch einfach der Bedarf an Abstellflächen oder Trockenräumen sind durch den architektonischen Zuschnitt vielfach derart eingegrenzt, daß bei den Bewohnern notwendigerweise ein Gefühl der Einengung entsteht. Dieser Eindruck verstärkt sich bei den durch Kleinkinder oder Kinderreichtum auferlegten Einschränkungen.

Daraus folgt: Die bisher nur durch individuelle bauliche Aktivitäten (Eigenheim, Eigentumswohnung) zu realisierenden Bedürfnisse sind im zukünftigen Wohnungsbau, bei Modernisierungs- und Sanierungsmaßnahmen besser zu berücksichtigen.[12] Hier könnten bestimmte Richtwerte (Indikatoren) — analog den Spielplatzbestimmungen — für kommunikationsfördernde Gemeinschaftseinrichtungen oder Freiflächen um die Wohnungskomplexe einen Ansatz darstellen. Gemeinwirtschaftliche Gesellschaften (wie z.B. die Neue Heimat) könnten darüber hinaus durch Mustersiedlungen beispielgebend tätig werden und eine Alternative für individuelle Bautätigkeit mit ihrem enormen, die Peripherien ständig erweiternden Flächenbedarf bieten.

Dies alles ist aber nur möglich, wenn die Bürger die Tendenz zu einem urbanen Freizeitstil selbst wünschen und aktiv unterstützen. Bürgerinitiativen oder andere städtebauliche Partizipationsformen (Bürgerforen etc.) haben hier ihre ureigene Funktion. Der Fragekatalog des DGB-Kreises Düsseldorf an die Kandidaten der Kommunalwahlen 1975 zum Komplex Freizeit und Sport können hier ein Beispiel sein.[13] Andererseits sollten auch die Kommunen öffentlichkeitsfreundlicher sein und die vorhandenen Möglichkeiten zur politischen Mitgestaltung der Umwelt ausweiten. Sie sollten von sich aus initiativ werden und einen Ausgleich in der Freizeitausstattung für jene Gruppen schaffen, die bei dem gegenwärtigen Stand des Angebots vernachlässigt werden oder dieses nur unterdurchschnittlich nutzen können (wegen Erreichbarkeit, Öffnungszeiten, Eintrittsgebühren). Rein gewinnorientierte Freizeiteinrichtungen sollten daher in der Regel auch keine öffentliche Förderung erfahren.

Bei den regional- und strukturpolitischen Zielsetzungen kommt den Gewerkschaften im Rahmen der angestrebten überbetrieblichen Mitbestimmung in Form von regionalen Wirtschafts- und Sozialräten oder auch Planungsgemeinschaften (wie z.B. nach dem Muster des Siedlungsverbandes Ruhrkohlenbezirk) eine besondere Aufgabe zu. Es geht dabei um so wesentliche Zukunftsentscheidungen wie das Abstoppen der weiteren Verdichtung und damit Zentralisierung durch eine punkt-axiale Siedlungsstruktur, um eine gezielte regionale Versorgung mit Freizeitangeboten und -einrichtungen und damit schließlich eine verbesserte Standortqualität zu ermöglichen, die sich wiederum positiv auf die Beschäftigungschancen der jeweiligen Bewohner auswirkt.[14]

Die Gewerkschaften müssen, wie *Heinz-Oskar Vetter* kürzlich betonte, „sehr viel stärker als bisher auch Freizeitinteressen vertreten", um die Benachteiligungen in unserer Gesellschaft abbauen und die Humanisierung der wesentlichen Lebenshälften Arbeit und Freizeit voranzutreiben zu helfen.[15] Initiativen und Investitionen auf diesem Gebiet sind im übrigen in jedem Fall ein Beitrag zu dem in den „Vorschlägen des DGB zur Wiederherstellung der Vollbeschäftigung" (1977) geforderten und zu verstärkenden qualitativen Wachstum. Mehr Freizeitqualität hat schließlich auch positive beschäftigungspolitische Wirkungen. Diese Forderung beansprucht daher nach wie vor hohe Aktualität.

Anmerkungen

1 Vgl. *Lefèbvre, H.,* Die Revolution der Städte, München 1972
2 Vgl. *Emnid* (Hrsg.), Freizeitbedingungen und Freizeitentwicklungen 1972/73, Bielefeld 1973; — *Kohl, H.,* Freizeitpolitik. Ziele und Zielgruppen verbesserter Freizeitbedingungen, Köln/Frankfurt 1976, S. 145 ff.
3 Vgl. *infas,* Zeitbudgetstudie NRW (3 Bde, im Auftrag des Arbeitsministerium NRW), Bonn 1973; — *infas,* Freizeitverhalten (im Auftrag des WSI), Bonn 1973
4 Vgl. *Kohl, H.,* Arbeit und Freizeit, in: WSI-Mitteilungen 3/1974, S. 101 ff.
5 Vgl. zu den folgenden Daten: Freizeitverhalten — eine Sekundäranalyse, *infas* 1973
6 Im Durchschnitt der Bevölkerung unternimmt jeder Vierte mehr als einmal im Sommerhalbjahr einen Wochenendausflug, vgl. *infas*-Repräsentativerhebung 1973, in: Freizeitverhalten — eine Sekundäranalyse (im Auftrag des WSI), S. 21
7 Vgl. *Meuter, H./Röck, S.,* Wochenendfreizeit in besiedelten Räumen, in: Informationen zur Raumentwicklung 9/1974, S. 333 ff.
8 Vgl. Wochenendverkehr — eine methodische Studie, *infas,* Bonn-Bad Godesberg 1973
9 Ein positives Beispiel auf dem letztgenannten Gebiet ist der sogenannte „Bonner Sommer". Vgl. dazu: *Bröse, F.,* Freizeitforderungen, Freizeitprobleme, Freizeitlösungen der Stadt Bonn, Referat auf dem Deutschen Freizeitkongreß 1974 (Freizeitpolitik in Bund, Ländern und Gemeinden) in Garmisch-Partenkirchen
10 Vgl. *Mombaur, P.,* Der Kommunalpolitiker trägt Verantwortung für die Freizeit, in: Städte- und Gemeindebund 1/1974, S. 15 f.
11 Siehe: *Scharioth, J.,* Infrastruktur im Ruhrgebiet. Freizeit, Bd. 49 der Schriftenreihe Siedlungsverband Ruhrkohlenbezirk, Essen 1974, S. 67
12 Über eine rühmliche Ausnahme im gegenwärtigen sozialen Wohnungsbau in Köln-Chorweiler berichtet der „Spiegel" Nr. 53/1974, S. 72 ff., unter dem Titel: „Oase in der Kartonagen-Architektur".
13 Statement und entsprechende Fragen an die Kandidaten der Kommunalwahlen 1975 lauteten folgendermaßen: „Die heutigen beruflichen Anforderungen in der modernen Leistungsgesellschaft erfordern ein Mehr an sinnvoller Freizeitgestaltung. Welche Möglichkeiten und Vorschläge machen Sie für
1. die Errichtung weiterer Freizeitanlagen in städtischer Regie und Verantwortung,
2. welche Stadtteile in welcher Reihenfolge für die Errichtung entsprechender Einrichtungen,
3. die Verhinderung von ungerechtfertigten privatwirtschaftlichen Gewinninteressen beim Bau und der Nutzung von Freizeitanlagen,
4. die Öffnung der Bezirkssportanlagen für die nicht vereinsgebundenen Bürger?"
(Flugblatt, hrsg. vom *DGB-Kreis Düsseldorf*)
Vgl. ferner: Städtebauliche Planung — Mitwirkung des Bürgers, Heft 16 der Reihe: Zur Information, hrsg. vom *Innenminister des Landes Nordrhein-Westfalen* 1974. — Zur Diskussion im Gemeinderat. Lebensqualität, Chancengleichheit, Mitwirkung, Heft 5 der Schriftenreihe des *Arbeitskreises für kommunalpolitische Bildung e.V.,* Bonn o.J. (1975).
14 Vgl. *Kohl, H.,* Gewerkschaftliche Vorstellungen und Forderungen zur Regionalpolitik, in: WSI-Mitteilungen 5/1975, S. 226 ff.
15 Vgl. Frankfurter Rundschau vom 2.6.1978.

Arbeitsbedingungen und Freizeit im Wohnumfeld

Harald Habner

Die Sozial- und Industriearbeit im Kirchenkreis Hamburg-Altona hat sich in den vergangenen Jahren intensiv mit den Problemen der Schicht- und Nachtarbeit beschäftigt, weil eine große Anzahl der Kirchengemeindemitglieder unseres Kirchenkreises von Schicht- und Nachtarbeit betroffen ist.

Ich will versuchen, Ihnen einige Informationen und Erkenntnisse aus unserem Bemühen darzustellen, wobei ich mich im wesentlichen auf das soziale Umfeld beschränke und die medizinischen Probleme vernachlässige.

Dieses soll — in der gebotenen Kürze — in fünf Abschnitten geschehen. Es sind dieses:

das gesellschaftliche Umfeld,
Schichtarbeit und Gewerkschaft,
Gesundheit,
Familienleben und Schichtrhythmus,
Schichtarbeit und Freizeit.

Abschließend will ich Ihnen aus dem Vorgetragenen 13 Ergebnisse ableiten.

Das gesellschaftliche Umfeld

Die technische und wirtschaftliche Produktivität ist seit Ende des 19. Jahrhunderts bis zur Gegenwart immer größer geworden. Der Zeitaufwand für die Herstellung von Gütern und die Erbringung von Dienstleistungen haben sich durch die Entwicklung der Technik und durch die Verdichtung der Arbeitsabläufe verringert.

Technische Arbeitsverfahren und gesellschaftliche Dienstleistungen rund um die Uhr — darüber gibt es keinen Streit
● werden auch weiterhin Schichtarbeit erforderlich machen. Die Abschaffung der Schicht- und Nachtarbeit würde bedeuten: keinen Strom, keine Verkehrsmittel und keine Dienstleistungen in den späten Abend- und Nachtstunden. Durch eine Einschränkung der nächtlichen Stromerzeugung würden Industriebereiche wie z.B. die Stahl-, Aluminium- und Zementindustrie ruiniert, chemische Umwandlungsprozesse könnten nicht mehr durchgeführt werden.

Außerdem besteht die Gefahr, daß wir wieder in das Zeitalter der Petroleumlampe und der Postkutsche zurückfallen. All dieses wird wohl kein vernünftiger Mensch wollen.

In der Technik ist der Fortschritt großartig, aber über die sozialen Auswirkungen, welchen Schicht- und Nachtarbeiter ausgesetzt sind, wurden kaum wissenschaftliche Untersuchungen angestellt. Darum haben wir so gut wie keine Daten, die eine Entscheidungsfindung zum Nutzen der Betroffenen erleichtern würde. Zum Beispiel wissen wir bis heute nicht:

● wieviel Männer und wieviel Frauen in welchem Lebensalter in Schicht- und Nachtarbeit tätig sind,
● in welchen Branchen und Wirtschaftsbereichen sie tätig sind,
● wie viele Ehefrauen und wie viele Kinder durch die damit verbundenen häuslichen Belastungen mitbetroffen sind.

Ebenfalls gibt es keine Antworten auf die Fragen:
● Wie viele ledige Mütter mit Kindern,
● wie viele geschiedene Ehefrauen mit Kindern,
● wie viele Witwen und Witwer mit Kindern,
● wie viele Kriegs- und Zivilgeschädigte durch die Schicht- und Nachtarbeit betroffen sind.

Die medizinischen Aussagen sind in der Literatur weit verstreut. Noch immer gibt es keine zusammenfassende Darstellung der Probleme der Schicht- und Nachtarbeit.

Wir haben nur Annahmen darüber, wie viele Familien auf ein normales Familienleben verzichten müssen oder deren Lebenssituation durch Schicht- und Nachtarbeit doch wesentlich eingeschränkt ist. Grob geschätzt sind ca. 10 Millionen Menschen in unserem Lande durch Schicht- und Nachtarbeit direkt oder indirekt betroffen. Das bedeutet, ca. 10 Millionen Männer und Frauen und deren Kinder müssen in der Bundesrepublik Deutschland auf ein regelmäßiges Familienleben, auf gemeinsame Unternehmungen, auf einen konstanten Ablauf des täglichen Lebens im Einklang mit dem Lebensrhythmus ihrer Umwelt verzichten oder sich zumindest einschränken lassen.

Wir verfügen bisher nicht über genaue Angaben zur schulischen Situation von Schichtarbeiterkindern, weil sie wegen fehlender statistischer Unterlagen nicht zu orten sind. Haben diese Kinder die gleichen Bildungschancen wie Kinder anderer Arbeitnehmer? Niemand weiß das, Untersuchungsergebnisse darüber sind nicht bekannt. Niemand kann Ihnen zum Beispiel sagen, wie viele von den Lernbehinderten 95.019 Sonderschülern in Nordrhein-Westfalen aus dem Jahr 1976 Kinder von Schichtarbeitern waren.

In der Bundesrepublik wird fast alles statistisch erfaßt, wir zählen Hunde, Katzen, Kaninchen und Federvieh. Wir erheben aber mit der Volkszählung keine Daten über Schicht- und Nachtarbeit, obwohl die meisten demographischen Daten im Erhebungsbogen zur Volkszählung bereits vorgegeben sind.

Wie will man sinnvolle Freizeitangebote für Schicht- und Nachtarbeiter schaffen, wenn keine konkreten ortsbezogenen Zahlen vorliegen? Nur, wenn wir ein genaues Bild über die soziale Lage der Nacht- und Schichtarbeiter haben, könen Verbesserungen ihrer gesellschaftlichen Situation eingeleitet werden.

Es sei daran erinnert, die Schicht- und Nachtarbeiter und deren Familien bilden die größte Randgruppe unserer Gesellschaft.

Schichtarbeit und Gewerkschaft

Betrachtet man die Forderungen der im DGB gewerkschaftlich organisierten Arbeitnehmer, so ergibt sich folgendes Bild: Die Gewerkschaften, in deren Organisationsbereich Schicht- und Nachtarbeit stattfindet, haben die auf den Gewerkschaftstagen der vergangenen Jahre dazu vorliegenden Anträge überwiegend ohne Aussprache angenommen.

Es gibt keine einheitliche Haltung zu gleichen Fragen. So forderte die Gewerkschaft der Eisenbahner 1962 die Ausdehnung der Ruhezeiten auf 24 Stunden. Die Postgewerkschaft forderte bereits 1961 die Ausdehnung der Ruhezeiten auf 30 Stunden. Obwohl es das Problem der Ruhezeiten im Organisationsbereich der Gewerkschaft ÖTV auch gibt, ist es auf deren Gewerkschaftstagen nicht verhandelt worden.

Die Forderung nach Zusatzurlaub für Schicht- und Nachtarbeiter differiert je nach Einzelgewerkschaft von 3 bis zu 6 Tagen.

Forderte die IG Chemie das Nachtarbeitsverbot für Arbeitnehmerinnen zusammen mit anderen Gewerkschaften und forderte die IG Metall ein generelles Nachtarbeitsverbot für Frauen und der DGB die Ausdehnung des Verbotes der Nachtarbeit auch auf die weiblichen Angestellten, so wurde in einem Antrag zum Gewerkschaftstag 1972 vom Hauptausschuß der Gewerkschaft HBV die Aufhebung des Nachtarbeitsverbotes für Frauen gefordert.

1972 nahm der Gewerkschaftstag der IG Bau-Steine-Erden eine Forderung an, daß auch den Wächtern und Pförtnern der Nacht-, Sonntags- und Feiertagszuschlag zu zahlen sei.

Die IG Metall nahm auf ihrem vorletzten Gewerkschaftstag eine Forderung an, daß die Schicht- und Nachtarbeit durch die Volkszählung mit zu erfassen sei.

Noch 1971 hat die Postgewerkschaft die Aufhebung der Nachtdienstpflicht bei über 55jährigen Arbeitnehmern abgelehnt.

Neben den Forderungen nach mehr Urlaub, längeren Ruhezeiten, Verkürzung der Nachtschichtzeiten und einer Zuerkennung des Altersruhegeldes mit der Vollendung des 60. Lebensjahres hat sich bis heute auf dem Gebiet der Schicht- und Nachtarbeit nichts getan.

Ich trage ihnen dieses vor, damit Sie deutlicher erkennen, daß die Tarifvertragsparteien der Frage der Lebensgestaltung und der Lebensbewältigung der Schicht- und Nachtarbeiter noch keine besondere Bedeutung zumessen.

Den Arbeitgeberverbänden und den Einzelgewerkschaften ist anzuraten, die unterschiedlichen Sachverhalte aufzuarbeiten, um zu einer Rahmenregelung zu gelangen. Gleiche Erschwernisse bei gleichen Sachverhalten rechtfertigen keine ungleichen Vergütungen.

Gesundheit

Man muß Geld verdienen, um seinen Lebensunterhalt zu bestreiten, eine Familie zu gründen, sie zu ernähren, zu kleiden und den Kindern eine anständige Ausbildung zu ermöglichen.

Um Geld zu verdienen, bedarf man der Gesundheit. Fehlende Gesundheit schränkt für den Betroffenen das Arbeitsplatzangebot ein. Fehlende Gesundheit schränkt auch die Umschulungsmöglichkeiten ein. Und letztlich schränkt fehlende Gesundheit auch die Nutzung von Freizeitangeboten ein.

Fehlende Gesundheit macht es schwerer, persönliche Bedürfnisse und die Bedürfnisse der Familie durch die eigene Arbeitsleistung zu befriedigen.

Schicht- und Nachtarbeit — das ist bekannt — ist eine Belastung für die Gesundheit, auch für die Schicht- und Nachtarbeiter gilt, wenn auch mit Einschränkungen, daß seine Arbeit leichter, einseitiger und monotoner geworden ist. Hinzu kommen aber noch zwei nicht zu unterschätzende Belastungen.

Zum einen ist es die Belastung, gegen seinen eigenen biologischen Rhythmus arbeiten zu müssen, das heißt, dem menschlichen Körper werden Leistungen abverlangt, während dieser auf Ruhe und Regeneration eingestellt ist.

Zum anderen ist es die nicht immer richtige Ernährung. Unsere veränderten Lebensgewohnheiten mit einem verstärkten Mangel an Bewegung, der Genuß von Bier und anderen Getränken sowie das Knabbern von Gebäck und anderen Süßigkeiten vor dem Fernsehschirm haben viele Schicht- und Nachtarbeiter zu übergewichtigen Persönlichkeiten werden lassen. Beides führt zu einer weiteren Belastung des Kreislaufes und damit zu einer weiteren Gefährdung der Gesundheit.

Erst langsam setzt sich die Erkenntnis durch, daß Gesundheit ein Gut ist, von dem jeder ein Leben lang zehrt. Gesundheit ist trotz allen ärztlichen Könnens und trotz aller Medikamente nicht reproduzierbar.

Familienleben und Schichtrhythmus stehen im Konflikt miteinander

Der Tagschlaf des Schicht- und Nachtarbeiters, der meist keine lärmfreie Schlafmöglichkeit hat, wird zusätzlich durch drei Lärmquellen beeinträchtigt.

Innerhalb der Wohnung durch
- Küchengeklapper,
- WC-Spülung,
- Türklingeln,
- Telefon,
- Kinder.

Im Hause, außerhalb der Wohnung durch
- Decken und Fußböden eindringender Lärm,
- die Wohnungswände eindringender Lärm,
- das Treppenhaus eindringender Lärm von der Haustür des Nachbarn, des Aufzugs und das Herunterpoltern der Kinder.

Außerhalb des Hauses durch
- Straßenverkehr,
- Eisenbahn,
- Flugzeuge,
- Teppichklopfen,
- spielende Kinder.

Ein besonderes Problem ist die Kinderziehung. Die Fähigkeiten der Eltern sind unterschiedlich. Durch die Abwesenheit eines Elternteils wegen Schichtarbeit erhält das Kind nicht immer genügende Informationshilfen zur Bewältigung der Schularbeiten.

Eine weitere Störung sind die Essenszeiten. Bedingt durch die wechselnden Arbeitszeiten wird der Tagesablauf vieler Kinder von Schicht- und Nachtarbeitern unregelmäßig.

Neben diesen Störungen kommt es aber auch zu Spannungen zwischen Mann und Frau. Durch die Versorgung der schulpflichtigen Kinder und die Bewältigung des Haushalts ist die Ehefrau ebenso erschöpft, dazu oft noch von beruflicher Arbeit. Kommt der Ehemann abends von der Spätschicht, so ist die Ehefrau, wenn sie noch auf ist, nicht mehr gesprächsbereit oder sie schläft schon.

Die Kinder gehen zu unterschiedlichen Zeiten — wegen unterschiedlichen Schulbeginns — aus dem Haus. Das bringt Schlafstörungen für den Nachtschichtler. In der Stadtwohnung muß die Ehefrau ihre häuslichen Arbeiten verrichten, während der Ehemann beschäftigungslos im Hause ist.

Bei alleinstehenden Müttern oder Vätern mit Kindern kommt zur Schichtarbeit noch die Sorge, daß das oder die Kinder des nachts sich allein überlassen sind. Wir erkennen, daß Schicht- und Nachtarbeit in ihren Auswirkungen weit in das Familienleben hineinwirkt.

Schicht- und Nachtarbeit bestimmt die Freizeit

Das auf einen normalen Achtstundentag ausgerichtete gesellschaftliche Leben beginnt sich zu verändern.

Die Freizeitgestaltung des einen befindet sich nicht immer im Einklang mit dem Ruhebedürfnis des Schichtarbeiters.

Die Verschiebung unserer Gesellschaftsstrukturen, der Wandel hin zu den Dienstleistungsberufen bringt voraussichtlich ein *Mehr* an Schichtarbeit, wenn auch in anderer Form.

Die Zunahme der „freien Zeit", Gleitzeit, lange Wochenenden verschärft im Wohnbereich die durch Schicht- und Nachtarbeit bedingten Chancenungleichheiten.

Die Kommerzialisierung der Freizeit, das größere Dienstleistungsangebot an Wochenenden, Feiertagen etc. macht zusätzliche Schichtarbeit erforderlich.

Der Zunahme von Schichtarbeit oder von schichtarbeitähnlichen Arbeitsbedingungen steht eine Zunahme an Umweltbelastungen im Wohnbereich gegenüber, wie:

- Verkehrslärm,
- Medienlärm durch Radio, Fernsehen, Plattenspieler, Tonband,
- freizeitbedingte Immissionen wie Partylärm, Grillgestank, Heimwerkerei, Autobastelei.

Aus dem bisher Vorgetragenen lassen sich 13 Ergebnisse ableiten:

1. Arbeitsbedingungen und Wohnumweltbedingungen wirken auf die Lebensgestaltung der Schicht- und Nachtarbeiter und deren Familien ein.
2. Die Qualität der Wohnung und die Wohnungsgröße sind mitentscheidend für eine harmonische Ehe und gute Nachbarschaft.
3. Veränderte Arbeitstechniken und alte Essensgewohnheiten führen zu falscher Ernährung und zusätzlichen körperlichen Belastungen.
4. Das Gesundheitsbewußtsein der Schicht- und Nachtarbeiter ist entwicklungsfähig.
5. Die Gewerkschaften sollten Prioritäten für den Ausgleich der gesundheitlichen Belastungen, denen Schicht- und Nachtarbeiter ausgesetzt sind. Die Abgeltung der gesundheitlichen Belastungen durch Tarifvertrag ist nicht mehr zeitgemäß.
6. Die Gesellschaft ist gegenwärtig noch nicht an einer Verbesserung der Situation der Schicht- und Nachtarbeiter interessiert.
7. Die Wohnungsprobleme der Nacht- und Schichtarbeiter verdeutlichen die Wohnungsprobleme unserer Gesellschaft schlechthin.
8. Es gibt keine Unterschiede zwischen den Freizeitbedürfnissen der Schicht- und Nachtarbeiter und den Nichtschichtarbeitern.
9. Für den Schicht- und Nachtarbeiter ist nicht das Freizeitangebot im Wohnumfeld das wichtigste, sondern die von den Freizeitaktivitäten ausgehenden oder als solche empfundenen Belästigungen.
10. Es sollte beachtet werden, daß das Freizeitangebot um so breiter sein kann, je besser die Wohnungen gegen Lärm isoliert sind.
11. Wohnungsbaugesellschaften sollten nicht nur einen gegen Lärm gut isolierten Partykeller für Erwachsene zur Verfügung stellen, sondern auch einen gut isolierten Bastelraum für Jugendliche und Erwachsene, um die mangelhaft ausgebildete Kreativität zu fördern.
12. Je mehr das Freizeitangebot auf „aktives Tun" ausgerichtet ist, um so größer ist die Bedeutung des Lärmschutzes im Wohnumfeld.
13. Um die Schwierigkeiten der Schicht- und Nachtarbeiter besser sichtbar zu machen, sollten ausgewählte Daten in der Volkszählung 1980 mit erhoben werden. Zählungen im Mikrozensus bringen keine Klarheiten.

Arbeitsbedingungen und Freizeit im Wohnumfeld

Johann Noll

Arbeitsbedingungen und Freizeit bilden ein Beziehungsfeld: Die Anforderungen und Belastungen, aber auch Erfolgserlebnisse des Arbeitslebens bilden eine nicht unwesentliche Bestimmungsgröße für das Freizeitverhalten. Andererseits wirkt sich eine positiv oder negativ empfundene Freizeit unmittelbar auf Motivation, Verhalten und Leistung im Arbeitsleben aus.

Diese wechselseitigen Beziehungen gilt es folgerichtig bei der Eröffnung von Möglichkeiten für die Gestaltung der Freizeit im Wohnumfeld zu berücksichtigen.

Aus der Sicht industrieller Arbeitsbedingungen sind es hauptsächlich zwei Kategorien, die das Freizeitverhalten im Wohnumfeld beeinflussen. Zum einen sind dies Kompensationserfordernisse, die sich aus den Belastungen durch arbeitsseitige Anforderungen ergeben. Zum anderen sind es Anforderungen, die das Arbeitsleben an die Weiterbildung, Persönlichkeitsentfaltung und Motivation der Arbeitnehmer stellt.

Lassen Sie mich diese für die Beziehungen zwischen Arbeitsbedingungen und Freizeit typischen Merkmale konkretisieren und die sich daraus ergebenden Erfordernisse umreißen:

Auch bei Fortführung der Anstrengungen zur Verbesserung der Arbeitsbedingungen wird es Belastungen durch körperliche Beanspruchung, durch sitzende oder stehende Tätigkeit, durch Lärm, Verschmutzung oder Klima geben. Speziell in der Eisen- und Stahlindustrie, aber auch in anderen Branchen, kommen auch Belastungen aus einer Arbeitszeitorganisation, die durch Schicht-, Sonntagsarbeit oder Rufbereitschaftsregelungen gekennzeichnet ist.

Durch technischen Fortschritt sind die physischen Anforderungen insgesamt zwar zurückgegangen, doch haben monotone Tätigkeiten, Übewachungsfunktionen und Verantwortungskonzentration vielfach die psychischen Arbeitsbelastungen verstärkt.

Die zunehmende Technisierung begünstigt aber auch eine zweite Anforderungskategorie im Hinblick auf das Freizeitverhalten. Sie fordert ein höheres Maß an beruflicher Qualifikation, an Persönlichkeit und an Anpassungselastizität bei sich ändernden technischen und organisatorischen Gegebenheiten.

Die Wettbewerbssituation auf den Weltmärkten erfordert in zunehmendem Maße eine Konzentration der inländischen Fertigung auf hochwertige Produkte; daneben fördern die Interessen der Arbeitnehmer an Selbstentfaltung und Selbstverwirklichung im Berufsleben Arbeitsorganisationen, die durch Aufgabenerweiterung auf mehr Selbständigkeit ausgerichtet sind. Eine solche Entwicklung setzt laufende berufliche und allgemeine Weiterbildung, ein Auseinandersetzen mit vielen Fragen des wirtschaftlichen, kulturellen und politischen Lebens voraus.

Diese berufsbezogen nicht einheitlichen Anforderungen bestimmen in starkem Maße das Freizeitverhalten im Wohnumfeld aus der Sicht der Arbeitsbedingungen. Sie lassen sich zu folgenden Erfordernissen zusammenfassen:

1. Unterschiedlichen Belastungen des Berufslebens müssen Freizeitmöglichkeiten gegenüberstehen, die Regenerierung und Belastungsausgleich für alle Gruppen erlauben.

Daraus ergibt sich zunächst die Forderung nach weitgehender Lärmfreiheit im Wohnumfeld, das gilt insbesondere für Schichtarbeit. Daneben sollte die Freizeit auf Kontrast angelegte Betätigungsmöglichkeiten zum Ausgleich einseitiger Belastungen zulassen, die weder einer zeitlichen Routine noch dem inzwischen auch in der Freizeitwelt weit verbreiteten Merkmal der Überbetriebsamkeit unterliegen.

2. Die Infrastruktur des Wohnumfeldes muß darauf ausgelegt sein, die im Arbeitsleben erforderliche Qualifikation und Persönlichkeitsbildung zu erhalten und zu fördern. Hauptsächlich setzt dies ein kommunikationsförderndes Wohnumfeld, Möglichkeiten der kulturellen und politischen Information und Betätigung sowie die Nutzungsmöglichkeit von Bildungseinrichtungen voraus.

Ich möchte diesen Diskussionsbeitrag nicht schließen, ohne auf die Perspektive der Industrie – so wie ich sie sehe – einzugehen:

Ein Interesse, aber auch eine besondere Verantwortung zur Mitgestaltung des Beziehungsfeldes Arbeitsbedingungen und Freizeit, ergibt sich für die Industrie auch aus dem Nutzen eines gesunderhaltenden und positiv empfundenen Freizeitverhaltens der Mitarbeiter.

Freizeit muß aber nach meiner Meinung, und ich bin sicher, auch nach der Interessenlage der Mitarbeiter, weitgehend unabhängiger Gestaltungsspielraum der Familie bleiben.

Daher steht die Leistungsgrenze der Unternehmen dort, wo sich Elemente oder Strukturen des Arbeitslebens informell oder formell in der Freizeit fortsetzen können.

Daraus stellen sich folgende Aufgaben:

a) Vorrangig gilt es, wie in der Vergangenheit, belastende Anforderungen oder Unterforderungen durch menschengerechte Gestaltung der Arbeits- und Umgebungsbedingungen im Rahmen des technisch Möglichen und wirtschaftlich Vertretbaren zu mindern. Daneben ist es Aufgabe der Industrie, gemeinsam mit den Belegschaftsvertretern, eine die Freizeitinteressen der Arbeitnehmer einschließende Arbeitszeitorganisation zu finden. Zur Lösung des darin enthaltenen Zielkonfliktes sind z.B. in der kontinuierlich arbeitenden Eisen- und Stahlindustrie Schicht- und Freizeitpläne entstanden, die durch Zusammenfassung von Freischichten und unter Einbeziehung des Tarifurlaubs zweimal jährlich zusammenhängende Freizeiten von je 3 bzw. 4 Wochen vorsehen.

b) Neben diesen auf Anforderungsminderung ausgerichteten Aktivitäten tritt die Förderung allgemeiner Einrichtungen in neutraler Trägerschaft, die geeignet sind, den genannten Erfordernissen zu entsprechen. Hier lassen sich die zahlreichen Unterstützungen an kulturellen, sportlichen und Bildungseinrichtungen nennen, aber auch die Förderung des Wohnungsbaues einschließlich einer angemessenen Infrastruktur.

c) Danach verbleibt, durch Einrichtungen dort Lücken zu füllen, wo spezielle – nicht durch allgemeine Angebote abzudeckende – Anforderungen auszugleichen sind.

Dies kann und sollte nur im begrenzten Umfang stattfinden. Sei es durch Bereitstellung von Räumen, Einrichtungen für Hobbyzwecke, allgemeine Bildungseinrichtungen (Sprachlabors etc.) oder durch die Organisation von Betriebssportgemeinschaften.

Arbeitsbedingungen und Freizeit im Wohnumfeld

Traudel Tomshöfer

A – Unterschiede von Arbeitsbedingungen in unterschiedlicher Sozialstruktur

Grundsätzlich liegen Arbeitsbedingungen und Freizeitgestaltung ziemlich nah beieinander.

Aus der beruflichen Situation und dem Familienstand ergibt sich die Sozialstruktur; gleiche Sozialstrukturen finden sich überwiegend im Wohngebiet wieder. Die Arbeitsbedingungen wirken sich wesentlich auf die Freizeitbedürfnisse aus.

Heute wird so oft die Aussage gemacht, es gäbe viel mehr Freizeit als früher. Ob das stimmt, kann man dahingestellt sein lassen; es ist auf jeden Fall fragwürdig.

Günstigere Voraussetzungen stellen sich auf jeden Fall für Angestellte bzw. Beamte, die die Möglichkeit haben, durch gleichmäßigen Arbeitsbeginn oder gleitende Arbeitszeit Freizeitgestaltung zu planen.

Um einiges anders sieht es bei Arbeitern aus. Durch Wechseln der Kleidung zur Berufskleidung und umgekehrt sowie dem sich anschließenden Reinigen nach der Arbeit (z.B. Kaue) geht einige Zeit verloren. Bei einem Arbeiter unter Tage macht das pro Tag ca. 1 1/2 Stunden mehr aus x 5 Arbeitstage = 7,5 Stunden pro Woche x 4 sind das ca. 30 Stunden in nur 1 Monat mehr.

Durch die Fluktuation der Arbeitsplätze (z.B. Zechenschließungen, andere Industrieabwanderungen bzw. Verschiebungen innerhalb des Ruhrgebietes, Verlagerung der Stahlindustrie vom Kohlenpott zur Nordsee) sind für die Arbeitnehmer zum Teil große Entfernungen zwischen Arbeitsplatz und Wohnort zu überwinden. D.h., der Zeitverlust geht zu Lasten der Freizeit.

Ein erheblicher Zeitverlust stellt sich für Arbeiter auch durch Überstundenarbeit bzw. Samstags- oder Sonntagsschichten. Diese werden zwar entsprechend finanziell abgegolten, doch verringert sich hierdurch erheblich die Freizeit.

Die finanziellen Aufbesserungen durch Mehrarbeit sind zur Existenzsicherung erforderlich, um zum Beispiel hohe Mietaufkommen aufzufangen.

Nicht zu übersehen sind die Auswirkungen von Wechselschicht. Eine geplante Freizeitgestaltung im wörtlichen Sinne ist kaum möglich. Ebenso das Wahrnehmen irgendwelcher Bildungsangebote, was ja auch Bestandteil der Freizeitgestaltung ist.

Gleichzeitig können Wechselschichtarbeiter nicht *aktiv* in einer politischen Partei, Gewerkschaft oder Bürgerinitiative mitarbeiten. Eine Wahrnehmung von demokratischen Grundrechten wird somit erheblich eingeschränkt.

Sportliche Anlagen können von Wechselschichtlern nur minimal genutzt werden, da sie oft zu weit vom Wohnort entfernt sind.

Abgesehen von der Arbeitsplatzentfernung und Wechselschicht sei eine Sache nicht unerwähnt. Wenn mein Mann, der Untertagearbeiter ist, von der Arbeit nach Hause kommt, muß er erst einmal 1 1/2 bis 2 Stunden schlafen.

Das hängt mit den Luft- oder Sauerstoffverhältnissen unter Tage zusammen. Den anderen Kollegen geht es genauso. Richtig verstehen konnte ich das erst, als ich selbst mal eine Grubenfahrt gemacht hatte. Würden unsere Männer nicht am Nachmittag schlafen, wäre unser Familienleben spätestens gegen 21.00 Uhr jeden Abend beendet.

Wenn man täglich ca. 1 1/2 Stunden für den Schlaf nach der Arbeit in Ansatz bringt, macht das im Monat noch einmal ca. 30 Stunden aus. Zählt man die vorhin erwähnten ca. 30 Stunden für Umkleidung und Reinigen hinzu, macht das *in einem einzigen Monat ca. 60 Stunden aus, die von der Freizeit abgehen.*

Durch das Mitarbeiten der Ehefrauen, beim Arbeiter sicherlich zur Existenzsicherung, entsteht ein neues Rollenspiel. Der Ehemann kann nicht mehr die Rolle des Paschas spielen, sondern versteht sich als Partner innerhalb des Familienlebens. Das gilt bei der Kindererziehung, über Einkäufe bis hin zur Hausarbeit.

Ebenso wie bei Schichtarbeitern sind Akkordarbeiterinnen und -arbeiter durch die Arbeitsbedingungen — Dauerstreß, Lärmbelästigungen — so beeinträchtigt, daß kaum Möglichkeiten zur Erholung und Freizeitgestaltung bestehen.

B — Wie sich diese Unterschiede auf die Freizeitgestaltung auswirken

Bedingt durch praktische Arbeit im Berufsleben ist bei Arbeitern in der Freizeit eine aktive Freizeitgestaltung in unmittelbarer Wohnumgebung zu verzeichnen. Dazu gehört die Gartenarbeit, Tierhaltung wie Tauben, Kaninchen usw. sowie Umsetzung der Berufserfahrungen im Privatleben. Handwerker z.B. sind regelrechte Tüftler. Ob es Verbesserungen und Instandsetzungen innerhalb der Wohnung sind, oder wenn es um Reparaturen von Geräten geht. Diese Betätigungen werden auch oft in Nachbarschaftshilfe ausgeführt.

Bei uns in der Siedlung wird mit Stolz gesagt: „Kaufen kann jeder, Selbermachen ist besser!"

Kenntnisse und Fertigkeiten werden durch Gemeinschaftsarbeit weitervermittelt. Wenn Arbeitern diese Freizeitgestaltung, d.h. Regenerierung vom Arbeitsprozeß, durch „moderne" Wohnbedingungen genommen wird, macht sie das krank.

Jetzt könnte man sagen, deswegen ist der Verkauf, sprich die Privatisierung, von Arbeitersiedlungen so sinnvoll. Das aber dürfte wohl der größte Irrtum sein von denen, die sich bemühen, für uns zu denken (und die Kassen der Wohnungsgesellschaften meinen). Die meisten Bewohner in den Siedlungen können nicht kaufen oder wollen es nicht, da ihnen unter anderem das Geld dazu fehlt. Man setzt entweder die Leute unter Druck — schließlich haben die meisten Bewohner ihre ganzen Ersparnisse in die Wohnungen gesteckt — daß sie selber kaufen sollen, oder es kommen Fremdkäufer. Jahrzehnte gewachsene Nachbarschaften gehen kaputt, es kommt zum Konkurrenzdenken. Kurzum, es kommt zu einer Aufweichung der vorhandenen Sozialstruktur mit schlimmen Folgen. Folgen, die nie erwähnt werden, in der Hauptsache, die Kasse der Wohnungsgesellschaften stimmen. In den Siedlungen wohnen zu rund 60 % alte Menschen, die Nichtkäufer sind, die heute zum Teil Silikose haben. Zählen die nicht mehr?

Die Menschenvertreibung durch die Abrißwelle unserer Siedlungen, die wir durch unseren Einsatz und der Einsicht einiger Politiker verhindern konnten, kommt jetzt durch die Privatisierungswelle voll zum Tragen. Man mutet diesen Menschen ein Abenteuer zu, das kaum zu verantworten ist.

Bei Angestellten bzw. Beamten ist durch die Isolierung am Arbeitsplatz sowie im Wohngebiet mehr oder weniger eine passive Freizeitgestaltung gegeben. Statt einer direkten, praktischen Betätigung sucht man die geplante Freizeitbeschäftigung wie z.B. im Kegel-, Tennis-, Reit- oder Segelklub. In diesen Vereinen findet sich fast ausschließlich eine bestimmte Sozialstruktur. Kulturelle Angebote wie Theater, Ausstellungen oder bildungsmäßige Veranstaltungen (Kurse, Volkshochschule) werden wahrgenommen. Da überwiegend jedes Familienmitglied seinen Einzelbedürfnissen nachgeht, ist daher zum größeren Teil nicht so ein enges Familienleben vorhanden.

C — Freizeitgestaltung statt Freizeit-Konsum

Durch massive Werbung der Freizeitindustrie und der uns häufig übermittelten vorgelebten Klischees in den Medien sind diese beiden Begriffe leider sehr zusammengeschmolzen.

Gutgeplante Freizeitgestaltung sollte so ausgerichtet sein, daß ein gesunder Ausgleich zum Beruf da ist und das Gesellschaftsleben bzw. Gesellschaftsbewußtsein gefördert wird.

Freizeitgestalter sollten sich nicht zum Lückenbüßer von Fehlplanern machen lassen. Aus Fehlplanungen müßten Konsequenzen gezogen werden.

Ein Beispiel: Nach der *Grundfläche* eines Gebäudes entrichte sich die Auflage einer Spielfläche. Egal, wie hoch die Häuser sind. Bei dieser DIN-Norm reicht es meistens für eine Sandkastenanlage für die Kleinen und einen Rasen mit „betreten verboten".

Was ist aber mit all den anderen Altersgruppen von Kindern oder mit den Erwachsenen?

Es wäre sicherlich über eine gute Freizeitplanung möglich, auf derartige Dinge grundsätzlich einzuwirken.

Ein Wunsch, der auch oft geäußert wird, ist, statt eines Großbades mehrere Kleinbäder in der Nähe von Wohngebieten zu errichten. Es wäre grundsätzlich überlegenswert, bedürfnisorientierte Freizeitplanung noch mehr zu praktizieren.

D — Freizeitgestaltung unter kulturellen Gesichtspunkten

Grundsätzlich ist, was Kultur angeht, fast immer etwas Hochgestochenes gemeint. Ein paar auserwählte Mitmenschen leisten etwas ganz besonders Tolles — Einmaliges. Das schaut man sich dann an und genießt es. Kultur machen ganz intelligente Menschen, die verstehen das nämlich auch. Wer das versteht, ist „in" — und wer will unmodern sein?

Kultur ist für viele Menschen ein abstrakter Begriff. Über die Medien werden über die abgelegensten Winkel in Afrika die Kulturen übermittelt. Dagegen ist nichts einzuwenden, aber warum wird nicht ebenfalls z.B. über die Arbeiterkultur berichtet?

In unseren Arbeitersiedlungen gibt es kulturelle Beiträge in unterschiedlichster Art. Zwar gibt man dieser Art keinen

Stellenwert und spricht auch nicht darüber, denn wie können Arbeiter schon Kultur machen und wie sieht das aus?

Voraussetzung für kulturelle Freizeitgestaltung ist auch ein Gemeinschaftsdenken. Kultur verstanden nicht als Konsumieren, sondern als aktive Freizeitgestaltung. Hier zeigen sich starke Verbindungen zwischen Arbeitsplatz und Freizeitgestaltung.

Beispiele: Laien-Theatergruppen Gesangs- und Musikvereine, Sportvereine, überwiegend Fußballclubs, Feste feiern, Gartenarbeit, Tierhaltung (Tauben, Kaninchen usw.), handwerkliche Tätigkeiten (basteln, häkeln usw.).

Wir in Flöz Dickebank (mit etwa 1000 Bewohnern) sind z.B. zur Zeit dabei, unser ehemaliges Waschhaus für uns umzubauen. Im „Waschhaus" wollen wir neben Schulaufgabenhilfe, Frauengruppe, Bürgerinitiativentreffen, Fotokurs auch gesellige Veranstaltungen machen. Vor allem wollen wir, daß das „Waschhaus" von den Bewohnern, die in den Häusern außerhalb der Siedlung wohnen (etwa 4000 an der Zahl) und eine nicht so gute Freizeitmöglichkeit wie wir haben, daß auch gerade die das Haus mitbenutzen. Das gesamte Projekt wird, angefangen von der Vorplanung bis zur Verhandlung und Arbeitsausführung, von den Bewohnern getragen.

Obwohl wir sagen können, daß sich die Eigentümerin der Siedlung, die RWWAG, mit der wir manchen Strauß ausgefochten haben und auch noch auszustehen haben, mal von einer angenehmen Seite gezeigt hat, tun sich für uns große Probleme bei der Finanzierung für die Instandsetzung auf. Wir sind bereit, was wir selber erübrigen können, hineinzustecken, jedoch reicht das bei weitem nicht aus. Das ist unsere große Sorge und vielleicht besteht die Möglichkeit, hier zu erfahren, was man unternehmen könnte, im Rahmen geplanter Freizeitgestaltung irgendwelche einmaligen Gelder zu erhalten.

Die andere Seite unseres Projektes wäre vielleicht eine Art Modellfall, über dessen Erfahrungen wir zur Verfügung stehen könnten.

E — Freizeitgestaltung unter sozialen bzw. gesellschaftspolitischen Gesichtspunkten

Freizeitgestaltung ist nicht nur Auseinandersetzung mit angenehmen und schöngeistigen Dingen.

Eine der ersten Erkenntnisse, die wir in den Bürgerinitiativen der Arbeitersiedlungen machen mußten, war, daß der größte Teil der Bevölkerung unseres Landes regelrecht entpolitisiert ist. In den tragenden Parteien wird heutzutage die Politik in den höheren Gremien bestimmt; dem Parteivolk bleibt allenfalls ein absegnendes Handzeichen auf kleineren und größeren Parteitagen.

Der Konflikt, der sich daraus ergibt, ist folgender: Diejenigen, die oben sitzen, kommen entweder aus einer anderen Sozialstruktur, haben zum Teil schnell vergessen, wer sie gewählt hat oder haben schnell vergessen, wo sie hergekommen sind. Hinzu kommen die Interessenverflechtungen.

Wir in den Bürgerinitiativen der Arbeitersiedlungen verstehen uns nicht als eine Art politische Partei, sondern unsere Arbeit ist auf *gesellschaftspolitischer Ebene.*

Wir nehmen unsere Demokratie ernst und unsere Arbeit soll hierzu beitragen. Nur unterbuttern lassen wir uns nicht.

Wozu auch? Unser Kampf um den Erhalt unserer Siedlungen ist ein Bestandteil unserer Existenz sowie auch eine Verteidigung unserer angestammten Rechte.

Was wir tun, nämlich ungeschminkt die Wahrheit sagen, kann heutzutage als gefährlich gelten. Wer die Wahrheit sagt, der wird schnell als Kommunist abgestempelt. Wer ein Kommunist ist, ist auch Anarchist, also ein Radikaler. Wenn man Glück hat, wird man zu den Sympathisanten gezählt; auf jeden Fall ist man ein Edel-Radikalinski. Um unsere Arbeit und somit die Durchsetzung unserer bestehenden Rechte abzuwerten, ist man sehr einfallsreich. Neue Worte wie Fastkommunisten oder Ideologen werden geprägt. Damit erzeugt man Verunsicherungen, läßt auf Schlimmes hoffen, deutet auf Gefahren hin, um ungestört weiterzuschlafen. Ich bin über derartiges Verhalten erschüttert und nicht nur ich.

Soweit kann man im Jahre 1978 geraten, wenn man schlichtweg aus unserer Sicht die Wahrheit sagt. Ist es also erstaunlich, daß so wenig Menschen sich in unserem Staat gesellschaftspolitisch betätigen. Da aber vor einigen Jahrzehnten schon einmal fast alle Bürger unseres Landes hörig waren (nachher hatte niemand eine Ahnung von dem, was geschehen war), werden wir unseren geraden Weg weiter verfolgen, hart an unserer Sache, d.h. an unseren Problemen, weiterarbeiten.

F — Wie ernst wird von den Verantwortlichen die Bedürfnisorientierung von Bürgern zum einen, die gutgemeinten Empfehlungen, z.B. von Soziologen und Psychologen, zum anderen genommen?

Aus der Erfahrung im Umgang mit den Soziologen, die an Stadtentwicklungsplanungen und Stadtsanierungsprojekten arbeiten, speziell was die „Vorbereitenden Untersuchungen" im Rahmen des Städtebauförderungsgesetzes anbelangt, haben wir erlebt, daß die soziologischen Teile in den meisten Fällen die wirkliche Situation in den Siedlungen wiedergaben. Die Architekten wiederum in den meisten Fällen diese Untersuchung nicht zur Kenntnis genommen oder als Feigenblatt benutzt haben. Auch hier muß eine Bewußtseinsveränderung erfolgen.

Sicherlich ist unsere Erfahrung, wie mit soziologischen Aussagen umgegangen wird, übertragbar auf fast alle anderen Bereiche. Deshalb unsere Aufforderung an Sie alle: Setzen Sie sich gemeinsam mit uns dafür ein, daß *Betroffene,* Soziologen und Planer in allen Bereichen miteinander arbeiten, daß bisher gewonnene Erkenntnisse in die Praxis umgesetzt werden.

Ich freue mich, daß Sie hier in der Veranstaltung des SVR sich nicht ausschließlich produzieren wie die Architekten es auf den Dortmunder Architekturtagen getan haben, sondern daß wir, die von Vor Ort kommen, unsere Meinung darstellen können.

Wir hoffen auf eine Bereitschaft von Ihnen, Freizeitgestaltung demnächst wirklich so zu gestalten, daß Menschen wieder Menschen werden läßt. Menschen, die zueinander finden, Menschen, die sich nach einem streßvollen Arbeitstag so erholen, daß sie am nächsten Arbeitstag wieder leistungsfähig sind. Wenn Sie dazu bereit sind, geben Sie ihrer Arbeit einen Sinn und haben einen wirklichen Kulturbeitrag geleistet.

Arbeitsbedingungen und Freizeit im Wohnumfeld

Kurt Struppek

I. Ansatz

1. Stichpunkte zum Bedingungszusammenhang von Arbeit, Wohnen, Freizeit bei Arbeitnehmern

1.1. Die Gebundenheit an das Wohnumfeld als individueller und sozialer Freizeitraum wächst:

1. unter bestimmten „externen" Einflüssen:
a) mit dem Grad der jeweiligen Arbeitsbelastung, besonders in körperlicher und nervlicher Hinsicht,
b) mit der Zugehörigkeit zu Lohngruppen von vergleichsweise niedrigem bzw. abfallendem Lohn-, Rentenniveau und entsprechend geringer Rückgriffsmöglichkeit auf Freizeitressourcen außerhalb des Wohnumfeldes,
c) unter der Voraussetzungen von abnehmender/geringer Verfügung über freie Zeit je nach Arbeitszeitregelung und Wegzeiten,
d) mit dem Grad gesundheitlicher Beeinträchtigung im Erwerbs- und Rentenalter und folglich verminderter Mobilität, z.B. als Nachwirkung überhöhter Arbeitsanforderung;

2. mit Abhängigkeiten und Kontakten im personal-sozialen Beziehungsfeld,
besonders unter der Voraussetzung der oben genannten „externen" Bedingungen:
a) Hausfrauenberuf bzw. männliche Haushaltsführung,
b) besondere Ortsgebundenheit durch Familienmitglieder: Kleinkinder, Kranke usw., verwandte Hilfsbedürftige im Wohnbereich,
c) Nachbarschaftskontakte und Verpflichtungen,
d) nationale – soziokulturelle Kommunikationsbedürfnisse und Grenzen.

1.2.1. Die Möglichkeiten persönlicher Identifikation mit einer – von Arbeit und Sozialstatus vorgegebenen – Freizeitgebundenheit im Wohnumfeld wachsen und wirken u.a. auch als positives Kontrastprogramm zur Arbeitswirklichkeit:
a) bei ausgeführter relativer Wahlfreiheit zu Wohnung und Wohnbereich – und erlebten Bestätigungen der Entscheidung –
vergleiche dagegen: Ausbildungsbarrieren und noch geringe Entscheidungsmöglichkeiten auf dem Arbeitsmarkt,
b) mit zunehmender Aufenthaltsdauer ohne Befürchtungen um Wohnplatzverlust oder um Umfeldveränderungen
vergleiche dagegen: Arbeitsplatzgefährdung bzw. den als Bedrohung empfundenen Mobilitätsdruck,
c) mit zunehmender Fläche für individuelle Gestaltung im Innen- und Außenbereich (Wohnungsgröße, Balkon, Garten)
vergleiche dagegen: Monotonie, Bandarbeit, Akkord,
d) aktive Nachbarschaftsbegegnung in überschaubaren Hausflurbereichen und Außenfeldern mit gemeinsam nutzbaren Flächen und Angeboten (Bänke, Gaststätten), Kinderspielplätze
vergleiche dagegen: Hierarchie, kontaktfeindliche Arbeitsbedingungen (z.B. Akkord, siehe unter c) oben), Anonymität bei Massenproduktion,
e) mit einem Bebauungs- und Verkehrssystem, das Naturerlebnis, weitmöglichst Wohnbereichsruhe und gesundheitliche Stärkung bietet,
vergleiche dagegen: wirtschaftliche Industrie- und Gewerbeflächen-Nutzung sowie Lärmbelästigung bei vielen Produktionsabläufen, Umweltverschmutzung.

1.2.2. Die Gewichtung einiger Vorteile kann dazu führen, daß andere Nachteile weniger Bedeutung erhalten (Raumgröße, Modernität, z.T. auch Betriebsnähe, Umwelt).

2. Schlußfolgerungen zur Einschätzung einzelner unterschiedlicher Wohnbereichsstrukturen

2.1. Für Arbeitnehmer mit einer starken Freizeitgebundenheit im Wohnumfeld muß im Rahmen der von ihnen vornehmlich bewohnten Siedlungsbereiche der Vorrang dem Typus Arbeitersiedlung aus dem ersten Drittel des 20. Jahrhunderts gegeben werden. Sie bieten ein stabilisierendes Kommunikations- und Freizeitfeld für Einzelhaushalt und Nachbarschaft. Begründungen ergeben sich aus Abschnitt 1.2.1. Ansonsten kann auf den Einsatz der Betroffenen für den Erhalt der Arbeitersiedlungen und deren Sozialstruktur verwiesen werden.

2.2. Die Bewertung des älteren Typus Arbeitersiedlung wird bestätigt durch einen Vergleich mit einem neueren Typus. Er wurde besonders in der Nachkriegszeit in viergeschossiger Bauweise in werksorientierten Wohnbereichen mit Mitteln des sozialen Wohnungsbaues errichtet.

Noch in der letzten Woche hatte unsere Projektgruppe „Arbeitskreis Mensch im Bergbau" Anlaß zu einer Auseinandersetzung mit dem Modernisierungsvorgehen einer Wohnungsbaugesellschaft. Auf der einen Seite standen kritische Bemerkungen, die besonders von den Mitgliedern einer personell eng verbundenen Mieterinitiative vorgetragen wurden. Auf der anderen Seite wurde betont, daß die positive Qualität des gesamten Wohn-, Freizeit- und Kommunikationsbereiches in dem Maße in der Siedlung gegeben sei, wie bei den Wohnblocks nach Überschaubarkeit und Wohnfläche vorhanden seien. Wenn auch der Wert der Arbeitersiedlungen nicht erreicht werde, so lasse sich doch auf Partykeller für mehrere Haushalte und gemeinsame Freizeitgestaltung in Grünflächenbereichen hinweisen.

Das Bewußtsein, daß die entsprechende Siedlung mal gemäß der Charta von Athen mit einem dritten Preis gekrönt wurde, beinhaltet natürlich das Wissen um die überdurchschnittliche Qualität mit vergleichsweise anderen Nachkriegsmiethäusern. Sterile Grünflächen und lose Binnenkontakte, die sich stark auf das nachbarschaftliche Nebeneinander pro Hauseingang beschränken, lassen sich hier feststellen.

2.3. Bekannt ist, daß mit der wachsenden Verdichtung in neuerer Zeit die Wohnstätte innerhalb der „Vier Wände" vornehmlich individueller Zufluchtsort ist angesichts der beruflichen Anforderung, aber auch angesichts der kommunikationsfeindlichen Zuordnung und Häufung von Wohneinheiten. Folgen sind Vereinzelung, Häufung sozialer Konflikte, steigende Kriminalitätstendenzen und folglich überdurchschnittliche Zu- und Wegzugsraten.

Der stabilisierende soziokulturelle Kontrast zu den Bedingungen am Arbeitsplatz fällt damit weg.

2.4. Auf diesem Hintergrund erscheinen die großen Mietshäuser aus der Zeit der Jahrhundertwende und später in einem besonderen Bild.

Deutsche verließen sie mit dem Wunsch nach mehr Wohnkomfort, vor allem in der Zeit vor der Altbausanierung. Durch Ausländerzuzug und Bereitschaft zu hohen Mietzahlungen wurden die Vermieter entschädigt ohne Eigenaufwendungen. Gewerbeorientierte Anwerbung und entsprechende Ansiedlung haben dazu geführt, daß auch in umweltunfreundlicher Werksnähe ethnische Minderheitenansiedlungen erfolgten, jedoch mit relativ hohem Kommunikationswert für die Betroffenen.

Dieser positive Effekt, auch hinsichtlich der verstärkten Isolation von Ausländern am Arbeitsplatz, wird den negativen Spielraum für Substanzverfall nur solange offenhalten, wie die schon jetzt sichtbare Tendenz steigender Qualitätserwartungen zum Durchbruch kommt.

II. Einzelbereiche

1.1. Arbeitszeitorganisation — Freizeitspielräume

Möglichkeiten realisierter Freizeit im Wohnumfeld wachsen mit den Spielräumen, in denen über die Zuordnung von Arbeits- und Freizeit entschieden werden kann. Bei gleitender Arbeitszeit z.B. können spontane Kontaktmöglichkeiten, Abendveranstaltungen, Feste im Wohn-Nahbereich besser genutzt werden. Zumindest ist ein Arbeitszeitbeginn um 7.00/8.00 Uhr familienfreundlicher und hat für die Beschäftigten zu Tagesbeginn und -ende Freizeitwert.

1.2. Schichtarbeit

Schichtarbeit, besonders in der Form des Conti-Schichtsystems, bedeutet, wider den biologischen und gesellschaftlichen Zeitrhythmus zu leben, und folglich den Verzicht nicht nur auf allgemeine gesellschaftliche Freizeitangebote (Bildung/Kultur, Unterhaltung usw.), sondern auch ein Störelement im Freizeitverhalten von Familie und Nachbarschaft (vgl. Kinderbilder).

1.3. Überdurchschnittlich eingegrenzt in ihrem Freizeitspielraum sind berufstätige Mütter bzw. Hausfrauen mit Kleinkindern. Vor allem angesichts der doppelten Belastung in Haushalt und Beruf sollten mehr Teilzeitarbeitsplätze für Frauen (und für Männer) angeboten werden. Solche Angebote sind natürlich im Einzelfall nur wirksam, wenn eine materielle Voraussetzung zum Wechsel von Voll- in Teilzeitarbeitsverhältnisse besteht (für Frau und Mann?).

2. Lohnabhängigkeit — Überstundenzwang — Freizeitbeschränkung

Kontakte mit Arbeitnehmern von unterem bis mittlerem Lohnniveau zeigen, daß sie persönlich z.T. einen „Zwang" empfinden, Überstundenangebote zum Wochenende anzunehmen.

Dies ist teilweise eine Rückwirkung des Tatbestandes, daß wenige kostengünstige Freizeitangebote im Wohnnahfeld vorhanden sind, ein Rückzug auf kostenwirksame konkurrierende Wohnzimmerkultur erfolgt und gleichzeitig ein Bedarf an „mobilisierendem" Auto-Komfort entsteht für größere Ausflüge.

3. Wohnbereich in Werksnähe — Vorteile und Probleme

Entgegen der Tendenz zur Funktionstrennung/Entmischung („Charta von Athen") befinden sich natürlich noch Wohnbereiche in relativer Werksnähe (z.B. Bergbau, Chemie, Eisen).

Grundsätzlich ist die Freizeit um so länger, je kürzer die Anfahrtswege zum Arbeitsplatz sind. Damit ergeben sich auch kostenwirksame Vorteile.

Andererseits sind negative Folgen vorhanden, wo Lärm, Werksabgase, Transporte, Halden den jeweiligen Wohnbereich stören.

Z.B. sind Anlieger von Straßen mit ständigen Lkw-Schlammtransporten zu einer Halde hochgradig belästigt. Die Umstellung von Straßen- auf Schienentransport wird seitens der Unternehmensleitung als Kosten- und Zeitproblem hingestellt. Interessant ist der Tatbestand, daß öffentlicher Widerstand hauptsächlich von ehemaligen Werksangehörigen (Rentnern), nicht Nicht-Werksabhängigen erfolgt.

Das verleitet zu der Schlußfolgerung, daß unter der Voraussetzung grundsätzlicher Arbeitsplatzabhängigkeiten Lösungen erstrebt werden, die auf eine Übereinkunft mit den Interessen der Arbeitgeber hinauslaufen.

Die Freizeitqualität erhält somit Rang Nr. 2.

III. Freizeitkonzept für den Wohnbereich unter gegenwärtigen Arbeitsanforderungen

1. Freizeitzwänge und Bedürfnisse

Je stärker die körperliche bzw. nervliche Belastung am Arbeitsplatz ist, um so stärker werden Zwang und nachfolgend persönliches Bedürfnis nach Wiederherstellung von Arbeitskraft und Entspannung (Regeneration). Ausruhen und Freizeitkonsum (z.B. Fernsehen) erhalten dadurch eine vorrangige Bedeutung. Vor allem, wenn keine großen Außenimpulse, z.B. durch Vereinsbildung, Nachbarschaftskontakte, Gartenland und Sport, vorhanden sind, wird dieser Vorrang noch verstärkt. Über Kommunikationsarmut und mangelnde Freizeitimpulse nivelliert sich ein Wohnumfeld selbst.

2. Freizeitanimation im Wohnumfeld — Versuche der Industrie- und Sozialarbeit vor Ort

2.1. Arbeiten — Wohnen — Freizeit als Freizeitthema

Projektgruppenarbeit zu diesem Thema bietet sich in der aktivierenden Bildungsarbeit an für Gebiete mit gemischter Flächennutzung, besonders wenn eine bestimmte Werksorientierung der Mehrheit der Haushalte im Wohnbereich vorhanden ist. Eingespielte Zeitpläne erschweren es jedoch, über den Einsatz der Projektgruppe bei der Mehrzahl der Betroffenen den Mut zu wohn- und freizeitfreundlicheren Arbeitszeitveränderungen zu fördern.

Allgemeine Aufmerksamkeit kann wohl kurzfristig durch Medienunterstützung (z.B. bei internationalen Kontakten oder der Ü-Wagen-Sendung) gewonnen werden. Erfolge sind jedoch nur langfristig anzupeilen. Die Projektgruppenarbeit selbst führt wohl zur bewußteren thematischen Kommunikation über das vorhandene Abhängigkeitsfeld unter den sonst betroffenen Familienmitgliedern.

2.2. Erfolgreicher als der arbeitsplatzorientierte Veränderungsansatz im Sinne von Arbeitsentlastung und Freizeitgewinn können primär wohnbereichsorientierte Ansätze sein:

a) z.B. Einsatz für stärkere Schallisolierung in Schlafzimmern von Schichtarbeitern und Vertretung sonstiger Freizeitinteressen zu Wohnung und Wohnbereich bis hin zu Mieterinitiativen,

b) Wohnbereichsnahe Kurzangebote (z.B. Radiotechnik, Fotografie/Entwickeln, Botanik/Gartenpflege, Kochen/Grillen, Basteln/Werken, Gymnastik).

2.3. Arbeitslosigkeit im Freizeit- und Wohnumfeld

Bei einer starken subjektiven Betroffenheit und großer Zurückhaltung im Wohn-Nahbereich müssen sozialpädagogische Ansätze unabhängig von der Wohnbereichsnähe primär die Rückführung in das Arbeitsleben fördern, um dann den Mut zur Partizipation am Freizeitleben im Wohnumfeld zu fördern. Vorausgehende „Freizeitbildung" kann sonst noch eine Stabilisierung von Sozialkontakten fördern, die durch den Arbeitsplatzverlust nicht verlorengegangen sind.

Arbeitsbedingungen und Freizeit im Wohnumfeld
Resümee der Gruppendiskussion*

Uwe Volker Karst

Der Diskussionsgang der Arbeitsgruppe wurde weitgehend vorbestimmt durch Kurzreferate verschiedener Gruppenteilnehmer. Durch die unterschiedlichen Positionen und Akzentuierungen der Referenten wurden zugleich auch die zentralen Diskussionsfelder vorbestimmt und abgesteckt.

Als zentrale Diskussionspunkte wurden bearbeitet:

1. Grundsätzliche Probleme im Verhältnis Arbeit – Freizeit, Problemgruppen im Arbeitsbereich, benachteiligte Bevölkerungsgruppen im Freizeitbereich

2. Verhältnis Arbeitszeit – Freizeit aus industrieller Sicht, Wirkungen, Möglichkeiten und Grenzen der Einflußnahme arbeits- und betriebsbedingter Größen auf die Freizeit

3. Freizeitverbringung der Arbeitnehmer, Ort und Ausgestaltung des „Freizeitraumes"

4. Zusammenhang von Arbeitsbedingungen und Wohnumfeld, räumlicher und zeitlich-organisatorischer Zusammenhang der Arbeitsbedingungen und der Freizeitmöglichkeiten

5. Schichtarbeit und Freizeit, Umfang der Schichtarbeit und Folgen für die Arbeitnehmer, Erfahrungen über die Beeinträchtigungen zum jetzigen Zeitpunkt – Thesen über die Ausdehnung der Schichtarbeit und ihre Folgen in den kommenden Jahren bis etwa 1985

6. Fragen der Arbeitszeitordnung, der Arbeitsorganisation, zeitliche und organisatorische Veränderung im Arbeitsprozeß allgemein und im Bereich der Schichtarbeit speziell

---

* Die Ergebnisse der Beratungen in den Arbeitsgruppen sind jeweils von einem Moderator und einem Dokumentator zusammengefaßt worden. Soweit diese Zusammenfassungen nicht gleichlautend waren, ist neben dem Moderatorenbericht im Plenum auch der textliche Beitrag des Dokumentators abgedruckt worden. Er stellt mit den Ausführungen des Moderators gemeinsam das Arbeitsgruppenergebnis dar.

Es erübrigt sich, in dieser Zusammenfassung zugleich auch noch die Ausführungen der einzelnen Referenten abrißhaft darzustellen, da diese an anderer Stelle im vollen Wortlaut nachvollziehbar sind. Dies heißt aber nicht, daß nicht die Beiträge, durch welche die Diskussion angeregt wurde, schlagwortartig zum besseren Verständnis des Diskussionshintergrundes aufgegriffen werden.

Zu 1:

Trotz aller Bemühungen durch Wissenschaft und Forschung ist es bislang noch nicht gelungen, die durch die räumlich-zeitliche Trennung von Wohnort und Arbeitsstätte entstandene Parzellierung der Gesamtlebenszeit in Arbeitszeit und Freizeit und die damit verbundene Polarisierung beider Bereiche aufzulösen oder auch nur aufzulockern.

Die nach wie vor dominierende Einstellung zur Arbeit als Kern des Lebens wirkt sich in der Freizeit als die diese determinierende Haltung aus.

Je nach überwiegender Art der Belastung lassen sich unterschiedliche Präferenzen für die Freizeitaktivitäten verschiedener Berufsgruppen feststellen:

- eine hohe physische Belastung durch die Arbeit erfordert einen hohen Zeitaufwand zur körperlichen Regeneration; bevorzugte Freizeitaktivitäten dieser Arbeitnehmer sind die Bereiche, in denen manuelle Fähigkeiten und Fertigkeiten notwendig sind. Darüber hinaus werden solche Tätigkeiten ausgeübt, die im Zusammenhang mit notwendigen Reparaturen in der Wohnung, am Haus, am Fahrzeug oder, sofern vorhanden, im Garten usw. stehen

- eine hohe psychische Belastung durch die Art der Arbeit dagegen wirkt sich in der Regel so aus, daß die betroffenen Arbeitnehmer mehr freizeitbetonte Aktivitäten bevorzugen, wie etwa Hobby, Sport, Wahrnehmung von Bildungsangeboten, politische und soziale Betätigung, Bürgerinitiativen usw.

Als Problemgruppen stellen sich zunehmend die Berufsgruppen dar, die durch eine ausgeprägte einseitige Belastung sowohl organischer wie auch geistiger Art über einen längeren Zeitraum hinweg gekennzeichnet sind.

Es wurde konstatiert, daß diese Probleme durch die Gewerkschaften erkannt sind und bereits ansatzweise versucht wird und verstärkt versucht werden soll, sowohl tarifpolitisch wie auch parteipolitisch aktiv die Freizeitinteressen der Arbeitnehmer zu vertreten. Zugleich gehen die Gewerkschaften auch davon aus, daß sie auf absehbare Zeit die einzige gewichtige Interessenvertretung auch der Bevölkerungsgruppen darstellen müssen, die bislang starke Benachteiligungen in der Freizeit und große Behinderungen in der Wahrnehmung von Einrichtungen und Angeboten hinnehmen müssen, da diese Bevölkerungsgruppen ansonsten keine Interessenvertretung haben und eine politisch agierende Lobby gänzlich fehlt.

Zu 2:

Die industrielle Sichtweise für die Auswirkungen der Arbeitsbedingungen auf die Freizeit geht zunächst von erhöhten Belastungen einer Vielzahl von Arbeitnehmern im Produktionsprozeß durch ein hohes Maß an Monotonie der Arbeitsvollzüge oder aber durch eine ständig erweiterte Verantwortungskonzentration aus. Diese Belastungen müs-

sen in der Freizeit abgebaut und die Leistungsbereitschaft durch die Ermöglichung angemessener Freizeit
- in den Wohnungen
- im Wohnumfeld
- im Bereich der Bildung und Weiterbildung

wiederhergestellt werden.

Aus der Sicht der Industrie heraus muß jedoch die Freizeit als individueller Gestaltungsraum der Familie erhalten bleiben.

Die Industrie ist bereit, im Rahmen des technisch Möglichen und des wirtschaftlich Vertretbaren belastende Überforderungen und Unterforderungen zu mindern.

Vor dem Hintergrund verschiedener Diskussionsmodelle zur Verminderung der Arbeitszeit ist die Industrie bereit, die Arbeitsorganisation vor allem im Hinblick auf den zeitlichen Rahmen in Zusammenarbeit mit den Arbeitnehmervertretern der jeweiligen Betriebe neu zu regulieren — wobei sie allerdings in ihrer überwiegenden Mehrheit von einem zusätzlichen Zeitblock zur Arbeitszeitverminderung ausgeht.

Einwirkungsmöglichkeiten auf Wohnungen und Wohnumgebung durch die Industrie werden nur dort erwartet, wo diese Wohnungen im Eigentum der Betriebe sind.

Beispielhaft wurde jedoch im Gegensatz dazu ausgeführt, daß gerade in den firmeneigenen zusammenhängenden Wohngebieten eine starke Kontrolle durch die Betriebe und eine Einflußnahme auf die Willensäußerungen der Bewohner versucht und zumeist auch erreicht wird. Verbesserungen der Wohnumfeldqualität werden durch die Firmen nur dann durchgeführt oder gestattet, wenn sie nicht mit Kosten verbunden sind.

Die Aufgabe der Industrie kann nicht darin bestehen, eigene Angebote zur Freizeitgestaltung der Arbeitnehmer bereitzuhalten, sondern vielmehr darin, eventuell vorhandene Lücken bei Einrichtungen und Angeboten zu füllen, indem sie materielle Hilfestellung leistet.

Zu 3:

Als hauptsächlicher Ort der Freizeitverbringung der Arbeitnehmer wurde die Wohnung herausgestellt, in der etwa 70 % der Gesamtfreizeit verbracht werden. In diesem Zusammenhang konnten die bereits hinlänglich und seit langem bekannten Mängel des Wohnungsbaus — und hier vor allem des sozialen Mietwohnungsbaus — wiederum bestätigt werden, die sich vor allem in einer zu geringen Fläche, der unzweckmäßigen Aufteilung für Bedürfnisse und Aktivitäten des Freizeitbereiches, der mangelhaften Lärm- und Immissionsschutzeinrichtungen untereinander und nach außen hin, der Benachteiligung der Kinder innen und außerhalb usw. manifestieren.

Für den Bereich des direkten Wohnumfeldes und seiner Freizeitmöglichkeiten wurden zwei polare Modelle der Anlage von Arbeitnehmerwohnsiedlungen diskutiert: der derzeit übliche Hochbau mit einer Anhäufung von Wohneinheiten umgeben von Grünflächen und die Bergarbeitersiedlungen mit einer engen Aneinanderreihung kleiner Einfamilienwohneinheiten mit zugehörigem Garten und Hofgelände. Außer den heutigen Standards angepaßten hervorragenden Sanitätseinrichtungen waren keine positiven Merkmale des „Sozialbetons" auffindbar, zumal durch gesetzliche Auflagen bei der Freiraum- und Grünflächenplanung das Argument des geringeren Platzbedarfs inzwischen entweder gänzlich entfällt oder zumindest unbedeutend geworden ist. Dies gilt im besonderen für Neubaugebiete, Stadtrand- und Trabantensiedlungen.

Als Beispiele weitestgehend auf die Bedürfnisse der Bewohner zugeschnittener Wohnsiedlungen sowohl innerhalb der Wohnungen — sofern man von den Problemen mit zumeist relativ kleinen Wohnzimmern absieht — wie auch durch vorhandene eigene Garten- und Grünflächen wurden die vor allem im Ruhr-Emscher-Kernraum anzutreffenden Betriebssiedlungen der Großbetriebe und der Bergwerke angeführt und die von den Firmen unternommenen Bestrebungen zur „Privatisierung" der Häuser oder zum Verkauf ganzer Siedlungen als nicht im Interesse der derzeitigen Bewohner und ihres Sozial- und Kommunikationsgefüges liegend herausgearbeitet. Es blieb in diesem Zusammenhang nicht unerwähnt, daß die Bürgerinitiativen, die sich zur Erhaltung derartiger Wohngebiete gebildet haben — im Ruhrgebiet immerhin bereits 40 mit einem Arbeiteranteil von etwa 80 % entgegen sonstiger Bürgerinitiativen mit zumeist um etwa 1–5 % — unter starkem Druck der betroffenen Betriebe stehen und Arbeitnehmern am Arbeitsplatz durch ihre Mitarbeit in derartigen Initiativen erhebliche Nachteile entstehen können. Eine Unterstützung durch die örtlichen Gewerkschaftsorgane wurde bislang noch nicht erreicht.

Da gerade diese Siedlungen durch ihr Wohnumfeld einen hohen Freizeit- und Rekreationswert haben und durch ihre Ausstattung mit Hausgärten Aktivitätsmöglichkeiten bieten, sollten sie in ihrer Struktur erhalten und modernisiert werden — zumal dann, wenn man berücksichtigt, daß lediglich 5 % aller Mietwohnungen mit Gärten ausgestattet sind und der chronische Mangel an Kleingartenflächen in Städten und Gemeinden hinlänglich bekannt ist.

Zu 4:

Der Zusammenhang zwischen den Arbeitsbedingungen und dem Wohnumfeld wurde exemplarisch deutlich gemacht an den Arbeitersiedlungen des ersten Drittels des 20. Jahrhunderts mit ihrer unmittelbaren Nähe zum jeweiligen Betrieb, geringen Wege- und damit mehr Nicht-Arbeits-Zeiten. Die in diesen Siedlungen noch vorhandene intakte Kommunikations- und Sozialstruktur bringt in der Regel Rücksichtnahmen auf z.B. Schlafbedürfnisse von Anwohnern im Wohnumfeld mit sich. Durch die zumeist gemeinsame Arbeitsstätte ergeben sich nahezu zwangsläufig auch Kontakte außerhalb der Arbeitszeit und vielfach gemeinsame Aktivitäten der Arbeiter im Wohnumfeld.

Durch die Schließung von Betrieben müssen immer mehr Arbeiter wesentlich höhere Wegezeiten — im Ruhrrevier teilweise bis zu 1 1/2 Stunden — in Kauf nehmen. Damit werden Freizeit- und Kommunikationsmöglichkeiten bereits zeitlich beschnitten.

Ein weiterer Verlust an arbeitsfreier Zeit tritt besonders bei Arbeitern täglich durch Wasch- und Umkleidezeiten ein, der sich auf etwa 1/2 Stunde pro Tag beziffern läßt.

Bei Arbeitern unter Tage oder in der eisenschaffenden Industrie kommen zudem noch täglich etwa 2 Stunden notwendige Ruhezeiten wegen Sauerstoffmangels hinzu, die der Freizeit verlorengehen. Rechnet man diese zeitlichen und organisatorischen Freizeitverluste auf, erhält man etwa 60 Stunden pro Monat, wobei die Wegezeiten noch relativ knapp kalkuliert sind.

Durch besondere Arbeitsbedingungen wie Schichtarbeit im 2- oder 3-Schichten-Betrieb werden die Arbeiter zu individualistischer Freizeitverbringung gezwungen, da sie durch Wechselschichten weder an kulturellen noch an geselligen, kommunikativen oder bildungsorientierten Freizeitangeboten auf Dauer teilnehmen können.

Zu 5:

Breiten Raum in der Diskussion nahm vor allem die Problematik der Schichtarbeit – vor allem der Wechselschichtarbeit – ein. Genaue Daten über den Prozentualanteil der Schichtarbeiter an der Gesamtzahl der Arbeitnehmer liegen aufgrund mangelnder Erhebungen nicht vor. Es kann derzeit von einem Anteil von etwa 17,5 bis 20 % ausgegangen werden.

Obwohl die gesundheitlichen Schäden dieser Organisationsform der Arbeit unbestritten sind, rechnet die Industrie mit einem weiteren sprunghaften Ansteigen der Schichtarbeit zur besseren Auslastung kapitalintensiver Technologien. Die Industrie geht davon aus, daß die Organisationsform der Schichtarbeit derzeit erst am Anfang kommender Entwicklungen steht.

Gleiches läßt sich auch vom Dienstleistungsbereich sagen, in dem die Ausdehnung der Schichtarbeit noch rasanter und in wesentlich kürzeren Zeiträumen zu erwarten sein wird.

Es liegen verschiedene Prognosen über die Gesamtprozentzahlen dieser Ausdehnung vor – realistisch scheint jedoch zu sein, wenn man von Zahlenwerten für das Jahr 1985 ausgeht, daß etwa 25 % aller Arbeitnehmer im ständigen Wechselschichtrhythmus beschäftigt sein werden und daß dazu etwa eine gleich hohe Prozentzahl anzunehmen sein wird, die außerhalb der bislang noch als „normal" angesehenen Arbeitszeit zwischen 07 und 17 Uhr beschäftig sind.

Dies ergäbe einen Gesamtprozentwert von etwa 50 % aller Arbeitnehmer, die zu diesem Zeitraum außerhalb der normalen Arbeitszeit anderer selbst arbeiten müßten.

Als mögliche Ursachen dieser Entwicklung wurden auch festgestellt alle Bestrebungen, die eine Verkürzung der Gesamtarbeitszeit des einzelnen fordern – im industriellen Bereich durch das Auslastungsstreben der Industrie, im Dienstleistungsbereich durch höheren Personalaufwand in Verkaufs- und Angebotseinrichtungen, die zur Umsatzsteigerung eine Anpassung ihrer Öffnungszeiten an die Schichtwechselzeiten vornehmen werden.

Es wurde auch darauf hingewiesen, daß jede Forderung zur Schaffung von Möglichkeiten der Teilhabe der Schichtarbeiter an Angeboten im Freizeitbereich, im kulturellen Bereich, im Fort- und Weiterbildungsbereich usw. automatisch zu einer weiteren Erhöhung der Gesamtzahl führen muß, da das arbeitende Personal naturgemäß auch außerhalb der Normalarbeitszeit tätig wird.

Es kann hier darauf verzichtet werden, die Auswirkungen der Schichtarbeit auf den einzelnen und seine Familie und Umgebung aufzulisten – diese sind in mehreren Referaten eingehend dargestellt.

Die Diskussion mehrerer alternativer Modelle zur Verkürzung der Arbeitszeiten wie etwa die Einführung der 35-Stunden-Woche, der Verlängerung des Jahresurlaubs, der Einführung eines zweiten Jahresurlaubs, der Verkürzung der Schichtarbeitszeiten auf höchstens 6 Stunden usw. scheinen zwar alle mehr oder weniger geeignet, die gesundheitlichen Belastungen der Arbeitnehmer zu reduzieren – sie lösen indes sämtlich nicht die Probleme der Schichtarbeiter in bezug auf deren Ausschluß von der Teilnahme an geselligen, kulturellen, bildenden usw. Veranstaltungen und Angeboten.

Zu 6:

Entgegen den derzeit aktuellen Forderungen der Gewerkschaften nach Einführung der 35-Stunden-Woche und der Verkürzung der Schichtarbeitszeiten auf maximal 6 Stunden (bedeutet zugleich auch die Einführung des 4-Schichten-Betriebes) sind die Arbeitnehmer überwiegend an der Einführung eines zweiten Jahresurlaubs interessiert – erste Umfragen bestätigen diesen Trend. Zur Begründung dient dabei in erster Linie das Argument, daß die Verkürzung der Wochenarbeitszeit mit einer höheren Arbeitsintensität in den verbleibenden Arbeitsstunden erkauft werden müßte.

Da diese Forderungen zudem auch als derzeit noch nicht realisiert (und nur zeitaufwendig gegen die verschiedensten Widerstände realisierbar) gekennzeichnet wurden, lag das Schwergewicht der Diskussion auf der Forderung nach kurzfristig möglichen und sinnvollen Vorschlägen zur Verbesserung der aktuellen Situation der Schichtarbeiter. Als solche wurden erkannt:

• rechtzeitiges Aufstellen und Bekanntgeben der Schicht- und Dienstpläne, um eine vorausschauende Freizeitplanung zu ermöglichen;

• Beseitigung von Personalengpässen zur Vermeidung ständiger Änderungen in den Dienstplänen. Erhöhung der zeitlichen Regelmäßigkeiten zur Planung der arbeitsfreien Zeit und zur Ermöglichung von Kontakten und Kommunikationsmöglichkeiten während der Arbeitszeit;

• Einschränkungen vor allem der Nachtarbeitszeiten zur Vermeidung gesundheitlicher Schäden und zur Verkürzung der Reproduktions- und Regenerationszeiten und damit Ermöglichung der verstärkten Teilnahme am gesellschaftlichen, politischen und kulturellen Leben während der Tagesfreizeit;

• Verkürzung der täglichen Arbeitszeiten;

• Verlängerung der Urlaubszeit bzw. Einführung eines zweiten Jahresurlaubs zur Ermöglichung und Intensivierung familiärer und sozialer Kontakte über einen längeren planbaren Zeitraum;

• Pausenregelungen, die die Kommunikation mit Arbeitskollegen sowohl räumlich wie zeitlich ermöglichen.

Als Folgerungen für den Bezugszusammenhang „Arbeitsbedingungen und Freizeit im Wohnumfeld" wurden neben diesen Forderungen besonders herausgestellt:

• Erhaltung des gewohnten Wohn- und Sozialbeziehungsgefüges, da die Arbeitsmobilität eher in Kauf genommen wird als die Aufgabe des gewohnten Lebens- und Freizeitraumes;

- „gewachsene" intakte Siedlungsstrukturen bedürfen aufgrund ihres eigenen Freizeit- und Kommunikationszusammenhangs in der Regel keiner organisierten Freizeitprogramme – eher materieller Hilfestellungen zur Erhaltung dieser Strukturen;
- Freizeitaktivitäten und -angebote für Schichtarbeiter
- aber auch für sonstige freizeitbenachteiligte Bevölkerungsgruppen sollten wohnbereichsnah initiiert werden. Besonders eignen sich dafür die ortsteilansässigen Vereine und die kommunalen Volkshochschulen;
- stärkere Schallisolation der Schlafzimmer in Wohnsiedlungen mit hohem Schichtarbeiteranteil;
- Einrichtung wohnbereichsnaher Kurangebote im Freizeitbereich;
- Verbot der gesundheitlichen Belastungen bzw. ihrer materiellen Abgeltung durch Tarifverträge.

Als weiterer wesentlicher Punkt wurde die Forderung erhoben, im Rahmen der Volkszählung 1980 den Anteil der Schicht- und Nachtarbeiter mit zu erheben, da Zählungen im Mikrozensus keinerlei Klarheit über die tatsächliche Zahl dieser Bevölkerungsgruppe ergeben. Nur über diese Klarheit können weitere Untersuchungen, beispielsweise über die Auswirkungen dieser Arbeitszeitorganisation auf die schulischen Leistungen der Kinder, Beteiligung dieser Berufsgruppen an der Ehescheidungshäufigkeit, an sozialer Desintegration usw. folgen.

BERICHTE AUS DEN ARBEITSGRUPPEN

Freizeit '78   Das Wohnumfeld als Freizeitraum
Berichte aus den Arbeitsgruppen 1–7
Leitung: Friedrich Wilhelm Schaper

Friedrich Wilhelm Schaper: Ich wünsche Ihnen herzlich einen guten Morgen und hoffe, daß Sie eine ruhige Nacht verbracht haben und aufmerksam den Resümees folgen können, um, nachdem wir uns in Arbeitsgruppen aufgeteilt haben, wieder einen Überblick über das insgesamt Geleistete zu gewinnen. Ich freue mich, daß ich auch heute wieder in unserem Kreise die Gruppe der Animatoren aus Lille begrüßen kann. Bei seiner Begrüßung hat Herr Spitzmüller darauf hingewiesen, daß dieser Kongreß so gut sein wird, wie die Mitarbeit aller seiner Teilnehmer. Ich habe mir die Freiheit genommen, in verschiedenen Gruppen ein wenig zuzuhören und wenn mich mein dort gewonnener Eindruck nicht täuscht, so darf man diesem Kongreß vorbehaltlos ein gutes Zeugnis ausstellen. Es ist fleißig, engagiert und an der Sache mitgearbeitet worden.

Und jetzt zum zeitlichen Ablauf. Wir wollen Resümees der Arbeitsgruppen hören. Sie werden erstattet von den Moderatoren der einzelnen Gruppen, die sich jetzt selbst in die Disziplin nehmen müssen, in die sie ihre Mitwirkenden in den letzten 1 1/2 Tagen haben zwingen müssen. Wir haben etwa 1 Stunde Zeit. Ich bitte Sie also herzlich, sich in der Berichterstattung je Gruppe auf etwa 8 Minuten zu beschränken, damit wir mit dem Programm nicht ins Schleudern kommen. Anschließend findet dann die Podiumsdiskussion der internationalen Gruppe statt, die eingeleitet werden wird durch ein Kurzreferat des Herrn Präsidenten Dr. Ledermann. Herr Weber, der den Bericht der Arbeitsgruppe „Animation im Wohnumfeld" hatte geben sollen, mußte vorzeitig nach Düsseldorf zurück. Dankenswerterweise hat sich Herr Fuchs bereit erklärt, seinen Part zu übernehmen. Ich möchte nun ungesäumt zur Sache kommen. Bitte, Herr Schlegtendal, den Bericht über das Thema „Siedlungsformen und Wohnung".

Knut Schlegtendal: Vielen Dank, meine Damen und Herren. Gruppe 1, eine sehr kleine Gruppe, 12–14 Personen. Thema: Siedlungsformen und Wohnung, soziale Funktion, Gestaltung und soziale Brauchbarkeit. Die Gruppe bestand überwiegend aus Planern und solchen, die sich zugleich auch als Animateure verstehen. Es war ein direktes Gespräch zwischen der Gruppe und den Referenten möglich. Diese paßten sich der jeweiligen Situation an. Zu bemerken ist es auch noch, daß die Referenten sich geradezu als Meister ihres Faches erwiesen, also echte Insider waren. Zwei der Referenten zeigten auf, daß das Maß an Freizeit in der Bevölkerung unterschiedlich bemessen ist, vom Schulkind bis zum Arbeitslosen, daß die Freizeitbedürfnisse und Freizeitstile innerhalb und außerhalb der Familie in den gesellschaftlichen Gruppierungen unterschiedlich sind und sich dazu stetig ändern, so daß daraus die unterschiedlichsten Ansprüche an die Wohnung und das Wohnumfeld und die Einrichtungen außerhalb der Wohnung resultieren. Die Planer müssen diese Bedürfnisse und ihre Unterschiedlichkeit kennen oder erkennen. Hinzu kommt, daß sowohl die Wohnung als auch die Siedlung aus verschiedener Zeit unterschiedlich die Freizeit begünstigen oder auch benachteiligen. So ist es offenbar, daß etwa die Siedlung im Gartenstadtcharakter oder die vielen 1 1/2geschossigen Arbeitersiedlungen des Reviers weit weniger freizeitproblematisch sind als der Massenwohnungsbau der 1960er Jahre. Hier findet eine kleine oder zu kleine Wohnung Kompensation im Außenraum durch das Angebot von Garten und halböffentlichem Raum, dort gibt es nur den funktionalistischen Wohnungsgrundriß mit Balkon im 7. Geschoß und Blick auf das wenig zu nutzende Abstandsgrün. Die Wohnung wird von der Gruppe als Angelpunkt für die Freizeit erkannt. Hier wird im großen Maße nicht einmal den Grundbedürfnissen entsprochen, wenn man allein an den Lärm denkt. Wir hörten von einer Umfrage, wonach 43 % der Menschen nicht einmal ruhig schlafen können. Ist die Wohnungsversorgung auch statistisch erbracht, so ist festzustellen, daß die falschen Leute in den falschen Wohnungen und Siedlungen leben. Die Ursachen am Beharren an der falschen Wohnung werden von der Gruppe in dem Mietrecht gesehen, in den Finanzierungs- und Vergabeformen sowie der Ausgabebereitschaft für Miete seitens der Bevölkerung. 15,9 % werden für Miete ausgegeben, so hörten wir, 16,7 % für Freizeit und mehr Geld für Verkehr und Nachrichten als für das Wohnen, d.h., andere Konsume werden höher eingeschätzt. Das kann nur gesellschaftspolitisch geändert werden, wenn überhaupt. Für einige Schichten der Bevölkerung gibt es keine Wahlmöglichkeiten der Wohnung, keine Alternativen und somit sieht es auch mit der Freizeit düsterer aus. Am Beispiel des üblichen Wohnungsgrundrisses, speziell die Miniküche, wird gezeigt, daß der Mensch zur Anpassung an die Umwelt gezwungen wurde und offenbar auch noch wird. Obwohl wir heute etliche Erkenntnisse dazu erworben, auch Zusammenhänge sehen gelernt haben, wird kaum besser gebaut. Man denke allein an die Schlafzimmer und an den Schallschutz der Installationen. Der Normalbürger wird normal versorgt, d.h., man baut für den Normalbürger. Der Normalbürger wird genormt. Ein ähnliches Dilemma findet sich bei den Siedlungen und im Städtebau. Angefangen von der Bodenspekulation über ökonomische Konzentrationsentwicklungen sowie ideologische Zutaten, Verdichtung, Urbanität, die den Massenwohnungsbau oder den Bau von Wohnungen in Massen häufig an falschen Standorten und in häufig unmenschlicher Weise entstehen ließen. Dazu kommt die Priorität der Verkehrsansprüche und die ständige Veränderung der Nutzungsanteile zu Ungunsten des Lebensraumes. Die Runde wird sich klar, daß mehr als 70 % der gebauten Umwelt bereits existent ist, daß nur noch wenig zur Disposition steht. Insofern gewinnt der Wohnungsumbau, der Siedlungs- und Stadtumbau gegenüber dem Neubauen an Bedeutung und somit die Aufgabe, die Umwelt an die Bedürfnisse anzupassen. Die Verbesserung des Wohnumfeldes durch Maßnahmen der Verkehrsberuhigung mit Angeboten für den Fußgänger, den Radfahrer, durch ergänzende Freizeiteinrichtungen im Wohnblock, im Quartier, im Stadtteil, so wie wir es auf den Exkursionen hier sehen konnten, birgt wiederum die Gefahr in sich, daß die Wohnung dabei selbst nicht genügend Beachtung findet. Das Denken müßte nach Ansicht der Gruppe an der Wohnung anfangen. Badezimmer und Küche müssen umorganisiert oder anders organisiert werden. Es muß versucht werden, Sekundärwohnraum im Keller oder im Dachgeschoß nutzbar zu machen, und zwar für mehrfache Nutzung und Bedürfnisse (Geselligkeit, Gäste, Materiallager, Bastelecke unter Mitsprache von Mietern und Bürgern). Von soziologischer Seite wird darauf hingewiesen, daß die Möglichkeiten von Gemeinschaftseinrichtungen bisher im allgemeinen überschätzt werden. Private Freizeitbedürfnisse lassen sich durch Gemeinschaftseinrichtungen kaum kompensieren, bestenfalls ergänzen, da sowohl Verhaltensweisen zur Halböffentlichkeit neigen und die Schwellen zu ihr unterschiedlich sind und von vielen Faktoren abhängen. Gerade für die unterprivilegierten Schichten ist privat verfügbarer Raum kaum vorhanden. Das Hammelbraten ist nicht möglich. Für die Planung ist wichtig zu erkennen, daß Gemeinschaftsangebote nicht isoliert gesehen werden dürfen. Es wird vorgeschlagen, an die Planung von kombinierten Anlagen mit Einzugsgebieten von 20—30.000 Einwohnern zu denken, wobei Aktivitäten angeboten werden sollen, die über den Stadtteil hinausgehen, Ausstrahlung haben und insofern auch Fremde anziehen können. Ein solcher Stadtumbau vom Detail ins Große und vom Großen ins Detail bedarf der Planung. Diese muß ansetzen an der Gesamtstadtentwicklungsplanung, bei der Freizeitplanung häufig nur identisch ist mit der Grünflächenplanung. Besonders geeignet erscheint das Instrument der Stadtteilentwicklungsplanung, die hier und dort bereits mit mehr oder weniger Erfolg betrieben wird. Aus der Runde werden verschiedene Beispiele von geglückten und mißglückten, d.h. nicht angenommenen Gemeinschaftseinrichtungen geschildert und gemeinsam analysiert und hinterfragt. Wichtige Voraussetzungen sind Flexibilität und Möglichkeiten für den späteren Aus- und Umbau. Wichtigste Voraussetzung dürfte aber wohl die Partizipation der Bevölkerung schon an der Planung sein, da eine Identifizierung nur bei aktiver Beteiligung oder bei Änderung der bisherigen Verhaltensmuster erreicht werden kann. Die Diskussion über fachliche und politische Zusammenhänge bleibt nicht aus. Die ausländischen Teilnehmer zeigen sich besorgt um die Entwicklung bei uns, unseren hohen Standard, unsere Reglementierungen und unseren Perfektionismus, unser Zentralisieren, unser von oben nach unten anstatt von unten nach oben zu denken, unser Handeln und unser Regieren, unsere Verwaltungen, die sich noch immer nicht als dienstleistend begreifen. Die Runde ist sich im klaren, daß eine Forderung nach mehr Fläche, nach mehr Geld kaum erhoben werden kann, vielmehr die Forderung nach Umverteilung, Umgewichten, Umdenken und Andershandeln geht. Die Planung bzw. Umplanung der Stadtquartiere sowie der Bau neuer Wohnungen und Siedlungen erscheint

heute auf der einen Seite schwieriger, da alles objektiv komplizierter und die Planenden subjektiv zusammenhangbewußter geworden sind, also etwas mehr Skrupel bekommen haben, auf der anderen Seite leichter, da das Bewußtsein in der Bevölkerung gestiegen ist, Erfahrungen vorliegen und wir uns gegenseitig Beispiele zeigen können. Am Nachmittag unseres gestrigen Tages schilderte Herr Janssen aus Holland anschaulich zwei Wohnungsbeispiele aus den Niederlanden: Bei einem Wohnexperiment in Utrecht handelt es sich um Mietwohnungsbau in Geschoßbauweise, bei dem nicht nur die Flexibilität der Räume durch Verstellen der Wände, Veränderungen im Wohnverhalten, durch Schiebetüren, durch das Angebot eines sogenannten stillen Zimmers erreicht wurde, sondern auch jeweils 5—6 Wohnungen durch eine halböffentliche Halle verbunden werden. Diese Halle wird gemeinsam nach gruppeneigenen Bedürfnissen genutzt und dementsprechend selbst gestaltet. Kommunikation, wie Herr Janssen sagt, wird dadurch wenigstens nicht verhindert. Zu diesem Projekt wurden eingehende statistische Untersuchungen durchgeführt und erläutert. Die Bewohner sind heute sehr daran interessiert, die Wohnungen zu erwerben. Die gemeinsame Bedürfnisabklärung der Infrastruktur der Wohnumgebung ist die Voraussetzung auch des zweiten Experiments: Die Planung und Realisierung von Eigentumswohnungen mit unterschiedlichen Wünschen für die Lage der Wohnung, die Größe sowie den Anteil der Eigenhilfe, die Raumgrößen und Verteilungsmöglichkeiten, jeweils gruppiert um einen Hof. Die Bewerber wurden bei der Planung auch stark in wirtschaftliche und konstruktive Zusammenhänge eingeführt und hatten dadurch größeres Verständnis für Schwierigkeiten. Die Siedlung sollte nicht mehr als 50 Einheiten erhalten. Soziogramme zeigten sehr anschaulich, wie die einzelnen Wohnungen, die Höfe zueinander in zwischenmenschlicher Beziehung standen. Beide Experimente erforderten den Planer vor Ort, der seinen Klienten zur Verfügung steht und offensichtlich soziale Phantasie und Liebe zum Menschen aufbringt. Die Diskussion ergab, daß die Methode des gemeinsamen Planungs- und Realisierungsprozesses im Rahmen der Freizeitpolitik eine wichtige Rolle spielt, zumal so ein Prozeß auch übertragbar für einen Baublock eines älteren Stadtquartiers erscheint. Bestrebungen der Selbsthilfe sollten — so die Forderung der Gruppe — von den Behörden durch zweckmäßige Beratung mehr als bisher gefördert werden, denn das Unerfülltsein der Menschen kann nicht nur durch Freizeiteinrichtungen behoben werden.

Friedrich Wilhelm Schaper: Meine Damen und Herren, erlauben Sie mir zwei kurze Zwischenbemerkungen. Erstens: Es fehlt uns natürlich die Zeit, jetzt und hier die Berichte zu diskutieren. Ich schlage Ihnen aber vor, daß Sie, wenn Sie Verständnisfragen haben, sich Stichworte notieren. Es bleibt, wenn wir Glück haben, am Schluß vielleicht noch 10 oder 15 Minuten Zeit, solche Verständnisfragen an die Berichterstatter zu stellen. Zweite Bemerkung: Bitte lassen Sie sich nicht davon irritieren, daß die Berichte von einem Wisper begleitet werden. Für unsere französischen Gäste wird flüstergedolmetscht. Vielen Dank.

Hans Eugen Gruber: Meine sehr verehrten Damen und Herren, die Arbeitsgruppe 2 hatte etwa 30 Mitwirkende. Thema: Freie Flächen im Wohnumfeld. Das erste Referat hielt Herr. Dr Klausch. Er erläuterte uns die Freiräume, wie sie in Raumordnung, Landesplanung, Regionalplanung und Bauleitplanung aufgezeigt sind, die Planarten und die Stellung der Freiräume in Nutzflächensystem. Die Gärten in der Stadt vom Hausgarten über Kleingartenanlagen, Bürgergarten und öffentlichen Gärten der verschiedenen Kategorien wurden von ihm als mögliche Freiflächen im Wohnumfeld, im engeren und weiteren Wohnumfeld angesprochen. Er sprach auch die Notwendigkeit unterschiedlicher Form der Öffentlichkeit und Privatheit an. Unser zweiter Referent, Herr Lanz aus Zürich, berichtete über Zürichs Straßen und Hinterhöfe. Zürichs Innenstadt ist von einer Bevölkerungsentleerung bedroht. Der Druck der tertiären Funktionen auf die City ist sehr stark. Ziel der Züricher Arbeit ist es, eine wohnliche Stadt zu erhalten und innerhalb der Stadt die alten Baublöcke als wohnliche Inseln zu gestalten. Ein Film über die Entwicklung der Hofsanierung „Goldbrunnenhof" und ähnlicher Maßnahmen zeigte, wie ein Projekt gemeinsam mit Stadt, Vermietern und Mietern erarbeitet wurde. Er verdeutlichte die Arbeit der Beratungsstelle für Hinterhofsanierung, die die Stadt betreibt. Er zeigte auf, daß die Stadt Richtprojekte und die Beratung dazu durchführt, daß sie die Kosten dafür übernimmt und letztlich auch einen Sanierungsfonds bereitstellt, mit dem diese Maßnahmen, die relativ im niedrigen Kostenbereich liegen und große Umweltverbesserungen bedeuten, bezuschußt werden. Herr Lanz sprach sich für eine Politik der kleinen Schritte bei der Verbesserung des engsten Freiraumes im Wohnumfeld aus. Die Diskussion darüber beschäftigte sich mit der Annahmebereitschaft der Betroffenen, mit den Nutzungsrechten der Allgemeinheit an privaten Grundstücken und der damit zusammenhängenden Problematik. Sie brachte den Gedanken, Durchlässigkeit für Öffentlichkeit und private Nutzungen zusammenwirken zu lassen. Weiter kam der Gedanke, vielfältige Eigentumsformen zu probieren. Das Sanierungsverfahren wurde diskutiert und die Aufgabe der Kontaktperson bei der Durchführung dieser Maßnahmen. Die Diskussion erfaßte auch den grundsätzlichen Bereich der Konflikte bei Flächennutzungen und als Ursache dafür die Verdrängungsprozesse im Stadtgefüge.

Der Generalsekreätr des Deutschen Verbandes für Wohnungswesen, Städtebau und Raumplanung, Gerhard Orgaß, brachte dann in seinem Vortrag Definition zu räumlichen Rahmenbedingungen und Qualitätsmerkmalen. Er stellte die Frage, ob Freiräume im Wohnumfeld nur negative Flächen sind und verdeutlichte die unterschiedlichen Aufgaben der privaten und öffentlichen Flächen. Die Sozialpflichtigkeit des Eigentums wurde angesprochen, die Bedeutung der Gestaltung in diesen Bereichen sowie Identifikationsprobleme. Herr Orgaß folgerte, die Nahumgebung der Wohnung müsse als Ganzes durchdacht und gestaltet werden. Das Wohnumfeld darf spontane Nachbarschaftskontakte nicht verhindern, muß aber Zwangskontaktsituationen vermeiden. Der Mensch muß sich in seiner Umgebung zurechtfinden können, das Wohnumfeld muß wechselnde Freiräume haben, um Entspannung zu bieten. Dazu bedarf es der engen Nische, die Geborgenheit bietet, wie der Weite, die Perspektiven eröffnet. Die Funktionen Wohnen, Arbeiten, Kultur, Erholung und Versorgung müssen vernünftig gemischt und vielfältig sein, ohne daß auf Schwerpunkte verzichtet wird. Die Konzeption der Wohnumfeldplanung muß global und nicht einfach additiv sein, und die Konzeptionen der Planung müssen Anpassungen und Korrekturen ermöglichen, welche die oft unvorhersehbaren oder unvorhergesehenen Entwicklungen bedingen. Die Planung des Wohnumfeldes soll den Wünschen der Bürger Rechnung tragen. Neben der Planung ist auch die Verbesserung des Wohnumfeldes als eine kontinuierliche Aufgabe staatlicher Förderungspolitik anzusehen. Staatliche Mittel sollten vor allem durch Initialzündung Hilfe bieten.

Die Arbeitsgruppe gab sich für die Diskussion folgenden Strukturplan:
1. Bürgeransprüche
2. Flächenansprüche
3. Gestaltungen
4. Planungs- und Bauprozesse
5. Trägerschaften und Finanzierungen.

Ergebnisse:

Bürgeransprüche müssen möglichst genau erfaßt werden. Verschiedene Partizipationsmodelle — wie auch schon Herr Schlegtendal in seiner Gruppe festgestellt hat — sollten miteinander kombiniert werden, z.B. Umfragen, Anwaltsplanung, der Gedanke der Planungszelle, um einige Beispiele aufzuzeigen. Eine Bedarfsermittlung anhand der verbotenen Dinge, die der Bürger tut, ist ein Korrektiv hierzu.

Bei den *Flächenansprüchen* kam man recht bald darauf, daß Forschungen und Untersuchungen notwendig sind, um das Grundlagenmaterial zu verbreitern. Die Differenzierung des Freiflächensystems im Wohnumfeld soll Klarheit schaffen, soll aber auch gleichzeitig eine Unterversorgung in einzelnen Bereichen verhindern. Ausgangspunkte der ganzen Freiflächenüberlegungen im Wohnumfeld soll das Begriffspaar „Wohnung und wohnungsbezogener Freiraum" sein. Es wurde der Vorschlag gebracht, die Stadt umbaufähiger zu gestalten. Die Stadt muß demontierbar, veränderbar sein, um entsprechendem Nutzungswandel Raum bieten zu könen. Um dies alles durchzuführen, ist als erstes notwendig, Nutzungskonflikte zu erfassen, Defizite festzustellen und Risikoanalysen zu erarbeiten. Zur Aufrechterhaltung gewisser Ordnungskonzepte ist ferner ein langfristiges Festhalten an Grünflächenplänen in den Bereichen erforderlich, in denen verschiedene Nutzungen drängen.

Ein Kernpunkt der Diskussion war die *Gestaltung*. Das Wichtigste scheint hier, Angebote unterschiedlicher Intensität der Privatheit und der Öffentlichkeit bei Flächen zu gewährleisten. Grundsätzlich für die Gestaltung ist auch eine Gemeinschaftssinnhaltung, zumindest ein gemeinsames Problemverständnis als eine Voraussetzung effektiver Gestaltung. Auch kam immer wieder die Anregung zur Eigenverantwortung bei der Gestaltung und dem Betrieb durch Beteiligte und zur Hilfe durch Selbsthilfe zum Ausdruck. Die Grünflächenprojekte sollten überall gefördert werden. Für die Gestaltung hat sich die Gruppe nach langer Diskussion auf folgende Grundsätze geeinigt:

Für private Freiräume an der Wohnung müssen wir Gelegenheit bieten, genauso für Kommunikation. Grünflächen sollen multifunktional nutzbar sein. Es ist Gewähr zu geben für Spielen, für kreatives Gestalten sowie für Ergänzbarkeit und Entwicklungsfähigkeit, für Identifikation, für Variabilität in der Nutzung und Gestaltung. Voraussetzung für die Erfüllung dieser Funktionen ist — wie schon angesprochen — die Risikoanalyse unter Berücksichtigung und Prüfung der Zumutbarkeit des Projektes für Eigentümer, für Anwohner und Nutzer und letztlich eine Warnung vor Überfrachtung solcher Anlagen, d.h. der Hinweis auf Nutzungsbeschränkungen.

Beim Planungs- und Bauprozeß wurde noch einmal herausgestellt, daß Gelegenheit zur Bürgerbeteiligung zu bieten ist. Die Realisation soll in Stufen erfolgen, um soziale Umbrüche durch Kostenüberwälzungen zu vermeiden. Letztlich wird durch Abstimmen mit den Füßen die Benutzung der Anlagen bewertet.

Bei *Trägerschaft und Finanzierung* sprachen wir die Erprobung vielfältiger Eigentums- und Betriebsformen an. Die Gruppenverantwortung ist zu stärken und Selbsthilfeorganisationen sind zu wünschen. Das rechtliche Instrumentarium ist nach Auffassung der Diskussionsteilnehmer und der Referenten ausreichend. Projekte sind zu beobachten und falls erforderlich, ist eine Ergänzung der Vorschriften ins Auge zu fassen. Haftungsfragen dürfen nicht Kriterium sein zur Verhinderung von gesellschaftlich notwendigen Weiterentwicklungen. Die Verbesserung des Wohnumfeldes ist eine komplexe Aufgabe der Stadtplanung und Stadtentwicklung. Verkehrsberuhigung, Hofsanierung, private und öffentliche Grünfläche, Grünplatz, Spielplatz, Spielpark, Grünzugskleingarten und Stadtpark sind im Zusammenhang zu sehen bei der Verbesserung der Freiräume im Wohnumfeld. Behutsame, aber auch zielstrebige Veränderungen sind zu empfehlen, um Rückschläge zu vermeiden.

Herbert Hoffmann: Meine Damen und Herren! Thema Nr. 3 „Die Straße im Wohnbereich", ein Thema, das Sie auch persönlich angeht. Mich auch; denn ich hätte besser geschlafen, wenn die Straße im Hotelbereich ruhiger gewesen wäre. Wir hatten fünf Referenten. Zwei der Referenten beschränkten sich auf Grundsatzreferate und Grundsatzaussagen, wobei ein Referat sich mit der Grundsatzthese beschäftigte, daß die Innerortstraßen zur Zeit für Freizeitnutzung unbrauchbar sind und daß die Freizeitnutzung wieder zurückgewonnen werden muß. Das zweite Grundsatzreferat brachte die Konflikterkenntnis, daß bei der heutigen Verkehrslösung im Innerortbereich nicht Rücksicht genommen wurde auf die Ansprüche aller Bewohner, auf das Wohnumfeld und auf die Straße. Aus dieser Konflikterkenntnis sollten Lösungsansätze gewonnen werden. Wir hatten neben diesen beiden Grundsatzreferaten drei Referate, die sich vorwiegend mit der Darstellung von Lösungsansätzen befaßten, Lösungsansätze aus den Niederlanden, aus dem Großversuch in Nordrhein-Westfalen und aus den praktischen Ergebnissen und Versuchen hier in Essen. Aus allen fünf Referaten kam klar zum Ausdruck, daß die Problemansprache und das Problembewußtsein gleichartig sind. Das Problem besteht kurz gefaßt darin, daß früher eine Einheit zwischen Wohnung und Wohnumfeld war, daß, ausgelöst durch die Motorisierung und durch Fremdeinflüsse, z.B. Durchgangsverkehr, ein Bruch zwischen Wohnung und Wohnumfeld erfolgte und daß es zur Erhaltung der Städte grundsätzlich notwendig ist, wieder eine Einheit zwischen Wohnung und Wohnumfeld herzustellen, das heißt, die Straße als wichtigster Umfeldraum muß wieder für alle nutzbar gemacht werden. Wichtigstes Mittel oder Voraussetzung für die Wiedergewinnung dieser Nutzbarkeit ist die Verkehrsberuhigung und die Sicherheit. Wenn die objektive oder subjektive Sicherheit der Benutzer nicht gegeben ist, dann sind alle anderen Bemühungen, Freizeitnutzung in irgendeiner Form auf die Straße zu bringen, zum Scheitern verurteilt. Bei der Verkehrsberuhigung und insbesondere bei der Verkehrsberuhigung als Zielsetzung zur Neugewinnung des Wohnumfeldes, schieden sich die Geister. Die Problemansprache war verschieden und ich versuche hier in vier Punkten darzustellen, wie sich die verschiedenen Meinungen darstellten.

Das erste Problemfeld kann man formulieren mit der Frage: Wie erfaßt man die Bedürfnisse der berechtigten Benutzer der Straße? Hier gibt es einmal den Ansatz, sehr komplex vorzugehen, sehr intensiv in die Bedarfsforschung mit den sozialwissenschaftlichen Methoden einzusteigen, die Bewohner der Straße selbst zu befragen und die Bedürfnisse irgendwie zu erfassen. Der andere Ansatz lautet: „Dazu haben wir keine Zeit", das wird nicht viel bringen, die Bewohner wissen gar nicht, was ihre eigenen Bedürfnisse sind, hier muß man Vorgaben machen. Eine Einigung erfolgte dann auf der Ebene, daß man Bewohner nicht über unbewußte Bedürfnisse fragen kann, sondern daß hier eine Aufgabe für den Planer, für den Politiker besteht, zumindest Rahmenrichtlinien zu setzen, also Enscheidungen zu treffen. Der Politiker sagt, daß etwas geschieht und wie es im Detail geschehen soll und dabei hat der Bürger Mitspracherecht. Das also zum Problem, wie erfaßt man Bedürfnisse in Richtung Wiederbelebung der Straße als nutzbarer Raum für die Bewohner: Entscheidung von der politisch-planerischen Seite unter Mitspracherecht der Bürger.

Das zweite Problem „Wo sind denn solche Maßnahmen notwendig und vordringlich, wo sind sie realisierbar?" Hier zwei Diskussionsstandorte. Der erste lautet, notwendig wäre eine Großraumplanung, um auch die überregionalen Verkehrsströme mit einzubeziehen, da man sich bewußt ist, daß einzelne, lokal beschränkte Maßnahmen ja großräumige Auswirkungen auf Verkehrsströme und auf Verhalten der Bewohner haben können. Der erste Standort ist also die „Großraumplanung". Der zweite Standort: Großraumplanung dauert zu lange, bringt nichts, ist zu schnell korrekturbedürftig. Besser ist, sofort zu handeln, erst Maßnahmen in einem größeren Feld und im kleineren Umfang zu treffen und dann die Grundsatzentscheidung herbeizuführen.

Eine gemeinsame Linie ergab sich dann im Laufe der Diskussion. Man sagte, es müßte möglich sein, den „sowohl-als-auch"-Standpunkt zu akzeptieren, d.h. auch die Großraumplanung im Hinblick auf die Verkehrsberuhigung in einzelnen bereichen durchzuführen. Man erkannte in der Diskussion aber, daß Standortunterschiede durchaus noch vorhanden waren.

Das dritte Problem „Wie findet man dann die praktische Lösung für die neuzuordnenden Bereiche". Hier stellt sich die Frage der Zielsetzung. Welche Lösungen will man denn? Es gab Standorte, die sehr weit gefaßt waren, wie die extremen Lösungen, zurück zur funktionsentmischten Stadt, zurück zur Stadt mit weniger Verkehr und weniger PKW-Besitz, bis hin zur völligen Neuordnung der Stadtgebilde. Der andere Standort war, verdichtete Räume mit starken Verkehrsbelastungen zu erfassen, nur durch pragmatisches Vorgehen Lösungen zu suchen, Verkehrsberuhigung zu machen und durch begleitende Beobachtung Lösungsansätze zu entwickeln, um vielleicht von diesem Mikroansatz her den großen Wurf zurück zur funktionsvermischten freizeitgerechten Stadt zu finden. Trotz der verschiedenen Standorte bestand Einigkeit, daß der heutige Erkenntnisstand über die Neubelebung der Straße noch nicht so weit ist, um ohne Experiment arbeiten zu können. Dies ging bis zur Auffassung, daß man nur über das Experiment an praktischen Beispielen mögliche Lösungen finden könnte. Das Gesamtproblem der Neubelebung der Straße ist so komplex, daß es bis jetzt noch keinen Lösungsansatz gibt, der alle Auswirkungen berücksichtigt. Was bleibt, sind Experimente und Beobachtungen, das Hineinwachsen durch praktisches Handeln in mögliche Lösungen.

Der vierte Problemkreis „Wie sichert man die Weiterentwicklung der heutigen Ansatzpunkte". Die Weiterentwicklung kann man nach den Worten eines Diskutanten mit einer Kampftruppe betreiben, die mal die Verwaltung, mal die Politiker von der Notwendigkeit der Maßnahmen zur Wiederbelebung der Straße überzeugt. Denn mal ist es die Verwaltung, die sich sperrt, mal sind es die Politiker und mal sind es die Einwohner, die sich sperren. Den Einwohnern werden die Lösungen aber vorgesetzt, sie sind da nicht so sehr gefragt, bis hin zur Möglichkeit, eine Lobby zu gewinnen, eine Lobby, die tatsächlich, wie es bei uns üblich ist, aus den wirtschaftlichen Interessen an einer Neubelebung der Stadt entstehen könnte. Und hier kommt ein Aspekt, der zum Schluß diskutiert wurde. Die ordnenden Maßnahmen zur Freizeitbelebung der Straße haben einen sehr tiefgreifenden sozial-politischen Aspekt. Maßnahmen der öffentlichen Hand in dichten Wohnquartieren könnten die Sicherheit und Wiederbelebung der Straße fördern. Sie führen mindestens tendenziell dazu, daß die Mieten steigen, daß Umstrukturierungen der Bewohner erfolgen und das Bürgertum, das ins grüne Umland abgewandert war, ist teilweise wieder zurückgekehrt. Dieser sozialpolitische Aspekt muß unbedingt bedacht werden. Hier ist ein großes, noch nicht diskutiertes und noch nicht mit Lösungsansätzen durchforstetes Feld. Insgesamt weiß man, daß die Weiterentwicklung dieser Lösungsansätze nicht mehr warten kann, denn die Zeit drängt. Hier auch wieder die gegensätzlichen Meinungen. Muß man die neue Bewußtseinshaltung, diese Problemansprache intensiv fördern oder passiert sie automatisch? Man weiß, es ist nicht mehr allzuviel Zeit, um unsere Städte vor der Verödung zu bewahren. Die gesamte Diskussion endet mit der Resolution, daß die heutige Freizeitplanung sich nicht mehr auf die Umwelt der Städte beschränken darf, sondern daß sie ansetzen muß im Umfeld der Wohnung, an der Straße, um diesen Raum wieder für die Bewohner zurückzugewinnen, um die Städte wieder lebensfähig zu machen.

Und zum Schluß ein persönlicher Kommentar: Um die Weiterentwicklung dieser Ansätze zu sichern, müßten sich diejenigen, die sich auf diesem Gebiet bewegen, zuerst einmal einigen, daß es hier nicht um ideologische Unterschiede geht, die nur daraus herrühren, daß man die Probleme verschieden anspricht. Man müßte sich zu einem einzigen Konzept durchringen, um die Stoßkraft an Überzeugung zu gewinnen, die hier noch notwendig ist, um Politiker und Verwaltung zu überzeugen.

Dr. Walter Anderle: Meine sehr geehrten Damen und Herren, wie gesagt, Forschung und ihre Umsetzung zur Verbesserung des Wohnumfeldes, mit diesem Problem hatte sich die Gruppe 4, bestehend aus 24 Mitgliedern, zu befassen. Ausgangspunkt der mit Engagement geführten Gespräche war folgende — durch einen Referenten in den Raum gestellte These — ich gebe sinngemäß wieder: Das Wohnumfeld ist bezüglich seiner Eignung zum Verbringen zusammenhängender Freizeit eine Notlösung für die, die nicht nach außen können, wenn sie es könnten, täten sie es. Sinngemäß weiter: Ehe man Überlegungen zur Verbesserung des Wohnumfeldes anstellt, sollte man doch erst einmal die Frage beantworten, ob das Wohnumfeld in der heutigen Stadt wirklich Heimat sein kann, d.h. all jene Qualitäten aufweist, die dieser Begriff Heimat impliziert.

Mit einer Reihe von Argumenten konnte diese These falsifiziert werden. Vor allem auch mit den im Vortrag von Professor Rainer so überzeugend dargestellten Wünschen, Sehnsüchten, Bedürfnissen und Forderungen der Menschen nach im menschlichen Maßstab gestalteten Räumen mit Naturelementen in unmittelbarer Nähe der Wohnung. Bloß, und das sei hinzugefügt, ist Zweifel angebracht, ob diese legitimen Wünsche und Forderungen in der im Vortrag angebotenen Form erfüllbar sind. Es wird einfach nicht jede Familie über ein Eigenheim verfügen, auch wenn es in Reihung oder als Atrium oder in freier Kombination auf kleinster Fläche verwirklicht wird. Und es kann auch nicht jede Familie einen Schrebergarten zur Verfügung haben.

Es gilt also zu überlegen, wie lassen sich für viele, oder besser für alle Menschen die sehr wohl berechtigten Wünsche und Forderungen vor dem Hintergrund nicht zu ignorierender Rahmenbedingungen mittels *zeitgemäßer* Formen und Strukturen realisieren. Formen und Strukturen, die der heutigen, nicht der mittelalterlichen Stadt adäquat sind.

Weiter wurde herausgearbeitet, daß das Wohnumfeld eine sachliche und räumliche Einheit darstellt, die als integrierter Bestandteil die hierarchisch gegliederten Einheiten Stadtteil, Stadt, Region und Land zu begreifen und planerisch entsprechend zu handhaben ist. Es wurde bereits angedeutet in den Ausführungen meiner verehrten Vorredner.

Folgende Gründe sprechen für eine bevorzugte Erforschung und Planung dieser kleinsten und untersten Einheit:

1. Die Bürgernähe — Sie beeinflußt wesentlich das Interesse und die Bereitschaft der Betroffenen zur Mitarbeit.

2. Die Überschaubarkeit — Sie erleichtert die Aufdeckung der sozialen, funktionellen sowie strukturellen Gegebenheiten und Entwicklungsmöglichkeiten. Sie ermöglicht weiter das Erkennen von Kongruenz oder Nichtkongruenz bezüglich Ziel und Ergebnis usw. Man kann so sehr gut verfolgen, was ist angestrebt in dieser kleinen Einheit und was ist zum Schluß herausgekommen.

Neben der Grundlagenforschung interessieren in diesem Zusammenhang vor allem auf konkrete Objekte bezogene wissenschaftliche Untersuchungen, die sich an der Planungspraxis orientieren müssen. Dabei sollten Fragen, inwieweit Bewohner sich mit ihrem Quartier identifizieren, und Fragen bezüglich des Planungs- und Entscheidungsprozesses vorrangig behandelt werden.

In der Diskussion wurde deutlich, daß die tradierten Vorgehensweisen der empirischen Sozialforschung für diese Art Untersuchungsgegenstand modifiziert werden müssen.

Der Sachverstand der mit diesen Aufgaben befaßten Forscher und Planer muß ergänzt werden durch den aus Betroffenheit resultierenden Sachverstand der Bürger. Deshalb ist im Rahmen des gesamten Planungsprozesses, d.h. von der Initiierung bis zur Realisation die Integration dieser unterschiedlichen Komponenten des Sachverstandes eine wichtige Voraussetzung für einerseits bedürfnisgerechte und andererseits machbare Planung. Ein Disput über die grundsätzliche Aufgabe der Forschung führte zu keinem Konsens unter den Gesprächspartnern. Die polaren Positionen wurden durch folgende Leerformeln markiert:

Ein Standpunkt: Forschung ist gleich Entwicklung und Durchsetzung politischer Zielsetzung.

Ein anderer Standpunkt: Forschung ist gleich Grundlegung und Maßnahme zur Verbesserung der Planung und Planung ist Grundlage zur politischen Entscheidung.

Dr. Diemut Schnetz: Meine sehr geehrten Damen und Herren. Es ist vielleicht ganz günstig, wenn Sie jetzt einmal eine weibliche Stimme hören, sonst könnte unbewußt der Eindruck entstehen, als wäre die Gestaltung des Wohnumfeldes eine reine Männersache.

Unsere Arbeitsgruppe 5 mit dem Thema „Bürgerbeteiligung bei der Gestaltung des Wohnumfeldes" bestand aus ungefähr 25 Teilnehmern, die sehr gut gemischt waren nach den verschiedenen Interessengruppen. Wir hatten fünf Referenten, und die Zusammensetzung der Referate war außerordentlich gelungen. Dies ergab eine sehr gute Dynamik für unsere Auseinandersetzungen und Gespräche. Angesichts der fortgeschrittenen Zeit möchte ich Herrn Schaper den Gefallen tun, so kurz wie möglich zu sein, und mir alle Details, soweit es gelingt, verkneifen. Die besondere Chance unserer Gruppe bestand darin, daß wir zwei Vertreter hatten, die in der Praxis eigentlich Kontrahenten sind, nämlich den Verteter einer Bürgerinitiative und den dazugehörigen Verteter des Stadtplanungsamtes und außerdem als dritten, den städtischen Referenten des Verkehrsamtes.

Nun hatten wir also den Bericht der Bürgerinitiative, der exemplarisch deutlich machte, was durch eine Bürgergruppe zur Erneuerung eines Stadtviertels geleistet werden kann. In einem Stadtteil von Krefeld, der in über 30 Jahren heruntergekommen war und kurz vor dem Umkippen stand, wie das genannt wurde, und der ausländische Bewohner hat, ergriffen sechs Ortsansässige die Initiative. Ausgehend von diesen sechs Initiatoren ist es gelungen, eine aktive Bürgergruppe mit hundert Beteiligten zustande zu bringen und innerhalb von nur drei Jahren aus diesem Stadtviertel „Rund um St. Josef" eine Freizeitanlage zu machen, in dem zwei Straßenzüge gesperrt und in einer Art Umentwicklung für Freizeitzwecke gestaltet wurden. Darüber hinaus ist es gelungen, eine Bürgerberatung zu installieren und etwas, was sich Jugendkunstschule nennt; eine Art kreatives Programm in Trägerschaft der Bürgerinitiative.

An diesem besonders gelungenen Beispiel von rascher Stadterneuerung durch das aktive Eingreifen einer entschlossenen Bürgergruppe wurden aber auch exemplarisch die ganzen Konflikte deutlich, die mit einem solchen Vorgehen verbunden sind. Diese möchte ich Ihnen jetzt kurz gegenüberstellen. Sie sind bei uns sehr plastisch geworden, insbesondere dadurch, daß die Stadtverwaltung mit zwei ihrer Repräsentanten selbst zugegen war. Die Bürgerinitiative spricht von Versäumnissen der Stadtverwaltung, die Stadtverwaltung spricht von freiwilligen Leistungen. Die Bürgerinitiative stellt Forderungen, die Verwaltung verweist auf die gesetzlichen Rahmenbedingungen, sprich Sachzwänge. Die Bürgerinitiative verlangt klare Zuständigkeiten, die Behörde versucht ihre Absichten dadurch abzusichern, daß sie möglichst alle und alles einbezieht. Die Bürgerinitiative drängt auf rasche Multiplikation, Übertragung eines gelungenen Modells, die Behörde befürchtet den Präzedenzfall und seine Folgelasten. Die Bürgerinitiative braucht rasche spürbare Erfolge, die Behörde will unplanmäßige Konzessionsmaßnahmen vermeiden. Die Bürgergruppe sucht horizontale Kontakte, ressortübergreifende Querverbindungen und stößt dabei auf die hierarchische Struktur der Verwaltung und die damit verbundene Mentalität. Bekanntlich sind die drei meistgebrauchten Totschläger für Bürgerwünsche aus dem Arsenal der Verwaltungsbeamten

erstens: Wer hat Sie damit beauftragt?
zweitens: Das haben wir ja noch nie gehabt.
drittens: Da könnte ja jeder kommen.

Wir haben an diesem konflikträchtigen Beispiel deutlich festgestellt, daß der Lernprozeß, in den hier eingetreten werden mußte, drei besondere Chancen enthält.

Erstens: Die Bürger haben hier ihr räumliches Wohnumfeld aus eigener Initiative wirklich selbst gestaltet. Sie haben zweitens aber zugleich ihr soziales Wohnumfeld neu gestaltet, erneuert und sie haben drittens das Verhältnis zwischen Bürgerschaft und Verwaltung verändert. Das sind die drei Ebenen, auf denen eine gelungene Beteiligung wirksam wird. Wir haben uns gefragt, ob es eigentlich nicht jetzt an der Zeit wäre, über gelungene oder mißglückte Einzelfälle hinaus zu überlegen, ob es Strukturen geben könnte, die solche Prozesse dauerhafter und erfolgreicher auch da machen, wo sie nicht spontan entstehen. Insbesondere in der Schweiz sind hierzu Überlegungen im Gange. Ich nenne nur die Stichworte, die hierzu bereits gefallen sind und über die nachgedacht wird. Das Schaffen von Quartierräten, Delegiertenversammlungen von Bürgergruppen, Anwohnervereine und Planungs- und Beratungsbüros in Stadtteilen, vor allem bei Sanierungsprojekten. Es ist uns nicht gelungen, über diese strukturellen Vorschläge zu einem gemeinsamen Ergebnis zu kommen. Wir haben aber sehr wohl eine Reihe von Punkten festgehalten, die auch jetzt schon in den vorhandenen Strukturen beachtet und beherzigt werden könnten und die zu einer entschiedenen Klimaverbesserung bei der Beteiligung von Bürgern beitragen würden. Diese Gesichtspunkte sind:

● Man soll Fehlentwicklungen feststellen, ohne gleich Schuldzuweisungen damit zu verbinden.
● Die Konflikte dürfen nicht verwischt, aber auch nicht dramatisiert werden. Wir müssen lernen, konfliktfähig zu sein und diese Konflikte in Ruhe auszutragen.
● Aus den Betroffenen, den Planungsempfängern müssen zunehmend Beteiligte und Planungsautoren werden. Im Idealfall gibt es überhaupt keine Betroffenen mehr, es gibt nur noch Beteiligte, die an der Autorenschaft der Planung mitwirken.
● Beteiligung muß immer mehrgleisig fahren, weil der Artikulationsweg, der jetzt überwiegend gewählt wird, alle

diejenigen ausschließt, die nur über das konkrete Zupacken zur Mitwirkung zu bringen sind.
- Wir müssen sehen, daß es sich um einen Prozeß der Rückgewinnung von demokratischen Rechten handelt, die der Bürger an Obrigkeiten abgegeben hat, die er delegiert hat. Dieser Prozeß ist schwierig.
- Wir müssen feststellen, daß es eine neue Aufmerksamkeit gibt für die kleinen Schritte, für die kleinen sozialen Einheiten, für die mikropolitische Arbeit und daß dies ein zwingend notwendiges Gegengewicht ist zu der Automatik von Großverbänden und Großstrukturen, die nicht aufzuhalten ist.

Und jetzt noch ein Schlußsatz, der gleichermaßen das Fazit unserer Arbeitsgruppe sein könnte:

Es kommt darauf an, den Prozeß der Gestaltfindung selbst als einen wesentlichen Teil der Aufgabe zu sehen, um die es geht, weil nämlich nicht das fertige Produkt, die fertige Einrichtung im Freizeitbereich das Ziel ist, sondern die mitschöpferischen Kräfte vieler Menschen, die durch diese Einrichtung freigesetzt werden.

Friedrich Wilhelm Schaper: Vielen Dank Frau Dr. Schnetz, wäre ich Hans Rosenthal, so würde ich sagen, Sie waren „Spitze". — Animation im Wohnumfeld, bitte Herr Fuchs.

Armin H. Fuchs: Nun, daß jetzt wieder eine männliche Stimme zu Ihnen spricht, sollte Sie wiederum nicht zu dem Schluß veranlassen, daß die Animation nur Sache der Männer oder ausschließlich Sache der Männer ist, oder, daß unsere Gruppenarbeit ausschließlich von Männern betrieben worden ist.

In den Diskussionen in der Arbeitsgruppe 6 zum Thema „Animation im Wohnumfeld, lassen Sie mich das grundsätzlich sagen, ist die Sache mehr vom Begriff her angegangen worden. Die Praxis ist vielleicht ein kleines bißchen zu kurz gekommen, hat so ein bißchen herhalten müssen als Illustration des Versuchs, Animation begrifflich abzugrenzen, Animation begrifflich zu bestimmen. Die Wissenschaftler hatten vielleicht in dieser Arbeitsgruppe etwas die Überhand. Das hatte den Vorteil, daß die Gruppe sich im Bereich der begrifflichen Abgrenzung ein ganzes Stück nach vorne bewegen konnte. Für die teilnehmenden Praktiker ist aber wahrscheinlich eine ganze Menge Unsicherheit übriggeblieben im Bereich der praktischen Arbeit, der Methodenfrage und der Überlegung, was bedeutet Animation im Wohnumfeld, in Freizeiteinrichtungen, in Bürgerhäusern. Zunächst hat sich die Arbeitsgruppe bemüht, in Teilgruppen den Begriff der Animation gegen den naheliegenden und den benachbarten Begriff der Gemeinwesenarbeit abzugrenzen. Ein Begriff, der sehr viel älter ist als die Animation und von dem viele der Meinung, aber auch sehr skeptisch der Überzeugung waren, daß er durch diesen neuen Begriff der Animation untergraben und politisch ausgehöhlt werden soll, daß also, nachdem man politisch unbequeme Erfahrungen mit der Gemeinwesenarbeit gemacht hat, ein neues Etikett gesucht wird, um politisch harmlosere, vielleicht bequemere und verspieltere Formen der sozialen Arbeit zu kreieren.

Diese Skepsis hat sich eigentlich durch die ganze Arbeitsgruppe gezogen, man hat sich nicht vorbehaltlos dazu entschließen können, den Begriff der Animation rundweg zu akzeptieren. Die Abgrenzung gegen den Begriff der Gemeinwesenarbeit hat die Gruppe dann durch eine Reihe von Gegenüberstellungen zu bewerkstelligen versucht, Gegenüberstellungen charakteristischer Eigenschaften dieser Begriffe in verschiedenen abgrenzbaren Bereichen.

Im politischen Bereich hat man also gesagt, da ist die Gemeinwesenarbeit vielleicht mehr die Hilfe zur Selbsthilfe Betroffener. Sie ist eine unbequeme Initiation vielleicht von Widerstand, vielleicht von Interessenfindung, von politischer Partizipation, die Animation dagegen so ein bißchen Sturm im Wasserglas, vielleicht auch etwas unpolitisch. Ich habe diese Skepsis eben schon angedeutet. Man hat historisch argumentiert und hat gesagt, der Begriff der Gemeinwesenarbeit kommt aus dem anglo-amerikanischen Raum. Diese Einflüsse sind ja sehr lange bei der Sozialarbeit im deutschen Raum dominierend gewesen. Vielleicht kommt jetzt mit dem Begriff der Animation ein wenig Einfluß aus dem südeuropäischen, aus dem romanischen Bereich, und das könnte der Sozialarbeit sicher nicht schaden. Man hat dann gesagt, wenn man inhaltlich diese beiden Ansatzbereiche oder diese beiden Begriffe gegeneinanderstellt, dann sieht es so aus, als sei die Gemeinwesenarbeit eine sehr ernste, eine sehr zupackende, ja eine vielleicht sehr durchrationalisierte Form und eine sehr zweckrationale Form der Sozialarbeit. Mit dem neuen Begriff der Animation — und das war eine positive Einschätzung — kommt dagegen so etwas wie Spielerisches, wie Leichtes in die Sozialarbeit hinein. Etwas, was mit Sicherheit, so war man, glaube ich, übereinstimmend der Überzeugung, das mit Sicherheit der Sozialarbeit und der Arbeit von Bürgerinitiativen, von Bürgergruppen, aber auch dem Aspekt der Bewohnbarkeit der Städte entgegenkommt.

Man hat dann noch den Versuch gemacht, von den Zielgruppen etwas umstritten, die beiden Begriffe gegeneinander abzugrenzen. Man hat gesagt, Gemeinwesenarbeit ist eine Sache, die sich überwiegend mit verarmten, wirtschaftlich und materiell elenden Gruppen, mit Randgruppen der Gesellschaft, befaßt. Animation dagegen wollte man gerne hinstellen als eine Art von Sozialarbeit oder eine Art von sozio-kultureller Arbeit, die es mit der Gesamtbevölkerung zu tun hat.

Zusammenfassung dieser Gegenüberstellung Animation — Gemeinwesenarbeit: Skepsis blieb, Skepsis blieb allenthalben. Die günstigste Einschätzung bei den Wissenschaftlern war die, daß man sagte, nun gut, wir wollen sehen, was wir mit diesem Begriff anfangen können, was er uns an neuen Aspekten bringt. Wir schließen nicht aus, daß er unser Spektrum erweitert. Die skeptischste Haltung vielleicht hier bei den Praktikern; mit Animation soll uns politische Kraft abgekauft werden, soll eine politische Position, eine politische Situation abgetötet werden, die wir bereits erreicht haben. Zwischen dieser Ambivalenz konnte man nicht zu einer abschließenden Entscheidung kommen. Aber zumindest eine Abgrenzung hat sich angedeutet. Sie läßt sich in dem Bild zweier überschneidender Kreise darstellen, die sich weitgehend überdecken, aber auch ihre spezifischen Besonderheiten und besonderen Zonen haben, die der jeweils andere Begriff nicht einschließt.

Als nächste Etappe in der Diskussion hat man versucht, den Begriff der Animation mit den besonderen Merkmalen, soweit sie sich aus der theoretischen Diskussion und vielleicht auch aus praktischen Modellen ableiten ließen, aufzulisten. Man hat so etwas versucht wie eine Anatomie der Animation, hat versucht zu sagen, das ist charakteristisch an dieser Methode. Hervorhebenswert schien den Teilnehmern der Arbeitsgruppe der spielerische Aspekt, der Aspekt des Musischen, der Aspekt der Spontaneität, der doch in dieser Animation sehr stark in den Vordergrund gestellt wird. Ein Beitrag hat gesagt — etwas skeptisch — vielleicht ist gerade der Zeitpunkt, zu dem dieser Begriff auftaucht, ein sehr eindeutiger Hinweis darauf, daß es auch ein unpolitischer oder ein entpolitisierter Begriff ist.

Schließlich hat man in dieser Gruppe versucht, eine Typologie zu entwerfen oder aus der Praxis modellhafte Typen von Animation aufzustellen, und man hat ein paar Beispiele zusammengetragen; sechs Modelle in verschiedenen deutschen Städten. Ich will die beiden äußersten Pole andeuten. Man hat gesagt, der eine Pol, das ist vielleicht die Bürgerinitiative um das Kernkraftwerk in Whyl, wo eine, man könnte sagen, selbstinduzierte Form von Animation stattgefunden hat. Wo durch eine politische Organisation eine von den Betroffenen selbstinduzierte Beschäftigung mit kulturellem Inhalt in Gang gekommen ist. Als ein Pol einer solchen Typologie wäre also eine Animation denkbar, die sich aus einer Eigendynamik einer politisierten, einer sich selbst organisierenden Gruppe von Bürgern, von Interessenorganisierten bindet. Als anderen Pol hat man dann die Revierparks hingestellt, als eine Form von Animation, die vielleicht ein bißchen starr ist, die ein festes Repertoire von animativen Anstößen enthält, aber eben nur ein von Institutionen bereitgehaltenes Bündel von Animation darbietet. Um es in schlechten, aber mir ganz einleuchtenden Begriffen zu nennen, vielleicht ist das eine die „soft wave" wie das Whyl-Modell, eine sehr spontane, eine sehr intuitiv zustande gekommene Animation, und das andere so ein bißchen die „hard-wave", also das feste, das stehende Angebot eines institutionellen Trägers. Zum Abschluß hat man, und da ist man nicht sehr weit gekommen, in der Arbeitsgruppe ein Ausbildungsprofil und ein Qualifikationsprofil für Animateure diskutiert, hat versucht zu sagen, was ist das eigentlich für ein Berufsbild.

Man ist sich nicht sehr einig geworden, hat auch nicht sehr viel Klarheit über dieses Berufsbild bekommen. Man hat sich aber zu etwas sehr Wichtigem durchgerungen, man hat gesagt, wenn in dieser Berufsrolle, in diesem Begriff eine Chance liegt, dann ist es die, daß wir nicht den Begriff oder das Feld der Freizeit jetzt auch noch den verschulenden oder institutionalisierenden Zugriff opfern. Es darf hier nur spontan und unbürokratisch, bürgernah und improvisiert gearbeitet werden. Wir sollten darauf achten, sollten die Forderung stellen, daß an den Schulen und in den Bereichen, in denen Animateure ausgebildet werden, in der Pädagogik, in der Erwachsenenbildung, die Verschulung nicht weitergeht, daß sie in den freizeitorientierten Bereichen, in den freizeitanbietenden Institutionen nicht fortschreitet und daß eine spontane Gestaltung der Freizeit möglich bleibt. Man hat auch gesagt, einer Professionalisierung sollte man in diesem Bereich skeptisch gegenüberstehen. Professionalisierung ist sicher gut, aber sie kann auch sehr schnell zu einer Übermethodisierung, zu einer Überprofessionalisierung führen. Man sollte gerade in diesem Bereich die Möglichkeiten offen lassen, daß auch Laien, daß auch Angehörige unterschiedlichster Ausbildungsberufe, unterschiedlich-

ster Berufsfelder, mit einer pädagogischen Zusatzqualifikation, mit einer freizeitpädagogischen Zusatzausbildung ihre Elemente, ihre musischen, ihre fachlichen Elemente, in den Freizeitbereich einbringen.

Dr. Joachim Scharioth: Arbeitsbedingungen und Freizeit und ihre Verflechtung, für einen Freizeitkongreß noch ein ungewöhnliches Thema. 20 Diskutanten hatten sich in der Arbeitsgruppe 7 zusammengefunden, um in einer außerordentlich intensiven und anregenden Diskussion dieses Thema zum ersten Mal explizit auf einem Freizeitkongreß zu besprechen. Auswirkungen von Arbeit auf die Freizeit.

Was ist das eigentlich? Genannt wurden die Monotonie des Arbeitsprozesse, die in den Freizeitbereich des Menschen eindringt, die mangelnden Kommunikationsmöglichkeiten, die unsere hochtechnisierte Welt am Arbeitsplatz heute bietet und die vordringende Schichtarbeit. Die Schichtarbeit steht dem Biorhythmus des Menschen völlig entgegen. Sie hat ungeahnte gesundheitliche Folgen, bedeutet aber auch für den Schichtarbeiter, daß er weitgehend vom familiären und gesellschaftlichen Leben seiner Umwelt ausgeschlossen ist. Es gibt kaum Freizeitangebote und Bildungsangebote für denjenigen, der in Wechselschicht arbeitet. Nicht nur er, sondern seine gesamte Familie ist davon betroffen, daß beispielsweise der Vater, es kann aber auch die Mutter sein, zu einem anderen Zeitpunkt arbeitet, als der normale Mensch lebt und Freizeit hat. Wir haben das eindringlich an Kinderbildern gesehen, die in einer Schulklasse ihr familiäres Zuhause dargestellt haben und wo der Vater im Regelfall im Bett liegt, wenn die Familie ihre Freizeit erlebt. Das Problem ist, daß alle Faktoren, die diesen Bereich beeinflussen, nicht etwa abnehmende, sondern zunehmende sind. Die stärkere Technologisierung, die immer höhere Anspannung von Mensch und Maschine im Arbeitsprozeß, verstärken insbesondere die Faktoren „Monotonie" und „mangelnde Kommunikation". Schichtarbeiter werden nicht weniger, sondern es werden täglich mehr. Der Anstieg geht in einem rapiden Tempo. Waren es noch Mitte der sechziger Jahre lediglich 14 % der erwerbstätigen Bevölkerung, die in Schichtarbeit arbeiteten, so waren es Anfang der siebziger Jahre bereits 17 %, heute sind es 20 % und man rechnet bis zu 50 % in den neunziger Jahren. Das besondere ist, daß diese Schichtarbeit gerade für den Freizeitbereich zunehmend wichtiger wird. Die Schichtarbeit in Dienstleistungsbereichen, in Freizeitinstitutionen nimmt zu. Es fehlen aber nahezu vollständig nähere Untersuchungen über die besonderen Situationen in den einzelnen Branchen und es gibt nicht mal eine ausführliche Statistik, die uns darüber Aufschluß gibt, in welchen Regionen die Probleme besonders groß sind. Von daher die Forderung nach einer regional aufschlüsselbaren Statistik, beispielsweise der Schichtarbeit, aber auch anderer Faktoren des Arbeitslebens. Die Arbeitszeit ist einer der wichtigsten Faktoren, an denen man die Ausflüsse von Arbeit und Freizeit verändern kann. Wir haben zwar eine Verminderung der direkten Arbeitszeit in den letzten Jahren gehabt, die aber mit ansteigender Wegezeit einhergegangen ist. Vielfach werden in allen Untersuchungen die Zeiten der Arbeitsvorbereitung völlig außer acht gelassen. Die Möglichkeiten, diese sehr starken Einwirkungen des Arbeitslebens auf den Freizeitbereich über Veränderungen der Arbeitszeiten zu verringern, sind sehr unterschiedlich. Während die einen empfehlen, man sollte eine

Reduzierung der Arbeitszeit vornehmen, indem man mehr Pausen einlegt und damit im Arbeitsprozeß die Möglichkeit zu kommunikativer Unterhaltung gibt, ja, indem man sogar im Arbeitsbereich Freizeiteinrichtungen anbietet, gehen andere Forderungen davon aus, daß die Tagesarbeitszeit verkürzt werden müßte, insbesondere die Schichtarbeit und darunter insbesondere die Schichtarbeit von Nachtarbeitern. In Klammern sei aber vermerkt, daß diese Verkürzung der Schichten natürlich eine Vermehrung der Anteile von Menschen, die in solchen Schichtarbeiten leben, mit sich bringt. Die Zusammenfassung des Jahresurlaubs und damit die Schaffung von größeren zusammenhängenden Urlaubs- und Erholungsblöcken vom Arbeitsleben wird als ein weiterer Punkt gesehen, mit dem man die unerwünschten Einwirkungen der Schichtarbeit vermeiden kann. Aus dem Problem, daß riesige Auswirkungen des Arbeitsbereichs in die Freizeit des Menschen überspringen, ergeben sich konkrete Forderungen an das Wohnumfeld. Dieses Wohnumfeld muß in einer Zeit, in der das Arbeitsleben wesentliche Funktionen nicht mehr erfüllen kann, gerade diesen Funktionen besonders dienen. Hier steht im Vordergrund die Ausgleichs- und Regenerationsfunktion und auch die Möglichkeit der im Arbeitsprozeß immer stärker fehlenden Kommunikation. Als Beispiel für Wohnumfelder, in denen dieses optimal gelöst zu sein scheint, sind die Bergbausiedlungen genannt worden, in denen die Probleme der Kommunikation am ehesten über die relativ großen Gärten zu lösen sind und in denen die Art der Wohnung am ehesten die Selbstisolation des Menschen aufhebt. Hier scheint das Problem des Lärms, das sich in vielen Neubaugebieten ergibt, wesentlich geringer zu sein, denn gerade der Lärm im Wohnumfeldbereich ist eines der Probleme, welches eine Regeneration so außerordentlich schwierig macht. Die Forderung ist aber auch, daß nicht nur Entwicklungen des Arbeitslebens sich auf den Freizeitbereich niederschlagen, sondern daß andererseits Gelerntes aus dem Wohnumfeld, aus dem Freizeitbereich in der Arbeit wieder verwandt werden kann. Es wird die große Zukunftsfrage sein, ob es uns gelingt, im Wohnumfeld gelerntes Erfassen der eigenen Probleme, gelerntes Mitentscheiden über Gemeinschaftsprobleme und gelernte Entscheidungsfähigkeit über die tatsächlichen Anforderungen, in eine Arbeitswelt der Zukunft zu übertragen. In diesem Sinne wollen wir uns bemühen.

Friedrich Wilhelm Schaper: Es ist nicht meine Aufgabe, einem Schlußwort hier vorzugreifen. Ich darf aber ankündigen, daß das, was Sie hier im Vortrag, Referat und Resümee gehört haben, in Form einer Dokumentation Ihnen hoffentlich bald gedruckt vorgelegt werden wird.

Nach angelsächsischem Brauch ist mit der Rolle des Speakers das Recht verbunden, auch einen „Schnack" zu machen, und diese Freiheit möchte ich mir herausnehmen.

Zu den freizeitpolitischen Grundforderungen gehört es, eine Gestaltung der Arbeitswelt zu fordern, die es erlaubt, immer weniger freie Zeit für die Reproduktion der Arbeitskraft reservieren zu müssen. Daran hat möglicherweise jener Schweizer Unternehmer gedacht, der, als er seiner Belegschaft eine weitere Arbeitszeitverkürzung um 2 Stunden pro Woche angekündigt hatte, im Rahmen einer Belegschaftsversammlung dazu kommentierte: Ich freue mich sehr über diese Möglichkeit der weiteren Verkürzung der Arbeitszeit, denn ich möchte nicht gerne, daß meine Mitarbeiter am Freitag so erschöpft ins Wochenende fahren, wie sie am Montag zur Arbeit erscheinen.

INTERNATIONALES EXPERTENGESPRÄCH

Freizeit '78 Das Wohnumfeld als Freizeitraum
Internationales Podiumsgespräch mit Experten der Europäischen Gesellschaft für Freizeit (ELRA)
Leitung: Rolf Buttler

Rolf Buttler: Das Wesen von Freizeitkongressen scheint mir zu sein, daß man relativ wenig freie Zeit hat, das zu tun, was man möchte. Aber Sie wissen aus dem Programm, daß es nach der sehr kurzen Pause nun weitergeht mit einer Podiumsdiskussion, mit Gesprächen der Experten der Europäischen Gesellschaft für Freizeit, mit den Erfahrungen und mit den Anregungen oder mit dem, was sie zu dem, was sie hier erfuhren, zu sagen haben. Bevor dies geschieht, sollte aber der Präsident der Europäischen Gesellschaft, Dr. Ledermann, noch ein Wort sagen.

Alfred Ledermann: Sehr verehrte Damen und Herren. Keine Angst, ich werde Ihnen nur ein Kurzreferat halten, denn ich glaube, es wäre eine Zumutung nach diesem reichen Kongreß, wenn ich Sie nun noch mit einem Referat belästigen würde. Europa ist sehr klein, Sie sehen das an diesem Podium; wir sitzen sehr eng. Sobald ich fertig bin mit meinen Worten, werde ich verschwinden, damit ich meinen übrigen Freunden mehr Platz machen kann. Ich bin liebenswürdig eingeführt worden von Herrn Schaper mit seinem schweizer-deutschen Hausdeutsch. Ich bin dafür dankbar, trotzdem müssen Sie jetzt ein bißchen umdenken mit Ihren Ohren. Wir haben jetzt alles ausländische Gäste hier, und ich bitte Sie um Verständnis, wenn wir nicht wunderschönes Hochdeutsch sprechen.

Nun zu den wenigen Gedanken, die ich mir erlaube, am Schluß dieses Kongresses Ihnen vorzutragen. Ich möchte eigentlich bitten, daß wir miteinander ein wenig nachdenken über die größeren Zusammenhänge. Wir haben ein Kongreßthema behandelt „Das Wohnumfeld als Freizeitraum", und ich benutze diese Gelegenheit, es mit ein paar Gedanken in den gesamteuropäischen Raum zu übersetzen. Wenn wir zurückdenken in die letzten 10, vielleicht 15 Jahre der freizeitpolitischen Diskussion in allen Ländern Europas, dann hat es ungefähr 1965/70 begonnen, als ein erster europäischer Freizeitkongreß in Genf stattfand. Ich habe damals zum ersten Mal, es klingt heute seltsam, wenn ich es sage, den Begriff „Freizeitpolitik" in die Diskussion eingebracht. Sie alle wissen, daß man heute mit diesem Begriff ständig diskutiert; er ist in alle Kreise hineingegangen. Damals hat man unter dem Begriff „Freizeitpolitik" verstanden, die Bemühungen, das Leben von uns Menschen zu verbessern in der täglichen Freizeit, also in der Wohnung und im Wohnumfeld und in der Wochenendfreizeit außerhalb der Städte und in der Ferienfreizeit. Diese Bewegung, so in den Anfängen der siebziger Jahre, war eine ganz typische, revolutionäre Gegenbewegung gegen die damalige Stadtplanung. Sie werden sich erinnern, in den sechziger Jahren war der große Boom der Verkehrspläne und Generalverkehrspläne. Kein Bürgermeister kam sich modern vor, wenn er nicht für seine Stadt einen Generalverkehrsplan in Auftrag gab. Und so hat man die Städte durchgeplant für den Verkehr. Sie kennen noch die Schlagworte von damals, die autogerechte Stadt, die verkehrsgerechte Stadt. Und wenn Sie jetzt 10 Jahre später darüber nachdenken, was wir heute sagen, dann hat das ins Gegenteil umgeschlagen. Heute reden wir von der autofreien Stadt, z.T. haben wir Schlagworte von Autofeindlichkeit, also hat sich in den letzten 10 Jahren doch sehr viel gewandelt. Begonnen hat dann die Realisierung freizeitpolitischer Überlegungen! Nicht mit der Wohnung, nicht mit dem Wohnumfeld in den verschiedenen Städten Europas, sondern mit wohnfernen Freizeiteinrichtungen. Man hat Freizeitspielplätze gemacht für Kinder, man hat Jugendhäuser gebaut für Jugendliche, in denen sie ihre Freizeit verbringen können, man hat Altenheime errichtet für die alten Menschen, in denen sie ihre Freizeit verbringen sollen, d.h. also, man hat separierte, von den Wohnungen ferne Freizeiteinrichtungen geschaffen, mit denen man die einzelnen Altersstufen — möglichst für sich — anzulocken versuchte. In einer zweiten Etappe, ein paar Jahre später, haben dann die Diskussionen der Pädagogen, der Psychologen, der Soziologen und der Architekten erbracht, daß eigentlich diese Separation nicht so glücklich ist. Es kamen dann in einer zweiten Etappe der freizeitpolitischen Realisierung die Zusammenfassungen. Man hat Freizeithäuser und Gemeinschaftszentren für jung und alt gebaut. Wenn Sie hier ins Ruhrgebiet schauen, kamen die Revierparks dazu, auch das sind Einrichtungen für alle Altersstufen. In einer dritten Etappe, das fiel zusammen mit dem 2. europäischen Freizeitkongreß in Krefeld, stand dann das Schlagwort im Vordergrund, zum ersten Mal in seiner ganzen Bedeutung, „die Stadt für den Menschen", die humane Stadt. Man hatte entdeckt, daß es vielleicht nicht unbedingt die besten Lösungen waren, einfach außerhalb der Wohnungen alle möglichen Angebote zu machen, und man war in die Wohnung allmählich zurückgekehrt.

Sie kennen alle diese Bestrebungen, Sie haben sie alle bei diesem Kongreß mitdiskutiert, daß man die Straße wieder entdeckt hat als Wohn- und Spielstraße, daß man das Wohnumfeld wieder entdecken will. Und in einer vierten Etappe — da stehen wir mitten drin — kehren wir wieder mehr zurück zur Wohnung. Das ist eigentlich seltsam, weil schon in den sechziger Jahren bei den ersten Freizeitkongressen man immer betont hat, was auch aus dem jetzigen Kongreß eindeutig hervorgeht, daß man die meisten Freizeitstunden in der Wohnung verbringt. Und trotzdem hat man sich bis heute eigentlich wenig um diese intimste Möglichkeit, um diese schönste Möglichkeit der Freizeitverbringung in der Wohnung gekümmert. Ich glaube, das hängt damit zusammen, daß es sehr schwierig ist herauszufinden, wie eine Wohnung aussehen sollte, damit wir dort wirkliche Freizeitstunden verbringen können. Es ist viel, viel einfacher, Raumprogramme aufzustellen für wohnungsferne Freizeiteinrichtungen. Und wenn ich einen Wunsch anbringen darf an den Siedlungsverband Ruhrkohlenbezirk und die Deutsche Gesellschaft für Freizeit, dann den, daß vielleicht der nächste Freizeitkongreß sich der Wohnung widmet. Der Wohnung als Freizeitraum, weil ich meine, daß wir in Zukunft vermehrt Wohnungen brauchen, und zwar Mietwohnungen und nicht, wie es so schön dargestellt wurde, nur Einfamilienhaussiedlungen, in denen man nicht nur schlafen und essen kann, sondern in denen man auch spielen, tanzen, musizieren und miteinander sprechen kann. Aber das braucht den Schweiß bester Architekten, bester Pädagogen und der Bevölkerung, hier nach echten Lösungen zu suchen.

Ein letzter Gedanke! Ich glaube es auch hier ab und zu gespürt zu haben in den Diskussionen, ich weiß es aber auch noch aus früheren Diskussionen an solchen Freizeitkongressen, wir laufen immer wieder Gefahr, daß wir die eine Freizeiteinrichtung gegen die andere ausspielen. Ich erinnere mich an die ersten Jahre der Revierparks hier im Ruhrgebiet, da hat man dem Siedlungsverband Ruhrkohlenbezirk Vorwürfe gemacht, es wäre viel gescheiter, bessere Wohnungen zu planen und bessere Wohnungen zu bauen als Revierparks zu errichten. Man hat gesagt, wenn es bessere Wohnungen gäbe, dann brauchte es keine Freizeiteinrichtungen mehr, dann brauchte es keine Revierparks mehr. Ich glaube, das ist ein Denkfehler. Das ist einfach ein ideologisches Postulat, aber komplett falsch. Wir Menschen leben in verschiedenen Lebensbereichen und wollen in verschiedenen Lebensbereichen weiterleben, auch in der Freizeit. Wir wollen Freizeitstunden zu Hause in der Wohnung verbringen, wir wollen aber auch Freizeitstunden um die Wohnung herum im Wohnumfeld verbringen, wir wollen Freizeitstunden außerhalb unserer Städte verbringen, und wir wollen Freizeitstunden in unserem Urlaub und in den Ferien verbringen. Es ist ein Unfug, wenn wir, die wir für die Freizeitprobleme eintreten, uns gegenseitig bekämpfen und meinen, das eine gegen das andere ausspielen zu können. Ich glaube, wir brauchen alle Arten von Freizeiteinrichtungen. Und ein letztes Wort: Der Kongreß hat uns auch Poetisches gebracht, und es macht sich gut, wenn man mit einem Zitat abschließt. Ich darf das auch tun. Tolstoi hat einmal gesagt: „Es ist viel leichter, fünf Bücher zu schreiben" — und ich ersetze jetzt die Bücher mit Kongressen — „Es ist viel leichter, fünf Kongresse durchzuführen und an fünf Kongressen teilzunehmen als eine einzige gute Idee in die Tat umzusetzen."

Ich möchte hoffen, daß wir diesen Appell, und zwar jeder von uns und auch ich, mit nach Hause tragen, denn dann hat dieser Kongreß einen Erfolg gehabt.

Rolf Buttler: Ich möchte das Wort von Dr. Ledermann aufnehmen, daß hier nicht irgend etwas gegen etwas anderes ausgespielt werden soll. Wir werden oder wollen versuchen — hoffentlich gelingt es — fortzusetzen, was Frau Dr. Schnetz vorhin den schöpferischen Prozeß genannt hat. Wir wollen lernen, wie es woanders aussieht, und vielleicht erfahren wir dann auch, daß man woanders manches anders sieht. Wir haben ja doch bei diesem Kongreß überwiegend und vorwiegend über unsere Erfahrungen mit der Freizeit, mit dem Wohnumfeld gesprochen. Ich glaube schon, daß Freizeit und Wohnumfeld in Prag und in Paris anders aussieht als in Posen oder Eindhoven und wieder anders als in Essen, Bern oder Budapest oder Stockholm. Darüber wollen wir Informationen einholen. Da wir ein sehr großes Podium sind und leider nur 4 Damen oder immerhin 4 Damen dabei haben, wollen wir uns ein bißchen aufteilen. Wir wollen zunächst in der ersten Abteilung gleichsam über dieses Wohnumfeld, wie es ausgestattet sein mag, wie es umgrenzt sein mag, in dieser Abteilung „A", wenn Sie so wollen, reden und dann über die Frage, was tut man in ihm, das also, was vorhin zitiert wurde, über die Animation sprechen, nicht in Vorträgen, sondern im Gespräch. Ich sollte Ihnen die Gesprächsteilnehmer vorstellen, auch mit dem, was sie tun. Zuerst die Gruppe zu meiner Rechten. Frau Dr. Mód kommt aus Ungarn und ist Mitarbeiterin der Gesellschaft zur Verbreitung wissenschaftlicher Erkenntnisse. Dann an der äußeren Seite sitzt Jacob Swart, er ist Direktor der Stichting Recreatie in Den Haag. Neben ihm sitzt Herr Dr. Erdmann. Dr. Erdmann kommt aus Posen, er ist Institutsdirektor der Akademie für Körpererziehung, Fakultät für Touristik und Recreation, und ihm zur Seite sitzt Curt Fredin. Herr Fredin kommt aus Schweden, ist Freizeitchef der Stadt Växjö und Sekretär beim staatlichen schwedischen Jugendrat. Frau Dr. Mód habe ich Ihnen bereits vorgestellt, und Herr Mugglin wird also das fortsetzen, was Herr Dr. Ledermann schon gesagt hat, denn sie arbeiten sehr eng zusammen. Er ist Leiter der Freizeitabteilung der Pro Juventute in Zürich und der Sekretär der Europäischen Gesellschaft für Freizeit. Schließlich zu meiner Rechten Frank van Klingeren. Ich darf sagen, er ist der einzige Praktiker hier am Tisch, Architekt und Ingenieur, er hat die Agora in Dronten geschaffen, Lelystadt und das Karregat in Eindhoven. Herr van Klingeren würden Sie mir widersprechen, wenn ich sage, daß Freizeit und das Wohnumfeld in dem Teil der Welt, in dem Sie leben, und in dem Teil Europas, in dem Frau Dr. Mód lebt, etwas anderes ist. Gestaltet man Freizeit oder kann man Freizeit und Wohnung und Wohnumfeld in Ihrer Stadt anders gestalten als in der Heimat von Frau Dr. Mód?

Frank van Klingeren: Sie haben eine andere Ansicht als ich. Weshalb soll denn die Freizeit immer gleich sein. Wir sind einander ungleich und da bleibt nicht viel zu vergleichen übrig. Wir haben nur die Hoffnung, daß wir gleich sind. Dabei ist gerade das Ungleiche Anlaß und Anstoß des Schöpferischen und des Kreativen im Menschen.

Rolf Buttler: Das heißt also, die Bedingungen, die hier als Arbeitsergebnisse genannt worden sind für etwa die Gestaltung des Wohnumfeldes, sind nicht ohne weiteres übertragbar.

Frank van Klingeren: Was heißt ohne weiteres übertragbar? Wir sollten hoffen, daß Ergebnisse hier niemals zu Ergebnissen dort werden. Sie sollten nur Anstöße zum Weiterdenken sein, denn ebensowenig wie es keine zwei gleichen Menschen gibt, gibt es auch keine zwei gleichen Lösungen.

Rolf Buttler: Aber kann man aus der Lösung, die einer gefunden hat, nicht lernen?

Frank van Klingeren: Ich kann lernen von den Erkenntnissen des Astronomen, Physikers, des Wissenschaftlers, um zu bauen. Es gibt aber keine Schule, von der ich lernen kann, wie eine Schule gebaut werden muß. Ich glaube das alles nicht. Wir haben eigene Gedanken zu entwickeln, und jeder Mensch ist verpflichtet, über alle Probleme immer wieder neu nachzudenken. Jeder hat seine eigene Lösung, jeder zieht seine eigene Jacke an. Nur wünschte ich mir, daß er dafür auch die Verantwortung trägt. Sie haben gesagt, ich bin ein Praktiker, vielleicht ja, ich betreue trotzdem nur die Sache des Bauherrn und der Bauherr ist vielfach die Bevölkerung. Dem Bauherrn habe ich zu sagen, was er braucht und was er, obwohl andere es haben, nicht braucht.

Rolf Buttler: Das man nicht zu brauchen braucht, nicht müssen müssen. Frau Dr. Mód, Sie wollten etwas sagen.

Margarete Mód: Ich fange gleich mit einer kleinen Debatte an. Ich bin etwas anders überzeugt als Herr van Klingeren. Ich bin überzeugt, daß in prinzipiellen und in größeren Zusammenhängen das Wohnumfeld und all die Probleme, die mit Freizeit und Wohnumfeld verbunden sind, sehr ähnlich sind, trotz all der Unterschiede, die in den verschiedenen Ländern auftreten. Das Prinzipiellste ist, glaube ich, daß die Freizeit wirklich ins Wohnumfeld übertragen und vielleicht in einem breiteren Sinne aufgefaßt werden soll. Ich würde unterstreichen, daß dies nicht nur geografisch aufgefaßt werden darf, sondern auch bedeutet, daß die Freizeit der wohnenden Menschen nähergebracht werden muß. In welcher Weise? Da gibt es selbstverständlich Differenzen, und das kommt nicht nur von der sozialen Ordnung, sondern auch von den Traditionen, von den geografischen und historischen Verhältnissen in den verschiedenen Ländern. Aber im Prinzip ist es, glaube ich, unser gemeinsames Ziel, daß Freizeitgestaltung mehr zu den Menschen kommt und daß die Freizeitgestaltung ins Wohnumfeld übersetzt wird, das bedeutet, daß es näher zu den Menschen kommt.

Rolf Buttler: Frau Dr. Mód, können Sie mit ein paar Sätzen sagen, welche Anfänge oder welche Entwicklungen es in dieser Beziehung bei Ihnen in Ungarn gibt?

Margarete Mód: Ich muß berichten, daß wir im Wohnumfeld bisher sehr wenig getan haben. Ich möchte sagen, bei uns gibt es ein Zwischending, es ist nicht wohnentfernt und auch nicht ganz wohnungsnah, das wir bisher für Freizeit angeboten haben. Wir haben ein sehr breites Netz von Kulturhäusern entwickelt, mit sehr vielfältigen Angeboten für die Bevölkerung. Unser Land ist ziemlich klein und vielleicht sagt Ihnen die Information etwas, daß wir mehr als 2000 sogenannte Kulturhäuser gebaut, eingerichtet und funktionsfähig gemacht haben. Ich muß aber gestehen, daß diese Kulturhäuser nicht genügend ausgenutzt sind, eigentlich viel mehr von der Jugend und viel weniger von der älteren Bevölkerung. Deshalb ist es auch für uns sehr wichtig, was wir hier hören können über die sogenannten wohnungsnahen Möglichkeiten für Freizeit.

Rolf Buttler: Herr Fredin, Freizeitchef, das macht mich immer ein bißchen unsicher. Ich habe gestern von Professor Rainer gehört, daß man mal in Österreich versucht hat, ein Freizeitministerium zu installieren und daß man das Gott sei Dank gelassen hat.

Curt Fredin: Das Wort „Chef" ist in Schweden nicht so gefährlich wie in Deutschland. Aber ich will die Fragen weiter beantworten. In Schweden gibt es keine Kulturhäuser. Traditions- und Kulturmuster spielen für uns eine große Rolle. In Schweden ist es so, daß das Vereinsleben für die Gesellschaftsentwicklung eine wesentliche Bedeutung hatte und hat. Und mit dem Vereinsleben als Basis hat man also eine Freizeitpolitik entwickelt und 1956 erstmals ein Freizeitamt eingerichtet in einer Kommune, das war in Norköpping, nicht weit von Stockholm. Heute haben alle schwedischen Kommunen Freizeitämter, was bedeutet, daß etwa 5 % der Einnahmen der Kommune direkt zu den Freizeitämtern und in Freizeit- und Kulturfragen fließen.

Rolf Buttler: Verwalten Sie die Freizeit oder sind die Ämter dazu da, um Einrichtungen zu schaffen?

Curt Fredin: Wir haben drei wichtige Aufgaben. Die erste ist natürlich die Verwaltung, die zweite eine pädagogische Betreuung und die dritte die Unterstützung der Vereine.

Rolf Buttler: Der Staat selbst schafft nicht Einrichtungen für Freizeit?

Curt Fredin: Ja, er schafft für die Menschen und für das Vereinsleben, und wir stellen die Anlagen kostenlos oder fast kostenlos zur Verfügung.

Rolf Buttler: Sind das Anlagen, Herr Fredin, die in das Wohnumfeld mit einbezogen werden können, oder sind es also auch Anlagen, zu denen man erst einmal hingehen muß?

Curt Fredin: Leider muß ich sagen, daß wir anfangs an allgemeine Sportanlagen und solche Dinge gedacht haben. Aber in den letzten 5–6 Jahren haben wir – wie alle meine Kollegen – entdeckt, daß wir auch wohnungsnahe Angebote machen müssen. Wir haben in diesem Zusammenhang für unsere Schulen Freizeitgedanken ausgearbeitet. Wir sprechen hier oft von Freizeit, Freizeit in der Nähe von Wohnungen, Wochenendfreizeit usw. Ich meine, daneben müssen wir den jungen Menschen aber auch die Werkzeuge zur Bewältigung dieser Freizeit geben. Dies können wir durch die Schule, wo man die Möglichkeiten hat, das sozusagen zu trainieren. Deshalb machen wir es so, daß wir das Vereinsleben als einen wichtigen Teil in unsere Schulen einbezogen haben. Wir bieten freie Fächer im Schulalltag für alle Schüler, und das bedeutet die Möglichkeit, selbst zu wählen und die Möglichkeit, sich selbst zu finden. Wir können ja die Schulen auch für kulturelle und Freizeitaktivitäten benutzen. Am Ende will ich sagen, daß neuerdings die meisten Kommunen mit wohnungsnahen Angeboten arbeiten und das bedeutet: sehr einfache Anlagen, Wanderwege, Trimm-Dich-Pfade und solche Dinge. Wir haben entdeckt, daß man diese Dinge aber in Zusammenarbeit mit den Menschen, die dort wohnen, mit den Vereinen, die da sind, tun muß.

Rolf Buttler: Herr Dr. Erdmann, wir haben gestern ein paar Worte miteinander gewechselt, und ich würde Sie gerne bitten, dies noch einmal deutlich zu machen, worin sich das, was Freizeit und Wohnumfeld bei Ihnen in einer alten

Stadt wie Posen, die Sie aus nächster Nähe kennen, unterscheidet von dem, was Herr Fredin gesagt hat.

Lech Erdmann: Nun, nicht im ganzen. Aber wir müssen bei uns den Zeitfaktor sehen. Freizeitmöglichkeiten sehen bei uns ein bißchen anders aus. Die statistischen Angaben zeigen, daß wir längere Freizeit nach der Arbeit haben, aber leider noch 6 Tage arbeiten müssen. Ungefähr 3 1/2 Stunden hat ein Arbeiter jeden Tag frei und die Frau ungefähr 2—3 Stunden oder weniger. Deswegen müssen wir uns Mühe geben, in nicht mehr als 15 Minuten Fußweg Entfernung von der Wohnung die volle Ausrüstung für die Freizeit zu schaffen. Die Wohnungen sind bei uns leider noch sehr klein, sowohl in den alten Häusern als auch in den Gebäuden, die unter den Bedingungen des großen Wohnbedarfs errichtet wurden. Wir haben keine Möglichkeiten, die Wohnungen kurzfristig zu verbessern. Das ist ein großes Problem. Bei uns in Polen ist das Wohnbaugenossenschaftswesen jetzt aber weit verbreitet und wir wollen ein mustergültiges Wohnungsangebot für alle Einwohner bieten.

Rolf Buttler: Verstehe ich Sie richtig, daß die Wohnung für Sie zunächst das größte Problem ist? Wir haben ja alle davon gehört, daß wir die Wohnungen einfach auch nicht in dem Maße von der Gestalt her haben, die man braucht, um sie als Freizeitkern nutzen zu können. Bei Ihnen kommt noch ein Problem der Wohnungsnot oder ein großer Wohnbedarf dazu?

Lech Erdmann: Ja, ein großer Wohnungsbedarf deswegen, weil die Zerstörungen des 2. Weltkrieges — entschuldigen Sie, daß ich dahin zurückkehre — noch nicht beseitigt sind und außerdem die Bevölkerung in den letzten 30 Jahren um 10 Millionen gestiegen ist. Der Wohnungsbau konnte hier nicht nachkommen. Deswegen muß man leider ein paar Jahre, meistens 8 Jahre, auf eine Wohnung warten. Und deswegen sind die Wohnungen zumeist klein, und es gibt fast keine private Sphäre für die Freizeit zu Hause.

Rolf Buttler: Wo gibt es sie dann?

Lech Erdmann: Wir wollen diese Möglichkeiten in der Nähe von Wohnungen schaffen. Es sollen auch Möglichkeiten angeboten werden, die Erholung in einer weiteren Entfernung zu finden. Wir wollen durch dieses ganze Freizeitangebot den Lebensstil verbessern. Wir wissen, daß die kleine Wohnung dies nicht hergibt.

Rolf Buttler: Ja, das ist noch eine große Arbeit, die vor Ihnen liegt.

Lech Erdmann: Das ist sie, und deswegen bilden wir auch Spezialisten für Freizeitanimation aus. In Betrieben leisten wir große Arbeit, am meisten auf dem Gebiet der Urlaubszeit und Jahresfreizeit. Unser Urlaubsfonds im vorigen Jahr gab über 4 Millionen Arbeitern mit Familien zweiwöchentlichen Aufenthalt für wenig Geld.

Rolf Buttler: Das Thema Wohnumfeld ist für Sie oder kann für Sie deswegen erst der nächste Schritt sein. Ich möchte Herrn Swart fragen, nachdem Herr van Klingeren uns seine Meinung so deutlich gesagt hat. In den Niederlanden gibt es Beispiele, sie sind uns hier vorgeführt worden, wo sich Wohnumfeld entwickelt hat. Geht es auf diesem Weg weiter oder werden Sie verändern?

Jacob Swart: Ich glaube, daß das weiter geht. Ich glaube auch, daß es sich ändern wird. Wissen Sie, ich frage mich aber, ob ich gut genug bin, an diesem Tisch zu sitzen. Ich bin kein Baumeister wie Herr van Klingeren. Ich vertrete eine Privatorganisation, eine Dachorganisation mit ungefähr 60 nationalen Organisationen als Mitgliedern, welche sich mit der Freizeit in Holland beschäftigen.

Rolf Buttler: Sind Sie denn zufrieden mit dem, was Herr van Klingeren sagte?

Jacob Swart: Das kann ich hier nicht sagen. Wir arbeiten, wir sind ein Gesprächspodium wie dieses. Wir sind jeden Tag ohne Freizeit und wir versuchen, die Leute zusammenzubringen, welche sich in verschiedenen Organisationen mit der Freizeit beschäftigen. Ich habe den Eindruck, daß in den letzten 10 Jahren sich sehr viel geändert hat, auch im Denken. Zum Wohnen gehört mehr als in ein Haus hineingehen und wieder weggehen. Wir sehen dies mehr und mehr in unserem kleinen Land, das viele Leute und auch viele kleine Häuser hat. Es gibt nur wenig große Häuser und wir müssen deshalb sehen, daß es in der Wohnumgebung mehr öffentlichen Raum gibt, der das Wohnen angenehmer macht. Herr van Klingeren ist einer, das das auch befürwortet. Wir sind gezwungen, dies zu tun bei unserer Raumknappheit. Ich möchte auch gerne sagen, daß es ein großer Fehler ist, wenn man es bei guten Anlagen in der direkten Wohnumgebung beläßt und dann weiter keine anderen Überlegungen anstellt. Die Leute haben ein Recht, nicht nur zuhause, sondern auch eine halbe Stunde oder eine Stunde in der Umgebung vom Haus ihre Freizeit zu verbringen. Es gibt jetzt auch Interessen bei unserer Regierung für die Wohnumgebung, sowohl beim Ministerium für Freizeit als auch beim Ministerium für das Wohnen. Die Regierung stellt jetzt auch Geld zur Verfügung, nicht viel, aber schon mehr als früher. Man sieht, eine günstige Entwicklung.

Rolf Buttler: Herr Mugglin, ist Freizeit im Wohnumfeld eine Frage des Geldes oder nicht?

Gustav Mugglin: Das ist eine schwierige Frage. Die ganze Problematik der Freizeitmöglichkeiten im Wohnumfeld kann eine finanzielle Frage sein, wenn ich mit einem Unternehmer spreche und von ihm erwarte, daß er irgendwelche zusätzlichen Einrichtungen in seine Planung einbaut. Dann rechnet er mir vor, wieviel ein cbm mehr kostet, das ist ganz klar. Wenn ich demselben Unternehmer sage, auch die Umgebung braucht bestimmte Einrichtungen, dann kann er ausrechnen, wieviel der Gartengestalter dafür verlangt. Es ist nun die Frage, ob überhaupt zusätzliche Einrichtungen geschaffen werden, und wenn ja, ob dies bestimmte Freizeiträume in den Gebäuden oder Einrichtungen im Freien sind.

Nehmen wir einmal an, die Baugenossenschaft — es muß ja nicht ein privater Hausbesitzer sein — würde einen zusätzlichen Freizeitraum schaffen. Dieser wird jetzt als Bastelraum bestimmt, weil man gehört hat, es braucht im Wohnumfeld Bastelräume. Jetzt glauben aber Verwalter und Hausmeister, daß der Raum ausschließlich zum Basteln da ist. Es vergehen 3 Monate, ohne daß der Raum so benutzt wird. Was passiert? Der Raum wird vermietet, weil sich das besser rentiert. Jetzt komme ich zu der Jacke des Herrn van Klingeren. Ich kann meine Jacke, auch wenn sie ganz anders ist als seine, ich kann sie ausziehen, umdrehen oder verkehrt anziehen, und der Schneider oder das Textilgeschäft sagen nichts dazu, weil sie es nicht merken. Aber der Verwalter und der Hausmeister und damit die Baugenossenschaft, die merkt, wenn der Bastelraum nicht Bastelraum wird. Und damit sind wir bei einem Kernproblem. Ich zitiere sinngemäß Frau Schnetz: „Es geht nicht um die Schaffung von Einrichtungen, sondern es geht um das Schaffen von Entwicklungsmöglichkeiten. Diese Entwicklungsmöglichkeiten sind wahrscheinlich das Entscheidende, an dem wir arbeiten müssen. Wir erfahren immer wieder, daß dies viel weniger eine finanzielle als eine soziale Frage ist. Wir können mit wenig oder gar keinen Mitteln etwas tun, wenn wir Fantasie haben, aber Fantasie ist eine so große Mangelware, daß sie unbezahlbar ist. Wir können mit weniger oder nichts etwas tun, wenn wir uns gegenseitig dabei unterstützen und wenn wir auftauchende Schwierigkeiten bereinigen. Jetzt haben wir einige Komponenten, die uns eigentlich Sorge machen. Sie gehören nicht in die finanzielle Abrechnung und auch nicht in das Baukonzept, sondern in die pädagogischen oder in die sozialen Zusammenhänge. Das ist die Frage, bringen wir es fertig, irgendwie unsere schöpferische Fantasie zu entwickeln. Da steht vielleicht die Entscheidung an, daß wir bessere Spielmöglichkeiten für die Kinder brauchen. Ich habe mich jahrelang um Gesetze für bessere Spielplätze bemüht und habe mir nicht vorgestellt, was dabei herauskommt. Es ist herausgekommen, daß mir die Gesetzgeber gesagt haben: „Ja sagen Sie, wieviel Quadratmeter braucht das?" Als wenn die Quadratmeterzahlen bereits einen Spielplatz ausmachen. Ich kann nicht sagen, fünfzig Kinder brauchen 10, 50 oder 100 Quadratmeter, sondern fünfzig Kinder brauchen eine Atmosphäre, die sie zum Spiel provoziert. Nicht wahr, das ist die Frage; eine Frage der Fantasie und nicht nur beim Architekten, sondern auch beim Unternehmer, beim Verwalter und beim Hausmeister. Und nun möchte ich allen Unternehmern, allen Baugenossenschaften empfehlen, sich ihre Hausmeister auf schöpferische Fantasie und auf Sozialfragen auszubilden.

Rolf Buttler: Herr van Klingeren klopft Beifall, aber er hat sich einige Stichworte gemacht, die ich Ihnen nicht vorenthalten möchte, denn sie sind vermutlich Widersprüche.

Frank van Klingeren: Nein, das sind sie nicht. Aber es handelt sich um so etwas — und Herr Mugglin hat es im Grunde genommen gesagt — wie Kreativität. Es handelt sich darum, daß man mehr mit weniger macht. Das Bauen ist schon so kostspielig, daß wir darüber nachdenken müssen. Wir müssen fragen, brauchen wir das auch alles? Brauchen wir sozusagen die schönen Wohnlösungen? Oder brauchen wir ganz andere Lösungen, die aus mehr menschlichen Bedürfnissen entspringen. Dies ist keine Sache der Finanzierung, sie ist eine Sache der Mentalität. Es steht natürlich Geld zur Verfügung, aber es handelt sich darum, was machen wir damit. Machen wir damit größere Sachen für die Vatermenschen, für die Kleinfamilien, für die Großfamilien oder für das gesamte Leben, für die gesamte Bevölkerung, wie das auch aussieht und um welche Gruppen es sich auch immer handelt. In der Vergangenheit haben all unsere Städte in der Mitte große Grünplanungen gehabt. Unsere Rationalität führt uns jetzt so weit, daß wir uns keine Parks mehr leisten können in der Stadtmitte. Warum nicht? Weil die Grundstücke so überbewertet, die Preise so hochgezogen und die Spekulation so selbstverständlich ist, daß wir keine Grünflächen mehr bezahlen können. Das ist doch eine merkwürdige Sache. In Amsterdam z.B., da haben wir ein Gefängnis. Natürlich haben wir ein Gefängnis; eine Stadt ohne Gefängnis, das geht doch nicht. Damals war das Gefängnis noch in der Stadtmitte, die Gefangenen noch unter uns, sozusagen. Aber auch das Krankenhaus war noch unter uns. Das Krankenhaus ist schon längst in die Ferne gerückt, irgendwo zwanzig Kilometer mit der U-Bahn verschoben. Nun soll das Gefängnis ebenfalls verlagert werden. Aber in Holland gehört das Gefängnis zum Staat und das Grundstück zur Stadt. Die Stadt hat das Grundstück vor hundert Jahren an den Staat zur Nutzung gegeben. Und jetzt kommt das Stückchen frei, und jetzt kommt natürlich ein privater Unternehmer, und der sagt: „Ich baue mir dort ein Hotel". Das Stückchen kostet nun, das hat die Stadt berechnet — wie, das weiß niemand — dreizehn Millionen. Aber damit kann man nur spekulieren. Damit kann man ein Hotel bauen, aber keinen Park schaffen oder den in der Nähe liegenden Park erweitern.

Rolf Buttler: Gut, Herr Mugglin, Sie haben noch ein Stichwort dazu?

Gustav Mugglin: Ja. Herr van Klingeren hat mich provoziert mit seinem Satz, Geld steht zur Verfügung. Wenn ich mit einem Architekten zusammen bin, ist es immer spannend. Und wenn der Architekt sagt, das Geld steht zur Verfügung, dann muß er das ja bestimmt wissen. Denn das Geld kommt vom Bauherrn, und der muß das abrechnen. Nun habe ich da eine Idee, die vielleicht etwas absurd ist. Ich habe vorhin von Architekten und Gartenarchitekten, Baugenossenschaften, Verwaltern und Hausmeistern gesprochen. Wenn diese, das alles kommt vor, zugänglich und offen wären für irgendeine Initiative aus dem Bewohnerkreis, dann ist in der Regel kein Geld mehr da, weil abgerechnet ist. Aber es wäre doch denkbar, daß wir etwas in die Baukalkulation mit einbeziehen. Da kann man etwas mit tun, was wir gar nicht vorwegnehmen müssen. Dann ist es nicht die gleiche Jacke, sondern dann ist es ein „Maßanzug, und das wäre eigentlich eine Möglichkeit, wie man etwas betreiben sollte. Es gibt Modelle dafür, daß in einer Baukalkulation bereits von vornherein gewisse Summen zurückgestellt werden. Sie zerstören zwar die Bilanz der Bauabrechnung, aber das braucht bereits Fantasie, und auch Buchhalter dürfen Fantasie haben.

Rolf Buttler: Nur nicht zuviel! Das Stichwort Fantasie möchte ich aufnehmen. Dieses Mehrmachen mit weniger, meine Damen und Herren, ich glaube darüber sind wir uns einig, das ist notwendig in den Bereichen, in denen heute Hochhäuser und Betonburgen stehen. Da kann man eben nicht mehr die privaten Räume, die Hinterhöfe, die offenen Räume zwischen den vier Wänden einfach hineinbauen. Wir müssen also darauf warten, was neu gebaut wird, wieviel

noch neu gebaut wird. Die Möglichkeiten, da etwas zu tun, sind trotzdem sehr gering. Also bleibt uns nur übrig, aus dem Vorhandenen mit dem Wenigen, was wir zur Verfügung haben, mehr zu machen. Wir kämen damit zur Frage, was tut man in dem zur Verfügung stehenden Raum im Wohnumfeld. Also das Stichwort der Animation. Ich will Herrn Schaper zunächst ansprechen. Wir haben ja aus der Arbeitsgruppe gehört, daß es hier große Diskrepanzen gibt. Ich möchte einige Teilnehmer dieses Kongresses zitieren, die einfach von der sozialen Fantasie gesprochen haben und gesagt haben, laßt die ganze Animation weg, laßt die Leute sich selbst entwickeln.

Friedrich Wilhelm Schaper: Der Begriff der Animation steht in einem Spannungsfeld. Für uns in der Bundesrepublik Deutschland Lebenden ist der Begriff noch verschwommen. Er meint Anleitung, Einübung, Provokation, er meint aber auch in der Besinnung auf den eigentlichen Wortkern — anima — eben auch Beseelung, meint eine Bewegung, die, um ein Wort von Glaser zu zitieren, nicht frischwärts heißt, sondern auch inwärts heißt. Es kann keinem Zweifel unterliegen, daß die Nutzung von Freizeiteinrichtungen der personellen Hilfe bedarf, doch auch dieses ist eine Binsenweisheit, Freizeitverhalten ist determiniert, determiniert im wesentlichen durch Einflüsse des Elternhauses, der Bildung, vor allen Dingen der Schule und der sogenannten sozialen Primärgruppe, sagen wir schlichter, des Bekanntenkreises. Hier einzugreifen und Hilfen zu geben, ist ohne Zweifel eine notwendige pädagogische Aufgabe. Diese pädagogische Aufgabe läßt sich mit den verschiedensten Begriffen bezeichnen. Wir haben ja auch in einem Anflug von Kühnheit den Begriff der Freizeiterziehung wieder entdeckt.

Rolf Buttler: Wir wollten ja mal Freizeitlehrer ausbilden, nicht!

Friedrich Wilhelm Schaper: Wir wollen auch Freizeitlehrer ausbilden.

Rolf Buttler: Wollten!

Friedrich Wilhelm Schaper: Man muß, glaube ich, sehen, daß die Leitbilder, bei denen eine Freizeitpädagogik ansetzt für die Ziele, die definiert werden, entscheidend sind. Erlauben Sie mir, das mit ein paar sehr groben Strichen aufzuzeigen, damit es auch ganz plastisch wird.

Es gibt einmal jene pädagogische Richtung, die von einem dominierenden Freizeitbegriff ausgeht, der etwa seine Wurzel in futurologischen Vorstellungen wenig zurückliegender Jahre hat. Danach soll bald nach dem Jahre 2000 in dem schönen, sogenannten nachindustriellen Zeitalter dem Menschen die Arbeit weitgehend abgenommen werden, nicht nur durch die Vervollkommnung der Meßregeln und Steuertechnik, sondern auch durch dressierte Affen. Es bleibt also die Freizeit als eigentlich dominierender Lebensraum, für ihn gilt es im Grunde zu lernen. Ausfluß solcher Leitvorstellungen ist dann, daß hier die Freizeitpädagogik in erster Linie emanzipatorischen Charakter hat. Demgegenüber steht ein anderes Leitbild, das unter der Devise der Reintegration der künstlich und kunstfertig getrennten Lebenshälften Arbeit und Freizeit als Animation verstanden wissen möchte. Als Hilfe zur Entfaltung schöpferischer Fantasie, als Eilhilfe in Kreativität und als Befähigung zu kritischem Umgang mit den Freizeitangeboten, seien es nun kommerzielle, seien es private, seien es Medienangebote. Zwischen diesen Polen schwankt die Animation noch hin und her.

Wenn ich es richtig beobachte, ist im Umgang mit dem Begriff „Animation" für uns in der Bundesrepublik Deutschland hilfreich das, was uns die Franzosen vermittelt haben mit dem Begriff „Animation kulturell". Dieser Begriff aus der französischen jüngeren Entwicklung schützt wohl auch davor zu meinen, es sei allein die Schule, der hier Aufgaben zugestanden werden können. Um mit einer Provokation zunächst einmal zu schließen: Ich würde mich dazu bekennen, daß ich das Thema Freizeit und die Thematisierung von Freizeit für eine ganz wichtige und nicht verzichtbare Aufgabe der Schule halte. Schlimm wäre es aber, wenn im Sinne der Forderung nach einer Freizeitlehre oder Freizeitkunde auch noch die Freizeit in die Hände jener Pauker fiele, die uns schon das Lesen vermiest haben, die uns die Musik vermiest haben und unsere Freiheit vermiest haben. Hier sehe ich, daß ein noch sehr der Erklärung bedürftiger Begriff der Animation uns hilfreich sein könnte, die wichtigen und richtigen Weichen zu stellen.

Rolf Buttler: Vielen Dank Herr Schaper. Sie haben nicht nur den technischen Umbau ermöglicht, sondern auch ein paar vorzügliche Stichworte genannt, denn in dieser nächsten Runde oder in der Abteilung „B", wenn ich so sagen darf, haben wir es mit Pädagogen oder mit im Bereich der Pädagogik Tätigen zu tun. An meiner Seite Frau Dr. Blanka Filipcova. Sie kommt von der Karls-Universität in Prag, Dozentin für Philosophie und Soziologie. Neben ihr Madame Claire Guinchat, Dozentin für Soziologie, sie kommt aus Frankreich. Anschließend Professor Rudi Lésnik, Dekan der pädagogischen Akademie der Universität Maribor und schließlich neben Herrn Schaper Frau Lillegun Ording Sund, Dozentin für Freizeitpädagogik der Stadt Oslo.

Frau Ording Sund, würden Sie dem voll zustimmen, was Herr Schaper gesagt hat? Nehmen Sie das widerspruchslos an oder hin?

Lillegun Ording Sund: Ich möchte bei dieser Gelegenheit dem SVR und der Deutschen Gesellschaft für Freizeit danken, daß sie uns anderen Europäern Gelegenheit gegeben haben, um die pädagogischen und politischen Seiten der Freizeit zu diskutieren. Es gibt in diesen Bereichen sehr viele Probleme, sie betreffen uns alle. In keinem Land in Europa kann ein gültiges Modell für einen Animateur entwickelt werden. Aber man kennt die Zielsetzungen und die fundamental-pädagogischen Ausbildungsprinzipien. Das ist eine große Hilfe für uns alle. So ist es wirklich eine sehr große Freude zu hören, daß wir diese Arbeit weiterführen können. Doch ich bin gefragt worden, ob ich mit Herrn Schapers Argumenten einverstanden bin. Das bin ich und ich hoffe, daß alle industrialisierten Länder und Entwicklungsländer diese gemeinsamen Grundlagen der Pädagogik weiterführen.

Rolf Buttler: Madame Guinchat hat sehr ostentativ applaudiert. Sie hat gesagt, sie brauche eine Übersetzerin, aber sie spricht so vorzüglich deutsch, daß dies nicht notwendig ist. Wobei ich überhaupt dankbar bin, daß unsere ausländischen Gäste sich der Mühe unterziehen, in unserer Sprache zu sprechen. Aber wollen Sie dazu etwas sagen?

Claire Guinchat: Ich schüttele mich wirklich, mein Deutsch so zu bringen. Bitte entschuldigen Sie mich. Ja, ich wollte etwas sagen. Animation kulturell ist zwar der französische Begriff, der einmal sehr lebendig und sehr hoffnungsvoll war. Aber zur Zeit befinden wir uns wirklich in einer Sackgasse mit der Erziehung zu Animation kulturell. Warum? Weil die Bedürfnisse, der Freizeitbetrieb und dieses Gebot nicht zusammenpassen. Sie sind adäquat, und ich möchte das Problem ein bißchen zurücknehmen, also anders nennen. Wenn wir überhaupt die Freizeit des durchschnittlichen Franzosen — wenn es einen durchschnittlichen Franzosen gibt — aufschlüsseln, dann findet sie in der Familie und im bekannten Rahmen statt. Die Hauptfreizeittätigkeit ist, zuhause zu bleiben, entweder Fernsehen angucken oder mit Bekannten zusammensitzen, plaudern, essen und auch fernsehen. Dann kommt der Spaziergang, entweder nimmt man das Auto und fährt 30 km aus der Stadt, um dann spazierenzugehen mit der Familie oder auch mit Freunden, also die Geselligkeit ist sehr, sehr wichtig. Und erst sehr weit nachher kommt Sport, Spektakel und Bildung und Kultur. Was will man mit diesen Franzosen machen? Will man denn überhaupt, daß sie Sport treiben, will man, daß sie ins Theater gehen, will man, daß sie Gebirge oder Burgen besichtigen und die Museen auch?

Also, das kann man alles machen. Ich bin erst gestern angekommen, weil ich gerade auf einem anderen Kongreß war, ein Seminar über das Problem der neuen Einrichtungen, der Forschung über die Aktion kulturell. Also, die alte Regel klappt wirklich nicht mehr, man muß etwas anderes finden. Ich möchte sagen, daß das doch mit der Erziehung und mit der Schule zusammenhängt. Die Notwendigkeit bei uns wäre sicher, die Erziehung an der Schule etwas zu verbessern. Ein Beispiel und dann bin ich fertig. Vor etwa 3 oder 4 Jahren hat man bei der Schule eine sogenannte Drittenzeit (wörtlich übersetzt) eingeführt, eine Freizeit, in der die Schüler und die Professoren zusammenbleiben. Sie sollten diese Zeit mit Hobbys, mit Freizeittätigkeiten, mit Sport und dem, was sie wollten, füllen. Das wurde eine Pleite, weil die Konstruktion, also die Schuleinrichtungen, nicht dazu paßten, was die Buben und Mädchen wollten, weil die Professoren Angst hatten, weil die Schüler einfach nicht interessiert waren. Das wäre die erste Erkenntnis, und die zweite wäre wahrscheinlich eine bessere Arbeit und bessere Lebensart. Das hängt sehr eng zusammen. Aktive und kulturelle Freizeit bringen kann man nicht, wenn man zwei oder drei Stunden lang nur Sport treiben muß.

Rolf Buttler: Ja, ist dies vielleicht der Ausweg aus der Sackgasse, von der Sie gesprochen haben?

Claire Guinchat: Ich möchte noch sagen, ich bin keine Praktikerin, ich arbeite bei Soziologen. Die Forschung über Freizeit richtet sich jetzt vielmehr nach der Zeit, also der Arbeitszeit, der freien Zeit, der Familienzeit, und diese Zeiten ändern sich.

Rolf Buttler: Frau Dr. Filipcová, Sie sind Dozentin für Philosophie und Soziologie, sind Sie Praktikerin?

Blanka Filipcová: Wie es aussieht, bin ich keine Praktikerin, ich bin auch — sozusagen Gott sei Dank — kein Animateur. Vielleicht gibt mir das die Möglichkeit, ein bißchen leichter über das Problem zu sprechen. Ich meine, obwohl der Begriff Animation oder Animation kulturell sehr konfus ist, wie wir gesehen haben, existiert die Realität, Animation, kulturelle Erziehung in allen unseren Ländern. Aber ich weiß nicht, ob wir uns dessen bewußt sind, daß die Animation gewisse Möglichkeiten hat und auch gewisse Grenzen. Die Animation kann zum Beispiel nicht die objektiven Bewegungen ändern. Die Hauptfunktion der Animation ist, die positiven Bedingungen zu beherrschen und die negativen Bedingungen zu bekämpfen. Ich kann ein Beispiel aus unserer Gesellschaft geben. Unsere Landwirtschaft ist hundertprozentig kollektivisiert. Die Bauern, sie haben ganz neue Lebensbedingungen, d.h. sie haben ein Zeitregime, das so ähnlich wie ein Industrieregime ist, Freizeit, Arbeitszeit, Week-end, mit gewissen Modifikationen. Sie haben das höchste Einkommen pro Kopf von allen ökonomisch Aktiven. Aber sie haben sehr, sehr unterentwickelte Bedürfnisse aus der Tradition, aus der Vergangenheit. Jetzt ergibt sich das Problem, die Bedürfnisse zu kultivieren, damit die Bauern fähig sind, die neuen Bedingungen zu beherrschen. Wenn wir das nicht tun, gäbe das ein komisches Resultat. Zum Beispiel: Manche Bauern, welche in der frischen Luft und in der freien Natur leben, bauen sich ein Wochenendhaus. Dies ist komisch, weil es nicht ihren wirklichen Bedürfnissen entspricht. Jetzt gibt es ein Problem. Wenn wir sagen, positive, negative Bedingungen, brauchen wir doch ein Kriterium, die Bedingungen zu bewerten, was positiv und was negativ ist. Meiner Meinung nach können wir die Kriterien von unserem Ziel ableiten. Die Entwicklung der Persönlichkeit, das ist ein Ziel und von dem wir die Bedingungen bewerten können. Damit ist noch ein zweites Problem verbunden. Ich möchte gerne ein paar Worte über dieses Problem sagen. Sehr oft sprechen wir über das, was wir im Wohnumfeld konstruieren sollen, damit sich das Wohnumfeld auch den existierenden Bedürfnissen der Bevölkerung anpaßt. Ja, aber jetzt ist die Frage, ist es das Problem, nur die existierenden Bedürfnisse zu artikulieren und zu befriedigen, oder die Bedürfnisse zu kultivieren und zu entwickeln. Ich meine, wir sind auf der zweiten Position, die Bedürfnisse zu kultivieren und zu entwickeln. Hier gibt es zwei Hauptinstrumente. Eines wäre, die objektiven Bedingungen zu ändern. Hier möchte ich anfügen, daß es dabei nicht nur um die objektiven Bedingungen in der Freizeitsphäre, sondern auch in der Arbeitssphäre, in der Sphäre der Sozialstruktur der Gesellschaft geht. Das sind die Schlüsselprobleme der Freizeit. Und das zweite Instrument ist die Animation. Allerdings, nicht alle Bedürfnisse kann man oder sollte man akzeptieren. Gewisse Bedürfnisse sollte die Gesellschaft auch bekämpfen, z.B. wenn sie die Entwicklung der Persönlichkeit einengen. Dann sehen wir sehr gut, daß die objektiven Bedingungen sich ändern und besser werden.

Rolf Buttler: Professor Lésnik! Es ergibt sich so, daß Sie jetzt an der Reihe sind. Dies waren nur zwei Darstellungen, zwei Entwicklungen, die, glaube ich, doch deutlich machen oder ganz deutlich machen, welche Schwierigkeit die Frage der Animation ja oder nein bereitet. Ja oder nein, oder in jedem Fall ja, aber wie?

Rudi Lésnik: Zuerst will auch ich mich bedanken, daß ich hier teilnehmen kann. Auch ich bitte um Verzeihung, wenn mein Deutsch nicht gut klingt, aber ich kann Ihre Ohren nicht schonen. Ich möchte auf etwas aufmerksam machen. Zuerst wäre zu bestätigen, daß wir die Freizeitprobleme spezifisch erforschen und auch spezifisch bewerten müssen, weil in jedem Land und in jeder Gesellschaft die Lebensbedingungen ganz verschieden und spezifisch sind. Bei uns sind wir jetzt in sehr schnellem Wandel. Dieser Wandel führte dazu, daß das Freizeitproblem erst in letzten Jahren eine gesellschaftliche Bedeutung bekam. Aber noch etwas, was ich erwähnen muß. Bei uns gibt es sehr verschiedene, ich kann doch sagen, ein sehr buntes Cocktail, Kulturtradition. Wir haben im Süden eine orientalisch-östliche Kultur und im Norden, wo ich herstamme — aus Slowenien — eine westliche Kultur. So unterschiedliche Kulturtraditionen führen auch dazu, daß wir z.B. in Jugoslawien dreißig verschiedene Religionen haben. Viele Religionen und so verschiedene Völker in eine Einheit zu bringen, ist nicht so einfach, und auch die Freizeitlösungen und Freizeitbedürfnisse sind darum sehr verschieden. Gerade auf kulturellem Gebiet, aber woanders auch. Wir können das nicht mit einer Zentralpolitik oder zentralisierten Freizeitpolitik lösen, sondern wir müssen demokratisch regeln und die Teilnahme oder Partizipation der Bürger mit beachten. Das geht aber noch weiter. Unser Ziel ist ein gesellschaftlich akzeptiertes Ziel, die allseitige Persönlichkeitsentwicklung, aber auch schnelle gesellschaftliche Kommunikation. Sonst müßten wir Angst haben, daß der Mensch sich in ein Schneckenhaus verkriecht. Dabei muß er kommunikationsfähig bei den Gesellschaftsproblemen mitwirken und nicht nur mitwirken, sondern auch Verantwortung tragen. Nur aus dieser Sicht sind auch die Freizeitprobleme zu betrachten. Und wenn ich von Animation rede, dann meine ich, daß es nicht genügt, nur die Angebote für das Freizeitleben oder die Freizeittätigkeiten zu schaffen. Hier ein Beispiel: Einige haben gedacht, daß es ausreicht, wenn wir dem Arbeiter die Freikarten für einen Konzertbesuch geben, so daß er sich damit die Freizeit gestaltet. Aber der Arbeiter, der nicht musikalisch interessiert ist, der wird sich dort sehr langweilen und diese Freizeit wird für ihn eine fremde Tätigkeit sein. Darum ist der Animationsbereich wirklich eine sehr pädagogische Sache. Wir müssen die Freizeitkultur aufbauen. Es ist nicht nur die Arbeitsethik und Arbeitskultur, die den Menschen befriedigt, sondern die Ganzheit der menschlichen Tätigkeitsmöglichkeiten. Dabei genügt es nicht, nur die kulturellen Fähigkeiten aufzuwecken, sondern auch die anderen kreativen Tätigkeiten auf allen Gebieten von der Technik bis zu den Naturwissenschaften usw., so daß der Mensch sich integriert, integrieren kann mit diesen Tätigkeiten. Was ist jetzt mit der Animation. Es ist nicht genug, einen Animateur zu haben, der nur als ein Organisator da ist, daß er die Leute mobilisiert, z.B. ein Konzert zu besuchen, Theater zu besuchen und Tourismus zu machen. Ein Animateur hat bei uns eine andere Funktion, darin sind auch die Animationsgebiete und die Begriffe über das Profil oder die Persönlichkeit des Animateurs sehr verschieden. Diese Funktion kommt von Praxis und Leben, Leben und Gesellschaft, Leben und Kultur. Einige denken, der Animateur ist das, was man unter dem Begriff Freizeitpädagoge versteht. Wir nennen ihn Mentor. Was ist denn eigentlich ein Mentor? Der Mentor ist ein Spezialist für eine Sorte von Tätigkeiten. Der Animateur muß dagegen schon eine starke und entwickelte Persönlichkeit sein. Er soll nicht nur überwachen, welches die Bedürfnisse sind, er muß auch überzeugend tätig sein. Er muß auch fähig sein, Bedürfnisse zu identifizieren und zu analysieren und Vorschläge und Pläne dafür zu machen. Andererseits muß er bei der Entwicklung der niedrigen Bedürfnisse zu höheren Bedürfnissen eine aktive pädagogische Arbeit leisten. Ich muß noch etwas korrigieren. Vor einigen Monaten war ich noch ein bekannter pädagogischer Chef der Akademie, jetzt bin ich es nicht mehr, weil mein Mandat vorbei ist. Ich bin jetzt Dozent der Freizeitpädagogik und Freizeitanthroposophie an der Universität von Lubljana. Freizeitpädagogik sage ich, ist für die Jugend und Freizeitanthroposophie ist für die Erwachsenenbildung. Freizeitprobleme sind nicht nur Probleme der Jugend, nicht nur Probleme der Erwachsenen, sondern Probleme der Menschen und auch der gesamten Gesellschaft. Ich soll eine Rede halten über Freizeitlehrer: Wir brauchen keine Freizeitlehrer dabei. Wir brauchen schon einen Pädagogen und einen Wissenschaftler, der die Freizeit erforscht, wir brauchen auch jemanden, der in Mittelschulen und Hochschulen über die Freizeittheorie Vorlesungen hält. Wir brauchen weiter viele Mitarbeiter, viele Mentoren, die eine gewisse pädagogische Ausbildung haben, so daß sie fähig zu kommunizieren sind. Wegen der völkischen Verschiedenheiten sind wir ein sehr kommunizierendes Land. Wir sind gegen die Freizeitlehrer, aber wir sind dafür, daß viele Menschen bei den Freizeitproblemen mitwirken und daß alle verschiedene Ziele erfüllen.

Rolf Buttler: Meine Damen und Herren, es ist nicht meine Aufgabe, hier zusammenzufassen, was nicht zusammengefaßt werden kann. Es sollte ausgebreitet werden, was ich eingangs sagte, wie man woanders über das denkt, was wir tun, und wie man woanders über die Fragen urteilt, die hier Thema des Kongresses waren. Ich habe den Teilnehmern an diesem Podium zu danken, vornehmlich — und das ist die Mehrzahl — unseren ausländischen Gästen. Auch, daß sie ihre Ansicht gesagt haben und — ich sage es nochmal — in unserer Sprache, daß wir auf den Dolmetscher verzichten konnten.

Herzlichen Dank auch dem Plenum, daß Sie hier teilgenommen haben. Mir bleibt nur noch, den Veranstalter, den Verbandsdirektor des Siedlungsverbandes Ruhrkohlenbezirk, Herrn Neufang, zu bitten, den Schlußpunkt des Programmes, der vor dem Mittagessen steht, noch zu erfüllen.

AUSBLICK UND KÜNFTIGE AUFGABEN?

Freizeit '78 Das Wohnumfeld als Freizeitraum
Ausblick und künftige Aufgaben?
Heinz Neufang

Meine sehr verehrten Damen,
meine Herren!

Auf diesem Kongreß ist so realistisch und auf Gegebenheiten bezogen wie auf keinem der voraufgegangenen Kongresse aufgezeigt worden, was der Mensch im europäischen Siedlungsraum von seiner Wohnung und seinem Wohnumfeld erwartet und was gegenwärtig diesen Erwartungen entgegensteht.

Daraus ergeben sich recht klar erkennbare und abgrenzbare Ziele für Sanierungen, Erneuerungen, Modernisierungen, Neusiedlungen. Daraus ergeben sich aber noch nicht die Wege zu diesen Zielen. Diese Wege wird man vielleicht gar nicht auf europäischer Ebene erörtern und finden können, solange wir innerhalb Europas so unterschiedliche Sozialbindungen des Eigentums am Grund und Boden, so unterschiedliche Verteilung der Verantwortlichkeiten für den Städte- und den Wohnungsbau, so unterschiedliche Methoden der Finanzierungen des Wohnungsbaus und der öffentlichen Grundausstattungen haben, nicht zuletzt auch so große Unterschiede in der Beteiligung der Bürger an der Feststellung dessen, was er braucht, wohin seine Bedürfnisse gehen.

Eines aber scheint mir für die Suche nach den Wegen europäisch wiederum gemeinsam zu sein:

1. Wir alle haben erkannt und sprechen es hier mehr oder weniger offen aus: Wir alle müssen den Städte- und den Wohnungsbau sowie die weiteren Investitionen in die Grundausstattung auf sparsamsten Energieverbrauch, insbesondere Verbrauch von energietragenden Bestandteilen des Erdkörpers ausrichten.

Stichwort — wenn auch nicht schön:

> Die energiegerechte Stadt

2. Wir alle fordern die Stadt, die in der Anordnung ihrer Funktionen und Teile den Gebrauch des individuellen Kraftfahrzeugs erlaubt, deren Wohnungen und unmittelbaren Wohnumfelder nicht den physikalischen Emissionen aus diesem Kraftfahrverkehr ausgesetzt sind. Ferner die zwischen emittierenden Produktionsstätten und den Wohngebieten entmischte Stadt.

Bekannte — wenn auch nicht schöne Stichworte:

> Die autogerechte Stadt,
> die umweltschutzgerechte Stadt.

3. Nunmehr fordern wir die Stadt, in der sich der Mensch in Wohnung und im nächsten Umfeld persönlich ebenso wie als Glied der Gemeinschaft im Wohnumfeld entfalten kann.

Stichwort — wenn auch nicht schön:

> Die freizeitgerechte Stadt

Das sind drei im wesentlichen anerkannte Ziele, jedes mit den ihm eigenen Notwendigkeiten an finanzwirksamen Investitionen.

Ich frage, meine Damen, meine Herren:

Wenn es Europa geschafft hat, mit den Zerstörungen und Verheerungen menschlicher Siedlungen nach dem letzten Weltkrieg fertig zu werden — sollte Europa nicht stark genug sein zu dem Unternehmen, seine Städte zu

> Umweltschutz-
> energie-, auto- und freizeitgerechten Städten
> zugleich zu erneuern?

Stark genug auch ohne einseitige Ausbeutung der Ressourcen der Entwicklungsländer, ohne Raubbau in der Erdrinde?

Mit diesem fragenden Ausblick möchte ich an alle Teilnehmer den Dank der Deutschen Gesellschaft für Freizeit und des SVR aussprechen für die Passion und den Aufwand, den sie diesem unserem 4. Freizeitkongreß gewidmet haben. Besonderen Dank darf ich den Teilnehmern aus den europäischen Nachbarländern danken und repräsentativ den Namen Dr. Ledermann nennen.

Die Fürsorgepflicht, die mir als Chef in meinem Hause obliegt, gebietet mir, mich auch für den selbstlosen Einsatz meiner Mitarbeiterinnen und Mitarbeiter bei diesem Kongreß zu bedanken. Ich darf hier ebenso repräsentativ den Namen des Herrn Wolters nennen.

Damit schließe ich den Arbeitsteil des 4. Kongresses und wünsche allen Teilnehmern nach dem Essen eine unfallfreie Heimreise.

ANHANG
SONDERREFERATE
PRESSESTIMMEN

Freizeit '78 Das Wohnumfeld als Freizeitraum
Problematik der Erholung in Wohnsiedlungen in Polen
Lech Erdmann

Auf der Konferenz HABITAT der Vereinigten Staaten, die 1976 in Vancouver abgehalten wurde, stellte Ethel Medeiros die folgende Behauptung auf: „Die Welt brauche neue Rekreationsprogramme und -einrichtungen."

Diese Feststellung ist zugleich die Konsequenz, die aus der fortschreitenden Zivilisation hervorgeht, d.h. also auch aus dem Loslösungsprozeß des Menschen von der Natur sowie aus der Tatsache, daß sich das Leben des Menschen auf die von ihm gestalteten und herausgebildeten Umweltbedingungen konzentriert.

Die ungünstigen Begleiterscheinungen der menschlichen Lebensbedingungen in Großagglomeraten, die besonders kraß in hochindustrialisierten Gebieten in Erscheinung treten, erfordern wirksame Gegenmaßnahmen. Den Menschen müssen Möglichkeiten geboten werden, Bedürfnisse zu decken, die mit einer umfassenden Entwicklung der Persönlichkeit, mit den psycho-physischen Fähigkeiten des Organismus in Verbindung stehen sowie mit seiner Anteilnahme an gesellschaftlich nützlicher Arbeit und rationeller Erholung.

Der Ideengehalt der Freizeitgestaltung sollte nicht nur der „Reproduktion der Arbeitskraft" schlechthin dienen, sondern ebenso — als Stimulator von psycho-physischen Merkmalen des Organismus — gesundheitliche und Kompensationsfunktionen erfüllen. Die Aktivität innerhalb der Freizeitgestaltung soll durch ihren sozialen Charakter dazu beitragen, die Stellung des Einzelnen in der gesellschaftlichen Umwelt zu bestimmen. Demzufolge muß die Erholung in der Freizeit sowohl von der psychischen als auch der somantischen Dominante charakterisiert sein. Sie soll der Bereicherung von ästhetischen und sozialkulturellen Erlebnissen dienen sowie Anreiz für aktiven Sport, für Spiel und Touristik bieten.

Die Rekreation bedeutet keineswegs nur ein gewöhnliches Verbringen der Freizeit als solche, sondern ihre Ausnutzung in einer von der Gesellschaft voll akzeptierten Form. Ein Problem von größter Wichtigkeit ist hier die Sicherung der Bedingungen für eine volle und rationale Ausnutzung der Freizeitvorräte, über die Einwohner von Großagglomeraten verfügen. Dem Charakter der Freizeit entsprechend wird ihre Gestaltung innerhalb des Stadtorganismus realisiert, d.h. in der Nähe der Wohnung (hauptsächlich nach Arbeitsschluß oder an arbeitsfreien Tagen), weiterhin in Stadtnähe (hier vor allem an arbeitsfreien Tagen) und außerhalb der Stadt (während der Urlaubszeit).

In der Sozialpolitik Polens haben wir dem Problem, den Arbeitern eine volle Erholung zu garantieren, größte Aufmerksamkeit geschenkt. In den Aufgaben für die Rekreationsgestaltung und dem Rekreationsprogramm ist die These enthalten, daß jeder Einwohner das Recht hat, in der Entfernung von 15 Minuten ein vielseitiges Rekreationsangebot in Anspruch zu nehmen. Aus statistischen Angaben geht hervor, daß in Polen die Einwohner über tägliche größere Freizeitvorräte verfügen als Einwohner anderer europäischer Staaten. In Polen herrscht eine ununterbrochene Arbeitszeit (ohne Mittagspause), in die eine oder mehrere kurze Pausen eingefügt sind, die nicht mehr als 15 Min. betragen. Somit stehen dem berufstätigen Mann nach Arbeitsschluß ca. 3,5 Stunden zur Verfügung, der berufstätigen Frau 2,5—3 Stunden. Bei einer sechstägigen Arbeitswoche sind natürlich die wöchentlichen Freizeitvorräte geringer. Gleichzeitig bieten aber die gegenwärtig 12 arbeitsfreien Tage im Jahr (1 mal monatlich außer sonntags und feiertags) die Möglichkeit zu einem zwei- oder dreitägigen Urlaub (wenn der arbeitsfreie Tag zwischen zwei gesetzlich festgelegte Tage fällt). Ziel der staatlichen Sozialpolitik ist es, Erholungsbedingungen zu schaffen, die die Einwohner allmählich auf eine rationelle Ausnutzung der ansteigenden Freizeitvorräte vorbereiten, d.h., die zur Verbesserung des Gesundheitszustandes, zur Erhöhung des kulturellen Niveaus und der allgemeinen Lebensbedingungen führen.

Die Vergrößerung der Freizeit wird von zahlreichen Problemen gesellschaftlicher und wirtschaftlicher Natur begleitet. Der Freizeitanstieg, das Anwachsen des Lebensstandards sowie die kulturelle Entwicklung der Gesellschaft machen die Sicherung von entsprechenden Rekreationseinrichtungen und -stätten sowie die Basis für die gesellschaftlich-erzieherische Tätigkeit erforderlich. Die tägliche Rekreation ist mit der Notwendigkeit verbunden, in den Wohnsiedlungen entsprechende Zentren für die Freizeitgestaltung zu organisieren, Sport- und Rekreationseinrichtungen zu schaffen, die die Einwohner zur aktiven Ausnutzung der Freizeit anregen. Zu der Rekreationsbewirtschaftung in Wohnsiedlungen gehören Klubräume, Sport- und Rekreationsstätten.

Als Element der Wohnkultur und des Wohnkomforts steht die Rekreation gleichberechtigt neben anderen Sozial- und Dienstleistungen wie Versorgung, Schulwesen oder Gesundheitswesen.

In Polen ist das Wohnungsbaugenossenschaftswesen weit verbreitet, das gleichzeitig mit dem Bau von neuen Wohnsiedlungen ein mustergültiges Rekreationsangebot für die Einwohner bietet. Die unter den Bedingungen des großen Wohnungsbedarfs, der verursacht war durch die Vernichtungen des II. Weltkrieges, früher entstandenen Wohnsiedlungen, haben in dieser Hinsicht nur begrenzte Möglichkeiten, die den spezifischen, lokalen Bedingungen angepaßt sind. Die in Polen noch herrschenden Schwierigkeiten im Wohnungsbau, besonders die begrenzten Wohnflächennormen, bewirken, daß eine Wohnung in vielen Fällen keine entsprechenden Bedingungen für eine vollständige Erholung bietet. Somit wird also das Wohnsiedlungsgelände in erster Linie die Stätte sein, an der die Einwohner den größten Teil ihrer Freizeit verbringen. Die Ausrüstung der Wohnsiedlungen mit entsprechenden Geräten und Einrichtungen sowie die Schaffung eines Rekreationsprogrammes gewinnen eine immer größere Bedeutung. Für jeden Einwohner sollten also Möglichkeiten bestehen, außerhalb seiner Wohnung, d.h. seiner sogen. „privaten Freizeitsphäre", an Freizeitbeschäftigungen teilnehmen zu können, die seinen Interessenbereichen entsprechen. Wenn man auch die Erholungsbedingungen mit der vorherrschenden psychischen Dominate als ausreichend bezeichnen kann (Bibliotheks- und Leseräume, Klubs, sogen. Kulturhäuser), so sind das Angebot und die Einrichtungen für die aktive, physische Erholung noch unzureichend.

Eine außerordentlich aktive Tätigkeit im Bereich der Verbreitung der Rekreation entwickelt die Gesellschaft für Körperkultur, deren Zentren in den einzelnen Wohnsiedlungen eine wesentliche Rolle bei der gesellschaftlich-erzieherischen Tätigkeit spielen und die darüber hinaus verschiedene Formen von Sport- und Rekreationsveranstaltungen organisieren und sich am Bau von Sporteinrichtungen beteiligen.

Ein im modernen Sinne aufgefaßtes Rekreationsprogramm für Wohnsiedlungen sollte möglichst viele Formen der aktiven Erholung beinhalten und alle Altersgruppen, vom Kind bis zum „Senior" umfassen. Außerdem sollte ein derartig gestaltetes Programm dazu beitragen, ganze Familien zu integrieren und die zwischenmenschlichen Beziehungen zu den Nachbarn zu verbessern. Natürlich kann die Verbreitung von Rekreationsformen nicht allein auf die Bewirtschaftung der Wohnsiedlungen und auf ein entsprechendes Angebot beschränkt bleiben, sondern muß sich auf eine dementsprechende Propaganda, auf Information und Beratung bei der Auswahl und Motivierung der Erholungsformen stützen können. Da die Evolution des Bewußtseins in diesem Bereich nur langsam verläuft, ist es gerade die Aufgabe von Kultur- und Bildungsstätten, diesen Prozeß zu beschleunigen sowie Bildungslücken, verschuldet durch Schule oder Elternhaus, zu füllen. Aufgabe der Erziehung zur Rekreation ist es, die noch immer vorherrschende Meinung abzubauen, daß Sport, Bewegungsübungen und Spiel für die heranreifenden Generationen bestimmt sind. Der Erziehungsprozeß zur rationellen Ausnutzung der Freizeit wirkt sich nützlich auf die Diagnosestellung von Rekreationsbedürfnissen sowie auf die Herausbildung von Autodiagnosefähigkeiten aus.

Das Wohnungsbaugenossenschaftswesen, das bei der Realisierung der Sozialpolitik des Staates eine dominierende Rolle spielt, verfolgt die Erziehungsaufgaben zur Rekreation mit immer größerer Konsequenz. Das Entwicklungsprogramm des Wohnungsbaus sieht vor, daß in dem Zeitraum von 1986–1990 83% des allgemeinen Wohnungsbaus von dem Wohnungsbaugenossenschaftswesen übernommen und realisiert werden (gegenwärtig 64,5%).

Im Einklang mit den urbanistischen Normen für Wohngelände sind in Polen folgende Normen für Rekreationszwecke verpflichtend:

- In Wohnsiedlungen sollen Kinderspielplätze in der Größe von 0,75 ha bis 1,2 ha angelegt werden, in einer Entfernung von nicht mehr als 300 m von den Wohnungen;
- die Fläche des Erholungsgeländes in der Wohnsiedlung soll 5,5 m^2 pro Einwohner betragen, davon entfallen 1,5 m^2 auf Rekreationsgelände;
- Gelände für Sport- und Erholungseinrichtungen müssen folgende Ausmaße haben: Parkgelände 1,5–2 ha, Sportanlagen –2,5 ha, Sport- und Gymnastikhallen 0,3–0,5 ha, gedeckte Schwimmhallen 0,2–0,4 ha.

Außer den Sport- und Rekreationsanlagen und -einrichtungen soll die Wohnsiedlung über Kultureinrichtungen verfügen mit 80 m^2 pro 1000 Einwohner, wobei die eigentliche Einrichtung eine Nutzfläche von 270–720 m^2 haben soll.

Freizeit '78 Das Wohnumfeld als Freizeitraum
Blanka Filipcová

1. Die erste Frage, die wir uns stellen müssen: Inwiefern verbringt der Mensch seine Freizeit in der Wohnung und in ihrer unmittelbaren Umgebung? In dieser Umwelt verbringen *alle* ihre *alltägliche Freizeit:* Es gibt stets viele Menschen, die am Wochenende, *besonders im Winter*, regelmäßig zu Hause bleiben; beispielsweise sind es in den größeren Städten in der Tschechoslowakei rund 50 % der Einwohner in der Winterzeit und 20–25 % in der Sommerzeit; im Gegenteil, die Anzahl von Menschen, die während ihres Urlaubs zu Hause bleiben, wird stets kleiner. Der Aufenthaltswechsel wurde zum Attribut des Urlaubs und darum lautet die übliche Frage nicht: „Was machst du während des Urlaubs?", sondern: „Wohin fährst du?" Die *alltägliche Freizeit* ist also das dominierende Element.

2. Was für einen Rhythmus und charakteristische Züge hat sie?

- Im Zentrum des Alltagslebens steht Arbeit, die gesellschaftlichen und Familienpflichten.
- Freizeit kommt meistens nicht im kompakten Block vor.
- Der Mensch übt eine kleinere Anzahl von Tätigkeiten aus, und zwar während einer kürzeren Zeitperiode als z.B. am Wochenende. Unsere letzte Untersuchung der Prager Bevölkerung hat gezeigt, daß die durchschnittliche Anzahl von Tätigkeiten am Wochenende um rund 5 oszilliert, während sie sich am Alltag auf rund 3 bewegt.
- Die von den Massenmedien vermittelte „Heimkultur" und die inneren Familienkontakte bilden die Domäne des Alltags.
- Mit der Ausnahme der Jugend ist der Alltag durch ein regelmäßiges Regime und einen bestimmten Stereotyp charakterisiert.
- Freizeit ist vor allem an die Wohnung und ihre unmittelbare Umgebung gebunden.
- Zum Unterschied vom Wochenende und vom Urlaub wird sie selten „geplant".

Natürlich verbergen sich hinter diesen allgemein Abrissen differenzierte Bedürfnisse. Nach unseren Erkenntnissen sind die elementaren Differenzierungstrassen mit dem Beruf, der Bildung, der politischen Aktivität, der Phase des Lebenszyklus und endlich mit den Unterschieden zwischen Stadt und Land verbunden.

3. Wollen wir die Frage lösen, wie das Wohnumfeld aussehen soll, damit es den Freizeitbedürfnissen entspricht, so genügt es nicht, die aktuellen Bedürfnisse der verschiedenen Bevölkerungsschichten zu kennen. Außerdem ist es notwendig zu sagen, daß wir sie nicht immer gut kennen und daß auch die Bürger selbst sie nicht immer gut kennen und sie zu artikulieren wissen.

Meiner Meinung nach ist das Problem ein wenig komplizierter; erstens ist jedwede Antwort seitens der Gesellschaft nie eine bloße passive Antwort. Es ist immer eine Antwort aus einer bestimmten Position, in der Richtung bestimmter Präferenzen (denn die Bedürfnisse sind einstweilen immer größer als die Quellen zu ihrer Befriedigung), mit der Benutzung bestimmter Instrumente, also eine *aktive* Antwort. Sie schließt in sich nicht nur das Element der Befriedigung, sondern auch der Bildung, der Gestaltung der Bedürfnisse ein.

In diesem Fall bestehen zwei Möglichkeiten, entweder den Prozeß der Gestaltung der Bedürfnisse der Spontaneität zu überlassen oder sich um seine bestimmte zielbewußte Beherrschung zu bemühen, und dann können wir nicht die folgende Frage vermeiden: In welcher Richtung, zu welchem Ziel, nach welchen Kriterien sich orientieren? Sehr kurz und bündig gesagt, unserer Meinung nach handelt es sich nicht nur um die Multiplizierung von Varianten in den Möglichkeiten der Befriedigung der existierenden Bedürfnisse, sondern auch um die Erweiterung des Raumes für die individuelle Wahl. Es handelt sich auch um die Kultivierung der Bedürfnisse, um ihre Entwicklung, um die Veränderung der Wahl selbst, und zwar in der Richtung der Persönlichkeitsentwicklung. Dabei – und das ist unsere Grundposition – kann diese Entwicklung nicht anders als in gesellschaftlicher Vermittlung erreicht werden.

Dies bedeutet, daß jede Lösung nicht nur aktuelle Ziele, sondern auch mehr langfristige Ziele verfolgen sollte. Hier stoßen wir jedoch an die bekannte und bedeutsame Barriere, die eben den Architekten und Urbanisten vertraut ist. Wollen wir jedwede Frage „mit Vorsprung", d.h. mit Rücksicht auf die Zukunft, lösen – und sind wir davon überzeugt, daß die Zukunft Entwicklung bedeutet und folglich auch höhere Ansprüche an die Quellen mitbringt – dann wird die Beschränktheit unserer gegenwärtigen Quellen weit empfindlicher.

So entdecken wir hinter den anscheinend rein praktischen Fragen grundsätzliche und theoretisch offene Probleme, wie es eben die Problematik der Bedürfnisse ist. Wir können von der statischen Konzeption der sogenannten „natürlichen", „authentischen" Bedürfnisse ausgehen; in dieser Konzeption liegt das Hauptgewicht auf den Methoden der *Offenbarung,* der Artikulation der existierenden Bedürfnisse als einer Voraussetzung ihrer Berücksichtigung seitens der Gesellschaft.

Wir können jedoch auch von der dynamischen Konzeption ausgehen, welche die gegenwärtigen Bedürfnisse als Produkte der Tätigkeit der Menschen, der gesamten vorangehenden Generationen auffaßt; in dieser Konzeption liegt das Hauptgewicht auf den Methoden der *Gestaltung* der Bedürfnisse, auf der Artikulation der Ziele. Die Tatsache, welche Konzeption wir (ob bewußt oder spontan) vertreten, beeinflußt auch unsere Stellungnahme zur Lösung der praktischen Fragen.

4. Wir werden jetzt versuchen zwei praktische Probleme der alltäglichen Freizeit — vor allem der Stadtbevölkerung — zu skizzieren, und zwar solche, deren Lösung gewissermaßen in den Händen der Architekten und Urbanisten liegt. Wenn wir gewissermaßen sagen, so deshalb, weil ein jedes derartiges Problem eine *komplexe* Lösung erfordert, welche eine Reihe von ökonomischen, architektonischen bis zu kulturell-erzieherischen Lösungen einbezieht.

- unter Berücksichtigung der Regeneration der Kräfte und der gesamten Lebensweise müssen wir als alarmierend den Zustand ansehen, wonach ungefähr nur 11 bis 15 % der Bevölkerung (besonders der jüngeren Bevölkerung) regelmäßig Sport treiben, rund 20 % unregelmäßig, und die übrigen überhaupt nicht oder nur ausnahmsweise.

Alarmierend ist dieser Zustand nicht mit Bezug auf die manifestierten Bedürfnisse, sondern eher mit Bezug auf die objektiven Kriterien einer gesunden Lebensweise in den Bedingungen, die manchmal als „sitzende Zivilisation" charakterisiert werden.

Eine ganze Reihe von Zivilisationskrankheiten, Obesität (auch Kinderobesität) hängen mit dem Mangel an Bewegung zusammen. Die Menschen werden sich dieser Tatsache nicht nur nicht bewußt, sondern es besteht hier außerdem die Frage, was für Wege von dem Bewußtsein, von der Erkenntnis zu den entsprechenden Tätigkeiten und zu der Interiorisierung der Bedürfnisse führen.

- Das zweite Problem der Freizeit, auf welches wir in diesem Zusammenhang aufmerksam machen wollen, ist die Gefahr einer bestimmten Schizophrenie der Arbeitstage und der freien Tage, die zu steuern ist.

Sollen die Freizeittätigkeiten einen erwünschten Effekt bringen, d.h. zur Persönlichkeitsentwicklung beitragen, müssen sie in relativer Kontinuität, mit bestimmter Frequenz ausgeübt werden. Es ist wohl bekannt, daß eine Tätigkeit eine andere Tätigkeit und Untätigkeit eher eine weitere Untätigkeit hervorruft. Von diesem Gesichtspunkt ist es bedeutsam, auch im alltäglichen Leben Gelegenheit zu haben, sich Raum für die Verfolgung der existierenden Interessen zu schaffen. Die Zugänglichkeit von entsprechenden Einrichtungen kann hier eine wichtige Rolle spielen.

Die Architekten beantworten diese Fragen nicht nur mit der Projektierung von traditionellen sportlichen und kulturellen Einrichtungen, sondern auch mit der Suche nach bestimmten neuen Formen. Die sogenannten Gesundheitsareale, Areale der körperlichen und geistigen Kultur oder der Freizeit gehören zu den interessantesten darunter. In vielen Städten in der Tschechoslowakei (z.B. Kladno, Liberec, Prag) wurden in den letzten Jahren vom Kulturministerium, vom Verband der Architekten und bildenden Künstler Wettbewerbe zur Lösung solcher Areale ausgeschrieben.

Die Löserkollektive sind interdisziplinär, an den Entwürfen haben nicht nur die Architekten und bildenden Künstler, sondern auch die Soziologen partizipiert.

Die Entwürfe haben die folgenden allgemeinen Forderungen in Betracht gezogen: die Bildung der Voraussetzungen
- für die Entwicklung der körperlichen Bewegungstätigkeiten,
- für die Anwendung der Handfertigkeiten,
- für die künstlerische Schaffenslust,
- für die menschlichen Kontakte.

Es werden vor allem solche Tätigkeiten akzeptiert, die eine breite Anziehungskraft besitzen — Schwimmen, Volleyball, Gesundheitsgymnastik für Frauen, Schlittschuhlaufen, Minigolf. Außerdem sind die Areale mit Ergänzungsdienstleistungen, wie z.B. Sauna, Massage, Kaffeehaus u.ä., ausgestattet.

Die Mannigfaltigkeit ihrer Ausstattung soll derartig sein, daß hier die *ganze Familie* Möglichkeiten für die Realisierung ihrer Interessen findet.

Die Polyfunktionalität dieser Einrichtungen hat noch eine interessante Seite; das breite Spektrum von Möglichkeiten, die sich hier anbieten, erlaubt zu hoffen, daß sie einen breiten Kreis der Benutzer mit verschiedenen Interessen und Bedürfnissen zum Besuch gewinnen werden. Sobald sich jedoch aufgrund der Korrespondenz mit einem bestimmten Bedürfnis des Menschen auch die Gewohnheit, das Areal regelmäßiger zu besuchen, bildet, kann die Mannigfaltigkeit der Möglichkeiten eine Rückwirkung auf die Erweiterung von Interessen und Bedürfnissen der Besucher selbst ausüben.

Solch eine neue Form der Beantwortung der Bevölkerungsbedürfnisse kann also zu einem aktiven Instrument ihrer Kultivierung und Entwicklung werden.

Freizeit '78 Das Wohnumfeld als Freizeitraum
Der öffentliche Raum im Wohnumfeld — Planung, Gestaltung und soziale Brauchbarkeit

Frauke Höbermann

Die Freizeit — damit ist alle Zeit gemeint, die nicht am oder auf Wegen vom und zum Arbeitsplatz verbracht wird — kann nicht länger als gesonderter Lebensraum betrachtet werden, der nur dem Urlaub, der Entspannung, der Muße und anderen „Gegengewichten" zu Monontonie und einseitigen Belastungen der Arbeit gewidmet ist.

Wirklich freie Freizeit ist in einer industriellen, verwalteten und von Organisationen und Institutionen nur all zu oft *verplanten* Welt nicht nur Freiheit von der Notwendigkeit des Geldverdienens, sondern ebenso auch Freiheit von Bestimmung durch andere.

Fremdbestimmte Freizeit

Diese anderen sind zum einen diejenigen, die die Arbeit organisieren und programmieren und damit darüber bestimmen, was der einzelne in den acht täglichen Stunden seiner Berufstätigkeit tut. Sie sind aber auch die Planer und Architekten, die Beamten und Ordner, die Organisatoren und Verwalter, die ohne in Erscheinung zu treten unser Leben beeinflussen und steuern: indem sie planen und realisieren, wie unsere Wohnungen und Wohnviertel aussehen, wie Straßen und Plätze gebaut und benutzt werden, wie und was an Grünflächen und Erholungszentren entsteht und im einzelnen ausgestaltet und genutzt wird; indem sie als Kenner und Interpretatoren von Vorschriften und Gesetzen weite Bereiche des menschlichen Zusammenlebens bestimmen; indem sie als Inhaber von Kenntissen und Informationen über Menschen und menschliches Verhalten Empfehlungen entwickeln, mit denen sie beeinflussen, was wir tun, wenn wir essen, wohnen, arbeiten, Sport treiben, Reisen unternehmen, unsere Kinder erziehen. Es spielt dabei keine Rolle, ob uns über die verschiedenen Wege der Massenmedien Verhaltensanweisungen gegeben werden (die wir schließlich für unsere eigenen Ideen halten), oder ob Bauleitpläne, Benutzungsvorschriften, Planungskonzeptionen, Bildungs- oder Haushaltspläne Entscheidungen enthalten, die unser Leben und unsere Lebensumwelt beeinflussen — in beiden Fällen wird unser Leben von anderen, meist uns ganz fremden Anderen bestimmt. Dieser „Fremdbestimmung" ist im Bereich der Arbeit mit großen organisatorischen Umwälzungen zu begegnen. Die zähen Debatten um die Mitbestimmung zeigen, wie weit das Ziel noch entfernt ist.

Veränderung im Rahmen des Bestehenden

Im Bereich der Freizeit, im außerberuflichen Leben ist das Freiwerden von solchen „Fremdbestimmungen" nicht einfacher, aber es lassen sich leichter Ansätze dazu entwickeln und verwirklichen. In diese Richtung haben die Experten des Beraterkreises „Wohnung, Umfeld und Freizeit" gearbeitet. Ihr Ziel war, überwiegend im Rahmen des Bestehenden — und zwar sowohl der bestehenden Bauten und Einrichtungen wie auch im Rahmen bestehender Ordnungen und Vorschriften — Möglichkeiten der Befreiung von Bestimmung durch meist Unbekannte andere und Ansätze zu mitgestaltender Einflußnahme der betroffenen Wohnungsinhaber, Wohnviertelbewohner, Partbenutzer, Straßenbenutzer, Bürgerhausbenutzer usw. zu entwickeln.

Mitgestaltender Einfluß durch die Bürger auf Lebensbereiche wie Wohnung, unmittelbares Wohnumfeld, Wohnviertel, Straße und Stadt erfordert eine Reihe von Voraussetzungen bei allen Beteiligten:
Kommunikation und Kontakte
Information
Kreativität
Sach- und Geldmittel
Bewußtseinsveränderung (Lösung von der Einstellung „die da oben machen das ja doch allein" und Hinwendung zum Bewußtwerden der individuellen und kollektiven Einflußchancen des Bürgers — und ebenso das Bewußtwerden der eigenen Wünsche und Bedürfnisse in bezug auf die Wohnung, das Haus, das Wohnviertel, die Stadt und ihre Einrichtungen.

Es wurde nach Möglichkeiten gesucht, Kommunikation und Kontakt, Kreativität und Informationsfluß zu besseren Voraussetzungen in Wohnung, Wohnumfeld, Quartier und Stadt zu verhelfen und Vorstellungen zu entwickeln, mit denen Geld- und Sachmittel verfügbar, Bewußtsein des Bürgereinflusses aktualisiert werden kann. Es wurden außerdem Konzepte entwickelt oder Ansätze zu Konzepten formuliert, die dazu beitragen sollen, die Wohnungen mehr als bisher an den Bedürfnissen ihrer Bewohner zu orientieren, Städte bewohnbarer zu machen und Einrichtungen für das außerberufliche Leben so zu planen und/oder zu nutzen, daß die Wünsche ihrer Benutzer dabei berücksichtigt werden.

I. Kommunikation und Kontakte in einer bewohnbaren Umwelt

a) Im engeren Wohnumfeld

Die Öffentlichkeit dringt in unsere Wohnungen ein — durch das Fernsehen, die Zeitung, das Radio — und wir begeben uns in dem Augenblick in die Öffentlichkeit, in dem wir unsere Wohnung verlassen. Schon der Balkon, die Terrasse, der Hausflur, der Treppenaufgang, ja das geöffnete Fenster stellen Öffentlichkeit her — besser sie können Öffentlichkeit ermöglichen. Sie können aber auch die Möglichkeit der Herstellung von Öffentlichkeit einschränken.

Öffentlichkeit vor der Haustür

Wie läßt sich Kommunikation und damit auch Öffentlichkeit im engeren Wohnumfeld herstellen, welche Voraussetzungen befördern die Kommunikation vor der Haustür?

a.a.) Neue Anordnung von Häusern, Hausgruppen und Gärten

Wohnexperimente in Holland haben gezeigt, wie Bauweise und Anordnung von Häusern sowie Einplanung von Freizeitraum in unmittelbarer Wohnungsnähe nachbarschaftsfördernd wirken und zugleich die individuelle Privatheit gewährleisten können. Die Häuser, u.a. mit versetzbaren Wänden versehen und mit Mittelpunktstreppenhäusern, ermöglichen individuelle Freiheit in der Raumaufteilung und ein großes Maß an Privatheit auch innerhalb der Familie. Die Anordnung der Häuser und Gärten sowie überdachter Raum für jeweils mehrere Familien befördert nachbarschaftliche Kontakte, ohne sie ständig zu erzwingen: gegenseitige Hilfe, gemeinsame und wechselseitige Übernahme von Aufgaben wie Kinderbeaufsichtigung, Pflege von Kranken usw. sowie Bereitschaft zu Gruppenunternehmungen im Alltag, – z.B. gemeinsames Essen oder ein Kinderfest.

„Die Öffentlichkeit vor der Haustür" lebt, wenn man ihr Lebensmöglichkeit gibt. Und sie muß leben, damit sich Kommunikation und Verständigung von Haus- und Quartierbewohnern entwickeln können. Denn darin liegen die Voraussetzungen für das Erkennen und Verwirklichen der Möglichkeit von Bürgerbeteiligung und -beeinflussung sogenannter öffentlicher Entscheidungen – die in der repräsentativen Demokratie zwar von den Repräsentanten der Bürger gemacht, aber allzuoft an deren Bedürfnissen und Interessen vorbei getroffen werden. Die Wohnexperimente in Holland zeigen beispielhaft, wie Aufforderung zur Kommunikation und die Befriedigung individueller Bedürfnisse in der privaten Lebenssphäre gleichzeitig zu verwirklichen sind.

Nutzungsänderungen

a.b.) Sozialräume in Vorgärten, Höfen und Terrassen

Wo vorhandene Bebauung im Sinne von Kommunikationschancen genutzt werden soll, bieten sich Nutzungsänderungen an, die ähnliches bewirken wie die Nachbarschaftsräume und die für mehrere Häuser gleichzeitig nutzbaren Gärten: Der kleine Vorgarten des alten und neueren Mietshauses war bisher meist ängstlich gehütetes Kleinod der Parterrebewohner. Das sogenannte soziale Grün erweist sich in den meisten Fällen als eher unsozial: Es darf nicht betreten werden, der Zierpflanzen wegen und weil die verwendete Rasensorte selten strapazierfähig ist. Hinterhöfe und Hofplätze schließlich zeichnen sich häufig nur durch zwei Dinge aus: Eine Teppichklopfstange und ein großes Schild mit sprachlichen Ungetümen wie „Das Lärmen und Spielen der Kinder ist verboten".

Unsoziales Grün wird soziales Grün

Vorgärten, Sozialgrün, Höfe und auch die stark verkehrsberuhigten, weil meist als Sackgassen konzipierten Terrassen, die es in alter und neuer Bebauung gibt, könnten alle etwas ganz anderes sein. Von ihrer Lage her sind sie für die nachbarschaftliche Begegnung wie geschaffen. Es bedürfte meist nur geringfügiger Änderungen von Nutzungsvorschriften, um diese zur Zeit meist sozial toten Räume einer Funktion zuzuführen. Für alle an den Bürgersteig angrenzenden Vorgärten und Vorplätze wäre damit außerdem der erste Schritt zur Zurückeroberung der Straße und der Bürgersteige (ein Begriff, der deutlicher als das Wort „Gehweg" aussagt, was hier ursprünglich gemeint war!) zu ihrer sozialen Funktion getan. Eine andere Möglichkeit, Höfe eine benutzbare und damit belebte erste Öffentlichkeitsstufe werden zu lassen, ist in München in Ansätzen verwirklicht worden: Die ganz oder zum Teil von der Wohnbebauung umgebenen Höfe sollen als begrünte „Kette" von Mini-Parks eine Art Teilöffentlichkeit darstellen. Das bedeutet, private Flächen in eine beschränkte Öffentlichkeit zu überführen – worin auch schon eins der Hauptprobleme einer umfassenden Verwirklichung dieses Gedankens liegt.

b) Soziales Umfeld Straße

90 % der Straßenverkehrsordnung beziehen sich auf den Autoverkehr. Straßen werden für den reibungslos fließenden Verkehr von Kraftfahrzeugen geplant, gebaut und genutzt – nicht mehr für die Zwecke, denen sie ursprünglich neben dem der Fortbewegung auch noch dienten: Begegnung von Menschen, Flanieren, sich Treffen; sehen und gesehen werden; die Richtung ändern, schlendern, anhalten, teilnehmen am allgemeinen Treiben.

Die Straße ist nicht nur für das Auto da

Um die so gut wie verlorengegangene soziale Funktion der Straße wieder herzustellen, wurde ein Konzept der „bewohnbaren Straße" entwickelt. Das bedeutet nicht „zurück zur mittelalterlichen Straße" ohne Auto, sondern das heißt „Leben mit dem Auto" – aber nicht Leben am Rande des Autoverkehrs.

So haben Untersuchungen ergeben, daß der Verlauf einer Straße psychologisch Einfluß auf die Bereitschaft des Fahrers hat, etwa Geschwindigkeitsbegrenzung einzuhalten: Leichte Krümmungen, die nicht den Eindruck Rennstrecke aufkommen lassen (Fachleute sprechen vom fehlenden „optischen Durchschuß"), bewirken Bereitschaft zum Langsamfahren. Messungen in Wohngebieten mit schnurgeraden Straßen haben das Gegenteil gezeigt: Auch vorgeschriebene Geschwindigkeitslimits bleiben nutzlos; es wird schneller gefahren als auf der gewundenen Straße.

Darüber hinaus sprechen die Verkehrsexperten von der sozialen Isolation des rasenden Autofahrers: Schon bei einer Fahrgeschwindigkeit von 50 km/h ist der Fahrer von seiner Umwelt abgeschnitten, kann nichts anderes als Autoverkehr und Verkehrszeichen beachten.

Aus den Schlußfolgerungen solcher Untersuchungen ist ein Katalog von gestalterischen Maßnahmen entwickelt worden, die alle dazu dienen, die Straße optisch und plastisch so zu bauen bzw. zu verändern, daß der Autofahrer psychisch und physisch gar nicht mehr anders kann als langsam fahren, wenn er sich in bewohnten Gebieten befindet.

So entstanden Innenstadtbereiche, in denen der Fußgänger bevorrechtigt und das Auto gleichzeitig zugelassen ist. Beispielhafte Lösungen aus Neubausiedlungen, in denen unterschiedliche Straßentypen mit unterschiedlichen Funk-

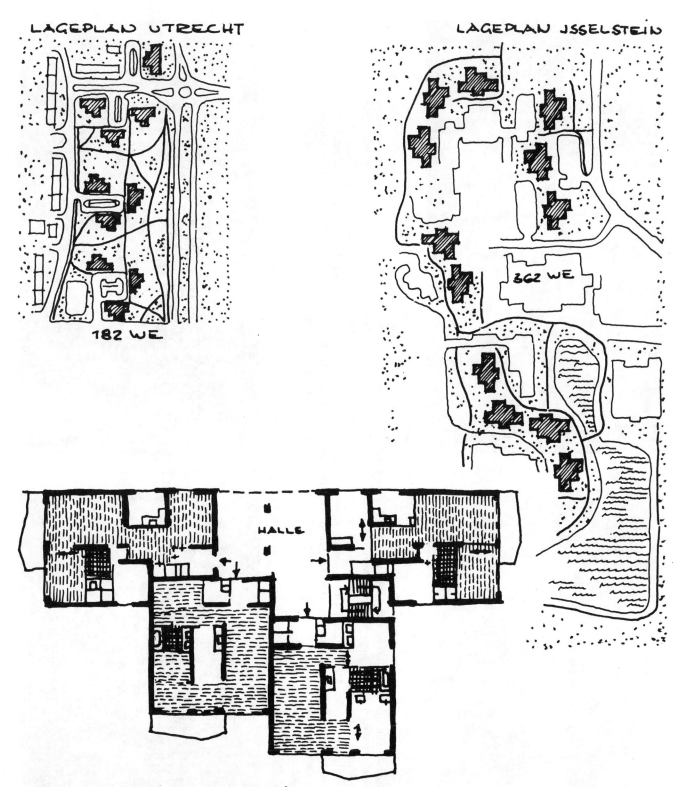

Das Wohnexperiment in Holland – Utrecht, Ysselstein und Delft – soll nachbarschaftliche Kontakte fördern, ohne dabei die Privatheit zu verletzen. Angestrebt wird das durch eine gemeinsame Halle, von der aus mehrere Wohnungen zugänglich sind. Wer nicht gestört werden will, hält seine Tür zu dieser Halle geschlossen; wenn die Tür geöffnet ist, bedeutet das Kontaktbereitschaft. – Das Experiment wurde im Rahmen des sozialen Wohnungsbaus unternommen und bezieht auch kleine Wohneinheiten für alleinstehende ältere Menschen ein, die zwar für sich leben wollen, zugleich aber den Kontakt im Nachbarschaftsbereich schätzen.

Sozialräume hinter den Vorderhäusern: Verkehrsfreie schmale Straßen, eine Art langgezogener Hinterhof, bilden in dem Hamburger Stadtteil Eppendorf (und in einigen anderen Stadtteilen mit erhalten gebliebener alter Bebauung) sogenannte Terrassen. Die Terrassenhäuser sind niedriger und weniger komfortabel als die Fronthäuser. Die Überschaubarkeit von zwei Zeilen drei- bis viergeschossiger Häuser mit dem verkehrsfreien Weg dazwischen befördert nachbarschaftliche Kontakte, in vielen Fällen auch soziale Integration verschiedener Generationen und Sozialgruppen — häufig wohnen hier alte Menschen, Studenten und ausländische Arbeiter zusammen und entwickeln aufgrund von gemeinsamen Interessen funktionierende nachbarschaftliche Gruppen. Hier, im Falkenried, hat sich eine Mieterinitiative zum Kampf gegen die „Neue Heimat" gebildet, in deren Besitz sich die Häuser befinden. Mit dem Straßenfest wird ein erster Erfolg gefeiert: Einige Häuser werden renoviert. Der Kampf gegen den Abriß dieser Terrassenbauten, die von der Konzeption her ein hohes Maß an Lebensqualität bedeuten und lediglich aufgrund der fehlenden Modernisierung und der vernachlässigten Instandsetzung zu verfallen drohen, ist jedoch noch nicht erfolgreich beendet.

(Fotos: Sabine Schwabroh, aus „Hauswart Groß oder ich zieh hier nicht weg, Verlag Atelier im Bauernhaus, Fischerhude 1976)

Wo das Vorbild alter Brunnen und Marktplätze Anregungen gibt, entstehen fast immer intakte Kommunikationsräume: Hier die Margarethenhöhe (Essen).

Die Anordnung der Häuser bewirkt überschaubare, nachbarschaftliche Zwischenräume — Raum für „Teilöffentlichkeit", für jene erste Stufe der Öffentlichkeit, die vor der Haustür beginnt.

(Fotos: Stadtbildstelle Essen)

tionen Wohnbereiche vom Autoverkehr entlasten (Karlsruhe-Waldstadt, Mannheim-Vogelstang) ebenso wie aus alten, gewachsenen Großstädten, in denen verkehrsberuhigte Zonen geschaffen und Anlieger-, Sammel- und Verkehrsstraßeneffekte durch gezielte Verkehrslenkung erzielt werden (Primrose Hill, Delft) wurden kombiniert mit Überlegungen zu einer veränderten Rechtsprechung (stärkere Betonung der gegenseitigen Sorgfaltspflicht) bzw. zu einer neuen Rechtsgrundlage (mögliche „Entwidmungsverfahren") haben zu dem Konzept einer Funktionsgleichberechtigung der Straße geführt: Sie soll und muß in Zukunft Transportweg *und* Freizeitraum sein.

c) Das weitere Wohnumfeld

Alte Marktplätze und Brunnen als Vorbilder

Kommunikation und Kontakte im weiteren Wohnumfeld scheinen etwas zu sein, was es nur früher gab. Wohnumfelder, die zu Kommunikation und Kontakt, aber auch nur zum zweckfreien „Sein" außerhalb der privaten Bereiche auffordern, scheint es nicht mehr zu geben — bzw. lediglich als Ausnahme, als Überbleibsel einer Zeit, in der Marktplätze, Brunnen und bewohnbare Straßen gebaut und belebt wurden.

Diese Mangelsituation kann durch verbesserte, das Problem berücksichtigende Auslegung bestehender Richtlinien und Gesetzesgrundlagen bei Planung und Durchführung von Neubau- oder Sanierungsprojekten behoben werden.

Außerdem sollen noch bestehende beispielhafte Wohnbereiche und Quartiere (wie etwa Essen Margarethenhöhe, die Bergarbeitersiedlungen im Ruhrgebiet, die Altstädte etwa von Amsterdam, Stockholm, Nürnberg oder Chester in Wales) als Vorbilder betrachtet und bei Neuplanungen als Grundlage zu Konzepten für bewohnbare Umwelten verwendet werden.

Schließlich wird hier wie in anderen Zusammenhängen die Hinzuziehung der betroffenen Bürger, also der Anwohner, Benutzer oder der potentiellen Mieter als notwendig angesehen: Bürgerbeteiligung als Mittel und Ziel zugleich in einem Konzept von besseren Wohnwerten, optimal und effektiv genutzter Freizeit sowie lebendiger Öffentlichkeit.

Eine andere Chance für Kontakt und Kommunikation im außerberuflichen Leben als Ausdruck lebendiger Öffentlichkeit liegt in der Bereitstellung von Freizeiteinrichtungen — und zwar sowohl in der Bereitstellung von gezielt als solche geplanten Einrichtungen als auch in der Verfügbarmachung von Räumen und Gebäuden wie Schulen, Turnhallen und Kellerräumen für Freizeitzwecke.

Die gesammelten und aufgearbeiteten Erfahrungen führten zunächst zu einer Reihe von grundsätzlichen Überlegungen:

Halbfertiges und Imperfektes ist besser!

Improvisiertes hat Aufforderungscharakter und wird meist der perfekten fertigen Einrichtung vorgezogen. Imperfektes und Halbfertiges löst Initiative und Aktivität aus — so das Beispiel einer Züricher „Fehlplanung" mit dem Erfolg, daß gepflasterter Freizeitboden zu gepfeffertem „Ungehorsam" als wohltuendem Freizeitinhalt führte. Die Benutzer des gepflasterten Platzes hatten freie Hand, rissen die Pflastersteine heraus und schufen sich ein eigenes Gelände. Das organisierte Wohlverhalten des Arbeitsalltags fand ein Gegengewicht in spontaner Zerstörung; das gewohnte Hinnehmen fertig geplanter und gebauter Gegebenheiten in Arbeit und Freizeit wurde unterbrochen durch eingreifendes Mitgestalten; die in vielen Freizeiteinrichtungen fast zwangsläufig geübte Inaktivität oder passive „Benutzer-Aktivität" war ersetzt durch kreatives Selbstgestalten.

Wohnungsnahe und zentrale Freizeiteinrichtung ersetzen einander nicht

Es muß ebenso möglich sein, in unmittelbarer Nähe der Wohnung Gelegenheiten zu kurzfristiger Freizeit in Form von Gespräch, Abwechslung und Entspannung vorzufinden, wie es auch notwendig ist, jederzeit die zentrale, etwas weiter entfernt gelegene Freizeiteinrichtung mit vielen Extraeinrichtungen aufsuchen zu können. Denn Freizeit ist einmal das länger im voraus geplante Unternehmen; zum anderen ist Freizeit aber auch der Abstecher beim Weg zum Einkauf oder zum Kindergarten: ein kurzer Spaziergang durch die wohnungsnahe Freizeitanlage, ein Gespräch mit dem Nachbarn, den man dort trifft, eine kurze Entspannungspause.

Keine Sozialgruppentrennung

Homogene Gruppen müssen zwar die Möglichkeit für die Ausübung bestimmter Interessen haben (wie z.B. ein Schachklub), aber die Begegnungsmöglichkeiten von Alters- und Sozialgruppen, die unaufdringliche Einbeziehung von Randgruppen ist der erwünschte soziale Hintergrund für die Möglichkeit des unverbindlichen Zugegenseins mit Kontaktchancen in Form von baulichen *und* sozialen Voraussetzungen zu Treff, Gespräch und loser Gruppenbildung.

Freizeit ist auch der Bereich, in dem Konflikte aus dem alltäglichen Nachbarschaftsleben ausgetragen werden.

Im beruflichen Leben werden Konflikte über festgefügte Einrichtungen beigelegt, die sich oft noch aus dem bestehenden „Oben" und „Unten" ableiten oder aber aus formalistischen Richtlinien zur Organisation und Reglementierung der Arbeit in Betrieben und Verwaltungen. Außerdem ist der Ablauf solcher Konfliktaustragungen im Arbeitsleben nicht selten folgenschwer für den Arbeitnehmer. Im außerberuflichen Leben bestehen keine so festgeregelten Institutionen zur Behandlung von Konflikten im nachbarschaftlichen Wohnumfeld, auch ist das Aufgreifen und Aushandeln von konfliktgeladenen Sachverhalten im außerberuflichen Leben selten von gravierenden Dauerfolgen bedroht.

Konfliktbereich Freizeit

Das bedeutet, daß in der Freizeit des engeren Wohnumfeldes Ermutigung und Hilfestellung für das Aushandeln von Konflikten vorhanden sein sollten, die das Leben innerhalb der Nachbarschaft und Probleme des engeren Wohnumfeldes betreffen. In diesem Zusammenhang sind Ausbildung und Einsatz von Gemeinwesenarbeitern und Freizeitberatern neu zu überdenken. Ihre Aufgabe ist es nicht (nur), Anregungen für die Gestaltung von Freizeit zu geben, sie sollten dazu da sein, im gesamten Spektrum des außerberuflichen Lebens Hilfen zu geben — von Rekreation und Regeneration bis zur Diskussion und Lösung außerberuflicher

Wenn Reste alter Bebauung kleinräumige Marktplätze und ähnliche Verweilzonen ermöglichen, ist das zugleich eine Aufforderung für alle Neuplanungen, dies Konzept im Prinzip fortzusetzen: Im historisch gewachsenen und behutsam sanierten Stadtkern von Moers ist das gelungen. Die Fotos zeigen eine Fundsachenversteigerung auf dem Altmarkt und eine Fußgängerzone im sanierten Bereich.

(Fotos: Rolf Lotz)

Der Dortmunder Stadtkern ist bis auf ganz wenige Reste der alten Bebauung im Krieg zerstört worden. Die Neugestaltung der Innenstadt ist dort, wo nicht gerade allzu breite Fußgängerschneisen nichts anderes zulassen als das unterbrechungslose Vorbeiströmen großer Konsumentenscharen, durch die Herstellung von Plätzen mit der Aufforderung zu mäßigem Schlendern und kommunikativem Verweilen gelungen: Der neugestaltete Reinoldiplatz mit Springbrunnen, verschiedenen Ebenen mit Durchgängen und Sitzgruppen (links oben), der Fußgängerbereich Hansastraße (rechts oben), der Alte Markt (links unten) und der Mönchenworth mit der alten Probsteikirche im Hintergrund.

(Fotos: Margret Reiman, Informations- und Presseamt der Stadt Dortmund)

Hier wurde vorhandener und brachliegender Raum „umfunktioniert" und für nachbarschaftliche Kommunikation genutzt: Eine alte Waschküche wurde mit Hilfe der Initiative Eisenheim zu einem Volkshaus umgebaut. Hier werden Koloniefeste gefeiert (auf dem Foto: Taubenversteigerung auf einem solchen Fest); Schularbeitengruppen haben hier ebenso Platz wie Skatrunden oder Kaffeeklatsch der Bewohner. Im selben Wohnquartier ist auf die gleiche Art und Weise ein Kinderhaus entstanden. Hier treffen sich vor allem Kinder aller Altersgruppen, um gemeinsam Schularbeitenhilfen in Anspruch zu nehmen.

„Erfrischungshalle" ist ein großes Wort für die kleine alte Selterbude in Duisburg-Neumühl. Aber sie funktioniert als Treffpunkt für den Klönschnack zwischendurch und das kleine Gespräch auf dem Weg zur oder von der Arbeit oder beim Einkaufen. Hier wird ebensogut mit dem Vorhandenen gelebt wie das im Tante-Emma-Laden der Fall ist: Das Neue und Größere muß nicht immer das Bessere und schon gar nicht das besser Funktionierende im Sinne einer kommunikativen Wohnumwelt sein.

(Fotos: Frank Napierala, SIRIUS-Fotodesign)

Probleme. Denn Freizeit ist, das wurde eingangs gesagt, nicht die wolkenlose Gegenwelt zum Berufsleben. Sie ist ein Bereich, in dem die Zwänge der Arbeitswelt durch andere, schwerer erkennbare Zwänge ersetzt werden. Die Freiheit, die der Freizeit so oft nachgesagt wird, tatsächlich anzustreben, kann eine wichtige Aufgabe von Freizeithelfern sein; sie ist außerdem die Aufgabe aller Planer, die eine bewohnbare Lebensumwelt schaffen, und aller Verwaltungen und Organisationen, die die Bewohnbarkeit dieser Lebensumwelt garantieren und erhalten sollten.

Diese grundsätzlichen Überlegungen weisen auf Möglichkeiten der Verwirklichung hin:

In bereits bestehenden Wohngebieten geht es weniger darum, Kommunikationsgebäude und Freizeitparks neu zu errichten; es geht darum, wenig genutzte Räume für die vielfältigen Bedürfnisse des außerberuflichen Lebens verfügbar zu machen und sie mit einem minimalen Aufwand an Mitteln und Mühen außerberuflichen Kontakt-, Kommunikations-, Kreativitäts- und auch Konfliktfunktionen zuzuführen. Mit anderen Worten: der Keller als Hobbyraum; die Schule als nachmittägliche oder abendliche Begegnungsstätte für Interessengruppen und -gemeinschaften; Räume und Gebäudeteile, die so verstärkt zu nutzen wären, lassen sich beliebig aufzählen. Von Überlegungen zur allgemeinen Benutzbarmachung kleiner Vorgärten und Hinterhöfe in dichtbesiedelten Altbaugebieten bis zur Frage, was in Kirchen außerhalb der Gottesdienstzeiten alles gemacht werden kann, sollte dem Bemühen, vorhandene Räumlichkeiten dem Bürger verfügbar zu machen und so seinem Bedürfnis nach Öffentlichkeit entgegenzukommen, keine Grenze gesetzt sein.

Voraussetzungen für eine derartige Herstellung unterschiedlicher Grade von Öffentlichkeit sind zwar auch bauliche Maßnahmen (z.B. müßten in Schulen Räume so umkonzipiert werden, daß sie der Doppelfunktion schulisches Leben — außerberufliches Leben gerecht werden könnten); vor allem aber bedarf es neuer Auslegungen von Vorschriften und Empfehlungen und z.T. auch veränderter Bestimmungen in bezug auf Probleme wie Haftung, Aufsicht usw.

Und es bedarf der Animation, der Herausforderung, der Aufforderung.

Bedürfnis nach Öffentlichkeit

Warum? Könnte man fragen, warum Animation und Aufforderung zu sozialer Aktivität, wenn die Leute lieber in ihren vier Wänden und unter den vier Köpfen ihrer Kleinfamilie bleiben (oft sind es sogar nur drei)? Aber wollen sie unter sich bleiben? Oder haben sie nur vergessen, daß der Mensch ein soziales Wesen ist? Haben sie verlernt, die soziale Seite ihres Menschseins zu leben, weil es ihnen ihre derzeitige Umwelt so erschwert?

Die Begeisterung und der große Zuspruch, den Stadtteilfeste und Nachbarschaftstreffen in den Quartieren westlicher Großstädte neuerdings erfahren und die kommunikative Misere infrastrukturell unterversorgter mittlerer Städte, die in vielfältiger Form beklagt wird, beweisen, daß das Bedürfnis nach gewissen Formen von Öffentlichkeit vorhanden ist.

Dem steht in der Bundesrepublik Deutschland eine Nachkriegstradition von Rückzug in die Privatheit gegenüber — eine Tradition, die ihre Wurzeln in den schlechten Erfahrungen mit der Politisierung des Alltags während der NS-Zeit hat und in der aus der Sicht des Bürgers scheinbaren Unbeeinflußbarkeit von Entscheidungen der repräsentativen Demokratie. Gestützt wurde diese Tradition der überbewerteten und mißverstandenen Privatheit durch eine im Bereich von Politik und Kommerz entstandene Idealisierung der Einheit, Familie, Eigenheim und Konsum; die Gesellschaft der Kleinfamilie in privaten Gartenräumen, wohlversorgt mit den Teilzahlungsverträgen der Konsumgüterindustrie, erlebte eine jahrzehntelange Abkehr von politischer und sozialer Kommunikation.

Traditionelles Freizeitverhalten als scheinbare Kompensation von restriktiven Arbeitsbedingungen in einer technisierten Produktion und Verwaltung und in den hierarchischen Organisationen der Berufswelt funktionierte auch als Ausgleich für die fehlende Öffnung nach außen, zum Nachbarn, zum Mitbürger, zur Teilnahme am bürgerschaftlichen Leben. „Home, sweet home" Ideale versperrten den Zugang zu einer normalen mitbürgerlichen Kommunikation. Und die Nachkriegsarchitektur der schnellen Wohnraumbeschaffung, der einseitigen Orientierung an den Erfordernissen einer wiederaufzubauenden Wirtschaft beförderten diese Entwicklung. Betonbunker und gedankenlos durch gewachsene Städte und Landschaften „gehauene" Kraftfahrzeugverkehrsschneisen schufen die „unwirtlichen" Städte, in denen es unmöglich wurde, miteinander zu leben. Die Versessenheit auf Wolkenstores, Schrankwände und Polstergarnituren mag der hilflose Versuch großer Bevölkerungsgruppen gewesen sein, zumindest den Horror der eigenen vier meist zu engen Raum umfassenden Wände zu mildern. Trat man vor die Tür oder auf den Balkon, hätten die Versuche zur Verschönerung und Benutzbarmachung der kommunikativen Kreativität vieler bedurft (heute gelingt so etwas zuweilen und in zunehmendem Umfang): Doch gerade das blockierte diese Planung und Architektur der reinen Unterbringung, nicht aber des Wohnens und Lebens.

Erster Schritt: Motivierung der Bürger

So geht es also darum, nicht nur in Zukunft bedürfnisgerechter zu planen und zu bauen, sondern zunächst einmal mit dem Vorhandenen zu leben. Gebraucht werden eher Ideen als große Pläne. Benötigt wird Initiative und Bereitschaft zu sozialem Engagement, nicht so sehr Investitionsbereitschaft und Bauplanung. Und wenn Planung, dann gemeinsam mit den Betroffenen.

Die Analyse der gegenwärtigen Situation bundesdeutscher Bürger in ihren Wohnumwelten und in ihrem Bezug zu Öffentlichkeit und Gemeinschaft hat gezeigt, daß die Motivierung der Bürger zu Entscheidungspartizipation, sozialer Anteilnahme und kreativer Mitwirkung an notwendigen Veränderungen im Wohnumfeld der erste Schritt sein muß auf dem Wege zu einer bewohnbaren Umwelt und zu Öffentlichkeit herausfordernden Wohnquartieren und Städten.

a) Planen mit den Betroffenen (PMB-System)

Ein vieldiskutiertes Thema ist die Frage, ob und mit welchen Mitteln Planungsfehler vermieden werden können. Daß dies nur in enger Fühlungnahme und Zusammenarbeit mit den Betroffenen geht, ist verständlich. Wie aber ist eine

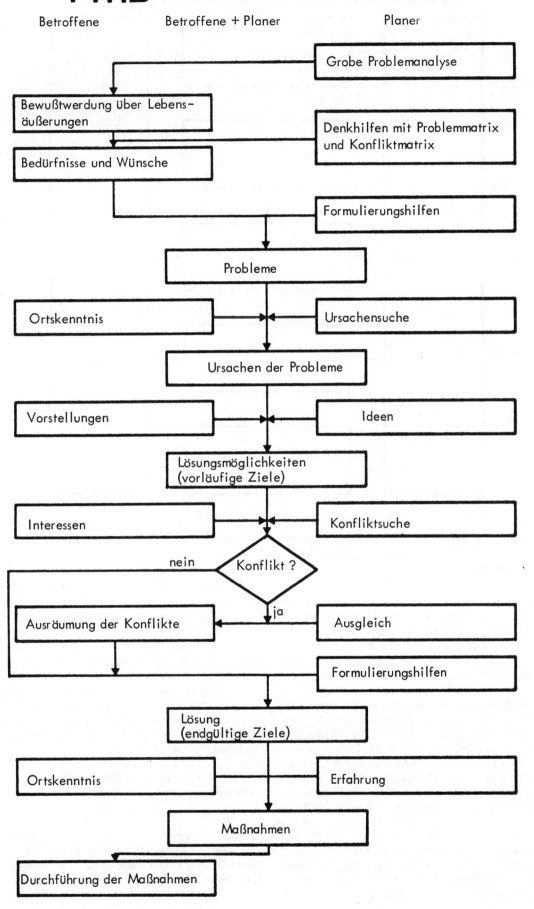

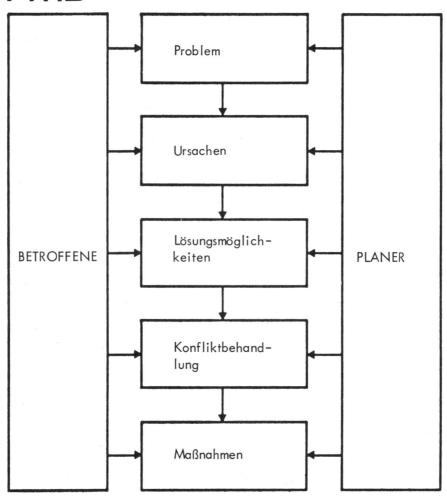

Mitarbeit von Betroffenen zu erreichen, ohne daß diese sich entweder bevormundet bzw. übervorteilt fühlen oder sie Planung nicht von vornherein ablehnen oder zu verhindern versuchen.

Dieses Problem wurde in diesem Fall anhand einer Methode untersucht, die grundsätzlich von vorhandenen oder künftig möglichen Problemen ausgeht. Das Verfahren basiert auf einer Form der Bürgerbeteiligung, die Angehörige unterschiedlicher Interessen- und Betroffenengruppen dazu bringt, ihre Wünsche und Bedürfnisse in bezug auf das Wohnumfeld zu äußern. Solche Wünsche und Bedürfnisse werden mit Hilfe von sog. „Problem- und Konfliktmatrizen" systematisch aus den „Lebensbedingungen" der Betroffenen in bezug auf die Straße, die Wohnung, das Stadtviertel usw. erfaßt und als Probleme festgehalten. Diese Probleme werden zunächst auf ihre Ursachen hin untersucht, um anschließend Vorschläge für die Beseitigung der erkannten Mängel unterbreiten zu können. Die Vorschläge oder vorläufigen Ziele enthalten aber normalerweise noch Konflikte, die sich aus der vielfältigen Überschneidung der Interessen der Betroffenen ergeben und gemeinsam von Betroffenen und Planern unter Heranziehung von Alternativen in einem Annäherungsverfahren gelöst werden müssen. Erst hier werden endgültige Planungsziele formuliert, Handlungsmaßnahmen erarbeitet und Prioritäten bestimmt.

Keine Utopien in die Planung!

Von diesem Verfahren wird u.a. erwartet, daß nur realistische „Vorstellungen" Eingang in die Systematik finden, daß utopische Wunschvorstellungen die Entscheidungen nicht mehr belasten, daß das System auf jeder Planungsstufe anwendbar ist und daß das Potential der Betroffenen an Wissen und Erfahrung für die Planung und die spätere Durchführung direkt nutzbar gemacht werden kann. Die Methode bietet außerdem Chancen, *alle* wichtigen Probleme des Wohnumfeldes integriert in einem einzigen Arbeitsgang planerisch zu lösen und außerdem noch eine größere Zufriedenheit der Betroffenen zu erreichen, da zwangsläufig etwas, an dem man selbst mitgearbeitet hat, anders und positiver akzeptiert wird als etwas, das man lediglich hinzunehmen gezwungen ist.

b) Vorschläge zu einer brauchbaren Verwirklichung der gesetzlich vorgesehenen Bürgerbeteiligung

Interesse durch Mitverantwortung

Diese Überlegung – daß Mitarbeit und Mitverantwortung zu einer positiveren Einstellung führen, Identifikation mit dem Geplanten bewirken kann – ist auch Ausgangspunkt für dieses Bürgerbeteiligungskonzept, da der Grund für die nur schwerfällig sich entwickelnde Bürgerbeteiligung auf

Das überschaubare, „bewohnbare" Wohnumfeld ermöglicht zwanglose Kontakte in der unmittelbaren Wohnungsnähe — in der ersten Öffentlichkeitsstufe, der „Teilöffentlichkeit" vor der Haustür. Die in Vor- und Hintergärten mündenden Treppen und selbst gezimmerte Sitzbänke laden zu Aufenthalt und Gespräch ein; der Raum um die Häuser bietet Platz für Spiel- und Hobbymöglichkeiten, von der Schaukel bis zur Taubenzucht.

Im Laufe der vergangenen Jahre sind die Kontakte-, Kommunikations- und Freizeitmöglichkeiten in den Bergarbeiterkolonien und Zechensiedlungen des Ruhrgebiets weit über die Grenzen des Reviers bekannt geworden — ebenso wie der Kampf vieler Initiativen aus solchen Siedlungen um den Erhalt dieser Wohnquartiere. Hier hat sich gezeigt, wie gute räumliche Voraussetzungen für nachbarschaftliche Kontakte und gemeinsame Aktionen den Zusammenschluß zu Interessengruppierungen und -vertretungen genutzt werden. So *fordert* eine Wegsanierungspolitik in diesen Wohnbereichen den nachbarschaftlichen Kontakt und die gemeinsame Aktion ebenso, wie die Struktur der Kolonien Gemeinsamkeit *fördert*.

breiter Ebene in der fehlenden Möglichkeit zu einer regionalen und sozialen „Beheimatung" liegt:

Die geringe Anteilnahme der Bürger an den Vorgängen und Veränderungen in ihrem Wohnquartier ebenso wie die schwache Frequentierung von bürgerbezogenen Einrichtungen haben ihre Ursache nach Ansicht der Experten in dem immer stärker gewordenen räumlichen Auseinanderfallen der Grunddaseinsfunktionen Wohnen, Arbeiten, Freizeit, Konsum — womit ja auch eine Disparatheit der jeweiligen Kontakte und Aktivitäten verbunden ist. In der Realität sieht das so aus: Man hetzt — meist in der Frühe — zur Arbeit, hat aber kaum Gelegenheit, Freunde und Kollegen aus diesem Bereich auch in der Freizeit zu treffen, da sie sich ganz woanders abspielt — in Zentren der sogen. Nah-Erholung, die weder nah zum Arbeitsplatz noch dicht bei der Wohnung liegen. So wird auch der Wohnbereich zu einem Feld, das isoliert ist von den Kontakten zu Arbeits- oder etwa Golf- oder Fußballfreunden.

Mit dem Auto müssen schließlich auch die zentral gelegenen Einkaufszentren mit den günstigen Angeboten aufgesucht werden. Kein Lebensbereich berührt örtlich den anderen; das gesamte Lebensumfeld kann so kaum als ein überschaubarer Bereich gesehen werden, den in irgendeiner Form zu beeinflussen sich der einzelne zutrauen kann. Wo Reste solcher Überschaubarkeit erhalten sind, handelt es sich meist um „alte" Einrichtungen, den „Tante-Emma-Laden", die Bergarbeitersiedlung, den vielgeschmähten Hinterhof. Mit dem Ziel, solche Lebensumfelder zu erhalten und deren Merkmale und Charakteristiken in neue Planungen einzubringen, haben sich die ersten Bürgerinitiativen entwickelt. Überschau- und bewohnbare Wohnumfelder fördern und fordern Bürger-Engagement in Sachen Planung. Aber dort, wo Bürgerbeteiligung ebenso dringend notwendig ist: in Betonsiedlungen an den Rändern von Ballungszentren, in zur Sanierung anstehenden Altstadtbereichen bei Neuplanungen — dort, wo sozusagen kein guter Boden dafür vorhanden ist, bedarf das bürgerschaftliche Engagement ganz besonders der motivierenden Aufforderung und der Kooperation durch die Verwaltung.

Das bedeutet im einzelnen

● quantitativ *und* qualitativ höherer Aufwand in Sachen Bürgerbeteiligung auf der Behördenseite.

● Initiative und Vorbereitung für demokratisierte Planung müssen von den Behörden kommen: Information der Betroffenen *vor* der Anfertigung erster Pläne, Anhörung *vor* der Erstellung erster Planungsrichtlinien.

● Die Planung darf nicht länger „vom grünen Tisch" aus geschehen. Ausführliche Informationen über die zu „beplanenden" Räume müssen eingeholt werden — und das bedeutet Dialog mit dem Bürger.

Verwaltung — ja sagen zum kritischen Bürger

● Erforderliche Veränderungen innerhalb der Verwaltung sind weniger in neuen Gesetzen oder neuen Planstellen zu sehen als in einer Überprüfung bisheriger Arbeits-Stile und bisheriger Einstellungen zum betroffenen Bürger.

● Aus dem Planer am Schreibtisch, für den der kritisch-konstruktive Bürger eher eine lästige Störung ist, muß der „Communityworker" werden, der mit den Problemen und Lebensbedingungen der Bürger vertraut ist. Das erfordert eine veränderte bürgernahe Berufsausbildung für die Mitglieder der Verwaltung und die entsprechenden beratenden Fachleute, also eine Schwergewichtsverlagerung in Richtung sozialpsychologisch-soziologischer Ausbildungsinhalte.

Bürger: „die das oben" gibt es nicht

● Notwendige Veränderungen für die Bürger sind in einer Abkehr von der vielfach beobachteten passiv resignativen Grundhaltung („die da oben machen sowieso, was sie wollen") zu sehen. Nur ein kritischer und informierter Bürger kann seine legitimen Rechte im Bereich der Planungsbeteiligung wahrnehmen. Das erfordert z.B. grundsätzlichen Einbau entsprechender Themen in die Lehrpläne der Schulen. Schließlich ist auch beim Bürger anstelle einer latent feindlichen Grundhaltung gegenüber Behörden und Kommunalpolitikern eine zwar kritische, aber kooperative Haltung Voraussetzung für eine funktionierende Bürgerbeteiligung. Auch hier liegt eine wichtige Aufgabe für alle bildenden und weiterbildenden Institutionen sowie für die Medien.

Im einzelnen wird empfohlen:

● Zu Beginn der Beteiligung Diskussion mit bestimmten Zielgruppen, die von den bevorstehenden Planungen betroffen sind (z.B. Mütter mit Kindern, Rentner, Jugendliche, Autobesitzer, Behinderte, kleine Gewerbetreibende, Einzelhändler usw.). Auf diese Weise werden wenig organisierte Gruppen und solche mit geringer Artikulationsfähigkeit nicht „untergebuttert" und erhalten auch zugleich erste Möglichkeiten zur Entwicklung einer Gruppenorganisation.

● Informierende Bürgerversammlungen zu Zeitpunkten, da im Planungs- und Beteiligungsprozeß grundsätzliche Arbeits- und Entscheidungsstufen neu beginnen oder kurz vor ihrem Abschluß stehen.

● Maßnahmen wie differenzierte Befragung, große Bürgerversammlung mit Diskussionscharakter, Ausstellungen mit Fachleuten, die für Fragen und Gespräche zur Verfügung stehen.

● Installation von quartierbezogenen Einrichtungen, die losgelöst vom aktuellen Planungsanlaß Beratungen, Fragen, Informationen und Diskussionen zu Problemen des Quartiers zur Verfügung stellen.

Denn es geht nicht nur um das durchaus noch nicht gelöste Problem, die gesetzlich verordnete Bürgerbeteiligung angemessen zu verwirklichen, sondern grundsätzlich darum, den lebendigen Bezug von Bürgern zu ihrem Wohnquartier wieder herzustellen.

c) Das Konflikt-Modell

Das Konflikt- und Kreativitätsfeld als Modell für das Verhalten bei Interessengegensätzen auf einer Ebene, die den überschaubaren Rahmen der Nachbarschaft überschreitet, wurde zunächst graphisch dargestellt. Es beschreibt modellhaft die einzelnen Ablaufsstufen eines Konfliktes. Dabei handelt es sich um einen Versuch, Bürgerbeteiligung als einen Vorgang zu verstehen, der — losgelöst vom konkreten Fall — bestimmte wiederkehrende Aktions- und Reaktionsformen enthält, die, abgewandelt, immer wieder als Grundmuster auftauchen, ganz gleich, ob es sich um nicht deckungsgleiche Interessen von betroffenen Bürgern und handelnden

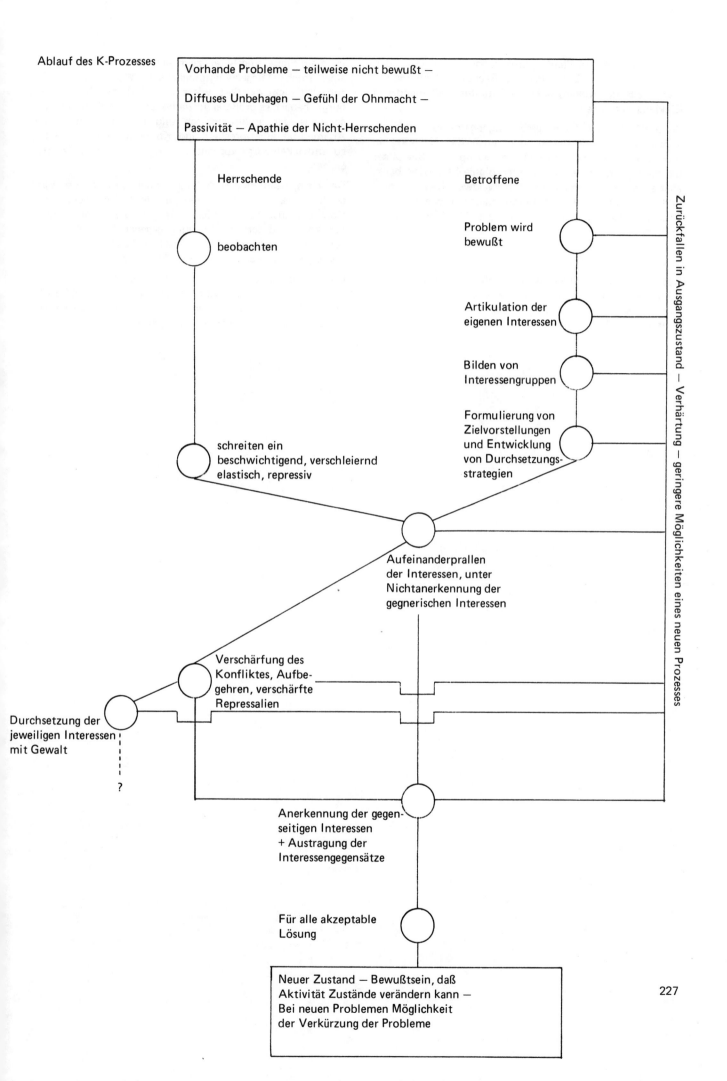

Politikern in einem Planungsprozeß handelt oder um den Versuch, in einem Wohngebiet das Recht auf Ruhe und das Recht (z.B. der Kinder) auf freie Entfaltung miteinander in Einklang zu bringen.

Plastische Beispiele für Bürgerbeteiligung und solche Kreativitäts- und Konfliktfelder sind etwa das Nahlokal in Norrliden (Kalmar/Schweden), der Kampf der Bewohner um die Erhaltung der Bergarbeiterkolonie Flöz Dickebank, aber auch die mühsamen, manchmal verzweifelten Gruppenbildungen von Bürgern in Betonsiedlungen, wie etwa der Osdorfer Born (Hamburg) oder das Märkische Viertel (Berlin).

d) Beispiele aus der Praxis

Das Nahlokal Norrliden ist u.a. ein Beispiel dafür, wie Bürger erst lernen müssen, eine derartige „Nachbarschaftseinrichtung" erstens wahrzunehmen und zweitens mitzugestalten, ihr Funktionieren selbst in die Hand zu nehmen.

Ist diese Phase eingeleitet, zeigt sich die Unentbehrlichkeit einer solchen Begegnungsmöglichkeit. Wo sie nicht oder zunächst nicht existiert, wie z.B. im Osdorfer Born (Hamburg), bedarf es größerer Initiativkraft von Seiten der Bürger, aus der architektonisch und planerisch bedingten Anonymität auszubrechen und Kontakte und Kreativität zu entwickeln, um vorhandenen Konflikten aktiv zu begegnen.

Der Kampf um Flöz Dickebank schließlich zeigt, was Bürger-Initiative und Bürgerbeteiligung leisten können, wenn Kontakte zustande kommen (hier war die Voraussetzung der kontaktfördernden Siedlung gegeben) und Konflikte von den Bürgern selbst den einzelnen Schritten einer kooperativen Lösung entgegengebracht werden.

Daß Kooperation nicht prinzipiell vorhanden ist, sondern im Spannungsfeld der sehr ungleich verteilten Kräfte oft nur bedingt erreicht werden kann, ist eine der vielen Erfahrungen solcher Bürgerbeteiligungsprozesse.

Neue Ruhr-Zeitung, 8.6.78

Freizeit ohne jeden Zwang

Freude am Feierabend steht obenan

Von NRZ-Mitarbeiter Walter Wolnowski

Essen. „Man müßte sie haben, die Freizeit", seufzte Oberbürgermeister Horst Katzor, als er die 250 Teilnehmer des 4. Freizeitkongresses aus elf europäischen Ländern, unter ihnen vier Ostblockstaaten, in Essen begrüßte.

Eingeladen hatten der Ruhrsiedlungsverband und die Deutsche Gesellschaft für Freizeit, in der zwölf bundesdeutsche Organisationen zusammengeschlossen sind, die sich von Amts wegen oder aus ideellen Motiven mit der Betätigung des Bürgers nach Feierabend, am Wochenende oder im Urlaub befassen. Dazu gehört der Deutsche Städtetag ebenso wie die Deutsche Gesellschaft für das Badewesen.

Eine Vokabel

Die Vokabel „Freizeit" ist bei uns seit den ersten Jahren nach dem zweiten Weltkrieg im Sprachgebrauch, stellt die Deutsche Gesellschaft für Freizeit befriedigt fest. Das Wort „füllt ganze Bibliothekswände", meinte Karl-Friedrich Brodeßer, Staatssekreätr im NRW-Innenministerium.

Er warnte: Hoffentlich redet auf diesem Kongreß keiner der programmierten Freizeit das Wort". Er sagte es, obwohl das Land in den letzten zehn Jahren mehr als 500 Millionen Mark in die fünf vom Ruhrsiedlungsverband konzipierten Freizeitparks in Gelsenkirchen, Oberhausen, Herne, Dortmund und — in Vorbereitung — Duisburg an Förderungsmitteln gepumpt hat.

Diese Freizeitparks sind auch nach Auffassung der Landesregierung und der Revierstädte keineswegs der Weisheit letzter Schluß. Die Fachleute propagieren vielmehr das „wohnungsnahe Freizeitangebot" und wünschen keinesfalls, den deutschen Drang zum Perfektionismus zu fördern, wie der Staatssekretär betonte.

Wenn möglich, soll der Bürger sein Freizeitbedürfnis nicht allzu weit von seiner Haustür befriedigen können, sagte Bundestagsabgeordneter Kurt Spitzmüller, der in Vertretung der mit ihrem Terminkalender nicht klar gekommenen Bundesgesundheitsministerin Antje Huber referierte.

Westfälische Allgemeine Zeitung, 8.6.78

Freizeit auch um die Ecke

„Man müßte sie haben, die Freizeit", seufzte der Essener Oberbürgermeister Horst Katzor, als er die etwa 250 Teilnehmer des 4. Freizeitkongresses aus elf europäischen Ländern, unter ihnen vier Ostblockstaaten, in Essen begrüßte. Eingeladen hatten der Ruhrsiedlungsverband und die Deutsche Gesellschaft für Freizeit, in der zwölf bundesdeutsche Organisationen zusammengeschlossen sind, die sich von Amts wegen oder aus ideellen Motiven mit der Betätigung des Bürgers nach Feierabend, am Wochenende oder im Urlaub befassen. Dazu gehört der Deutsche Städtetag ebenso wie die Deutsche Gesellschaft für das Badewesen.

Die Vokabel „Freizeit" ist erst seit den ersten Jahren nach dem zweiten Weltkrieg im deutschen Sprachgebrauch, stellt die Deutsche Gesellschaft für Freizeit befriedigt fest. Das Wort „füllt ganze Bibliothekswände", meinte Karl-Friedrich Brodeßer, Staatssekretär im NRW-Innenministerium.

Er warnte: „Hoffentlich redet auf diesem Kongreß keiner programmierter Freizeit das Wort." Er sagte es, obwohl das Land in den letzten zehn Jahren mehr als 500 Millionen DM in die fünf vom Ruhrsiedlungsverband konzipierten Freizeitparks in Gelsenkirchen, Oberhausen, Herne, Dortmund und — in Vorbereitung — Duisburg an Förderungsmitteln gepumpt hat.

Diese Freizeitparks sind auch nach Auffassung der Landesregierung und der Revierstädte keineswegs der Weisheit letzter Schluß. Die Fachleute propagieren vielmehr das „wohnungsnahe Freizeitangebot".

Ruhrnachrichten, 9.6.78

SVR für mehr Gärten mit „eigenen vier Wänden"

Auch Hofräume sollen Naturerlebnis sein

Essen. (jmm) Der Ruhrsiedlungsverband (SVR) will sich in seiner Wohnungsbaupolitik künftig verstärkt darum bemühen, mehr Hof- und Gartenräume zu schaffen, die gegen den Einblick Fremder geschützt sind. Das ist das Ergebnis eines Freizeitkongresses, zu dem der SVR zusammen mit der Deutschen Gesellschaft für Freizeit nach Essen eingeladen hatte. Der Wiener Professor Dr. Rainer betonte, jede Familie müsse möglichst über „eigene vier Wände" unter freiem Himmel verfügen.

Mit diesen Worten umriß Rainer die Vorstellung von Experten, daß Freizeit daheim sich nur mit einem Eigenheim verwirklichen lasse. Weil der Platz für Eigenheime in der Bundesrepublik schon jetzt knapp ist, denken die Freizeitforscher an die Übernahme schwedischer und holländischer Projekte, bei denen auf 160 Quadratmeter Grund in zwei Stockwerken hundert Quadratmeter große Wohnungen mit einem genügend großen Hofraum für ein „zusätzliches Naturerlebnis" verwirklicht werden können. Selbst moderne Terrassenhäuser hätten noch den Nachteil der Einsichtigkeit.

Daß genügend hohe Mauern, mit denen Menschen im Revier ihren Freizeitraum gegen fremde Blicke schützen könnten, augenblicklich meist an den Mitgliedern des Ruhrsiedlungsverbandes, den verschiedenen Kommunen als Baubehörde, scheitern, schreckt den SVR nicht. Beigeordneter Dr. Klausch versicherte, daß die neue Novelle zum Bundesbaugesetz eine gewisse Tendenzwende andeute, bei der nicht mehr auf unbedingt durchschaubare Vorgärten und große Abstandsfläche geachtet werde.

Neue-Ruhr-Zeitung, 9.6.78

Im eigenen Haus macht Freizeit mehr Spaß

Der Begriff „Wohnumfeld" geistert durch alle Vorträge und Gespräche auf dem 4. Freizeitkongreß des Ruhrsiedlungsverbandes und der Deutschen Gesellschaft für Freizeit im Saalbau.

Er wird auch die Podiumsdiskussion beherrschen, die am heutigen Freitag den Abschluß des Kongresses bildet. Unter

Leitung von Rolf Buttler (WDR) diskutieren Fachleute aus neun Ländern über das Wohnumfeld als Freizeitraum.

Dieses Wohnumfeld in einer Großstadt kann eine Straße, aber auch eine Siedlung von mehreren hundert Familien umfassen. Leitender Baudirektor Hanskarl Schönfeld vom Ruhrsiedlungsverband verwies darauf, daß von den Bewohnern eines Mietshauses oder gar eines „anonymen" Hochhauses 75 Prozent ins Grüne flüchten. Bei Bewohnern von Einfamilienhäusern, auch wenn sie nur „in Reihe" gebaut sind, bleiben am Wochenende 75 Prozent zu Hause. W.W.

Westfälische Allgemeine Zeitung, 9.6.78

Revierparks nicht „das Gelbe vom Ei"

Kongreß „Freizeit 78" sucht neue Ansätze

Das „Wohnumfeld" ist als Freizeitraum entdeckt. Nach den Jahren, in denen im Ruhrgebiet Revierparks aus der grünen Wiese gestampft wurden, geht die Tendenz in der Freizeitplanung jetzt immer stärker in Richtung Wohnung. Dr. Helmut Klausch vom Siedlungsverband Ruhrkohlenbezirk (SVR) hält trotz der neuen Erkenntnisse den vor einigen Jahren beschrittenen Weg nicht für falsch. „Wir lagen früher mit regionalen Anlagen richtig, es ging auch aus politischen Gründen gar nicht anders. Jetzt gehen wir, von der Basis der Revierparks aus, den Weg in das Wohnumfeld."

In Zusammenarbeit mit der Deutschen Gesellschaft für Freizeit (DGF) veranstaltet der SVR seit Mittwoch einen Kongreß zu diesem Themenkreis, zu dem Experten aus ganz Europa angereist sind. Während der dreitägigen Fachtagung, die heute zu Ende geht, wird über alle Bereiche der Freizeitangebote in den Städten diskutiert. Im Mittelpunkt stehen städtebauliche und soziologische Aspekte. Ziel der Überlegungen ist es, Möglichkeiten zu finden, die Lebensbedingungen der Stadtbewohner zu verbessern.

Der Schweizer Experte Alfred Mugglin weist in diesem Zusammenhang auf Fehler und Versäumnisse hin: „Jahrzehntelang ist mit Begeisterung gebaut worden, ohne die Bedürfnisse der Bewohner zu berücksichtigen. Was als Siedlung vor 20 Jahren noch als wunderschön und richtungsweisend galt, wird heute oft zu Recht unbefriedigend genannt. Nach Spielmöglichkeiten für Kinder auf dem Hof oder der Straße, um nur ein Beispiel zu nennen, wurde häufig nicht gefragt." Konsequent stellt Mugglin die Forderung auf, das Wohnumfeld müsse wandelbar sein.

Als weiteres Merkmal für ein intaktes Umfeld nennt Professor Roland Rainer aus Wien: „Im Wohnumfeld mußt man sich ungestört und frei entfalten können." Er wehrt sich entschieden gegen „programmierte Freizeitgestaltung". „Es darf nur soviel reglementiert werden, wie unumgänglich ist, möglichst überhaupt nicht. Je mehr man die Leute in Ruhe läßt, um so besser wird es wahrscheinlich sein. Also: Beim Bauen Freizeiträume berücksichtigen, den Bürgern die Belebung und Nutzung aber frei überlassen."

INFORMATIONS DIENST RUHR   *idr*

SVR will wohnungsnahe Freizeitanlagen fördern

Internationaler Kongreß im Städtischen Saalbau

Essen. (idr) Nur durch ein radikales Umdenken im Wohnungs- und Städtebau können die hochverdichteten Städte Europas ihre soziale Funktion wiedergewinnen und menschenfreundlich werden. Dazu bedarf es alternativer Konzepte sowohl für neue Wohngebiete wie für die Sanierung alter Wohnquartiere, wobei Freizeiteinrichtungen innerhalb von Wohnblöcken oder im unmittelbaren Wohnumfeld erhöhte Bedeutung zukommt.

Das ist das Fazit des Freizeitkongresses 1978, den der Siedlungsverband Ruhrkohlenbezirk (SVR) gemeinsam mit der Deutschen Gesellschaft für Freizeit (DFG) vom 7. bis 9. Juni im Städtischen Saalbau Essen mit Freizeitexperten, Architekten, Stadtplanern und Pädagogen aus zehn europäischen Ländern veranstaltete. An den Vorträgen und Diskussionen nahmen erstmals auch Vertreter aus Ostblock-Staaten teil.

Mit diesem vierten Freizeitkongreß setzte der SVR seine 1970 begonnene Reihe eines überkommunalen Erfahrungsaustauschs fort, auf der auf der Grundlage empirischer Untersuchungen und praktischer Erfahrungen in den verschiedenen Ballungsräumen Konzepte bürgernaher Freizeiteinrichtungen erörtert wurden.

Ein europäisches Problem

Eine der wesentlichen Erkenntnisse der Essener Tagung: Trotz unterschiedlicher gesellschaftlicher Systeme sind die Probleme in den west- und osteuropäischen Staaten ähnlich, wenn auch die Lösungsmöglichkeiten aufgrund der unterschiedlichen rechtlichen und sozialen Verhältnisse differieren.

Ideal: das Reiheneinfamilienhaus

Sowohl der Präsident der Europäischen Gesellschaft für Freizeit, Dr. Ledermann, wie auch der Wiener Architekt Prof. Rainer weisen darauf hin, daß das Einfamilienhaus mit Garten oder Innenhof für Familien mit Kindern die optimalste Wohnform darstelle. Beide sehen in Reiheneinfamilienhäusern mit einer Gesamtgrundfläche von 160 bis 200 Quadratmetern eine sinnvolle Alternative zu den nach dem letzten Weltkrieg errichteten Wohnsiedlungen, die von der Grundrißplanung zu eng konzipiert sind und vor allem der schöpferischen Entfaltung der Kinder kaum Raum bieten. Dr. Ledermann: „Da aber der Traum vom Einfamilienhaus für viele Menschen Utopie bleiben wird, müssen wir innerhalb der Wohnquartiere nach witterungsunabhängigen Freizeiteinrichtungen suchen. Dies ist eine Aufgabe, die uns noch die nächsten zwanzig, dreißig Jahre beschäftigen wird."

Zunehmende Stadtflucht

Als Reflex auf die Unwirtlichkeit der Städte sehen Soziologen und Freizeitexperten die zunehmende Stadtflucht an. Entweder ziehen die — finanziell besser gestellten — Familien ganz aus den Stadtkernen heraus, oder sie entfliehen ihnen in ihrer Freizeit, vornehmlich an den Wochenenden.

Prof. Rainer zitierte eine Untersuchung der Universität Wien. Nach ihrem Freizeitverhalten gefragt, erklärten 75 Prozent der Bewohner von Einfamilienhäusern in der Gartenstadt Puchenau, sie würden ihre Wochenenden zuhause verbringen, daneben verbrachten Bewohner benachbarter Hochhäuser 75 Prozent ihrer Wochenenden außerhalb der Stadt.

Doppelter Wohnungsbau

Nach einer Arbeit des Wiener Stadtforschungsinstituts besitzt jede dritte Wiener Familie eine Zweitwohnung in Niederösterreich. Jährlich werden in der weiteren Umgebung Wiens 4000 Zweitwohnungen für rund zwei Milliarden Schilling gebaut, das entspricht ungefähr dem Betrag, über den die Stadt Wien jährlich für die öffentliche Wohnungsbauförderung verfügt. Prof. Rainer: „Wir haben also einen doppelten Wohnungsbau vor uns: einen, der der Wunschvorstellung der Bevölkerung — einem eigenen Haus mit Garten — entspricht und den man sich daher selbst finanziert, wo immer möglich — und einen anderen, städtischen, der diesen Vorstellungen weniger entspricht, und den man sich mit öffentlichen Mitteln finanzieren läßt." Rainer verweist in diesem Zusammenhang auf die schwerwiegenden wirtschaftlichen und volkswirtschaftlichen Probleme und Kosten (Ausbau von Ausfallstraßen, Unfallkrankenhäuser, zusätzliche Belastung der Polizei, Unfallrenten), die dadurch entstehen, daß die Menschen ihren verödeten Städten entfliehen wollen — eine Entwicklung, deren Ausmaße in der Bundesrepublik offenbar noch nicht recht gesehen werden.

43 Prozent im Schlaf gestört

Läßt sich eine Verbesserung des Wohnumfeldes, beispielsweise durch die Einrichtung verkehrsberuhigter Straßen, erreichen, ohne daß gleichzeitig die Qualität der (bestehenden) Wohnungen verbessert wird? Geht man davon aus, daß bis zu 43 Prozent der Bürger nicht ruhig schlafen können, weil die Geräuschbelästigungen durch den Autoverkehr oder durch Nachbarn zu groß ist, wird ersichtlich, welch hohe Bedeutung dem Lärm- und Schallschutz für das Wohlbefinden des Menschen zukommt.

Wendepunkt durch Energiekrise

Die Energiekrise markiert hier gewissermaßen einen Wendepunkt. Die Notwendigkeit, Heizkosten zu sparen, hat zwangsläufig zur Forderung nach besserer Wärmeisolierung der Wohnungen geführt. So bietet denn die „heizungsgerechte" Wohnung einen Ansatz, auch die Geräuschbelästigungen einzudämmen. Die erforderlichen Umbauten sind auch für Altbauten möglich. Die dabei anfallenden Kosten werden üblicherweise auf die Miete geschlagen, und Mieterhöhungen sind allgemein unpopulär. Dr. Hartmut Großhans vom Gesamtverband gemeinnütziger Wohnungsunternehmen hat auf der Tagung auf eine bemerkenswerte Entwicklung hingewiesen. Der durchschnittliche Vier-Personen-Arbeitnehmer-Haushalt gibt monatlich nur 15,7 Prozent seines Budgets für die Wohnungsmiete aus — um die Jahrhundertwende waren es noch 30 Prozent; 16,5 Prozent werden derzeit für Freizeitgüter und Urlaub aufgewendet, obwohl der Bundesbürger den größten Teil seiner Freizeit (Abendfreizeit, Wochenendfreizeit) in seiner Wohnung oder seinem Wohnquartier verbringt.

Lösung: Gemeinschaftsräume

Der kleinräumige Zuschnitt der bestehenden Wohnungen läßt buchstäblich wenig Raum für raumbeanspruchende Hobbys wie Werken, Basteln usw. In verschiedenen west- und osteuropäischen Ländern will man diesem akuten Notstand begegnen durch die Einrichtung von Gemeinschaftsräumen, die den Aktivitäten einzelner ebenso dienen sollen wie den Interessen von Gruppen (Familien, Nachbarschaften). Relativ mühelos läßt sich dies für Neubausiedlungen realisieren, die Probleme ergeben sich hier wiederum bei den Altbauten. Die Vorstellung der Planer gehen dahin, in Altbauten eine Wohnung freizuhalten und sie als Gemeinschaftsräume anzubieten.

In den Arbeitsgruppen der Freizeit-Tagung wurde dies allerdings höchst unterschiedlich gewichtet. Während einige Referenten eine verstärkte Förderung solcher Einrichtungen forderten, wiesen andere auf schlechte Erfahrungen hin. Augenscheinlich sind viele Bürger nicht bereit, den „intimen Bereich" der eigenen Wohnung zumindest zeitweise aufzugeben, um sich mit dem Nachbarn zu treffen. Einig waren sich die Experten darin, daß man Gemeinschaftsräume nur als „Angebot" für die Bürger verstehen darf und nicht als Vorgabe mit sanftem Zwang. Karl-Friedrich Brodeßer, Staatssekretär im nordrhein-westfälischen Innenministerium, warnte denn auch vor einer „programmierten Freizeitgestaltung".

Arbeit prägt Freizeitverhalten

Daß sich in Zukunft das Schwergewicht der Stadtplanung und Stadtentwicklung auf die Einrichtung wohnungsnaher Freizeitanlagen wird richten müssen, ergibt sich nach Auffassung vieler Freizeitexperten auch aus den Veränderungen der Arbeitssituation und der Arbeitsbedingungen. Wie neuere Untersuchungen ergeben haben, wirkt sich die Monotonie der Arbeit, die stärker geforderte Anpassung des Menschen an die Maschine unmittelbar auf das Freizeitverhalten des Menschen aus. Vor allem Schichtarbeiter sind davon betroffen. Die folgende Zeitreihe verdeutlicht die Entwicklung. In den 60er Jahren arbeiteten nur 14 Prozent aller Arbeiter im Schichtdienst, derzeit sind es rund 20 Prozent, bis in die 90er Jahre wird der Anteil auf 50 Prozent hochschnellen. Für Schichtarbeiter ist es besonders schwierig, Freizeit gemeinsam mit der Familie zu verbringen. Lange Anfahrtswege zu Freizeiteinrichtungen vermindern die Zahl der verfügbaren Freistunden. Wohnungsnahe Freizeiteinrichtungen sind gerade für diese Berufsgruppen wesentlich zur Rekreation.

Arbeit bestimmt Freizeit

Damit ist freilich die Frage nicht geklärt, ob es nicht eine ebenso wichtige gesellschaftspolitische Aufgabe ist, die Arbeitsbedingungen zu verändern, sei es durch Verkürzung der Arbeitszeit, sei es durch die Einführung längerer Pausen.

Interessant war, daß es nur graduelle Unterschiede in der Beurteilung dieses Phänomens durch die Referenten aus den west- und osteuropäischen Staaten gab. Man neigt augenscheinlich dazu, eine Veränderung des Freizeitverhaltens im Sinne verstärkter Kommunikationsfähigkeit über die Veränderung von Arbeitsbedingungen erreichen zu wollen.

Erfahrungen aus der CSSR

Auf ungesichertem Boden bewegen sich Soziologen und Freizeitexperten, wenn sie darlegen sollen, wie die Bedürfnisse der freizeitsuchenden Bürger aussehen. Ohne Bedarfsermittlung freilich sind schwerlich Konzepte aufzustellen. Die tschechoslowakische Dozentin Dr. Blanka Filipcová verwies darauf, in welchem Maße in ihrem Land die „Heimkultur" geprägt ist durch die Massenmedien (Fernsehkonsum). Nur etwa 11–15 Prozent der Bevölkerung treibt regelmäßig Sport, obwohl sportliche Betätigung als ein wichtiges Mittel der körperlichen und seelischen Regeneration angesehen wird.

Aktive Tätigkeit

Da offenbar mit dem traditionellen Angebot an Sportstätten wenig zu erreichen ist, sind in der Tschechoslowakei sogenannte „Gesundheitsareale" entwickelt worden, die der „körperlichen und geistigen Kultur" dienen sollen. Diese von Architekten und bildenden Künstlern gemeinsam entworfenen Projekte decken in etwa das Spektrum an Freizeitangeboten ab, das im Ruhrgebiet die Revierparks bieten, sind aber – was die Freiflächen (Wiesen, Wald) betrifft – kleinräumiger angelegt. Das Schwergewicht liegt auf der aktiven Tätigkeit der Benutzer. Es scheint allerdings auch in der Tschechoslowakei eine gewisse Schwierigkeit zu bereiten, die Bevölkerung zu einer steten und regelmäßigen Nutzung der „Gesundheitsareale" zu motivieren.

Polen: Freizeit im Wohnquartier

Auch in Polen, so Dr. Erdmann von der Akademie der Körpererziehung in Poznan, widmet man Rekreationszentren in Wohnungsnähe (Anlaufweg 15 Minuten) erhöhte Aufmerksamkeit, ist aber wegen der nicht immer befriedigenden Wohnsituation dazu übergegangen, parallel zum Ausbau von Kulturhäusern in den Wohnsiedlungen selbst Rekreationsmöglichkeiten zu schaffen, gewiß auch aus der Erkenntnis heraus, daß große Kulturhäuser trotz eines vielfältigen Angebots nicht überall akzeptiert werden. Das Entwicklungsprogramm des Wohnungsbaus, der immer weiter in die Zuständigkeit des Wohnungsbaugenossenschaftswesens übergeht, sieht für die Wohnsiedlungen u.a. Kinderspielplätze in einer Entfernung von nicht mehr als 300 Meten zu den Wohnungen, 5,5 qm freies Erholungsgelände pro Einwohner, gedeckte und offene Sportanlagen und Schwimmhallen im Wohnquartier vor.

Frankreich: In der Sackgasse

Schwierigkeiten, die Bevölkerung aus einem abwartend-passiven Verhalten herauszulocken und sie für sportliche und kreative Tätigkeiten aufzuschließen, scheinen ein gesamteuropäisches Phänomen zu sein. Die französische Dozentin Claire Guinchat gab offen zu, daß sich die Freizeitpolitik in ihrem Land derzeit in einer Sackgasse befinde, da man nicht wisse, wie man die Menschen vom passiven Fernsehkonsum zu aktiver Freizeitgestaltung bewegen könne. Versuche, mit Animateuren die Trägheitsschwellen aufzureißen, hätten sich als problematisch erwiesen. Der jugoslawische Prof. Lésnik von der Universität Maribor plädierte dann auch dafür, die Aufgaben von Animateuren oder Gemeinwesenarbeitern nicht zu überschätzen. Für ihn ist die Schule der Ort, wo man dem jungen Menschen Freizeitkultur nahezubringen habe als eine der zentralen Möglichkeiten der Selbstentfaltung.

Bürger beteiligen sich mehr

Blieb auch die Einschätzung, was Gemeinwesenarbeiter zu leisten hätten, auf dem Freizeitkongreß umstritten, so wurde indes herausgestellt, daß viele Bürgerinitiativen eine neue Qualität angenommen haben: Aus reinen Protestgruppen bildeten sich spontane Teams, die selbständig ihre Vorstellungen über die Gestaltung ihres Wohnumfeldes entwickeln. Wiewohl auch in der Bundesrepublik Bürgerbeteiligung bei Planungen gesetzlich verankert ist, werden die Möglichkeiten noch nicht voll ausgeschöpft. Hier eröffnet sich für Gemeinwesenarbeiter oder Animateure ein neues Feld vermittelnder Tätigkeit zwischen Bürgern und Behöden. Daß dies funktionieren kann, zeigt die Tatsache, daß die Einrichtung verkehrsberuhigter Zonen vielfach auf Initiative von aktiven Bürgergruppen zustandekam und daß der nordrhein-westfälische Großversuch mit einer Geschwindigkeitsbegrenzung auf Tempo 30 für Autofahrten in Wohngebieten nicht ohne den Einsatz engagierter Bürger gestartet worden wäre.

Neue Mehoden nötig

Andrerseits wurde auf dem Kongreß deutlich: Die Wissenschaft muß noch feiner strukturierte Methoden entwickeln, um herauszufinden, was der Bürger will und wie er zur Mitgestaltung seines Wohnumfeldes gewonnen werden kann.

SVR weitet Konzept aus

Der Siedlungsverband Ruhrkohlenbezirk, der 1967 die ersten Konzeptionen für Freizeitanlagen im Ruhrgebiet erarbeitet hat, will sich in Zukunft in verstärktem Maße um wohnungsnahe Freizeiteinrichtungen bemühen: durch Pilotprojekte, die gemeinsam mit seinen Mitgliedsstädten entwickelt werden sollen. Dr. Klausch, Beigeordneter des SVR: „Es war sinnvoll und auch politisch notwendig, mit den Revierparks zunächst regionale Freizeiteinrichtungen zu schaffen. Von dieser Basis ausgehend, werden wir nach Fertigstellung der beiden letzten Revierparks Mattlerbusch (Duisburg) und Wischlingen (Dortmund) Konzepte für Freizeiteinrichtungen im unmittelbaren Wohnumfeld erarbeiten."

Auch dazu bedarf es des ständigen internationalen Gedankenaustauschs, und auf die internationale Zusammenarbeit hob Verbandsdirektor Heinz Neufang ab, als er zum Abschluß des dreitägigen Kongresses erklärte: Europa habe es geschafft, mit den Zerstörungen und Verheerungen menschlicher Siedlungen nach dem letzten Weltkrieg fertig zu werden. Europa müsse auch stark genug sein, seine Städte nach den Gesichtspunkten des Umweltschutzes so zu erneuern, daß sie energie-, auto- und freizeitgerecht gestaltet würden.

„Die Kinderzimmer sind meist nicht größer als Gefängniszellen"

Gespräch mit dem Präsidenten der Europäischen Gesellschaft für Freizeit, Dr. Alfred Ledermann

idr: Herr Dr. Ledermann, das Thema des Kongresses — „Das Wohnumfeld als Freizeitraum" — könnte den Blick auf ein zentrales Problem verstellen: daß nämlich vielerorts und vornehmlich auch im Ruhrgebiet die Wohnsituation selbst für viele Menschen unbefriedigend ist. Läßt sich denn da überhaupt noch etwas verbessern, wenn man von der utopischen Vorstellung abläßt, man müßte einen Großteil der Altbauten abreißen?

Dr. Ledermann: Das ist wohl die wichtigste Frage. Man beschäftigt sich allzugern auf Freizeitkongressen mit Konzepten für Neubauten und Neubausiedlungen und vergißt, daß der größte Teil der Menschen in Altbauten leben. Bei Neubauten kann man bereits auf dem Reißbrett alle entsprechenden Einrichtungen wie Grünflächen, Spielplätze, Gemeinschaftsräume vorsehen. Bei gewachsenen Städten stehen wir vor der großen Schwierigkeit der Sanierung, stehen also vor der Frage, was sich überhaupt noch verändern läßt.

idr: Was läßt sich denn konkret noch machen in unseren zubetonierten Stadtlandschaften?

Dr. Ledermann: Es gibt, übrigens in vielen europäischen Ländern, seit einigen Jahren Ansätze einer Neubesinnung. wenn beispielsweise die Wohnungen zu klein sind — und das gilt für viele, die unmittelbar nach dem letzten Krieg im Eiltempo gebaut worden sind — gibt es immerhin die Möglichkeit, etwa in einem Hochhaus eine Wohnung nicht mehr zu vermieten und sie als Gemeinschaftsräume herzurichten in Absprache mit allen Bewohnern. Ein weiteres Beispiel sind die Hinterhöfe in Altquartieren. Sie sind hervorragend geeignet für die wohnungsnahe Freizeit. Dänemark hat zum Beispiel seit 30 Jahren ein Hinterhofgesetz. Es hat bewirkt, daß in vielen Altsiedlungen großartige Kinderspielplätze entstanden sind, aber auch Begegnungsstätten für die Familien.

idr: Ist dieses Modell übertragbar? Soll alles — bis hin in die Freizeit — reglementiert werden?

Dr. Ledermann: Der derzeitige Meinungsstand ist in der Schweiz, woher ich komme, ähnlich wie in der Bundesrepublik. Wir halten nicht viel davon, daß der Gesetzgeber zwingende Regelungen vorschreiben soll. Ich meine, auch die Gesetze in der Bundesrepublik lassen sich so anwenden, daß man die Wohnquartiere auf der Basis des freiwilligen Einverständnisses der Bürger verbessern kann. Wir haben in den letzten drei Jahren in Zürich eine Reihe von Hinterhofsanierungen vorgenommen. Dort ist ein Architekt des Hochbauamtes nur für diese Projekte eingesetzt worden. Man hat gemeinsam mit Vermietern und Mietern praktikable Sanierungsformen entwickelt, ohne daß da gleich der Gesetzgeber tätig werden mußte.

idr: Welche Anforderungen sind denn an eine familiengerechte Wohnung zu stellen?

Dr. Ledermann: Die Notwendigkeit, in den letzten zehn Jahren sehr viele Wohnungen zu bauen, hat dazu geführt, daß man sehr billig gebaut hat. Das brachte mit sich, daß den Lärm- und Schallisolationen keine Bedeutung beigemessen wurde. Hart formuliert: Diese Wohnungen sind keine Wohnungen, in denen man gern seine Freizeit verbringt, es sei denn, einfach vor dem Fernsehapparat. Wenn das Baby kräht und den Nachbarn verrückt macht, ist das keine menschenfreundliche Wohnung. Nun passiert etwas Seltsames in den letzten Jahren, daß nämlich kulturelle Fortschritte nicht über den Weg der Pädagogik, sondern einfach durch wirtschaftliche Notwendigkeiten erzwungen werden. Durch die Energiekrise ist klar geworden, man braucht besser isolierte Wohnungen, um Heizkosten zu sparen. Plötzlich sagen uns die Architekten: Das ist machbar. Als ich vor zwanzig Jahren von der freizeitgerechten Wohnung sprach, hat man mich ausgelacht. So kommen wir langsam über die heizungsgerechte Wohnung zur freizeitgerechten Wohnung.

idr: Damit ist das Problem der Kleinwohnungen nicht gelöst.

Dr. Ledermann: Richtig. Wenn man billig baut, baut man zu klein. Die Vorschriften für die Größe von Gefängniszellen unterscheiden sich kaum von denen für die Größe von Kinderzimmern. Das ist übrigens in ganz Europa so. Der erste Spielplatz für das heranwachsende Kind ist das Kinderzimmer. Wir haben seit Jahren vorgeschlagen, nicht mehr diese langgezogenen Kinderzimmer zu bauen, sondern quadratische mit einer flexiblen Wand, die man einsetzt, wenn die Kinder heranwachsen und jedes Kind seinen eigenen Wohnbereich braucht. In schon gebauten Miethäusern ist das freilich ganz besonders schwierig.

idr: Also doch nur Lösungen für neue Wohnsiedlungen?

Dr. Ledermann: Nicht unbedingt. In Polen, wo die Wohnungen noch kleiner sind als hierzulande, hat man die Parterrewohnungen zu Gemeinschaftsräumen umgebaut, die von allen Mietern genutzt werden können. Dieses Modell hat sich außerordentlich bewährt, übrigens auch in den Niederlanden, wo es ähnliches gibt.

idr: Man wird, da Grund und Boden nicht beliebig vermehrbar sind, auch in Zukunft nicht auf Wohnhochhäuser verzichten können. Aber es gibt Ansätze, mit Reiheneinfamilienhäusern auf kleinstem Raum, großzügigere Wohnverhältnisse zu schaffen.

Dr. Ledermann: Es gibt in der Tat hervorragende Ansätze. Aber wir können nicht die ganze Welt mit Einfamilienhäusern überziehen, obwohl ein Einfamilienhaus mit Garten oder Innenhof nach wie vor die familiengerechteste Wohnungsform ist. Man weiß seit Jahren, in Hochhäuser gehören keine Familien mit Kindern. Aber an dem Zustand läßt sich derzeit nur etwas ändern, wenn man Gemeinschaftseinrichtungen plant, Kinderspielplätze zwischen den Häusern anlegt, Kontaktzonen schafft.

idr: Das Kongreßthema „Wohnumfeld als Freizeitraum" legt angesichts der verdichteten Bauweise in Großstädten die Frage nahe, ob nicht vieles von den Planungen und Vorstellungen doch nur kosmetische Eingriffe sind.

Dr. Ledermann: Nun, seit einigen Jahren ist da etwas in Bewegung geraten, in den meisten Städten Europas. Hier haben Bürgerinitiativen zum Teil Hervorragendes geleistet. Übrigens sehen wir auch bei den Bürgerinitiativen einen Gesinnungswandel. Sie fordern nicht einfach mehr von den Behörden, sie kommen mit eigenen Vorstellungen und Vorschlägen. Da gibt es gute Beispiele aus Holland und aus der Bundesrepublik.

idr: Beispiele?

Dr. Ledermann: Denken Sie an die Aktivitäten, die Bergbausiedlungen im Ruhrgebiet zu retten. Mancher Architekt, der heute plant, muß doch vor Neid erblassen, wenn er sich Zechensiedlungen anschaut. Ich selbst habe als damaliger Beauftragter des Schweizerischen Roten Kreuzes nach dem Krieg in einer solchen Siedlung in Gelsenkirchen gewohnt. Das kleine Haus mit dem Garten, die Spielmöglichkeiten für die Kinder, die Möglichkeiten, daß Männer und Frauen ihren Garten hinterm Haus bestellen konnten, der leicht herstellbare Kontakt zum Nachbarn — all diese Eigenschaften habe diese Häuser ausgezeichnet. Deswegen wäre es außerordentlich bedauerlich, würde man diese Siedlungen nicht erhalten.

idr: Aber auch das gilt nur für kleine Bevölkerungsgruppen.

Dr. Ledermann: Richtig. Doch haben wir noch nicht alle Chancen wahrgenommen, der Verödung der Städte entgegenzuwirken. Bei der Altbausanierung ist noch nicht alles ausgeschöpft, zum Beispiel durch den Ausbau von Dachgeschossen als Spielräume oder Bürgertreffs. Man kann einer Stadt oder einem Wohnquartier auch die soziale Funktion wiedergeben, indem man — was viele Bürgerinitiativen in den letzten Jahren getan haben — gemeinsame Feste initiiert, Trödlermärkte veranstaltet, die Straßen öffnet für vielerlei kreative und kommunikative Tätigkeiten, ohne daß man gleich Häuser abreißen muß.

idr: Eines der auf dem Kongreß meiststrapazierten Wörter war das von der verkehrsberuhigten Straße. Es gibt zweifellos imponierende Beispiele, unter anderem in Essen. Aber es gibt eine Reihe von rechtlichen Problemen, in größerem Umfange solche autofreien Straßen zu schaffen, auf denen Kinder ungefährdet spielen können. Also wiederum eine Utopie?

Dr. Ledermann: Die rechtlichen Probleme sind, zumindest in den westeuropäischen Staaten, mit ein Grund, weswegen man erst spät an diese Frage herangetreten ist. Wer ein Haus mit Garage hat, will seine Garage benutzen, und das kann er nur über die Straße. Familien mit Kindern würden sicher am liebsten kein Auto auf der Straße sehen. Alte Leute, die dort wohnen, stören sich am Lärm der Kinder — so hat jeder verschiedene Bedürfnisse. Keine Frage, hier gibt es eine Unmenge von Problemen, aber ich meine, mit kleinen, pragmatischen Schritten läßt sich doch einiges erreichen. Wir Freizeitexperten denken allerdings nicht so utopisch, daß man etwa durch ein Wohnumfeld-Gesetz alle Straßen in Spielstraßen umwandeln könnte.

Auch Behörden haben gelernt

idr: Bisher gab es in unseren Städten nahezu ausschließlich Großraumplanungen. Hat sich das bewährt?

Dr. Ledermann: Insgesamt sicher nicht. Ich glaube, daß wir, wenn wir ins „Kleinmaschige" hintersteigen, das ganze Schwergewicht der Planung anders akzentuieren müssen. Also nicht mehr Reißbrettplanung von Theoretikern für ganze Stadtteile, vielmehr ortsbezogene, kleinräumige Planung, natürlich in einem Gesamtkonzept, aber viel detailbezogener und unter Berücksichtigung der Bürgerinteressen. Die künftigen Planer werden mehr die Funktion von Bürgerberatern einnehmen müssen.

idr: Und Sie glauben, daß da die Behörden mitspielen?

Dr. Ledermann: Ich sprach eben von dem Modell der Hinterhofsanierung in Zürich. Vor Jahren wäre das so abgelaufen, daß der Architekt einen Plan gemacht hätte. Bei uns ist das so gewesen, daß zunächst einmal die Bedürfnisse der Bürger ermittelt wurden und der beauftragte Planer dann gemeinsam mit den Bürgern sein Modell entwickelt hat. Wir machen in Zürich seit zwanzig Jahren ein Kinderspielplatz-Programm, und das unter mitverantwortlicher Beteiligung der Bürger. Ich glaube, und das gilt auch für die Bundesrepublik, bei Bürgerinitiativen wie bei Behörden setzt sich eine neue Form der Zusammenarbeit durch.

idr: Dies klingt mir ein wenig zu harmonisierend. Oft ist es doch so, bundesdeutscher Alltag, daß Behörden zunächst einmal abwinken, wenn Bürger mit neuen Ideen kommen.

Dr. Ledermann: Es gibt da einen historischen Prozeß. Die sogenannten Gemeinwesen- oder Sozialarbeiter haben sich zunächst an die Spitze von Demonstrationszügen gestellt, Transparente getragen und Forderungen an die Behörden gestellt. Sie traten gewissermaßen als Gegner der Behörden auf, um sich mit den Gruppen zu identifizieren, für die sie sprachen. Ich meine, die große Aufgabe der Gemeinwesen-Arbeiter oder, wie der Begriff auf dem Kongreß hieß, der „Animateure", wäre es, zu vermitteln zwischen Bürgern und Behörden. Da ist in Westeuropa ein Lernprozeß festzustellen. Aber es fehlt auf beiden Seiten nicht an gutem Willen.

idr: An diesem Kongreß haben auch Vertreter verschiedener Ostblock-Staaten teilgenommen und sind in den Arbeitsgruppen und Plenumsdiskussionen zu Wort gekommen. Wie wird denn Ihrer Erfahrung nach in diesen gesellschaftlich anders strukturierten Staaten die Problematik „Freizeitgesellschaft" in Theorie und Praxis angegangen?

Dr. Ledermann: Obwohl wir mit diesen Staaten etwa zehn Jahre zusammenarbeiten, ist es schwierig, ein Urteil zu gewinnen. Im Anfang war es so, daß uns von den Experten dieser Staaten, zu denen wir heute gottlob ein freundschaftliches Verhältnis haben, klar gemacht wurde, wie hervorragend alles bei ihnen gelöst ist. Wir haben dann gesagt, es nützt einem gegenseitigen Erfahrungsaustausch nichts, wenn wir die Probleme unter den Tisch fegen und so tun, als stehe alles zum besten. In den letzten drei, vier Jahren ist das anders geworden. Wir erfahren nun auch von den Schwierigkeiten, die es in diesen Staaten bei der Bewältigung von Freizeitproblemen gibt, und wir lernen Lösungsmöglichkeiten kennen, die unseren eigenen Überlegungen förderlich sind. Ich will das hohe Wort von der Völkerverständigung nicht strapazieren. Aber unsere Kongresse tragen doch dazu bei, viele Vorurteile abzubauen.

idr: Konkrete Beispiele?

Dr. Ledermann: Es ist ein Vorurteil, anzunehmen, die Ostblockstaaten seien hinsichtlich der Freizeiteinrichtungen Entwicklungsland. Diese Staaten haben eine Fülle von Einrichtungen, die man als vorbildlich ansehen muß. Und man muß auch inzwischen vor der Vorstellung warnen, die Freizeitexperten der hier vertretenen Ostblockländer hätten kein kritisches Bewußtsein ihren eigenen Einrichtungen gegenüber. Als Beispiel möchte ich die Kulturhäuser herausgreifen. Dort wird viel kreative Arbeit vollbracht. Andrerseits sind die Häuser so groß, daß vieles unüberschaubar ist. Man hat dort erkannt, daß man auch mit den Kulturhäusern viele Leute einfach nicht erreicht, weil sie andere Interessen haben, die sich nicht mit dem kulturellen Angebot decken. Es gibt eine Entwicklung, die der Entwicklung der westeuropäischen Staaten durchaus vergleichbar ist. Man kehrt langsam zurück in den Bereich der Wohngenossenschaft, der Wohngemeinschaft, richtet also in Wohnsiedlungen Gemeinschaftsräume ein, wo man Feste feiern kann, Ping-Pong spielt, Kurse für werdende Mütter abhält — was wir in Westeuropa beispielsweise in Sozialzentren machen. Das wird dort integriert in die Wohnsiedlungen durchgeführt. Von diesen Erfahrungen können wir hier lernen.

idr: Dies sind gewiß Anregungen, im Einzelfall auch übertragbare Modelle. Aber bestimmte Probleme stellen sich in den verschiedenen Ländern höchst unterschiedlich. Im regenreichen Ruhrgebiet müssen wohnungsnahe Freizeiteinrichtungen sicher anders aussehen als in südlichen Ländern. Verkehrsberuhigte Straßen, Spielplätze unter freiem Himmel, das sind in der Tat gute Ansätze. Aber was macht ein zehnjähriges Kind oder ein siebzigjähriger Großvater in Essen, wenn es wie aus Eimern gießt?

Dr. Ledermann: Einfach gesagt: Im regenreichen Ruhrgebiet spielt man Skat und in Florenz Boccia. Aber Scherz beiseite. Methodisch und planerisch können wir von den verschiedensten Modellen in Europa lernen, obwohl es von Land zu Land, manchmal von Stadt zu Stadt große Unterschiede gibt. Ganz ohne Frage muß man bei allen Plänen für wohnungsnahe Freizeiteinrichtungen die klimatischen Bedingungen berücksichtigen. Dies hat übrigens eine wichtige Rolle gespielt bei den Planungen für die Revierparks im Ruhrgebiet, die ja nicht nur Freiflächen zu Sport, Spiel, Erholung anbieten, sondern auch überbaute Räume.

idr: Und im Wohnungsbau?

Dr. Ledermann: Dort gibt es Ansätze. In Hochhäusern geht man dazu über, großzügige Eingangshallen als Treff- und Spielstätten einzurichten oder Außenbereiche zu überdachen. Was nun die Straßen betrifft, so ist sicher richtig, daß sie als Spiel- und Begegnungsstätten nicht das ganze Jahr über nutzbar sind. Wir werden in den nächsten Jahren Modelle zu entwickeln haben, die den unterschiedlichen klimatischen Bedingungen Rechnung tragen. Mit ein paar Bänken in einer verkehrsberuhigten Straße ist es sicher nicht getan. Auch da wird man von Fall zu Fall überlegen müssen, mit bescheidenem finanziellen Aufwand überdachte, gedeckte und witterungsunabhängige Freizeiträume zu schaffen, die auch bei widrigen Wetterverhältnissen genutzt werden können. Das ist eine wichtige Aufgabe. Sie darf uns nicht den Blick verstellen vor der Aufgabe, Wohnungen zu schaffen, die geeignet sind, daß jeder seine Vorstellung einer sinnvollen Freizeitgestaltung realisieren kann. Freizeitgestaltung ist ein wesentlicher Bestandteil freiheitlicher Selbstentfaltung. Die Voraussetzungen dafür zu schaffen, wird noch viel Schweiß kosten.

REFERENTENVERZEICHNIS
TEILNEHMERVERZEICHNIS
VERÖFFENTLICHUNGEN

Referentenverzeichnis

Name	Dienststelle	Adresse
Anderle Dr., Walter Raum- und Städteplaner	Siedlungsverband Ruhrkohlenbezirk	Kronprinzenstraße 35 4300 Essen
Blücher Dr., Viggo Graf Professor	Universität Bern	Bottigenstraße 250 Bern/Schweiz
Boeddinghaus Dr., Gerhard Institutsleiter	Institut für Landes- und Stadt- entwicklungsforschung des Landes NW	Königswall 38 4600 Dortmund
Conrads, Angelika Sozialwissenschaftlerin	Battelle-Institut e.V.	Am Römerhof 35 6000 Frankfurt/M. 90
Conrads Dr., Ulrich Chefredakteur der Bauwelt	Bertelsmann Fach- zeitschriften GmbH	Schlüterstraße 42 1000 Berlin 15
Czinki Dr., Laslo Dipl.-Ing.	Forschungs- und Planungsgruppe	Agnesstraße 2 4300 Essen
Erdmann Dr., Lech Direktor	Akademie für Körpererziehung	ul. Rybaki 19 Poznan/Polen
Filipcová Dr., Blanka Dozentin	Institut für Philosophie und Soziologie	Jilská 1 Prag/Tschechoslowakei
Fuchs, Armin H. Dipl.-Pädagoge	Stadt Düsseldorf Freizeitstätte Garath	Fritz-Erler-Straße 21 4000 Düsseldorf 13
Gerberding-Wiese Dr., Irene stellv. Planungsamtsleiterin	Stadt Essen	Am Siepenhang 14 4800 Essen 1
Glaser Dr., Hermann Kulturdezernat	Stadt Nürnberg	Hauptmarkt 18 8500 Nürnberg
Graf, Pedro Professor	Fachhochschule München, Fachbereich Sozialwesen	Numberger Straße 11 8000 München 60
Großhans Dr., Hartmut Referatsleiter	Gesamtverband gemeinnütziger Wohnungsunternehmen e.V.	Wrangelstraße 12 5000 Köln
Gruber Dr., Hans Eugen Stadtbaurat	Stadt Salzgitter	Stadtverwaltung 3320 Salzgitter
Habner, Harald Sozialsekretär	Kirchenkreis Hamburg-Altona	Herwigredder 12 2000 Hamburg 56
Heckmanns, Jürgen	Bürgeraktion St. Josef	Roßstraße 171 4150 Krefeld
Höbermann Dr., Frauke Sozialwissenschaftlerin	Universität Dortmund	Querstraße 32 4600 Dortmund 1
Hövelmann, A.H.	Niederländisches Städtebauministerium	C.V. Zantenstraat 278 Den Haag/Niederlande
Hoffmann, Herbert	ADAC München Abt. Touristische Dienste	Baumgartnerstraße 53 8000 München 70
Janssen, W.A.H.W.M. Städt. Baudirektor a.D.		Kanaalweg 134 Utrecht/Niederlande
Karst Dr., Uwe Volker Dipl.-Pädagoge		In der Sang 3 5902 Netphen 4
Klausch Dr., Helmut Beigeordneter	Siedlungsverband Ruhrkohlenbezirk	Kronprinzenstraße 35 4300 Essen 1

Kohl Dr., Heribert Wissenschaftlicher Referent	Wirtschafts- und Sozialwissenschaftl. Institut des DGB	Hans-Böckler-Straße 39 4000 Düsseldorf
Kuhn, Egon Freizeitheimleiter	Freizeitheim Linden	Windheimstraße 4 3000 Hannover
Lancelle-Tullius, Helga	Aktion Willbeck	Elp 3 5657 Haan
Lanz, Peter Architekt	Stadt Zürich — Hochbauamt —	Uraniastraße 7 Zürich/Schweiz
Leyh, Manfred Amtsleiter	Stadt Herne — Planungsamt —	Postfach 820 4690 Herne
Maeger, Herbert Verkehrsdirektor	Stadt Krefeld	Stadtverwaltung 4150 Krefeld
Meewes Dr., Volker	HUK-Verband	Ebertplatz 2 5000 Köln
Nahrstedt Dr., Wolfgang Professor	Pädagogischen Hochschule Westfalen-Lippe	Universitätsstraße 4800 Bielefeld 1
Noll, Johann Direktor	Mannesmann AG	Mannesmannufer 2 4000 Düsseldorf
Orgaß, Gerhard Generalsekretär	Deutscher Verband für Wohnungswesen, Städtebau und Raumordnung e.V.	Simrockstraße 4 5300 Bonn 1
Pöggeler Dr., Franz Professor	Pädagogische Hochschule Aachen	Eichendorffweg 7 5100 Aachen
Rainer Dr., Roland Professor	Akademie der bildenden Künste	Schillerplatz 3 Wien 1 / Österreich
Rellstab, Ursula Journalistin		Rigistraße 26 Zürich/Schweiz
Reschke, Otto Ratsvertreter	Stadt Essen	Auf'm Keller 54 4300 Essen
Richard Dr., Heinrich	Bundesanstalt für Straßenwesen	Brühler Straße 1 5000 Köln 51
Romeiß Dr., Felizitas Dipl.-Soziologin	Büro für Sozial- und Freizeitplanung	Beethovenstraße 24 5300 Bonn
Scharioth Dr., Joachim Sozialwissenschaftler	Battelle-Institut e.V.	Am Römerhof 35 6000 Frankfurt/M. 90
Schlegtendal, Knut Amtsleiter	Stadt Recklinghausen — Planungsamt —	Postfach 1429 4350 Recklinghausen
Schmettow, Bernhard Graf von Dipl.-Pädagoge	Siedlungsverband Ruhrkohlenbezirk	Kronprinzenstraße 35 4300 Essen 1
Schnetz Dr., Diemut Vorstandsmitglied	Stiftung „Die Mitarbeit"	Wassergasse 16 8521 Marloffstein
Schultze, Annedore Jugendhofleiterin	Jugendhof Vlotho	Oeynhauser Straße 1 4973 Vlotho
Streichert, Edgar Verkehrsingenieur	Planungsbüro für Städtebau und Verkehrsplanung	Sperlstraße 38 8000 München 71
Struppek, Kurt Industrie- und Sozialpfarrer	Ev. Industrie- und Sozialpfarramt	Pastoratsstraße 8—10 4650 Gelsenkirchen
Tomshöfer, Traudel	Bürgerinitiative Flöz Dickebank	Flöz Dickebank 13 4650 Gelsenkirchen
Weeber Dr., Rotraud Soziologin	Büro für Stadtplanung und Sozialforschung	Mühlrain 9 7000 Stuttgart 1

Teilnehmerverzeichnis

Name	Dienststelle	Adresse
Agricola, Sigurd Freizeitberater	Siedlungsverband Ruhrkohlenbezirk	Kronprinzenstraße 35 4300 Essen 1
Ahrendt, Armin Stadtdirektor	Stadt Bad Münstereifel	Marktstraße 11 5358 Bad Münstereifel
Aurich, Volker Geschäftsführer	Stiftung City-Treff	Habsburgerring 2–12 5000 Köln 1
Bals, Heinz Städt. Sozialamtmann	Stadt Dortmund — Jugendamt —	Stadtverwaltung 4600 Dortmund
Baltes, Friedrich Gartenbauamtsrat	Stadt Mülheim a.d.Ruhr	Rathaus 4330 Mülheim a.d. Ruhr
Bauer, Angelika Sozialpädagogin	Revierpark Gysenberg	Am Revierpark 9 4690 Herne 1
Bauernfeind, Wolfgang Techn. Ang.	Siedlungsverband Ruhrkohlenbezirk	Kronprinzenstraße 35 4300 Essen 1
Baumgartner, Michael Dipl.-Ing.	Siedlungsverband Ruhrkohlenbezirk	Kronprinzenstraße 35 4300 Essen 1
Bayer, Günter Oberamtsrat	Innenministerium des Landes NW	Elisabethstraße 5 4000 Düsseldorf
Beckmann, Herbert Dipl.-Ing.	Siedlungsverband Ruhrkohlenbezirk	Kronprinzenstraße 35 4300 Essen 1
Behm, Jürgen Reg.-Baurat z.A.	Institut für Landes- und Stadt- entwicklungsforschung des Landes NW	Königswall 38–40 4600 Dortmund
Bergholter, Michael Dipl.-Ing.	Magistrat der Stadt Kassel — Planungsamt —	Rathaus 3500 Kassel
Bergmann Dr., Fritz Geschäftsführer	Verbandsversammlung des SVR	Kronprinzenstraße 37 4300 Essen 1
Bickmeier, Gerhard Amtsleiter	Stadt Heiligenhaus	Stadtverwaltung 5628 Heiligenhaus
Bierwirth, Günter Vorsitzender	Deutscher Bundes- wehrverband e.V.	Klosterstraße 33 5300 Bonn-Duisdorf
Billion Dr., Falk Referatsleiter	Umlandverband Frankfurt	Goethestraße 4–8 6000 Frankfurt/M. 1
Blume, Johannes Dipl.-Ing.	Forschungs- und Planungsgruppe	Agnesstraße 2 4300 Essen
Boehmer, Volker Reg.-Baurat	Regierungspräsident Köln — Dez. 64 —	Zeughausstraße 5000 Köln 1
Boele, Dieter Ing. grad.	Stadt Bochum — Planungsamt —	Rathaus 4630 Bochum
Boeselager von, Wilderich F.		Höllinghofen 5760 Arnsberg-Vosswinkel
Bollaert Dr., Livin Professor	Universität Brüssel	Pleinlaan 2 Brüssel/Belgien
Bolle, Harald Dipl.-Ök.	Stadt Witten	Stadtverwaltung 5810 Witten

Bones, Edgar Dipl.-Ing.	Bundesinstitut für Sportwissenschaft	Hertzstraße 1 5000 Köln 40
Brodeßer, Karl-Friedrich Staatssekretär	Innenministerium des Landes NW	Elisabethstraße 5 4000 Düsseldorf
Bussiek, Elke Dipl.-Volksw.	Ruhrverband/Ruhrtalsperrenverein	Kronprinzenstraße 37 4300 Essen
Cacheux, Denise Dezernentin für Stadtanimation	Stadt Lille	Stadtverwaltung Lille/Frankreich
Candela, André Direktor	Stiftung GEDAL für Wohnbereichsarbeit	Lille/Frankreich
Czernik, Valentin	Sozialer Dienst Familie e.V.	Rhöndorfer Straße 89 5340 Bad Honnef
Degen, Erwin Bürgermeister	Stadt Bottrop	Rathaus 4250 Bottrop
Deutsch Dr., Ernst	Verbandsversammlung des SVR	Wellerfeldweg 193 4370 Marl
de la Motte, Elisabeth		Mühlenweg 14a 5340 Bad Honnef
Dullinger, Hans-Georg Freizeitheimleiter	Freizeitheim Ricklingen	Ricklinger Stadtweg 1 3000 Hannover 91
Eckebrecht, Heinz Freier Landschaftsarchitekt		Nachtigallenweg 17 6233 Kelkheim/T.
Ehm, Peter Techn. Ang.	Stadt Wuppertal	Neumarkt 10 5600 Wuppertal-Elberfeld
Eichholz Dr., Renate	WDR Landesredaktion Hörfunk	Appellhofplatz 1 5000 Köln
Ernst, Horst Ing. (grad.)	ADAC Westfalen-West e.V.	Kaiserstraße 63 4600 Dortmund 1
Esper, Andreas Bau-Ing.	Stadt Dortmund — Planungsamt —	Stadtverwaltung 4600 Dortmund
Eufinger, Klaus Techn. Ang.	Siedlungsverband Ruhrkohlenbezirk	Kronprinzenstraße 35 4300 Essen 1
Fahrentrapp, Manfred Stadtbaurat	Stadt Witten	Postfach 2280 5810 Witten
Faulhaber, Franz-Josef Ing. (grad.)	Stadt Leverkusen — Grünflächenamt —	Stadtverwaltung 5090 Leverkusen 1
Fiene, Manfred Dipl.-Ing.	Forschungs- und Planungsgruppe	Agnesstraße 2 4300 Essen
Finn, Friedrich Bau-Ing.	Stadt Dortmund — Planungsamt —	Stadtverwaltung 4600 Dortmund 1
Flemes, Dieter Regierungsdirektor	Bundesministerium für Jugend, Familie und Gesundheit	Kennedyallee 105—107 5300 Bonn 2
Forßmann, Jörg Abschnittsleiter	Stadt Köln — Amt für Stadtentwicklungsplanung —	Augustinerstraße 10 5000 Köln
Franken, Leopold Dipl.-Ing.	Siedlungsverband Ruhrkohlenbezirk	Kronprinzenstraße 35 4300 Essen 1
Fredin, Curt Verwaltungsdirektor	Fritidskontoret	Kronobersgatan 8 Växjö/Schweden
Froelich, Norbert Freier Landschaftsarchitekt	Büro für Landschafts- und Ortsplanung	Akademiestraße 35 4630 Bochum
Gathof, Kurt Wiss. Mitarbeiter	Geographisches Institut der Universität Frankfurt	Senckenberganlage 36 6000 Frankfurt/M. 1

Gerlach, Brigitte Wiss. Mitarbeterin	Stadt Gelsenkirchen — Amt für Stadtentwicklungsplanung —	Rathaus 4660 Gelsenkirchen-Buer
Giesecke, Wilhelm	Verein zur Förderung des Freizeitlebens e.V.	Am Maashof 39 4100 Duisburg
Gieße, Manfred Leiter des Amtes für Freizeit	Stadt Erlangen	Südl. Stadtmauer 35 8520 Erlangen
Göbel, Reinhard Dipl.-Ing.	Stadt Düsseldorf — Garten- und Friedhofsamt —	Kaiserswerther Str. 390 4000 Düsseldorf
Goesmann, Heinz Dipl.-Ing.		Fichtestraße 29 3000 Hannover-Kleefeld
Golla, Manfred	Revierpark Nienhausen	Feldmarkstraße 201 4650 Gelsenkirchen
Gollnow, Barbara Dipl.-Ing.	TU Berlin	Franklinstraße 29 1000 Berlin 10
Gros, Waltraud	Goethe-Institut	Lille/Frankreich
Grywazewski, Klaus	Stadt Witten — Tiefbauamt —	Stadtverwaltung 5810 Witten
Guinchat, Claire Dozentin	Centre national de la Recherche Scientifique	82, rue Cardinet Paris/Frankreich
Haase, Jürgen Dipl.-Ing.	Stadt Dorsten	Halterner Straße 5 4270 Dorsten
Hachez, Maria Dipl.-Ing.	Stadt Marl — Planungsamt —	Stadtverwaltung 4370 Marl
Hagemann, Lutz	Sozialministerium des Landes Schleswig-Holstein	Brunswiker Straße 16—22 2300 Hiel
Hanisch, Paul Betriebsleiter	Revierpark Nienhausen	Feldmarkstraße 201 4650 Gelsenkirchen
Heisterkamp, Bernhard Stadtverordneter	Verbandsversammlung des SVR	Emsstraße 7 4200 Oberhausen 12
Hellberg Dr., Hans Geschäftsführer	Gesellschaft für Wohnungs- und Siedlungswesen	Brandsende 4 2000 Hamburg 1
Herter, Günter Gartenarchitekt	Stadt Dortmund — Grünflächenamt —	Stadtverwaltung 4600 Dortmund
Hildebrand, Inge Dipl.-Ing.	Deutscher Verband für Wohnungswesen	Simrockstraße 4 5300 Bonn 1
Hinz, Ulrich Redakteur	WDR Studio Essen	Lindenallee 56—58 4300 Essen
Höfel, Arthur Stadtjugendpfleger	Stadt Nürnberg	Marientorgraben 11 8500 Nürnberg
Höfinghoff, Jürgen Programmleiter	Revierpark Nienhausen	Feldmarkstraße 201 4650 Gelsenkirchen
Hötker, Dieter Direktor im Raumordnungsdienst	Siedlungsverband Ruhrkohlenbezirk	Kronprinzenstraße 35 4300 Essen
Hoffmann, Hans-Jürgen Verm.-Ing. (grad.)	Stadt Koblenz — Planungsamt —	Stadtverwaltung 5400 Koblenz
Hosch, Rüdiger Ltd. Ministerialrat	Bayerisches Ministerium für Landesentwicklung und Umweltfragen	Rosenkavalierplatz 2 8000 München
Igel, Angelika Stadtinspektorin	Stadt Dortmund — Jugendamt —	Stadtverwaltung 4600 Dortmund
Impekoven, Annelie	Stadt Dortmund — Grünflächenamt —	Stadtverwaltung 4600 Dortmund
Jakobs Dr., Hartmut Oberbaurat	Verband Großraum Hannover	Eschenstraße 15 3000 Hannover

Jochims, Hans Gerd Gartenbauingenieur	Stadt Dortmund — Grünflächenamt —	Stadtverwaltung 4600 Dortmund
Jünger, Klaus	Stadt Witten	Stadtverwaltung 5810 Witten
Jux, Marianne Programmsachbearbeiterin	Revierpark Gysenberg	Am Revierpark 9 4690 Herne 1
Kämper, Hugo Abteilungsleiter	Stadt Essen — Amt für Stadtentwicklungsplanung —	Stadtverwaltung 4300 Essen
Kahl, Stephan Techn. Ang.	Stadt Herten — Planungsamt —	Rathaus 4352 Herten
Karrer, Herbert Architekt		Blütenstraße 3 Linz/Österreich
Katzor, Horst Oberbürgermeister	Verbandsversammlung des SVR	Stadtverwaltung 4300 Essen 1
Kellermann Dr., Britta Wiss. Assistentin	TU Berlin	Kufsteiner Straße 8 1000 Berlin 62
Kelnhofer, Reinhold Techn. Ang.	Siedlungsverband Ruhrkohlenbezirk	Kronprinzenstraße 35 4300 Essen 1
Kesseler, Paul Stadtbaudirektor	Stadt Krefeld — Planungsamt —	Stadtverwaltung 4150 Krefeld
Kirschhofer, Regina Sekretärin	Siedlungsverband Ruhrkohlenbezirk	Kronprinzenstraße 35 4300 Essen 1
Klaschka, Norbert Journalist	Deutsche Presse Agentur	Lindenallee 56 4300 Essen
Klein, Karl Sozialarbeiter	Stadt Bielefeld — Jugendamt —	Ravensberger Straße 12 4800 Bielefeld 1
Kley, Jürgen Gartenbauamtmann	Stadt Düsseldorf — Garten- und Friedhofsamt —	Stadtverwaltung 4000 Düsseldorf 1
Klingeren van, Frank Architekt		Lage Dijk 62 Zaandijk/Niederlande
Klopfer, Alexander Städt. Baurat	Stadt Herten	Rathaus 4352 Herten
Knefelkamp, Günter Stadtverordneter	Verbandsversammlung des SVR	Elisabethstraße 3 4690 Herne 1
Kniffka, Paul Städt. Oberbaurat	Stadt Dortmund — Tiefbauamt —	Stadtverwaltung 4600 Dortmund
Köstering, Heinz Ministerialdirigent	Innenministerium des Landes NW	Elisabethstraße 5 4000 Düsseldorf
Kosiek Dr., Kurt Geschäftsführer	Revierpark Nienhausen	Feldmarkstraße 201 4650 Gelsenkirchen
Kramer Dr., Dieter Wiss. Mitarbeiter	Stadt Frankfurt Dez. Kultur und Freizeit	Brückenstraße 3—7 6000 Frankfurt/M. 70
Kranz, Hanslothar Bau-Ing. (grad.)	Verbandsversammlung des SVR	Wesselswerth 30 4300 Essen 16
Krepela, Hannes Sozialarbeiter (grad.)	Stadt Hannover — Kulturamt —	Friedrichswall 15 3000 Hannover
Kruse, Udo Bautechniker	Siedlungsverband Ruhrkohlenbezirk	Kronprinzenstraße 35 4300 Essen 1
Küpper Dr., Utz-Ingo Amtsleiter	Stadt Köln — Amt für Stadtentwicklungsplanung —	Augustinerstraße 10 5000 Köln 1
Kuhnert, Heinz Bürgermeister	Verbandsversammlung des SVR	Hattinger Straße 96 4630 Bochum

Kuscha, Helmut Verw. Ang.	Siedlungsverband Ruhrkohlenbezirk	Kronprinzenstraße 35 4300 Essen 1
Ledermann Dr., Alfred Präsident	Europäische Gesellschaft für Freizeit (ELRA)	Seefeldstraße 8 Zürich/Schweiz
Lésnik Dr., Rudi Professor	Universität Maribor	Mladinska 9 Maribor/Jugoslawien
Ley Dr., Richard Regierungsrat	Ministerium für Soziales, Gesundheit und Sport Rheinland-Pfalz	Bauhofstraße 4 6500 Mainz
Lindemann, Karl-Heinz Betriebswirt	Siedlungsverband Ruhrkohlenbezirk	Kronprinzenstraße 35 4300 Essen 1
Loch, Helmut Bau-Ing.	Siedlungsverband Ruhrkohlenbezirk	Kronprinzenstraße 35 4300 Essen 1
Luther Dr., Werner Ltd. Stadtbaudirektor	Stadt Gelsenkirchen	Rathaus 4650 Gelsenkirchen-Buer
Meyer Dr., August-Wilhelm Professor	Fachhochschule für Sozialpädagogik	Hohnsen 3 3200 Hildesheim
Meyer, Dieter Dipl.-Ing.	Kreisausschuß Kassel	Langestraße 4 3549 Wolfhagen 14
Meyers Dr., Franz Präsident	Deutsche Gesellschaft für Freizeit	Niederkasseler Straße 16 4000 Düsseldorf 11
Meyhöfer, Gerd Städt. Gartenoberbaurat	Revierpark Gysenberg	Am Revierpark 9 4690 Herne 1
Mód Dr., Margarete	Gesellschaft zur Verbreitung wissenschaftlicher Kenntnisse	Afonya ucca 3. Budapest/Ungarn
Modrow, Heike Erzieherin	Revierpark Gysenberg	Am Revierpark 9 4690 Herne 1
Müller, Wolfgang Parkleiter	Revierpark Mattlerbusch	Wehofer Straße 42 4100 Duisburg
Mugglin, Gustav Sekretär	Europäische Gesellschaft für Freizeit (ELRA)	Seefeldstraße 8 Zürich/Schweiz
Nabersberg Chefredakteur	Verlag Das Rathaus	Kronprinzenstraße 13 4300 Essen 1
Neufang, Heinz Verbandsdirektor	Siedlungsverband Ruhrkohlenbezirk	Kronprinzenstraße 35 4300 Essen 1
Neumann, Erwin Stadtrat	Stadt Gelsenkirchen	Hans-Sachs-Haus 4650 Gelsenkirchen
Nienhaus, Bernhard Programmleiter	Revierpark Vonderort	Bottroper Straße 322 4200 Oberhausen
Nolte, Hans Joachim	WDR Fernsehen	Mommsenweg 5 4600 Dortmund
Olsen, Arne Michael Schriftleiter	OBOS	Postboks 8328 Hammersborg Oslo/Norwegen
Opaschowski Dr., H.W. Professor	Deutsches Institut für Freizeitförderung	Achenbachstraße 21 5910 Kreuztal 5
Ording Sund, Lillegun Dozentin	Stadt Oslo — Schulamt —	Bjørnevn 79 Slemdal Oslo/Norwegen
Otte, Paul Heinrich Stadtbaurat	Stadt Würzuburg	Beim Grafeneckart 1 8700 Würzburg
Pankuweit, Horst	Magistrat der Stadt Kassel — Stadt- entwicklungsgruppe für Freiraum und Landschaftsplanung —	Stadtverwaltung 3500 Kassel
Pauen, Ursula	Gesamthochschule Essen Fachbereich 1	Universitätsstraße 12

Pehlke, Manfred Sozialamtmann	Stadt Dortmund — Jugendamt —	Stadtverwaltung 4600 Dortmund
Petsch Dr., Gerhard Ltd. Forstdirektor	Siedlungsverband Ruhrkohlenbezirk	Kronprinzenstraße 35 4300 Essen 1
Pierburg, Günter Verw. Ang.	Siedlungsverband Ruhrkohlenbezirk	Kronprinzenstraße 35 4300 Essen 1
Pirstadt, Gabriele Raumplanerin	Forschungs- und Planungsbüro	Angesstraße 2 4300 Essen
Plötz, Gerd Dipl.-Ing.	Stadt Witten	Stadtverwaltung 5810 Witten
Plücker, Klaus Ltd. Verm.-Direktor	Siedlungsverband Ruhrkohlenbezirk	Kronprinzenstraße 35 4300 Essen 1
Poßberg, Hanspeter Direktor	Gemeinnützige Wohnungsges. mbH	Kölnstraße 24 5030 Hürth
Rauh, Jochen Dipl.-Ing.	Stadt Bochum — Planungsamt —	Rathaus 4630 Bochum
Reger, Peter Gemeindedirektor	Gemeinde Blankenheim	Rathaus 5358 Blankenheim
Rehbein, Harald Gartenbauing.	Stadt Freiburg — Gartenamt —	Fehrenbachallee 12 7800 Freiburg i.Br.
Reissinger, Fritz Ministerialrat	Innenministerium des Landes NW	Elisabethstraße 5 4000 Düsseldorf
Renn, Uta	Gesamthochschule Essen Fachbereich 1	Universitätsstraße 12
Riedel Dr., Uwe Regierungsdirektor	Senator für das Bauwesen der Hansestadt Bremen	Am Dom 57 2800 Bremen
Rieger, Gabriele Sekretärin	Siedlungsverband Ruhrkohlenbezirk	Kronprinzenstraße 35 4300 Essen 1
Ringel, Gerd Ministerialrat	Innenministerium des Landes NW	Elisabethstraße 5 4000 Düsseldorf
Rockholtz, Helmut Ltd. Gartenbaudirektor	Stadt Bochum — Garten- und Friedhofsamt —	Postfach 102269 4630 Bochum
Röhren, Ulrich Baurat	Siedlungsverband Ruhrkohlenbezirk	Kronprinzenstraße 35 4300 Essen 1
Röken, Wolfgang Oberbürgermeister	Verbandsversammlung des SVR	Voßwiese 26 4390 Gladbeck
Rösen, Wilhelm Gartenbauamtsrat	Gemeinde Sonsbeck	Gemeindeverwaltung 4176 Sonsbeck
Rose-Herzmann, Helga Dipl.-Ing.		Daimlerstraße 7 4300 Essen 1
Roth, Siegfried	Stadt Erlangen	Südl. Stadtmauer 35 8520 Erlangen
Ruddigkeit, Günter Geschäftsführer	Revierpark Nienhausen	Feldmarkstraße 201 4650 Gelsenkirchen
Sauter, Elisabeth Sekretärin	Europäische Gesellschaft für Freizeit (ELRA)	Seefeldstraße 8 Zürich/Schweiz
Schaper, Friedrich-W. Generalsekretär	Deutsche Gesellschaft für Freizeit	Niederkasseler Straße 16 4000 Düsseldorf 11
Schick, Hans Amtsleiter	Stadt Heiligenhaus	Stadtverwaltung 5628 Heiligenhaus
Schiffmann, Horst Stadtrat	Stadt Dortmund	Südwall 2—4 4600 Dortmund 1

Schilling, Burckhard Parkleiter	Revierpark Gysenberg	Am Revierpark 9 4690 Herne 1
Schimek, Helmut Dipl.-Ing. Architekt		Rosenauerstraße 44 Linz/Österreich
Schlüter, Karl-Heinz Bau-Ing.	Siedlungsverband Ruhrkohlenbezirk	Kronprinzenstraße 35 4300 Essen 1
Schmerbeck, Ernst D. Erster Beigeordneter	Stadt Schwerte	Auf der Böcke 18 5840 Schwerte 5
Schmiedecke, Andreas Dipl.-Ing.	Stadt Wuppertal — Garten- und Friedhofsamt	Stadtverwaltung 5600 Wuppertal
Schmitt, Heinz-Jo. Sozialarbeiter	Stadt Bielefeld — Jugendamt —	Ravensberger Straße 12 4800 Bielefeld 1
Schmitz, Eckart Oberbaurat	Stadt Reutlingen	Stadtverwaltung 7410 Reutlingen
Schnell Dr., Peter Akad. Oberrat	Westf. Wilhelms-Universität — Institut für Geographie —	Robert-Koch-Straße 26 4400 Münster
Schnieders, Clemens Dipl.-Ing.	Institut für Landes- und Stadt- entwicklungsforschung des Landes NW	Silberhecke 52 4600 Dortmund
Schönfeld, Hanskarl Ltd. Baudirektor	Siedlungsverband Ruhrkohlenbezirk	Kronprinzenstraße 35 4300 Essen 1
Schönwetter, Manfred Abteilungsleiter	Magistrat der Stadt Kassel — Stadtgartenamt —	Stadtverwaltung 3500 Kassel
Schröder, Herbert Freizeitheimleiter	Stadt Hannover FZH Lister Turm	Walderseestraße 100 3000 Hannover
Schürmann, Bernd Oberstadtdirektor	Stadt Bottrop	Postfach 820 4250 Bottrop
Schulz, Arndt stellv. Amtsleiter	Stadt Köln — Amt für Stadtentwicklungsplanung —	Augustinerstraße 10 5000 Köln 1
Siepmann, Peter Ing. (grad.)	Stadt Wuppertal	Neumarkt 10 5600 Wuppertal-Elberfeld
Sixtux, Gerhard Dipl.-Ing.	Entwicklungsgesellschaft Wulfen mbH	Postfach 80 4270 Dorsten 11
Sniatecki, Friedrich Personalratsvors.	Siedlungsverband Ruhrkohlenbezirk	Kronprinzenstraße 35 4300 Essen 1
Spangenberg, Heinz Dipl.-Ing.	Magistrat der Stadt Kassel — Planungsamt —	Rathaus 3500 Kassel
Spitzmüller, Kurt MdB	Bundeshaus Bonn	Bundeshaus 5300 Bonn
Steinbrecher, Anneliese Sekretärin	Siedlungsverband Ruhrkohlenbezirk	Kronprinzenstraße 35 4300 Essen 1
Stempel, Dietrich	Verbandsversammlung des SVR	Gerichtsstraße 11 4100 Duisburg 12
Stewen, Erich Techn. Ang.	Stadt Herten — Planungsamt —	Rathaus 4352 Herten
Stieber, Paul Gerhard	Stadt Witten	Postfach 2280 5810 Witten
Stößer, Klaus	Battelle-Institut e.V.	Am Römerhof 35 6000 Frankfurt/M. 90
Swart, Jakob Direktor	Stichting Recreatie	Statenplein 1 Den Haag/Niederlande
Szigete, Sandort	Bundesinstitut für Sportwissenschaft	Kölner Straße 68 5000 Köln

Thibes, Roswitha	Bundesinstitut für Sportwissenschaft	Kölner Straße 68 5000 Köln
Thomsen, Broder Dipl.-Ing.	TU Hannover, Institut für Grünflächenplanung und Gartenarchitektur	Herrenhäuser Straße 2 3000 Hannover
Töppich, Jürgen Angestellter	Bundeszentrale für gesundheitliche Aufklärung	Ostmerheimer Straße 200 5000 Köln 91
Topfheier Dr., Christa Gruppenreferentin	Bundeszentrale für gesundheitliche Aufklärung	Ostmerheimer Straße 200 5000 Köln 91
Trabitzsch, Joachim Bau-Ing.	Siedlungsverband Ruhrkohlenbezirk	Kronprinzenstraße 35 4300 Essen 1
Trachsel, Alfred Architekt		Kilchbergstraße 58 Zürich/Schweiz
Twele, Karl-Heinz Redakteur	Bildzeitung	Gutenbergstraße 1 4307 Essen-Kettwig
Uhlmann, Theo Professor	Verbandsversammlung des SVR	Kortental 60 4600 Dortmund 1
Urban Michael	Revierpark Vonderort	Bottroper Straße 322 4200 Oberhausen
Vandenrate Dr.	Goethe-Institut	Lille/Frankreich
Veltkamp, Herbert Gemeindedirektor	Gemeinde Sonsbeck	Gemeindeverwaltung 4176 Sonsbeck
Wahl, Hans Abt. Leiter	Stadt Mannheim – Grünflächenamt –	Collinistraße 1 6800 Mannheim 1
Wawrik, Heinrich Amtsleiter	Stadt Mannheim – Grünflächenamt –	Collinistraße 1 6800 Mannheim 1
Weber, Gottfried Dezernent	Diakoniewerk Kaiserswerth	Alte Landstraße 121 4000 Düsseldorf
Wermeister, Werner Regierungsdirektor	Regierungspräsident Düsseldorf	Vennstraße 186 4000 Düsseldorf 22
Westerhoff, Ernst Dipl.-Ing.	Stadt Dortmund – Hochbauamt –	Stadtverwaltung 4600 Dortmund
Wilde, Hans Gartenoberrat	Stadt Nürnberg	Jauerstraße 191 8500 Nürnberg
Wilkens, Horst Städt. Amtsrat	Stadt Dortmund – Jugendamt –	Stadtverwaltung 4600 Dortmund
Willemsen, Franz-Josef Ratsherr	Verbandsversammlung SVR des SVR	Alleestraße 4 4700 Hamm 1
Wörner, Gustav + Rose Gartenarchitekten		Ohligser Straße 27 5600 Wuppertal
Wolf, Jürgen Dipl.-Ing.	Institut Wohnen und Umwelt	Annastraße 15 6100 Darmstadt
Wolnowski, Walter Journalist	NRZ Essen	Sachsenstraße 30 4300 Essen
Wolters, Werner Baurat	Siedlungsverband Ruhrkohlenbezirk	Kronprinzenstraße 35 4300 Essen 1
Wulf, Magrete Dipl.-Psych.	Freie und Hansestadt Hamburg	Johanniswall 4 2000 Hamburg 1
Zech, Helmut Dipl.-Volkswirt	Stadt Kiel – Amt für Entwicklungsplanung –	Postfach 2300 Kiel 1
Zweigler, Helga Sekretärin	Deutsche Gesellschaft für Freizeit	Niederkasseler Straße 16 4000 Düsseldorf 11

Veröffentlichungen des Siedlungsverbandes Ruhrkohlenbezirk

Schriftenreihe

13 W. Zühlke
Zu- und Abwanderung im Ruhrgebiet 1966.
Essen 1967. DM 3.60.

20 W. Zühlke:
Zu- und Abwanderung im Ruhrgebiet 1967.
Essen 1968. DM 3.60.

21 Borchard KG:
Richt- und Vergleichszahlen zur Beschäftigungsdichte.
Essen 1968. DM 3.60.

29 Siedlungsverband Ruhrkohlenbezirk:
1920—1970 (Sammelband zum 50jährigen Bestehen).
Essen 1970. DM 10,—.

36 Siedlungsverband Ruhrkohlenbezirk:
Die Karte als Planungsinstrument.
Essen 1970. DM 12,—.

38 F. Ronneberger:
Verwaltung und Öffentlichkeit.
Essen 1970. DM 7,20.

39 Hanns Karrenberg
Gerhard Wilden:
Finanzsituation der Gemeinden im Ruhrgebiet
Essen 1975. DM 7,20.

45 Abfallbeseitigung
im Ruhrgebiet 1971 bis 1973.
Essen 1974. DM 7,20.

46 Wirtschaftliche Entwicklung im Ruhrgebiet.
Essen 1974. DM 7,20.

47 Untersuchung des Park-and-Ride-Verkehrs im Ruhrgebiet
Essen 1974. DM 7,20.

48 Günter Fuderholz:
Infrastruktur im Ruhrgebiet
— Wohnen —
Essen 1974. DM 7,20.

49 Joachim Scharioth:
Infrastruktur im Ruhrgebiet
— Freizeit —
Essen 1974. DM 7,20.

50 Uwe Marquardt:
Infrastruktur im Ruhrgebiet
— Bildung —
Essen 1975. DM 7,20.

52 Friedrich Landwehrmann/
Peter Heringhaus:
Infrastruktur im Ruhrgebiet
— Ausgewählte wirtschaftliche und soziale Probleme —
Essen 1975. DM 7,20.

53 Siedlungsschwerpunkte im Ruhrgebiet — Untersuchungen zum Individualverkehr
Essen 1975. DM 7,20.

54 Wohnungs- und Wohnflächenbedarf im Ruhrgebiet 1971—1985.
Essen 1975. DM 7,20.

55 Großzählungswerke im Ruhrgebiet 1961 und 1970.
Essen 1975. DM 7,20.

56 Heinz Konze:
Entwicklung des Steinkohlenbergbaues im Ruhrgebiet (1957—1974) — Grundlagen und Daten für die Stadt- und Regionalplanung.
Essen 1975. DM 7,20.

57 Siedlungsverband Ruhrkohlenbezirk. Bericht 1970—1974.
Essen 1975. DM 7,20.

58 Luftaufnahmen II
Auswertung für Stadtplanung, Regionalplanung, Umweltschutz.
Essen 1975. DM 20,—.

59 Carl-Heinz David:
Entwicklungen und Tendenzen in der Planungs- u. Verwaltungsorganisation der großen Verdichtungsräume.
Essen 1976. DM 7,20.

60 Park-and-Ride-Anlagen im Ruhrgebiet

61 Ökologie und Planung im städtischen städtischen Siedlungsraum

Sonderveröffentlichungen

Industriestandort Ruhr (Ansiedlungsatlas). Neuauflage.
Essen 1970. DM 20,—.

Planco-Consulting GmbH
Planerbüro Zlonicky:
(Forschungsauftrag).
Ablaufschema zur Erarbeitung von Standortprogrammen in Nordrhein-Westfalen.
Essen 1971. DM 7,20.

Die Stadt von morgen — städtebauliche Integrationssysteme.
Dokumentation einer Fachtagung, veranstaltet vom SVR und vom Verein „Deutsches Bauzentrum" e.V. aus Anlaß der DEUBA '71 in Essen.
Essen 1971. DM 3,60.

Arbeitsgruppe Verwaltungsreform:
Regionale Selbstverwaltung im Ruhrgebiet — 2 Bände —
Essen 1973. DM 20,—.

Landschaftsrahmenplan
Kreis Geldern.
Essen 1974. DM 30,—.

Grüne Halden im Ruhrgebiet
Internationale Fachtagung „Halden im Ruhrgebiet und ihre Integrierung in die Landschaft"
Text- und Kartenband.
Essen 1974. DM 30,—.

Freizeit '74.
Dritter Freizeitkongreß vom 28.5.—30.5.1974 in Dortmund.
DM 10,—.

D. u. E. Springorum:
Bildungschancen an der Ruhr —
Schulführer Ruhrgebiet — 3. überarbeitete Auflage.
Essen 1975. DM 7,20.

Der Emscherbruch — Modellversuch einer Landschaftsveränderung in industriellen Verdichtungsräumen.
Essen 1975. DM 20,—.

P.A. Mäcke, D. Hölsken:
Siedlungsschwerpunkt Gelsenkirchen-Buer. Untersuchung zur Verkehrserschließung.
Essen 1975. DM 3,60.

StadtBauPlan mbH:
(Forschungsauftrag) Siedlungsstruktur im Ruhrgebiet — Systemanalytische Untersuchung zur künftigen räumlichen Verteilung von verdichteten Wohnsiedlungs-, Gewerbe- und Industrieansiedlungsbereichen.
Essen/Darmstadt 1975. DM 50,—.

Freizeit im Ruhrgebiet.
Essen 1975. DM 7,20.

Freizeit im Ruhrgebiet
2. Freizeitbäder. DM 7,20.

Industriestandort Ruhr
3. neu bearbeitete Auflage.
Essen 1975. DM 30,—.

Landesamt für Datenverarbeitung und Statistik NW, SVR:
Statistische Rundschau
Ruhrgebiet 1977.
Essen und Düsseldorf 1977.
DM 5,50.

Die Wanderungsströme
im SVR-Gebiet 1976.
Essen 1978.
DM 5,50.

Städte- und Kreisstatistik 1977. DM 5,50.

Konzeption zur Industrieansiedlung — Ansätze einer Neuorientierung in der Wirtschaftsförderung. Essen 1977. DM 10,—.

Landschaftsökologische Modelluntersuchung Hexbachtal — Text- und Kartenband — Essen 1977. DM 20,—.

Freiflächenplan ‚Regionaler Grünzug A'
im Grenzbereich der Städte Duisburg/
Mülheim/Oberhausen.
Essen 1977. DM 30,—.

Untersuchung zur Öffentlichkeitsarbeit

F. Landwehrmann/W. Bredemeier/
H. Nokielski/P. Weber:
Zielgruppe unbekannt?
Kommunale Öffentlichkeitsarbeit
im Ruhrgebiet — 2 Bände —
Essen 1971. DM 120,—.

F. Landwehrmann/H. Nokielski/
G. Raeder:
Zielgruppe: Multiplikatoren
Das Ruhrgebiet: Meinungen,
Mutmaßungen (Journalistenbefragung).
Essen 1973. DM 20,—.

Periodika

Kulturinformation Ruhr (KIR)
wann — wo — was
erscheint monatlich
Jahresabonnement DM 20,—.

Informationsdienst Ruhr (idr)
erscheint wöchentlich

Prospekte

Information Verkehr 1975

Kleine SVR-Statistik 1976

Freizeit im Ruhrgebiet

Landschaftspflege im Ruhrgebiet

Landschaft in Deutschland
— Das Ruhrgebiet —

Hier bin ich Mensch.
Oasen einer Industrielandschaft.
Die Revierparks im Ruhrgebiet.
Essen 1976. DM 1,—.

Siedlungsverband Ruhrkohlenbezirk:
Aufgaben, Organisation

Stadtplanwerk Ruhrgebiet

Wohin mit dem Abfall?

Aus Liebe zur Stadt
— Fassaden-ABC —

Vermessung, Luftbild, Fernerkundung

Kataloge

Ausstellungsfaltblatt
E. Schultze-Fielitz:
Experimente 1: Stadtsysteme
Essen 1969. DM 1,50.

Ausstellungskatalog
Experimente 2: Offene Planung
Essen 1970. DM 2,—.

Katalog Ruhrgebiet. Pläne—Programme—Projekte (dreisprachig)
Essen 1972. DM 10,—.

Teilausgaben in englisch und französisch
Essen 1972. DM 2,—.

Umweltkunst gegen Kunstumwelt
DM 10,—

Meine Welt — das imaginäre
Museum — Laien-Maler sehen
das Ruhrgebiet.
Essen 1975. DM 5,—.

Ausgabe in französisch/
flämisch. DM 2,50.

Meine Welt — 16 Postkarten
aus dem Ruhrgebiet. DM 5,—.

Bezug:

Alle Schriften sind zu beziehen beim
Siedlungsverband Ruhrkohlenbezirk
Abteilung 10 / Bücherei
Kronprinzenstraße 35
Postfach 1629
4300 Essen 1

Veröffentlichungen der Deutschen Gesellschaft für Freizeit

Heft 1	Freizeitgesellschaft im Blickpunkt vergriffen	Hrsg. DGF
Heft 2	Freizeitpädagogik	Hrsg. DGF
Heft 3	Ethos der Freizeit	Alfons Auer
Heft 4	Benutzeranalysen von Freizeitanlagen	Dr. R. Schmitz-Scherzer Hans Werner Bierhoff
Heft 5	Freizeit im Alter vergriffen	Dr. R. Schmitz-Scherzer
Heft 6	Freizeit in diesen Wohnungen?	Prof. Dr. H. Schwippert
Heft 7	Freizeit, wozu?	Ringvorlesung der Universität Innsbruck
Heft 8	Freizeit in ländlichen Gemeinden	Dr. N. Schmiese
Heft 9	Die Freizeit im Blickpunkt des Rechts	Dr. W. Weimar
Heft 10	Freizeitpolitik in Bund, Ländern und Gemeinden	Kongreßbericht Garmisch-Partenkirchen 74
Heft 11	Freizeit in Schweden	Prof. Dr. W. Nahrstedt (Hrsg.)
Heft 12	Dimensionen der Freizeit im Jahre 2000	
Heft 13	Freizeit im Jahre 2000	Dr. Heribert Kohl
Heft 14	Freizeit als gesellschaftliche Aufgabe	Prof. Dr. H.W. Opaschowski
Heft 15	Freizeit-Experten-Register	Hrsg. DGF
Heft 16	Bibliographie zur Freizeitliteratur	Hrsg. DGF
Heft 17	Das Leben als Freizeit	H. Eisenreich
Heft 18	Familienpolitik und Freizeit	Hrsg. DGF
Heft 19	Freizeitpolitik für Europa	Hrsg. DGF

Heft 20	Politique du Loisir	Hrsg. DGF
Heft 21	Leisure Policy in Europe	Hrsg. DGF
Heft 22	Freizeitpädagogik und Animation in Europa	Hrsg. ELRA
Heft 23	Freizeit unter Dach	Agricola/v. Schmettow
Heft 24	Freizeitdienste, Freizeitberufe und Freizeitwissenschaften in den USA	Hrsg. W. Nahrstedt
Heft 25	Modelle der Freizeiterziehung	Hrsg. F. Pöggeler
Heft 28	Die Stadt für den Menschen	Kongreßbericht '73 Krefeld
Heft 29	Einrichtungen für die Freizeit	Kongreßbericht '74